本报告出版得到

国家重点文物保护专项补助经费资助

# 濉溪石山孜

## ——石山孜遗址第二、三次发掘报告

安徽省文物考古研究所
淮 北 市 博 物 馆 编著
濉溪县文物事业管理局

文物出版社

北京·2017

**图书在版编目（CIP）数据**

濉溪石山孜／安徽省文物考古研究所、淮北市博物馆、濉溪县文物事业管理局编著．
—北京：文物出版社，2017.11

ISBN 978 – 7 – 5010 – 5379 – 7

Ⅰ.①濉…　Ⅱ.①安…　Ⅲ.①文化遗址—新石器时代
考古—濉溪县　Ⅳ.①K878.04

中国版本图书馆 CIP 数据核字（2017）第 271907 号

**濉溪石山孜**——石山孜遗址第二、三次发掘报告

编　　著：安徽省文物考古研究所　淮北市博物馆　濉溪县文物事业管理局

责任编辑：杨冠华
封面设计：程星涛
责任印制：梁秋卉

出版发行：文物出版社
社　　址：北京市东直门内北小街 2 号楼
邮　　编：100007
网　　址：http：//www.wenwu.com
邮　　箱：web@ wenwu.com
经　　销：新华书店
印　　刷：北京鹏润伟业印刷有限公司
开　　本：889mm×1194mm　1/16
印　　张：35　插页：3
版　　次：2017 年 11 月第 1 版
印　　次：2017 年 11 月第 1 次印刷
书　　号：ISBN 978 – 7 – 5010 – 5379 – 7
定　　价：540.00 元

# Shishanzi Site at Suixi

## ——Report on the Second and Third Excavation

( With An English Abstract )

*by*

Anhui Provincial Institute of Cultural Relics and Archaeology

Huaibei Museum

Suixi County Cultural Relics Bureau

Cultural Relics Press

*Beijing · 2017*

# 目　录

第一章　概述 ……………………………………………………………… 1

第一节　自然环境 ………………………………………………………… 1

第二节　历史沿革 ………………………………………………………… 7

第三节　遗址概况及发掘经过 …………………………………………… 9

一　遗址概况 ……………………………………………………… 9

二　发掘经过 ……………………………………………………… 10

第二章　地层堆积与文化分期 …………………………………………… 13

第一节　地层堆积 ………………………………………………………… 13

一　东部发掘区地层堆积 ………………………………………… 13

二　西部发掘区地层堆积 ………………………………………… 16

第二节　遗址的文化分期 ………………………………………………… 18

第三章　石山孜一期文化遗存 …………………………………………… 22

第一节　居住址 …………………………………………………………… 22

第二节　灰　坑 …………………………………………………………… 23

一　椭圆形 ………………………………………………………… 23

二　圆形 …………………………………………………………… 26

三　长方形 ………………………………………………………… 28

四　不规则形 ……………………………………………………… 29

第三节　出土遗物 ………………………………………………………… 31

一　陶器 …………………………………………………………… 31

二　石器 …………………………………………………………… 129

三　骨、角、蚌器 ………………………………………………… 136

第四节　分期与年代 ……………………………………………………… 142

第五节　小　结 ……………………………………………………………… 153

## 第四章　石山孜二期文化遗存 ……………………………………………… 157

第一节　居住址 ……………………………………………………………… 157

第二节　灰　坑 ……………………………………………………………… 160

　　一　椭圆形 ……………………………………………………………… 161

　　二　圆形 ………………………………………………………………… 170

　　三　长方形 ……………………………………………………………… 173

　　四　不规则形 …………………………………………………………… 177

第三节　墓　葬 ……………………………………………………………… 181

第四节　出土遗物 …………………………………………………………… 182

　　一　陶器 ………………………………………………………………… 182

　　二　石器 ………………………………………………………………… 242

　　三　骨、角、蚌器 ……………………………………………………… 250

第五节　分期与年代 ………………………………………………………… 257

第六节　小　结 ……………………………………………………………… 265

## 第五章　石山孜三期文化遗存 ……………………………………………… 267

第一节　居住址 ……………………………………………………………… 267

第二节　灰　坑 ……………………………………………………………… 273

　　一　椭圆形 ……………………………………………………………… 273

　　二　圆形 ………………………………………………………………… 282

　　三　长方形 ……………………………………………………………… 282

　　四　不规则形 …………………………………………………………… 288

第三节　墓　葬 ……………………………………………………………… 292

第四节　出土遗物 …………………………………………………………… 294

　　一　陶器 ………………………………………………………………… 294

　　二　玉、石器 …………………………………………………………… 344

　　三　骨、角、蚌器 ……………………………………………………… 348

第五节　分期与年代 ………………………………………………………… 351

第六节　小　结 ……………………………………………………………… 358

## 第六章　龙山文化遗存 ……………………………………………………… 360

第一节　居住址 ……………………………………………………………… 360

第二节　灰　坑 ································································· 360

第三节　出土遗物 ··························································· 364

　　一　陶器 ··································································· 364

　　二　石器 ··································································· 370

　　三　骨器 ··································································· 371

第四节　小　结 ······························································ 372

第七章　结　语 ······························································ 374

附　表 ·········································································· 375

　　附表一　石山孜遗址灰坑登记表 ······························· 375

　　附表二　石山孜遗址房址登记表 ································· 392

　　附表三　石山孜遗址墓葬登记表 ································· 393

　　附表四　石山孜遗址灰坑陶系器形统计表 ··················· 395

　　附表五　石山孜遗址地层陶系器形统计表 ··················· 399

　　附表六　石山孜遗址房址陶系器形统计表 ··················· 400

附　录 ·········································································· 402

　　附录一　濉溪石山孜遗址出土动物遗存分析 ··············· 402

　　附录二　濉溪石山孜遗址出土石器研究 ····················· 425

　　附录三　濉溪石山孜遗址出土石磨盘石磨棒表面淀粉粒的鉴定与分析 ······ 438

后　记 ·········································································· 452

英文提要 ······································································· 453

# 插图目录

图一　濰溪县地形地貌示意图 ……………………………………… 2

图二　濰溪县河流水系示意图 ……………………………………… 4

图三　石山孜遗址位置示意图 ……………………………………… 9

图四　探方分布图 …………………………………………………… 11

图五　东区 T1530、T1630、T1730 北壁剖面图 ………………… 13

图六　西区 T0722、T0723、T0724、T0725 西壁剖面图 ……… 16

图七　东区石山孜一期文化遗迹平面图 …………………………… 22

图八　石山孜一期文化 H391 平、剖面图 ………………………… 23

图九　石山孜一期文化 H377 平、剖面图 ………………………… 23

图一〇　石山孜一期文化 H383 平、剖面图 ……………………… 24

图一一　石山孜一期文化 H380 平、剖面图 ……………………… 24

图一二　石山孜一期文化 H394 平、剖面图 ……………………… 25

图一三　石山孜一期文化 H369 平、剖面图 ……………………… 25

图一四　石山孜一期文化 H367 平、剖面图 ……………………… 25

图一五　石山孜一期文化 H381 平、剖面图 ……………………… 25

图一六　石山孜一期文化 H368 平、剖面图 ……………………… 26

图一七　石山孜一期文化 H395 平、剖面图 ……………………… 26

图一八　石山孜一期文化 H379 平、剖面图 ……………………… 27

图一九　石山孜一期文化 H393 平、剖面图 ……………………… 27

图二〇　石山孜一期文化 H359 平、剖面图 ……………………… 27

图二一　石山孜一期文化 H366 平、剖面图 ……………………… 27

图二二　石山孜一期文化 H386 平、剖面图 ……………………… 28

图二三　石山孜一期文化 H378 平、剖面图 ……………………… 28

图二四　石山孜一期文化 H221 平、剖面图 ……………………… 29

图二五　石山孜一期文化 H363 平、剖面图 ……………………… 29

图二六　石山孜一期文化 H384 平、剖面图 ……………………… 30

图二七　石山孜一期文化 H382 平、剖面图 ……………………………………… 30

图二八　石山孜一期文化 H376 平、剖面图 ……………………………………… 30

图二九　石山孜一期文化陶器纹饰拓片 …………………………………………… 32

图三〇　石山孜一期文化 A 型 I 式陶附加堆纹釜 ………………………………… 33

图三一　石山孜一期文化 A 型 II 式陶附加堆纹釜 ………………………………… 34

图三二　石山孜一期文化陶附加堆纹釜 …………………………………………… 35

图三三　石山孜一期文化 B 型 II 式陶附加堆纹釜 ………………………………… 36

图三四　石山孜一期文化 B 型 III 式陶附加堆纹釜 ………………………………… 37

图三五　石山孜一期文化 C 型陶附加堆纹釜 ……………………………………… 38

图三六　石山孜一期文化 Aa 型陶带鋬釜 ………………………………………… 40

图三七　石山孜一期文化 Ab 型陶带鋬釜 ………………………………………… 41

图三八　石山孜一期文化 Ba 型陶带鋬釜 ………………………………………… 42

图三九　石山孜一期文化 Bb 型陶带鋬釜 ………………………………………… 43

图四〇　石山孜一期文化 Ca 型 I 式陶带鋬釜 …………………………………… 44

图四一　石山孜一期文化 Ca 型 II 式陶带鋬釜 …………………………………… 45

图四二　石山孜一期文化 Cb 型 I 式陶带鋬釜 …………………………………… 46

图四三　石山孜一期文化 Cb 型 II 式陶带鋬釜 …………………………………… 47

图四四　石山孜一期文化 Cb 型 III 式陶带鋬釜 …………………………………… 48

图四五　石山孜一期文化 Cc 型陶带鋬釜 ………………………………………… 49

图四六　石山孜一期文化 Cd 型 I 式陶带鋬釜 …………………………………… 50

图四七　石山孜一期文化 Cd 型陶带鋬釜 ………………………………………… 51

图四八　石山孜一期文化 Da 型陶带鋬釜 ………………………………………… 52

图四九　石山孜一期文化陶带鋬釜 ………………………………………………… 53

图五〇　石山孜一期文化 Ea 型陶带鋬釜 ………………………………………… 54

图五一　石山孜一期文化 Eb 型陶带鋬釜 ………………………………………… 55

图五二　石山孜一期文化 Ec 型陶带鋬釜 ………………………………………… 56

图五三　石山孜一期文化 Fa 型陶带鋬釜 ………………………………………… 57

图五四　石山孜一期文化 Fb 型陶带鋬釜 ………………………………………… 59

图五五　石山孜一期文化 Fc 型陶带鋬釜 ………………………………………… 60

图五六　石山孜一期文化 A 型陶倒钩沿釜 ………………………………………… 61

图五七　石山孜一期文化 A 型 III 式陶倒钩沿釜 ………………………………… 62

图五八　石山孜一期文化 B 型陶倒钩沿釜 ………………………………………… 63

图五九　石山孜一期文化 B 型 II 式陶倒钩沿釜 ………………………………… 64

图六〇　石山孜一期文化 C 型 I 式陶倒钩沿釜 ·················· 65

图六一　石山孜一期文化 C 型 II 式陶倒钩沿釜 ·················· 66

图六二　石山孜一期文化 C 型 III 式陶倒钩沿釜 ·················· 67

图六三　石山孜一期文化 A 型 I 式陶折腹平底釜 ·················· 68

图六四　石山孜一期文化 A 型 II 式陶折腹平底釜 ·················· 69

图六五　石山孜一期文化陶折腹平底釜 ·················· 70

图六六　石山孜一期文化 B 型 I 式陶折腹平底釜 ·················· 71

图六七　石山孜一期文化 B 型 III 式陶折腹平底釜 ·················· 73

图六八　石山孜一期文化 C 型陶折腹平底釜 ·················· 74

图六九　石山孜一期文化 D 型陶折腹平底釜 ·················· 75

图七〇　石山孜一期文化 A 型陶卷沿釜 ·················· 76

图七一　石山孜一期文化 A 型 II 式陶卷沿釜 ·················· 77

图七二　石山孜一期文化 B 型陶卷沿釜 ·················· 79

图七三　石山孜一期文化 B 型 II 式陶卷沿釜 ·················· 80

图七四　石山孜一期文化陶乳丁纹釜 ·················· 81

图七五　石山孜一期文化 A 型 I 式陶双耳罐 ·················· 82

图七六　石山孜一期文化 A 型 II 式陶双耳罐 ·················· 83

图七七　石山孜一期文化 A 型陶双耳罐 ·················· 84

图七八　石山孜一期文化 A 型 III 式陶双耳罐 ·················· 85

图七九　石山孜一期文化 B 型 I 式陶双耳罐 ·················· 85

图八〇　石山孜一期文化 B 型 II 式陶双耳罐 ·················· 86

图八一　石山孜一期文化 C 型陶双耳罐 ·················· 87

图八二　石山孜一期文化 A 型陶双耳罐耳系 ·················· 88

图八三　石山孜一期文化陶双耳罐耳系 ·················· 89

图八四　石山孜一期文化陶双耳罐罐底 ·················· 90

图八五　石山孜一期文化 A 型陶平折沿盆 ·················· 91

图八六　石山孜一期文化 B 型 I 式陶平折沿盆 ·················· 92

图八七　石山孜一期文化 B 型 II 式陶平折沿盆 ·················· 93

图八八　石山孜一期文化 C 型陶平折沿盆 ·················· 93

图八九　石山孜一期文化陶卷沿盆 ·················· 94

图九〇　石山孜一期文化 B 型 I 式陶卷沿盆 ·················· 95

图九一　石山孜一期文化 A 型陶斜折沿盆 ·················· 96

图九二　石山孜一期文化 B 型陶斜折沿盆 ·················· 97

图九三　石山孜一期文化 C 型陶斜卷沿盆 ……………………………… 98

图九四　石山孜一期文化 A 型 I 式陶敛口钵 ……………………………… 99

图九五　石山孜一期文化 A 型 II 式陶敛口钵 ……………………………… 100

图九六　石山孜一期文化 B 型 I 式陶敛口钵 ……………………………… 101

图九七　石山孜一期文化 B 型 II 式陶敛口钵 ……………………………… 102

图九八　石山孜一期文化 C 型 I 式陶敛口钵 ……………………………… 102

图九九　石山孜一期文化 C 型 II 式陶敛口钵 ……………………………… 103

图一〇〇　石山孜一期文化 D 型陶敛口钵 ………………………………… 105

图一〇一　石山孜一期文化陶直口钵 ……………………………………… 106

图一〇二　石山孜一期文化陶侈口钵 ……………………………………… 107

图一〇三　石山孜一期文化 A 型陶碗 ……………………………………… 108

图一〇四　石山孜一期文化 B 型 I 式陶碗 ………………………………… 110

图一〇五　石山孜一期文化 B 型陶碗 ……………………………………… 111

图一〇六　石山孜一期文化 C 型陶碗 ……………………………………… 112

图一〇七　石山孜一期文化 D 型陶碗 ……………………………………… 113

图一〇八　石山孜一期文化陶器圈足 ……………………………………… 114

图一〇九　石山孜一期文化 C 型陶器圈足 ………………………………… 115

图一一〇　石山孜一期文化 D 型陶器圈足 ………………………………… 116

图一一一　石山孜一期文化 A 型陶支脚 …………………………………… 117

图一一二　石山孜一期文化 A 型陶支脚 …………………………………… 118

图一一三　石山孜一期文化 B 型陶支脚 …………………………………… 119

图一一四　石山孜一期文化 B 型陶支脚 …………………………………… 120

图一一五　石山孜一期文化陶支脚 ………………………………………… 121

图一一六　石山孜一期文化陶支脚 ………………………………………… 122

图一一七　石山孜一期文化陶器 …………………………………………… 123

图一一八　石山孜一期文化小陶碗 ………………………………………… 124

图一一九　石山孜一期文化 B 型小陶碗 …………………………………… 125

图一二〇　石山孜一期文化小陶钵 ………………………………………… 126

图一二一　石山孜一期文化长方形小陶器 ………………………………… 126

图一二二　石山孜一期文化陶器 …………………………………………… 127

图一二三　石山孜一期文化 B 型陶纺轮 …………………………………… 128

图一二四　石山孜一期文化陶锉 …………………………………………… 129

图一二五　石山孜一期文化泥塑动物模型 ………………………………… 129

图一二六　　石山孜一期文化石磨盘 ························································· 130

图一二七　　石山孜一期文化 A 型石磨棒 ················································ 131

图一二八　　石山孜一期文化石磨棒 ························································ 132

图一二九　　石山孜一期文化石磨棒 ························································ 133

图一三〇　　石山孜一期文化石器 ··························································· 133

图一三一　　石山孜一期文化 B 型石锤（H393∶7） ································· 134

图一三二　　石山孜一期文化石铲 ··························································· 134

图一三三　　石山孜一期文化石斧 ··························································· 135

图一三四　　石山孜一期文化砺石 ··························································· 135

图一三五　　石山孜一期文化 A 型骨镞 ··················································· 137

图一三六　　石山孜一期文化 B 型骨镞 ··················································· 138

图一三七　　石山孜一期文化骨镞 ··························································· 139

图一三八　　石山孜一期文化器物 ··························································· 140

图一三九　　石山孜一期文化骨器 ··························································· 142

图一四〇　　石山孜一期文化陶器分期图 ··········································· 152/153

图一四一　　东区石山孜二期文化遗迹平面图 ·········································· 158

图一四二　　西区石山孜二期文化遗迹平面图 ·········································· 159

图一四三　　石山孜二期文化房址 F8 ······················································ 160

图一四四　　石山孜二期文化房址 F14 ···················································· 160

图一四五　　石山孜二期文化 H364 平、剖面图 ······································ 161

图一四六　　石山孜二期文化 H339 平、剖面图 ······································ 161

图一四七　　石山孜二期文化 H135 平、剖面图 ······································ 162

图一四八　　石山孜二期文化 H223 平、剖面图 ······································ 162

图一四九　　石山孜二期文化 H187 平、剖面图 ······································ 162

图一五〇　　石山孜二期文化 H355 平、剖面图 ······································ 163

图一五一　　石山孜二期文化 H138 平、剖面图 ······································ 163

图一五二　　石山孜二期文化 H185 平、剖面图 ······································ 164

图一五三　　石山孜二期文化 H249 平、剖面图 ······································ 164

图一五四　　石山孜二期文化 H351 平、剖面图 ······································ 165

图一五五　　石山孜二期文化 H229 平、剖面图 ······································ 165

图一五六　　石山孜二期文化 H125 平、剖面图 ······································ 165

图一五七　　石山孜二期文化 H212 平、剖面图 ······································ 165

图一五八　　石山孜二期文化 H211 平、剖面图 ······································ 166

图一五九　石山孜二期文化 H213 平、剖面图 ……………………………………………… 166

图一六〇　石山孜二期文化 H199 平、剖面图 ……………………………………………… 167

图一六一　石山孜二期文化 H228 平、剖面图 ……………………………………………… 167

图一六二　石山孜二期文化 H215 平、剖面图 ……………………………………………… 168

图一六三　石山孜二期文化 H190 平、剖面图 ……………………………………………… 168

图一六四　石山孜二期文化 H189 平、剖面图 ……………………………………………… 169

图一六五　石山孜二期文化 H324 平、剖面图 ……………………………………………… 169

图一六六　石山孜二期文化 H341 平、剖面图 ……………………………………………… 169

图一六七　石山孜二期文化 H226 平、剖面图 ……………………………………………… 170

图一六八　石山孜二期文化 H156 平、剖面图 ……………………………………………… 170

图一六九　石山孜二期文化 H195 平、剖面图 ……………………………………………… 171

图一七〇　石山孜二期文化 H224 平、剖面图 ……………………………………………… 171

图一七一　石山孜二期文化 H209 平、剖面图 ……………………………………………… 172

图一七二　石山孜二期文化 H340 平、剖面图 ……………………………………………… 172

图一七三　石山孜二期文化 H311 平、剖面图 ……………………………………………… 172

图一七四　石山孜二期文化 H219 平、剖面图 ……………………………………………… 172

图一七五　石山孜二期文化 H259 平、剖面图 ……………………………………………… 173

图一七六　石山孜二期文化 H245 平、剖面图 ……………………………………………… 173

图一七七　石山孜二期文化 H230 平、剖面图 ……………………………………………… 174

图一七八　石山孜二期文化 H330 平、剖面图 ……………………………………………… 174

图一七九　石山孜二期文化 H358 平、剖面图 ……………………………………………… 175

图一八〇　石山孜二期文化 H365 平、剖面图 ……………………………………………… 175

图一八一　石山孜二期文化 H371 平、剖面图 ……………………………………………… 176

图一八二　石山孜二期文化 H372 平、剖面图 ……………………………………………… 176

图一八三　石山孜二期文化 H217 平、剖面图 ……………………………………………… 176

图一八四　石山孜二期文化 H356 平、剖面图 ……………………………………………… 176

图一八五　石山孜二期文化 H193 平、剖面图 ……………………………………………… 177

图一八六　石山孜二期文化 H222 平、剖面图 ……………………………………………… 177

图一八七　石山孜二期文化 H180 平、剖面图 ……………………………………………… 177

图一八八　石山孜二期文化 H235 平、剖面图 ……………………………………………… 178

图一八九　石山孜二期文化 H346 平、剖面图 ……………………………………………… 178

图一九〇　石山孜二期文化 H349 平、剖面图 ……………………………………………… 179

图一九一　石山孜二期文化 H214 平、剖面图 ……………………………………………… 179

图一九二　石山孜二期文化 H325 平、剖面图 …………………………………… 179

图一九三　石山孜二期文化 H337 平、剖面图 …………………………………… 179

图一九四　石山孜二期文化 H350 平、剖面图 …………………………………… 180

图一九五　石山孜二期文化 H238 平、剖面图 …………………………………… 180

图一九六　石山孜二期文化 H188 平、剖面图 …………………………………… 181

图一九七　石山孜二期文化 M13 平面图 ………………………………………… 181

图一九八　石山孜二期文化 M14 平面图 ………………………………………… 182

图一九九　石山孜二期文化陶器纹饰拓片 ………………………………………… 183

图二〇〇　石山孜二期文化 Aa 型陶附加堆纹釜 ………………………………… 184

图二〇一　石山孜二期文化 Ab 型 I 式陶附加堆纹釜 …………………………… 185

图二〇二　石山孜二期文化 Ab 型 II 式陶附加堆纹釜 ………………………… 186

图二〇三　石山孜二期文化 Ac 型陶附加堆纹釜 ………………………………… 187

图二〇四　石山孜二期文化 Ba 型陶附加堆纹釜 ………………………………… 188

图二〇五　石山孜二期文化陶附加堆纹釜 ………………………………………… 189

图二〇六　石山孜二期文化 A 型陶带鋬釜 ……………………………………… 190

图二〇七　石山孜二期文化 B 型陶带鋬釜 ……………………………………… 191

图二〇八　石山孜二期文化 A 型陶釜形鼎 ……………………………………… 192

图二〇九　石山孜二期文化陶釜形鼎 ……………………………………………… 193

图二一〇　石山孜二期文化陶盆形鼎 ……………………………………………… 194

图二一一　石山孜二期文化陶罐形鼎 ……………………………………………… 195

图二一二　石山孜二期文化陶钵形鼎 ……………………………………………… 196

图二一三　石山孜二期文化 Aa 型陶鼎足 ………………………………………… 197

图二一四　石山孜二期文化 Aa 型陶鼎足 ………………………………………… 198

图二一五　石山孜二期文化 Ab 型陶鼎足 ………………………………………… 198

图二一六　石山孜二期文化 B 型陶鼎足 ………………………………………… 199

图二一七　石山孜二期文化 Aa 型陶双耳罐 ……………………………………… 200

图二一八　石山孜二期文化 Ab 型陶双耳罐 ……………………………………… 201

图二一九　石山孜二期文化陶双耳罐耳系 ………………………………………… 202

图二二〇　石山孜二期文化陶双耳罐耳系 ………………………………………… 203

图二二一　石山孜二期文化 Ba 型陶双耳罐 ……………………………………… 204

图二二二　石山孜二期文化 Bb 型陶双耳罐 ……………………………………… 205

图二二三　石山孜二期文化 B 型陶双耳罐耳系 ………………………………… 206

图二二四　石山孜二期文化 B 型陶双耳罐耳系 ………………………………… 206

图二二五 石山孜二期文化 B 型陶双耳罐罐底 …………………………………… 207

图二二六 石山孜二期文化 C 型陶双耳罐 …………………………………………… 208

图二二七 石山孜二期文化 A 型陶盆 ………………………………………………… 209

图二二八 石山孜二期文化 Ba 型陶盆 ……………………………………………… 210

图二二九 石山孜二期文化 Bb 型陶盆 ……………………………………………… 211

图二三〇 石山孜二期文化 C 型陶盆 ………………………………………………… 212

图二三一 石山孜二期文化 D 型陶盆 ………………………………………………… 213

图二三二 石山孜二期文化 E 型陶盆 ………………………………………………… 214

图二三三 石山孜二期文化 A 型陶钵 ………………………………………………… 215

图二三四 石山孜二期文化陶钵 ……………………………………………………… 216

图二三五 石山孜二期文化 Ba 型 I 式陶钵 ………………………………………… 218

图二三六 石山孜二期文化 Ba 型 II 式陶钵 ………………………………………… 219

图二三七 石山孜二期文化 Bb 型陶钵 ……………………………………………… 220

图二三八 石山孜二期文化 Bc 型陶钵 ……………………………………………… 222

图二三九 石山孜二期文化 B 型陶钵 ………………………………………………… 223

图二四〇 石山孜二期文化陶碗 ……………………………………………………… 224

图二四一 石山孜二期文化陶碗 ……………………………………………………… 225

图二四二 石山孜二期文化陶碗底 …………………………………………………… 226

图二四三 石山孜二期文化陶碗底 …………………………………………………… 227

图二四四 石山孜二期文化陶器 ……………………………………………………… 228

图二四五 石山孜二期文化陶支脚 …………………………………………………… 229

图二四六 石山孜二期文化器物 ……………………………………………………… 230

图二四七 石山孜二期文化陶勺 ……………………………………………………… 231

图二四八 石山孜二期文化小陶碗 …………………………………………………… 231

图二四九 石山孜二期文化 B 型小陶碗 ……………………………………………… 232

图二五〇 石山孜二期文化小陶钵 …………………………………………………… 233

图二五一 石山孜二期文化小陶器 …………………………………………………… 234

图二五二 石山孜二期文化陶器 ……………………………………………………… 235

图二五三 石山孜二期文化 A 型陶纺轮 ……………………………………………… 236

图二五四 石山孜二期文化陶器 ……………………………………………………… 237

图二五五 石山孜二期文化陶纺轮 …………………………………………………… 238

图二五六 石山孜二期文化 A 型圆陶片 ……………………………………………… 239

图二五七 石山孜二期文化 B 型圆陶片 ……………………………………………… 240

图二五八　石山孜二期文化陶锉 ……………………………………………………… 241

图二五九　石山孜二期文化石柄形器（T1631⑧：1）…………………………………… 242

图二六○　石山孜二期文化石砍砸器（T0723⑧：5）…………………………………… 242

图二六一　石山孜二期文化石锤 ………………………………………………………… 242

图二六二　石山孜二期文化石铲 ………………………………………………………… 243

图二六三　石山孜二期文化石铲 ………………………………………………………… 244

图二六四　石山孜二期文化石器 ………………………………………………………… 245

图二六五　石山孜二期文化 A 型砺石 …………………………………………………… 246

图二六六　石山孜二期文化 B 型砺石 …………………………………………………… 247

图二六七　石山孜二期文化 C 型砺石 …………………………………………………… 247

图二六八　石山孜二期文化 A 型石斧 …………………………………………………… 248

图二六九　石山孜二期文化石斧 ………………………………………………………… 248

图二七○　石山孜二期文化石器 ………………………………………………………… 249

图二七一　石山孜二期文化石盘状器 …………………………………………………… 250

图二七二　石山孜二期文化骨镞 ………………………………………………………… 251

图二七三　石山孜二期文化 B 型骨镞 …………………………………………………… 252

图二七四　石山孜二期文化器物 ………………………………………………………… 253

图二七五　石山孜二期文化器物 ………………………………………………………… 255

图二七六　石山孜二期文化器物 ………………………………………………………… 256

图二七七　石山孜二期文化 B 型鹿角钩形器 …………………………………………… 256

图二七八　石山孜二期文化陶器分期图 ………………………………………… 262/263

图二七九　东区石山孜三期文化遗迹平面图 …………………………………………… 268

图二八○　西区石山孜三期文化遗迹平面图 …………………………………………… 269

图二八一　石山孜三期文化 F3 平、剖面图 …………………………………………… 270

图二八二　石山孜三期文化 F4 平、剖面图 …………………………………………… 271

图二八三　石山孜三期文化 F11 平、剖面图 …………………………………………… 272

图二八四　石山孜三期文化 F12 平、剖面图 …………………………………………… 272

图二八五　石山孜三期文化 H88 平、剖面图 …………………………………………… 274

图二八六　石山孜三期文化 H284 平、剖面图 ………………………………………… 274

图二八七　石山孜三期文化 H142 平、剖面图 ………………………………………… 274

图二八八　石山孜三期文化 H28 平、剖面图 …………………………………………… 274

图二八九　石山孜三期文化 H108 平、剖面图 ………………………………………… 275

图二九○　石山孜三期文化 H120 平、剖面图 ………………………………………… 275

图二九一　石山孜三期文化 H119 平、剖面图 ……………………………………… 276

图二九二　石山孜三期文化 H55 平、剖面图 ………………………………………… 276

图二九三　石山孜三期文化 H268 平、剖面图 ……………………………………… 277

图二九四　石山孜三期文化 H74 平、剖面图 ………………………………………… 277

图二九五　石山孜三期文化 H109 平、剖面图 ……………………………………… 278

图二九六　石山孜三期文化 H122 平、剖面图 ……………………………………… 278

图二九七　石山孜三期文化 H36 平、剖面图 ………………………………………… 278

图二九八　石山孜三期文化 H39 平、剖面图 ………………………………………… 279

图二九九　石山孜三期文化 H61 平、剖面图 ………………………………………… 279

图三〇〇　石山孜三期文化 H64 平、剖面图 ………………………………………… 279

图三〇一　石山孜三期文化 H45 平、剖面图 ………………………………………… 280

图三〇二　石山孜三期文化 H44 平、剖面图 ………………………………………… 280

图三〇三　石山孜三期文化 H40 平、剖面图 ………………………………………… 281

图三〇四　石山孜三期文化 H41 平、剖面图 ………………………………………… 281

图三〇五　石山孜三期文化 H75 平、剖面图 ………………………………………… 282

图三〇六　石山孜三期文化 H53 平、剖面图 ………………………………………… 282

图三〇七　石山孜三期文化 H322 平、剖面图 ……………………………………… 283

图三〇八　石山孜三期文化 H302 平、剖面图 ……………………………………… 283

图三〇九　石山孜三期文化 H281 平、剖面图 ……………………………………… 284

图三一〇　石山孜三期文化 H289 平、剖面图 ……………………………………… 284

图三一一　石山孜三期文化 H299 平、剖面图 ……………………………………… 285

图三一二　石山孜三期文化 H301 平、剖面图 ……………………………………… 285

图三一三　石山孜三期文化 H153 平、剖面图 ……………………………………… 286

图三一四　石山孜三期文化 H91 平、剖面图 ………………………………………… 286

图三一五　石山孜三期文化 H154 平、剖面图 ……………………………………… 286

图三一六　石山孜三期文化 H106 平、剖面图 ……………………………………… 286

图三一七　石山孜三期文化 H107 平、剖面图 ……………………………………… 287

图三一八　石山孜三期文化 H50 平、剖面图 ………………………………………… 287

图三一九　石山孜三期文化 H111 平、剖面图 ……………………………………… 288

图三二〇　石山孜三期文化 H62 平、剖面图 ………………………………………… 288

图三二一　石山孜三期文化 H63 平、剖面图 ………………………………………… 289

图三二二　石山孜三期文化 H46 平、剖面图 ………………………………………… 289

图三二三　石山孜三期文化 H277 平、剖面图 ……………………………………… 289

图三二四　石山孜三期文化 H57 平、剖面图 ……………………………………………… 290

图三二五　石山孜三期文化 H116 平、剖面图 ……………………………………………… 291

图三二六　石山孜三期文化 H104 平、剖面图 ……………………………………………… 291

图三二七　石山孜三期文化 H110 平、剖面图 ……………………………………………… 291

图三二八　石山孜三期文化 H42 平、剖面图 ………………………………………………… 291

图三二九　石山孜三期文化 H127 平、剖面图 ……………………………………………… 292

图三三〇　石山孜三期文化 H34 平、剖面图 ………………………………………………… 292

图三三一　石山孜三期文化 M10 平面图 …………………………………………………… 293

图三三二　石山孜三期文化 M11 平面图 …………………………………………………… 294

图三三三　石山孜三期文化 M12 平面图 …………………………………………………… 294

图三三四　石山孜三期文化 Aa 型陶附加堆纹釜 ………………………………………… 296

图三三五　石山孜三期文化 Ab 型陶附加堆纹釜 ………………………………………… 297

图三三六　石山孜三期文化 Ac 型陶附加堆纹釜 ………………………………………… 298

图三三七　石山孜三期文化 Ba 型 I 式陶附加堆纹釜 …………………………………… 299

图三三八　石山孜三期文化 Ba 型 II 式陶附加堆纹釜 …………………………………… 300

图三三九　石山孜三期文化 Bb 型陶附加堆纹釜 ………………………………………… 301

图三四〇　石山孜三期文化 Bc 型陶附加堆纹釜 ………………………………………… 301

图三四一　石山孜三期文化陶带錾釜 ……………………………………………………… 302

图三四二　石山孜三期文化陶器 …………………………………………………………… 304

图三四三　石山孜三期文化陶罐形鼎 ……………………………………………………… 305

图三四四　石山孜三期文化陶罐形鼎 ……………………………………………………… 306

图三四五　石山孜三期文化陶盆形鼎 ……………………………………………………… 307

图三四六　石山孜三期文化 A 型陶钵形鼎 ………………………………………………… 307

图三四七　石山孜三期文化 B 型陶钵形鼎 ………………………………………………… 308

图三四八　石山孜三期文化 Aa 型陶鼎足 ………………………………………………… 309

图三四九　石山孜三期文化 Aa 型陶鼎足 ………………………………………………… 309

图三五〇　石山孜三期文化 Ab 型陶鼎足 ………………………………………………… 310

图三五一　石山孜三期文化 A 型陶鼎足 …………………………………………………… 311

图三五二　石山孜三期文化 Ba 型陶鼎足 ………………………………………………… 312

图三五三　石山孜三期文化 B 型陶鼎足 …………………………………………………… 313

图三五四　石山孜三期文化 C 型陶鼎足 …………………………………………………… 314

图三五五　石山孜三期文化 Da 型陶鼎足 ………………………………………………… 315

图三五六　石山孜三期文化 Da 型陶鼎足 ………………………………………………… 315

图三五七　石山孜三期文化 Db 型陶鼎足 ……………………………………… 316

图三五八　石山孜三期文化 Dc 型陶鼎足 ……………………………………… 316

图三五九　石山孜三期文化 E 型陶钵形鼎足 …………………………………… 317

图三六〇　石山孜三期文化陶钵形鼎足 ………………………………………… 317

图三六一　石山孜三期文化 A 型陶罐 …………………………………………… 318

图三六二　石山孜三期文化陶罐 ………………………………………………… 319

图三六三　石山孜三期文化陶双耳罐耳系 ……………………………………… 321

图三六四　石山孜三期文化陶双耳罐耳系 ……………………………………… 321

图三六五　石山孜三期文化 Aa 型陶盆 ………………………………………… 322

图三六六　石山孜三期文化 Ab 型陶盆 ………………………………………… 323

图三六七　石山孜三期文化陶盆 ………………………………………………… 324

图三六八　石山孜三期文化 Ca 型陶盆 ………………………………………… 325

图三六九　石山孜三期文化 Cb 型陶盆 ………………………………………… 326

图三七〇　石山孜三期文化 A 型陶钵 …………………………………………… 328

图三七一　石山孜三期文化陶钵 ………………………………………………… 329

图三七二　石山孜三期文化陶钵 ………………………………………………… 330

图三七三　石山孜三期文化陶碗 ………………………………………………… 331

图三七四　石山孜三期文化陶豆 ………………………………………………… 333

图三七五　石山孜三期文化陶器 ………………………………………………… 334

图三七六　石山孜三期文化彩陶残片 …………………………………………… 335

图三七七　石山孜三期文化陶器盖纽 …………………………………………… 336

图三七八　石山孜三期文化陶器流 ……………………………………………… 337

图三七九　石山孜三期文化小陶器 ……………………………………………… 338

图三八〇　石山孜三期文化小陶钵 ……………………………………………… 339

图三八一　石山孜三期文化小陶盂 ……………………………………………… 340

图三八二　石山孜三期文化 B 型小陶盂 ………………………………………… 341

图三八三　石山孜三期文化陶拍 ………………………………………………… 342

图三八四　石山孜三期文化陶纺轮 ……………………………………………… 342

图三八五　石山孜三期文化陶器 ………………………………………………… 343

图三八六　石山孜三期文化泥塑动物模型（T1530⑥：1）…………………… 344

图三八七　石山孜三期文化石器 ………………………………………………… 345

图三八八　石山孜三期文化石铲 ………………………………………………… 346

图三八九　石山孜三期文化石器 ………………………………………………… 347

图三九○　石山孜三期文化器物　·················································· 349

图三九一　石山孜三期文化器物　·················································· 350

图三九二　石山孜三期文化陶器分期图　···································· 356/357

图三九三　东区龙山文化遗迹平面图　·············································· 361

图三九四　西区龙山文化遗迹平面图　·············································· 362

图三九五　龙山文化 F1 平、剖面图　·············································· 363

图三九六　龙山文化 H269 平、剖面图　·········································· 363

图三九七　龙山文化 H18 平、剖面图　············································ 363

图三九八　龙山文化陶器　···························································· 365

图三九九　龙山文化陶鼎足　························································· 366

图四○○　龙山文化 B 型陶鼎足　·················································· 366

图四○一　龙山文化陶器　···························································· 367

图四○二　龙山文化陶器　···························································· 368

图四○三　龙山文化陶纺轮　························································· 368

图四○四　龙山文化陶器　···························································· 369

图四○五　龙山文化石器　···························································· 371

图四○六　龙山文化石斧　···························································· 372

# 彩版目录

彩版一　石山孜遗址

彩版二　专家考察发掘工地

彩版三　遗址发掘场景

彩版四　石山孜一期文化陶釜

彩版五　石山孜一期文化陶釜

彩版六　石山孜一期文化陶釜

彩版七　石山孜一期文化陶釜

彩版八　石山孜一期文化陶器

彩版九　石山孜一期文化陶双耳罐

彩版一〇　石山孜一期文化陶器

彩版一一　石山孜一期文化陶钵

彩版一二　石山孜一期文化陶碗

彩版一三　石山孜一期文化陶支脚

彩版一四　石山孜一期文化 B 型陶支脚

彩版一五　石山孜一期文化陶支脚

彩版一六　石山孜一期文化陶器

彩版一七　石山孜一期文化小陶碗

彩版一八　石山孜一期文化小陶器

彩版一九　石山孜一期文化器物

彩版二〇　石山孜一期文化 A 型石磨棒

彩版二一　石山孜一期文化石器

彩版二二　石山孜一期文化石磨棒

彩版二三　石山孜一期文化石器

彩版二四　石山孜一期文化石器

彩版二五　石山孜一期文化 A 型骨镞

彩版二六　石山孜一期文化 A 型骨镞

彩版二七　石山孜一期文化 B 型骨镞

彩版二八　石山孜一期文化骨镞

彩版二九　石山孜一期文化器物

彩版三〇　石山孜一期文化器物

彩版三一　石山孜一期文化骨器

彩版三二　石山孜二期文化陶鼎

彩版三三　石山孜二期文化陶鼎

彩版三四　石山孜二期文化陶器

彩版三五　石山孜二期文化陶罐

彩版三六　石山孜二期文化陶器

彩版三七　石山孜二期文化陶器

彩版三八　石山孜二期文化陶器

彩版三九　石山孜二期文化陶器

彩版四〇　石山孜二期文化陶器

彩版四一　石山孜二期文化小陶碗

彩版四二　石山孜二期文化小陶碗

彩版四三　石山孜二期文化小陶器

彩版四四　石山孜二期文化陶器

彩版四五　石山孜二期文化石器

彩版四六　石山孜二期文化石器

彩版四七　石山孜二期文化石器

彩版四八　石山孜二期文化石器

彩版四九　石山孜二期文化骨镞

彩版五〇　石山孜二期文化器物

彩版五一　石山孜二期文化器物

彩版五二　石山孜二期文化骨器

彩版五三　石山孜二期文化鹿角钩形器

彩版五四　石山孜三期文化陶器

彩版五五　石山孜三期文化陶鼎

彩版五六　石山孜三期文化 B 型 II 式陶钵形鼎

彩版五七　石山孜三期文化 A 型陶鼎足

彩版五八　石山孜三期文化 B 型陶鼎足

彩版五九　石山孜三期文化陶鼎足

彩版六〇　石山孜三期文化陶鼎足

彩版六一　石山孜三期文化陶器

彩版六二　石山孜三期文化陶器

彩版六三　石山孜三期文化陶钵

彩版六四　石山孜三期文化陶器

彩版六五　石山孜三期文化陶器

彩版六六　石山孜三期文化小陶器

彩版六七　石山孜三期文化小陶盉

彩版六八　石山孜三期文化陶器

彩版六九　石山孜三期文化石器

彩版七〇　石山孜三期文化石器

彩版七一　石山孜三期文化玉璜（T1629⑥：11）

彩版七二　石山孜三期、龙山文化骨针

彩版七三　石山孜三期文化器物

彩版七四　龙山文化陶器

彩版七五　龙山文化陶器

彩版七六　龙山文化陶器

彩版七七　龙山文化陶器

彩版七八　龙山文化石器

彩版七九　龙山文化石斧

# 第一章　概述

## 第一节　自然环境

濉溪县地处淮北平原中部，属淮河中游地区。淮北平原是由黄河水系和淮河水系长期泥沙堆积形成的冲积平原，系华北平原南部的组成部分，介于华北平原与江淮丘陵间的过渡地带，海拔在 20～40 米之间，地势由西北微向东南倾斜，除东北部散布有低山丘陵外，其余均平坦辽阔，沃野千里，河流纵横，水热资源丰富，适宜农耕和人类繁衍生息。该区域自古以来就是黄河流域进入长江流域，东部沿海进入中原内陆腹地的便捷通道，地理位置非常重要，遂成兵家必争之地。如发生于西汉高祖二年（前 205 年）的楚汉濉水之战，项羽以三万精兵大败刘邦几十万军队，为后世留下了"以少胜多"的著名战例。举世闻名的淮海战役第二阶段在双堆集展开，此战以运动战始，阵地战终，对整个淮海战役的胜利具有决定性意义。隋大业元年（605 年），炀帝凭藉隋文帝积累的巨量民力和财富，征发河南、淮北诸郡百余万人，开掘名为通济渠的大运河。通济渠全长 650 公里，自西向东横贯县境中部，县境内长 40.8 公里，成为贯通黄河与淮河长江水系的重要通道。其自通凿以来，隋、唐、宋一直沿用，据《宋史·河渠志·汴河上》记载："汴水横亘中国，首承大河，漕引江湖，利尽南海，半天下之财赋，并三洋之百货系有此道而进。"[①] 通济渠成为隋、唐、宋时期中原与东南沿海地区交通、经济、军事的大动脉，对维系当时王朝的兴衰起到了至关重要的作用。

濉溪县位于安徽省北部，居淮北平原与低山丘陵交接地带，扼这一通道的要冲，其东与宿州市毗邻，南连蒙城县、怀远县、西与涡阳县和河南省永城市接壤，北靠萧县和淮北市郊区，县境内有符夹、青阜铁路纵穿，东接京沪线，北连陇海线，宿永（宿州至永城市）303 省级公路自县域中部横贯，并与其他公路线连接贯通，可直达周边省、市及毗邻各县。新兴的濉河、沱河等水运河道已与上海通航，交通十分便捷。

县域面积 2431 平方千米，辖 10 区 1 镇，县境地势自西北向东南微倾，大部分为平原，东北部是连绵起伏的低山丘陵，地貌有平原、山丘、湖洼地、河流等。

---

① （元）脱脱：《宋史》，中华书局，1977 年。

平原区地势平坦，一望无际，海拔 23.5～32.4 米。平原面积占全县总面积 85.2%，其以横穿平原中部的古隋堤（今宿灵公路）为界，分为南、北两部分。古隋堤北部为黄泛冲积平原区，由黄泛沉积物覆盖，属冲积成因的堆积地形，该区土壤深厚肥沃，地面平整，地下水丰富。古隋堤北部为古老河湖相沉积平原区，由黄土性古河流沉积物覆盖，属剥蚀堆积地形。由于沉积较早，在漫长的成土过程中，沉积之初富含的碳酸钙被淋洗到底层，加上地下水的影响，形成不同形状的砂姜。该区地势较低，地下水位较高，土壤以砂姜黑土为主，地瘦，质差。另外，在这一地区还分布有封闭型的湖洼地，它是该县特有的一种地貌，其形成原因与历史上在此开凿隋唐运河的通济渠有关。由于运河的北堤高出地面达 5 米，宽 40 米，高大完整；南堤高出地面 4 米，宽 20 米，残缺不全；汛期河水猛涨时，南堤往往决口，泥沙被洪水冲向决口的两边，自北向南形成"岭子地形"，每两道岭子地形之间，因长期积水，便形成封闭形湖泊，近似方形，这样的湖洼地很多，俗称"十八湖"，其特点是湖底滞水性大，四周保水差。此外因开矿采煤，县域内濉溪镇、百善区，刘桥区内局部地面塌陷成湖泊，是该县人为形成的地貌（图一）。

低山丘陵区主要分布在马桥、四铺和刘桥区，面积占全县总面积的 3.1%，东北部低山区系徐州云龙山脉南延部分，大小山头有 9 个，包括老龙脊、鹰山等山系，其中的老龙脊海拔 362.9 米，是县内最高峰，因山势起伏犹如龙脊而得名。丘陵区位于县境东部，

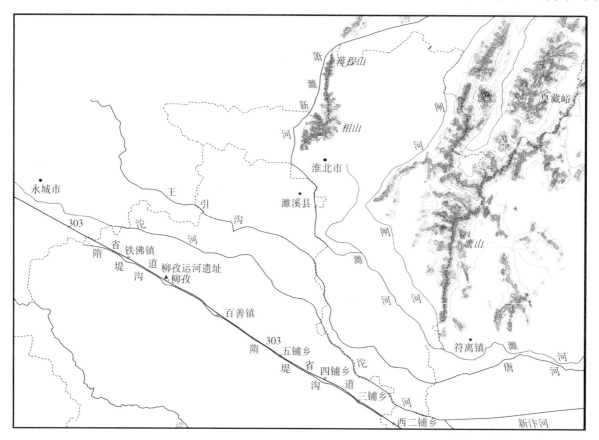

图一　濉溪县地形地貌示意图

包括青龙山至赵集的一系列山丘，南北绵延 5 公里，故名十里长山。这些低山丘陵均为半掩埋岛状残丘，山坡大多平缓，相对高度在 20～30 米，它的形成是由于地质史上燕山早期侵入岩而形成的岩脉状山，一般规模较小，多以岩床、岩脉产出，少数呈岩株。这些山丘下延伸出的开阔地带在水流侵蚀下形成山间各地近似平原状态，土壤肥力高，适宜发展种植业，石山孜遗址即处于这一地区。刘桥区东北部的相山西延部分，海拔 275 米，南北狭长，面积较小。

濉溪县地处淮河中游北岸，县境内河渠纵横，主干河流有 14 条，其中行洪河道有新濉河、相西河、闸河、龙岱河、洪碱河、南沱河、王引河、包河、浍河、北淝河共 10 条。另有大沟 116 条，河沟总长 1283.45 公里，其中浍河由西北向东南流经县境内，是最长的一条过境河流。这些河沟经过全面整治后，水系由濉河水系、浍河水系、南沱河水系、新北沱河水系、濑河水系、北淝河水系组成。流经县境的河流均为淮河支流，具平原河道特征，多顺自然坡降平行贯穿，主要河道两侧分布有泛滥堆积地貌。与石山孜遗址关系最密切的是濉河水系。

濉河水系是由老濉河、新濉河、相西河、闸河、龙岱河、洪减河等干支流组成（图二）。

老濉河，古代大川，称睢水，鸿沟支流之一。其支流多，河床宽，河槽深，水量充足。西晋杜预《春秋左氏经传集解》载："睢受汴，汴受河此古睢水之故道也"，可见春秋战国时期此地已是"汴水入睢之口"的"口子。"北魏郦道《水经注》载："睢水出陈留县西浪荡渠，东经太邱至相县古城南，左合白渎水，又经灵璧古城，又东南经竹县古城又东合涽湖水，又东经符离古城北，东南入泗。"[①] 其中的白渎水，即如今的白沟水，北连汴水，经梧桐陂（今萧县永堌南约 2.5 公里），又经相城东，向南注入睢水。白沟水是一条贯通汴、睢两水的河道。隋唐时期，睢水南通隋运河，为淮北一带水上交通要道。金元时期，由于黄河南灌，河南省的睢水日渐淤废，后处在下游的宿州便开挖溪沟（即后来的溪河），把上游入界之水导入睢水。与溪河相对的还有一条西流河汇入濉河。两河口东西相距不到 200 米。溪河集永城、夏邑、萧县、砀山之水，比降小，水势缓。西流河上接龙河、岱河，聚徐州西南山区之水，比降陡，水势猛，汛期洪峰到来时溪河水受顶托，经常倒灌成灾。经明清两代治理，使濉、溪两河分开，各成水系。清代的濉河源出砀山县黄河故道，南流经萧县、濉溪、宿县、灵璧、泗县至江苏泗洪县入洪泽湖，长 290 公里。

新濉河上游有大沙河、相西河、洪碱河三大支流，县境内有龙岱河、闸河汇入。中华人民共和国成立后，濉河经过四次治理，桥涵增多，运输能力大为减弱。

相西河原名相西沟，是濉河支流，发源于萧县赵庄，在濉溪县黄里村汇入濉河，境内长 2 公里。

---

① 濉溪县地方志编纂委员会：《濉溪县志》，上海社会科学院出版社，1989 年。

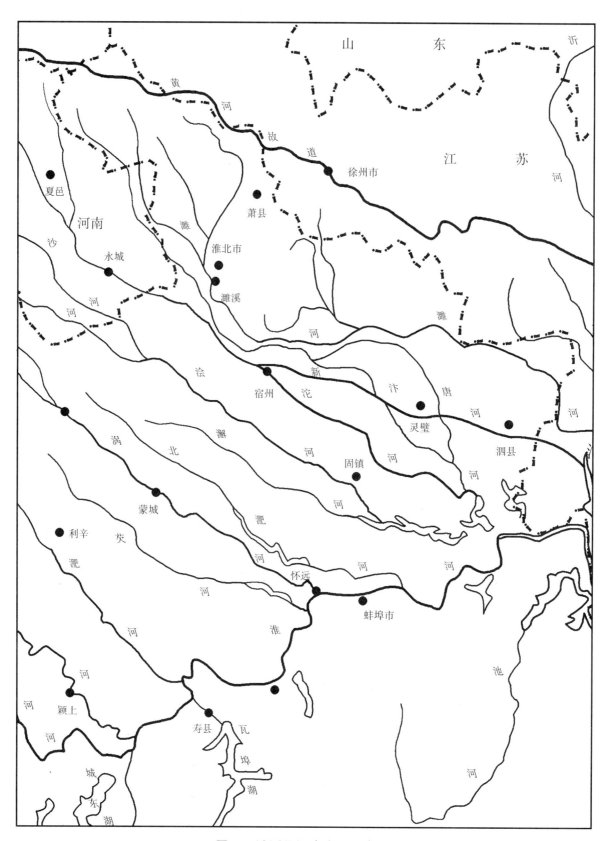

图二　濉溪县河流水系示意图

闸河古名天然闸河，是濉河支流，发源于徐州废黄河南，流经铜山县、萧县、濉溪、宿县汇入淮河，全长72.36公里。主要支流有西流河、山河沟、姬沟、濉符大沟等。县境内长25公里，流域面积181平方公里。

龙岱河是濉河支流，发源于萧县的龙河和岱河，在淮北市汇流后始称龙岱河，在县境陈路口汇入濉河，境内长3.4公里。

洪碱河是濉河支流，发源于砀山县。上游有洪河及碱河，在萧县汇流后称洪碱河，在县境惠楼汇入新濉河，境内长6.5公里。

南沱河水系由南沱河和王引河、巴河组成。

南沱河是淮河支流，发源于河南省商丘市刘官庙。流经虞城、夏邑、永城、濉溪、宿县、固镇、灵璧、泗县入五河县大安集沱湖，再经漴潼河入洪泽湖，而后入淮河。商丘称爱民沟，虞城称响河，永城称巴沟河，境内称巴河，1952年定名为南沱河。县境内长46.2公里。

王引河是南沱河支流，发源于砀山县，流经砀山、永城、萧县、濉溪等县。境内曾称溪河，长5.3公里。

巴河又名唐河、南股河，是南沱河支流。经永城流入县境，而后入宿县，县境内长13.1公里。

浍河水系由浍河和包河组成。

浍河古名涣水，又名浍水，是淮河支流。今浍河源于河南夏邑县，经夏邑、永城、濉溪、宿县、固镇5县与澥河汇流入洪泽湖。县境内长64公里，是最长的一条过境河，其多为自然河道。

包河是浍河支流，发源于河南省商丘市。流经商丘、虞城、亳州、永城、涡阳、濉溪6县在临涣集汇入浍河，县境内长7.9公里。

新北沱河是淮河支流，汇入该河的大沟有10条，长12.5公里，是县境排内水的河道。

澥河是淮河支流，发源于本县白沙乡，经宿县、怀远、固镇3县与浍河汇流而入洪泽湖，县境内长39.2公里。

北淝河是淮河支流，发源于河南省商丘市附近，流经亳州、涡阳、蒙城、濉溪、怀远、五河6县入淮河，全长226公里，是濉溪县与怀远县的分界河。

濉溪县地理坐标北纬33°17′~34°01′，东经116°23′~116°59′，地处暖温带南端，北亚热带和暖温带过渡地带，属暖温带半湿润季风气候区，四季分明。春季（3~5月）气温回升快，天气多变，雨量较冬季增多，常刮偏东风。夏季（6~8月）炎热，降水集中，蒸发量大，多偏南风。秋季（9~11月）凉爽，降温快，昼夜温差大，多偏东北风。冬季（12~2月）严寒，雨雪稀少，多偏北风。年平均气温14.5°C，一月为全年最冷月，七月为全年最热月，平均气温27.5°C。雨量较充沛，季节性变化大，夏季最多，春秋次之，冬季最少。年平均降水量852.4毫米，年际降水量悬殊较大，年平均降水日为93天。年平均湿度为13.8毫巴，夏季湿度最大，秋季次之，冬春最小，年均相对湿度70%。

日照较为充足，蒸发量全年平均1768.0毫米，其月季变化与降水的月季变化一致，即夏季大，冬季小，春秋介于冬夏之间，历年平均无霜期203天。地温的变化与气温的月季变化相一致，冬低夏高。

濉溪县地表水资源丰富，主要来源于大气降水，多年平均年径流量为19871万立方米，根据水利区划原则，县内划分为沱北区、沱南区、东北部山丘区3个水利区，水文情况各有差异。地下水储量较丰富，达32亿立方米。可分为古河床发育带强富水区、古河床发育中富水区、基岩浅埋、古河床不发育贫水区。地下水流向为西北东南向，与地势倾斜方向相一致。

县境内的土壤主要是山前坡积，堆积和河流冲积所形成，可分为砂姜黑土，潮土、红色石灰土、黑色石灰土、棕壤5大土类。其中潮土主要分布在隋堤以北，占总面积的32.8%。隋堤以南，除浍河等较大河流两侧分布有部分潮土外，绝大部分为砂姜黑土，占全县面积的59.5%。红色石灰土主要分布在东北部丘陵区，占总面积的1.04%。黑色石灰土主要分布在东北部丘陵，占全县总面积的1.8%。棕壤主要分布在马桥区的残丘坡麓，占总面积的0.28%。

濉溪县处于暖温带南端，属华北植物区系，地带性植被为暖温带落叶阔叶林，其自然地理条件适应多种落叶阔叶树和常绿针叶树生长。原始植被已破坏无存，仅东北部低山残丘有极少量的黄连木、山槐、楸树等天然次生林，县境内树种繁多，林业区划可分为三个区。一是东北部丘陵针阔叶用材林、经济林区。该区地势起伏，土壤贫瘠，水土流失严重，适宜栽植耐干旱、耐瘠薄的树种，如松、柏、梓、楸等用材树，另有山楂、石榴、杏、李、核桃等果树。二是隋堤以北潮土平原农田防护林。土壤以沉积性潮土，农田成片，村庄密布，道路、沟河交错，宜营造农田防护林和发展四旁植树。树种以泡桐、杨、柳、楝、椿等用材树为主，果树为辅。三是隋堤以南砂姜黑土平原农田防护林区。土壤瘠薄，地下水位较高，适宜栽种刺槐、椿、楝和榆树等，也可以种植枣、桑、条类等经济林木。人工植被有栽培的树和农作物，农田植被以小麦为主，其次是大豆、山芋、玉米、棉花、油菜、芝麻、花生等。此外还种植油菜、芝麻、花生等油料作物和各类瓜菜。天然植被以草木为主。以白洋草、猪尾草、鸡眼草等草种为主，另有一些杂草生长。

县境内的野生动物兽类有野兔、猫、刺猬、松鼠、黄鼠狼、狼，在20世纪80年代初曾在浍河、闸河内各捕到一只扬子鳄。鸟类有野鸭、鸡、鸽、喜鹊、大雁、啄木鸟、麻雀、猫头鹰、布谷鸟、鹇、鹰、黄鹂等。虫类有蛇、青蛙、蟾蜍、蜥蜴、蝎子、土鳖、蜈蚣等。贝类有蚌、螺、蛤蜊。鱼类有鲤、草鱼、鲫、鲢、黄花鱼等。

甲壳类有龟、鳖、虾、蟹。饲养动物有黄牛、驴、马、猪、山羊、绵羊、家兔、狗、猫等。

濉溪县矿产资源丰富，非金属以煤为主，是全国煤炭储量最丰富的县之一，不仅储量丰富，而且煤类较全；其次是水泥灰岩。金属矿以铁为主，铜、金、银、钴等次之，煤矿主要分布在县西北部和南部，金属矿分布在中部地区，非金属矿分布在县东北丘陵区。

濉溪县地处淮河中游，历史上曾多次遭受黄河侵入，加上水系紊乱，堤防不固，自然灾害频繁，以水灾最为严重。旱灾、虫灾、风霜、冰雹灾害也时有发生。

县域位于淮北平原中部，苏鲁皖交壤地区，东有郯庐（山东郯城—庐江）深大断裂带，西有阜阳、麻城断裂带，南有宿南（五河—利辛）断裂带，北有秦岭纬向断裂带，境内百善和临涣之间，有东西向宿北活动带断裂穿过。另有岳集—古饶断裂带，大辛家—杨柳—五沟断裂带，五铺—蔡善—前岭南断裂带。上述几个大断裂带经过的地区，使该县成为地震活动的危险区域之一。按全国地震烈度区划，县境内大部分地区在 6 度范围内，东部和南部的一些地区在 7 度范围内。据清光绪《宿州志》和安徽省地震局主编的《安徽地震史料辑注》记载，自西汉和平二年（27 年）至清光绪十九年（1893 年），发生或波及本地的中强地震 10 余次。自光绪二十年（1894 年）至 1985 年发生地震 20 余次。其中最大的一次是 1973 年 9 月临涣发生的 4.5 级地震。

## 第二节　历史沿革

相传夏禹分天下为九州，濉溪属徐州。据《元和郡县志》[①]、《太平寰宇记》[②] 载，约公元前 21 世纪，商汤十一世主相土，由商丘东迁于此，本地称为相。山即名为相山，约公元前 14 世纪商王河亶甲迁都相。

春秋时相属宋国。置铚邑，邑址在临涣集，宋公共即位后，因避水患，由睢阳（河南商丘市南）迁都相城（今钟楼乡境内），传子平公，以相城为都达 90 年。战国时期（前 286 年，齐、楚、魏灭宋，尽分宋地），本地属楚国。秦王嬴政二十六年（前 221 年）统一中国，设 36 郡，县境分属沛郡的相县、铚县、蕲县、符离县。泗水郡及相县治所均在相城。

西汉高祖四年（前 203 年），改泗水郡为沛郡，相、铚县未变。武帝元狩六年（前 117 年），封大将居翁为相城侯，沛郡改为侯国。宣帝地节元年（前 69 年）本地东部属

---

① （唐）李吉甫：《元和郡县图志》，中华书局，1983 年。

② （宋）乐史：《太平寰宇记》，中华书局，2007 年。

彭城郡，其余属侯国。此后侯国又改称沛郡。黄龙元年（前49年），在今赵集孤山一带置竹县，属沛郡。王莽始建国元年（9年），竹县改称笃亭，相县改称吾符亭，沛郡改称吾符，治所均不变。

东汉建武二十年（44年），刘秀封其子刘辅为沛王，改吾符为沛国，改笃亭为竹邑侯国，改吾符亭为相县。

三国时期，曹魏迁沛国治所至沛县（今江苏省沛县），改竹邑候国为竺邑县。本地分属魏豫州谯郡的相、铚、竺邑、蕲和符离5县。

西晋时，沛国治所复迁相城。本县分属豫州沛国之相县、竺邑县、符离县和谯国之铚县、蕲县。东晋大兴二年（319年），本地属后赵；升平元年（357年）属前燕；太和五年（370年）属前秦；太元八年（383年）属东晋。南朝宋永初元年（420年），本地属徐州沛郡之相、竺邑、符离和谯郡之铚、蕲5县；元嘉八年（431年），废竺邑；大明八年（464年）沛郡治所迁萧（今萧县）。梁武帝普通六年（525年）置临涣郡，治铚城，本地分属谯州之临涣郡、蕲城郡。东魏武定五年（547年），析临涣郡置白掸县和涣北县，白掸县治所在今百善集南，涣北县治所在今柳孜集南秦古城村。本地分属沛郡相县、蕲城郡蕲城县、临涣郡白掸县和涣北县。北齐天保元年（550年），复置竹邑县，治所在竹邑城；废临涣郡和涣北县，置临涣县，治铚城；天保七年（556年）废相县；武平三年（572年）本地分属彭城郡承高县、蕲城郡蕲城县、睢南郡竹邑县、符离县、谯郡临涣县、白掸。北周灭北齐后，本地隶属不变。

隋开皇三年（583年），竹邑县并入符离县。大业元年（605年），白掸县并入临涣县，本地分属谯郡临涣县和彭城郡蕲县、符离县、萧县。

唐初（618年），本地分属徐州之符离县、蕲县和亳州临涣县。武德四年（621年）析符离县置诸阳县，治所在今赵集山西村。贞观元年（627年），诸阳县并入符离县。元和四年（809年），析徐州之符离县、蕲县和泗州虹县置宿州，本地分属宿州之符离县、蕲县和亳州临涣县。九年临涣县改属宿州，本地分属宿州之符离县、临涣县、蕲县。五代时隶属同唐。

北宋开宝五年（972年），属淮南路保静军。熙宁五年（1063年），分属淮南东路宿州之临涣县、符离县、蕲县。南宋时，长淮以北沦为金，本地分属金南京路宿州之符离县、临涣县、蕲县。

元至元二年（1265年），撤临涣、符离、蕲县3县，辖地并入宿州。本地属河南行省归德府宿州。明、清本地无县建置，属宿州。1912年，改宿州为宿县，本地属之。

1949年6月，宿西、宿东两县合并为宿县，隶属华东局皖北行署宿县专区。1950年7月，析宿县西境置濉溪县，属皖北人民行政公署宿县行政区专员公署；1952年，属安徽省宿县专区，1956年，属蚌埠专区，1961年，复属宿县专区，1971年，改专区为地区，属宿县地区，1977年，改属淮北市。

## 第三节　遗址概况及发掘经过

一　遗址概况

石山孜遗址位于濉溪县城东南约 8 公里处的石山孜自然村北部，现隶属濉溪县赵集乡赵楼行政村，地理坐标北纬 33°51′，东经 116°49′（图三；彩版一）。

该区域地处淮北平原东北部的低山丘陵与平原交接地带，其西部是地势低平，一望无垠的淮北平原，东部为低山丘陵分布区，这些低山丘陵的分布，大致以闸河为界，分为东西两部分，闸河以东为低山分布区，系江苏省徐州云龙山脉南延部分，由老龙脊、凤山、鹰山、龟山 9 个小山头等山脉组成。海拔高度多在 120～350 米。其中的老龙脊是濉溪县域内的最高峰，海拔 362.9 米，因山势起伏宛如龙脊而得名。其地形特点是山势连绵起伏，山坡坡度较大，山坡处多为杂石土，植被稀少，水土冲刷较为严重，可耕地多处于山脚湖坡，土层薄，土质差，且分布零散，逢雨则山洪暴发形成涝灾，汛期过后山区则缺水干旱。闸河以西多为半掩埋岛状残丘陵分布区，系地质时代燕山早期地壳运动形成的侵入岩，一般规模较小，由青龙山、花鼓山、十里长山等山丘组成，其中青龙山至赵集的十里长山残丘，南北绵延达 5 公里，故名十里长山。其海拔多在 60～110 米，相对高度则为 20～30 米，其地形特点是坡度较小，山坡处基岩裸露，各山丘之间向下延伸的开阔地带形成山间谷地。

由于地表水侵蚀和流经发源于东部低山区的河流及其支流的长期冲刷堆积，各山谷之间形成了近似平原形态的山间谷地，岭低谷宽，错落分布，地势平坦而高亢，冲击堆

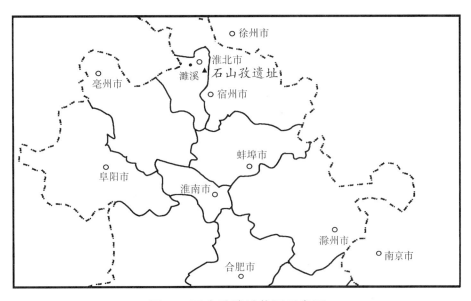

图三　石山孜遗址位置示意图

积的土层深厚，土层中含有较丰富的矿物质，土壤肥力较高。

石山孜遗址所在的石山孜自然村就坐落在十里长山北部的一个山间谷地之中，因村庄北部有一孤耸奇秀的小石山而得名。该山在清光绪年间编纂的《宿州志》中有载，"濉溪县城东南约5华里处有一石山，巨石磷山间，突兀于平原之上，名曰飞来峰"①。另据清光绪《凤阳府志》记载，"宿州西北50余里有石山，周围一里许，纯石无土，介然独峙，层层迭起，嵌空玲珑，如雕如画"②，可见当时该石山已是濉溪名胜之处。

现遗址分布范围在石山周围，石山今呈椭圆形，南北长120、东西宽约70、高约25米，周围平坦。石山之南还分布着刁山、陈山孜、平山、诸阳山、孤山等一系列的低矮残丘和山间谷地。

发源于砀山县黄河古道的古代大川濉河自西北部蜿蜒而来，在受到青龙山的阻挡之后，在遗址的北部潺缓流过，而后折向东南逶迤而去，经宿州、灵璧、泗县和江苏省泗洪县注入洪泽湖，隔濉河与山势巍然的青龙山相望。

遗址东部2.2公里处的陈路口村是濉河支流雷河与濉河交汇处，西部与淮北平原相接。观其地理形势，可谓群山环峙，一水潆洄，这里地势平坦，土层深厚，土壤肥沃，加上又地处暖温带南端，气候温暖，四季分明，降水较充沛，且水热同季，河流水源充足，水系发达，既有利于各类陆生植物生长发育，还兼有丰富的水产资源。石山之依，则无水患之虞，其自然生态环境堪称优良，遂成古代先民进行渔猎、采集、农耕等生产、生活活动和栖息的理想之地。

二　发掘经过

1984年春，濉溪县文物管理所在进行全县文物普查工作时发现了石山孜遗址，从采集到的文物标本所显示的特征上分析，属新石器时代遗存。1987年国家文物局设立的苏鲁豫皖古文化研究课题实施时，安徽省文物考古研究所成立了淮河以北地区古文化研究课题组，对该区域内的史前文化遗存展开了广泛的考古调查，并对以往调查确定的古文化遗存进行了复查。在调查和复查的百余处文化遗存中，石山孜遗址是一处时代较早的史前古文化遗存。当时确定的遗址范围南北长210、东西宽约160米，面积约3.3万平方米。报经国家文物局批准后，安徽省文物考古研究所于1988年秋对石山孜遗址进行了首次发掘，参加发掘的工作人员有安徽省文物考古研究所张敬国（领队）、何长风、杨益峰、贾庆元、葛平，淮北市博物馆武时良、魏世森，濉溪县文管所王林等同志。这次发掘在小石山西侧布5米×5米探方4个，发掘面积100平方米。通过发掘，出土了一批文化面貌新颖、特点明显的陶器、石器、骨器、角器。发掘者认为该遗址是淮

---

① 濉溪县地方志编纂委员会：《濉溪县志》，上海社会科学院出版社，1989年。
② 濉溪县地方志编纂委员会：《濉溪县志》，上海社会科学院出版社，1989年。

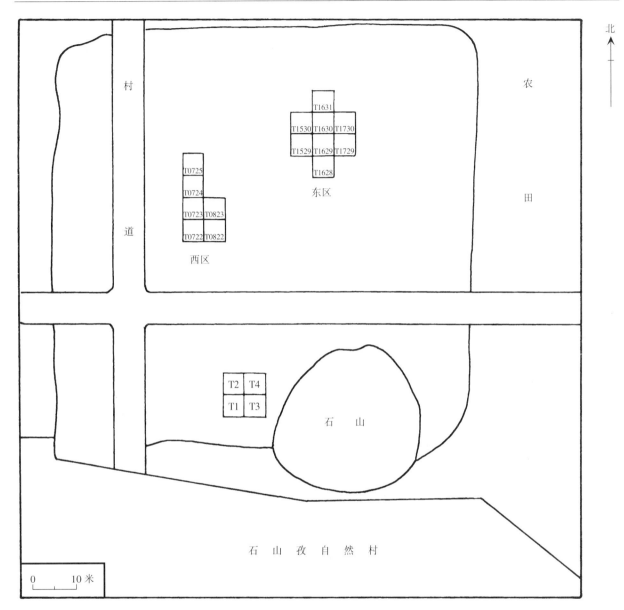

**图四 探方分布图**

(T1、T2、T3、T4 为第一次发掘，其余探方为第二、三次发掘)

北地区较早的史前文化遗存，并将该类遗存分为两期，即石山孜二期遗存和石山孜三期遗存，它们属于同一文化的不同发展阶段。同时表明该遗址具有面积大、文化层堆积厚、文化内涵丰富的特点，为探讨和研究淮河以北地区原始文化面貌提供了重要线索。

1991 年 5 月 28 日至 6 月 2 日苏鲁豫皖考古座谈会在安徽召开，石山孜遗址第一次发掘所获成果得到了与会专家的关注（彩版二），但因发掘面积较小，资料有限，难以全面反映该遗址的文化内涵。报经国家文物局批准后，安徽省文物考古研究所于 1992 年 11 月 10 日对该遗址进行了第二次发掘，发掘之前进行了初步钻探。以钻探情况分析，该遗址东西宽 340、南北长 400 米，面积达 13 万平方米，文化层最深达 4.5 米。依据钻探资料，在小石山西北部（即西区）和东北部（即东区）分两处布方，按正磁北方向，用象限法布方。西区布 5 米×5 米探方四个，编号为 T0722、T0723、T0724、T0725；东区布 5 米×5 米探方 4 个，编号 T1628、T1629、T1630 和 T1631，发掘面积 250 平方米。参加这次发掘的工作人员有安徽省文物考古研究所贾庆元（领队）、刘峰、叶润清，铜陵市文物管理所唐杰平，池州市文化局赵建明，马鞍山市博物馆栗中斌、芜湖市文物管理所程芸芸，怀宁县文物管理所汪茂东，濉溪县文物管理所王林等同志。第二次发掘可分为两个阶段，第一阶段于 1992 年 11 月 10 日至 1993 年 1 月 5 日结束，因天气和时间原因，所布探方均未发掘到底。第二阶段于 1993 年 4 月 10 日至 1993 年 7 月 15 日结束，这一阶段发掘中在西区 T0722 和 T0723 的东部布 5 米×5 米的探方两个，编号分别为 T0822 和 T0823。

1993 年 10 月 5 日，安徽省文物考古研究所对该遗址进行了第三次发掘，这次发掘在东部探方即 T1629～T1631 南北一排的东西两侧布 5 米×5 米探方 4 个，编号 T1529、T1530 和 T1729、T1730，发掘面积 100 平方米（彩版三）。参加这次发掘的工作人员有安徽省考古研究所贾庆元（领队）、叶润清、吴卫红、刘峰及任一龙和杨文采。田野工作至 1994 年 1 月 10 日全部结束。

第二次和第三次发掘面积 350 平方米，发现房址 15 座，灰坑 392 座，墓葬 15 座，文化层堆积 13 层，发现了一批早于第一次发掘的新石器时代的文化遗存和遗物（图四）。

# 第二章 地层堆积与文化分期

## 第一节 地层堆积

石山孜遗址今已辟为农耕地，地表比较平坦，在 1992～1993 年的两次发掘中，选择了两个不同的发掘地点，可将其分为东、西两区。现今地表虽然较为平坦，但由于埋藏和保存状况不同，东、西两区的文化层堆积也有所差异。

### 一 东部发掘区地层堆积

东部发掘区位于遗址东北部，其西南部为西部发掘区，南部为第一次发掘区。布 5 米 × 5 米探方 8 个，编号分别为：T1529、T1530、T1628、T1629、T1630、T1631、T1729、T1730，呈南北正方向排列，其地层堆积按照质地、颜色、出土遗物及其他性状，可以分为 13 层次，其在各探方中的分布也有所差异，现以 T1530、T1630、T1730 的北壁剖面图为例（图五），介绍如下。

第①层：耕土层，呈灰黄色，质地较细，略含沙性，结构疏松，富含植物根系等，厚 10～20 厘米。出土遗物多为现代砖瓦、瓷片，也有少量的夹细砂篮纹陶片和绳纹砖瓦残片，属现代农耕土。该层堆积在发掘区中普遍存在，其下分布有少量的现代扰土坑。

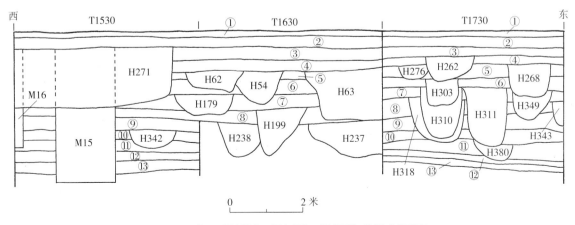

图五　东区 **T1530**、**T1630**、**T1730** 北壁剖面图

第②层：黄褐色淤积沙土层，质地细腻，结构紧密，厚 30～40 厘米。部分探方局部缺失该层堆积，大部分探方均有该层堆积。出土遗物较少，堆积中含有炭灰屑及少量红烧土。出土遗物主要是残碎瓦片、厚胎绳纹或素面灰陶器和粗绳纹板瓦以及明清时期的青花瓷残片。本层堆积下叠压有汉代灰坑、墓葬，如 H4、H271、M5、M8、M9、M15、M16。

第③层：灰褐色土，质地较干硬，结构略紧密，厚 20～30 厘米。内夹杂较多的红烧土颗粒和炭灰屑，该层堆积分布于发掘区的所有探方。出土遗物主要是汉代的子母口砖绳纹砖、外饰绳纹内布纹的板瓦，另有一些饰篮纹及方格纹的灰陶残片、夹蚌红褐陶素面陶片等。该层下叠压的遗迹以灰坑为主，按遗迹包含物风格的不同可分为两类。一类多为规模较大、形状却不甚规整的灰坑，如 H261、H264、H267 等，其中的包含物以汉代厚胎陶器和砖瓦为主。另一类灰坑的规模较小，但略微规整，出土遗物中多为陶篮纹罐、泥质灰陶磨光陶盆及足正面呈三角形的陶鼎等。从文化特征分析，应属龙山文化时期的遗存，如 H269、F1 等。

第④层：深灰褐色土，内夹杂较多的红烧土块、炭灰屑，土质较硬，结构紧密，略带黏性，厚 20～35 厘米。该层堆积在东区的各个探方均有分布，出土遗物以陶器残片为主，也有少量动物骨骼和蚌类生物的遗骸，并出土有石斧、石刀等石器。陶器质地以泥质夹蚌灰陶、泥质红陶绘红彩、夹细砂灰陶、夹蚌红陶为主。可辨器形有罐、碗、豆、鼎足。该层下叠压的遗迹主要有房址、墓葬、灰坑，如 F11、F2、F4、F5、M10、H54、H62、H63、H268、H270 等。

第⑤层：浅灰褐色土，内夹杂有白色的硬土斑块和红烧土及炭灰屑，结构紧密，厚 25～45 厘米。出土遗物以陶片为主，并有少量的动物骨骼及蚌类生物的遗骸。陶器的质地以夹蚌红褐陶和泥质红陶最多。可辨器形有双耳罐、釜、鼎、盆、豆。纹饰以磨光弦纹、镂孔涂红彩、附加堆纹等为主。其中的双耳罐耳系多为鸟首状，泥质陶三足钵、泥质陶钵多磨光，另有残石器、陶纺轮、骨器、陶球等，鼎足足根多附有装饰性的泥条及乳丁等。该层下的遗迹主要有房址如 F6、F12、F10，墓葬 M11，灰坑如 H229、H282、H303 等。

第⑥层：灰褐色土，夹有较多的红烧土颗粒和炭灰，局部呈深褐色，厚 20～50 厘米，结构较紧密，质略软。出土遗物主要是陶器残片、动物骨骼及蚌类生物遗骸。陶器质地以夹蚌陶和泥质陶为主，另有少量的夹炭陶和夹砂陶。器表装饰主要有附加堆纹、磨光、涂红彩、划纹、戳点纹、镂孔。可辨器形与第⑤层大体相似，其下叠压的遗迹为灰坑，如 H179、H311 等。

第⑦层：灰黑色土，夹有少量的红烧土颗粒，质地较硬，结构略疏松，厚 20～50 厘米。出土遗物以残陶器为主，另有少量的动物骨骼及蚌类生物遗骸，陶器以夹蚌红褐陶、泥质红陶为主，另有少量的夹砂陶和夹炭陶。器表装饰主要有附加堆纹、磨光、红顶、红彩绘等，另出土有少量的彩陶残片。可辨器形有双耳罐、釜、鼎、盆、钵、碗、少量支脚及骨器、石器等。该层的分布特点是厚薄不一，其中鼎足以夹蚌陶锥形足为主，双耳罐流行宽状和半泥饼状。该层下叠压的遗迹有房址、墓葬、灰坑，如 F8、F13、F14、M13、H199、H318、H337、H342、H343 等。

第⑧层：灰褐色土，质稍硬，结构紧密，厚 20～55 厘米；在各探方中的分布厚薄不均。出土遗物主要是残碎陶片、动物骨骼以及较多的蚌类生物残骸。陶器的质地、器形与第⑦层大致相似，但夹砂陶、夹炭陶、外红内黑陶所占比例较第⑦层堆积略有提高。此外还出土了一些石器和骨器、陶纺轮等遗物。开口在该层下的遗迹有墓葬、灰坑，如 M14、H338、H358 等。另外，分布于探方 T1630 内的原编号 F9 没有发掘，结构未知。

第⑨层：浅灰褐色土，泛黄，质地细腻，结构较疏松，厚 30～50 厘米。出土遗物以残碎陶片为主，另有少量的动物骨骼及蚌类生物遗骸。陶器的质地以夹蚌陶、夹砂陶为主，与第⑧层堆积的陶器形制大致相同，但夹砂陶有所增加，泥质陶则有所减少。并有少量的泥质磨光红陶、彩陶片。器表装饰有附加堆纹、带鋬器、素面、外红内黑陶等。可辨器形以釜、鼎、罐、盆、钵、碗最多，并有少量的祖形支座及一些残石磨棒等。开口在该层下的遗迹主要是灰坑，如 H366、H375、H381、H394 等。骨器以鹿角钩形器最具特色。

第⑩层：灰褐色土，泛黄，内夹杂有零星的红烧土颗粒和较多的草木灰颗粒，质地松软，厚 20～50 厘米。该层堆积主要分布于 T1631、T1530、T1529、T1730、T1729 五个探方，探方中的分布厚薄不均。出土遗物中有少量的动物骨骼，以陶器残片为最多，主要有夹砂陶和夹蚌陶、红褐陶，几乎不见泥质陶。陶器器表多呈红褐色，器内灰黑色，部分饰红陶衣。器表装饰主要有附加堆纹、指甲纹、磨光，器物上的鋬手较为常见。器形以小口双耳罐、釜、碗、钵、盆、支脚为主，其中支座以柱状者为主。双耳罐的耳系多为半环形，碗多带圈足或假圈足。其下叠压的遗迹主要是灰坑，如 H368、H380 等。

第⑪层：灰黑色土，质地较软，结构疏松，夹杂有较多的有机腐质物，厚 10～50 厘米。该层堆积仅分布于 T1529、T1530、T1729、T1730 四个探方。出土遗物较多，除陶器残片外，还有较多的兽骨和水生动物遗骸，陶器特征基本与第⑩层堆积相似。该层在上述各探方中的分布厚薄不均。出土有石磨盘、石磨棒、骨镖等。其下叠压的遗迹以灰坑为主，如 H377、H386、H393 等。

第⑫层：灰褐色土，夹杂水锈绿色斑点，结构细密，略呈板结状，黏度较大，厚 10～20 厘米。出土遗物以陶器残片为主，以夹砂陶、夹蚌陶居多，另有少量的夹炭陶。纹饰以附加堆纹、指甲纹、划纹为主，可辨器形主要有釜、盆、钵、碗、小口双耳罐和支座，不见圈足器，施红陶衣者亦少见。其下叠压有房址和灰坑如 F15（未发掘）、H384、

H392、H395 等。

第⑬层：灰褐色土，结构紧密，黏性较大，夹有黑炭屑和绿色斑点、黄褐色生土块等，质地较硬，呈板结状，厚 10～30 厘米，其下叠压黄褐色生土。主要分布于 T1529、T1530、T1729、T1730 等探方内。出土遗物以陶片为主，但数量不多，可辨器形有釜、盆、钵、碗、小口双耳罐和支脚等，不见或少见圈足器。开口于该层下的遗迹有灰坑 H391。该层下为黄褐色生土，结构紧密，黏性较强。

二 西部发掘区地层堆积

西区位于第一次发掘地点的西北部，布 5 米×5 米的探方 6 个，探方编号为 T0722、T0723、T0724、T0725、T0822、T0823，发掘面积 150 平方米。本区的地层堆积按照质地、颜色、出土遗物及其他性状可分为 11 层，现以 T0722、T0723、T0724、T0725 的西壁为例介绍（图六）。

第①层：耕土层，灰黄色土，略含沙性，较疏松，厚 10～20 厘米，分布于发掘区的各探方。出土的遗物有新石器时代的残陶片和汉代至现代的陶瓷、砖瓦残片。其下叠压有现代墓和现代扰土坑。

第②层：黄褐色淤积土，质地细腻，结构紧密，含沙量大，内含有炭灰屑及少量红烧土颗粒，厚 10～30 厘米，分布于西区的各探方。出土遗物较少，主要有夹细砂篮纹陶器残片、泥底灰陶残砖瓦片和近现代的青花瓷片。该层下叠压的遗迹有汉代墓葬，如 M1、M3、M4、M6、M7。

第③层：灰褐色土，质地较干硬，结构紧密，其内夹杂有红烧土颗粒和炭灰屑，厚 15～50 厘米，分布于西区的各探方。出土遗物主要是残碎陶片、瓦片，以厚胎绳纹或素面的灰陶器和粗绳纹、方格纹板瓦多见，另外还出土一些篮纹罐、素面磨光灰陶平底盆、侧三角形鼎足等残片。本层下叠压的遗迹按照出土遗物的风格不同，可分为两类，一类多为规模较大，但形状不规则，如 H7、H9 等的包含物与第②层堆积中的汉代厚胎陶器、绳纹砖、板瓦等相似；另一类出土遗物多为篮纹灰陶罐、平底盆、泥质灰陶带把杯、

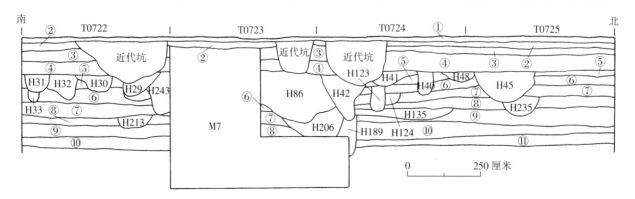

图六 西区 T0722、T0723、T0724、T0725 西壁剖面图

侧三角形鼎足等，且其形状较为规整，从文化特征上分析，应属龙山文化时期的遗存，如 H16、H18 等。

第④层：深灰褐色土，内含有较多的红烧土颗粒、炭灰屑，土质较硬，结构紧密，略带黏性，厚 20～35 厘米，分布在西区的所有探方。出土遗物以陶器残片为主，也有少量的动物骨骼和蚌类生物的遗骸，并出土有石斧、陶球、残骨器等遗物。陶器质地以泥质夹蚌灰陶、泥质灰陶、泥质红陶绘红彩、夹细砂灰陶、夹蚌红褐陶为主。可辨器形有罐、碗、豆、鼎、鼎足、平底盆等。该层下叠压的遗迹主要有房址 F2、F5、F6、F11 以及为数较多、分布散乱的柱洞，另有灰坑如 H31、H39、H86 等。

第⑤层：浅灰褐色土，内夹杂有白色的硬土斑块和红烧土及炭灰屑，结构较紧密，厚 25～55 厘米，分布于西区各探方，但厚薄不均。出土遗物主要是残破的陶片，另有一些动物骨骼及蚌类生物残骸，陶器残片以夹蚌红褐陶和泥质红陶为主，器表装饰有弦纹、附加堆纹、镂孔、磨光陶、红陶衣、红彩绘。器形以鼎、釜、盆、罐、碗、钵等比较多见，另有一些陶纺轮、陶球、圆陶片及石器等工具类遗物，陶器中的带把罐形鼎和三足钵最具特色，鼎足多为锥形，足根部附加有泥条、乳丁等装饰。该层堆积叠压的遗迹主要有房基 F3、F4、F10、F12 和打破第⑥层及以下诸层的灰坑，如 H53、H57、H123、H132 等。

第⑥层：灰褐色土，内夹杂较多的红烧土颗粒和炭灰屑，局部呈深褐色，结构较紧密，质略软，厚 25～60 厘米，分布于西区的各探方，厚薄不均，包含物较丰富。出土遗物主要是残陶片及动物骨骼、蚌类生物残骸，陶器质地以夹蚌红褐陶和泥质红陶为主，并有少量的夹炭陶和夹砂陶，器表装饰以附加堆纹、涂红彩、素面磨光、戳点纹、镂孔等为主，器形与第⑤层堆积大体相同，其下叠压的遗迹主要是灰坑，如 H182、H184 等。

第⑦层：灰黑色土，夹有少量的红烧土颗粒，质地较硬，结构略疏松，厚 25～50 厘米，分布于西区的各探方，厚薄不均。出土遗物中以残陶片为主，另有少量的动物骨骼及蚌类生物残骸。陶器以夹蚌红褐陶、泥质灰陶、泥质红陶为主，另有少量红彩绘、夹砂陶和夹炭陶。器表装饰有附加堆纹、素面磨光、彩绘。可辨器形有双耳罐、釜、盆、钵、碗、鼎，另有少量的骨器、石器。其中鼎足以锥形足为主，双耳罐流行半泥饼状耳，以红顶钵最具特色。另有少量小型陶器，以钵、盂等为主，陶纺轮次之，骨器以鹿角钩形器较多。该层下叠压的遗迹主要是灰坑，如 H125、H130、H212、H235 等。

第⑧层：灰褐色土，质地稍硬，结构较紧密，厚 10～45 厘米，出土的包含物除动物骨骼及蚌类生物残骸外，多为陶器残片，陶质、陶色、纹饰、器形等与第⑦层堆积大致相同，其下叠压的遗迹主要为灰坑，如 H135、H138、H216 等。

第⑨层：浅灰褐色土，泛黄，质地细腻，结构较疏松，厚 35～70 厘米，分布于西区的各探方，厚薄不均。出土遗物以陶器残片为主，另有较多的蚌类生物遗骸和粉末，陶器以夹蚌和夹砂为主，另有一定数量的泥质陶和夹炭陶，器表装饰以附加堆纹、划纹、彩绘、磨光为主。可辨器形有鼎、小口双耳罐、釜、钵、盆、碗等，此外还出土一些石器、骨器等工具类遗物，如骨针、石斧，骨器以鹿角钩形器最具特色。其下叠压第⑩层和灰坑，如 H221 等。

第⑩层：灰黑色土，夹杂水锈绿色斑点，略显黏性，含有较多的草木灰类有机腐质物和少量红烧土颗粒，土质较松软，厚 20～50 厘米，该层分布于西区的 T0724、T0725、T0722、T0822、T0823 四个探方中。出土遗物以残陶片为主，另出土有动物骨骼及粉末状的蚌类生物遗骸，陶器以夹砂陶、夹蚌陶为主，几乎不见泥质陶，夹砂陶中有的羼有蚌片，器表多素面，纹饰以附加堆纹最为常见，少量饰红陶衣。器类的附件以鋬、把手最多，器形以釜、盆、钵、碗、小口双耳罐和支脚为主，此外该层中出土有带足石磨盘和石磨棒，出土的骨器中以骨锥、骨镞和骨镖为主，纺轮以手制居多，其下叠压第⑪层。

第⑪层：灰黑色土，质地较软，结构细密，呈板结状，厚 15～45 厘米，主要分布于探方 T0725。出土遗物中有动物骨骼和水体生物遗骸，以陶器残片居多，可辨器形与第⑩层堆积大体相同。该层下叠压黄褐色生土，结构紧密，黏性较大。

## 第二节　遗址的文化分期

从发掘和揭露的地层堆积可以发现，石山孜遗址第二次和第三次发掘中，在遗址的不同地段，其文化遗存堆积与保存状况是有所差别的。总体而言，东部发掘区的保存状况较好，文化遗存堆积较厚。依其堆积内伴出的各类遗物的特征，将东、西两发掘区的地层堆积的对应关系介绍如下。

分布于东部发掘区的第⑬层和第⑫层直接叠压于生土之上，分布的范围不大，其下叠压的遗迹现象也不多，应是最早在石山孜遗址定居的人群生产、生活而形成的文化堆积。东区的第⑪层和第⑩层，包括 T1628 第⑨层，T1629 第⑨层及 T1631 第⑨层和第⑩层与西区的 T0722 第⑩层，T0822 第⑩层，T0823 第⑩层以及 T0724、T0725 的第⑪层和第⑩层及与其相关的遗迹，虽然各有其分布区域，但从伴出遗物的器类、型式等特点分析，它的所处年代相同或相近，应属同一阶段的文化遗存。其余的分布于东、西两发掘区的自下而上的九个层次及与地层相关的遗迹的堆积序列、结构和文化内涵基本近似，相互对应（表一）。

表一　东西两区地层分布情况及对应关系表

| 探方\地层 | ① | ② | ③ | ④ | ⑤ | ⑥ | ⑦ | ⑧ | ⑨ | ⑩ | ⑪ | ⑫ |
|---|---|---|---|---|---|---|---|---|---|---|---|---|
| T1529 | √ | √ | √ | √ | √ | √ | √ | √ | √ | √ | √ | √ |
| T1530 | √ | √ | √ | √ | √ | √ | √ | √ | √ | √ | √ | √ |
| T1628 | √ | √ | √ | √ | √ | √ | √ | √ | | | | |
| T1629 | √ | √ | √ | √ | √ | √ | √ | √ | √ | | | |
| T1630 | √ | √ | √ | √ | √ | √ | √ | √ | 未掘 | | | |
| T1631 | √ | √ | √ | √ | √ | √ | √ | √ | √ | √ | | |
| T1729 | √ | √ | √ | √ | √ | √ | √ | √ | √ | √ | | √ |
| T1730 | √ | √ | √ | √ | √ | √ | √ | √ | √ | √ | | |
| T0722 | √ | √ | √ | √ | √ | √ | √ | √ | √ | √ | | |
| T0723 | √ | √ | √ | √ | √ | √ | √ | √ | √ | | | |
| T0724 | √ | √ | √ | √ | √ | √ | √ | √ | | √ | √ | |
| T0725 | √ | √ | √ | √ | √ | √ | √ | √ | | √ | √ | |
| T0822 | √ | √ | √ | √ | √ | √ | √ | √ | √ | | | |
| T0823 | √ | √ | √ | √ | √ | √ | √ | √ | √ | | | |

注：√表示存在该层。

　　由上可知，在所发现的各类遗存当中，无论分布于东区还是西区，各遗存之间都存在着较多的叠压打破关系。这些迹象表明遗存形成年代先后顺序的层位关系，反映了石山孜遗址不同遗存间的相对年代序列。通过这个序列对地层和遗迹间的各类遗物，尤其是陶器进行分析、排比，可以为该遗址的文化分期提供较充分的依据。根据地层关系、遗迹间的叠压打破关系和器物形态的比较，可将石山孜遗址归纳为五类不同发展阶段的考古学文化。

　　第一类文化遗存：包括东、西两区的第⑬层、第⑫层、第⑪层、第⑩层及与其相关的遗迹单位和开口在第⑨层下打破第⑩层及以下层位的遗迹单位。此外，T1628 的第⑨层、T1629 的第⑨层、T1630 的第⑨层（未发掘）、T1631 的第⑨层和第⑩层亦属于此类文化遗存。这一类遗存出土的遗物主要是陶、石、骨器，以陶器为大宗，石器次之，骨器最少。其中陶器以夹砂陶、夹蚌陶为主，夹炭陶和泥质陶较少，陶色以红褐色为主，多呈外红内黑和上灰下红。器表以素面、磨光居多，饰有红陶衣。有纹饰者以附加堆纹最多，其上压印指甲纹，并有少量的划纹和不典型的篮纹。器形以釜、罐、钵、盆、碗、支脚为基本组合，其中的釜与支脚相配套的复合式饮器最具特色。流行圜底、平底器，圈足器少见。石质工具主要有石磨盘、石磨棒、石斧、石锛等，陶制工具主要是陶纺轮、陶锉、陶器座等，骨器主要有骨镖、骨镞、骨针、骨锥等渔猎类工具。

第二类文化遗存：包括开口于第⑥层下、第⑦层下、第⑧层下的灰坑、房址、墓葬等遗迹以及第⑦～⑨层（不包括东区的 T1628～T1631 的第⑨层）。该类遗存出土的遗物以陶器、石器、骨器为主，其中陶器为大宗，石器、骨器的数量有所增加。陶器以夹蚌陶、夹砂陶为主，泥质陶、夹炭陶的比例有所增加，另有少量的灰黑陶。器表仍以素面、磨光占多数，有纹饰者以附加堆纹突棱和附加堆纹链式纹最多，弦纹、刻划纹、戳点纹、栉节纹等次之。新出现彩绘纹饰和红顶式器类。器形以平底器、圈足器、三足器为主。陶器的基本组合以釜、鼎、小口双耳罐、钵、碗、盆为基本组合，支脚的数量大幅减少，但出现了新的型式。石质工具通体磨制的比例有所增加，主要有斧、锤、砺石、磨棒等，新出现了石盘状器。陶制工具仍以纺轮和网坠为主，新出现有圆陶片。骨器出现了较为精制的鹿角钩形器，其他有针、镞、锥等狩猎和纺织类工具。

第三类文化遗存：包括开口于第④层下和第⑤层下的灰坑、房址、墓葬等遗存以及第⑤、⑥层。出土遗物以陶器、石器、骨器为主，其中陶器为大宗，石器、骨器数量不多。陶器以夹蚌陶和泥质陶为主，夹砂陶和夹炭陶较少，陶色主要有红褐和红色，灰黑陶较少。器表装饰以素面和磨光居多，有纹饰者以附加水波纹和突棱纹为主要纹饰，另有弦纹、镂孔、戳点等纹饰。凡泥质陶多经磨光，涂红彩，另有少量的彩陶。器形以釜、鼎、钵、碗、盆、小口双耳罐、豆为基本组合，其中的带把罐形鼎、三足钵、鸟首状双耳罐、豆等均为新出现的器类。石器磨制较精，出现了穿孔石器，骨器以骨针、骨凿、骨锥等为主，陶制工具以陶纺轮、陶网坠等为主。

第四类文化遗存：主要包括开口于第③层下的部分灰坑和第④层堆积。出土的遗物较少，主要是陶器、石器、骨器等，其中陶器以夹细砂、夹蚌和泥质灰陶为主，另有少量的夹炭灰陶和泥质红陶。器表装饰以磨光、篮纹、方格纹、弦纹为主。器形有鼎、罐、瓮、盆、碗、杯。石器磨制较精，以石斧、石凿、石铲为主，骨器主要是骨镞、骨针、骨锥等，另有少量蚌器。

第五类文化遗存：主要包括开口于第②层下和第③层下部分遗迹及第③层堆积。出土遗物多为陶器残片和绳纹砖、瓦等，以灰陶厚胎为主。可辨器形有罐、壶、鼎、盆等，另出土少量的五铢铜钱等，属于汉代文化遗存。联系到石山孜遗址南部赵集曾发现有汉代城址遗存，这一类文化遗存的形成当与此有关。值得说明的是，这一类文化遗存中遗物多残破不全，其中发掘的 10 座汉代墓葬中，M5、M15 因没有扩方、清理，其形制不详，其余的 8 座汉代墓葬资料已整理并发表于《文物研究》[①]，故第五类文化遗存，本报告不做具体介绍。

以上四类新石器时代中晚期文化遗存分属于石山孜遗址的不同堆积层位，关系清楚又具有各自的文化面貌和遗物风格，与安徽省淮河以北一带同一时期的文化遗址出土的

---

① 安徽省考古学会、安徽省文物考古研究所：《文物研究》第十四辑，黄山书社，2005 年。

情况相似或一致，代表着安徽省淮河以北地区新石器时代中晚期文化发展中不同阶段的考古学文化。结合和对照这一地区的宿县小山口遗址、古台寺遗址、双墩遗址以及石山孜遗址第一次发掘的资料，上述的第一类文化应归属于小山口文化的范畴，我们称此类文化为石山孜一期文化。第二类文化与石山孜遗址第一次发掘的一期文化相似，我们称其为石山孜二期文化。第三类文化与石山孜第一次发掘的第二期文化较为相似或一致，我们称之为石山孜第三期文化。第四类文化遗存与宿州小山口遗址的龙山文化以及河南夏邑清凉寺遗存的龙山文化相近，我们称其为石山孜第四期文化，即龙山文化。需要说明的是，1988 年石山孜遗址第一次发掘所获资料，因受发掘面积和资料的局限，且囿于当时的认识，将石山孜遗址的新石器时代文化遗存暂分为石山孜一期文化遗存和石山孜二期文化遗存。据对第二次和第三次发掘的整理和初步研究，可以确认石山孜遗址的一期文化遗存与第一次发掘的一期文化遗存在文化面貌和文化内涵上存在着质的区别，故应将其视为两种不同性质的考古学文化遗存，而第一次发掘的第一期和第二期文化遗存与第二次和第三次发掘的第二期和第三期文化遗存有较多的相似之处，时代也应大体相当。基于以上认识，我们将第二次和第三次发掘所获得的石山孜早期文化遗存称为石山孜一期文化。本报告按照石山孜一期文化遗存、石山孜二期文化遗存、石山孜三期文化遗存、龙山文化遗存的时代顺序分别介绍。

# 第三章　石山孜一期文化遗存

　　石山孜一期文化遗存分布在遗址的最下层，是当时的人们生产、生活形成的文化堆积，直接覆盖在生土之上。遗址中属于该期遗存的有第⑨～⑬层堆积及相关的房址和灰坑（图七）。

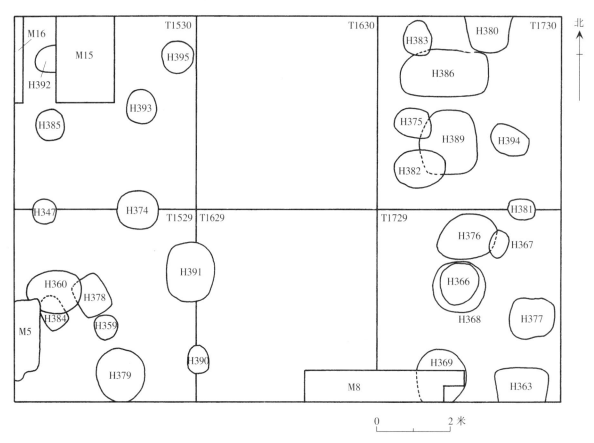

图七　东区石山孜一期文化遗迹平面图

## 第一节　居住址

　　发现房址2座，编号为F9、F15，分别位于T1630和T1530内，因故没有发掘，这里不做介绍。

# 第二节　灰　坑

共清理灰坑 29 座，按坑口的平面形状可分为椭圆形、圆形、长方形和不规则形四种，其中以椭圆形最多，圆形次之，长方形和不规则形较少。下面举例介绍。

一　椭圆形

共 13 座。

H391　位于 T1529 东北部，开口于第⑬层下，打破生土层。弧壁，圜底。因保留关键柱，其东部没有清理。坑内填土呈灰色，质地较松软。口径 1.35 ~ 1.5、深 0.38 米。出土遗物以陶片为主，可辨器形有支脚、罐、釜、盆等，另有少量兽骨（图八）。

H377　位于 T1729 东部，开口于第⑪层下，打破第⑫、⑬层及生土。剖面呈梯形，口大底小，斜弧壁，平底，填土为深褐色，内含有较多炭灰屑。口径 1 ~ 1.2、深 0.65 厘米。出土遗物以陶片为主，可辨器形有小口双耳罐、碗、釜、盆、钵等（图九）。

H383　位于 T1730 的西北部，开口于第⑩层下，打破第⑪层，坑口距地表 2.55 米。剖面呈梯形，斜弧壁，平底。坑内填土呈深灰褐色，夹有较多草木灰、兽骨。口径 0.7 ~ 0.9、深 0.6 米。出土遗物以陶片为主，可辨器形有釜、盆、钵、碗、支脚等（图一〇）。

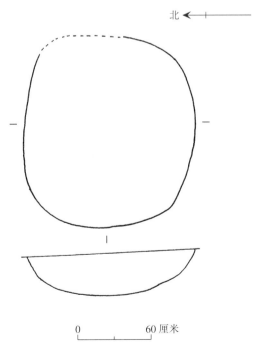

图八　石山孜一期文化 H391 平、剖面图

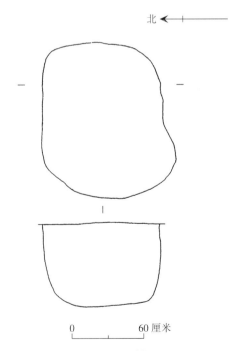

图九　石山孜一期文化 H377 平、剖面图

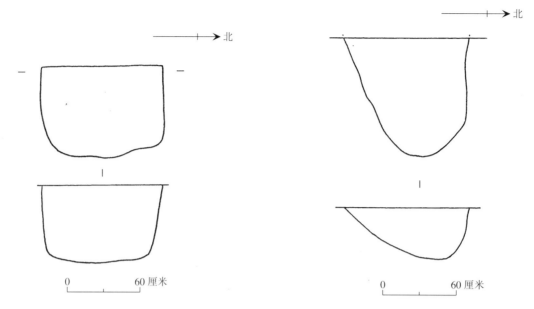

图一〇　石山孜一期文化 H383 平、剖面图　　　图一一　石山孜一期文化 H380 平、剖面图

H380　位于 T1730 北部，开口于第⑩层下，打破第⑪层，坑口距地表 2.9 米。斜弧壁，圜底。坑内填土呈灰黄色，夹杂有动物骨骼及炭灰屑。口径 0.95～1、深 0.4 厘米。出土遗物以陶片为主，可辨器形有罐、釜、钵、盆等（图一一）。

H394　位于 T1730 东南部，开口于第⑩层下，打破第⑪～⑬层及生土，坑口距地表 2.55 米。斜弧壁，平底。坑内填土呈黄褐色，质较软，略有黏性，内夹有炭灰、动物骨骼等杂质。口径 1.08～1.35、深 0.5 米。出土遗物以陶片为主，可辨器形有釜、盆、钵等（图一二）。

H369　位于 T1729 西南部，开口于第⑩层下，打破第⑪～⑬层及生土。直壁，平底，部分伸入南壁中。坑内填土呈深褐色，夹有较多炭灰屑，土质较疏松。口径 1.3～1.4、深 1.25 米。出土遗物以陶片为主，可辨器形有盆、小口双耳罐、釜、钵、支脚等（图一三）。

H367　位于 T1729 东北部，部分被叠压于北隔梁内，开口于第⑨层下，打破第⑩～⑫层和 H376，被 H324、H362 打破。斜弧壁，平底。填土呈灰褐色，夹杂草木灰和兽骨、砾石等杂物。口径 0.5～1.06、深 0.6 米。出土遗物以陶片为主，可辨器形有釜、钵、盆，另出骨镞 1 件（图一四）。

H381　位于 T1730 东南部，开口于第⑨层下，打破第⑩、⑪层，部分伸出探方外，未清理，坑口距地表 2.5 米。斜弧壁，底部凹凸不平，填土呈灰黄褐色，质较硬密，夹杂炭灰屑。口径 0.7～1 米。出土遗物以陶片为主，可辨器形有盆、釜等（图一五）。

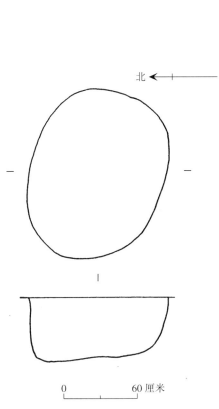

图一二　石山孜一期文化 H394 平、剖面图

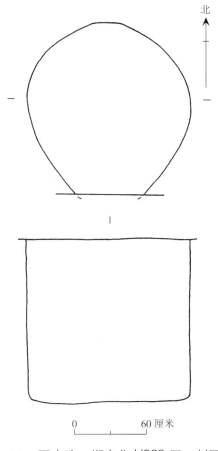

图一三　石山孜一期文化 H369 平、剖面图

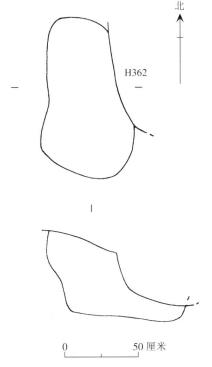

图一四　石山孜一期文化 H367 平、剖面图

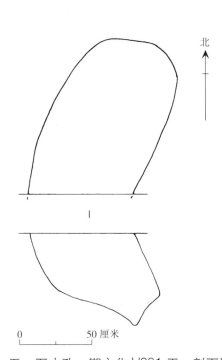

图一五　石山孜一期文化 H381 平、剖面图

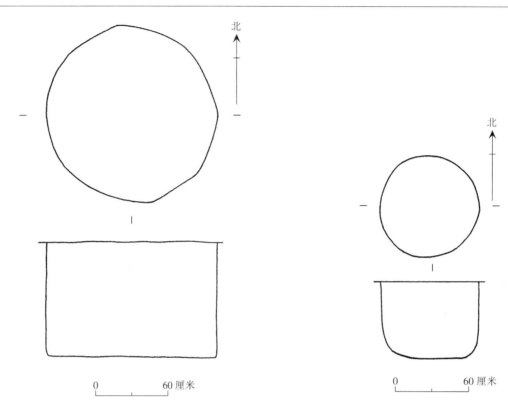

图一六　石山孜一期文化 H368 平、剖面图　　　　图一七　石山孜一期文化 H395 平、剖面图

二　圆形

共 9 座。

H368　位于 T1729 西北部，开口于第⑩层下，打破第⑪～⑬层及生土，坑口距地表2.9米。剖面呈直筒状，平底。口径1.4、深0.9米。坑内填土为灰褐色，质较疏松，内有较多的炭灰、动物骨骼等。出土遗物以陶片为主，可辨器形有釜、罐、盆、钵等（图一六）。

H395　位于 T1530 东北部，开口于第⑫层下，打破第⑬层和生土层。近直壁，平底。口径0.8、深0.6厘米。填土呈灰黑色，内含较多灰烬，土质松散。出土遗物以陶片和砾石为主，可辨器形有釜、钵、支脚等（图一七）。

H379　位于 T1529 东南部，部分伸入东隔梁内，开口于第⑪层下，打破第⑫及生土。口大底小，呈锅底状，斜弧壁，平底。填土呈灰黑色，质地松软，含有较多灰屑。口径1.3、深0.5米。出土遗物以陶片为主，另有少量的砾石和兽骨，可辨器形有釜、钵、罐、盆、支脚等，另外还出土有一件牙削（图一八）。

H393　位于 T1530 东部，开口于第⑩层下，打破第⑪、⑫层。剖面呈梯形，近直壁，平底。口径0.8、坑深0.7米。坑内填土呈灰黑色，较松软，含有砾石、陶片、动物骨骼等。出土遗物以陶片为主，可辨器形有盆、釜、罐、钵等（图一九）。

H359　位于 T1529 中部偏西，开口于第⑨层下，打破第⑩层，坑口距地表2.2米。口

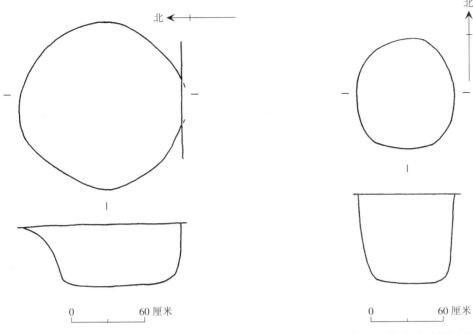

图一八　石山孜一期文化 H379 平、剖面图　　图一九　石山孜一期文化 H393 平、剖面图

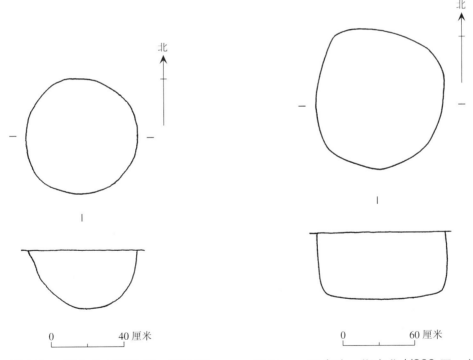

图二〇　石山孜一期文化 H359 平、剖面图　　图二一　石山孜一期文化 H366 平、剖面图

大底小，斜弧壁。口径 0.6、深 0.3 米。填土为灰黑色，质地较松，夹杂有少量的兽骨、草木灰。出土遗物以陶片为主，多破碎，可辨器形有支脚、釜、钵等（图二〇）。

　　H366　位于 T1729 西北部，开口于第⑨层下，打破第⑩层，坑口距地表 2.78 米。平面呈圆形，坑内堆积为灰黑色，内夹杂有红烧土颗粒。口径 1.09、深 0.46 米。出土遗物以陶片为主，可辨器形有釜、罐等（图二一）。

### 三　长方形

共 4 座。

H386　位于 T1730 西北部，开口于第⑪层下。坑内填土呈灰褐色，较松软。长 1.7、宽 1.1、深 0.9 米。出土遗物以陶片为主，少量的动物骨骼，可辨器形有支脚、盆、釜、罐、碗、钵等，另出 1 件骨柄（图二二）。

H378　位于 T1529 北中部，开口于第⑪层下，打破第⑫、⑬层及生土。近直壁，平底。坑内堆积呈浅褐色，质地松软。长 1、宽 0.85、深 0.4 米。出土遗物以陶片为主，可辨器形有釜、盆、钵等，另有少量兽骨和砾石（图二三）。

H221　位于 T0722 东部，开口于第⑨层下，打破第⑩层及生土，坑口距地表 2.8 米。斜弧壁，平底。长 0.7、宽 0.65、深 0.2 米。坑内填土呈灰黑色，含沙性较强，疏松，夹杂有少量动物骨骼、草木灰烬。出土遗物以陶片为主，可辨器形有盆、釜等（图二四）。

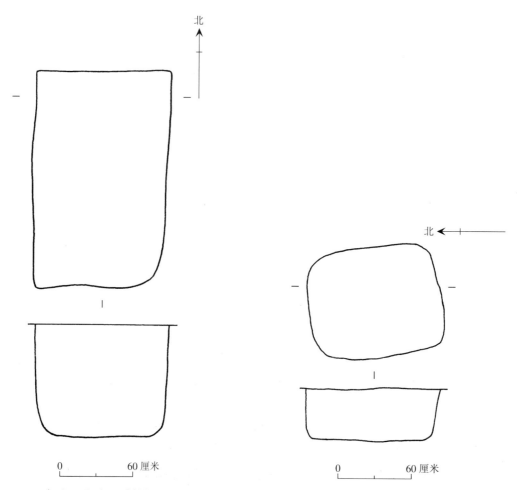

图二二　石山孜一期文化 H386 平、剖面图　　图二三　石山孜一期文化 H378 平、剖面图

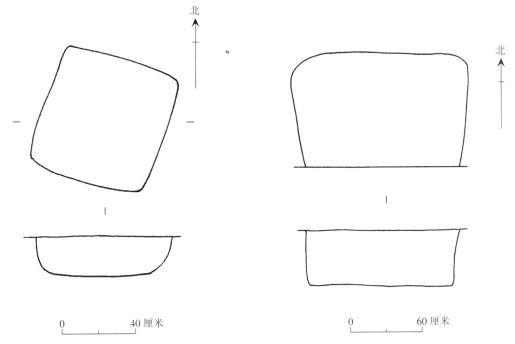

图二四 石山孜一期文化 H221 平、剖面图　　图二五 石山孜一期文化 H363 平、剖面图

H363　位于 T1729 东南角，南部伸入探方外，开口于第⑨层下，打破第⑩、⑪层，坑口距地表 2.75 米。剖面为梯形，近直壁，平底。长 1.3、宽 0.85、深 0.54 米。坑内堆积为红褐色，土质较疏松，夹杂有动物骨骼及石块等杂物。出土遗物以陶片为主，可辨器形有罐、盆、釜、钵、碗、支脚等，另出 1 件骨镞（图二五）。

四　不规则形

共 3 座。

H384　位于 T1529 西部，开口于第⑫层下，打破生土，坑口距地表 3.35 米。斜壁，圜底近平。坑内填土呈灰褐色，土质松软。口径 0.8～1、深 0.19～0.22 米。出土遗物以陶片为主，可辨器形有盆、钵等（图二六）。

H382　位于 T1730 西南部，开口于第⑩层下，打破第⑪～⑬层及生土，坑口距地表 2.5 米。剖面呈梯形，斜弧壁，小平底。口径 0.9 米。坑内填土呈灰黄色，土质松软，带有黏性，夹较多草木灰。出土遗物以陶片为主，可辨器形有釜、碗等（图二七）。

H376　位于 T1729 北中部，开口于第⑩层下，打破第⑪～⑬层及生土，坑口距地表 2.45 米。近直壁略弧，平底。1.7、宽 1.2、深 1.16 厘米。坑内堆积呈灰褐色，夹杂有较多炭灰、动物骨骼。出土遗物以陶片为主，可辨器形有釜、盆等（图二八）。

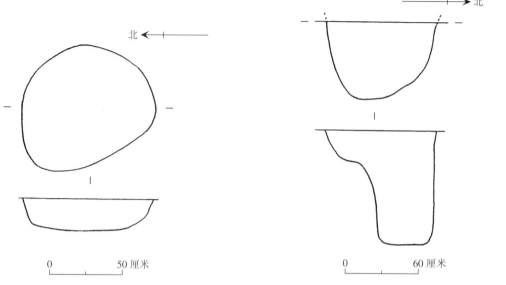

图二六　石山孜一期文化 H384 平、剖面图　　图二七　石山孜一期文化 H382 平、剖面图

图二八　石山孜一期文化 H376 平、剖面图

## 第三节　出土遗物

石山孜一期文化出土遗物较为丰富，多为陶器，另有石器、骨器、角器、牙器和动物遗骸。按其质地分类介绍如下。

一　陶器

按器物的用途可分为生活用具和生产工具。

（一）生活用具

主要指当时人们日常生活中使用的各类陶制品，按质地可分为夹砂陶、夹砂羼蚌陶、夹蚌陶、夹炭陶和泥质陶几类，其中以夹砂陶和夹砂羼蚌陶最多，约占87%。夹砂陶是陶土中夹杂石英砂粒作为主要羼和料，大多数砂粒分布不均，不见细砂陶，因烧制火候和制作工艺的限制，常有砂粒脱落的现象。夹砂羼蚌陶主要是陶土中夹杂有砂粒和少量蚌片作为羼和料的陶制品。这两种陶质均可归入夹砂陶的范畴。夹蚌陶是陶土中夹杂蚌片或蚌末作为主要羼和料的陶制品，因蚌片易脱落，器物的内外常留有蜂窝状的凹坑，此类陶系与夹砂陶几乎同时出现，早期数量不多，愈往后愈多，第一期约占8%。泥质陶和夹炭陶较少，约占2%，其中，泥质陶是有意选用较纯净的陶土而制作的陶器，但该类陶器所用陶土均未经淘洗，陶胎内常夹杂有杂质，并非真正意义上的细泥陶，主要用于制作陶支脚、陶纺轮和小陶器。夹炭陶是在陶泥中夹杂炭化后的植物茎叶和外壳作为主要的羼和料而制成的陶制品，约占3%。需要说明的是，以上所述的几类陶器，主要是以陶胎内所含羼和料的多寡进行划分的，并不能严格区分，有些陶制品往往兼有两种或三种羼和料，这种现象在夹砂陶、夹砂羼蚌陶和夹蚌陶中表现得尤为突出。

陶色多斑驳不纯，以红褐色为主，灰黑色较少。器物内外常有大片的灰黑色斑块，最常见的是外红内黑和下红上黑。

器表处理以素面、磨光为主，有纹饰者以附加堆纹为主，另有一些刻划纹、篮纹、篦点纹、戳印纹和压印纹、镂孔、乳丁纹等（图二九）。其中，附加堆纹主要饰于釜类器的沿外，在附加泥条上再压印指纹。篮纹较少，主要饰于折沿盆类器物上。戳印纹主要是压印在陶锉上，纹样较乱。乳丁纹呈圆锥状附加在陶器肩腹部。镂孔仅见于陶灶类，灶的腹部主要有椭圆形镂孔，陶支脚和纺轮上的穿孔亦可归入此类。为了增加陶器表面的光洁度和吸水性，陶坯成型后，在器物表面涂抹一层泥浆，形成陶衣。这种陶衣有两种形式，一种是质地较细腻的泥浆，烘焙之后变成浅红色；另一种是红陶衣，因加入了红岩石研磨的材料之后焙烧呈现深红色。其中，红陶衣主要是在石山孜一期文化的后期才出现的。红陶衣多见于夹蚌陶和夹炭陶，夹砂陶施陶衣的现象罕见。本期

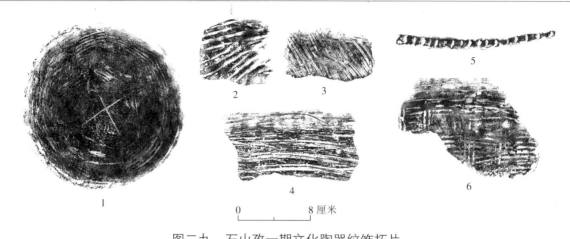

图二九　石山孜一期文化陶器纹饰拓片
1、4. 刻划纹（T1530⑪：3、T1730⑪：72）　2、3. 压印篮纹（H393：1、T1729⑩：15）
5. 指甲纹（T1529⑫：19）　6. 篮纹（T0823⑩：17）

的陶器成型工艺均为手制，多采用泥条分段盘筑和泥片贴塑等手工方法加工成型，器形往往不很圆整。胎壁厚薄不均，常见有工具拍打、刮抹、按压、手抹的现象，器表往往有凹凸不平现象。小型陶质器物中的纺轮、小钵等则直接捏塑成形后略加修整。器物的附件如鋬、耳、圈足等则是分制以后再粘接，粘接部位多有凹窝或深浅不一的较细沟槽以增加贴附的力度。主要器形有釜、双耳罐、盆、钵、碗等。分别介绍如下。

釜　404件。釜类器是石山孜一期文化最主要的器类，不仅数量较多，而且形制多样，可分为附加堆纹釜、带鋬釜、倒钩沿釜、折腹平底釜、卷沿釜、乳丁纹釜共6类，以下分别加以介绍。

附加堆纹釜　55件[①]。数量较多，均为口部，腹部残片无可复原者，底部状况不甚明了，其共同特点是口沿外侧贴附一周附加泥条，其上压印指甲纹。依口部形态不同分3型。

A型　21件。侈口，斜沿，上腹斜弧，下腹弧曲内收。分3式。

Ⅰ式　6件。斜直沿，圆唇或尖圆唇，少量方圆唇，口沿外侧贴附一周附加泥条，其上压印指甲纹。标本T1530⑫：3，夹蚌陶。器内及口沿外侧呈红褐色，器表附加堆纹以下部分呈灰黑色。圆唇。器物表里均经打磨，器内较光滑。口径40、残高12厘米（图三〇，1；彩版四，1）。标本T1529⑪：23，夹砂红褐陶。圆唇。口沿内外有灰黑色斑块，内外磨光。附加堆泥条上有用较薄器具压切的指甲状纹饰。口径40、残高9.6厘米（图三〇，2）。标本T1529⑫：19，夹砂红褐陶。尖圆唇。器内抹光，器表抹痕明显，附加泥条上压印指甲纹。口径28、残高6厘米（图三〇，3）。标本T1530⑫：35，夹砂陶，外红褐内灰黑。尖圆唇。内外均打磨较光滑，附加泥条上指甲纹，较细密。口径36、残高12厘米（图三〇，4）。标本T1529⑫：33，夹蚌红褐陶。圆唇。器内打磨

――――――――――――――――――

①　因出土器物多为陶器残片，故陶器数量乃依陶器统计所能分辨出的个体，而非完整器或复原器，下同。

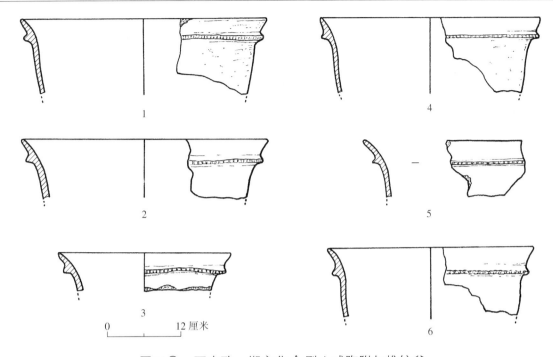

0 _____ 12 厘米

图三〇　石山孜一期文化 A 型 I 式陶附加堆纹釜
1. T1530⑫：3　2. T1529⑪：23　3. T1529⑫：19　4. T1530⑫：35　5. T1529⑫：33　6. T1529⑫：18

光滑，器表有打磨留下的横向线状纹。残高8.5厘米（图三〇，5）。标本 T1529⑫：18，夹砂红褐陶，羼少许蚌末，口沿内外有黑色斑块。圆唇。器内抹光，器表抹痕明显，口外附加泥条上压印指甲纹，较细密。口径35、残高10.7厘米（图三〇，6；彩版四，2）。

Ⅱ式　9件。尖圆唇或圆唇，口沿呈斜折状，器体颈腹部分界明显，沿下贴有附加泥条，其上压印指甲纹。标本 T0823⑩：20，夹蚌红褐陶。圆唇。沿下附加泥条略窄，压印指甲纹较粗呈窝状。口径44、残高8厘米（图三一，1）。标本 T1729⑨：13，夹蚌外红内黑陶。圆唇。沿下贴附加泥条上压印不规整指甲纹，内磨光。口径26、残高8厘米（图三一，2）。标本 H239：9，夹蚌灰黑陶。尖圆唇。器内磨光，器表有抹痕明显，附加泥条上压印指甲纹略粗。口径26、残高7.6厘米（图三一，3）。标本 H380：4，夹蚌红褐陶。厚圆唇。内外抹光，沿下部贴有附加堆泥条，其上压印较宽疏指甲纹。口径35、残高6厘米（图三一，4）。标本 T1730⑨：6，夹砂红褐陶，器物内外有灰黑斑。方圆唇，腹稍鼓。附加泥条贴附于沿外中部，其上压印的指甲纹较宽。残高8厘米（图三一，5）。标本 T1729⑩：9，夹砂红褐陶，器物内外有灰黑斑。方唇。内抹光，外粗磨，沿下附加泥条上压印斜向指甲纹。口径32、残高6.5厘米（图三一，6）。标本 T1729⑩：32，夹蚌陶，器表呈红褐色，器内及口沿外呈灰黑色。圆唇。器内抹光，器表抹痕明显，沿下有一对钻圆孔，附加泥条上压印指甲纹略斜。残高13.2厘米（图三一，7）。标本 T1730⑪：95，夹砂陶，外红褐内灰黑陶。尖唇，斜弧腹。附加泥条略细。口径24、残高6.5厘米（图三一，8）。标本

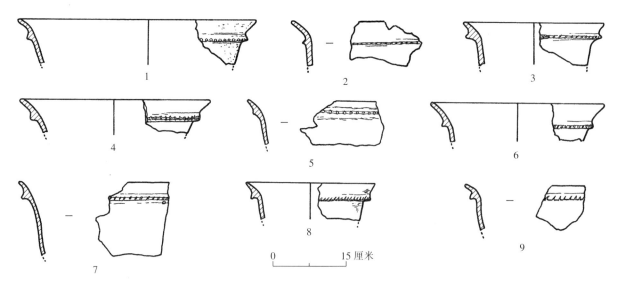

图三一　石山孜一期文化 A 型 II 式陶附加堆纹釜
1. T0823⑩：20　2. T1729⑨：13　3. H239：9　4. H380：4　5. T1730⑨：6　6. T1729⑩：9　7. T1729⑩：32
8. T1730⑪：95　9. H380：2

H380：2，夹砂陶，器表呈红褐色，有大块黑斑，器内及沿面内外为灰黑色。沿较短，斜弧腹。器内抹光，器表抹痕明显，附加泥条上压印有较细的斜向指甲纹。残高 8 厘米（图三一，9）。

III式　6件。侈口，斜直沿较短，圆唇或尖圆唇，斜弧腹。沿外有附加泥条，其上压印指甲纹或圆点纹。标本 T0822⑧：78，夹砂红褐陶。圆唇，斜弧腹。器物内外有大块黑斑，器内抹光，器表打磨痕明显，附加泥条上有稀疏的斜向指甲纹。口径 40、残高 8.2 厘米（图三二，1）。标本 H238：1，夹蚌红褐陶。圆唇，斜弧腹。内磨光，外打磨较粗，沿下贴附加堆泥条，其上压印指甲纹呈凹窝状。口径 38、残高 6.9 厘米（图三二，2）。标本 T1630⑦：31，夹蚌红褐陶，口沿部位有黑斑块。圆唇。内抹光，外有抹痕，沿外附加泥条较宽厚，其上压印指甲纹。口径 40、残高 6.5 厘米（图三二，3）。标本 T1629⑧：22，夹砂红褐陶，掺有蚌末，器内口沿上有黑斑。圆唇。器表有横向划纹，内抹光，沿下贴有附加堆纹，其上压印圆点纹。残高 9.6 厘米（图三二，9）。标本 T1631⑧：68，夹蚌陶，器表外红褐色，器内灰黑色。斜短沿，弧腹略直。沿下贴附加堆泥条上压印细密指甲纹，器物内外有因蚌片脱落而形成的蜂窝状凹坑。残高 8.5 厘米（图三二，10）。标本 T1629⑦：21，夹蚌红褐陶。圆唇。器内抹光，沿外附加泥条上有压印圆点纹。残高 6.5 厘米（图三二，12）。

B型　22件。敞口釜，沿外卷，多为方圆唇，少量尖唇。腹略鼓下内收。沿外贴有附加泥条，其上压印指甲纹。依口、腹部变化分 3 式。

I式　6件。沿面稍外卷，斜弧腹，微鼓。标本 H391：1，夹砂掺蚌末，外红褐内灰黑陶。圆唇。器内抹光，器表抹痕明显，沿下贴有附加泥条，其上压印指甲纹。口径 36、

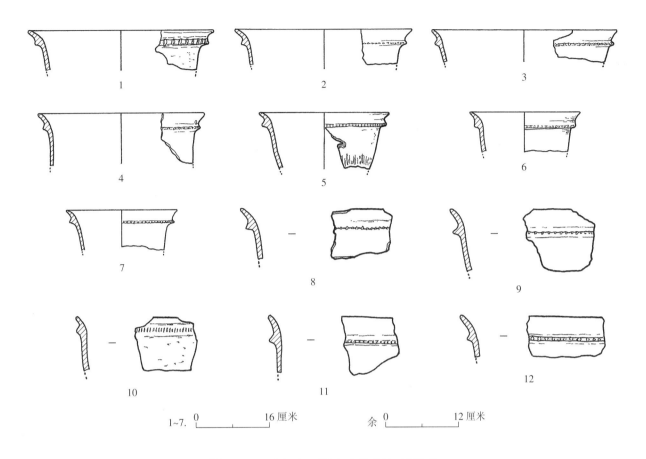

图三二　石山孜一期文化陶附加堆纹釜

1～3、9、10、12. A 型Ⅲ式（T0822⑧：78、H238：1、T1630⑦：31、T1629⑧：22、T1631⑧：68、T1629⑦：21）

4～8、11. B 型Ⅰ式（H391：1、T1530⑫：21、T1730⑪：94、H395：3、H378：2、T1529⑬：5）

残高 10.5 厘米（图三二，4）。标本 T1530⑫：21，夹蚌陶，器内及口沿呈灰黑色，器表呈褐色。圆唇，腹部略鼓。沿下附加泥条，上饰匕切状指甲纹，器内磨光。中下腹有打磨时留下的竖向粗线纹痕迹。口径 28、残高 11.5 厘米（图三二，5；彩版四，3）。标本 T1730⑪：94，夹砂红褐陶，内外抹光。尖圆唇。沿下贴较宽厚附加泥条，其上压印斜向指甲纹。口径 24、残高 8 厘米（图三二，6）。标本 H395：3，夹砂陶，外红褐，口沿及器内呈灰黑色。圆唇。上腹略直，其下残，沿下有附加泥条，其上压印浅窝状指甲纹，内部抹光，外部抹痕明显。口径 24、残高 8 厘米（图三二，7）。标本 H378：2，夹砂陶，内黑色，器表呈红褐色。尖圆唇。唇沿外翻。内外均抹光。残高 8 厘米（图三二，8）。标本 T1529⑬：5，夹砂红褐陶。方圆唇。沿外附加泥条上有匕切指甲纹，内抹光，器表有抹痕。残高 9.2 厘米（图三二，11）。

　　Ⅱ式　8 件。沿面外翻近平，腹斜直。标本 H239：5，夹蚌红褐陶。内抹光，口沿内部有黑斑，器表有抹制时留下的稀疏划纹。口径 40、残高 16 厘米（图三三，1）。标本 T1730⑪：100，夹蚌红褐陶。圆唇。器表有抹痕，内抹光，沿外附加泥条较窄，其上戳印较密集的指甲纹。口径 38、残高 7 厘米（图三三，2）。标本 T0823⑨：29，夹砂红褐陶，器体外有黑斑。厚圆唇外翻。器内抹光，器表抹制较粗，沿外附加泥条，压印细密指甲纹。口径44、残高6厘米（图三三，3）。标本T1530⑪：69，夹砂红褐陶。尖圆唇，外翻近平。内抹光较细，外经粗抹。残高11厘米（图三三，4）。标本T1631⑧：43，夹砂红褐陶。尖圆唇。器内抹光，器表粗抹，有修整痕迹，沿面有黑斑，沿下贴有附加泥条，其上压印指甲纹。残高10厘米（图三三，5）。标本T0722⑨：37，夹砂红褐陶。圆唇外翻。内外粗抹，沿外贴有附加泥条，其上压印指甲纹。口径36、残高8.5厘米（图三三，6）。标本T1730⑩：6，夹砂红褐陶，沿面有黑斑。尖圆唇。器内抹光，器表粗抹，沿外附加泥条较细，压印有斜向浅窝状指甲纹。口径38、残高9厘米（图三三，7）。标本F8：13，夹砂陶，器内灰黑色，器表红褐色有大块黑斑。厚圆唇。内抹光，外抹制较粗，沿外贴附较宽厚泥条，其上压印稀疏的附加堆指甲纹。口径48、残高12厘米（图三三，8）。

Ⅲ式　8件。短沿外翻，斜弧腹。标本T1631⑥：13，夹蚌陶，器表呈红褐色，饰有似篮纹状抹痕，器内为灰黑色，抹制较光。圆唇，斜弧腹。沿下贴附泥条，其上压印斜向浅窝状指甲纹。口径44、残高8厘米（图三四，1）。标本T1631⑧：30，夹蚌陶。器表呈红褐色抹痕明显，器内及沿外为灰黑色抹制较光。圆唇，沿下贴附加泥条，其上压印密集的指甲纹，下有对钻圆孔一个。口径36、残高6厘米（图三四，2）。标本H176：4，

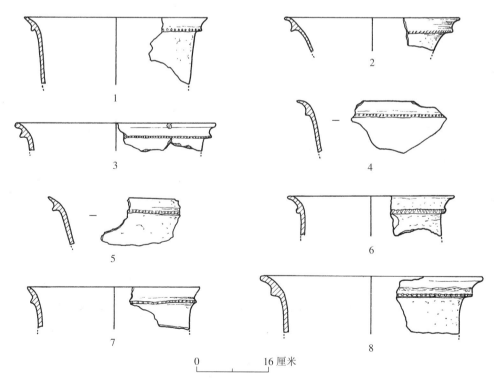

0　　　　　　16厘米

图三三　石山孜一期文化B型Ⅱ式陶附加堆纹釜
1. H239：5　2. T1730⑪：100　3. T0823⑨：29　4. T1530⑪：69　5. T1631⑧：43
6. T0722⑨：37　7. T1730⑩：6　8. F8：13

夹蚌红褐陶。器内抹光，器表打抹略粗糙，圆唇，沿下贴附较窄附加泥条，其上压印指甲纹。口径40、残高6厘米（图三四，3）。标本T1630⑦：37，夹蚌外红内黑陶。器内抹光，器表抹痕明显。圆唇，斜弧腹，沿下附加泥条略窄，其上压印浅窝状指甲纹。口径34、残高8.4厘米（图三四，4）。标本T0822⑧：15，夹蚌陶。器表呈红褐色，器内为灰黑色，内外抹痕明显。腹略斜，沿下附加泥条较窄，其上压印斜向密集指甲纹。口径36、残高11.5厘米（图三四，5）。标本T1630⑧：4，夹砂陶。器表呈红褐色，器内及口沿外为灰黑色。器内抹光，器表横向抹痕明显。圆唇，斜弧腹下残。沿外贴附加泥条上压印稀疏的浅窝状指甲纹。口径36、残高7.8厘米（图三四，6）。标本T1630⑧：17，夹蚌红褐陶。沿面有黑斑。圆唇，沿下附加泥条较窄，其上饰有密集匕切状指甲纹，内抹较光，器表抹痕明显。口径38、残高6厘米（图三四，7）。标本F8：50，夹砂红褐陶。器内抹光，器表抹痕明显。圆唇，沿外附加泥条上压印宽窄不等的指甲纹。口径30、残高10.5厘米（图三四，8）。

C型 12件。直口，斜直腹，数量较少均残。依口、腹部变化分3式。

Ⅰ式 4件。直口或稍外侈。标本T1530⑫：37，夹砂红褐陶。器内抹光，器表抹痕明显。尖圆唇。口外贴附泥条，其上压印细密指甲纹。口径44、残高8厘米（图三五，1）。标本T1729⑬：4，夹砂红褐陶羼有蚌末。器内抹光，器表抹制略粗，有大块黑斑。圆唇，直壁。口外贴附泥条，其上压印密集指甲纹。口径36、残高8厘米（图三五，4）。

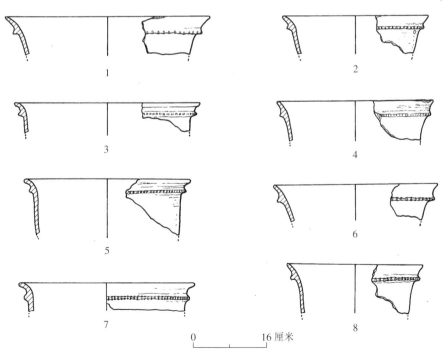

0         16厘米

图三四 石山孜一期文化B型Ⅲ式陶附加堆纹釜

1. T1631⑥：13 2. T1631⑧：30 3. H176：4 4. T1630⑦：37 5. T0822⑧：15
6. T1630⑧：4 7. T1630⑧：17 8. F8：50

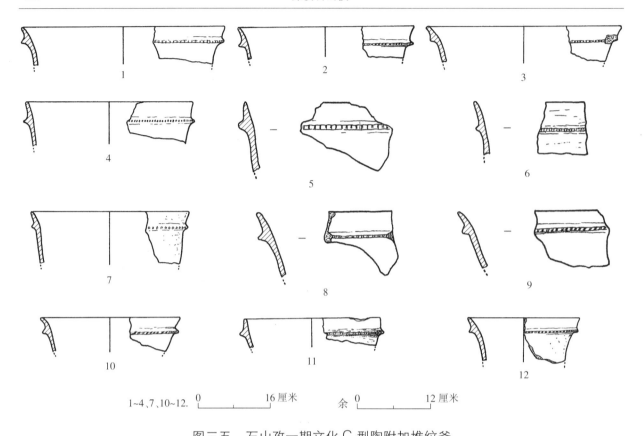

1～4、7、10～12.　0 ————— 16厘米　　　余　0 ————— 12厘米

图三五　石山孜一期文化 C 型陶附加堆纹釜

1、4、5、12.Ⅰ式（T1530⑫：37、T1729⑬：4、T1529⑪：87、H395：4）　2、6～8.Ⅱ式（H381：5、T0724⑩：66、
H239：36、T1629⑨：16）　3、9～11.Ⅲ式（T1629⑧：43、T1629⑦：10、T1629⑧：73、T1630⑦：57）

标本 T1529⑪：87，夹砂陶。器表为红褐色，修整打磨较粗糙，器内呈灰黑色，抹痕明显。尖圆唇。口外贴有较粗糙的附加泥条，其上指甲纹粗疏不规整。残高 13.2 厘米（图三五，5）。标本 H395：4，夹砂红褐陶。圆唇，口稍外侈，腹曲直。器内抹光，器表有抹痕，沿下贴附泥条，其上压印浅窝状指甲纹。口径 24、残高 9.6 厘米（图三五，12）。

Ⅱ式　4件。直口外侈。标本 H381：5，夹蚌红褐陶。器内抹光，器表有涂抹留下的划纹抹痕。方圆唇。口外贴有较宽附加泥条，其上压印细密指甲纹。口径 38、残高 6.8 厘米（图三五，2）。标本 T0724⑩：66，夹砂红褐陶。器内抹光，呈红褐色，器表抹痕明显，呈灰黑色。方圆唇。口外附加泥条，略靠下，其上压印浅窝状指甲纹。残高 4 厘米（图三五，6）。标本 H239：36，夹砂红褐陶。器内抹制较光，器表腹部抹痕明显。口外侈，圆唇，腹稍斜直。口外附加泥条较窄，其上压印宽疏指甲纹。口径 36、残高 11 厘米（图三五，7）。标本 T1629⑨：16，夹砂红褐陶，羼有蚌末。器表有黑斑，内外均经涂抹。方唇。口外附加泥条略靠下，其上压印浅窝状指甲纹。残高 10.2 厘米（图三五，8）。

Ⅲ式　4件。直口外侈，斜弧腹。标本 T1629⑧：43，夹蚌陶。器内呈灰褐色，器表呈红褐色。直口外侈，圆唇。口外附加泥条上压印细密斜向指甲纹。口径42、残高7.5厘米（图三五，3）。标本T1629⑦：10，夹砂陶。器表呈红褐色抹痕明显，器内呈灰褐色抹制较光。尖圆唇。口外贴有附加泥条，其上压印斜向匕切指甲纹。残高9厘米（图三五，9）。标本T1629⑧：73，夹砂红褐陶。器内抹光，器表有纵向线状纹。圆唇。口外附加泥条略窄，其上压印较模糊的斜向指甲纹。口径34、残高7厘米（图三五，10）。标本T1630⑦：57，夹蚌红褐陶。器表有黑斑。近直口，厚圆唇。口外贴附加粗泥条，其上压印宽疏指甲纹。口径30、残高6厘米（图三五，11）。

带鋬釜　165件。该类釜器形复杂，各类数量多寡不一，依其鋬手的不同可分为条形鋬手釜、马鞍状鋬手釜、月牙形鋬手釜、唇鋬釜、花边沿鋬手釜、鸡冠状鋬手釜6型。

A型　16件。条形鋬手釜，数量较少，均残。口外或沿下装有长条状鋬手。依口、腹部不同可分2亚型。

Aa型　7件。分2式。

Ⅰ式　5件。直口或直口微侈，圆唇或方圆唇，斜弧腹，口外贴附有2个或4个长条形鋬手。标本T1730⑪：103，夹砂红褐陶。器表抹制较粗糙，器内抹光，素面。方圆唇，器外装较规则的长方形鋬手，下残。残高7.5厘米（图三六，1）。标本T0822⑨：8，夹蚌红褐陶。器内抹制较光，器表抹痕明显，内外均有因蚌片脱落而形成的蜂窝状凹坑。方唇，口外装有长条状鋬手，较细长。残高7.2厘米（图三六，2）。标本T1729⑨：6，夹蚌红褐陶。内外均经打抹，器表里有因蚌片脱落而形成的蜂窝状凹坑。口外装长条状鋬手，较短，略厚，素面。残高12厘米（图三六，4）。标本T1530⑬：30，夹砂陶羼有蚌末。器内呈灰黑色，抹制较光，器表呈褐色，抹痕明显。圆唇，斜弧腹，口外装有2个条形鋬手。口径28、残高8厘米（图三六，5）。标本T1530⑪：149，夹砂红褐陶羼蚌末。厚圆唇，口外装扁长方形鋬手，下残。残高9厘米（图三六，7）。

Ⅱ式　2件。直口或直口微敛，斜弧腹，圆唇或方圆唇，多为夹蚌陶。标本T0724⑧：5，夹蚌红褐陶。器体内外均有打抹修整时留下的划痕。方圆唇，直口微敛，口外装有长条形鋬手。残高8.8厘米（图三六，3）。标本H239：11，夹砂陶。器表呈灰黑色，抹痕明显，器内呈红褐色，抹制较光。方圆唇，口微敛，斜弧腹，口外残存有长条形鋬手。口径30、残高8.4厘米（图三六，6）。

Ab型　9件。分2式。

Ⅰ式　5件。侈口，圆唇或方圆唇，斜弧腹。标本T1730⑪：43，夹砂红褐陶，器内磨光，器表经打磨，素面。圆唇，斜弧腹，沿下装较短的条形鋬手。残高10厘米（图三七，1）。标本T1629⑨：13，夹蚌红褐陶。器内抹光，器表抹痕明显，素面。厚圆唇，口外鋬略短。残高8厘米（图三七，3）。标本T1529⑬：15，夹砂红褐陶羼蚌

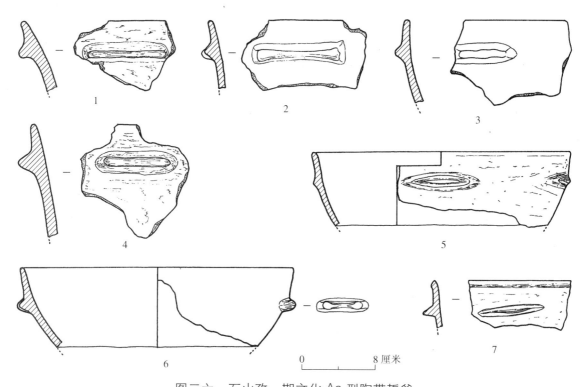

图三六　石山孜一期文化 Aa 型陶带鋬釜

1、2、4、5、7. I 式（T1730⑪：103、T0822⑨：8、T1729⑨：6、T1530⑬：30、T1530⑪：149）

3、6. II 式（T0724⑧：5、H239：11）

末。器内打抹略光，器表抹痕明显。圆唇，口外装有较规整的条形鋬。残高 7 厘米（图三七，5）。标本 T1729⑫：43，夹蚌红褐陶。器内抹光，器表抹制较粗。圆唇，口外装有长条状鋬手。残高 6.2 厘米（图三七，8）。标本 T1529⑫：76，夹砂红褐陶。器内抹光，器表抹制较粗糙。方圆唇，口外装有较短小的条形鋬手。残高 7.3 厘米（图三七，9）。

II 式　4 件。侈口，唇略外翻。标本 H212：4，夹蚌红褐陶。器表里均经打抹，因蚌片脱落留有蜂窝状凹坑。尖圆唇略外翻，口外鋬手略短。残高 9.8 厘米（图三七，2）。标本 H349：8，夹蚌红褐陶。器内抹光，器表横向抹痕明显。尖圆唇外翻，口外装有长条状鋬手，较薄。残高 4 厘米（图三七，4）。标本 H358：3，夹砂陶。器内为灰黑色抹光，器表呈红褐色有灰黑色斑块，素面。圆唇外翻，口外装条状鋬手较长，斜弧腹。残高 9.2 厘米（图三七，6）。标本 T1629⑧：35，夹砂红褐陶。器内抹制较光，器表抹制较粗糙，内外均有黑斑。圆唇，口外装有较规整的条状鋬手。残高 6.5 厘米（图三七，7）。

B 型　17 件。马鞍状鋬手釜，依口、腹部变化不同分 2 亚型。

Ba 型　9 件。直口或直口微敛，弧腹，皆手制，均残。分 2 式。

I 式　4 件。圆唇或方圆唇，直口或微敛，斜弧腹。标本 H391：2，夹砂红褐陶胎羼蚌末，现存为黑皮。内外抹制略光，素面。圆唇，斜弧腹上贴附有较小的马鞍状鋬手，

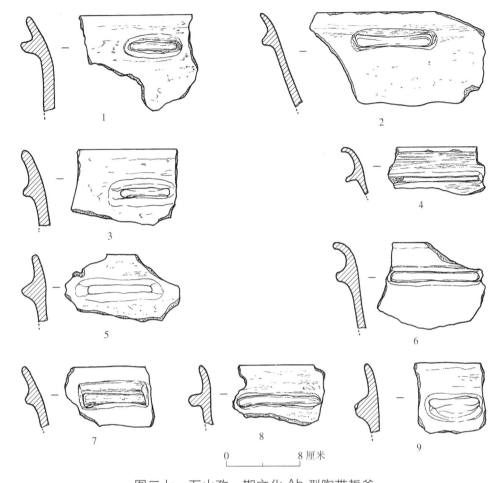

图三七 石山孜一期文化 Ab 型陶带錾釜

1、3、5、8、9. Ⅰ式 (T1730⑪：43、T1629⑨：13、T1529⑬：15、T1729⑫：43、T1529⑫：76)

2、4、6、7. Ⅱ式 (H212：4、H349：8、H358：3、T1629⑧：35)

残高7.4厘米（图三八，1）。标本T1529⑫：27，夹砂红褐陶。器体内外有大块黑斑，素面。方唇，口外装有马鞍形錾手残存一端，斜弧腹，下残。残高7.6厘米（图三八，2）。标本T0722⑩：44，夹砂红褐陶。器内抹制较光滑，器表粗抹。方圆唇，素面，口外装有马鞍状錾手，已残。残高6厘米（图三八，8）。标本T1530⑫：11，夹砂红褐陶。器内抹制光滑，器表抹制粗糙，素面。方圆唇，斜弧腹，口外装有较规整的马鞍形錾手。残高7厘米（图三四，9；彩版四，4）。

Ⅱ式 5件。直口外侈。标本T1629⑧：15，夹蚌红褐陶。器内外有黑斑，均经抹制，素面。圆唇，斜弧腹，口外装有较长的马鞍状錾手。残高7厘米（图三八，3）。标本F14：4，夹蚌红褐陶。器表内外均经抹制，有因蚌片脱落形成较多的蜂窝状凹坑，素面。圆唇，斜弧腹，口外装有已蜕化的马鞍状錾手。残高6.8厘米（图三八，4）。标本T1529⑪：147，夹砂陶。器表呈红褐色抹制粗糙，器内为灰黑色，抹制光滑，素面。圆唇，口外装有马鞍形錾手已残。残高5厘米（图三八，5）。标本T1629⑧：42，夹砂红褐陶。口部有黑斑，内抹光滑，外粗抹，素面。圆唇，口外装有马鞍状錾手略小。残高

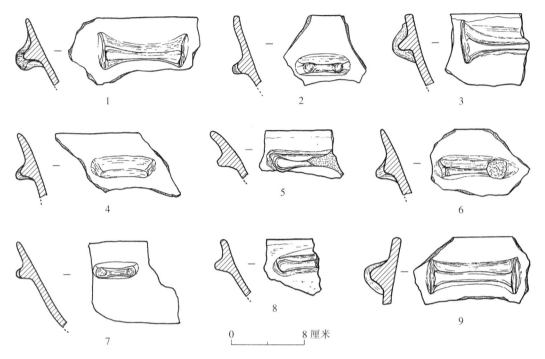

图三八　石山孜一期文化 Ba 型陶带錾釜

1、2、8、9. Ⅰ式（H391：2、T1529⑫：27、T0722⑩：44、T1530⑫：11）　3～7. Ⅱ式（T1629⑧：15、F14：4、T1529⑪：147、T1629⑧：42、T1730⑪：78）

7 厘米（图三八，6）。标本 T1730⑪：78，夹砂陶。器表呈红褐色。器内为灰黑色抹制光滑，素面。圆唇，口外装有较小的马鞍形錾手。残高 8.8 厘米（图三八，7）。

Bb 型　8 件。侈口或卷沿，斜弧腹，皆手制，均残。分 2 式。

Ⅰ式　5 件。侈口沿微卷。标本 T1529⑫：17，夹砂陶。器表红褐色，抹制较粗，器内为灰黑色，抹制光滑，素面。圆唇，斜弧腹，下残，口外装有马鞍状錾手。残高 8 厘米（图三九，1）。标本 H379：6，夹砂红褐陶。器内抹光，器表粗抹，素面。圆唇，口外装有制作较规整的马鞍状錾手。残高 6 厘米（图三九，4）。标本 H378：4，夹砂红褐陶。器表粗抹，器内抹光，有黑斑，素面。沿外折，圆唇，口外装有较小而潦草的马鞍状錾手，腹部残。残高 6 厘米（图三九，6）。标本 T1730⑪：48，夹蚌陶。器内灰黑色，抹制较光，器表红褐色，抹制粗糙。器物内外均有因蚌片脱落而形成的蜂窝状凹坑，素面。圆唇，口外装有马鞍状錾手两端呈尖圆状。残高 10 厘米（图三九，7）。标本 T1730⑪：79，夹砂陶。器内灰黑色，抹制略光。器表呈红褐色抹制粗糙，素面。厚圆唇，口外装有规整的马鞍状錾手。残高 7.5 厘米（图三九，8；彩版四，5）。

Ⅱ式　3 件。侈口，沿外翻，腹略斜直。标本 T1629⑧：17，夹蚌陶。器表呈红褐色抹痕明显，器内及口沿外为灰黑色。抹制较光，素面。方唇，斜弧腹略鼓，口外装有较小的马鞍状錾手。残高 9.8 厘米（图三九，2）。标本 T1530⑪：123，夹砂红褐陶。器内

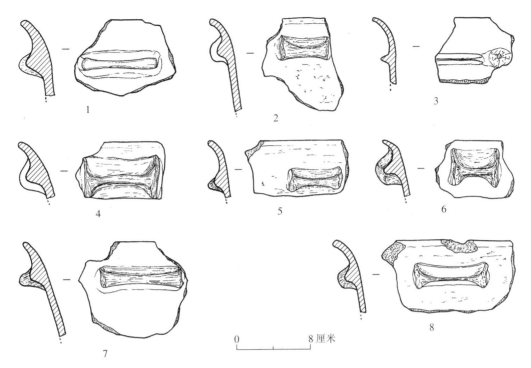

图三九 石山孜一期文化 Bb 型陶带錾釜

1、4、6~8. I 式（T1529⑫：17、H379：6、H378：4、T1730⑪：48、T1730⑪：79）

2、3、5. II 式（T1629⑧：17、T1530⑪：123、T0724⑩：92）

抹光，器表粗抹，素面。方圆唇，沿微折，腹下残，口外装有马鞍状錾手，錾手两端呈乳丁状。残高 7 厘米（图三九，3）。标本 T0724⑩：92，夹蚌红褐陶。器内抹光，器表抹痕明显，口沿内外有黑斑，素面。圆唇，口外装有细小但规整的马鞍状錾手，下残。残高 6 厘米（图三九，5）。

C 型 64 件。月牙形錾手釜，该类釜数量较多，均残。依口、腹部变化分为 4 亚型。

Ca 型 18 件。直口或直口微侈，方唇或方圆唇，腹壁近直，分 2 式。

I 式 10 件。直口，圆唇或方圆唇，口外装有月牙形錾手，腹略直，以夹砂陶和夹蚌陶为主。标本 T1530⑪：61，夹砂陶。器内为灰黑色抹光，器表呈红褐色抹制略粗，素面。方圆唇，口外贴附较小的月牙形錾手。口径 26、残高 6.4 厘米（图四〇，1）。标本 T1529⑪：109，夹蚌陶。器内为灰黑色抹制较光，器表呈红褐色抹痕明显，素面。圆唇厚薄不一，直口微侈，腹略斜，口外贴附较长的月牙形錾手，接近口部。残高 7 厘米（图四〇，2）。标本 T1530⑫：62，夹砂红褐陶。器内抹光，器表细泥抹痕明显，口部内外有黑斑，素面。方圆唇，月牙形錾手略靠下。残高 10 厘米（图四〇，3）。标本 T1529⑪：134，夹砂红褐陶。器内抹光，器表打磨粗糙亦有部分表皮脱落，素面。圆唇，腹壁微弧曲，口外贴附月牙形錾手一端残。残高 9 厘米（图四〇，4）。标本 H368：5，夹蚌红褐陶。器内抹光，器表抹制略粗，素面。方圆唇，口外贴附较小的月牙形錾手。残高 8 厘米（图四〇，5）。标本 T1529⑪：73，夹砂羼蚌末灰黑陶。器内抹制较光，器表抹

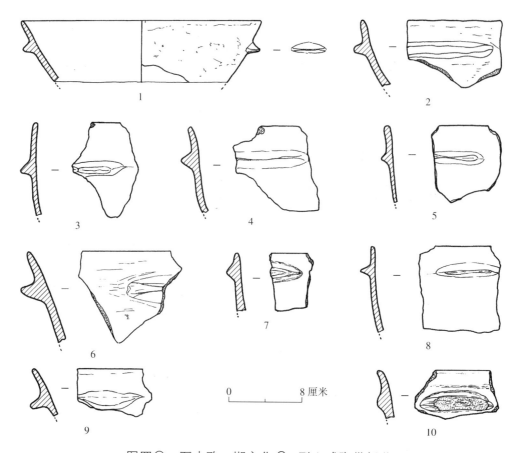

图四〇　石山孜一期文化 Ca 型 I 式陶带錾釜

1. T1530⑪：61　2. T1529⑪：109　3. T1530⑫：62　4. T1529⑪：134　5. H368：5　6. T1529⑪：73

7. T1530⑬：23　8. T1729⑩：6　9. H395：1　10. T1529⑬：24

痕明显，素面。圆唇，直口微侈，口外贴附较厚实的月牙形錾手，已残。残高 9.6 厘米（图四〇，6）。标本 T1530⑬：23，夹蚌红褐陶。器物内外抹制较光，素面。方圆唇，口外贴附月牙形錾手，已残。残高 6 厘米（图四〇，7）。标本 T1729⑩：6，夹砂红褐陶。器内外抹制较粗，素面。方圆唇，口外贴附月牙形錾手。残高 9 厘米（图四〇，8）。标本 H395：1，夹蚌红褐陶。器内抹光，器表抹制较粗有灰黑斑块，素面。方圆唇，口外贴附月牙形錾手，其下残。残高 5 厘米（图四〇，9）。标本 T1529⑬：24，夹砂红褐陶。器内抹光，器表有黑斑，磨制略粗，素面。方圆唇，錾手残损，仍可辨月牙形錾手。残高 5 厘米（图四〇，10）。

II 式　8 件。近直口外侈，圆唇或尖圆唇，斜弧腹，标本 T1629⑧：20，夹蚌红褐陶。器物内外抹制较粗，素面。方圆唇，口外贴附月牙形錾手，较宽厚肥大。残高 7.4 厘米（图四一，1）。标本 H388：2，夹蚌红褐陶。器内抹制略光有黑斑，器表抹痕明显，器物内外有因蚌片脱落形成的较多蜂窝状凹坑，素面。圆唇，口外月牙形錾手已残损。残高 9.8 厘米（图四一，2）。标本 T1631⑦：32，夹蚌陶。器内为灰黑色，抹

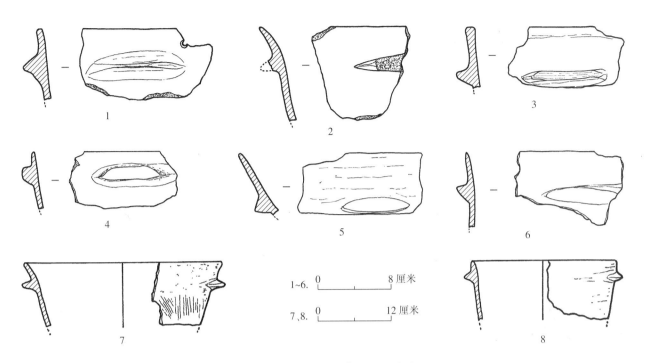

图四一　石山孜一期文化 Ca 型Ⅱ式陶带鋬釜
1. T1629⑧：20　2. H388：2　3. T1631⑦：32　4. T1730⑧：5　5. T0823⑨：11
6. T1630⑦：40　7. F8：24　8. T1729⑨：15

制较光，器表抹痕明显有黑斑，素面。厚圆唇，口外贴附月牙形鋬手上有按窝一个。残高 6.5 厘米（图四一，3）。标本 T1730⑧：5，夹蚌陶。器内为灰黑色，器表呈红褐色，器物内外抹痕明显，素面。圆唇，口外贴附月牙形鋬手顶端按压较平。残高 6 厘米（图四一，4）。标本 T0823⑨：11，夹砂陶。器内为灰黑色抹光，器表抹痕明显呈红褐色，素面。尖圆唇，口外贴附较大的月牙形鋬手，略靠下。残高 6.4 厘米（图四一，5）。标本 T1630⑦：40，夹砂陶。器内为灰黑色抹光，器表呈红褐色，抹痕明显。尖圆唇，口外贴附月牙形鋬手，残存一端。残高 7.8 厘米（图四一，6）。标本 F8：24，夹砂红褐陶，器内有大片黑斑，抹制较光，器表饰有稀疏花纹。圆唇，口外贴附较小的月牙形鋬手。口径 36、残高 10 厘米（图四一，7）。标本 T1729⑨：15，夹蚌红褐陶。器内抹光，器表抹痕明显，素面。尖圆唇，器体较薄，口外贴附较小的月牙形鋬手。口径 24、残高 9.2 厘米（图四一，8）。

Cb 型　19 件。侈口，斜折沿，斜弧腹。分 3 式。

Ⅰ式　4 件。圆唇或方圆唇，斜沿，斜弧腹。标本 H393：3，夹蚌红褐陶。器内抹光，有黑斑，器表抹痕明显，素面。方圆唇，口外贴附月牙形鋬手，一端残。残高 8.5 厘米（图四二，1）。标本 H394：3，夹蚌红褐陶。器内抹制较光，器表抹痕明显，素面。圆唇，口外装有略大较厚的月牙形鋬手，斜弧腹，内收较急。残高 8 厘米（图四二，2）。标本 T1530⑪：76，夹蚌红褐陶。器物内外均打抹，有因蚌片脱落而形

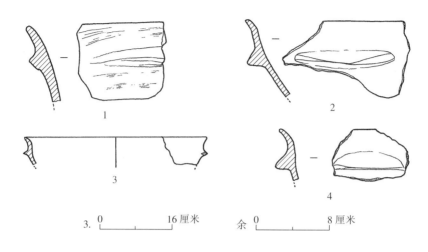

图四二　石山孜一期文化 Cb 型 I 式陶带錾釜
1. H393：3　2. H394：3　3. T1530⑪：76　4. T1529⑬：20

成的蜂窝状凹坑，素面。尖圆唇，口外装有既薄且小的月牙形錾手，腹壁斜弧。口径40、残高6厘米（图四二，3）。标本 T1529⑬：20，夹砂红褐陶。器内抹制较光，器表抹制粗糙，素面。圆唇，短沿，微斜，口外贴附月牙形錾手，下残。残高5.4厘米（图四二，4）。

　　II 式　8件。圆唇或方圆唇，口沿斜折明显，斜弧腹微鼓，缓内收。标本 T1629⑧：10，夹砂红褐陶。器物内外均经抹制，器表有黑斑，素面。方圆唇，沿下装有较规整的月牙形錾手。口径34、残高9厘米（图四三，1）。标本 T0823⑨：54，夹砂红褐陶。器物内外抹痕明显，素面。圆唇，沿下装有月牙形錾手，腹微鼓。残高8.8厘米（图四三，2）。标本 T1530⑨：16，夹砂陶。器内为灰黑色有横向抹痕，器表呈红褐色抹痕明显，素面。方唇，短沿斜折，口外贴附月牙形錾手，上有按窝一个。残高11厘米（图四三，3）。标本 T1529⑪：58，夹砂陶。器内为灰黑色抹制略光，器表呈红褐色有黑斑抹痕明显，素面。圆唇，沿下装有较厚的月牙形錾手。口径24、残高6厘米（图四三，4）。标本 T1530⑪：102，夹蚌红褐陶。器物内外抹制较光，素面。方唇，口外装有月牙形錾手，略上翘。残高6厘米（图四三，5）。标本 T0724⑩：55，夹砂陶。器内呈灰黑色，抹制较光，器表红褐色，抹痕明显，素面。方唇，沿下装有较长的月牙形錾手，腹微鼓。口径40、残高11厘米（图四三，6）。标本 T1628⑨：30，夹蚌红褐陶。器物内外均经抹制，素面。方唇，沿下月牙形錾手已残。残高6厘米（图四三，7）。标本 T0822⑨：32，夹砂红褐陶。器内抹光，器表抹制粗糙，素面。厚圆唇，沿下装有月牙形錾手，较厚。残高5.8厘米（图四三，8）。

　　III 式　7件。圆唇或方圆唇，斜沿微卷，下腹内收。标本 T1630⑦：34，夹蚌陶。器内为灰黑色，抹制较光，器表红褐色，抹痕明显，素面。圆唇，器物内外因蚌片脱落有少量的蜂窝状凹坑，沿下装有较小的月牙形錾手，下腹弧内折。残高8.6厘米（图四四，1）。

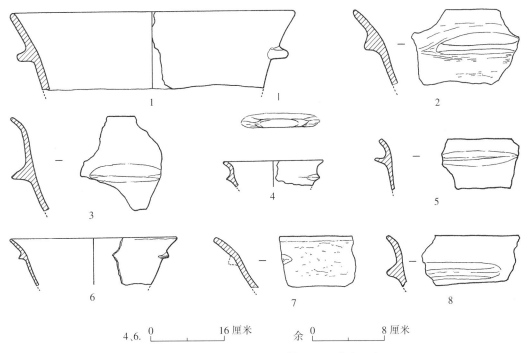

4、6. 0 ————— 16厘米　　　余 0 ————— 8厘米

图四三　石山孜一期文化Cb型II式陶带鋬釜
1. T1629⑧：10　2. T0823⑨：54　3. T1530⑨：16　4. T1529⑪：58　5. T1530⑪：102　6. T0724⑩：55
7. T1628⑨：30　8. T0822⑨：32

标本F8：14（图四四，2），夹蚌红褐陶。器内抹制较光，器表抹痕明显，有黑斑，器物内外有蚌片脱落形成的蜂窝状凹坑，素面。圆唇，沿下装有月牙形鋬手。残高8.3厘米。标本T1630⑦：56，夹蚌陶。器内为灰黑色抹光，器表呈红褐色有黑斑，素面。方唇沿外折，沿下装有上翘的月牙形鋬手。残高4.5厘米（图四四，3）。标本H89：9，夹蚌陶。器内为红褐色抹制较光，器表呈红褐色，有黑斑，抹痕明显，素面。圆唇，沿下装有较长的月牙形鋬手，斜弧腹内折。口径42、残高9厘米（图四四，4）。标本T1629⑧：37，夹砂红褐陶。器内为灰黑色，抹制较光，器表抹痕明显，有黑斑，素面。圆唇，短沿，沿下装有较小的月牙形鋬手。残高5.6厘米（图四四，5）。标本T0822⑧：7，夹砂陶。器内为红褐色，有黑斑，器表呈灰黑色，器物内外均有抹痕，素面。圆唇，上腹斜弧，下腹内折，最大径在折腹处，沿下装有月牙形鋬手。口径32、残高13厘米（图四四，6）。标本T1630⑦：32，夹蚌红褐陶。器内抹制较光，器表抹痕明显，口部有黑斑，素面。方圆唇，沿下装有月牙形鋬手，弧腹，下残。残高6厘米（图四四，7）。

Cc型　13件。敞口，卷沿，斜弧腹微鼓。分3式。

I式　4件。圆唇或方圆唇，卷沿，斜弧腹。标本T1530⑪：114，夹砂红褐陶。器内抹光，器表抹痕明显，素面。圆唇，口外装有一端压印较细指甲纹的月牙形鋬手。残高9厘米（图四五，1）。标本T1530⑪：128，夹蚌陶。器内为灰黑色，抹制较光，器表

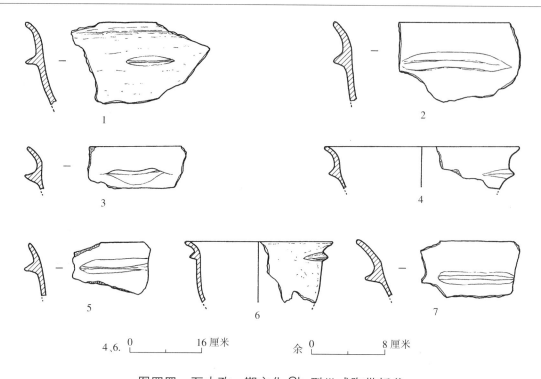

图四四　石山孜一期文化 Cb 型 III 式陶带錾釜

1. T1630⑦：34　2. F8：14　3. T1630⑦：56　4. H89：9　5. T1629⑧：37　6. T0822⑧：7　7. T1630⑦：32

呈红褐色，抹痕明显，素面。圆唇，沿下装有月牙形錾手已残，斜弧腹略鼓，下内收。口径 32、残高 10.8 厘米（图四五，2）。标本 T1530⑪：63，夹蚌红褐陶。器内抹制较光，有黑斑，器表抹痕明显，素面。方圆唇，斜弧腹，口外装有月牙形錾手，一端残，腹略深。残高 12 厘米（图四五，5）。标本 T1729⑬：9，夹砂红褐陶。器物内外抹痕明显，有灰黑色斑块，素面。圆唇，口外装有月牙状錾手，其下有一对钻圆孔。残高 5.2 厘米（图四五，8）。

II 式　6 件。圆唇或尖圆唇，卷沿，鼓腹较明显。标本 T0722⑨：96，夹砂红褐陶。器内抹光，器表抹痕明显，素面。尖圆唇，沿下装有月牙形錾手，一端残。残高 8 厘米（图四五，3）。标本 H239：32，夹砂红褐陶。器物内外均经抹制，有黑斑，素面。尖圆唇，沿下装有月牙形錾手，腹壁有对钻圆孔一个。口径 34、残高 9 厘米（图四五，4）。标本 T1630⑧：16，夹蚌红褐陶。器物内外均经抹制，素面。圆唇，口外装有较小的月牙形錾手。口径 36、残高 10 厘米（图四五，7）。标本 T0722⑧：9，夹砂红褐陶。器内抹制较光，器表抹痕明显，素面。圆唇，沿下装有月牙形錾手，一端残。口径 36、残高 8 厘米（图四五，9）。标本 T1631⑧：42，夹蚌红褐陶。器内抹制略光，器表抹痕明显，素面。圆唇，沿下装有既小且薄的月牙形錾手。口径 34、残高 11 厘米（图四五，12）。标本 F8：12，夹砂红褐陶。器内有大块黑斑，抹制较光，器表红褐色，抹痕明显，素面。沿下装有月牙形錾手，上腹壁有一个对钻圆孔。口径 44、残高 10 厘米（图四五，13）。

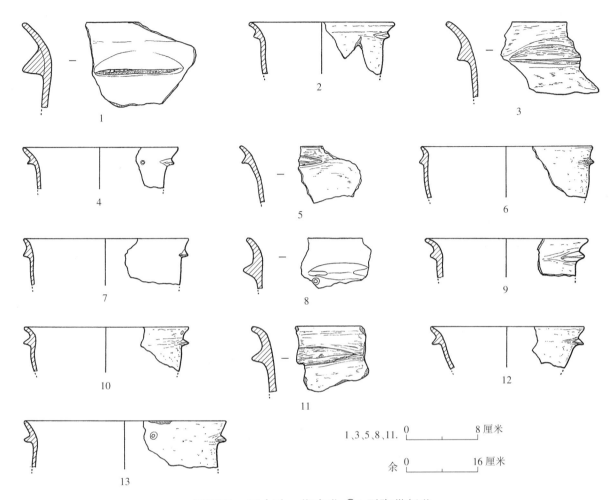

图四五 石山孜一期文化 Cc 型陶带鋬釜

1、2、5、8. Ⅰ式（T1530⑪：114、T1530⑪：128、T1530⑪：63、T1729⑬：9） 3、4、7、9、12、13.Ⅱ式（T0722⑨：96、
H239：32、T1630⑧：16、T0722⑧：9、T1631⑧：42、F8：12）
6、10、11. Ⅲ式（T1630⑦：48、H200：2、H311：10）

Ⅲ式 3件。圆唇或方圆唇，沿较短，斜弧腹微鼓下弧内收。标本 T1630⑦：48，夹
砂陶。器内及唇外为灰黑色，器表呈红褐色，器物内外均有抹痕，素面。方圆唇，口沿
外装有月牙形鋬手。口径 38、残高 11 厘米（图四五，6）。标本 H200：2，夹砂陶。器内
为灰黑色，器表呈红褐色，有黑斑，器物内外均有抹痕，素面。圆唇，口沿外装有月牙
形鋬手，唇下有一对钻圆孔。口径 36、残高 9.6 厘米（图四五，10）。标本 H311：10，
夹砂陶。器内为灰黑色，抹制较光，器表红褐色，抹痕明显，素面。圆唇，口沿外装有
月牙形鋬手，一端残。残高 7 厘米（图四五，11）。

Cd 型 14件。敛口或直口，斜腹。分3式。

Ⅰ式 6件。圆唇或方圆唇，腹部略斜直。标本 T1729⑪：8，夹砂红褐陶。器物内
外均经抹制，痕迹明显，素面。圆唇高低不平，口外装有月牙形鋬手，腹部略斜直。残
高 9.4 厘米（图四六，1）。标本 T1529⑪：34，夹砂红褐陶。器内抹制较光，器表抹痕明

显，器物内外均有黑斑，素面。圆唇下有一个对钻圆孔，口外装有月牙形錾手。残高 10 厘米（图四六，2）。标本 T1530⑫：63，夹砂红褐陶。器内抹制略光，器表抹痕明显，口微敛，素面。圆唇，口外装有月牙形錾手。残高 6.4 厘米（图四六，3）。标本 T1729⑬：10，夹蚌红褐陶。器物内外均经抹制，素面。方唇，口微敛，口外装有月牙形錾手。残高 7 厘米（图四六，4）。标本 T1530⑪：46，夹砂羼蚌陶。器内为灰黑色，有横向抹痕，器表红褐色，有黑斑和横向抹痕，制作较粗，素面。方圆唇，凹凸不平，口外装有不甚规整的月牙形錾手。残高 7.6 厘米（图四六，5）。标本 T1529⑪：87，夹蚌红褐陶。器表内外抹制略光，口部有黑斑，素面。方唇，口外装有月牙形錾手。口径 4.2、残高 9.6 厘米（图四六，6）。

　　Ⅱ式　3件。圆唇或方圆唇，斜弧腹。标本 F8：10，夹蚌陶。器内为灰黑色，器表呈红褐色，有大块黑斑，器物内外有抹制痕迹，素面。方圆唇，口外装有月牙形錾手，残存一端。口径 26、残高 9 厘米（图四七，1）。标本 H239：4，夹砂陶。器内及唇外为灰黑色，器表红褐色，有黑斑，器物内外皆有抹痕，素面。圆唇下有一个对钻圆孔，口外装有月牙形錾手。口径 38、残高 8.8 厘米（图四七，3）。标本 T1530⑨：13，夹蚌红褐陶。器物内外经抹制，痕迹明显，素面。方唇，口外月牙形錾手上有按窝一个。残高 8 厘米（图四七，6）。

　　Ⅲ式　5件。圆唇或方圆唇，斜直腹内收较急。标本 H206：4，夹蚌陶。器内为灰黑色，器表呈红褐色，器物内外均有抹痕，素面。方圆唇，口外装有月牙錾手，微上翘。口径 7.6、残高 9.6 厘米（图四七，2）。标本 H89：8，夹蚌陶。器内及口沿外为灰黑色，

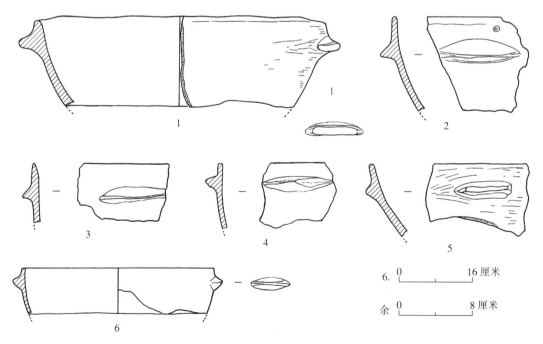

图四六　石山孜一期文化 Cd 型 I 式陶带錾釜
1. T1729⑪：8　2. T1529⑪：34　3. T1530⑫：63　4. T1729⑬：10　5. T1530⑪：46　6. T1529⑪：87

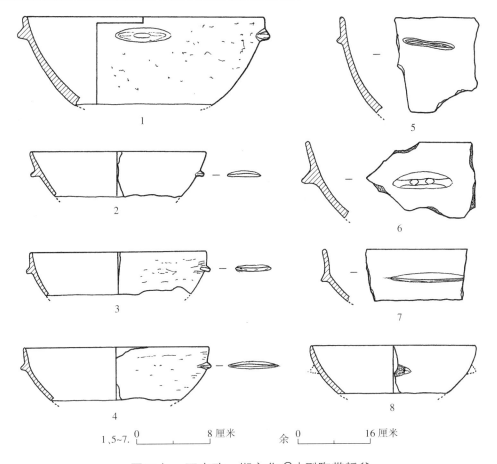

图四七 石山孜一期文化 Cd 型陶带錾釜

1、3、6. Ⅱ式（F8：10、H239：4、T1530⑨：13） 2、4、5、7、8. Ⅲ式（H206：4、
H89：8、T1631⑧：29、H183：3、T1630⑦：39）

器表呈红褐色，有黑斑块，器物内外有因蚌片脱落而形成的凹坑，素面。圆唇，口外装
有月牙形錾手。口径40、残高11.2厘米（图四七，4）。标本T1631⑧：29，夹蚌陶。器
内为红褐色，器表红褐色有黑斑，器物内外皆抹制较光，素面。方圆唇，口外月牙錾手
上有一个较大的按窝。残高9.8厘米（图四七，5）。标本H183：3，夹蚌陶。器内及口沿
外为灰黑色，器表呈红褐色，器物内外抹痕明显，素面。方圆唇，口外装有月牙形錾手。
残高5.5厘米（图四七，7）。标本T1630⑦：39，夹蚌陶。器内为灰黑色，抹制较光，器
表呈红褐色，有黑斑抹痕明显，素面。圆唇，口外装有月牙形錾手，残存一端。口径36、
残高10厘米（图四七，8）。

D 型 18件。唇錾釜，该类釜数量不多，均残，无可复原者。錾手安装在器物的唇
部，斜弧腹，以夹砂陶居多，夹蚌陶次之，无夹炭陶和泥质陶。依錾手形状及口部、腹
部的变化，分3亚型。

Da 型 11件。马鞍状唇錾，均残，皆为手制。依錾、口、腹部的变化分3式。

Ⅰ式 5件。直口，斜弧腹，标本T1529⑪：145，夹砂陶。器表呈红褐色，抹制
略粗，器内为灰褐色，抹制较光，素面。唇外装有较规整的马鞍状錾手。残高6.2厘米

（图四八，1）。标本 T1529⑪：32，夹砂陶。器物表里均呈灰黑色，经粗抹，素面。唇外装有马鞍状錾手。残高7.8厘米（图四八，4）。标本 T1729⑫：31，夹蚌红褐陶。器内抹光，器表抹制较粗糙，素面。唇外装有较长的马鞍状錾手。残高4.2厘米（图四八，6）。标本 H391：4，夹砂陶。器内为灰黑色，器表呈红褐色。残甚，仅存唇錾部分，唇外装有马鞍状錾手，一端已残。残高3.2厘米（图四八，7）。标本 T1529⑪：144，夹蚌陶。器物残存部分呈灰黑色，内抹光，外抹痕明显，器体内外有因蚌片脱落而形成的蜂窝状凹坑，素面。唇外装有马鞍状錾手，已残。残高8.4厘米（图四八，8）。

　　Ⅱ式　3件。直口微敛，斜弧腹。唇錾两端制作成半圆状泥饼，有的夹泥饼上压印齿纹。标本 T1629⑨：41，夹蚌末红褐陶。器物内外经抹制，较光滑。唇外装有马鞍形錾，唇錾两端半圆形泥片上压印稀疏指甲纹。残高4.6厘米（图四八，2）。标本 T0823⑩：6，夹蚌陶。器内及錾的顶部为灰黑色，抹制略光，器表呈红褐色，抹痕明显。唇外装有马鞍形錾手，唇錾两端半圆形泥饼上压印有指甲纹。残高6.8厘米（图四八，3）。

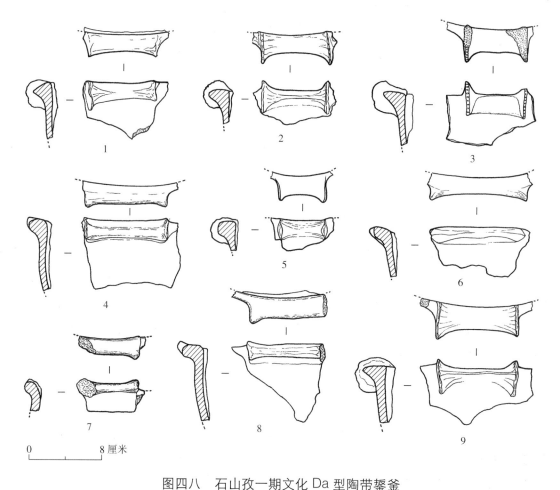

0　　　　　8厘米

图四八　石山孜一期文化 Da 型陶带錾釜
1、4、6~8. Ⅰ式（T1529⑪：145、T1529⑪：32、T1729⑫：31、H391：4、T1529⑪：144）
2、3、9. Ⅱ式（T1629⑨：41、T0823⑩：6、T1729⑩：19）　5. Ⅲ式（H358：28）

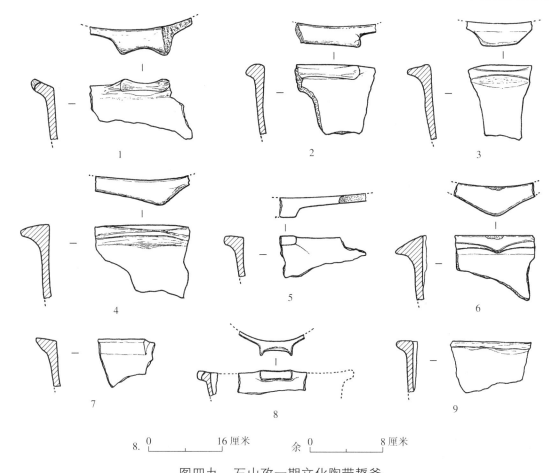

图四九　石山孜一期文化陶带錾釜

1、8. Da 型Ⅲ式（T1630⑦：24、T1629⑦：4）　2、3、5、7. Db 型（T1530⑫：23、T1529⑫：77、
T1530⑩：19、T1530⑬：3）　4、6、9. Dc 型（H311：3、T1530⑪：72、T1729⑩：13）

标本 T1729⑩：19，夹蚌红褐陶。有黑斑，器内抹制较光，器表抹制粗糙，素面。唇外装有马鞍形錾手，两端作半圆泥饼状。残高 6.8 厘米（图四八，9）。

Ⅲ式　3 件。近直口，斜弧腹。标本 H358：28，夹砂外红内黑陶。器物内外抹制较粗，素面。唇外装有马鞍形錾手，较小。残高 3.6 厘米（图四八，5）。标本 T1630⑦：24，夹砂陶。器内为灰黑色抹光，器表呈红褐色抹痕明显，素面。唇外装有马鞍形錾手，较小。残高 6.4 厘米（图四九，1）。标本 T1629⑦：4，夹砂陶。器内为灰黑色，抹制较光，器表呈红褐色，抹痕明显，素面。唇外装有马鞍形錾手，唇錾两端呈泥突状。口径 28、残高 5.3 厘米（图四九，8）。

Db 型　4 件。条形唇錾釜，直口或微侈，斜弧腹。标本 T1530⑫：23，夹蚌红褐陶。器物内外有黑色斑块，素面。直口微侈，斜弧腹，唇外装有条形錾手，一端残。残高 7.2 厘米（图四九，2）。标本 T1529⑫：77，夹砂陶。器内为灰黑色，抹制较光，器表呈红褐色，抹痕明显，素面。近直口，斜弧釜，唇外装半椭圆条形錾手。残高 7.8 厘米（图四九，3）。标本 T1530⑩：19，夹蚌陶。器内抹制较光，为灰黑色，器表呈红褐色，有似

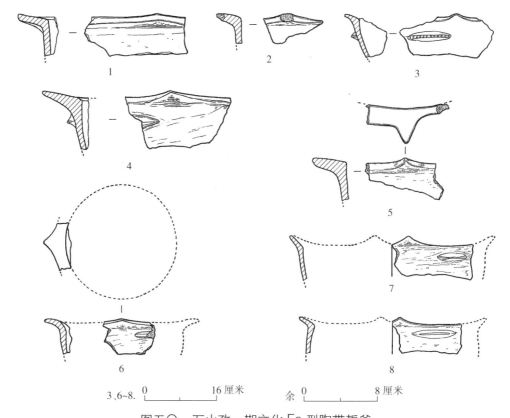

图五〇　石山孜一期文化 Ea 型陶带鋬釜

1、2、4、5.Ⅰ式（T0823⑩∶4、T1530⑫∶111、H380∶1、T1730⑪∶90）

3、6～8.Ⅱ式（T1629⑧∶13、T1631⑨∶1、T1631⑦∶15、T1631⑧∶23）

横向篮纹的抹痕。唇外装有条形鋬手，大部残失，仅存一端。残高 4.4 厘米（图四九，5）。标本 T1530⑬∶3，夹蚌红褐陶。器物内外抹制略粗，抹痕明显，素面。唇外装有长方形鋬手，一端残，另一端较整齐。残高 5 厘米（图四九，7）。

Dc 型　3 件。三角形唇鋬釜，敛口，斜弧腹，均残。标本 H311∶3，夹砂陶。器内为灰黑色抹光，器表呈红褐色，有黑斑抹痕明显，素面。唇外装有三角形鋬手。残高 7.8 厘米（图四九，4）。标本 T1530⑪∶72，夹蚌陶。器内为灰黑色抹光，器表呈红褐色，抹痕明显，素面。唇外三角形鋬手呈下垂状。残高 6.8 厘米（图四九，6）。标本 T1729⑩∶13，夹砂陶。器内灰黑色，抹制较光，器表呈红褐色，抹痕明显，素面。唇外装有三角形鋬手，顶部略圆。残高 5.4 厘米（图四九，9）。

E 型　20 件。花边沿带鋬釜，该类器物数量不多，均残，无可复原者，皆为手制，以夹砂、夹蚌为主。口沿呈装饰性的尖突棱形如荷叶状，在花边沿下装有鋬手，斜弧腹。依口部、腹部及口沿花边的变化分 3 亚型。

Ea 型　8 件。直口，三角形花边平折或斜折，沿下装有鋬手，斜弧腹。分 2 式。

Ⅰ式　4 件。直口，三角形花边平折。标本 T0823⑩∶4，夹砂陶。器内及花边上部为灰黑色抹制光滑，器表呈红褐色，抹痕明显，素面。口部装有规整的三角形花边，其下鋬手残失痕迹尚存。残高 4.5 厘米（图五〇，1；彩版五，1）。标本 T1530⑫∶111，夹蚌红褐陶。内磨光，外粗抹，素面。仅存口部，花边残。残高 3 厘米（图五〇，2）。标本 T1730⑪：90，夹蚌红褐陶。有黑斑，器物内外因蚌片脱落形成较多的蜂窝状凹坑，素面。口部装有较小的三角形花边。残高 4.2 厘米（图五〇，5）。标本 H380：1，夹蚌红褐陶。器内抹光，器表抹痕明显，素面。口部装有较大的三角形花边，花边下贴附的錾手已残。残高 6.2 厘米（图五〇，4；彩版四，6）。

Ⅱ式　4件。直口，花边多斜折上翘，斜弧腹。标本 T1631⑦：15，夹砂红褐陶。器内及花边抹制光滑，器表抹制较粗，有灰黑色斑块，素面。花边下装有月牙形錾手。口径 44、残高 9 厘米（图五〇，7）。标本 T1631⑧：23，夹蚌红褐陶。器内及花边抹制较光，器表抹痕明显，素面。花边口沿下装有较长的月牙形錾手。口径 40、残高 7.6 厘米（图五〇，8；彩版五，2）。标本 T1629⑧：13，夹蚌陶。器内及花边上部为灰黑色，抹制光滑，器表呈红褐色，抹痕明显。花边口沿下装有月牙形錾手，其上压印指甲纹。残高 9 厘米（图五〇，3；彩版五，3）。标本 T1631⑨：1，夹蚌陶。器内及花边上部为灰黑色，抹制光滑，器表呈红褐色，抹痕明显，素面。花边口沿下錾手已残。口径 24、残高 7.5 厘米（图五〇，6）。

Eb 型　6件。侈口，三角形花边上翘，有錾手，斜弧腹。分 2 式。

Ⅰ式　4件。无沿，器物口部直接捏出三角形花边。标本 T0724⑪：31，夹砂灰黑陶。器物内外抹光，素面。三角形花边略小。口径 25.6、残高 8.8 厘米（图五一，1）。标本 T0725⑪：7，夹砂红褐陶。器内及花边顶部抹光，器表有抹痕，花边较小，素面。花边下有一对钻圆孔。残高 4.9 厘米（图五一，3）。标本 T1530⑪：174，夹蚌陶。

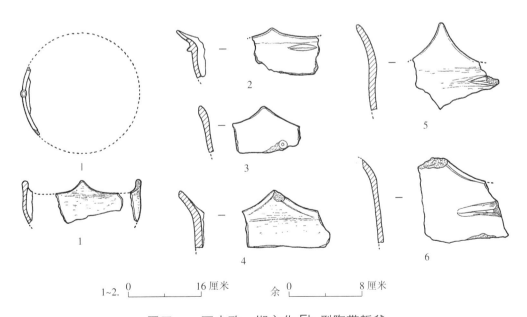

图五一　石山孜一期文化 Eb 型陶带錾釜
1、3~5. Ⅰ式（T0724⑪：31、T0725⑪：7、T1530⑪：174、T0722⑧：3）
2、6. Ⅱ式（T0722⑨：30、T1730⑩：11）

器内及花边上部为灰黑色，抹光，器表呈红褐色，有黑斑，抹痕明显，器物内外里有因蚌壳脱落形成的蜂窝状凹坑，素面。花边与口部连为一体，鋬手残失。残高6厘米（图五一，4）。标本T0722⑧：3，夹蚌红褐陶。器内及花边抹光，器表抹痕明显，器物内外有因蚌片脱落而形成的蜂窝状凹坑，素面。鋬手已残。残高9厘米（图五一，5）。

Ⅱ式  2件。有沿，三角形花边与沿部外折，斜弧腹。标本T0722⑨：30，夹砂红褐陶。内外抹光，素面。沿部略宽，三角形花边斜折，其下装有月牙形鋬手。残高10厘米（图五一，2；彩版五，4）。标本T1730⑩：11，夹蚌红褐陶。内外均经打抹，素面。三角形花边已残，其下装有月牙形鋬手。残高9厘米（图五一，6）。

Ec型  6件。敛口，唇内突，斜弧腹，分2式。

Ⅰ式  5件。三角形花边斜折，突唇明显，斜弧腹。标本T0723⑧：29，夹砂陶。器内及花边上部为灰黑色，抹制光滑，器表呈红褐色，有黑斑，因磨损，砂粒脱落布满凹坑，素面。三角形花边下鋬手残失，痕迹犹存。残高9.4厘米（图五二，1）。标本T1530⑫：96，夹砂陶。器内为灰黑色抹光，器表呈红褐色，素面。三角形花边仅存残迹。残高6厘米（图五二，2）。标本T0823⑨：19，夹砂红褐陶。器内及花边上部抹光，器表抹痕明显。三角形花边下装有月牙状鋬手，其上压印指甲纹。残高8.5厘米（图五二，3）。标本T0823⑩：5，夹蚌陶。器内为灰黑色抹光，器表呈红褐色抹痕明显。三角形花边下装有月牙形鋬手，其上压印稀疏的指甲纹。残高9.2厘米（图五二，5）。标本T0722⑨：29，夹砂陶羼有蚌末。器内及花边上部为灰黑色，器表呈红褐色，有黑斑，抹痕明显，素面。三角形花边下鋬手已残失，痕迹尚存。残高8.4厘米（图五二，6）。

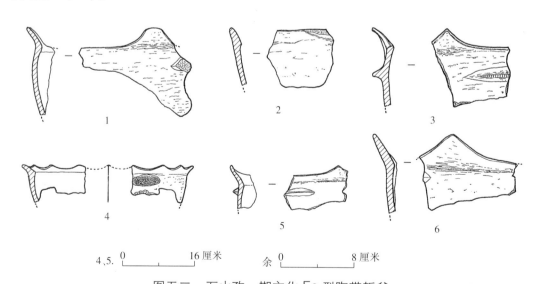

4，5  0 ___ 16厘米    余 0 ___ 8厘米

图五二  石山孜一期文化 Ec 型陶带鋬釜

1～3、5、6. Ⅰ式（T0723⑧：29、T1530⑫：96、T0823⑨：19、T0823⑩：5、T0722⑨：29）
4. Ⅱ式（T0822⑧：6）

Ⅱ式　1件。标本T0822⑧：6，夹蚌红褐陶。敛口，突唇不明显，花边变小而数量增加，素面。器内及花边上部抹光，器表抹痕明显。现存口沿角数为4个，三角形花边下錾手虽残失，但装錾手时的凹坑尚存。口径36、残高8厘米（图五二，4；彩版五，5）。

F型　30件。鸡冠形錾手釜，该类釜数量较多。口沿外侧贴附錾手上压印有指甲纹，形如鸡冠，以夹砂陶和夹蚌陶为主。均残，无可复原者。依其口部、腹部变化分3亚型。

Fa型　8件。侈口，圆唇或方圆唇，斜弧腹略鼓。分2式。

Ⅰ式　3件。侈口，圆唇或方圆唇，斜弧腹微鼓，下缓内收。标本T1529⑪：22，夹砂羼蚌陶。器内为灰黑色，抹制较光，器表呈红褐色，有黑斑，抹痕明显，有因砂粒脱落而形成的凹坑，素面。圆唇，口外錾手上压印指甲纹。口径36、残高11.5厘米（图五三，1；彩版五，6）。标本H369：8，夹砂掺蚌末红褐陶。唇部内外有黑斑，器内抹制略光，器表抹痕明显，素面。圆唇，口外錾手上压印指甲纹。口径32、残高7厘米（图五三，2）。标本H377：3，夹砂红褐陶。器内抹光，器表抹痕明显，素面。圆唇，沿下装有鸡冠状錾手，残存一端。口径32、残高8厘米（图五三，3）。

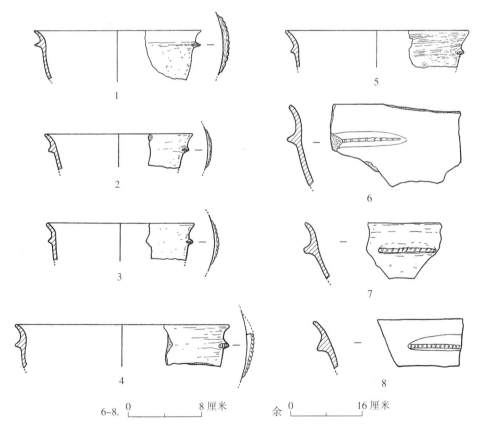

图五三　石山孜一期文化Fa型陶带錾釜

1~3.Ⅰ式（T1529⑪：22、H369：8、H377：3）　4~8.Ⅱ式（T0724⑩：50、T0725⑨：20、T0823⑨：80、T0724⑩：68、T0822⑧：26）

Ⅱ式　5件。侈口，圆唇或方圆唇，斜弧腹急内收。标本T0724⑩：50，夹砂掺蚌末陶。器内灰黑色，器表红褐色，有黑斑，内外均经抹制，素面。沿下鋬手上有斜向匕切状指甲纹，下腹内折较急。口径46、残高9厘米（图五三，4）。标本T0725⑨：20，夹蚌红褐陶。器内抹制较光，器表有横向划纹。圆唇，沿下鸡冠鋬手残存一端，腹内收较急。口径40、残高8.7厘米（图五三，5）。标本T0823⑨：80，夹砂红褐陶。器物内外均经抹制，素面。方唇，短沿，沿下鋬手上为按捺浅窝状纹。残高8.5厘米（图五三，6）。标本T0724⑩：68，夹蚌红褐陶。器表内外均经抹制，素面。圆唇，沿下鋬手上有斜向指甲纹。残高5.8厘米（图五三，7）。标本T0822⑧：26，夹砂红褐陶。器内抹光，器表抹痕明显，有黑斑，素面。圆唇，沿下鸡冠鋬手残存一端。残高5厘米（图五三，8）。

Fb型　11件。敞口，卷沿，斜弧腹。分2式。

Ⅰ式　5件。敞口，圆唇或方圆唇，斜卷沿，鼓腹部位略靠下。标本T0823⑩：9，夹砂红褐陶。器内抹光，器表抹痕明显，有大块黑斑，素面。圆唇，沿下鸡冠鋬略下垂。残高10厘米（图五四，1；彩版六，1）。标本T1530⑪：67，夹砂红褐陶。器内抹制较光，器表抹痕明显，器体内外有黑色斑块，素面。圆唇，沿下有鸡冠鋬。残高6厘米（图五四，2）。标本T0722⑨：69，夹砂红褐陶。器体内外抹痕明显，素面。圆唇，沿下鸡冠鋬较长。口径30、残高8厘米（图五四，4）。标本T1530⑪：68，夹蚌陶。器内灰黑色，抹制较光，器表红褐色，抹痕明显，器体内外有因蚌片脱落形成的凹坑，素面。方圆唇，口外有较长的鸡冠状鋬手，斜弧腹。残高10厘米（图五四，7）。标本T1530⑩：15，夹砂掺蚌末陶。器内灰黑色，抹制较光，器表红褐色，抹痕明显，素面。圆唇，沿下鸡冠鋬残存一端。残高6.5厘米（图五四，11）。

Ⅱ式　6件。敞口，圆唇，短沿外卷，鼓腹部位靠上。标本T0822⑧：15，夹砂红褐陶。器内灰黑色，抹制较光，器表红褐色，抹痕明显，素面。圆唇，口外鸡冠状鋬手，沿下有对钻圆孔一个。口径42、残高7厘米（图五四，3）。标本T0722⑧：97，夹蚌红褐陶。器内及口沿内外抹制较光，呈灰黑色，器表呈红褐色，抹痕明显，素面。圆唇，上腹部有鸡冠鋬。器内抹光，抹痕明显。圆唇，沿下装鸡冠鋬。口径30、残高7.6厘米（图五四，5）。标本T1631⑧：45，夹砂红褐陶。器内抹制较光，器表抹痕明显，口部内外有黑斑，素面。圆唇，沿下装鸡冠鋬。残高5.5厘米（图五四，6）。标本T0822⑧：24，夹砂红褐陶。器内抹制较光，器外抹痕明显，口沿内外有黑色斑块，沿下装有鸡冠状鋬手。残高7.8厘米（图五四，8）。标本T1630⑦：75，夹蚌红褐陶。器体内外均抹光，素面。圆唇，沿下鸡冠鋬残缺一端。残高6厘米（图五四，9）。标本T0822⑧：71，夹砂红褐陶。器内抹光，器表抹痕明显，素面。圆唇，沿下鋬手有按捺浅凹窝纹。残高6.8厘米（图五四，10）。

Fc型　11件。直口或口略侈，斜弧腹内收。分2式。

Ⅰ式　5件。直口或略侈，斜弧腹缓内收。标本H394：2，夹砂红褐陶。器内抹制略

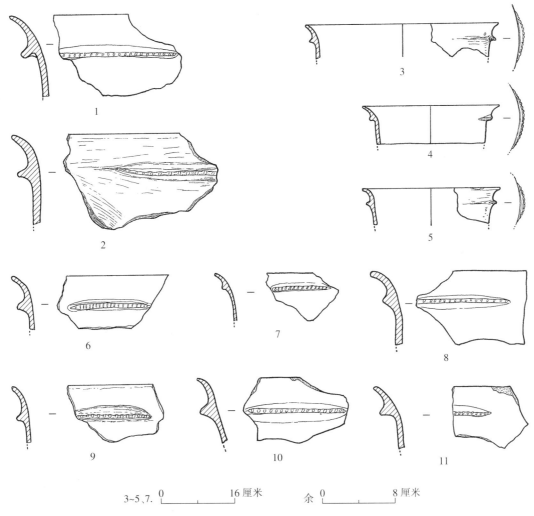

图五四　石山孜一期文化 Fb 型陶带錾釜

1、2、4、7、11. Ⅰ 式（T0823⑩：9、T1530⑪：67、T0722⑨：69、T1530⑪：68、T1530⑩：15）
3、5、6、8～10. Ⅱ 式（T0822⑧：15、T0722⑧：97、T1631⑧：45、T0822⑧：24、T1630⑦：75、
T0822⑧：71）

光，器表抹痕明显，器物内外有黑斑，素面。方圆唇，口外装有半环形鸡冠錾手。口径
37、残高 12 厘米（图五五，1）。标本 T1530⑩：76，夹蚌红褐陶。器内抹制较光，器表
錾手以下部位拍印横向线纹。圆唇，直口，口外装有鸡冠錾手。口径 36、残高 8.8 厘米
（图五五，2）。标本 T0724⑩：56，夹蚌红褐陶。器内抹光，器表抹痕明显，器物内外有
因蚌片脱落形成的凹坑，素面。圆唇，口较直，口外装有鸡冠状錾手。残高 7 厘米（图
五五，3）。标本 T1529⑪：159，夹蚌陶。器内为灰黑色抹制较光，器表呈红褐色，抹痕
明显，器物内外有因蚌片脱落形成的凹坑，素面。口微侈，方圆唇，口外装有半环形鸡
冠錾手。残高 8 厘米（图五五，5）。标本 T1530⑪：37，夹砂红褐陶。器内抹制略光，器
表抹制粗糙，器物内外均有黑色斑块，素面。方圆唇，口外装有鸡冠状錾手。残高 9.4
厘米（图五五，6）。

　　Ⅱ 式　6 件。直口或略侈，斜直腹急内收。标本 T0725⑧：17，夹蚌陶。器内为灰黑

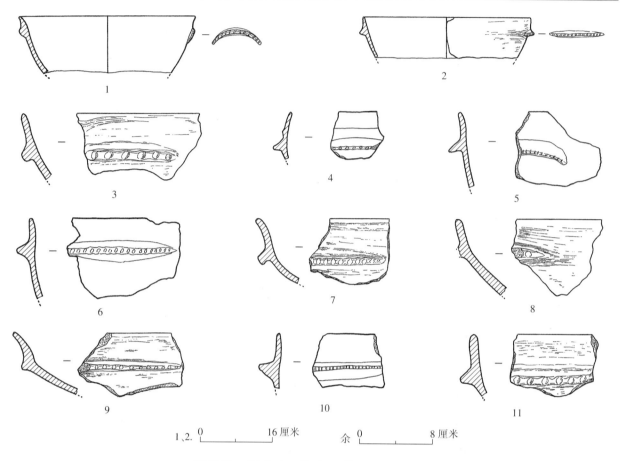

1、2. ⊢ 0 ____ 16厘米    余 0 ____ 8厘米

图五五　石山孜一期文化 Fc 型陶带鋬釜

1~3、5、6.Ⅰ式（H394：2、T1530⑩：76、T0724⑩：56、T1529⑪：159、T1530⑪：37）　4、7~11.Ⅱ式（T0725⑧：17、T0725⑨：30、T1631⑦：33、T0725⑨：26、T0823⑨：34、T0724⑦：18）

色抹光，器表呈红褐色，有黑色斑块，素面。圆唇，近直口，口外装有鸡冠鋬手上按捺窝状纹。残高 5 厘米（图五五，4）。标本 T0725⑨：30，夹蚌陶。器内为灰黑色抹光，器表呈红褐色，抹痕明显，素面。圆唇，口略侈，口外装有鸡冠鋬手，上按捺窝状纹。残高 6.8 厘米（图五五，7）。标本 T1631⑦：33，夹蚌陶。器内为灰黑色抹光，器表呈红褐色抹痕明显，有黑色斑块，素面。方圆唇，近直口，口外装有鸡冠状鋬手，残存一端。残高 8 厘米（图五五，8）。标本 T0725⑨：26，夹蚌陶，器内为灰黑色抹光，器表呈红褐色，抹痕明显，器物内外有因蚌片脱落形成的凹坑，素面。方圆唇，近直口，口外装有鸡冠状鋬手。残高 6.7 厘米（图五五，9）。标本 T0823⑨：34，夹砂陶。器内为灰黑色抹光，器表呈红褐色，抹痕明显，素面。圆唇，近直口，口外装有鸡冠状鋬手。残高 5.8 厘米（图五五，10）。标本 T0724⑦：18，夹蚌红褐陶。器内抹光，器表抹制粗糙，有黑色斑块，器物内外有因蚌片脱落而形成的凹坑，素面。圆唇，近直口，口外装有鸡冠鋬手，残存一端，其上按捺窝状纹。残高 6.5 厘米（图五五，11）。

　　倒钩沿釜　64 件。该类发现数量较多，多为残片，无复原器。口沿较厚，半外卷或外卷闭合呈倒钩状贴附于口部外侧。其中以夹砂陶最多，夹蚌陶次之，夹炭陶最少，纹饰以素面为主，有少量的唇部压印指甲纹。依其口部、腹部的不同分 3 型。

A 型　20 件。侈口，圆唇或尖唇，唇外加厚，形成倒钩状沿，沿面宽窄不等，弧腹微鼓内收，均残。依口、腹部不同分 3 式。

Ⅰ式　5 件。口略侈，尖唇或尖圆唇，唇外加厚，沿面较斜，其下部抹平，斜弧腹微鼓。标本 T1529⑫：6，夹砂红褐陶羼蚌末。器物内外均经抹制，有因砂粒脱落形成的凹坑，口部内外有黑斑，素面。尖圆唇，腹部斜弧略鼓。口径 35.2、残高 17 厘米（图五六，1）。标本 T1730⑪：72，夹蚌陶。器内抹光，器表横向抹痕明显。尖唇，斜弧腹下残。口径 35、残高 6.6 厘米（图五六，4）。标本 T1529⑪：33，夹砂红褐陶。羼有少量蚌末，器内为灰黑色，抹制较光，器表呈红褐色，有黑色斑块，抹制粗糙，素面。尖圆唇，沿面略窄，斜弧腹内收。残高 7.2 厘米（图五六，8）。标本 T1530⑬：15，夹砂红褐陶。器内抹光，器表抹痕明显，口部有黑斑块，素面。尖唇，斜弧腹，下残。口径 38、残高 8 厘米（图五六，10）。标本 T1529⑪：172，夹砂红褐陶。器内抹制较光，器表有纵向抹痕，口内外有黑色斑块，素面。尖唇，沿面斜直，较宽，腹略斜直下残。口径 48、残高 7.6 厘米（图五六，15）。

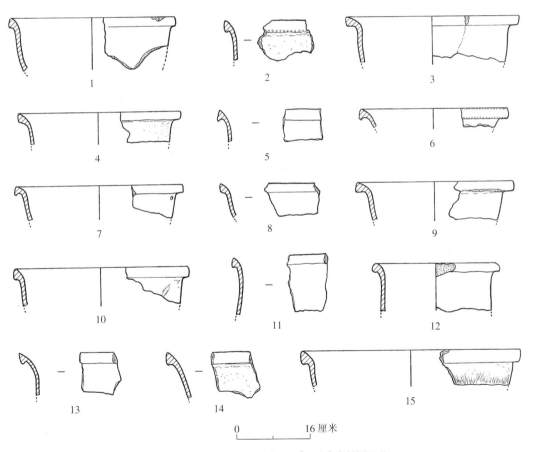

图五六　石山孜一期文化 A 型陶倒钩沿釜

1、4、8、10、15. Ⅰ式（T1529⑫：6、T1730⑪：72、T1529⑪：33、T1530⑬：15、T1529⑪：172）
2、3、5～7、9、11～14. Ⅱ式（T1530⑪：166、T1529⑪：25、T1729⑩：15、T1628⑨：13、
T1730⑪：77、H239：7、H376：1、T1629⑨：6、T1631⑧：26、T1630⑧：31）

Ⅱ式　10 件。侈口，圆唇或尖圆唇，倒钩沿明显，上腹斜弧，鼓腹部位略下移。标本 T1530⑪：166，夹砂陶。器内及口外为灰黑色，抹制较光，器表呈红褐色，有黑斑，抹痕明显。尖圆唇，沿面斜直，其下指甲纹，斜弧腹下残。残高 8.4 厘米（图五六，2）。标本 T1529⑪：25，夹砂陶。器内及口沿部位为灰黑色，抹痕明显，器表呈红褐色，抹制较光，素面。尖圆唇，沿面较宽，斜弧腹下残。口径 37.8、残高 11.5 厘米（图五六，3；彩版六，2）。标本 T1729⑩：15，夹砂红褐陶。器内抹光，器表压印不典型篮纹。尖圆唇，斜弧腹下残。残高 6.8 厘米（图五六，5）。标本 T1628⑨：13，夹蚌红褐陶。残存口沿内外均压印指甲纹。口径 32、残高 4 厘米（图五六，6）。标本 T1730⑪：77，夹砂红褐陶。器内外抹制较光，素面。尖圆唇，沿面略窄，弧腹下残，沿下有对钻圆孔 1 个，应为修补之用。口径 36、残高 7 厘米（图五六，7）。标本 H239：7，夹蚌红褐陶。器内抹制略光，器表抹痕明显，有因蚌片脱落形成蜂窝状凹坑，素面。尖圆唇，斜弧腹，下残。口径 34、残高 8 厘米（图五六，9）。标本 H376：1，夹砂红褐陶。器物内外均经抹制，有黑斑，素面。圆唇，鼓腹部位略靠下。残高 12 厘米（图五六，11）。标本 T1629⑨：6，夹蚌灰黑陶。器物内外均经抹制，较光，素面。圆唇，腹微鼓，下内收。口径 26、残高 10.3 厘米（图五六，12）。标本 T1631⑧：26，夹砂红褐陶，器内抹光，器表抹痕明显，素面。尖圆唇，弧腹下残。残高 8.8 厘米（图五六，13）。标本 T1630⑧：31，夹砂羼蚌红褐陶。器内抹光，器表抹痕明显，有黑斑，素面。尖圆唇，弧腹略鼓，下残。残高 10 厘米（图五六，14）。

Ⅲ式　5 件。侈口，尖唇或尖圆唇，斜弧腹，倒钩不明显。标本 T1630⑧：27，夹砂陶。器内为灰黑色，抹制略光，器表呈红褐色，抹痕明显，素面。尖圆唇，弧腹内收下残。残高 5.4 厘米（图五七，1）。标本 T1631⑧：53，夹砂红褐陶。器内抹制较光，器表抹痕明显，口部有黑色斑块，素面。尖唇，弧腹内收下残。口径 40、残高 8.2 厘米（图五七，2）。标本 T1630⑦：19，夹蚌红褐陶。器内抹制略光，器表抹痕明显，素面。尖圆唇，沿面圆弧，弧腹下残。残高 7.2 厘米（图五七，3）。标本 T1629⑧：41，夹砂陶红

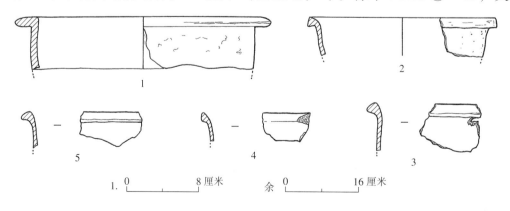

1. 0 ——— 8 厘米　余 0 ——— 16 厘米

图五七　石山孜一期文化 A 型Ⅲ式陶倒钩沿釜
1. T1630⑧：27　2. T1631⑧：53　3. T1630⑦：19　4. T1629⑧：41　5. F8：18

褐。器物内外抹制较光，素面。尖圆唇，弧腹下残。残高6厘米（图五七，4）。标本F8：18，夹砂红褐陶。器物内外均经抹制，较光，有黑色斑块，素面。尖圆唇，沿面较宽，斜弧腹下残。残高10厘米（图五七，5）。

B型　19件。直口或近直口略侈，圆唇或尖圆唇，唇外加厚，沿呈倒钩状，沿面宽窄不等，弧腹微鼓内收，均残。依口、腹部不同分3式。

Ⅰ式　5件。直口，尖唇或尖圆唇，沿面略斜直，其下抹平，斜弧腹略鼓。标本T1730⑪：71，夹砂红褐陶。器物内外均经抹制，有黑斑，痕迹明显，素面。尖圆唇，斜弧腹下残。口径38、残高7厘米（图五八，1）。标本T1530⑫：32，夹砂红褐陶。仅存口部。器内有黑色斑块，器表抹痕明显，素面。尖唇，沿面斜直。残高6.4厘米（图五八，2）。标本T1529⑪：171，夹砂陶羼蚌末。器内为灰黑色，抹制较光，器表呈红褐色，抹痕明显，素面。尖圆唇，沿面斜弧，腹略鼓下残。口径32、残高8厘米（图五八，3）。标本T1730⑪：69，夹砂陶。器内及口外为灰黑色，抹制较光，器表呈红褐色，抹痕明显，素面。尖圆唇，斜弧腹，上腹部有对钻圆孔一个。口径39、残高8厘米（图五八，4）。标本T0724⑪：10，夹砂红褐陶。器物内外均有抹痕，素面。尖圆唇，沿面较窄，弧腹略鼓下残。残高9.2厘米（图五八，5）。

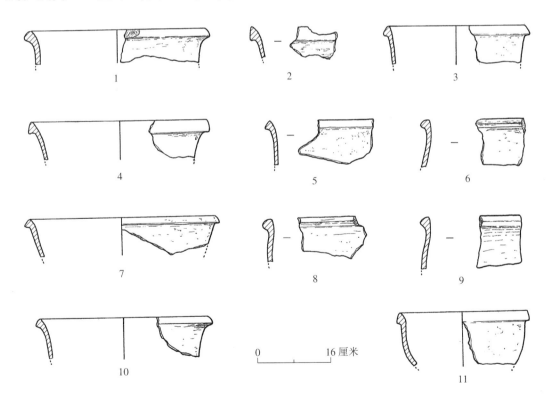

图五八　石山孜一期文化B型陶倒钩沿釜

1～5. Ⅰ式（T1730⑪：71、T1530⑫：32、T1529⑪：171、T1730⑪：69、T0724⑪：10）
6～11. Ⅲ式（F8：16、T1631⑧：31、H200：3、T0823⑧：5、T0822⑧：10、T1629⑦：2）

Ⅱ式 8件。直口，厚圆唇，外卷，多呈闭合状，弧腹微鼓，下部内收较急。标本 T0724⑩：54，夹砂陶。器内及口外为红褐色，抹光，器表呈红褐色，抹痕明显，素面。圆唇，弧腹内收下残。残高 8 厘米（图五九，1）。标本 H239：67，夹砂红褐陶。器内抹光，器表抹痕明显，素面。圆唇，弧腹下残。残高 7.5 厘米（图五九，2）。标本 T1730⑪：82，夹砂红褐陶。器物内外抹制较光，器内有黑斑块，素面。圆唇，弧腹内收下残。残高 6.9 厘米（图五九，3）。标本 T0823⑨：12，夹砂红褐陶。器物内外抹痕明显，沿面斜弧略窄，素面。圆唇，沿下有对钻圆孔一个，弧腹下残。残高 7.2 厘米（图五九，4）。标本 T1530⑨：22，夹砂陶。器内为灰黑色，抹制较光，器表呈红褐色，抹痕明显，素面。尖圆唇，腹下残。残高 6 厘米（图五九，5）。标本 H239：8，夹砂羼蚌红褐陶。器物内外抹制较光，素面。圆唇，斜弧腹微鼓内收。口径 36、残高 5.6 厘米（图五九，6）。标本 T0724⑩：24，夹砂红褐陶。器物内外均经抹制，有黑斑，素面。圆唇，沿面宽厚，弧腹下残。口径 47.6、残高 7.6 厘米（图五九，7）。标本 H358：34，夹蚌红褐陶。器物内外均经抹制，有黑斑，因蚌片脱落有较多的凹坑，素面。圆唇，弧腹下残。口径 36、残高 6 厘米（图五九，8）。

Ⅲ式 6件。近直口略外侈，沿面较窄，弧腹略鼓缓内收。标本 F8：16，夹砂红褐陶。器内抹光，器表有横向划纹。尖圆唇，斜弧腹下残。残高 10 厘米（图五八，6）。标本 T1631⑧：31，夹砂红褐陶。器内有黑斑，抹制较光，器表抹痕明显，素面。尖圆唇，斜弧腹下残。口径 42、残高 8 厘米（图五八，7）。标本 T0823⑧：5，夹砂红褐陶。器物内外抹制较光，有黑斑，器壁较厚，素面。尖圆唇，弧腹微鼓，下缓内收。残高 10.8 厘米（图五八，9）。标本 T0822⑧：10，夹砂红褐陶。器内抹光，器表抹痕明显，口外有黑斑，素面。尖圆唇，弧腹内收。口径 36、残高 8.5 厘米（图五八，10）。标本 H200：3，

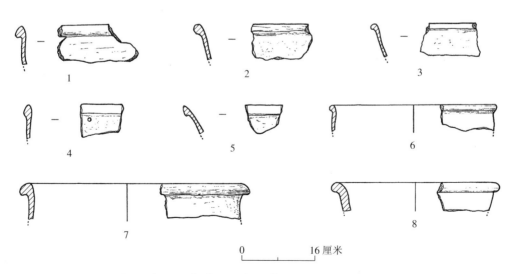

图五九 石山孜一期文化 B 型 Ⅱ 式陶倒钩沿釜

1. T0724⑩：54 2. H239：67 3. T1730⑪：82 4. T0823⑨：12 5. T1530⑨：22 6. H239：8
7. T0724⑩：24 8. H358：34

夹砂红褐陶。器物内外抹制较光，有大片黑色斑块，素面。尖圆唇，斜弧腹稍鼓，下缓内收。残高8.8厘米（图五八，8）。标本T1629⑦：2，夹蚌红褐陶。器内抹光，器表抹痕明显，口外有黑色斑块，素面。尖圆唇，斜弧腹稍鼓，下缓内收。口径28、残高11厘米（图五八，11）。

C型　25件。敛口，圆唇或尖圆唇，沿面有宽窄薄厚之分，多为倒钩形。斜弧腹略鼓下内收，均残。依口、腹部变化分3式。

Ⅰ式　9件。敛口，斜弧腹略鼓下内收较急，最大径在鼓腹处。标本T1529⑪：21，夹砂红褐陶胎。器物内外呈灰黑色，内抹制较光，外抹痕明显，素面。圆唇，沿面略窄，斜弧腹略鼓，下内收较急，下残。口径36、残高10厘米（图六〇，1）。标本T1530⑪：165，夹砂羼蚌陶。器内及沿面为灰黑色，抹制较光，器表呈红褐色，抹痕明显。唇内突，沿面略斜缘部饰有指甲纹，腹部残。残高6.8厘米（图六〇，2）。标本T0724⑪：6，夹砂红褐陶。器内抹光，器表抹痕明显，素面。圆唇，沿面宽弧，弧腹略鼓下内收，残。口径34.4、残高8厘米（图六〇，3）。标本T1530⑪：24，夹蚌红褐陶。器内抹光，器表抹痕明显，素面。尖圆唇，斜直，沿面较窄，腹壁斜弧微鼓，下内收。口径38、残高7.2厘米（图六〇，4）。标本H369：7，夹蚌陶。器内及沿面为灰黑色，抹制较光，器表呈红褐色，有抹痕，素面。圆唇，斜弧腹，下残。残高8.8厘米（图六〇，5）。标本T1529⑫：5，夹砂陶。器内为红褐色，抹制较光，器表呈灰黑色，抹痕明显，有砂粒脱落的凹坑，素面。尖圆唇，弧腹略鼓，内收较急下残。残高9.6厘米（图六〇，6）。标本T0724⑪：34，夹砂陶。器内及沿面为灰黑色，抹光，器表呈红褐色，有横向划纹。尖圆唇，沿面窄，弧腹下残。口径48、残高7.6厘米（图六〇，7）。标本H393：15，夹蚌

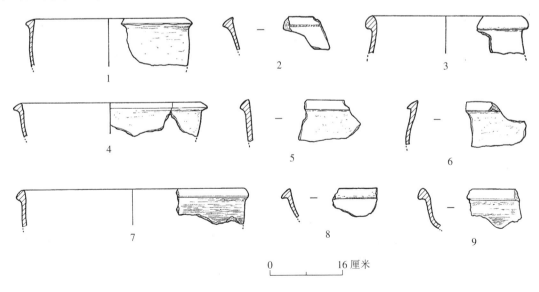

0　　　　　　16厘米

图六〇　石山孜一期文化C型Ⅰ式陶倒钩沿釜
1. T1529⑪：21　2. T1530⑪：165　3. T0724⑪：6　4. T1530⑪：24　5. H369：7　6. T1529⑫：5
7. T0724⑪：34　8. H393：15　9. T0724⑩：35

红褐陶。器物内外均经抹制，有黑色斑块，素面。尖圆唇，沿面斜直，腹部残。残高6厘米（图六〇，8）。标本T0724⑩：35，夹砂红褐陶。器内抹光，器表抹制粗糙，素面。圆唇，斜弧腹微鼓下内收较急，残。残高8.5厘米（图六〇，9）。

Ⅱ式　10件。敛口，圆唇或尖圆唇，弧腹略鼓内收较缓。标本T0722⑨：20，夹砂羼蚌红褐陶。器内抹制较光，器表抹痕明显，器物内外有大片黑色斑块，素面。尖圆唇，沿面斜弧略窄，斜弧腹微鼓，下缓内收。口径35、残高11厘米（图六一，1）。标本H221：2，夹蚌红褐陶。器物内外抹痕明显，有黑色斑块，素面。圆唇，沿面较宽，斜弧腹内收较缓，下残。口径36.2、残高7厘米（图六一，2）。标本T0723⑧：30，夹砂陶。器内及口部为灰黑色，抹制较光，器表呈红褐色，抹痕明显，凹凸不平，素面。圆唇，斜弧腹略鼓，缓内收，下残。口径38、残高9.5厘米（图六一，3）。标本H221：1，夹砂红褐陶。器物表里抹痕明显，口部内外为灰黑色，素面。尖圆唇，沿面较宽，弧腹缓内收，下残。口径35.2、残高7厘米（图六一，4）。标本T0724⑩：27，夹砂陶。器内为红褐色，器表呈灰黑色，内外抹制光滑，素面。尖圆唇，沿面较窄，斜弧腹，下残。口径24、残高5厘米（图六一，5）。标本T0823⑨：70，夹砂红褐陶。器内抹制较光，器表抹痕明显，口部内外有黑色斑块，素面。尖圆唇，沿面斜直，斜弧腹残。残高6.4厘米（图六一，6）。标本T1729⑩：21，夹砂红褐陶。器内抹制较光，器表有抹痕，口部内外压印有细密指甲纹。残高4.4厘米（图六一，7）。标本T0823⑩：17，夹砂羼蚌红褐陶。器内抹制较光，器表拍印有纵横交错的粗线纹（疑似席纹）。沿面斜弧，圆唇，鼓腹略下移，残。残高10厘米（图六一，8；彩版六，3）。标本T0722⑨：34，夹砂红褐陶。器内外抹痕明显，素面。圆唇，沿面斜

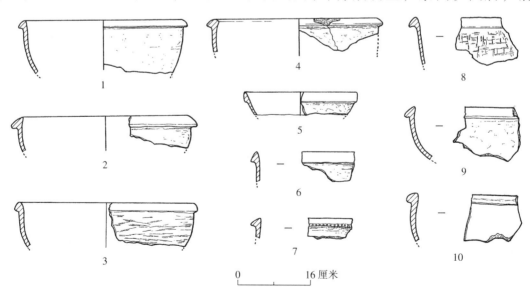

0　　　　　　16厘米

图六一　石山孜一期文化C型Ⅱ式陶倒钩沿釜

1. T0722⑨：20　2. H221：2　3. T0723⑧：30　4. H221：1　5. T0724⑩：27　6. T0823⑨：70
7. T1729⑩：21　8. T0823⑩：17　9. T0722⑨：34　10. T0822⑧：9

弧略宽，弧腹微鼓，下缓收。残高 11.2 厘米（图六一，9）。标本 T0822⑧：9，夹砂红褐陶。器物内外抹痕明显，口部有黑色斑块，素面。圆唇，沿面外卷，斜弧腹微鼓，下缓收，残。残高 10 厘米（图六一，10）。

Ⅲ式　6件。敛口，圆唇或尖圆唇，沿面斜直略宽倒钩明显，斜弧腹，鼓腹部位靠上，下残。标本 H190：3，夹砂红褐陶。器物内外抹痕明显，有黑色斑块，素面。圆唇，沿面略斜，斜弧腹。口径 48、残高 7.2 厘米（图六二，1）。标本 T1631⑧：39，夹砂红褐陶。器内及口沿抹制较光，有黑色斑块，器表抹痕明显，素面。尖圆唇，沿面斜弧略宽，斜弧腹略鼓，下内收。残高 5.6 厘米（图六二，2）。标本 T0822⑧：68，夹砂红褐陶。器内抹制略光，器表有抹痕，素面。圆唇，斜弧腹。口径 46、残高 6 厘米（图六二，3）。标本 T1630⑧：58，夹蚌红褐陶。器物内外有抹痕，口外压印指甲纹。圆唇。残高 4 厘米（图六二，4）。标本 F8：20，夹蚌陶。器内及口沿为灰黑色，抹制较光，器表呈红褐色，抹痕明显，素面。圆唇，沿面斜直，斜弧腹内收。残高 9 厘米（图六二，5）。标本 T0822⑧：43，夹蚌红褐陶。器物内外抹制较光，有黑色斑块，素面。尖圆唇，斜弧腹。残高 5.6 厘米（图六二，6）。

折腹平底釜　71件。折腹带鋬，小平底。陶质以夹蚌陶和夹砂陶为主，并有少量夹炭陶。陶色以外红内黑陶为主，少量的灰黑陶和红陶衣。复原器较少，多为器物口部、腹部残片。器口分侈口、敞口、近直口、敛口几种。鋬的种类以三角形者居多，鋬的数量多为 2 个或 4 个，少量鋬手上压印指甲纹，均为手制。依器形变化分 4 型。

A 型　24件。侈口。分 3 式。

Ⅰ式　10件。仅复原 1 件，余均为器物口部、腹部残片。上腹斜直，下腹内折较急。标本 H395：6，夹砂红褐陶。器内及器表上腹部为灰黑色，下腹部为红褐色。均磨光，素

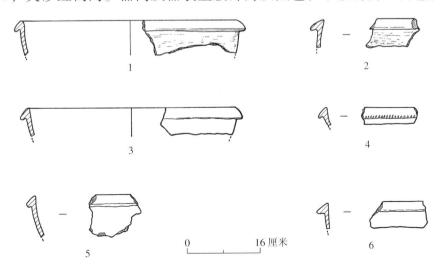

图六二　石山孜一期文化 C 型Ⅲ式陶倒钩沿釜
1. H190：3　2. T1631⑧：39　3. T0822⑧：68　4. T1630⑧：58　5. F8：20　6. T0822⑧：43

面。圆唇。口径40、残高5.4厘米（图六三，1）。标本T1530⑬：6，夹蚌红褐陶。器物内外磨光折痕明显，上腹部有一周黑色条带，素面。圆唇。口径36、残高5.2厘米（图六三，2）。标本T1530⑫：25，夹蚌陶。器内为灰黑色磨光，器表呈红褐色，有黑色斑块，打抹痕明显，素面。圆唇。口径28、残高5厘米（图六三，3）。标本T1730⑪：66，夹砂羼蚌陶。器内及器表上腹部呈灰黑色，下腹为红褐色。器物内外磨光，素面。圆唇，折腹处装三角形鋬手。口径36、残高6.4厘米（图六三，4）。标本T0725⑩：19，夹砂羼蚌陶。器内及器表上腹部为灰黑色，下腹为红褐色。器内抹光，器表有抹痕，素面。圆唇，上腹较深，折腹处装有三角形鋬手。残高10.3厘米（图六三，5）。标本T1529⑫：84，夹砂陶。器内及器表上腹部为灰黑色，下腹部为红褐色。器物内外均磨光，素面。方圆唇，折腹处装有较小的三角形鋬手，下腹有已残的对钻圆孔一个。残高8.5厘米（图六三，6）。标本T1530⑫：52，夹炭陶。器内及器表上腹部为灰黑色，下腹部为红褐色。均磨光，素面。圆唇，折腹处鋬手已残。残高6厘米（图六三，7）。标本T1529⑫：9，夹砂陶。器内及器表上腹为灰黑色，折腹以下为红褐色。器物内外磨光，素面。厚圆唇，折腹处贴附有较大的三角形鋬手。残高5.5厘米（图六三，8）。标本T1530⑪：15，可复原器，夹砂陶。器内及器表上腹为灰黑色，下腹及器底为红褐色。器物内外磨光，素面。方圆唇，上腹斜直，下腹急内折，折腹处装有4个较小的三角形鋬手，小平底。残高7.8厘米（图六三，9；彩版六，4）。标本T1529⑫：26，夹砂陶。器内为灰黑色，器表为红褐色，有黑色斑块。器物内外磨光，素面。圆唇，上腹斜直略短，器内折痕明显。残高4.6厘米（图六三，10）。

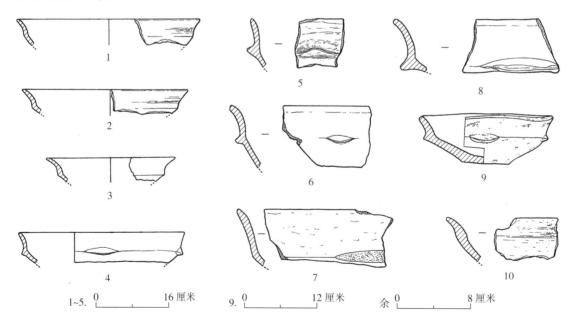

1~5.　0　　　　　　　16厘米　　　　9.　0　　　　　12厘米　　　余　0　　　　8厘米

图六三　石山孜一期文化 A 型 I 式陶折腹平底釜

1. H395：6　2. T1530⑬：6　3. T1530⑫：25　4. T1730⑪：66　5. T0725⑩：19　6. T1529⑫：84　7. T1530⑫：52
8. T1529⑫：9　9. T1530⑪：15　10. T1529⑫：26

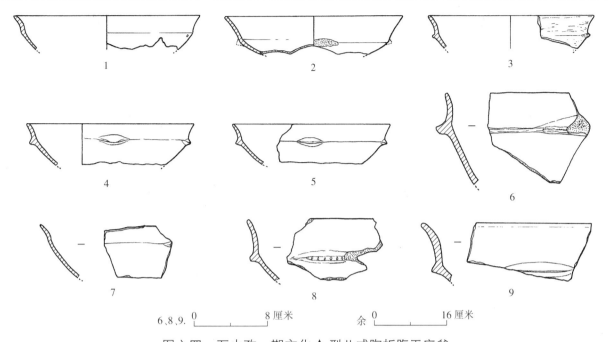

图六四　石山孜一期文化 A 型 II 式陶折腹平底釜

1. T0823⑩：13　2. T0823⑨：10　3. T0822⑨：10　4. T1730⑨：3　5. T0724⑩：42　6. T1729⑩：22
7. F8：8　8. T0823⑩：25　9. H239：3

II式　9件。上腹略斜弧，下腹内收较缓，折腹程度较缓。均为器物口部、腹部残片。标本 T0823⑩：13，夹砂陶。器内为灰黑色，器表呈红褐色。器物内外均磨光，素面。圆唇，器表折痕明显，下腹处有对钻圆孔一个。口径40、残高7厘米（图六四，1）。标本 T0823⑨：10，夹砂陶。器内及器表上腹为灰黑色，器表下腹饰红陶衣。器物内外均磨光，素面。方圆唇，上腹较深，下腹缓内收，折腹处有錾手已残失的痕迹。口径38、残高8厘米（图六四，2）。标本 T0822⑨：10，夹炭灰黑陶胎。器内外为红褐色，器表上腹部有灰黑色条带。素面。方圆唇，折腹处残存錾手一端。口径32、残高7厘米（图六四，3）。标本 T1730⑨：3，夹蚌红褐陶。器内及器表上腹呈灰黑色，器表下腹饰红陶衣。器物内外磨光，素面。圆唇，上腹较浅，下腹略深缓内收，折腹处装有三角形錾手。口径34、残高8.8厘米（图六四，4；彩版六，5）。标本 T0724⑩：42，夹砂陶。器内及器表上腹为灰黑色，下腹呈红褐色。器物内外磨光，素面。圆唇，折腹处装有低矮的三角形錾手。口径34、残高8.5厘米（图六四，5）。标本 T1729⑩：22，夹蚌陶。器内及上腹呈红褐色，有黑色斑块，器表下腹为灰黑色。器物内外抹制较光，有因蚌片脱落形成的凹坑，素面。圆唇。残高9.5厘米（图六四，6）。标本 F8：8，夹蚌陶。器内为灰黑色，器表呈红褐色。器物内外磨光，有因蚌片脱落形成的凹坑，素面。圆唇，上腹较浅，下腹略深缓内收，折腹处錾手已残失，下腹处有对钻圆孔一个。残高11厘米（图六四，7）。标本 T0823⑩：25，夹砂陶。唇部及器内为灰黑色，器表呈红褐色。器物内外磨光，折腹处装有三角形錾手，上压印指甲纹。圆唇。器内折痕明显。残高6.4厘米（图六四，8）。标本 H239：3，夹砂羼蚌陶，器内及上腹为灰黑色，下腹呈灰褐色。器物内外磨光，素面。圆唇，折腹处装有低矮的三角形錾手。残高6.2厘米（图六四，9）。

Ⅲ式 5件。上腹斜直较深，下腹弧，内收较浅。均为器物口部、腹部残片。标本T1629⑦：26，夹砂灰黑陶。器物内外磨光。方圆唇，折腹处装有三角形錾，上压印指甲纹。残高6.7厘米（图六五，1）。标本T0723⑧：38，夹砂羼蚌陶。器内及器表下腹上部为灰黑色，器表下腹部呈红褐色。器物内外磨光，素面。圆唇，折腹处装有三角形錾手，残存一端。残高9厘米（图六五，2）。标本H128：1，夹蚌陶。器内及上腹部为灰黑色，器表下腹部饰红陶衣。器物内外磨光，素面。方圆唇，折腹处装有三角形錾手，已残，上下腹交接处有对钻圆孔一个。口径32、残高8厘米（图六五，9）。标本H187：2，夹砂羼蚌陶。器内及器表上腹部为灰黑色，器表下腹呈红褐色。器物内外磨光，素面。圆唇，折腹处装有三角形錾手。口径38、残高10厘米（图六五，10）。标本T1629⑧：36，夹砂红褐陶。器物内外磨光，器表有黑色斑块，素面。圆唇，折腹处装有三角形錾手。口径38、残高9厘米（图六五，12）。

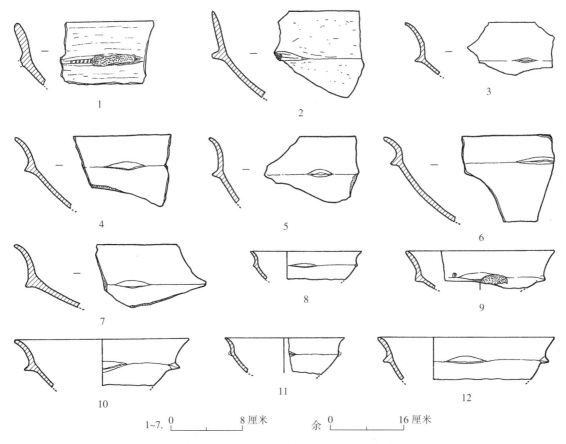

图六五 石山孜一期文化陶折腹平底釜

1、2、9、10、12. A型Ⅲ式（T1629⑦：26、T0723⑧：38、H128：1、H187：2、T1629⑧：36）
3~8、11. B型Ⅱ式（T1629⑧：40、H383：6、T1530⑩：46、T0822⑨：9、T1530⑩：13、T1529⑪：92、T1529⑪：38）

B 型　26 件。敞口，均为器物口部、腹部残片。分 3 式。

Ⅰ式　10 件。上腹斜弧内曲，下腹内折略急。标本 T1730⑪：13，可复原，夹砂陶。器内及器表上腹部为灰黑色，器表下腹呈红褐色。器物内外均磨光，素面。圆唇，小平底为灰黑色。口径 29、残高 9.6 厘米（图六六，1；彩版六，6）。标本 T1530⑫：28，夹砂陶。器内及器表折腹以上部分为灰黑色，器表下腹呈红褐色。器物内外磨制较光，素面。方圆唇。口径 36、残高 6 厘米（图六六，2）。标本 T1530⑫：5，夹蚌红褐陶。器内及器表折腹以上部分为灰黑色，器表下腹呈红褐色，素面。圆唇，折腹处装有三角形錾手。口径 40、残高 6 厘米（图六六，3）。标本 T1529⑪：40，夹蚌红褐陶。器表上腹部呈灰黑色。器物内外磨光，素面。圆唇，折腹处装有较小的三角形錾手。口径 34、残高 5.8 厘米（图六六，4）。标本 T1530⑫：6，夹砂羼蚌红褐陶。器物内外磨光，有黑色斑块，素面。圆唇，折腹处錾手已残失。残高 9 厘米（图六六，5）。标本 T1530⑫：4，夹砂红褐陶。器内及器表上腹部为灰黑色，器表下腹饰红陶衣。器物内外磨制光滑，素面。圆唇，折腹处装有三角形錾手。残高 6.5 厘米（图六六，6）。标本 T0724⑪：9，夹蚌陶。

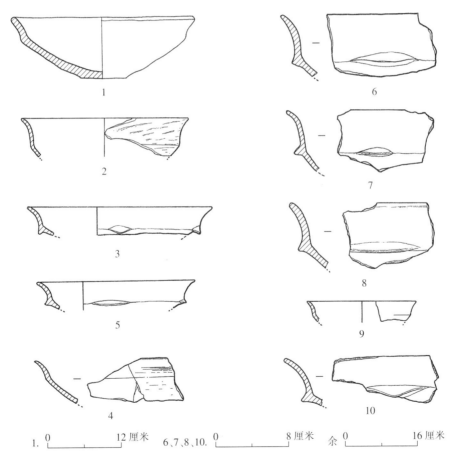

图六六　石山孜一期文化 B 型Ⅰ式陶折腹平底釜

1. T1730⑪：13　2. T1530⑫：28　3. T1530⑫：5　4. T1529⑪：40　5. T1530⑫：6　6. T1530⑫：4
7. T0724⑪：9　8. T1729⑫：28　9. T1529⑫：74　9. T1529⑫：74　10. T1530⑫：86

器内及器表上腹部为灰黑色，器表下腹呈红褐色。器物内外均磨光，素面。圆唇，折腹处装有较小的三角形錾手。残高 6.4 厘米（图六六，7）。标本 T1729⑫：28，夹蚌陶。器内及器表上腹部为灰黑色，器表下腹呈红色。器物内外磨制光滑，素面。厚圆唇，折腹处装有较长的三角形錾手。残高 7.8 厘米（图六六，8）。标本 T1529⑫：74，器体较小，仅存口部。夹蚌陶胎较薄。器内及器表上腹部为灰黑色，器表下腹呈红褐色。器物内外均磨光，素面。圆唇。口径 24、残高 4.2 厘米（图六六，9）。标本 T1530⑫：86，夹蚌红褐陶。器内磨制较光，器表打磨痕明显，有黑色斑块，因蚌片脱落有较多蜂窝状小孔，素面。圆唇，折腹处装有三角形錾手。残高 5 厘米（图六六，10）。

Ⅱ式　7 件。上腹略浅，下腹斜弧内收略缓。标本 T1629⑧：40，器体略小，胎较薄，夹砂羼蚌红褐陶。器物内外有黑色斑块，素面。方圆唇，折腹处装有较小的三角形錾手。残高 5.5 厘米（图六五，3）。标本 H383：6，夹蚌红褐陶。器物内外磨光，素面。圆唇，折腹处装有三角形錾手。残高 7.5 厘米（图六五，4）。标本 T1530⑩：46，夹砂陶。器内及器表上腹部为灰黑色，下腹呈红褐色。器物内外均磨光，素面。圆唇，折腹处装有较小的三角形錾手。残高 7 厘米（图六五，5）。标本 T0822⑨：9，夹砂陶。器内及器表上腹部为灰黑色，器表下腹呈红褐色。器物内外磨光，素面。圆唇，折腹处装有三角形錾手，下腹弧内收略深。残高 9 厘米（图六五，6）。标本 T1530⑩：13，夹蚌红褐陶。器物内外磨光，有黑色斑块，素面。圆唇，折腹处装有较小的三角形錾手。残高 6.5 厘米（图六五，7）。标本 T1529⑪：92，器形较小，夹蚌红褐陶。器物内外磨光，有黑色斑块，素面。圆唇，折腹处装有较小的三角形錾手，器内折痕明显。口径 24、残高 6 厘米（图六五，8）。标本 T1529⑪：38，夹蚌灰黑陶，器物内外磨光，有因蚌片脱落形成较多的蜂窝状凹坑，素面。圆唇，折腹处錾手已残。口径 26、残高 7.3 厘米（图六五，11）。

Ⅲ式　9 件。上腹斜弧略深，下腹硬内折较急。标本 T1630⑧：12，夹炭陶。器内及器表上腹部为灰黑色，器表下腹呈红褐色。器物内外磨光，素面。圆唇，折腹处装有三角形錾手。残高 8.8 厘米（图六七，1）。标本 T1631⑧：38，夹蚌陶。器内及器表上腹部为灰黑色，器表下腹呈红褐色。器物内外磨光，素面。方圆唇，折腹处装有较小的三角形錾手。残高 8.5 厘米（图六七，2）。标本 T1630⑧：19，夹蚌陶。器内及器表上腹为灰黑色，器表下腹呈红褐色。器物内外磨光，素面。方圆唇，折腹处装有三角形錾手，近乎消失。残高 9 厘米（图六七，3）。标本 T1730⑨：45，夹砂红褐陶。器表上腹部有黑色斑块，素面。圆唇，折腹处装有三角形錾手。残高 8 厘米（图六七，4）。标本 T1630⑧：8，夹蚌红褐陶。器物内外磨光，器表饰红陶衣，素面。圆唇，折腹处有较小的三角形錾手，折痕明显。残高 6.4 厘米（图六七，5）。标本 T1630⑦：17，夹砂陶。器内及器表上腹为灰黑色。器表下腹饰红陶衣，器物内外磨光，素面。方圆唇，折腹处装有较小的三角形錾手。残高 7 厘米（图六七，6）。标本 T0722⑨：54，夹砂陶。器内及器表上腹部

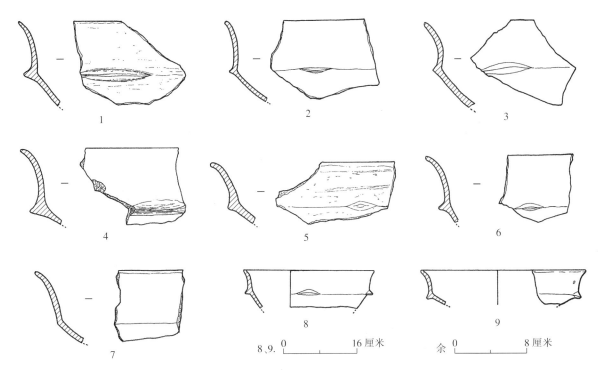

图六七　石山孜一期文化 **B** 型Ⅲ式陶折腹平底釜

1. T1630⑧：12　2. T1631⑧：38　3. T1630⑧：19　4. T1730⑨：45　5. T1630⑧：8　6. T1630⑦：17　7. T0722⑨：54
8. T1631⑦：50　9. T0722⑨：28

为灰黑色，下腹呈红褐色。器物内外打磨痕迹明显，素面。圆唇。残高 7.6 厘米（图六七，7）。标本 T1631⑦：50，夹砂陶。器内及器表上腹为灰黑色，器表下腹呈红褐色。器物内外磨光，素面。方圆唇，折腹处装有三角形錾手。口径 28、残高 8 厘米（图六七，8）。标本 T0722⑨：28，夹砂红褐陶。器表上腹部呈灰黑色，器物内外打磨痕明显，较光滑，素面。圆唇，折腹处装有三角形錾手，上腹部有一个对钻圆孔。口径 38、残高 7.2 厘米（图六七，9）。

　　C 型　8 件。直口或直口略侈。均为器物口部、腹部残片。分 2 式。

　　Ⅰ 式　4 件。上腹近直，下腹内折较急。标本 T1530⑫：24，夹砂灰黑陶。可复原。器物内外磨光，素面。圆唇，口微侈，小平底。残高 6 厘米（图六八，1；彩版七，1）。标本 T1729⑪：2，夹砂羼蚌红褐陶。器物内外磨光，有大片灰黑色斑块，素面。方圆唇，折腹处装有三角形錾手，折痕明显。口径 35、残高 8 厘米（图六八，2；彩版七，2）。标本 H363：2，夹砂羼蚌红褐陶。器物内外磨光，器表上腹有大片黑色斑块，素面。厚圆唇，折腹处装有较小的三角形錾手。口径 36、残高 10.5 厘米（图六八，5；彩版七，3）。标本 T1729⑫：27，夹砂外红内黑陶。器物内外磨光，素面。尖圆唇。残高 8.2 厘米（图六八，7）。

　　Ⅱ 式　4 件。上腹较浅，下腹内收略缓。标本 T0724⑨：7，夹蚌红褐陶。器内磨光，

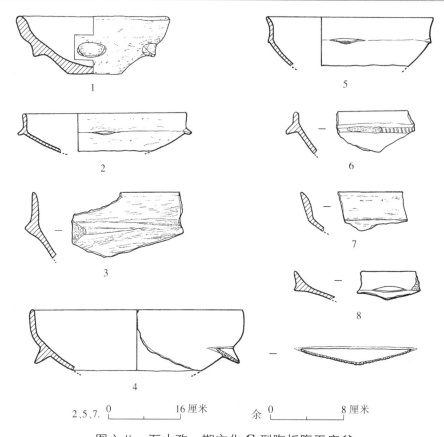

图六八　石山孜一期文化 C 型陶折腹平底釜

1、2、5、7. Ⅰ式（T1530⑫：24、T1729⑪：2、H363：2、T1729⑫：27）
3、4、6、8. Ⅱ式（T0724⑨：7、T1630⑦：8、T0725⑨：36、T0724⑧：20）

器表有打磨痕，器物内外有黑色斑块，素面。圆唇，上腹略直，下腹内收，折腹处装有较长的鋬手。残高 7.8 厘米（图六八，3）。标本 T1630⑦：8，夹砂灰黑陶。器物内外磨光。圆唇，收略弧，下腹内收，折腹下装有三角形鋬手，上压印指甲纹。口径 23、残高 6.4 厘米（图六八，4）。标本 T0725⑨：36，夹蚌灰黑陶。器体较小。器物内外磨光。方圆唇，折腹处装有三角形鋬手，上压印指甲纹。残高 4.4 厘米（图六八，6）。标本 T0724⑧：20，器体较小，夹炭羼蚌末灰黑陶。器物内外磨光，素面。方圆唇，折腹处装有三角形鋬手。残高 3 厘米（图六八，8）。

　　D 型　13 件。敛口，上腹内倾，下腹斜直内折，多数折腹处贴有泥条，少量装有鋬手，小平底。分 2 式。

　　Ⅰ式　4 件。敛口，上腹内倾，下腹内折。标本 H368：8，夹砂灰黑陶。器物内外磨光，素面。圆唇，上腹内倾，下腹斜直内折，折腹处突棱上捏有两个对称的三角形鋬手，其中一鋬手下有两个因补缀而留下的对钻圆孔，小平底。口径 26.3、残高 9.6 厘米（图六九，1；彩版七，4）。标本 T1530⑪：27，夹蚌红褐陶。器内抹光，器表有刮抹时留下的横向线状纹，口外上腹处有黑色斑块。方圆唇，上腹内倾，下腹弧内折，折腹处贴附泥条上压印斜向指甲纹。口径 42、残高 8.9 厘米（图六九，6）。标本 T1530⑪：

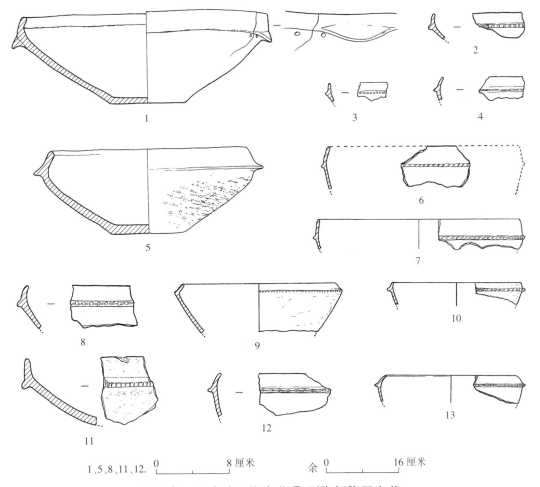

图六九　石山孜一期文化 **D** 型陶折腹平底釜

1、6、7、9. Ⅰ式（H368：8、T1530⑪：27、T1530⑪：159、T1530⑬：21）　2 ~ 5、8、10 ~ 13. Ⅱ式（H337：5、H346：4、T1630⑦：81、T0725⑨：95、H187：12、T0725⑧：12、H184：6、T0722⑦：13）

159，残存上腹部，与标本 T1530⑪：27 形制相同。口径 44、残高 6.4 厘米（图六九，7）。标本 T1530⑬：21，夹蚌红褐陶。器内抹光，器表抹痕明显，器物内外有黑色斑块。圆唇，上腹内倾，下腹硬内折，折腹处压印指甲纹。口径 32、残高 10 厘米（图六九，9）。

Ⅱ式　9件。敛口，上腹斜弧内倾，下腹内收略缓，小平底。标本 T0722⑦：1，夹砂红褐陶。可复原。器内抹制较光，器表抹制粗糙，凹凸不平，有黑色斑块，素面。圆唇，上腹较浅，下腹弧内收，折腹处附加泥条呈突棱状，小平底。口径 21、残高 8.8 厘米（图六九，5；彩版七，5）。标本 T0725⑨：95，夹砂屬蚌红褐陶。器内抹光，器表凹凸不平。圆唇，上腹较浅，下腹弧内收，折腹处贴附泥条，上压印斜向指甲纹。残高 4.5 厘米（图六九，8）。标本 T0725⑧：12，夹砂灰褐陶。器内磨光，器表抹制粗糙，凹凸不平。方圆唇，上腹较浅，下腹弧内收，折腹处贴附泥条，上压印较稀疏的指甲纹。残高 7.2 厘米（图六九，11）。标本 H337：5，夹砂陶。器内为灰黑色，抹制较光，器表呈红褐色，抹痕明显。圆唇，折腹处贴附较粗的泥条，上压印宽疏且不规整的指甲纹。残高 5.2 厘米（图六九，2）。标本 H346：4，残高 4 厘米（图六九，3），标本 T1630⑦：81，残高 4.8 厘米（图六九，4）。标本 T0722⑦：13，口径 28、残高 3.3 厘米（图六九，13）。标本 H184：6，残高 4.4 厘米（图六九，12）。以上 4 件标本均为口沿残片，夹砂红褐陶，形制相同。标本 H187：12，夹蚌陶。器内为灰黑色，抹光，器表磨制粗糙，有黑色斑块。圆唇，上腹略浅，下腹弧内收，折腹处贴附泥条，上压印指甲纹。口径 28、残高 4.8 厘米（图六九，10）。

卷沿釜　38 件。均为残片，无可复原者。依口、腹部的差异分 2 型。

A 型　19 件。侈口，卷沿，斜弧腹。分 3 式。

Ⅰ式　5 件。圆唇或方圆唇，侈口，斜沿微卷，斜弧腹。标本 T1530⑫：68，夹蚌陶。器内为灰黑色，抹制较光，器表呈红褐色，抹痕明显，素面。圆唇，斜弧腹残。残高 7.6 厘米（图七〇，1）。标本 T1729⑬：8，夹蚌红褐陶。器内抹制略光，器表抹痕明显，素面。圆唇，沿下有一对钻圆孔，腹部残。残高 7.6 厘米（图七〇，6）。标本 H386：3，夹蚌陶。器内及沿外为灰黑色，抹光，器表呈红褐色，有黑色斑块，刮抹痕明显，素面。圆唇，沿面较宽，斜弧腹内收，下残。残高 9.2 厘米（图七〇，4）。标本 T0724⑩：40，夹蚌陶。器内为灰黑色，抹光，器表呈红褐色，刮抹痕明显，器物内外有因蚌片脱落形成的凹坑，素面。方圆唇，斜弧腹内收，下残。残高

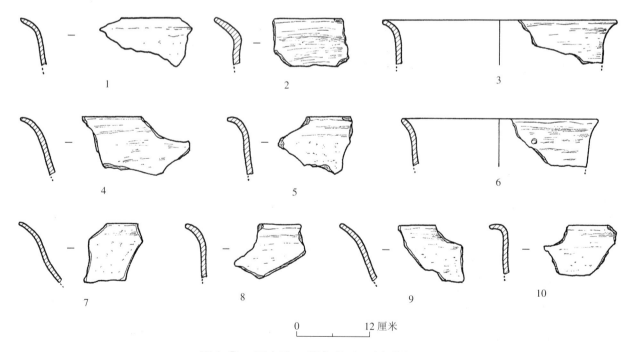

0　　　　　12 厘米

图七〇　石山孜一期文化 A 型陶卷沿釜

1、4、6、7、9. Ⅰ式（T1530⑫：68、H386：3、T1729⑬：8、T0724⑩：40、H377：4）

2、3、5、8、10. Ⅲ式（T0723⑧：42、T0822⑧：59、T0722⑦：42、T0822⑧：50、T0823⑧：9）

9.5 厘米（图七〇，7）。标本 H377：4，夹蚌红褐陶。器物内外抹制较光，有因蚌片脱落形成的凹坑，素面。方圆唇，斜弧腹，下残。残高 9 厘米（图七〇，9）。

Ⅱ式　9 件。圆唇或方圆唇，侈口，斜沿外卷明显，斜弧腹略鼓，下内收。标本 T0724⑨：5，夹蚌红褐陶。器内抹制较光，器表刮抹痕明显，素面。厚圆唇，沿面较宽，斜弧腹内收，下残。口径 44、残高 10 厘米（图七一，1）。标本 T0725⑩：5，夹砂陶。器内为灰黑色，抹制略光，器表呈红褐色，有黑色斑块，刮抹痕明显，素面。圆唇，上腹部有一对钻圆孔，斜弧腹略鼓，缓内收，下残。口径 36、残高 10.6 厘米（图七一，2）。标本 T0722⑨：17，夹砂红褐陶。器物内外均抹制，素面。方圆唇，斜弧腹略鼓，下内收。口径 40、残高 16 厘米（图七一，3）。标本 T0822⑧：8，夹蚌陶。器内为灰黑色，器表呈红褐色，有黑色斑块，器物内外抹痕明显，有因蚌片脱落形成的凹坑，素面。方圆唇，斜弧腹略鼓，下残。残高 12 厘米（图七一，4）。标本 T0724⑩：47，夹蚌红褐陶。器内抹制略光，器表有刮抹痕，素面。圆唇，弧腹内收，下残。残高 8.8 厘米（图七一，5）。标本 H190：1，夹砂陶。器内为灰黑色，抹制略光，器表呈红褐色，刮抹痕明显，素面。厚圆唇，沿外卷趋平，弧腹内收，下残。残高 10.4 厘米（图七一，6）。标本 T1631⑨：7，夹蚌陶。器内为灰黑色，器表呈红褐色，器物内外均有抹痕，素面。方圆唇，沿面较窄，

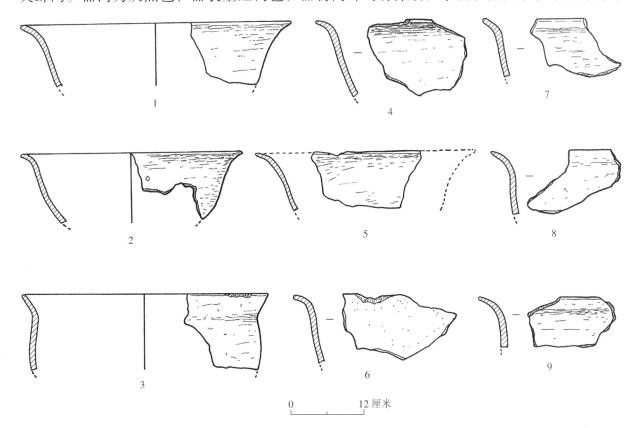

图七一　石山孜一期文化 A 型 Ⅱ 式陶卷沿釜

1. T0724⑨：5　2. T0725⑩：5　3. T0722⑨：17　4. T0822⑧：8　5. T0724⑩：47　6. H190：1　7. T1631⑨：7
8. T0723⑧：35　9. T0724⑩：71

斜弧腹，下残。残高9.5厘米（图七一，7）。标本T0723⑧：35，夹蚌陶。器内为灰黑色抹制较光，器表呈红褐色，抹痕明显（沿下饰有纵向线纹）。尖圆唇，斜弧腹微鼓，内收较急，下残。残高10厘米（图七一，8）。标本T0724⑩：71，夹砂红褐陶。器内抹制较光，器表略经抹制，有黑色斑块，素面。方圆唇，沿外卷近平，斜弧腹，下残。残高8厘米（图七一，9）。

Ⅲ式　5件。圆唇或方圆唇，侈口，沿外卷近平，斜弧腹内收。标本T0822⑧：59，夹砂陶。器内为灰黑色，抹制略光，器表呈红褐色，抹痕明显，素面。圆唇，斜弧腹，下残。口径38、残高6.8厘米（图七〇，3）。标本T0723⑧：42，夹砂陶。器内抹制较光，器表抹痕明显，素面。圆唇，沿面较宽，弧腹，残。残高7.6厘米（图七〇，2）。标本T0722⑦：42，夹砂陶。器内为红褐色，抹制略光，器表灰黑色，抹痕明显，素面。圆唇，斜弧腹，下残。残高9厘米（图七〇，5）。标本T0822⑧：50，夹砂陶。器内为灰黑色，抹制略光，器表呈红褐色，抹痕明显，素面。圆唇，斜弧腹，下残。残高8.6厘米（图七〇，8）。标本T0823⑧：9，夹砂陶。器内为灰黑色，抹制较光，器表呈红褐色，抹痕明显，素面。圆唇，沿面较窄，斜弧腹，下残。残高8厘米（图七〇，10）。

B型　19件。卷沿，敞口，斜弧腹略鼓下内收。分3式。

Ⅰ式　5件。圆唇或方圆唇，腹壁呈斜弧状缓内收。标本H386：20，夹砂红褐陶。器物内外抹痕明显，有黑色斑块，素面。圆唇。口径40、残高8.6厘米（图七二，1）。标本H369：16，夹砂红褐陶。器内抹制较光，器表抹痕明显，素面。圆唇。口径34、残高4.9厘米（图七二，2）。标本T1729⑫：23，夹蚌陶。器内为灰黑色，抹制较光，器表抹痕明显，有黑色斑块，素面。方圆唇，弧腹，下残。口径34、残高8厘米（图七二，6）。标本H386：1，夹砂红褐陶。器内抹制较光，器表打抹痕迹明显，素面。方圆唇，沿面较宽，腹壁斜弧，下缓内收。口径38、残高16厘米（图七二，8；彩版七，6）。标本T0725⑪：28，夹蚌红褐陶。器物内外均经抹制，素面。圆唇。残高8.2厘米（图七二，9）。

Ⅱ式　8件。圆唇或方圆唇，斜弧腹微鼓，下内收较急。标本H383：1，夹砂陶。器内为灰黑色，抹制较光，器表呈红褐色，刮抹痕明显，有黑色斑块，素面。圆唇，斜弧腹略鼓，下内收较急呈硬折状，残。口径40、残高11.4厘米（图七三，1）。标本T0722⑨：40，夹砂红褐陶。器内抹制较光，器表抹痕明显，素面。方圆唇，斜弧腹微鼓，下残。口径36、残高8厘米（图七三，2）。标本T0724⑫：3，夹砂红褐陶。器内抹制较光，器表有刮抹痕，素面。圆唇，斜弧腹下内收，残。口径39、残高7.6厘米（图七三，3）。标本H330：4，夹砂红褐陶。器内抹制较光，器表有抹痕，素面。圆唇，斜弧腹，下残。口径40、残高8.8厘米（图七三，5）。标本T1628⑨：9，夹蚌红褐陶。器内抹光，器表有抹痕，素面。厚圆唇，斜弧腹微鼓，下残。口径36、残高8.6

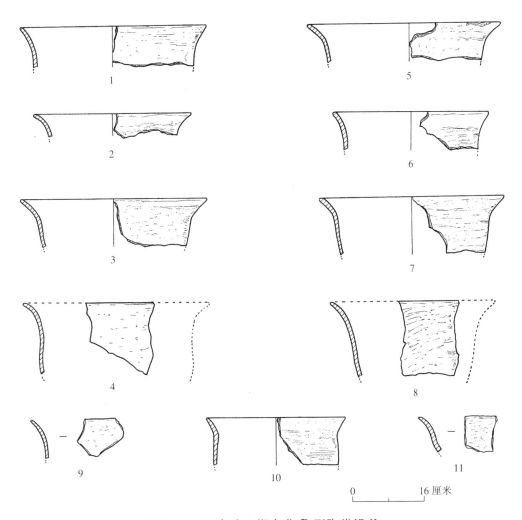

图七二　石山孜一期文化 **B** 型陶卷沿釜

1、2、6、8、9. Ⅰ式（H386：20、H369：16、T1729⑫：23、H386：1、T0725⑪：28）

3~5、7、10、11. Ⅲ式（T0724⑧：4、T0723⑧：32、T0723⑦：28、H89：12、T1630⑦：3、H89：59）

厘米（图七三，6）。标本 T0724⑩：75，夹砂红褐陶。器内抹制略光，器表刮抹痕明显，素面。圆唇，斜弧腹略鼓，下残。口径34、残高6.8 厘米（图七三，7）。标本 T0725⑩：17，夹砂红褐陶。器内抹制较光，口部内外有黑色斑块，器表饰有斜状划纹。圆唇。残高6 厘米（图七三，4；彩版八，1）。标本 T0724⑩：72，夹蚌红褐陶。器物内外均抹制，有抹痕，口内外有黑色斑块，素面。圆唇，斜弧腹。残高8 厘米（图七三，8）。

　　Ⅲ式　6件。圆唇或方圆唇，上腹弧曲，下腹略鼓内收。标本 T0724⑧：4，夹蚌红褐陶。器内抹制较光，有黑色斑块，器表抹痕明显，器物内外有因蚌片脱落而形成的凹坑，素面。圆唇，曲弧腹略鼓。口径40、残高10 厘米（图七二，3）。标本 T0723⑧：32，夹砂陶。器内及口外为灰黑色，抹制较光，器表呈红褐色，抹痕明显，素面。圆唇，斜弧腹略鼓内收。口径40、残高15 厘米（图七二，4；彩版八，2）。标本 T0723⑦：28，夹砂

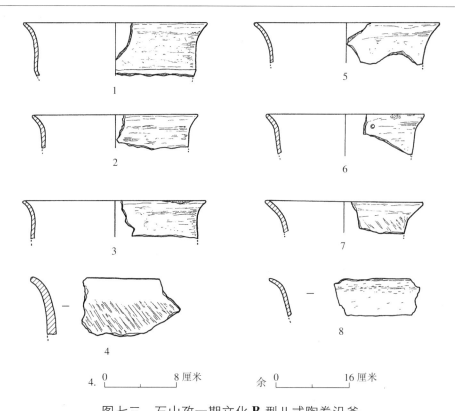

图七三　石山孜一期文化 **B** 型 Ⅱ 式陶卷沿釜
1. H383：1　2. T0722⑨：40　3. T0724⑫：3　4. T0725⑩：17　5. H330：4　6. T1628⑨：9
7. T0724⑩：75　8. T0724⑩：72

红褐陶。器内抹制较光，器表抹痕明显，素面。方圆唇，曲弧腹略鼓。口径40、残高8厘米（图七二，5）。标本 H89：12，夹蚌红褐陶。器内抹光，器表抹痕明显，器物内外有因蚌片脱落形成的凹坑，素面。圆唇，曲弧腹内收。口径40、残高12厘米（图七二，7）。标本 T1630⑦：3，夹蚌灰黑陶。器内抹制较光，器表有抹痕，素面。方圆唇，曲弧腹略鼓，内收。口径30、残高10厘米（图七二，10）。标本 H89：59，夹砂陶。器内及口外为灰黑色抹光，器表呈红褐色，抹痕明显，素面。圆唇，曲弧腹内收略急，下残。残高7.5厘米（图七二，11）。

乳丁纹釜　10件。皆残。侈口，圆唇或方圆唇，斜弧腹，乳丁均饰于器物口沿下。以乳丁排列不同可分2型。

A 型　5件。乳丁呈连续的带状分布。标本 T1529⑪：27，夹砂陶。器内为灰黑色抹光，器表呈红褐色，抹痕明显。厚圆唇，口沿外乳丁现存4枚。残高10.2厘米（图七四，1；彩版八，3）。标本 T1630⑦：26，夹蚌灰黑陶。尖圆唇，沿下乳丁分布间距略宽，现存乳丁3枚。残高6.1厘米（图七四，3）。标本 H220：2，夹蚌红褐陶。器表里抹光，残存口沿。圆唇，沿下排列较密的矮小乳丁纹。残高4.8厘米（图七四，4）。标本 T1529⑪：141，夹砂陶。器内及口沿外为灰黑色抹光，器表呈红褐色，抹痕明显。圆唇，沿下乳丁连续分布，现存3枚。残高6.8厘米（图七四，5）。标本 T1529⑪：143，夹蚌

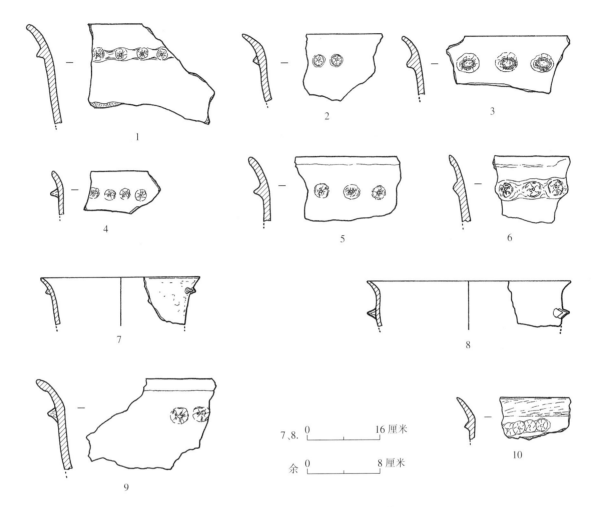

图七四  石山孜一期文化陶乳丁纹釜
1、3 ~ 6. A 型（T1529⑪：27、T1630⑦：26、H220：2、T1529⑪：141、T1529⑪：143）
2、7 ~ 10. B 型（F8：46、F8：11、H383：2、H187：5、T1730⑪：91）

红褐陶。方圆唇。器内抹制较光，器表抹痕明显，沿外乳丁现存 3 枚，其间距略小。残高 7 厘米（图七四，6）。

B 型   5 件。乳丁成组分布，该类型乳丁以 2 枚、3 枚或 4 枚乳丁组成一组，各组之间有间隔距离，有的间隔段内装有鋬手。标本 F8：46，夹砂红褐陶。器内抹光，器表抹痕明显。圆唇，口外现存乳丁 2 枚。残高 7 厘米（图七四，2）。标本 F8：11，夹砂红褐陶。器内打抹较光滑，器表抹痕明显，有黑斑。圆唇，斜弧腹，口外 2 枚矮小乳丁之间留有明显的贴附鋬手痕，鋬手已残失。口径 34、残高 10 厘米（图七四，7）。标本 H383：2，夹砂红褐陶。器内抹光，器表抹痕明显。卷沿，尖圆唇，上腹部现存有三个一组的乳丁。口径 44、残高 9 厘米（图七四，8；彩版八，4）。标本 H187：5，夹砂红褐陶。器物内外均经抹制，有黑斑。尖圆唇，上腹部现存有 2 枚一组的乳丁。残高 9.4 厘米（图七四，9）。标本 T1730⑪：91，夹蚌红褐陶。器内抹制略光，器表抹痕明显。方圆唇，沿外有四枚排列密集的乳丁。残高4.4厘米（图七四，10）。

双耳罐　44件。在一期遗存中出土数量较多，但可复原者很少，多为器物残片，以夹砂、夹蚌陶为主，并有少量的夹砂羼蚌陶。器表装饰以素面为主。陶色以红褐陶和外红内黑陶占多数，并有少量的灰黑陶和外黑内红陶，均为手制。依器体特征分3型。

A型　23件。敛口双耳罐。依器物口部、耳部、腹部的变化。分3式。

I式　8件。敛口，斜肩，鼓腹，均为器物残片。标本T1529⑪：43，夹砂羼蚌红褐陶。器物内外有黑色斑块，刮抹痕明显，素面。圆唇，肩部装有半环形耳已残。口径10、残高10.4厘米（图七五，1）。标本T1729⑪：55，夹蚌红褐陶。器内粗抹，器表抹制较光，素面。圆唇，口外耳系已残，器耳的安装部分接近口部。残高5.6厘米（图七五，2）。标本T1729⑫：105，夹砂羼蚌红褐陶。器物内外有黑色斑块，制作粗糙，素面。方圆唇，肩部装有半环形耳。残高8.8厘米（图七五，3）。标本T1730⑪：34，夹砂灰黑陶。器物内外抹痕明显，制作粗糙，素面。圆唇，肩部装有半环形耳。残高10.8厘米（图七五，4）。标本T1729⑪：22，夹蚌红褐陶。器内粗抹，器表抹制较光，素面。圆唇，口外装有半环耳。残高7厘米（图七五，5）。标本T1530⑪：81，夹蚌红褐陶。器物内外抹痕明显，素面。圆唇，肩腹部装有半环形耳。残高8.8厘米

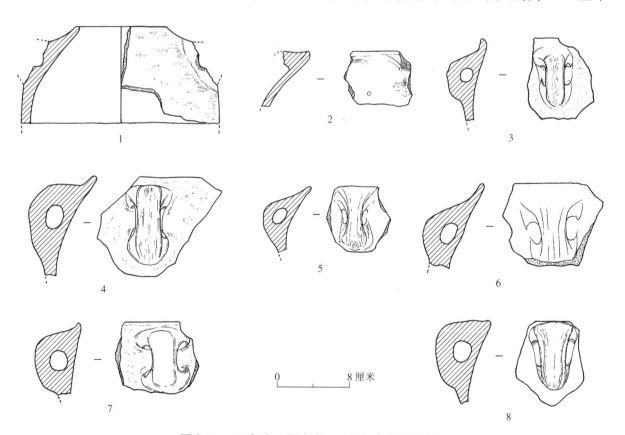

图七五　石山孜一期文化 A 型 I 式陶双耳罐

1. T1529⑪：43　2. T1729⑪：55　3. T1729⑫：105　4. T1730⑪：34　5. T1729⑪：22　6. T1530⑪：81
7. T1628⑨：5　8. T0724⑪：45

（图七五，6）。标本 T1628⑨：5，夹砂红褐陶。器物面无抹痕明显，素面。圆唇，半环形器耳与口部相连接。残高 7.6 厘米（图七五，7）。标本 T0724⑪：45，夹砂红褐陶。器物内外抹制略光，素面。圆唇，半环形器耳与口部相连接。残高 9 厘米（图七五，8）。

Ⅱ 式　8 件。敛口较甚，肩斜弧，鼓腹，半环耳处于肩部。均为器物残片。标本 H239：1，夹砂灰黑陶。器物内外抹制略光，有抹痕，素面。圆唇，肩部有对钻圆孔一个，可能为补缀之用。口径 16、残高 9.4 厘米（图七六，1）。标本 T1629⑧：9，夹蚌灰黑陶。器内粗抹，器表抹制较光，素面。方圆唇。口径 10、残高 11 厘米（图七六，2）。标本 T0823⑨：5，夹砂陶。器内及口外器耳以上部分为灰黑色，器表红褐色，有少量的黑色斑块，素面。方圆唇，最大径在耳部以下。残高 12.4 厘米（图七六，3；彩版八，5）。标本 H358：12，夹砂陶。器内及口外器耳以上为灰黑色，器表红褐色，抹制略光。方圆唇，耳残失后在耳系中部对钻圆孔一个，推测以替代耳系之用。口径 12、残高 9 厘米（图七六，4）。标本 T1629⑨：43，夹蚌红褐陶。器物内外抹制略光，素面。圆唇，器耳已残。口径 13、残高 7 厘米（图七六，5）。标本 T0724⑩：58，夹砂灰黑陶。器内粗抹，器表抹光，素面。圆唇，半环形耳已残。口径 15.6、残高 4.4 厘米（图七六，6）。标本 T0724⑩：93，夹砂红褐陶。器物内外有黑色斑块，抹制略光，素面。圆唇。残高 11.4 厘米（图七六，7）。标本 T1530⑨：9，可复原。夹蚌红褐陶。器物内外抹痕明显，素面。圆唇，大口微敛，上腹微鼓，下腹弧内收，上腹部装有半环形器耳，已残，平底。口径 19.6、通高 15 厘米（图七七，1）。

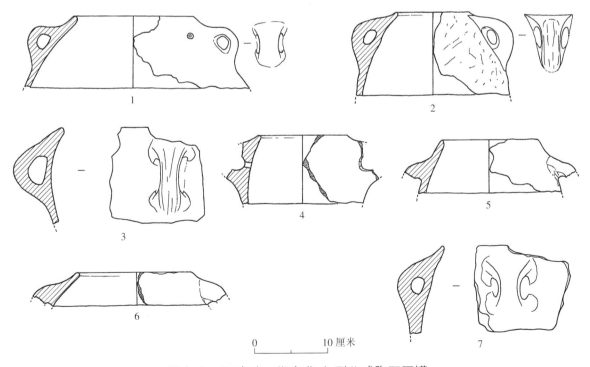

图七六　石山孜一期文化 A 型 Ⅱ 式陶双耳罐
1. H239：1　2. T1629⑧：9　3. T0823⑨：5　4. H358：12　5. T1629⑨：43　6. T0724⑩：58　7. T0724⑩：93

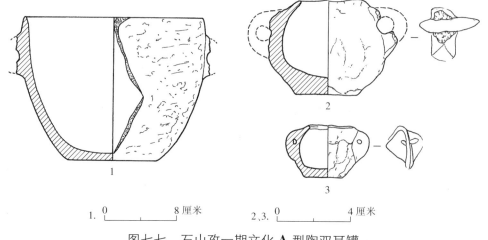

1. ⊢—————0　　　8厘米—————⊣　　　2.3. ⊢—0　　　4厘米—⊣

图七七　石山孜一期文化 **A** 型陶双耳罐

1. Ⅱ式（T1530⑨：9）　　2、3. Ⅲ式（T0823⑨：4、T0822⑧：3）

　　Ⅲ式　7件。敛口，溜肩，鼓腹，最大径略下移。标本 T0823⑨：4，夹砂红褐陶。平底。肩腹部装有双耳，已残失，素面，器表凹凸不平。手制。口径 3.3、通高 5 厘米（图七七，2；彩版九，1）。标本 T0822⑧：3，器形极小。夹砂红褐陶。圆唇，平底。肩腹部捏有象征性的半环形耳，耳部穿孔极细小，素面，器表凹凸不平。手制。口径 2.3、通高 2.7 厘米（图七七，3；彩版九，2）。标本 T1630⑧：72，夹蚌陶。器内及口外器耳以上为灰黑色，器表红褐色，器物内外有抹痕，素面。方圆唇。口径 16.2、残高 9.6 厘米（图七八，1）。标本 T1629⑧：1，夹蚌陶。器内及口外器耳以上为灰黑色，器表红褐色，素面。圆唇，溜肩，鼓腹下内收成小平底，肩腹部装有对称的半环形耳系，耳正面内凹。口径 9.6、通高 11.4 厘米（图七八，2；彩版九，3）。标本 T1630⑧：1，夹蚌陶。器内及口外器耳上部为灰黑色，器表红褐色，器物内外有抹痕，素面。圆唇。口径 12、残高 12.4 厘米（图七八，3；彩版八，6）。标本 T1630⑧：73，夹蚌陶。器内为灰黑色刮抹痕明显，器表红褐色，有黑色斑块，抹制略光，素面。圆唇。残高 14 厘米（图七八，4）。标本 T1630⑦：1，夹蚌陶。器内及口外器耳以上为灰黑色，器表红褐色，器物内外抹痕明显，素面。圆唇。口径 15、残高 17 厘米（图七八，5）。

　　**B** 型　14件。直口或直口微敛双耳罐。依口部，肩部，腹部的变化分 2 式。

　　Ⅰ式　8件。直口，垂肩，鼓腹。均为残片。标本 T1530⑫：14，夹砂陶。器内及口外器耳上部为灰黑色，器表红褐色，器物内外经抹制，素面。圆唇，口外半环形器耳近口部。口径 12、残高 8 厘米（图七九，1）。标本 H391：5，夹砂陶。器内为灰黑色，器表红褐色，有黑色斑块，器物内外经抹制，素面。圆唇，肩部装有半环形器耳。残高 8 厘米（图七九，2）。标本 T1529⑪：155，夹砂陶。器内及口外为灰黑色，器表红褐色，器物内外抹痕明显，素面。圆唇，半环形器耳接近口部。残高 8.4 厘米（图七九，3）。标本 H239：2，夹砂红褐陶。器物内外有大片黑色斑块，素面。圆唇，半环形

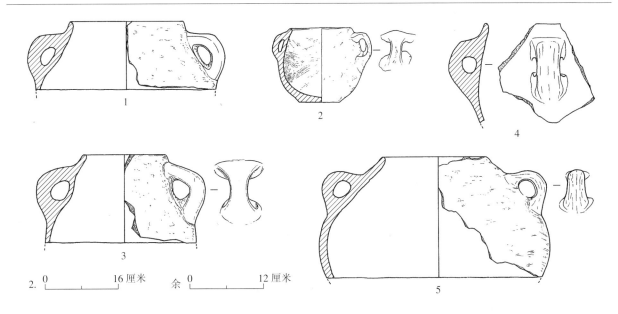

图七八　石山孜一期文化 **A** 型Ⅲ式陶双耳罐

1. T1630⑧：72　2. T1629⑧：1　3. T1630⑧：1　4. T1630⑧：73　5. T1630⑦：1

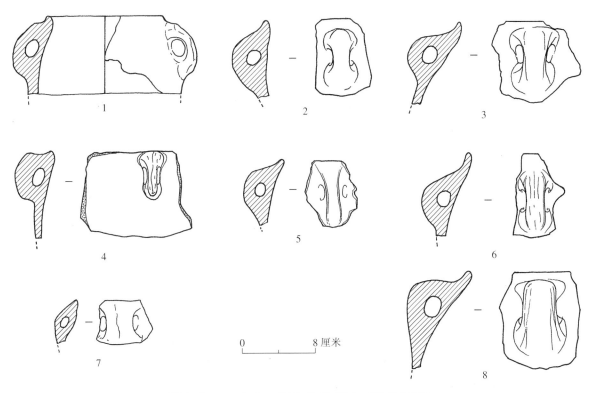

图七九　石山孜一期文化 **B** 型Ⅰ式陶双耳罐

1. T1530⑫：14　2. H391：5　3. T1529⑪：155　4. H239：2　5. T1529⑪：153　6. T1729⑫：15
7. T0725⑪：15　8. T0724⑩：41

器耳与口部相连。残高9厘米（图七九，4）。标本T1529⑪：153，夹砂红褐陶。器物内外经抹制，素面。圆唇，半环形器耳近口部。残高6.8厘米（图七九，5）。标本T1729⑫：15，夹砂红褐陶。器物内外抹痕明显，素面。方唇，肩部装有半环形耳。残高8.6厘米（图七九，6）。标本T0725⑪：15，夹蚌陶。器内为灰黑色，器表红褐色，有黑色斑块，器物内外抹痕明显，素面。圆唇，半环形器耳与口部相连。残高4.6厘米（图七九，7）。标本T0724⑩：41，夹砂黑陶。器内为灰黑色，器表红褐色有大片黑色斑块，素面。圆唇，肩部装有较宽的半环形器耳。残高10厘米（图七九，8；彩版九，4）。

Ⅱ式　6件。直口微敛，短颈，斜肩，鼓腹。均为残片。标本F8：29，夹蚌陶。器内及口外为灰黑色，器表红褐色，器内抹痕明显，器表抹制略光，素面。圆唇，肩腹交界处装有长方形器耳。口径14、残高12厘米（图八〇，1；彩版九，5）。标本T0725⑨：94，夹砂灰黑陶。器物内外抹制粗糙，素面。仅存口与耳部，方唇，肩部装有宽扁状半环形耳。残高7厘米（图八〇，2）。标本H217：2，夹蚌红褐陶。器物内外有黑色斑块，器内抹痕明显，器表抹光，素面。圆唇，肩腹交界处装半环形器耳。残高10.2厘米（图八〇，3）。标本T0722⑨：22，夹砂红褐陶。器内抹痕明显，器表抹制略光，素面。圆唇，近直口，肩部装有半环形器耳。残高11厘米（图八〇，5）。标本T0722⑨：21，

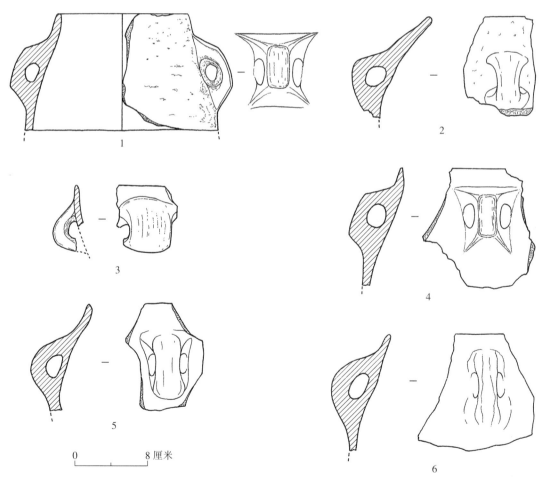

0　　　　　　8厘米

图八〇　石山孜一期文化 B 型Ⅱ式陶双耳罐
1. F8：29　2. H217：2　3. T0725⑨：94　4. T1630⑦：2　5. T0722⑨：22　6. T0722⑨：21

夹砂陶。器内及口外为灰黑色，器表红褐色，器物内外抹制略光，素面。圆唇，肩腹交界处装有半环形器耳。残高 12 厘米（图八〇，6）。标本 T1630⑦：2，形制同标本 F8：29，残高 12.4 厘米（图八〇，4；彩版九，6）。

C 型　7 件。侈口双耳罐。数量较少，均为器物残片。依口、腹变化分 2 式。

Ⅰ式　3 件。侈口，矮领，溜肩，鼓腹。标本 T1529⑪：44，夹蚌陶。器内为红褐色，抹痕明显，器表灰黑色，抹制较光，器物内外因蚌片脱落形成的蜂窝状凹坑，素面。圆唇，短颈微束，肩部装有半环形器耳。口径 14、残高 12 厘米（图八一，1）。标本 T1529⑪：156，夹蚌红褐陶。器内抹制较粗，器表抹制略光，有黑色斑块，器物内外因蚌片脱落形成的蜂窝状凹坑，素面。圆唇，短颈微束，肩部装有半环形器耳。口径 16、残高 11 厘米（图八一，3）。标本 T1729⑪：21，夹蚌红褐陶。素面。圆唇，梭状耳接近口部。残高 10 厘米（图八一，7）。

Ⅱ式　4 件。侈口，颈略高，溜肩，鼓腹。标本 T0823⑨：24，夹蚌灰黑陶。器物内外抹制略光，素面。圆唇，束颈，肩部装有半环形器耳。残高 10 厘米（图八一，2；彩版一〇，1）。标本 T0724⑩：45，夹蚌红褐陶。器物内外有黑色斑块，抹痕明显，素面。圆唇，束颈，肩部装有半环形器耳。残高 7 厘米（图八一，4；彩版一〇，2）。标本 T1631⑧：10，夹砂灰黑陶。器内抹痕明显，器表抹光，素面。圆唇，肩部装有较小的半环形器耳。口径 7、残高 6.4 厘米（图八一，5）。标本 T0724⑩：94，夹砂灰黑陶。器物内外抹制略光，素面。尖圆唇，颈微束，肩部装有半环形器耳已残。口径 14、残高 5.9 厘米（图八一，6）。

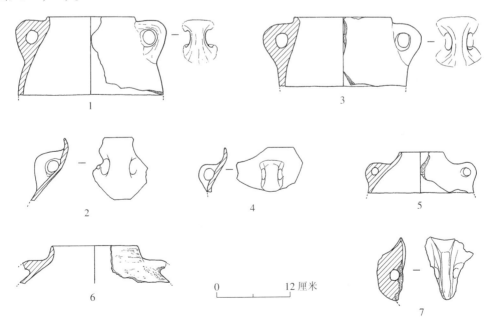

图八一　石山孜一期文化 C 型陶双耳罐

1、3、7. Ⅰ式（T1529⑪：44、T1529⑪：156、T1729⑪：21）　2、4～6. Ⅱ式（T0823⑨：24、T0724⑩：45、T1631⑧：10、T0724⑩：94）

双耳罐耳系　16件。双耳罐类大多残破，罐耳或耳系多与罐体分离，在出土遗物中占有较大的比例，故将其单列介绍，以补型式划分中的缺漏。依其形状不同分为5型。

A型　8件。半环形耳系，是双耳罐类器耳最多的一种。素面，手制。标本T1530⑪：152，夹砂羼蚌外黑内红陶。残高11厘米（图八二，1）。标本T1530⑫：90，夹蚌外红内黑陶。残高10.3厘米（图八二，2）。标本T0725⑩：60，夹砂红褐陶。有黑色斑块。残高6.8厘米（图八二，3）。标本T1529⑫：30，夹砂灰黑陶。残高8.4厘米（图八二，4）。标本T1530⑫：88，夹蚌外红内黑陶。残高9厘米（图八二，5）。标本T0722⑩：8，夹蚌红褐陶。残高8厘米（图八二，6）。标本T0823⑩：51，夹蚌外红内黑陶。残高8.9厘米（图八二，7）。标本T0725⑪：11，夹砂红褐陶。残高8厘米（图八二，8）。

B型　4件。宽扁状半环形耳系。素面，手制。标本H200：5，夹砂外红内黑陶。残高9厘米（图八三，1）。标本T0725⑨：93，夹砂外黑内红陶。残高8厘米（图八三，2）。标本T0722⑨：89，夹蚌红褐陶。有黑色斑块。残高9.8厘米（图八三，4）。标本T1631⑨：16，夹炭陶，器表饰红陶衣。残高5.8厘米（图八三，5）。

C型　1件。梭状半环形耳系。标本T1729⑪：21，夹蚌红褐陶。素面，手制。残高10厘米（图八三，3）。

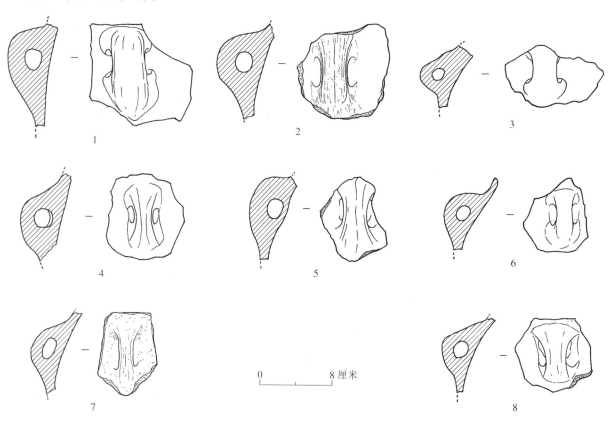

0　　　　　　8厘米

图八二　石山孜一期文化 A 型陶双耳罐耳系

1. T1530⑪：152　2. T1530⑫：90　3. T0725⑩：60　4. T1529⑫：30　5. T1530⑫：88　6. T0722⑩：8
7. T0823⑩：51　8. T0725⑪：11

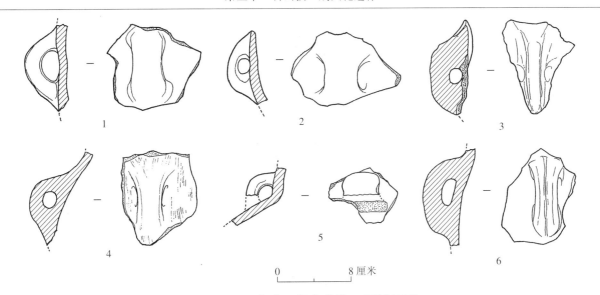

0　　　　8厘米

图八三　石山孜一期文化陶双耳罐耳系

1、2、4、5. B 型（H200：5、T0725⑨：93、T0722⑨：89、T1631⑨：16）　　3. C 型（T1729⑪：21）
6. D 型（T0722⑩：7）

D 型　1 件。标本 T0722⑩：7，夹砂外红内黑陶。半环形耳正面呈突棱状，手制。残高 10 厘米（图八三，6；彩版一〇，3）。

E 型　2 件。长方形半环形耳系。标本 T1630⑦：2，与标本 F8：29 形制相同，均为夹蚌外红内黑陶，素面，手制（图八〇，1、4）。

双耳罐底　10 件。多残破，其底部以平底为主，但稍有差异。分 2 型。

A 型　6 件。平底。标本 T1730⑩：14，夹砂红褐陶。素面。底径 11、残高 6 厘米（图八四，1）。标本 T0725⑩：4，夹炭陶。器表饰红陶衣，器底有黑色斑块。底径 11.6、残高 5.6 厘米（图八四，2）。标本 T1730⑨：24，夹砂羼蚌红褐陶。器底有黑色斑块，并有在制陶过程中遗留的席纹痕迹。底径 11、残高 2.6 厘米（图八四，3）。标本 T0723⑧：49，夹砂红褐陶。平底微内凹，素面。底径 8.6、残高 2 厘米（图八四，6）。标本 H239：55，夹蚌红褐陶。器表及器底抹制较光，素面。底径 11、残高 3.4 厘米（图八四，7）。标本 T1630⑧：67，夹砂红褐陶。抹光，素面。平底。底径 9.6、残高 3 厘米（图八四，9）。

B 型　4 件。平底，有较低的皿座。标本 T0724⑩：38，夹砂红褐陶。底部刮抹痕明显。底径 8.2、残高 2 厘米（图八四，4）。标本 T1529⑫：39，夹砂红褐陶。器底微凹，有黑色斑块，素面。底径 9.4、残高 2.8 厘米（图八四，5）。标本 T0823⑨：6，夹蚌红褐陶。器底微内凹，素面。底径 11.6、残高 4 厘米（图八四，8）。标本 H239：15，夹蚌陶。外红褐内灰黑色，素面。皿座稍高。底径 12、残高 3 厘米（图八四，10）。

盆　66 件。均为残片，陶质以夹砂陶和夹蚌陶为主，陶色以红褐陶和外红内黑陶居多，多素面，少量饰有压印纹。依其形制差异可分为平折沿盆、卷沿盆、斜折沿盆 3 类。

平折沿盆　29 件。均为残片，依口沿和腹部的变化分 3 型。

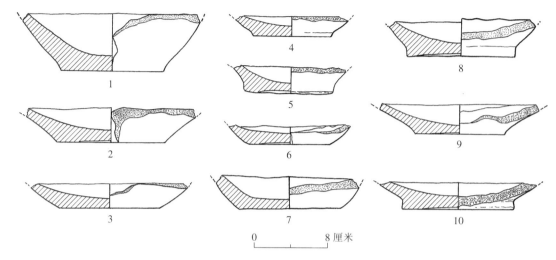

图八四 石山孜一期文化陶双耳罐罐底

1～3、6、7、9. A 型（T1730⑩：14、T0725⑩：4、T1730⑨：24、T0723⑧：49、H239：55、T1630⑧：67）
4、5、8、10. B 型（T0724⑩：38、T1529⑫：39、T0823⑨：6、H239：15）

A 型　14 件。直口或口微敛，沿面较宽，上腹近直，下腹斜弧内收。分 3 式。

I 式　5 件。直口，上腹较直，下腹略斜弧。标本 T1529⑪：19，夹蚌红褐陶。器内抹制略光，器表抹痕明显，有黑色斑块，器物内外因蚌片脱落形成蜂窝状凹坑，素面。圆唇，腹部略深。口径 32、残高 11.6 厘米（图八五，1）。标本 T0725⑪：38，夹砂陶。器内及沿面为灰黑色，器表呈红褐色，器物内外抹制较光，素面。圆唇。残高 7 厘米（图八五，4）。标本 T1530⑪：71，仅存口沿部分，夹蚌红褐陶。器内及沿面抹制较光，器表抹痕明显。尖圆唇，沿面较宽厚，有黑色斑块。残高 4 厘米（图八五，5）。标本 T1530⑫：101，仅存口沿部分，夹蚌灰褐陶。器内及沿面抹制略光，器表有抹痕，素面。圆唇。残高 3.2 厘米（图八五，6）。标本 T1530⑫：97，仅存口沿部分，夹蚌陶。器内及沿面为灰黑色，器表呈红褐色，器物内外抹制略光，素面。圆唇。残高 3 厘米（图八五，8）。

II 式　5 件。直口或口微敛，斜弧腹略鼓。标本 T1631⑧：27，夹蚌红褐陶。器内及沿面抹制较光，器表粗磨，凹凸不平，素面。圆唇。口径 32、残高 7.5 厘米（图八五，2）。标本 H221：11，夹蚌红褐陶。器内及沿面磨光，器表打磨略粗，抹痕明显，器物内外有黑色斑块，素面。圆唇。残高 3 厘米（图八五，7）。标本 T0823⑩：45，夹砂红褐陶。器内及沿面抹制较光，器表抹痕明显，有少量黑色斑块，素面。厚方圆唇。残高 6 厘米（图八五，9）。标本 T0722⑨：67，夹砂陶。器内及沿面为灰黑色，抹制略光，器表呈红褐色，抹痕明显，素面。圆唇，斜弧腹略鼓，下残。残高 9 厘米（图八五，13）。标本 T0823⑩：48，夹砂红褐陶。器内及沿面抹光，器表抹痕明显，素面。圆唇略下垂。残高 5.4 厘米（图八五，14）。

III 式　4 件。直口，斜弧腹。标本 T1631⑦：18，夹蚌陶。器内及沿面为灰黑色，抹

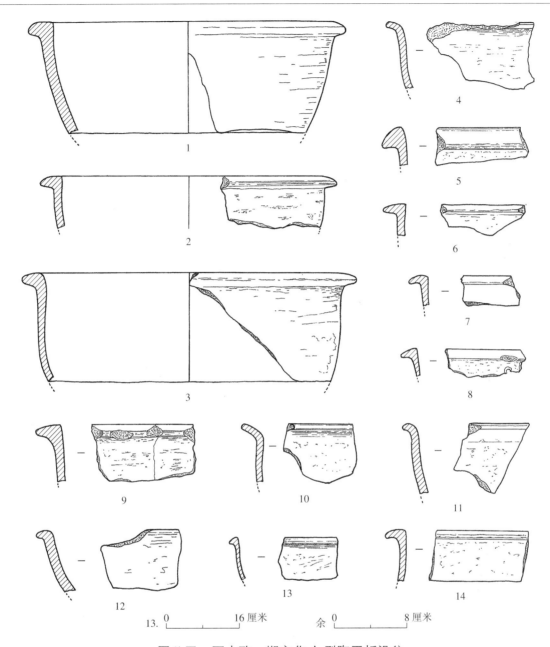

13. ——————————————— 余 ——————————————
0 　　　　　16 厘米　　　　0 　　　　　8 厘米

图八五　石山孜一期文化 A 型陶平折沿盆

1、4~6、8. Ⅰ式（T1529⑪：19、T0725⑪：38、T1530⑪：71、T1530⑫：101、T1530⑫：97）
2、7、9、13、14. Ⅱ式（T1631⑧：27、H221：11、T0823⑩：45、T0722⑨：67、T0823⑩：48）
3、10~12. Ⅲ式（T1631⑦：18、T0725⑧：31、T0822⑧：64、T1628⑧：14）

制较光，器表呈红褐色，抹制略光，有黑斑，素面。厚圆唇，斜弧腹略深。口径34、残高11.6厘米（图八五，3）。标本T0725⑧：31，夹蚌红褐陶。器内及沿面抹制较光，有大片黑斑，器表呈红褐色，抹制略光，素面。圆唇。残高6厘米（图八五，10）。标本T0822⑧：64，夹砂红褐陶。器内及沿面抹光，器表抹痕明显，素面。圆唇。残高7.2厘米（图八五，11）。标本T1628⑧：14，夹蚌红褐陶。器内抹制略光，器表抹痕明显，素面。方圆唇。残高6.4厘米（图八五，12）。

B 型　10 件。口微敛，窄沿平折，斜弧腹，少量有鋬。分 2 式。

I 式　5 件。窄沿平折，上腹较直，下腹斜弧内收。标本 H393：1，夹蚌陶。器内为灰黑色，抹制较光，器表呈红褐色，有黑色斑块。圆唇，腹部拍印不典型的篮纹并贴附月牙形鋬手，沿下有一个对钻圆孔。口径 39、残高 14 厘米（图八六，1）。标本 T1529⑪：59，夹蚌陶。器内及沿面为灰黑色，抹制较光，器表呈红褐色，抹痕明显，有黑色斑块。圆唇，沿下有较长的鸡冠鋬手。残高 7.4 厘米（图八六，2）。标本 T1530⑪：20，夹蚌陶。器内为灰黑色，抹制较光，器表呈红褐色，有黑色斑块、交错划纹及压印篮纹。圆唇，腹较深。口径 42、残高 12.4 厘米（图八六，3）。标本 T1529⑪：175，夹蚌灰黑陶。器内及沿面抹光，器表抹痕明显，素面。圆唇。口径 40、残高 5.2 厘米（图八六，4）。标本 T1530⑪：33，夹蚌灰黑陶。器内抹光，器表有因抹制而形成的紊乱线纹。圆唇，沿面稍宽，沿下有一个对钻圆孔。口径 35、残高 3.4 厘米（图八六，5）。

II 式　5 件。窄沿平折，斜弧腹。标本 F8：25，夹蚌红褐陶。器内抹制较光，器表抹痕明显，器物内外有大片黑色斑块，素面。圆唇。口径 24、残高 12 厘米（图八七，1）。标本 F8：59，夹蚌红褐陶。器内有黑色斑块，器物内外抹制略粗，有因蚌片脱落而形成的凹坑，素面。圆唇。口径 25、残高 8.4 厘米（图八七，2）。标本 T1628⑧：16，夹蚌红褐陶。器物内外抹制较粗，有因蚌片脱落而形成的凹坑，素面。圆唇。残高 8.6 厘米（图八七，3）。标本 T0823⑧：16，夹蚌红褐陶。器内及沿面抹制较光，有黑色斑块，器表抹痕明显，素面。尖圆唇。残高 7.4 厘米（图八七，4）。标本 T1629⑧：18，夹蚌红褐陶。器内抹制较光，器表有拍印篮纹，器物内外有黑色斑块。圆唇。口径 35、残高 7.4 厘米（图八七，5）。

C 型　5 件。敛口，平折沿内突唇盆。分 2 式。

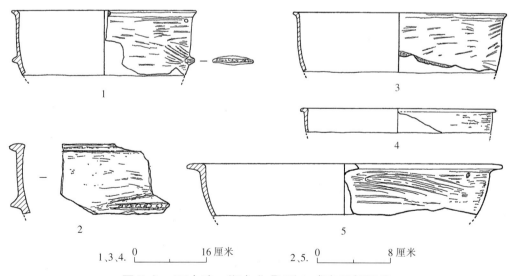

图八六　石山孜一期文化 B 型 I 式陶平折沿盆
1. H393：1　2. T1529⑪：59　3. T1530⑪：20　4. T1529⑪：175　5. T1530⑪：33

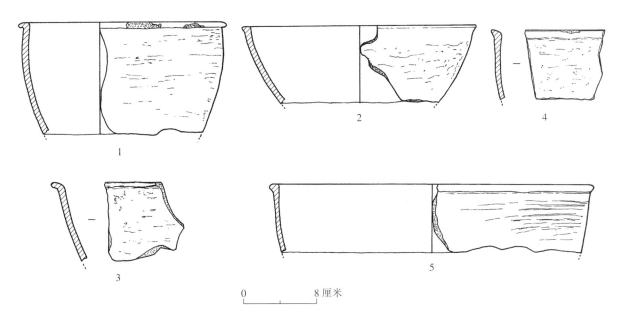

图八七　石山孜一期文化 **B** 型Ⅱ式陶平折沿盆
1. F8：25　2. F8：59　3. T1628⑧：16　4. T0823⑧：16　5. T1629⑧：18

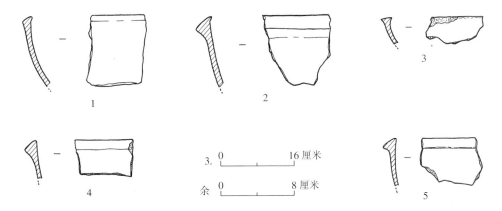

图八八　石山孜一期文化 **C** 型陶平折沿盆
1、4、5. Ⅰ式（T0823⑩：18、T0724⑪：31、T0724⑩：84）　　2、3. Ⅱ式（T0822⑧：42、T0722⑨：48）

　　Ⅰ式　3件。沿面略窄，上腹较直，下腹弧收。标本 T0823⑩：18，夹砂红褐陶。器内抹光，器表经粗磨，素面。突唇呈内钩状，外沿与腹壁连为一体。残高 7.5 厘米（图八八，1）。标本 T0724⑪：31，夹砂红褐陶。器内抹光，器表打抹略粗，素面。外唇不明显，内唇略内突。残高 4 厘米（图八八，4）。标本 T0724⑩：84，夹蚌红褐陶。外唇尖圆，内突唇明显，素面。残高 5 厘米（图八八，5）。

　　Ⅱ式　2件。沿面略宽，突唇呈内钩状，斜弧腹。标本 T0822⑧：42，夹砂陶。器内抹光，为灰黑色，器表呈红褐色，有黑色斑块，素面。残高 7.2 厘米（图八八，2）。标本 T0722⑨：48，夹砂红褐陶。器内抹制略光，器表抹痕明显，有黑色斑块，素面。残高 5.6 厘米（图八八，3）。

卷沿盆　12件。均为残片。依口沿和腹部的变化分2型。

A型　5件。侈口，卷沿，斜弧腹。分2式。

Ⅰ式　3件。短沿微卷，斜弧腹。标本T0725⑩：48，夹蚌陶。器内及沿面为灰黑色，抹制较光，器表呈红褐色，器物内外有因蚌片脱落而形成的凹坑，素面。圆唇。口径38.5、残高6厘米（图八九，1）。标本H393：5，夹蚌陶。器内及沿面为灰黑色，抹制略光，器表抹痕明显，沿下有黑色斑块，素面。圆唇。残高5厘米（图八九，4）。标本H363：4，夹蚌陶。器内及沿面为灰黑色，抹制略光，器表呈红褐色，有黑色斑块，抹制略粗，素面。圆唇。残高5.5厘米（图八九，9）。

Ⅱ式　2件。沿斜卷，上腹略直，下腹弧内收。标本T0722⑩：14，夹蚌陶。器内及沿面为灰黑色，抹制略光，器表呈红褐色，抹痕明显，有黑色斑块。素面，圆唇。口径35、残高12厘米（图八九，3）。标本T1530⑩：24，夹蚌陶。器内及沿面为灰黑色，器表红褐色，器物内外均抹制略光，素面。圆唇。残高7厘米（图八九，8）。

B型　7件。敛口，卷沿，鼓腹。分2式。

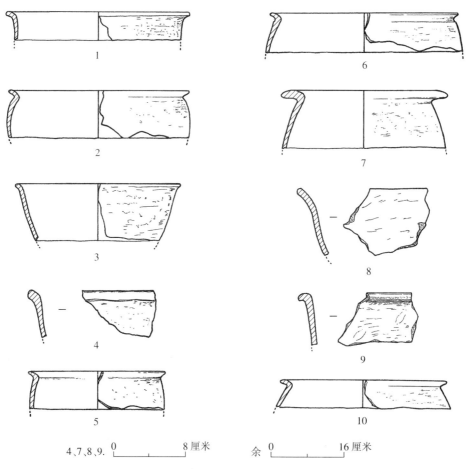

4、7、8、9.　　0　　　　　8厘米　　　　余　0　　　　　16厘米

图八九　石山孜一期文化陶卷沿盆

1、4、9. A型Ⅰ式（T0725⑩：48、H393：5、H363：4）　2、5~7、10. B型Ⅱ式（H346：1、T0724⑨：33、T0724⑨：2、T1629⑦：3、H363：3）　3、8. A型Ⅱ式（T0722⑩：14、T1530⑩：24）

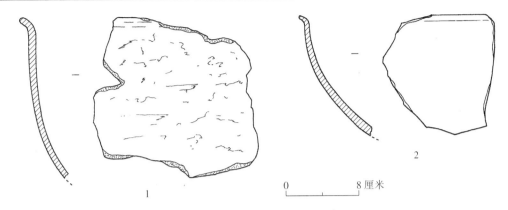

0　　　　8厘米

图九〇　石山孜一期文化 **B** 型 I 式陶卷沿盆
1. T1530⑪：29　2. T1530⑫：11

I 式　2 件。斜卷沿，斜弧腹略鼓。标本 T1530⑪：29，夹蚌红褐陶。器物内外抹制略光，沿部内外有黑色斑块，素面。圆唇，沿面略宽。残高 16.8 厘米（图九〇，1）。标本 T1530⑫：11，夹蚌红褐陶。器内抹光，器表抹痕明显，有黑色斑块，素面。圆唇，窄沿。残高 12.6 厘米（图九〇，2）。

II 式　5 件。卷沿近平，束颈鼓腹。标本 H346：1，夹砂陶。器内为灰黑色，抹制略光，器表呈红褐色，抹痕明显，素面。圆唇，沿面圆隆。口径 38、残高 10 厘米（图八九，2）。标本 T0724⑨：33，形制同标本 T0724⑨：2，口径 29、残高 8 厘米（图八九，5）。标本 T0724⑨：2，夹砂红褐陶。器内抹制略光，器表抹痕明显凹凸不平，素面。圆唇。口径 39、残高 8 厘米（图八九，6）。标本 T1629⑦：3，夹砂灰黑陶。器内抹光，器表抹痕明显，素面。圆唇，沿面圆隆，略下垂。口径 15.6、残高 6 厘米（图八九，7）。标本 H363：3，夹砂陶羼云母。器内为灰黑色，抹制略光，器表红褐色，抹痕明显，素面。圆唇，沿面较宽。口径 34、残高 6 厘米（图八九，10）。

斜折沿盆　25 件。均为残片。依口沿和腹部的差异分 3 型。

A 型　9 件。侈口，斜折沿，斜弧腹。分 2 式。

I 式　6 件。窄沿斜折，斜弧腹。标本 T1530⑪：10，夹蚌红褐陶。器内抹光，有黑色斑块，器表抹痕明显，素面。圆唇，斜弧腹略深。口径 31、残高 12 厘米（图九一，1）。标本 T1530⑪：26，夹蚌陶。器内及沿面为灰黑色，抹制较光，器表呈红褐色，有因刮抹留下的横向划痕，素面。圆唇，斜弧腹略深。口径 45.6、残高 12 厘米（图九一，2）。标本 T1530⑪：130，夹砂红褐陶。器物内外抹制略光，素面。圆唇。口径 40、残高 8 厘米（图九一，3）。标本 T1529⑪：67，夹蚌陶。器内及沿面为灰黑色，抹制略光，器表红褐色，抹痕明显，有黑色斑块，器物内外有因蚌片脱落而形成的凹坑，素面。圆唇。残高 9 厘米（图九一，4）。标本 H375：1，夹蚌红褐陶。器物内外均经抹制痕迹明显，素面。器形较小，尖圆唇。残高 5.6 厘米（图九一，8）。标本 T1729⑫：52，夹蚌红褐陶。器内抹光，有黑色斑块，器表抹痕明显，素面。圆唇。残高 7 厘米（图九一，9）。

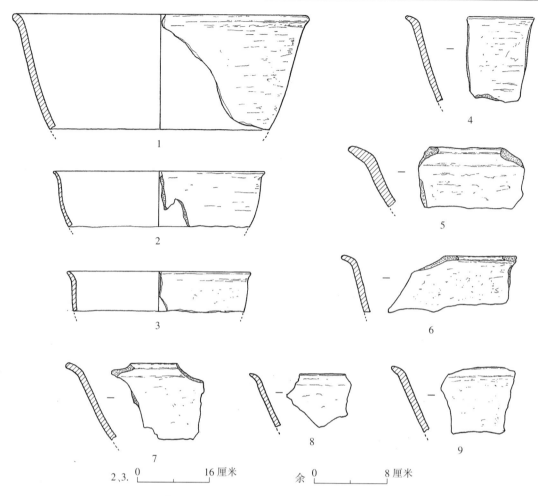

图九一　石山孜一期文化 **A** 型陶斜折沿盆

1～4、8、9. I 式（T1530⑪：10、T1530⑪：26、T1530⑪：130、T1529⑪：67、H375：1、T1729⑫：52）
5～7. II 式（T1629⑧：10、T1529⑧：5、H388：1）

　　II式　3件。沿面略宽，斜直腹。标本 T1629⑧：10，夹砂陶。器内及沿面为红褐色，器表灰黑色，器物内外均经抹制，素面。厚圆唇。残高 6.4 厘米（图九一，5）。标本 T1529⑧：5，夹蚌陶。器内及沿面为灰黑色，抹制较光，器表呈红褐色，抹痕明显，素面。圆唇。残高 6 厘米（图九一，6）。标本 H388：1，形制同标本 T1529⑧：5，残高 8 厘米（图九一，7）。

　　B型　7件。敛口，斜折沿，斜弧腹。分 2 式。

　　I式　3件。沿面较窄，腹略鼓。标本 T1529⑪：106，夹蚌陶。器内及沿面为灰黑色抹光，器表红褐色，横向打抹痕迹明显，素面。圆唇。残高 9.6 厘米（图九二，1）。标本 T1530⑬：1，夹蚌陶。器内及沿面为灰黑色抹光，器表呈红褐色，抹痕明显，素面。方圆唇。残高 9 厘米（图九二，2）。标本 T1530⑫：12，夹蚌红褐陶。器内抹光，器表有刮抹痕，沿面及沿下有黑色斑块，素面。圆唇。口径 34、残高 7.6 厘米（图九二，7）。

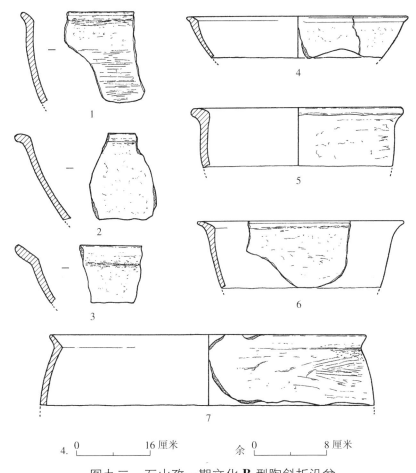

图九二　石山孜一期文化 **B** 型陶斜折沿盆

1、2、7. Ⅰ式（T1529⑪：106、T1530⑬：1、T1530⑫：12）　3~6. Ⅱ式（T1730⑪：75、
H369：2、T1628⑧：8、T0725⑨：59）

Ⅱ式　4件。沿面略宽，斜直腹。标本 T1730⑪：75，夹蚌红褐陶。器物内外抹光，素面。厚圆唇。残高6厘米（图九二，3）。标本 H369：2，器形较大，夹蚌红褐陶。器内及沿面抹制较光，有黑色斑块，器表刮抹痕明显，器物内外有因蚌片脱落而形成的凹坑，素面。尖圆唇。口径48、残高8.8厘米（图九二，4）。标本 T1628⑧：8，器形略小，夹砂羼蚌红褐陶。器物内外均经抹制，素面。厚圆唇。口径23、残高6厘米（图九二，5）。标本 T0725⑨：59，夹砂陶羼云母。器内为灰黑色，打磨较光滑，器表红褐色，抹痕明显，有黑色斑块，素面。圆唇。口径22.6、残高7厘米（图九二，6）。

C 型　9件。敛口，斜折沿，束颈，部分带鋬。分3式。

Ⅰ式　5件。束颈，斜弧腹缓内收。标本 T1530⑪：62，夹蚌红褐陶。器内及沿面抹光，有黑色斑块，器表抹痕明显，器物内外有因蚌片脱落形成的凹坑，素面。内突唇明显，弧腹。口径46、残高6.8厘米（图九三，1）。标本 T1530⑪：17，夹蚌红褐陶。器内及沿面抹制略光，器表刮抹痕迹明显，器物内外因蚌片脱落形成凹坑，并有黑色斑块，素面。方圆唇。口径36、残高10厘米（图九三，3）。标本 T1530⑪：38，夹蚌红褐陶。

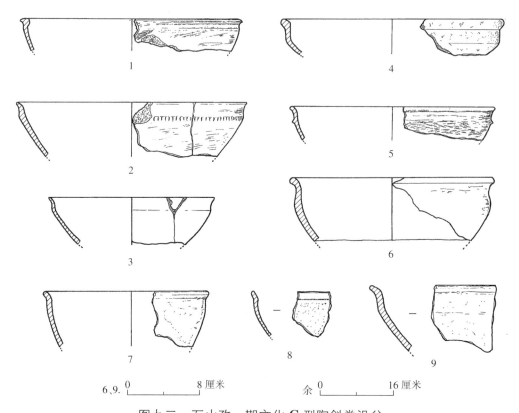

图九三　石山孜一期文化 C 型陶斜卷沿盆

1、3、4、6、9. Ⅰ式（T1530⑪：62、T1530⑪：17、T1530⑪：38、T1530⑪：44、T1530⑪：120）
2、5. Ⅱ式（T1529⑩：4、T0823⑨：16）　　7、8. Ⅲ式（T0823⑦：3、H176：2）

器物内外抹制较光，有少量黑色斑块，素面。方唇，直口，厚沿外折，上腹短直，下腹硬内折。口径48、残高7.5厘米（图九三，4）。标本 T1530⑪：44，夹砂陶。器内红褐色抹光，器表为灰黑色，抹痕明显，素面。圆唇。口径22、残高6.6厘米（图九三，6）。标本 T1530⑪：120，夹蚌陶。器物内外均经抹制较光，素面。圆唇。残高7厘米（图九三，9）。

　　Ⅱ式　2件。束颈，斜直腹。标本 T1529⑩：4，夹蚌红褐陶。器物内外均经抹制，沿面较窄。圆唇，沿下压印有密集的指甲纹。口径50、残高11.5厘米（图九三，2）。标本 T0823⑨：16，夹砂红褐陶。器内抹光，器表刻画紊乱线纹，并有黑色斑块。厚圆唇，上腹装有錾手，残存一端。口径43.2、残高7厘米（图九三，5）。

　　Ⅲ式　2件。束颈不明显，斜弧腹。标本 T0823⑦：3，夹蚌红褐陶。器内抹光，器表抹痕明显，器物内外有因蚌片脱落形成的凹坑，素面。方圆唇，颈微束。口径35、残高11.6厘米（图九三，7）。标本 H176：2，夹蚌红褐陶。器内及沿面抹制较光，有黑色斑块，器表抹制较粗，器物内外有因蚌片脱落形成的凹坑。残高9.5厘米（图九三，8）。

　　钵　73件。数量较多，以夹砂陶、夹蚌陶为主并有少量的夹炭陶，器表以素面为主，多磨光，少量饰红陶衣。依其口部、腹部的变化分为敛口钵、直口钵、侈口钵3类。

敛口钵　56件。数量较多，均为残片。分4型。

A型　13件。敛口浅腹钵。分2式。

Ⅰ式　7件。敛口，斜弧腹内收。标本T0725⑩：9，夹砂红褐陶。器物内外抹光，有黑色斑块，素面。圆唇。口径27、残高5.2厘米（图九四，1）。标本H379：5，夹蚌红褐陶。器内抹光，器表抹制粗糙，有黑色斑块，素面。圆唇。口径25、残高5厘米（图九四，2）。标本T1729⑬：25，夹砂红褐陶。器物内外抹光，有黑色斑块，素面。厚圆唇。口径26.4、残高6厘米（图九四，3）。标本T0724⑩：39，夹炭陶。器内及口外为灰黑色，器表下腹部饰红陶衣，器物内外抹光，素面。圆唇。残高4.8厘米（图九四，4）。标本T1529⑪：149，夹砂陶。器内及口外为灰黑色，器表下腹部红褐色，器物内外抹制较光，素面。圆唇。口径20、残高4.4厘米（图九四，5）。标本T0725⑪：19，夹砂灰黑陶。器物内外抹光，素面。圆唇。口径22、残高4厘米（图九四，6）。标本H369：3，夹砂红褐陶。器内抹光，器表抹制粗糙，器物内外有黑色斑块，素面。圆唇。口径22、残高6厘米（图九四，7）。

Ⅱ式　6件。敛口，斜弧腹略鼓。标本H156：1，夹砂红褐陶。器物抹痕明显，器表有黑色斑块，素面。圆唇。口径25、残高7.6厘米（图九五，1）。标本H202：1，夹砂红褐陶。器内抹制略光，器表抹痕明显，素面。方圆唇。口径23、残高5.4厘米（图九五，2）。标本H185：7，夹砂灰黑陶。器内抹光，器表有部分压印线纹。圆唇。口

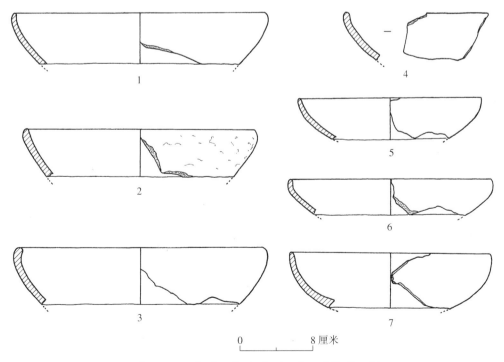

0　　　　　　8厘米

图九四　石山孜一期文化A型Ⅰ式陶敛口钵

1. T0725⑩：9　2. H379：5　3. T1729⑬：25　4. T0724⑩：39　5. T1529⑪：149　6. T0725⑪：19　7. H369：3

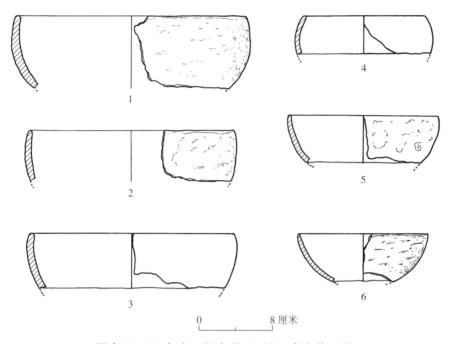

图九五　石山孜一期文化 **A** 型 Ⅱ 式陶敛口钵
1. H156：1　2. H202：1　3. H185：7　4. T0723⑧：47　5. T0723⑧：46　6. H184：1

径 22、残高 5.8 厘米（图九五，3）。标本 T0723⑧：47，夹砂灰黑陶。器物内外抹制较光，素面。圆唇。口径 13、残高 4 厘米（图九五，4）。标本 T0723⑧：46，夹砂灰黑陶。器物内外抹制较粗，凹凸不平，素面。圆唇。口径 16、残高 5 厘米（图九五，5）。标本 H184：1，夹蚌红褐陶。器物内外抹痕明显，有因蚌片脱落形成的凹坑，素面。尖圆唇。口径 14、残高 5 厘米（图九五，6）。

B 型　18 件。敛口内突唇钵。均为器物残片。分 2 式。

Ⅰ 式　10 件。敛口较甚，内突唇明显，曲腹内收。标本 H211：1，夹蚌陶。器内及口外为灰黑色，器表下腹饰红陶衣。口径 24.6、残高 5.6 厘米（图九六，1）。标本 T1730⑪：53，夹砂红褐陶。器物内外抹光，口外一周灰黑色，素面。口径 24.4、残高 5 厘米（图九六，2）。标本 H384：1，夹砂羼蚌陶。器内及口外为灰黑色，器表下腹部红褐色，素面。圆唇。口径 24.4、残高 7 厘米（图九六，3）。标本 T1529⑪：150，夹蚌红褐陶。器物内外抹光，器表有黑色斑块，素面。口径 26.6、残高 5 厘米（图九六，4）。标本 T0724⑩：21，夹蚌红褐陶。器物内外抹光，器表有灰黑色斑块。素面。口径 31、残高 4.2 厘米（图九六，5）。标本 T0722⑩：21，夹砂红褐陶。器物内外抹光，素面。口径 23、残高 3 厘米（图九六，6）。标本 T1729⑪：25，夹砂陶。器内及口外为灰黑色，器表下腹部红褐色，器物内外抹光。素面。口径 21.6、残高 6 厘米（图九六，7）。标本 T1629⑧：29，夹砂陶。器内及口外为灰黑色，器表下腹部红褐色，器物内外抹光。口径 22.6、残高 5 厘米（图九六，8）。标本 H383：8，夹砂羼蚌陶。器内及口外为灰黑色，器表下腹部红褐色，器物内外抹光，素面。残高 5 厘米（图九六，9）。标本 T1529⑬：25，

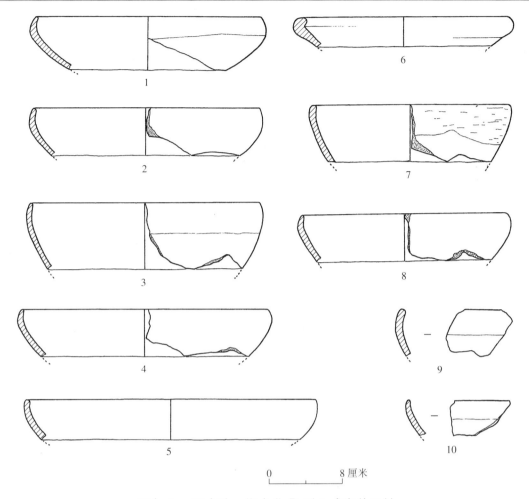

图九六　石山孜一期文化 **B** 型Ⅰ式陶敛口钵
1. H211：1　　2. T1730⑪：53　　3. H384：1　　4. T1529⑪：150　　5. T0724⑩：21　　6. T0722⑩：21
7. T1729⑪：25　　8. T1629⑧：29　　9. H383：8　　10. T1529⑬：25

夹蚌陶。器内及口外为灰黑色，器表下腹部红褐色，器物内外抹光，素面。口径 25、残高 3.8 厘米（图九六，10）。

Ⅱ式　8 件。敛口内突唇，斜直腹。标本 T0823⑨：78，夹砂灰黑陶。器内抹光，器表抹痕明显，素面，腹部有一个对钻圆孔。口径 26、残高 5 厘米（图九七，1）。标本 T0722⑨：25，夹砂陶。器内及口外为灰黑色，器表下腹部红褐色，器物内外抹光，素面。口径 20、残高 4.6 厘米（图九七，2）。标本 T0724⑧：39，夹砂陶。器内及口外为灰黑色，器内下腹部红褐色，器物内外抹光。残高 6.6 厘米（图九七，3）。标本 T0723⑧：79，夹砂灰黑陶。器内打磨光滑，器表抹痕明显，素面。残高 5.5 厘米（图九七，4）。标本 H222：5，夹砂红褐陶。器内抹光，器表抹痕明显。残高 4 厘米（图九七，5）。标本 H209：3，夹蚌红褐陶。器物内外抹光，有黑色斑块。残高 5 厘米（图九七，6）。标本 H190：8，夹砂灰黑陶。器内抹光，器表抹痕明显，素面。残高 5 厘米（图九七，7）。标本 T1530⑨：11，夹蚌红褐陶，器物内外抹光，器表饰红陶衣。残高 5 厘米（图九七，8）。

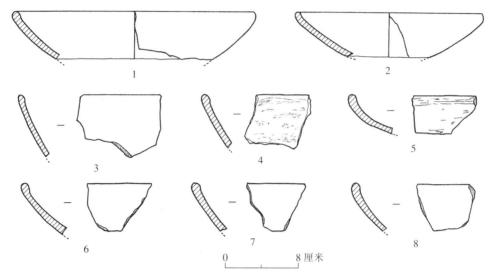

0　　　　　8厘米

图九七　石山孜一期文化 **B** 型 Ⅱ 式陶敛口钵

1. T0823⑨：78　2. T0722⑨：25　3. T0724⑧：39　4. T0723⑧：79　5. H222：5
6. H209：3　7. H190：8　8. T1530⑨：11

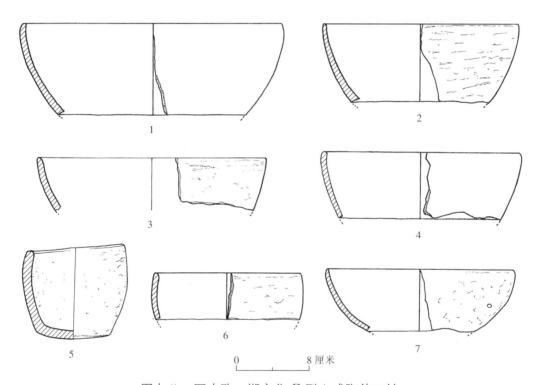

0　　　　　8厘米

图九八　石山孜一期文化 **C** 型 Ⅰ 式陶敛口钵

1. H394：1　2. H386：14　3. T1529⑫：20　4. T0823⑩：10　5. T0725⑪：1　6. T1730⑪：39　7. T1729⑫：24

　　C 型　15 件。敛口深腹钵。均为器物残片。分 2 式。

　　Ⅰ式：7 件。敛口，斜直腹微鼓，内收。标本 H394：1，夹砂陶。器内为红褐色，器表灰黑色，器物内外抹光，素面。圆唇。口径 28、残高 9.6 厘米（图九八，1）。标本 H386：14，夹砂灰黑陶。器内抹制略光，器表抹痕明显，素面。圆唇。口径 21、残高 8

厘米（图九八，2）。标本 T1529⑫：20，夹蚌红褐陶。器内为灰黑色抹光，器表红褐色，有黑色斑块，素面。圆唇。口径25、残高5.5厘米（图九八，3）。标本 T0823⑩：10，夹蚌陶。器内及口外为灰黑色，器表红褐色，器物内外抹制略光，素面。方圆唇。口径21、残高7厘米（图九八，4）。标本 T0725⑪：1，夹砂羼蚌红褐陶。器物内外抹制较光，素面。复原器。圆唇，近直腹微鼓，平底。口径10.6、残高9.6厘米（图九八，5；彩版一一，1）。标本 T1730⑪：39，夹砂红褐陶。器物内外抹制较光，素面。方圆唇。口径16、残高4厘米（图九八，6）。标本 T1729⑫：24，夹砂红褐陶。器内抹光，器表抹制粗糙，有大片黑色斑块，素面。圆唇，腹部有对钻圆孔一个。口径20、残高6.6厘米（图九八，7）。

　　Ⅱ式　8件。敛口，斜弧腹微鼓，内收较缓，平底或矮饼足。均残。标本 T1730⑨：51，夹蚌红褐陶。器物内外抹光，有黑色斑块，素面。圆唇。口径30、残高8厘米（图九九，1）。标本 T0723⑧：31，夹砂陶。器内红褐色，器表为灰黑色，内外抹制较光，素面。方圆唇。口径28、残高7厘米（图九九，2）。标本 T1730⑨：46，夹砂陶。器内及口外为灰黑色，器表下腹部红褐色，器物内外抹光，素面。圆唇，腹部有一个对钻圆孔。

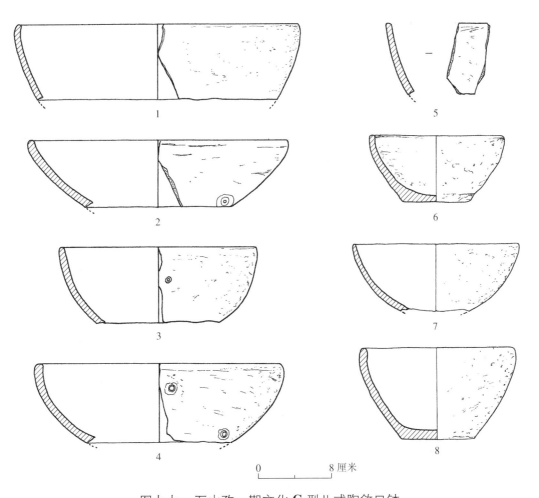

图九九　石山孜一期文化 C 型 Ⅱ 式陶敛口钵
1. T1730⑨：51　2. T0723⑧：31　3. T1730⑨：46　4. T1629⑨：5　5. T1631⑨：19　6. T0722⑨：4
7. H365：5　8. T0722⑨：5

口径 21、残高 8 厘米（图九九，3）。标本 T1629⑨：5，夹砂羼蚌红褐陶，器物内外抹光，有分布不均的黑色斑块，素面。圆唇，上腹及下腹各有对钻圆孔一个。口径 26、残高 8.2 厘米（图九九，4）。标本 T1631⑨：19，夹蚌灰黑陶。器物内外抹制较光，素面。方圆唇。残高 7.4 厘米（图九九，5）。标本 T0722⑨：4，复原器。夹砂灰黑陶。器物内外抹制略光，素面。敛口，圆唇，斜弧腹略鼓，低矮饼足。口径 14.8、残高 7 厘米（图九九，6；彩版一一，2）。标本 H365：5，夹蚌灰黑陶。器物内外磨光，素面。方圆唇，斜弧腹微鼓下残。口径 18、残高 7 厘米（图九九，7）。标本 T0722⑨：5，复原器。夹蚌陶。器内为灰黑色，器表红褐色，有大片黑色斑块，器物内外因蚌片脱落形成凹坑，抹制较光，素面。圆唇，斜弧腹微鼓，平底。口径 16.6、残高 9.6 厘米（图九九，8；彩版一一，3）。

D 型　10 件。敛口带錾钵，均残。分 2 式。

Ⅰ式　5 件。口微敛，斜直腹内收。标本 T0725⑪：14，夹砂羼蚌红褐陶。器内抹光，器表抹痕明显，器物内外有黑色斑块，素面。圆唇，腹部装有月牙形錾手。口径 30、残高 5.6 厘米（图一〇〇，1）。标本 T1729⑪：25，夹蚌陶。器内为灰黑色，抹制较光，器表红褐色，抹痕明显，素面。圆唇，上腹部装有较小的三角形錾手。口径 28、残高 7.6 厘米（图一〇〇，2）。标本 T1729⑪：3，夹蚌陶。器内及口外为灰黑色，器表錾手以下饰红陶衣，器物内外抹光，素面。方唇，腹部装有长条形錾手。口径 26、残高 7 厘米（图一〇〇，5）。标本 T1529⑪：36，夹砂红褐陶。器物内外抹光，有黑色斑块，素面。方圆唇，腹部装有月牙形錾手。残高 7.2 厘米（图一〇〇，8）。标本 T1530⑫：25，夹蚌陶。器内及口外为灰黑色，抹制较光，器表錾手以下红褐色，抹制略光，素面。方唇，腹部装有月牙形錾手。残高 6.8 厘米（图一〇〇，9）。

Ⅱ式　5 件。敛口，弧腹内收。标本 H216：4，夹蚌红褐陶。器物内外抹制略光，素面。圆唇，口外装有鸡冠状錾手。口径 17、残高 9 厘米（图一〇〇，3）。标本 T1730⑨：10，夹蚌红褐陶。器物内外抹制较粗，有黑色斑块，素面。圆唇，腹部装有长条形錾手。口径 24、残高 4 厘米（图一〇〇，4）。标本 T1631⑧：24，夹蚌陶。器内为灰黑色，抹光，器表红褐色，抹痕明显，素面。斜方唇，口外装有较小的三角形錾手。残高 4 厘米（图一〇〇，6）。标本 T0724⑦：57，夹砂羼蚌陶。器内及口外为灰黑色，抹光，器表红褐色，抹痕明显，素面。圆唇，腹部装有长条形錾手。残高 7 厘米（图一〇〇，7）。标本 T0722⑨：33，夹砂红褐陶。器物内外抹光，素面。圆唇，腹部装有月牙形錾手。残高 6.8 厘米（图一〇〇，10）。

直口钵　9 件。数量不多，直口或口微敛，以夹砂、夹蚌陶为主。分 2 式。

Ⅰ式　3 件。均残，直口，斜弧腹。标本 T0725⑪：20，夹砂红褐陶。器物内外抹光，有黑色斑块，素面。方唇。口径 38.8、残高 6 厘米（图一〇一，1）。标本 T1530⑪：138，夹蚌红褐陶。器物内外抹光，有黑色斑块，素面。方唇。残高 5.2 厘米（图一〇

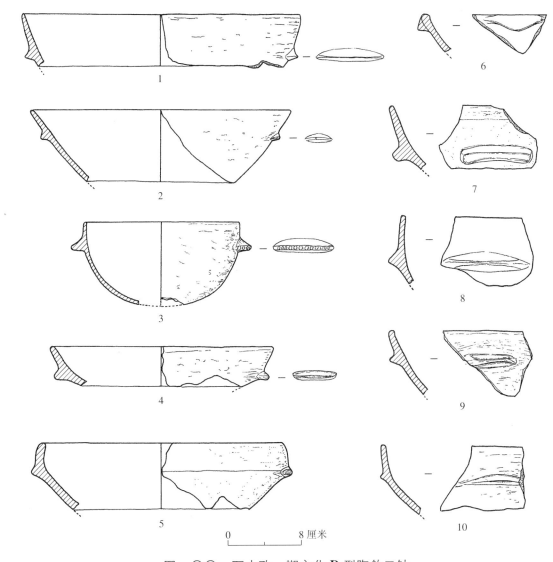

图一〇〇　石山孜一期文化 **D** 型陶敛口钵

1、2、5、8、9. Ⅰ式（T0725⑪：14、T1729⑪：25、T1729⑪：3、T1529⑪：36、T1530⑫：25）

3、4、6、7、10. Ⅱ式（H216：4、T1730⑨：10、T1631⑧：24、T0724⑦：57、T0722⑨：33）

一，7）。标本 H380：5，夹蚌陶。器内及口外为灰黑色，器表下腹部红褐色，素面。方唇。残高6厘米（图一〇一，9）。

Ⅱ式　6件。均残，直口微敛，斜直腹。标本 T1729⑨：16，夹砂羼蚌陶。器内为灰黑色，抹制较光，器表红褐色，有黑色斑，刮抹痕明显，素面。方唇，近直口。口径36、残高6.8厘米（图一〇一，2）。标本 T1630⑧：6，夹砂红褐陶。器物内外抹制略光，素面，方唇。残高9厘米（图一〇一，3）。标本 T0823⑧：20，夹蚌红褐陶。器物内外抹光，素面。圆唇，器体较薄。口径24、残高4.4厘米（图一〇一，4）。标本 T1630⑦：36，夹砂陶。器内为灰黑色抹光，器表红褐色，有分布零散的黑色斑块抹痕明显，素面。方唇。口径24.4、残高6.2厘米（图一〇一，5）。标本 T0722⑨：6，复原器。夹砂红褐陶。器内抹制略光，器表刮抹痕明显，有黑色斑块，素面。方圆唇，斜直腹下内收成平底。口

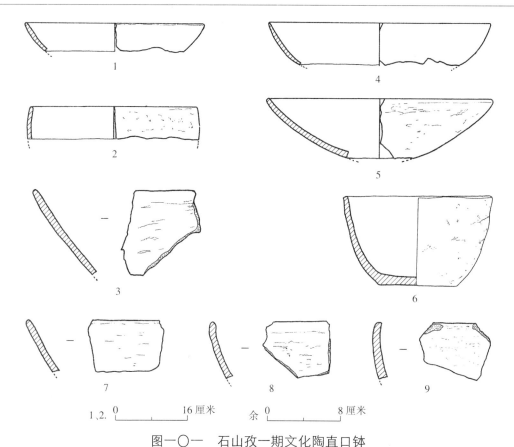

图一〇一　石山孜一期文化陶直口钵

1、7、9. Ⅰ式（T0725⑪：20、T1530⑪：138、H380：5）　2～5、6、8. Ⅱ式（T1729⑨：16、
T1630⑧：6、T0823⑧：20、T1630⑦：36、T0722⑨：6、H185：8）

径 16、残高 9.4 厘米（图一〇一，6；彩版一一，4）。标本 H185：8，夹砂红褐陶陶。器内抹制略光，器表饰横向细线纹，有黑色斑块，素面，圆唇。残高 6 厘米（图一〇一，8）。

侈口钵　8 件。数量不多，以夹砂、夹蚌陶为主，均残。分 2 式。

Ⅰ式　5 件。侈口，斜弧腹内收成小平底或圜底。标本 H393：2，夹蚌红褐陶。器物内外抹痕明显，素面。圆唇。口径 22、残高 9 厘米（图一〇二，1）。标本 H378：1，夹砂陶。器内为灰黑色，抹制较光，器表红褐色，抹痕明显，有黑色斑块，圆唇上压印斜向指甲纹，形成花边。残高 9.4 厘米（图一〇二，4）。标本 T1729⑫：4，复原器。夹砂红褐陶。器物内外抹制较粗糙，砂眼明显，有黑色斑块，素面。圆唇，斜弧腹，小平底。口径 17、残高 9 厘米（图一〇二，5；彩版一一，5）。标本 T0724⑩：79，夹砂夹蚌灰黑陶。器物内外抹制较光，素面。圆唇，腹部有对钻圆孔一个。口径 21、残高 5.2 厘米（图一〇二，7）。标本 T0724⑩：44，夹蚌红褐陶。器物内外有黑色斑块，抹制略光，素面。圆唇。口径 21、残高 7 厘米（图一〇二，8）。

Ⅱ式　3 件。侈口，斜直腹微弧。标本 T0823⑨：13，夹砂红褐陶。器物内外抹制粗糙，凹凸不平，素面。尖圆唇，厚薄不一。口径 24.4、残高 6.6 厘米（图一〇二，2）。标本 T0822⑧：27，夹砂陶。器内及口外为灰黑色，抹制较光，器表红褐色，抹痕明

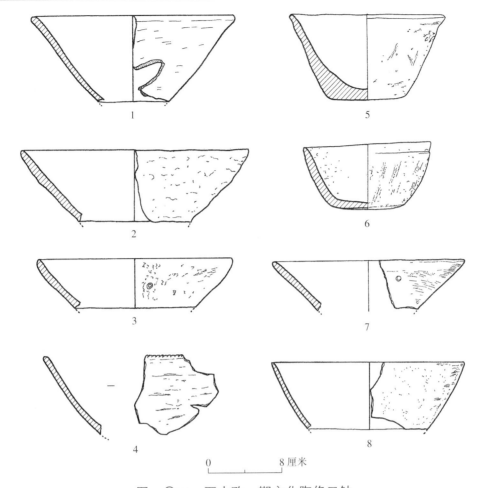

图一〇二 石山孜一期文化陶侈口钵

1、4、5、7、8. Ⅰ式（H393：2、H378：1、T1729⑫：4、T0724⑩：79、T0724⑩：44）
2、3、6. Ⅱ式（T0823⑨：13、T0822⑧：27、T0725⑧：7）

显，素面。圆唇，腹部有对钻圆孔一个。口径21、残高5.2厘米（图一〇二，3）。标本T0725⑧：7，复原器。夹蚌红褐陶。器物内外均抹制，有黑色斑块，因蚌片脱落形成较多凹坑。圆唇，口外有刮抹痕一周。口径14、残高7厘米（图一〇二，6；彩版一一，6）。

碗 55件。均手制。多为夹砂夹蚌陶，残片较多，仅复原6件，依其口部、腹部、圈足的变化分为4型。

A型 12件。敞口，斜弧腹，喇叭形圈足碗，少量带鋬。分2式。

Ⅰ式 2件。口微敞，斜弧腹。标本T1529⑪：1，复原器。夹砂羼蚌红褐陶陶。器内抹制略光，器表拍印划线纹，器物内外有灰黑色斑块，因蚌片脱落形成较多的凹坑，素面。圆唇，喇叭状圈足。口径24、残高13.2厘米（图一〇三，1；彩版一二，1）。标本T1530⑬：21，夹砂陶。器内及口沿外为灰黑色，抹制较光，器表呈红褐色，抹痕明显，素面。圆唇。口径30、残高5.2厘米（图一〇三，2）。

Ⅱ式 10件。敞口，斜直腹略弧。标本T0722⑩：10，夹砂红褐陶。器内抹光，器

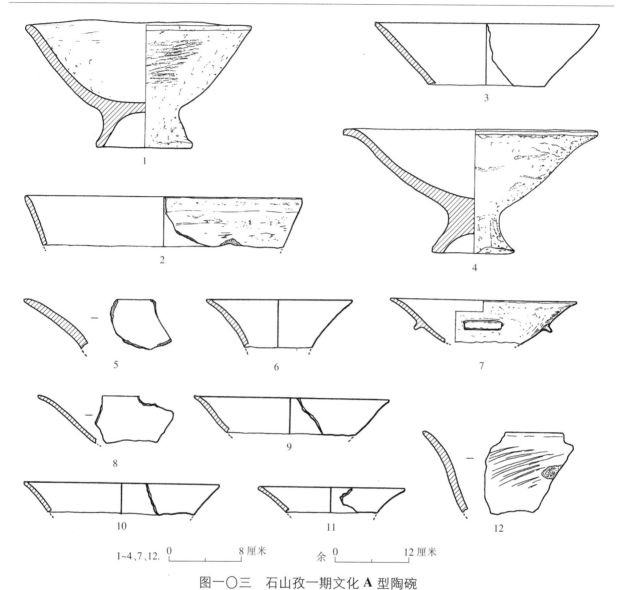

图一〇三　石山孜一期文化 **A** 型陶碗

1、2. Ⅰ式（T1529⑪：1、T1530⑬：21）　3～12. Ⅱ式（T0722⑩：10、T0724⑩：19、T0725⑩：51、
T1631⑧：17、T0725⑩：12、T0724⑩：100、H184：7、T0725⑩：58、T0722⑨：46、T0725⑨：38）

表刮抹痕明显，素面。圆唇。口径 24、残高 6.4 厘米（图一〇三，3）。标本 T0724⑩：
19，复原器。夹砂陶。器内抹制较光，器表刮削痕明显，器体圈足呈红褐色，余均为灰
黑色，素面。圆唇，喇叭形圈足略瘦高。口径 27.4、残高 13 厘米（图一〇三，4；彩版
一二，2）。标本 T0725⑩：51，夹砂红褐陶。器物内外有大片黑色斑块，抹制较光，素
面。圆唇。残高 5.2 厘米（图一〇三，5）。标本 T1631⑧：17，夹蚌陶，器内为灰黑色，
抹制较光，器表呈红褐色有黑色斑块，素面。方圆唇。口径 24、残高 7.6 厘米（图一〇
三，6）。标本 T0725⑩：12，夹蚌陶。器内及口外为灰黑色，抹制较光，器表呈红褐
色，抹痕明显，素面。圆唇，腹部装有长方形錾手。口径 40、残高 9.2 厘米（图一
〇三，7）。标本 T0724⑩：100，夹砂灰黑陶。器内抹光，器表刮抹痕明显，素面。
方圆唇。残高 5 厘米（图一〇三，8）。标本 H184：7，夹蚌陶，器内为灰黑色抹光，

器表呈红褐色，有黑色斑块，抹痕明显，素面。圆唇。口径31.6、残高6厘米（图一〇三，9）。标本T0725⑩：58，夹蚌陶。器内为灰黑色抹光，器表呈红褐色，有黑色斑块，刮抹痕明显，素面。圆唇。口径32、残高4.8厘米（图一〇三，10）。标本T0722⑨：46，夹砂羼蚌灰黑陶。器内抹光，器表粗抹，素面。方圆唇。口径24、残高4厘米（图一〇三，11）。标本T0725⑨：38，夹蚌陶。器内为灰黑色，抹光素面，器表呈红褐色，有黑色斑块，抹制略粗，上腹部压印篮纹，腹部錾手已残失，痕迹犹存。圆唇。残高8.4厘米（图一〇三，12）。

B型　20件。侈口，斜直腹，圈足碗。分3式。

Ⅰ式　10件。侈口，斜直腹，部分有錾。标本T1530⑪：36，夹蚌陶。器内及口外为灰黑色，抹制略光，器表呈红褐色，抹痕明显，素面。圆唇。口径24、残高6.6厘米（图一〇四，1）。标本H376：2，夹蚌陶。器内为灰黑色，抹制略光，器表呈红褐色，刮抹痕明显，素面。圆唇。口径26、残高7厘米（图一〇四，2）。标本H369：5，夹砂红褐陶。器物内外抹光，有黑色，斑块，素面。方圆唇，腹部有一个对钻圆孔。口径26、残高9.8厘米（图一〇四，3）。标本T1529⑪：39，夹砂陶。器内为灰黑色抹制较光，器表呈红褐色，有黑色斑块，抹制略光，素面。圆唇。口径40、残高8.8厘米（图一〇四，4）。标本T0725⑩：46，夹砂羼蚌陶。器内为红褐色，抹制较光，器表红褐色，抹痕明显，素面。圆唇。残高6厘米（图一〇四，5）。标本T0724⑩：29，夹砂灰黑陶。器物内外抹制略光，素面。圆唇，上腹部装有条形錾手。口径13.6、残高6厘米（图一〇四，6）。标本T1729⑫：45，夹砂红褐陶。器内抹制略光，器表抹痕明显，器物内外有黑色斑块，素面。圆唇，腹部有对钻圆孔一个。残高5.2厘米（图一〇四，7）。标本T1529⑬：17，夹蚌红褐陶。器物内外有大块黑色斑块，因蚌片脱落形成凹坑，素面。厚圆唇。残高5.4厘米（图一〇四，8）。标本T0725⑪：37，夹砂灰黑陶。器物内外抹制略光，素面。方圆唇。残高6厘米（图一〇四，9）。标本T0823⑩：11，夹蚌陶。器内及口外为灰黑色，器表下腹部红褐色，器物内外抹制略光，有因蚌片脱落形成的凹坑，素面。圆唇，腹部有三个对钻圆孔，呈三角形分布。残高6.6厘米（图一〇四，10）。

Ⅱ式　5件。口微侈，斜直腹略弧，直圈足。标本T1530⑨：1，复原器。夹蚌陶。器内为灰黑色，抹制较光，器表红褐色，饰红陶衣，有黑色斑块。圆唇，斜直腹微弧，直圈足。口径26、残高9厘米（图一〇五，1；彩版一二，3）。标本T0823⑨：77，夹砂陶。器内为红褐色，抹制较光，器表灰黑色，刮抹痕明显，素面。方圆唇。残高6厘米（图一〇五，5）。标本T1730⑨：27，夹蚌陶。器内为灰黑色，器表呈红褐色，器物内外抹制较粗，素面。尖圆唇。残高6厘米（图一〇五，6）。标本H360：1，夹砂陶。器内为灰黑色，抹制较光，器表呈红褐色，有黑色斑块，有刮抹痕，素面。圆唇。残高7厘米（图一〇五，7）。标本T1530⑨：6，夹砂红褐陶。器内抹光，器表抹痕明显，器物内外有黑色斑块，素面。圆唇，腹部有因破裂而进行修补的三个对钻圆孔。口径32、残高4.8厘米（图一〇五，8）。

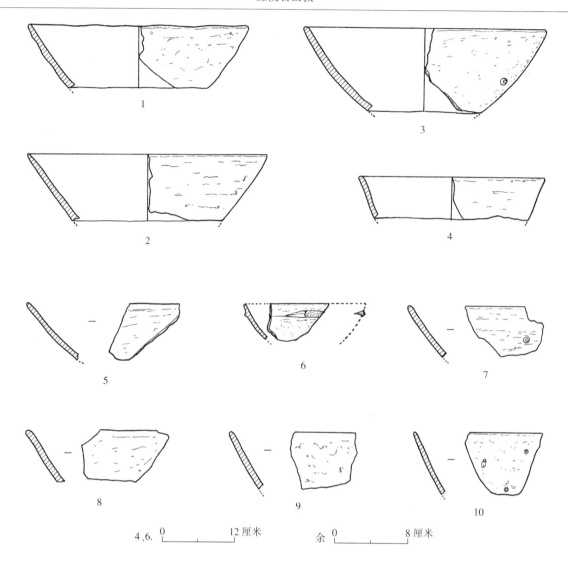

图一〇四　石山孜一期文化 **B** 型 I 式陶碗

1. T1530⑪：36　2. H376：2　3. H369：5　4. T1529⑪：39　5. T0725⑩：46　6. T0724⑩：29　7. T1729⑫：45
8. T1529⑬：17　9. T0725⑪：37　10. T0823⑩：11

Ⅲ式：5 件。侈口，斜弧腹，喇叭形圈足。标本 T0723⑦：55，夹砂陶。器内为灰黑色，抹制较光，器表红褐色，有刮抹痕，素面。圆唇。口径 29.8、残高 6 厘米（图一〇五，2）。标本 T1631⑧：9，夹砂陶。器内为灰黑色，器表呈红褐色，器物内外抹制较光，素面。复原器。尖圆唇，斜弧腹，低矮圈足呈喇叭状。口径 26.6、残高 9 厘米（图一〇五，3；彩版一二，4）。标本 H239：23，夹砂灰黑陶。器物内外均抹制，素面。圆唇。口径 26、残高 6 厘米（图一〇五，4）。标本 H358：25，夹砂灰黑陶。器物内外抹光，素面。圆唇。口径 25.6、残高 6 厘米（图一〇五，9）。标本 H351：4，夹蚌红褐陶陶。器物内外抹制较光，器表有大块黑色斑块，素面。圆唇。残高 6.3 厘米（图一〇五，10）。

C 型　11 件。敛口，斜弧腹，圈足碗。分 2 式。

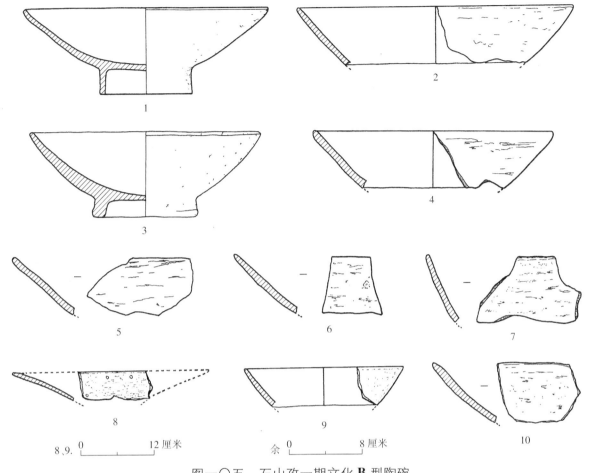

图一〇五　石山孜一期文化 **B** 型陶碗

1、5～8. Ⅱ式（T1530⑨：1、T0823⑨：77、T1730⑨：27、H360：1、T1530⑨：6）

2～4、9、10. Ⅲ式（T0723⑦：55、T1631⑧：9、H239：23、H358：25、H351：4）

Ⅰ式　4件。斜弧腹，矮圈足。标本 T0724⑩：43，夹蚌陶。器内为红褐色抹光，器表红褐色，有抹痕，素面。圆唇，腹部装有月牙形錾手。口径28、残高4.4厘米（图一〇六，1）。标本 H239：6，夹砂陶。器内为灰黑色，器表红褐色，器物内外抹光，素面。方圆唇。口径26、残高7.6厘米（图一〇六，3）。标本 T1530⑪：1，复原器。夹砂陶。器内为灰黑色抹光，器表红褐色，刮抹痕明显。圆唇，斜弧腹，器表下腹部有纵向散乱划纹，矮圈足。口径26.5、残高8.5厘米（图一〇六，6；彩版一二，5）。标本 T1529⑪：24，夹蚌陶。器内及口外为灰黑色，器表饰红陶衣，器物内外均抹光。圆唇。口径40、残高10.8厘米（图一〇六，8）。

Ⅱ式　7件。斜直腹内收。标本 T0823⑨：14，夹砂灰黑陶。器物内外抹光，素面。圆唇。口径30、残高6.4厘米（图一〇六，2）。标本 T0823⑧：4，夹蚌红褐陶。器物内外抹光，有少量黑色斑块，素面。圆唇。口径30、残高8.4厘米（图一〇六，4）。标本 T0725⑨：21，夹蚌红褐陶。器物内外均抹光，器内饰红陶衣。圆唇。口径40、残高8.8厘米（图一〇六，5）。标本 T0725⑧：54，夹炭陶。器内为灰黑色，器表饰红陶衣，器

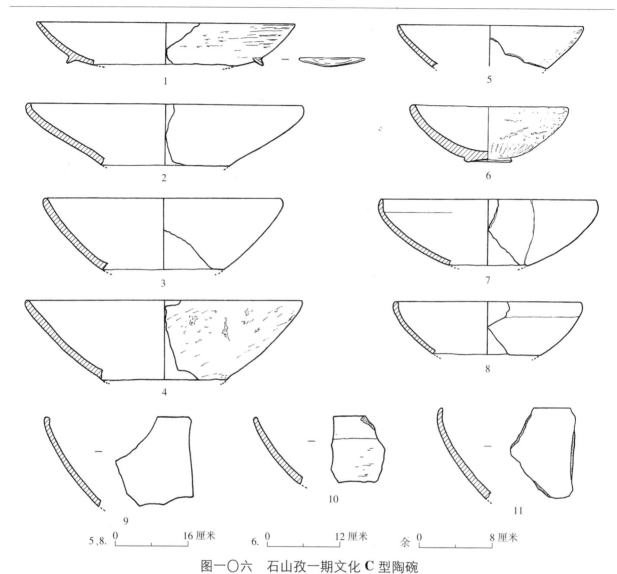

图一〇六　石山孜一期文化 C 型陶碗

1、3、6、8. I 式（T0724⑩：43、H239：6、T1530⑪：1、T1529⑪：24）　2、4、5、7、9～11. II 式（T0823⑨：14、T0823⑧：4、T0725⑨：21、T0725⑧：54、T1630⑦：42、H200：4、T0723⑧：110）

物内外均抹光。圆唇。口径 23、残高 7 厘米（图一〇六，7）。标本 T1630⑦：42，夹蚌陶。器内及口外为灰黑色，器表饰红陶衣，器物内外均抹光。圆唇。残高 9.2 厘米（图一〇六，9）。标本 H200：4，夹砂陶。器内及口外为灰黑色，抹光，器表红褐色，有抹痕，素面。方圆唇。残高 7 厘米（图一〇六，10）。标本 T0723⑧：110，夹蚌陶。器内及器表大部为灰黑色抹光，器表下腹部红褐色，素面。圆唇。残高 9.4 厘米（图一〇六，11）。

D 型　12 件。侈口，折腹，少量带鋬，低矮圈足。分 2 式。

I 式　6 件。侈口，腹部圆折。标本 T0724⑩：26，夹砂灰黑陶。器内抹光，器表有刮抹痕，素面。圆唇，口外装有月牙鋬手。口径 32、残高 5 厘米（图一〇七，1）。标本 T0722⑨：26，夹砂陶。器内及口外为红褐色，器表呈灰黑色，内外抹光，素面。圆唇。口径 28、残高 7 厘米（图一〇七，2）。标本 T1530⑪：40，夹炭灰黑陶。器内抹光，

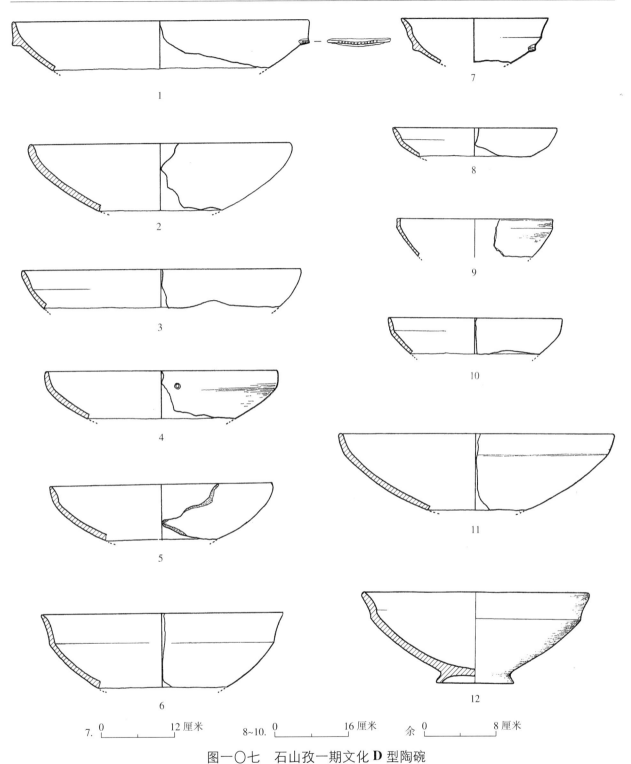

图一〇七　石山孜一期文化 D 型陶碗

1～5、11. Ⅰ式（T0724⑩：26、T0722⑨：26、T1530⑪：40、T0725⑨：28、T1530⑪：119、T0724⑩：25）
6～10、12. Ⅱ式（T0725⑨：39、T1631⑦：12、H158：1、T1730⑩：5、T1631⑦：53、T1530⑨：2）

器表饰红陶衣。圆唇。口径 30、残高 4 厘米（图一〇七，3）。标本 T0725⑨：28，夹砂灰黑陶。器物内外抹光，素面。圆唇，折腹处有一对钻圆孔。口径 25、残高 5 厘米（图一〇七，4）。标本 T1530⑪：119，夹蚌陶。器内为灰黑色，抹制略光，因蚌片脱落形成细小密集的凹坑，器表抹光，饰红陶衣。圆唇。口径26、残高6厘米（图一〇七，5）。标本T0724⑩：25，夹砂陶。器内及口外为红褐色，器表呈灰黑色，内外抹光，素面。圆唇。口径30、残高8厘米（图一〇七，11）。

Ⅱ式 6件。侈口，腹部硬折，下腹斜直，低矮圈足。标本T0725⑨：39，夹炭羼蚌末灰黑陶。内外磨光，素面。圆唇。口径26、残高8厘米（图一〇七，6）。标本T1631⑦：12，夹蚌灰黑陶。内外抹光，素面。圆唇，下腹部装月牙形鋬手，其上按压一个凹窝。口径24、残高7厘米（图一〇七，7）。标本H158：1，夹炭陶。器内为灰黑色，器表红褐色，内外磨光。圆唇。口径36、残高6厘米（图一〇七，8）。标本T1730⑩：5，夹蚌红褐陶。器物内外抹光，素面。方唇。口径34、残高8厘米（图一〇七，9）。标本T1631⑦：53，夹炭陶。内外饰红陶衣，器内陶衣脱落。圆唇。口径38、残高7.6厘米（图一〇七，10）。标本T1530⑨：2，夹砂陶。器内为灰黑色，器表红褐色，有黑色斑块，内外均磨光，素面。复原器。圆唇，斜直腹，低矮喇叭形圈足。口径24.8、残高9.6厘米（图一〇七，12；彩版一二，6）。

器物圈足 24件。因圈足类器物多残破，推测为碗、钵类器物的底部，石山孜一期文化遗存中出土了不同种类的器物圈足，分4型。

A型 2件。饼状假圈足。标本T1529⑪：47，夹砂灰黑陶。器内为红褐色，素面，手制较粗糙。底径8.8、残高4厘米（图一〇八，1）。标本T0725⑪：2，夹砂红褐陶。圈足较小，素面。手制。底径4、残高3厘米（图一〇八，2）。

B型 2件。筒状直圈足。标本H198：1，夹蚌陶。器内为灰黑色，器表红褐色，器物内外磨光，圈足内外有黑色斑块，素面。底径12.4、残高8厘米（图一〇八，3）。

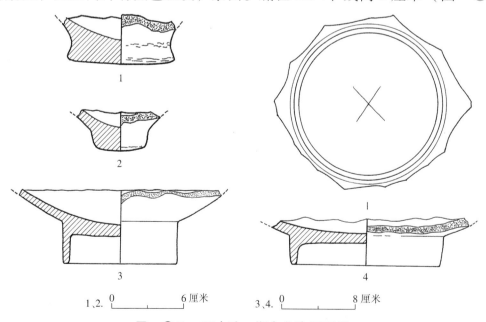

图一〇八 石山孜一期文化陶器圈足
1、2. A型（T1529⑪：47、T0725⑪：2） 3、4. B型（H198：1、T1530⑪：35）

标本 T1530⑪：35，夹蚌陶。器内为灰黑色，器表及圈足饰红陶衣，底部刻划"十"字形符号。底径 16、残高 4.8 厘米（图一〇八，4；彩版一〇，4）。

C 型　11 件。矮喇叭形圈足。标本 T1530⑩：32，夹蚌陶。器内为灰黑色，器表及圈足红褐色，有黑色斑块，抹制略光，素面。手制。底径 10.2、残高 3.6 厘米（图一〇九，1）。标本 H363：9，夹蚌陶。器内灰黑色，抹制略光，器表及圈足红褐色，抹痕明显，素面，手制。底径 13、残高 2 厘米（图一〇九，2）。标本 T0724⑨：16，夹砂羼蚌陶。器内为灰黑色，抹光，器表及圈足红褐色，刮抹痕明显，圈足为宽扁泥条制作而成，素面。手制。底径 12、残高 3.4 厘米（图一〇九，3）。标本 T1631⑧：15，夹蚌红褐陶。器内灰黑色抹制，略光，器表红褐色，圈足有黑色斑块，素面。手制。底径 12、残高 4 厘米（图一〇九，4）。标本 H386：4，夹砂陶。器内红褐色，抹光，圈足为灰黑色，刮抹痕明显，素面。手制。底径 8.6、残高 3 厘米（图一〇九，5）。标本 T1529⑪：46，夹砂灰黑色，圈足内抹制粗糙，外抹制略光，素面，手制。底径 8.6、残高 4 厘米（图一〇九，6）。标本 T0822⑧：17，夹砂陶。器内红褐色，抹光，器表及圈足灰黑色，抹痕明显，素面。手制。底径 7.4、残高 3 厘米（图一〇九，7）。标本 T0725⑨：16，夹蚌灰黑陶。抹制较光，素面。手制。底径 8、残高 4 厘米（图一〇九，8）。标本 T0722⑩：6，夹蚌陶。器内灰黑色，抹光，器表及圈足红褐色，有黑色斑块，素面。手制略粗。底径 6.6、残高 3 厘米（图一〇九，9）。标本 T1730⑪：28，夹砂陶。器物内为灰黑色，圈足红褐色，素面。手制较规整。底径 9、残高 2.4 厘米（图一〇九，10；彩版一〇，5）。标本

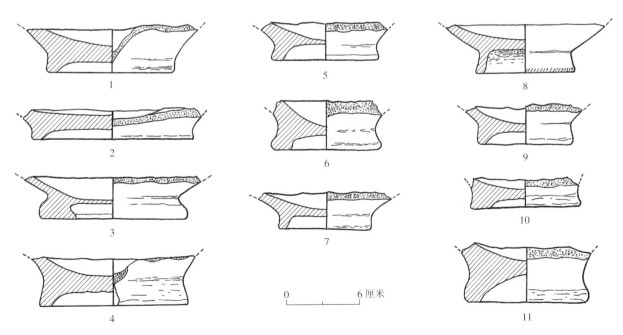

图一〇九　石山孜一期文化 C 型陶器圈足

1. T1530⑩：32　2. H363：9　3. T0724⑨：16　4. T1631⑧：15　5. H386：4　6. T1529⑪：46　7. T0822⑧：17
8. T0725⑨：16　9. T0722⑩：6　10. T1730⑪：28　11. T0823⑧：50

T0823⑧：50，夹砂红褐陶。器内为灰黑色，抹制略光，器表及圈足红褐色，刮抹痕明显，素面。手制。底径9.6、残高4.4厘米（图一〇九，11）。

D型　9件。高喇叭圈足。标本H363：1，夹炭羼蚌陶。器物内外饰红陶衣。手制。底径11、残高4.6厘米（图一一〇，1）。标本T0722⑦：5，夹蚌红褐陶。圈足内有黑色斑块，素面。手制。底径10.6、残高5.2厘米（图一一〇，2）。标本T0724⑩：18，夹砂灰黑陶。器体内外抹制略光，素面。手制。底径10、残高6.4厘米（图一一〇，3）。标本T0823⑩：8，夹砂陶。器内灰黑色，抹制略光，器表红褐色，抹痕明显，圈足内有黑色斑块，素面。底径8.8、残高4.8厘米（图一一〇，4）。标本T0725⑩：18，夹砂羼蚌陶。器内为灰黑色，抹制略光，器表及圈足红褐色，抹痕明显，素面。手制。底径8.2、残高4厘米（图一一〇，5）。标本T0724⑩：2，夹砂陶。器内为灰黑色，抹光，器表及圈足红褐色，抹痕明显，素面。手制。底径10.4、残高6厘米（图一一〇，6；彩版一〇，6）。标本T0723⑦：11，夹砂陶。器内灰黑色，抹光，器表红褐色，刮抹痕明显，圈足内有黑色斑块，圈足边缘刮抹成台状，素面。手制。底径10、残高8.4厘米（图一一〇，7）。标本T1530⑪：2，夹砂羼蚌陶。器内灰黑色，抹制较光，器表红褐色，圈足内外有黑色斑块，素面。手制。底径9.8、残高5.8厘米（图一一〇，8）。标本T0823⑨：7，夹砂陶。器内

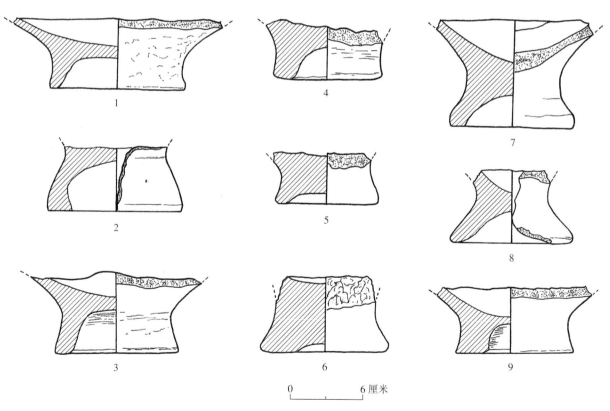

图一一〇　石山孜一期文化 D 型陶器圈足

1. H363：1　2. T0722⑦：5　3. T0724⑩：18　4. T0823⑩：8　5. T0725⑩：18　6. T0724⑩：2　7. T0723⑦：11
8. T1530⑪：2　9. T0823⑨：7

红褐色，器表及圈足灰黑色，抹制较光，素面。手制。底径9.4、残高5厘米（图一一○，9）。

支脚　44件。遗址内发现的陶支脚较多，均残，仅复原1件，陶质较软，以泥质陶为主，夹砂夹蚌次之，少量为夹骨陶，制作方法均为手制，多素面，仅有少量的压印锉纹和不典型的绳纹、席纹，部分有穿孔。按器形不同，分5型。

A型　16件。呈柱状，多为实心，少量穿有圆孔，均残，支脚底部略大于脚柱体。标本T0722⑨：15，泥质红褐陶，羼蚌末。器表抹痕明显。素面。直径5.1、残高10.4厘米（图一一一，1）。标本T1729⑪：12，器表有压印纹饰，纵剖面呈梯形，边缘及器体有手制时留下的厚薄不一现象。残高7厘米（图一一一，2）。标本T0724⑪：14，夹细砂。圆形略扁。直径4.7、残高7.4厘米（图一一一，3）。标本T1529⑪：36，外呈灰白色，内掺有植物茎叶。直径4.1、残高6.5厘米（图一一一，4）。标本T1631⑦：10，泥质红褐色陶，掺蚌末，器表有粟糠状印痕。直径5.2、残高11厘米（图一一一，5；彩版一三，1）。标本T0722⑩：4，泥质红陶。外呈灰白色，内掺有植物茎叶。直径4.4、残高10.5厘米

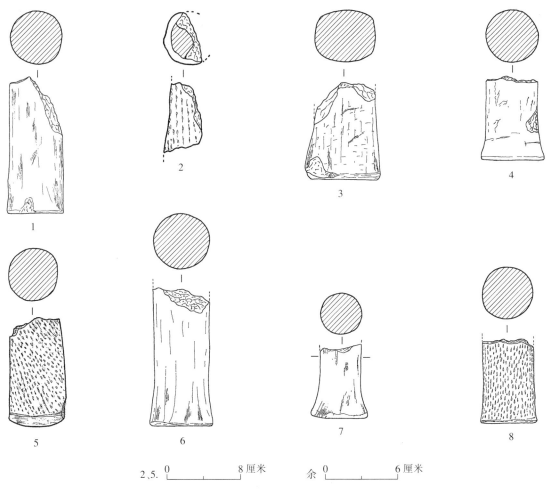

图一一一　石山孜一期文化A型陶支脚

1. T0722⑨：15　2. T1729⑪：12　3. T0724⑪：14　4. T1529⑪：36　5. T1631⑦：10　6. T0722⑩：4
7. T1729⑪：11　8. T0823⑦：9

（图一一一，6）。标本 T1729⑪：11，泥质红陶。中部穿孔，上下无泥突。直径3.1、残高5.6厘米（图一一一，7）。标本 T0823⑦：9，夹蚌末灰褐陶。外饰细绳纹。直径4、残高9.4厘米（图一一一，8；彩版一三，2）。标本 T0823⑩：24，泥质红褐陶，夹料礓石块。直径4.7、残高6.5厘米（图一一二，1）。标本 H395：2，泥质红陶。按印凹凸点纹。直径4.5、残高4.5厘米（图一一二，2）。标本 H351：1，泥质红陶。器体粗大，器表呈灰白色。直径6、残高11.4厘米（图一一二，3；彩版一三，3）。标本 T1629⑧：7，泥质红陶。器体粗大，器表呈灰白色。直径4.2、残高3.4厘米（图一一二，4）。标本 T1730⑩：15，泥质红陶。直径7、残高5.8厘米（图一一二，5）。标本 T1729⑨：3，泥质红陶。器表有刮抹痕。直径3.9、残高5厘米（图一一二，6）。标本 T1729⑫：8，泥质红陶。外磨光，外表因长期使用呈灰白色。直径3.1、残高5.7厘米（图一一二，7）。标本 H391：3，泥质红陶。外表因使用时间较长呈灰白色。直径4.4、残高5.2厘米（图一一二，8）。

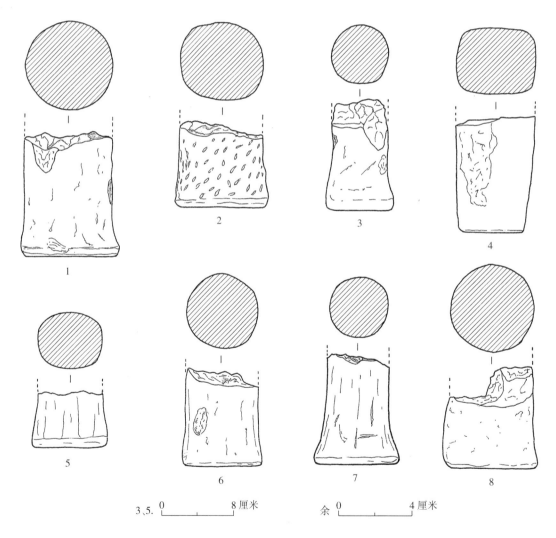

图一一二　石山孜一期文化 A 型陶支脚

1. T0823⑩：24　2. H395：2　3. H351：1　4. T1629⑧：7　5. T1730⑩：15　6. T1729⑨：3
7. T1729⑫：8　8. H391：3

　　B 型　18 件。器呈束腰状，多为残件，脚底部普遍加大，呈圆饼状，柱体中部有竖状穿孔和柱体腰部有钻孔并出现少量的压印绳纹，多素面，器体有粗细及大小之别，圈脚及器体整体多数被打磨，器体规整。标本 M11：2，夹蚌红褐陶。饰席纹。直径 6.6、残高 10 厘米（图一一三，1；彩版一三，4）。标本 H226：15，夹炭陶。腰部穿孔，自穿孔处断裂。直径 6.3、残高 6.2 厘米（图一一三，2）。标本 T1631⑤：4，泥质红褐陶。柱体自上而下有纵向圆形穿孔，器表抹光，有烟炱痕。直径 5.5、残高 5 厘米（图一一三，3；彩版一三，5）。标本 T1729⑨：2，泥质红陶。器体饰绳纹。直径 3.7、残高 7 厘米（图一一三，4；彩版一三，6）。标本 T0722⑨：16，泥质红褐陶。素面。直径 3.7、残高 7.2 厘米（图一一三，5）。标本 T0822⑨：4，泥质红褐陶。打磨痕明显，外灰黄。直径 3.7、残高 7.5 厘米（图一一三，6；彩版一四，1）。标本 H200：1，泥质陶，内夹碎骨。直径 9.8、残高 16 厘米（图一一三，7）。标本 T1529⑪：65，泥质红褐陶。柱腰部饰穿孔，自穿孔处断裂。直径 3.5、残高 7.1 厘米（图一一四，1）。标本 T1730⑪：17，与标本 T1529⑪：65 形制相同，直径 3.7、残高 6.4 厘米（图一一四，7）。标本 T0723⑧：26，夹砂红褐陶。上部残，内红外表白色。直径 5.2、残高 11 厘米（图一一四，2；彩版一四，2）。标本 T1730⑪：23，泥质红陶。器体饰绳纹。直径 3.6、残高 5 厘米（图一一四，3；

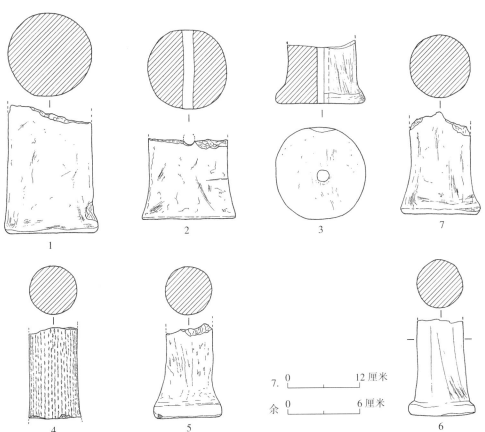

图一一三　石山孜一期文化 **B** 型陶支脚

1. M11：2　2. H226：15　3. T1631⑤：4　4. T1729⑨：2　5. T0722⑨：16　6. T0822⑨：4　7. H200：1

彩版一四，3）。标本 T1631⑦：31，泥质红褐陶，掺有碎蚌末。腰部微残，座底部略凸，腰部略细，器表呈灰白色。直径 4.2、残高 6.6 厘米（图一一四，6；彩版一四，4）。标本 T0722⑨：11，泥质红褐陶，掺有碎骨。器表抹痕明显。直径 3、残高 6.6 厘米（图一一四，11）。标本 T1529⑪：53，红褐色泥质陶。器体略小，中有穿孔。直径 4、残高 6.5 厘米（图一一四，8；彩版一四，5）。标本 T0722⑩：2，夹砂红褐陶。仅存底部，器表凹凸不平。直径 3.6、残高 6.5 厘米（图一一四，9；彩版一四，6）。标本 T0722⑩：33，座边缘饰有指甲纹状花边。残高 4.4 厘米（图一一四，4）。标本 T1730⑪：14，夹蚌末陶。内红褐色，外灰白色。直径 5、残高 12 厘米（图一一四，5）。标本 T1529⑪：52，泥质灰陶。呈圆柱形，一端外凸明显，外呈灰白色。直径 4、残高 8 厘米（图一一四，11）。

C 型　3 件。扁圆柱状，器体厚重，脚圈较柱体外突，大于座体。标本 H383：3，泥质

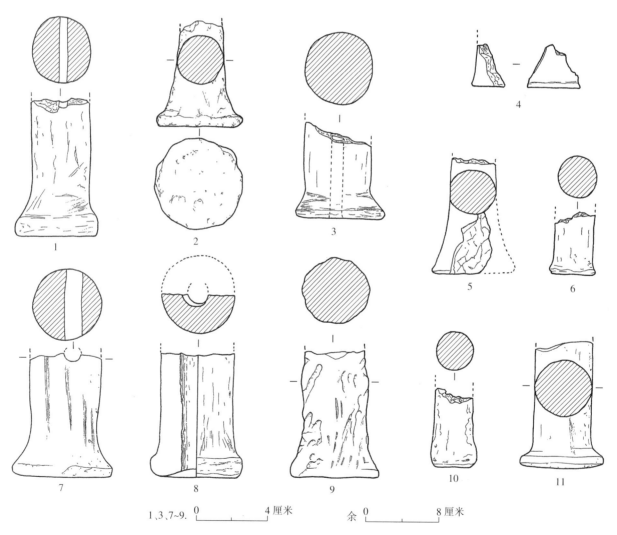

图一一四　石山孜一期文化 **B** 型陶支脚

1. T1529⑪：65　2. T0723⑧：26　3. T1730⑪：23　4. T0722⑩：33　5. T1730⑪：14　6. T1631⑦：31
7. T1730⑪：17　8. T1529⑪：53　9. T0722⑩：2　10. T1529⑪：52　11. T0722⑨：11

红褐陶。腰部有圆形横向钻孔，器表抹痕明显，有烟炱痕。直径7、残高7.6厘米（图一一五，1；彩版一五，1）。标本T0725⑧：25，泥质红褐陶。残存座体中部，素面抹光，有烟炱痕。直径3.1、残高6.4厘米（图一一五，3；彩版一五，2）。标本T1530⑪：84，夹蚌红褐陶。器表有似粟糠状的印痕。直径7.8、残高9厘米（图一一五，5）。

D 型　3件。猪嘴状支脚。均残，器体为实心，座面略向一侧内斜。标本T0823⑩：2，夹砂外红内黑陶。器表有似粟糠状的印痕，残存器体顶部，面微向内倾。直径7.2、残高9.2厘米（图一一五，2）。标本F8：32，泥质红褐陶，与标本T0823⑩：2形制相同。直径6、残高5厘米（图一一五，4）。标本T1730⑪：41，夹砂红褐陶。柱状内曲，座体、座面内斜较甚，器体较矮。器表有刮磨痕。直径3、残高7.6厘米（图一一五，6；彩版一五，3）。

E 型　2件。倒锥状支脚。标本H365：9，泥质红褐陶。器表有黑斑，素面，手制。器形较小，制作粗糙。通高4.7厘米（图一一六，1；彩版一五，4）。标本H369：6，泥质红褐陶。器形较小，外因烧烤呈灰黑色，素面，手制，捏痕明显，器体凹凸不平，圆形底座，柱体顶端内倾。通高5.6厘米（图一一六，2）。

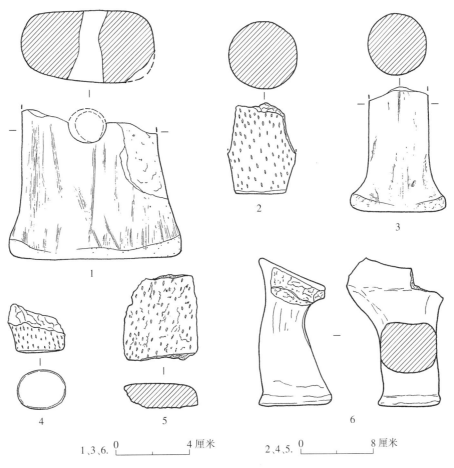

图一一五　石山孜一期文化陶支脚

1、3、5. C 型（H383：3、T0725⑧：25、T1530⑪：84）　2、4、6. D 型（T0823⑩：2、F8：32、T1730⑪：41）

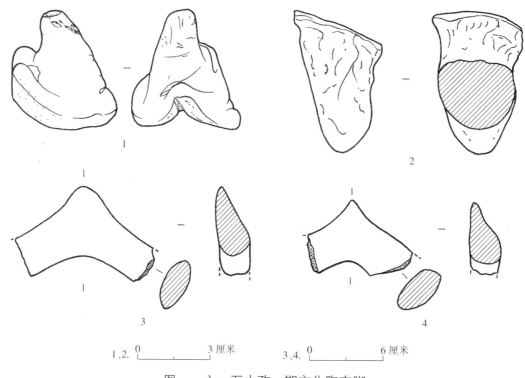

1、2.0 —— 3厘米    3、4.0 —— 6厘米

图一一六　石山孜一期文化陶支脚
1、2.E 型（H365：9、H369：6）　　3、4.F 型（T1530⑩：48、T1730⑪：25）

F 型　2件。均残，器形呈扁圆圈状，外有三角形錾。标本 T1530⑩：48，夹炭灰黑陶。素面，磨光。残高 11 厘米（图一一六，3）。标本 T1730⑪：25，夹砂红褐陶。素面，有烟炱痕。残高8.4厘米（图一一六，4）。

灶　5件。均残，盆形，宽厚平折沿，斜直腹，腹部有长圆形镂孔，部分沿下饰有指甲纹。标本 T0724⑩：17，夹蚌红褐陶。敛口，平折沿，斜直腹，下残，腹部长圆形镂孔，已残。素面。直径29.6、残高8厘米（图一一七，1；彩版一六，1）。标本 T1530⑪：82，泥质红褐陶。器体厚实，素面。残高5厘米（图一一七，3）。标本 H188：5，夹蚌红褐陶。器表有黑斑，上腹部有圆形镂孔。素面，磨光。残高5厘米（图一一七，4）。标本 T0724⑪：5，泥质红陶。黑皮外磨光，内刮磨痕明显。直口，器腹部镂孔。残高7厘米（图一一七，6）。标本 T0724⑩：32，夹炭灰黑陶。直口折沿，斜直腹，沿下饰指甲纹，镂孔位于上腹部，已残。素面，抹光。残高6厘米（图一一七，8）。

器座　3件。均残。分2型。

A 型　2件。鼓形，均残。腰部饰有圆形戳点纹。标本 T0724⑩：30，夹炭灰黑陶。圆口，方唇，鼓腹。残高8厘米（图一一七，5）。标本 T0725⑪：4，夹炭灰黑陶。圆口，方唇，鼓腹。残高6.2厘米（图一一七，7）。

B 型　1件。桶形，残。标本 T0725⑩：20，夹碳陶。内红胎外黑皮磨光，内有横向抹痕，器体较低矮。直径28、残高3.6厘米（图一一七，2）。

器盖　1件。已残。标本 T1529⑫：79，夹蚌陶。器内为灰黑色，器表红褐色，有黑

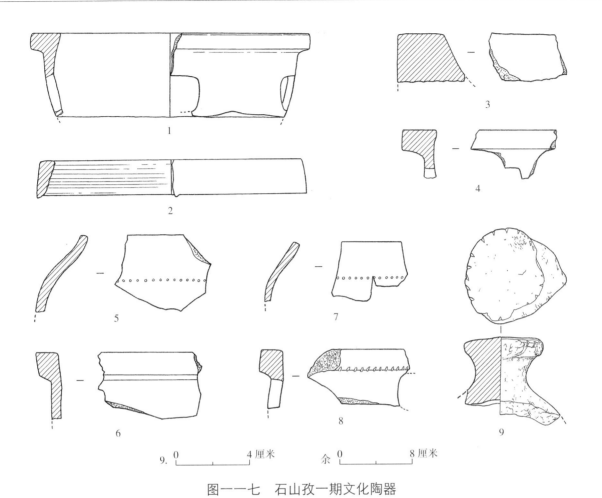

9. ├──0──────4厘米──┤　　余├──0──────8厘米──┤

图一一七　石山孜一期文化陶器

1、3、4、6、8. 陶灶（T0724⑩：17、T1530⑪：82、H188：5、T0724⑪：5、T0724⑩：32）　2. B型器座（T0725⑩：20）
5、7. A型器座（T0724⑩：30、T0725⑪：4）　9. 器盖（T1529⑫：79）

色斑块。手制。菌状盖纽，边缘压印稀疏指甲纹。残高4.5厘米（图一一七，9）。

小陶器　主要有碗、钵、长方形小陶器等，均为手制，制作粗糙。

小碗　20件。侈口。分3型。

A型　3件。假圈足。标本T1529⑪：17，夹蚌红褐陶。方唇，斜直腹，假圈足略高，素面。口径8、通高8厘米（图一一八，1；彩版一七，1）。标本T1630⑧：39，夹砂红褐陶。斜直腹，假圈足较低，素面。捏制。口径2.8、残高3.6厘米（图一一八，2；彩版一七，2）。标本T1729⑪：5，夹蚌红褐陶。捏制而成，素面。口径3、通高2.8厘米（图一一八，6）。

B型　13件。斜直腹平底，均为手捏制而成。标本T1729⑩：4，夹蚌红褐陶。器内有黑色斑块，器表红褐色，器物内外抹痕明显。圆唇，斜直腹。素面，手制。口径7.6、通高3.4厘米（图一一九，1；彩版一七，3）。标本T1629⑨：3，夹砂红褐陶。器物内外捏痕明显。素面，手制。方唇。口径5、通高3.9厘米（图一一九，2；彩版一七，4）。标本T1730⑫：4，夹蚌红褐陶。口径6.4、残高2.5厘米（图一一九，3）。标本T1628⑨：2，

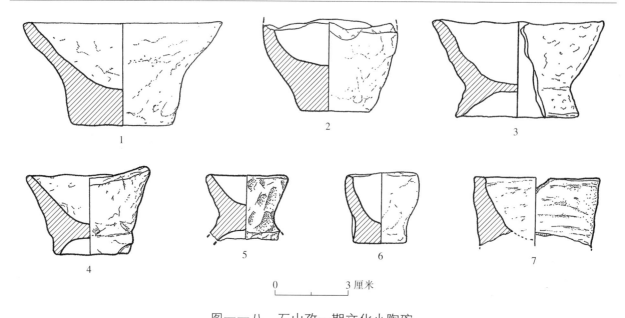

图一一八　石山孜一期文化小陶碗

1、2、6. A 型（T1529⑪：17、T1630⑧：39、T1729⑫：5）　3～5、7. C 型（T1529⑪：18、H363：10、T0725⑩：3、T1530⑪：55）

夹蚌红褐陶。素面，制作不规整，方唇。口径4.5、通高3.7厘米（图一一九，4；彩版一七，5）。标本T0724⑪：2，夹蚌红褐陶。圆唇，器物内外凹凸不平。口径3.6、通高4厘米（图一一九，5）。标本T1730⑩：1，夹砂红褐陶。器表有黑色斑块。方圆唇，器物内外凹凸不平。口径2.8、通高3.3厘米（图一一九，6）。标本T1529⑬：1，夹蚌红褐陶。器内抹制略光，器表刮抹痕明显，器底有黑色斑块。圆唇。素面，手制。口径6、通高3.7厘米（图一一九，7；彩版一七，6）。标本T1730⑪：24，夹蚌外红内黑陶。口径6.8、通高2.9厘米（图一一九，8）。标本T0724⑩：4，夹砂红褐陶。器表有黑色斑块。尖圆唇。口径5.3、通高3厘米（图一一九，9）。标本T1628⑨：3，夹砂红褐陶。素面。口径3.7、通高3.1厘米（图一一九，10）。标本T1630⑨：1，夹砂红褐陶。器表有灰色斑块，圆唇，素面。口径2.8、通高2.4厘米（图一一九，11；彩版一八，1）。标本T1530⑩：3，器形很小。夹砂红褐陶。方圆唇。口径2、通高2.5厘米（图一一九，12；彩版一八，2）。标本T1529⑫：38，与T1730⑫：4形制相同，口径4.3、残高2.5厘米（图一一九，13）。

　　C 型　4件。斜直腹，圈足，捏制。标本T1529⑪：18，夹砂红褐陶。圈足略外撇，素面。器物内外凹凸不平。口径7、通高3.8厘米（图一一八，3）。标本H363：10，夹砂红褐陶。圆唇，口部高低不平，素面。口径5、通高3.5厘米（图一一八，4；彩版一八，3）。标本T0725⑩：3，器形很小，夹砂红褐陶。圆唇，圈足残，素面。口径3.4、残高2.5厘米（图一一八，5）。标本T1530⑪：55，夹砂红褐陶。方唇，圈足残，素面。口径5、残高2.8厘米（图一一八，7）。

　　小钵　5件。侈口，斜弧腹，圜底。捏制。标本T0724⑩：3，夹蚌红褐陶。器内有

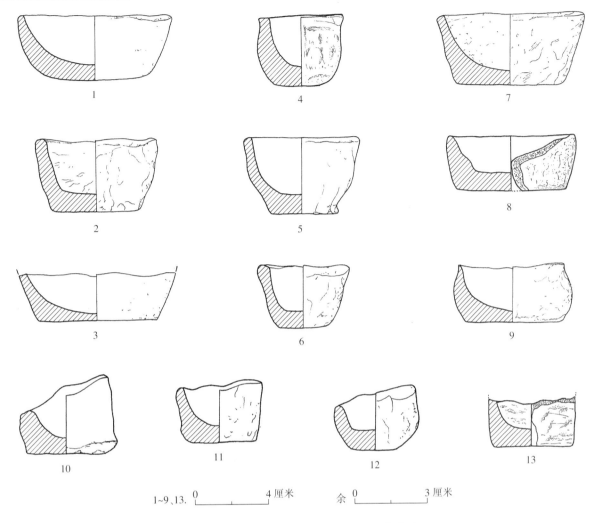

图一一九　石山孜一期文化 **B** 型小陶碗

1. T1729⑩：4　2. T1629⑨：3　3. T1730⑫：4　4. T1628⑨：2　5. T0724⑪：2
6. T1730⑩：1　7. T1529⑬：1　8. T1730⑪：24　9. T0724⑩：4　10. T1628⑨：3
11. T1630⑨：1　12. T1530⑩：3　13. T1529⑫：38

黑色斑块。素面。口径 4.5、通高 2.3 厘米（图一二〇，1；彩版一八，4）。标本 T0725
⑩：2，夹蚌红褐陶。平沿。素面。口径 6、通高 2.5 厘米（图一二〇，2）。标本 T0724
⑪：1，夹砂红褐陶。尖圆唇。素面。口径 4.8、通高 2.5 厘米（图一二〇，3）。标本
T1629⑨：4，夹砂红褐陶。方唇。素面，器形不规整。口径 5、通高 3 厘米（图一二〇，
4）。标本 T0725⑩：59，夹蚌红褐陶。器表有黑色斑块。圆唇。口径 10、残高 5.4 厘米
（图一二〇，5）。

　　长方形小陶器　3 件。标本 H239：66，器体为圆角长方形。方圆唇，侈口，斜直壁，
平底。素面。残长 5、宽 6.2、残高 3.3 厘米（图一二一，1）。标本 T1628⑧：2，夹砂红褐
陶。方圆唇，口微敛，斜直腹壁，平底。素面。长 6、宽 5、残高 3.5 厘米（图一二一，2；
彩版一八，5）。标本 T1529⑪：4，夹砂红褐陶。器体为圆角长方形，近直口，方圆唇，
直壁，平底。素面。残长 5.7、宽 5.6、残高 5.5 厘米（图一二一，3；彩版一八，6）。

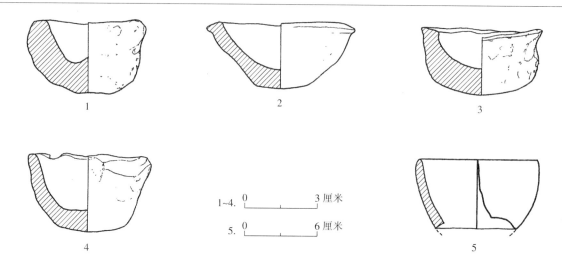

图一二〇　石山孜一期文化小陶钵
1. T0724⑩：3　2. T0725⑩：2　3. T0724⑪：1　4. T1629⑨：4　5. T0725⑩：59

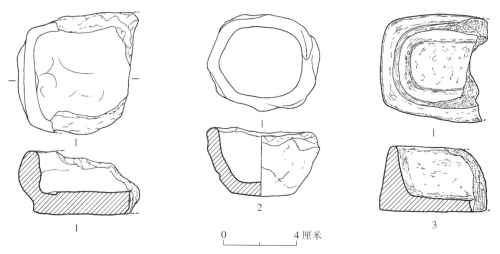

图一二一　石山孜一期文化长方形小陶器
1. H239：6　2. T1628⑧：2　3. T1529⑪：4

（二）陶制生产工具

主要有纺轮、锉等。

纺轮　13件。分3型。

A型　5件。器体两面扁平者，均为泥片拍打捏制而成或薄或厚的饼状，在器物中部穿有圆孔，平面圆形或椭圆形，截面为长方形，素面，手制。标本T1530⑫：2，夹砂红褐陶。完整，器体厚薄不匀，器呈椭圆形，中部有圆形钻孔一个。器表有黑斑。直径6、厚1.7厘米（图一二二，1）。标本T0724⑩：5，夹砂红褐陶。椭圆状。器表打磨略平，轮周打磨较粗糙，中部圆形穿孔略斜，偏向一侧。一面有黑色斑块。直径6、厚1.4厘米（图一二二，2）。标本T1729⑩：5，夹砂红褐陶胎。器呈椭圆形，较规整，中部有圆形穿孔。

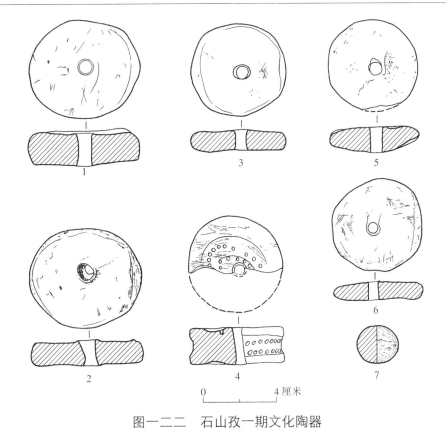

图一二二　石山孜一期文化陶器

1～3、5.A型纺轮（T1530⑫：2、T0724⑩：5、T1729⑩：5、T1529⑩：1、T1729⑫：7）

4.C型纺轮（T0724⑪：16）　　7.球（T1529⑪：16）

器表呈灰褐色，抹光。直径5.2、厚1厘米（图一二二，3）。标本T1529⑩：1，夹砂红褐陶。器表有凹坑，轮周略薄，部分边沿残缺，中部圆形穿孔略倾斜。直径4.8、厚1.3厘米（图一二二，5）。标本T1729⑫：7，夹蚌红褐陶。近圆形，器体较薄，器表面略平，另一面凹凸不平，轮周厚薄不一，中间有圆形穿孔。素面。直径4.9、厚1厘米（图一二二，6）。

B型　7件。器体一面较平，另一面略鼓者，均为泥片拍打捏制而成，个体有厚薄大小之别，在器物中部穿有圆孔，平面圆形或椭圆形，截面为长方形，素面，手制。标本T0723⑧：14，夹砂灰褐陶。残存四分之一，器体较厚实，素面抹光，中部有穿孔，孔径略小。直径8、厚4厘米（图一二三，1）。标本T1730⑪：16，夹砂红褐陶。残存一半，器表经抹光，穿孔偏向一侧，轮周边打磨略光滑。直径6.1、厚1.5厘米（图一二三，2）。标本T0722⑩：1，夹砂红褐陶。残存一半，器体较厚平，器表抹光，中有穿孔。直径5.8、厚1.6厘米（图一二三，3）。标本T1729⑫：6，夹蚌红褐陶。器体呈椭圆形较小，轮周厚薄不匀，中部穿孔略斜。直径3.6、厚1.3厘米（图一二三，4）。标本T1529⑬：2，泥质红褐陶。呈扁圆状，器体略厚，一面微鼓，中部的穿孔略偏向一侧。直径4.3、厚1.8厘米（图一二三，5）。标本H381：13，夹砂红褐陶。残存一半，器表凹凸不平，边沿厚薄不匀。直径5.7、厚3厘米（图一二三，6）。标本T1730⑪：15，

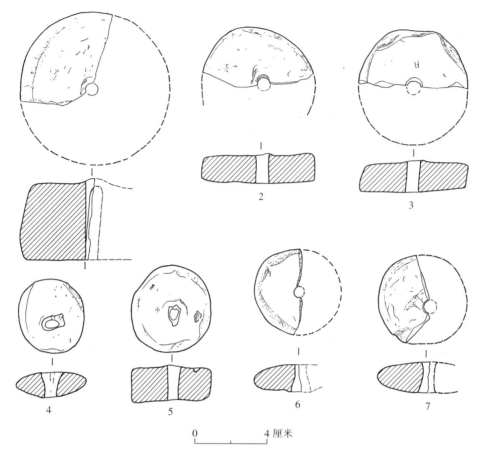

图一二三　石山孜一期文化 **B** 型陶纺轮
1. T0723⑧：14　2. T1730⑪：16　3. T0722⑩：1　4. T1729⑫：6　5. T1529⑬：2
6. H381：13　7. T1730⑪：15

夹砂红褐陶。残存一半，轮周边沿略薄，中部穿孔微斜。素面略经打磨。直径4.8、厚1.6厘米（图一二三，7）。

C 型　1件。标本 T0724⑪：16，夹砂红褐陶。一面有黑斑，正反两面均满饰戳点纹，中部微内凹，纺轮一周边沿内凹，其上饰两周细密戳点纹。直径5、厚2厘米（图一二二，4）。

锉　3件。均残，多为夹蚌陶，扁长条形，有的一端略呈尖圆状，器体表面布满蜂窝式的小孔，排列密集而无规律，陶质较硬，有因使用而形成的磨损痕迹。标本 T1730⑪：18，夹蚌灰褐陶。两端均残，扁长条形。残长9.5、厚1.7厘米（图一二四，1；彩版一九，1）。标本 H111：34，夹蚌褐陶。仅存一端，器呈扁锥状。残长6.9、厚1.3厘米（图一二四，2；彩版一九，2）。标本 H351：6，夹蚌红褐陶。中部略宽，另一端有残后继续使用的痕迹。残长9.2、厚1.3厘米（图一二四，3；彩版一九，3）。

此外，还出土有少量泥塑动物查模型和陶球。

泥塑动物模型　2件。标本 T1529⑪：10，泥质红陶。现存部分用减地浅浮雕手法在器体一侧雕刻出两眼、鼻梁及唇部，器体底面浑圆，刻划一圆圈，面部因烧制时火候不

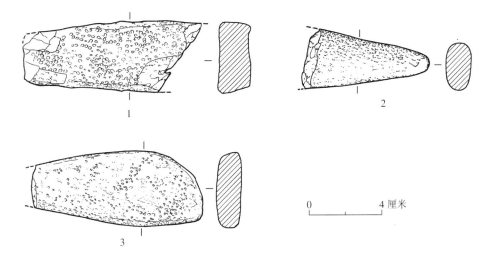

图一二四　石山孜一期文化陶锉
1. T1730⑪：18　2. H111：34　3. H351：6

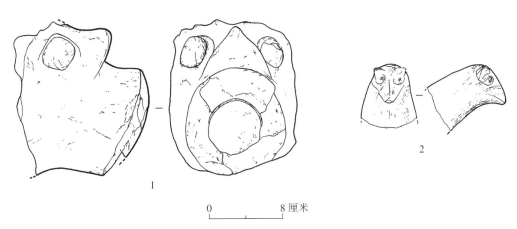

图一二五　石山孜一期文化泥塑动物模型
1. T1529⑪：10　2. T0724⑩：13

匀呈灰褐色。残高8.1厘米（图一二五，1；彩版一六，2）。标本T0724⑩：13，泥质红褐陶。器表抹痕明显，仅存头部，为一动物头像，直接用手捏制而成，双耳残失，双眼外突，尖圆状嘴，头部下方一侧因烧制火候不匀呈灰黑色。残高3.3厘米（图一二五，2；彩版一六，3）。

球　1件。标本T1529⑪：16，夹砂灰褐陶。近椭圆形。素面，手制。直径2.4厘米（图一二二，7；彩版一六，4）。

二　石器

石器的制作工艺与石器的用途关系紧密，经过鉴定，石料以沉积岩为主，其中砂岩类数量最多，其次为灰岩类。制作工艺要经过选料、打制坯形、再经琢磨等工序方能完成，主要有磨盘、磨棒、锤、铲、斧、凿、砺石等。

磨盘　5件。均残。分2型。

A型　4件。无足磨盘。标本H199：1，绿黑色辉绿岩。一个端面有明显的断裂痕迹，另一端面有破损的痕迹，侧面中有一面较平滑微凹，疑为使用面。残长7、残宽6、厚2.5厘米（图一二六，1）。标本T1529⑪：56，浅棕红色石英砂岩。因残器体呈不规则状，周边打琢痕迹明显，其中一侧略直，一面经长期使用磨面已下凹，另一面磨制较平。残长22.5、残宽28.5、厚6.9厘米（图一二六，2；彩版一九，5）。标本H339：2，紫灰色石英砂岩。残存周边部分呈圆弧形，经琢制，较粗糙，正反两面磨制较平。残长17.6、残宽12.4、厚9.2厘米（图一二六，3；彩版一九，4）。标本H238：20，棕黄色石英砂岩。残存一小块，器体较厚，磨面较平，另一侧亦磨平，可能废弃后另作他用。残长7.3、残宽6厘米（图一二六，4）。

B型　1件。有足石磨盘。标本T0725⑩：1，紫灰色石英砂岩。残存一半，现存形状呈椭圆形，磨面略凹，中部有椭圆状经琢磨而成凹窝一个。另一面用原岩石自然面打琢而成，并有柱状矮足两个。边沿略薄。残长24、残宽21.9、厚5.4厘米（图一二六，5；彩版一九，6）。

磨棒　18件。均残，另有部分废弃后改作石锤、研磨器等。依其形状不同，分4型。

A型　10件。椭圆形。标本T0725⑤：2，紫红色石英砂岩。横断后又纵向破裂，近端处略细。径5.2、残长8.8厘米（图一二七，1；彩版二〇，1）。标本T1530⑨：5，灰色云母砂岩。器体中部琢磨光滑，一端略细，一端略粗，均有使用痕迹，应为残后继续使用。径4.5、残长7.2厘米（图一二七，2；彩版二〇，2）。标本H355：6，棕黄色石

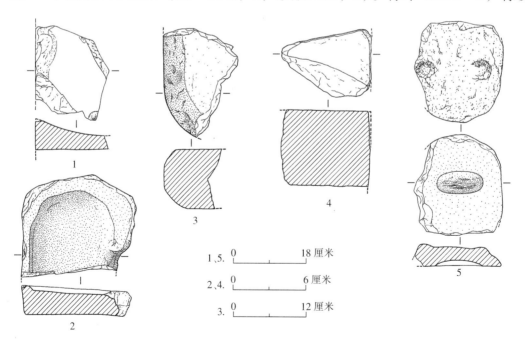

图一二六　石山孜一期文化石磨盘
1~4. A型（H199：1、T1529⑪：56、H339：2、H238：20）　　5. B型（T0725⑩：1）

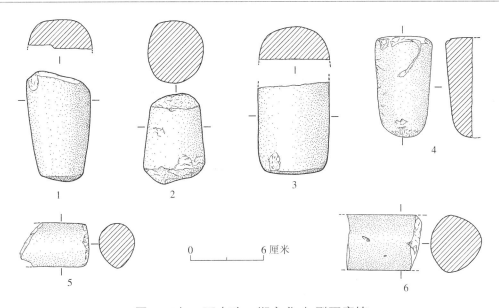

图一二七　石山孜一期文化 **A** 型石磨棒
1. T0725⑤：2　2. T1530⑨：5　3. H355：6　4. H355：5　5. H220：5　6. T1631⑧：7

英砂岩。残断后又纵向破裂，圆弧面琢磨光滑，一端尚可观察到较平之一面。径5.8、残长7厘米（图一二七，3；彩版二〇，3）。标本 H355：5，棕红色石英砂岩。椭圆形器体，纵向破裂成半椭圆形，一端磨平，另一端较细，琢磨圆钝，应为废弃后重新使用。径4.7、残长8厘米（图一二七，4；彩版二〇，4）。标本 H220：5，残存一段，器身略扁，较细，一端残后已被磨平。径3.5、残长5.1厘米（图一二七，5）。标本 T1631⑧：7，黄色石英砂岩。残存器体中部，磨制光滑，两端为岩石自然断面。径4.5、残长6.2厘米（图一二七，6；彩版二〇，5）。标本 H8：1，棕红色石英砂岩。一端略细，器身中部略粗。径4、残长10厘米（图一二八，1）。标本 T1628⑤：6与标本 H355：6 的岩性和形制相同，仅器体略细小。径4.7、残长4.2厘米（图一二八，4；彩版二〇，6）。标本 T1730⑤：3，棕黄色石英砂岩。器体应为椭圆形，残断后又纵裂成半圆形，一端略细呈尖圆状，另一端较粗已被磨平，应为废弃后改作它用。径6、残长9.6厘米（图一二八，3；彩版二一，1）。标本 T1530④：4，棕红色石英砂岩。椭圆形器体一端较细，另一端残断后有打琢略平，器表及细端处有较密的琢击凹坑，应为废弃后改作他用，残断。径4.3、残长7.4厘米（图一二八，7；彩版二一，2）。

B 型　3件。一面琢磨较平，其余琢磨成圆弧状。标本 T0724④：1，棕红色石英砂岩。残存中部，与标本 H309：6形制相同，唯器体较粗大。径5.2、残长7厘米（图一二八，2；彩版二一，3）。标本 T1631⑦：1，黄色石英砂岩。椭圆形器身，磨平的一面较光滑，圆弧状的一面有较细密的琢坑。径4.6、残长14厘米（图一二八，6；彩版二一，4）。标本 H309：6，红色石英砂岩。残存一小部分，因长期使用，两面已磨制较平，其余呈圆弧状。径4.5、残长4.3厘米（图一二八，5；彩版二一，5）。

C 型　3件。长方体形。标本 T1631③：1，紫红色细砂岩。残存一段，形制与标本

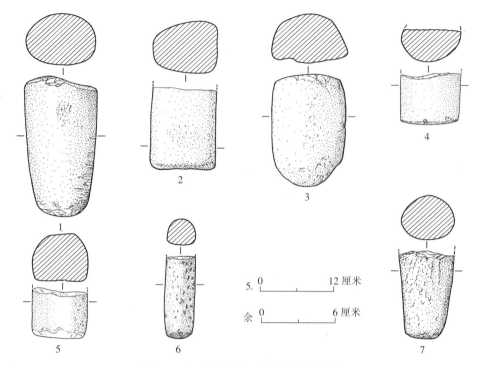

图一二八　石山孜一期文化石磨棒

1、3、4、7. A 型（H8：1、T1730⑤：3、T1628⑤：6、T1530④：4）

2、5、6. B 型（T0724④：1、H309：6、T1631⑦：1）

H53：24 近同，唯器体较细。径 4、残长 10.1 厘米（图一二九，1；彩版二一，6）。标本 T0725⑧：4，棕黄色石英砂岩。残存中部，一端已残缺一块，四面均有琢磨使用痕。径 5.5、残长 12 厘米（图一二九，4；彩版二二，1）。标本 H53：24，灰色细砂岩。残存一段，一端略细，一端略粗，细端磨制平滑，粗端稍加琢击略平，器体三面磨制较精细，另一面磨制略粗糙，应为残后改作他用。径 4.9、残长 10.2 厘米（图一二九，5；彩版二二，2）。

D 型　2 件。横断面呈三角形，可能原为椭圆状或圆形，因长期使用，遂成三角形。标本 T0725⑧：3，浅灰色石英砂岩。底面较平，顶面较尖圆，一端略细琢磨较平，使用痕明显，另一端为残断面琢磨不明显。径 3、残长 8 厘米（图一二九，3；彩版二二，3）。标本 H53：23，浅灰色花岗岩。形制与标本 T0725⑧：3 近同，唯器体略粗。径 4.2、残长 6.5 厘米（图一二九，2；彩版二三，1）。

锤　3 件。依其形状和制作方法的不同分 2 型。

A 型　2 件，用石块直接打琢而成。标本 H393：22，灰白色风化闪长玢岩。残，系一半圆形石块敲砸而成，一端略尖，有使用时的崩疤。长 8.5、宽 6 厘米（图一三〇，1）。标本 H393：23，灰白色风化闪长玢岩。残，一端厚，一端略薄，较薄的一端可能为着力点，因长期使用，遂形成不规则的斜平面，使用痕迹明显。残长 12.6、残宽 9 厘米（图一三〇，3）。

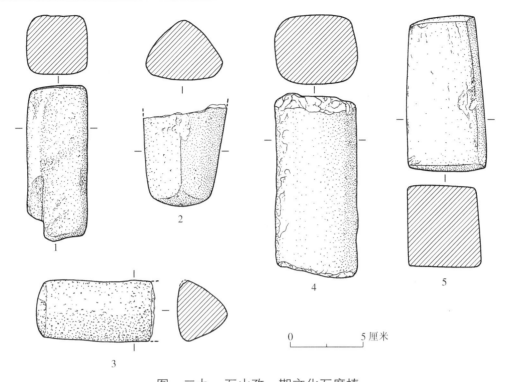

图一二九　石山孜一期文化石磨棒
1、4、5. C 型（T1631③：1、T0725⑧：4、H53：24）　2、3. D 型（H53：23、T0725⑧：3）

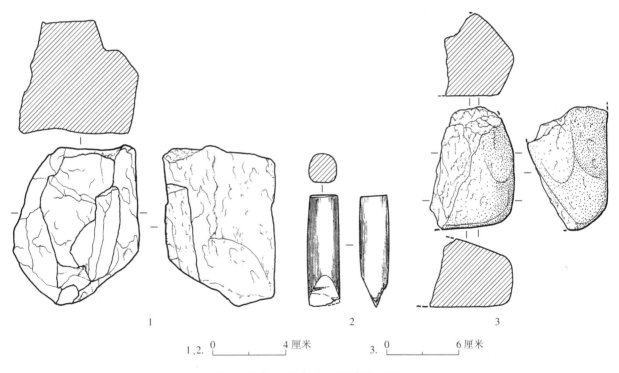

图一三〇　石山孜一期文化石器
1、3. A 型石锤（H393：22、H393：23）　2. 石凿（T1530⑫：1）

　　B 型　1 件。经琢磨而成。标本 H393：7，棕黄色石英砂岩。残断。器呈梯形，一面磨制圆弧，一面保留有破裂的岩面，两侧面磨制斜直，较窄一端有使用时崩痕，在断裂一端亦有密集的敲砸痕。残长8.7、残宽8.2、厚4.2厘米（图一三一；彩版二三，2）。

凿　1件。标本T1530⑫：1，灰绿色粉砂岩制成。器呈柱状，器体较小，平顶，两面斜刃，刃部有崩痕，通体磨光，较精致。残长4.4、残宽1.3厘米（图一三○，2；彩版二三，3）。

铲　2件。器呈扁平体。标本H386：22，棕黄色含泥质灰岩。残断，较宽扁，器表磨面尚存，窄端有使用时的崩疤，一端稍厚为残断面，另一端略薄为刃部，磨损较甚，一侧微残，一侧经磨制。残长6.6、残宽8.8、厚2.2厘米（图一三二，1；彩版二四，1）。标本T1529⑪：13，棕绿色含石英砂岩。残存器体一部分呈扇状，较薄，正反两面均经磨制，弧形刃部略钝。残长5.5、残宽6、厚0.8厘米（图一三二，2；彩版二四，2）。

斧　4件。均残损严重。选用辉长岩、辉绿岩、石英岩等硬度较高石料制成。器体有厚薄之分，刃锋有宽窄之别，分2型。

A型　2件。器体较厚。标本T1730⑪：1，黑色辉长岩。残存刃部一端，磨制较精，正锋，弧刃。残长5.4、残宽5.7、厚2.8厘米（图一三三，1；彩版二四，3）。标本T1529⑪：2，灰绿色辉长岩。残存背部一端，剖面呈长方形，两侧较直，磨制较精。残长6.4、残宽6.3、厚3厘米（图一三三，4；彩版二四，4）。

B型　2件。器体较薄。标本T1530⑪：3，绿黑色辉绿玢岩。弧凸刃较锋利，磨制光亮。残长4.5、残宽4.4、厚1厘米（图一三三，2；彩版二四，5）。标本T1530⑩：4，浅灰色灰岩。仅存刃部，正锋，弧刃较锋利，磨制较精。残长5、残宽4.5、厚1.5厘米（图一三三，3；彩版二四，6）。

砺石　5件。依其形状和使用方法的不同分2型。

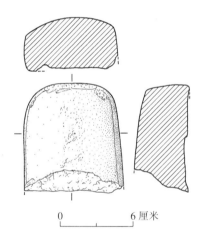

图一三一　石山孜一期文化B型石锤
（H393：7）

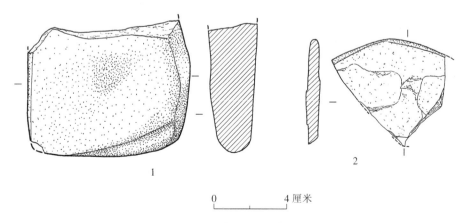

图一三二　石山孜一期文化石铲
1. H386：22　2. T1529⑪：13

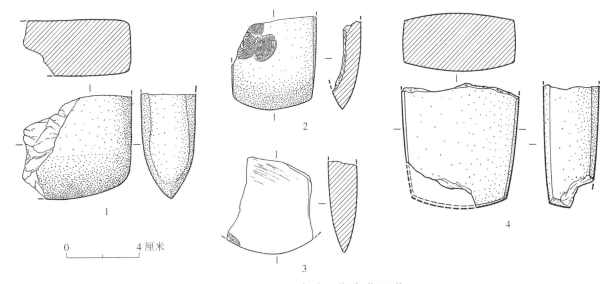

图一三三　石山孜一期文化石斧

1、4. A 型（T1730⑪：1、T1529⑪：2）　　2、3. B 型（T1530⑪：3、T1530⑩：4）

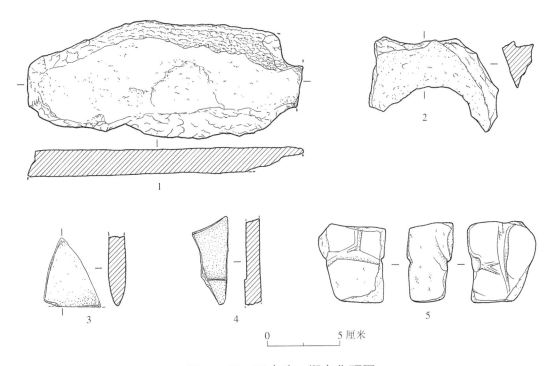

图一三四　石山孜一期文化砺石

1～4. A 型（T1530⑪：94、T1529⑫：1、H393：6、H393：20）　　5. B 型（H378：12）

　　A 型　4 件。扁长条形。标本 T1530⑪：94，紫红色含云母砂岩。一面残存有磨砺面，另一面为岩石自然断裂面，边沿略薄。残长 18.2、残宽 7.7、厚 1.7 厘米（图一三四，1）。标本 T1529⑫：1，一面磨痕明显，另一面为岩石自然断裂面。残长 8.9、残宽 5 厘米（图一三四，2）。标本 H393：6，残存一小块，正反两面抹痕明显。残长 4.5、残宽 4、厚 1.2 厘米（图一三四，3）。标本 H393：20，残存一小块。残长 5.9、残宽 2.5、厚 1.1 厘米（图一三四，4）。

　　B 型　1件。不规则形。标本 H378：12，紫红色含云母砂岩。器体表面背面及侧面均有较细且较深的磨痕。残长 5.3、残宽 4.7 厘米（图一三四，5；彩版二三，4）。

　　三　骨、角、蚌器

　　大多制作精致，少数较粗糙，其器类也较为复杂，骨料以鹿角、肢骨为主，另有猪、牛、獐、犬等动物的肢骨，制作过程为大体经过截取骨料，再用劈、削、刮等方法制成器物雏形，然后经磨制、抛光而成。器形主要有骨镞、骨锥、角锥、骨针、牙雕、牙削、骨凿、骨柄、骨镖、骨匕等。涉及生产范围有狩猎、捕捞、纺织、缝纫等。

　　骨镞　38件。依形制变化分3型。

　　A 型　17件。扁铤，扁锋。标本 T1530⑪：13，扁铤两侧斜削，磨面微鼓，另一面斜磨，扁锋，器身一面沟槽被磨近平，一面磨平。残长 10.3 厘米（图一三五，1；彩版二五，1 左1）。标本 T1730⑪：5，最大径在器体中部，铤部一侧斜磨较平，突棱明显，器身一面扁圆微弧，另一面有凹槽，整器经抛光。残长 9.5 厘米（图一三五，2；彩版二五，1 左2）。标本 T1529⑪：9，铤、锋均残，器身一面扁圆微弧磨制光滑，一面有沟槽经抛光处理。残长 9 厘米（图一三五，3；彩版二五，1 左3）。标本 T1530⑪：10，铤部扁平有刃，扁锋较尖，器身较薄，剖面呈椭圆形。残长 10 厘米（图一三五，4；彩版二五，1 右1）。标本 T1530⑪：7，铤、锋均残，器身一面圆鼓，另一面较平。残长 8.8 厘米（图一三五，5；彩版二五，2 左1）。标本 T1730⑪：4，铤残，尖锋，器身一面平，一面有凹槽，磨削光滑，经抛光。残长 8.5 厘米（图一三五，6；彩版二五，2 左2）。标本 T1529⑪：7，经抛光，一侧较平，另一侧微鼓，铤残，三角状扁锋。残长 5.6 厘米（图一三五，7；彩版二五，2 左3）。标本 T1730⑪：6，铤残，仅存锋部，器身一面磨平，一面略弧有凹槽。残长 6.2 厘米（图一三五，8；彩版二五，2 右1）。标本 T1730⑪：8，残，仅存扁铤部分，一面磨平，一面圆鼓，上刻划两道横线。残长 9.4 厘米（图一三五，9；彩版二六，1 左1）。标本 T1529⑪：2，铤、锋残，一面略平，一面圆弧其上刻有数道短横线。残长 7.8 厘米（图一三五，10；彩版二六，1 左2）。标本 T1730⑪：3，铤、锋均残，器身一面微鼓，另一面有凹槽，磨制略光。残长 10 厘米（图一三五，11；彩版二六，1 左3）。标本 T1529⑪：3，器体较短，扁铤，锋呈扁三角形。通长 5.3 厘米（图一三五，12；彩版二六，1 右1）。标本 T1530⑩：1，铤残，器身一面斜平，另一面有凹槽，扁锋略尖残。通长 8.5 厘米（图一三五，13；彩版二六，2 左1）。标本 T0823⑩：1，铤长大于锋长，锋与铤交界处最宽，黑色亮光，器身一面圆鼓，一面较平。通长 8.8 厘米（图一三五，14；彩版二六，2 左2）。标本 T1729⑩：3，铤部较长略薄，扁锋略尖，器身一面鼓，一面较平，铤部圆鼓一面刻有数道短横线。残长 6.4 厘米（图一三五，15；彩版二六，2 左3）。标本 T0724⑩：6，器体较小，且薄，扁铤略长，锋呈扁三角形，最大径靠近锋部。残长 5.3 厘米（图一三五，16；彩版二六，2 右1）。标本 T1530⑬：11，

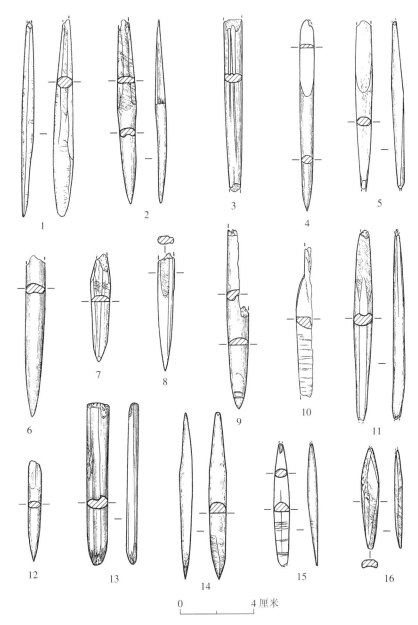

图一三五　石山孜一期文化 **A** 型骨镞

1. T1530⑪：13　2. T1730⑪：5　3. T1529⑪：9　4. T1530⑪：10　5. T1530⑪：7　6. T1730⑪：4
7. T1529⑪：7　8. T1730⑪：6　9. T1730⑪：8　10. T1529⑪：2　11. T1730⑪：3　12. T1529⑪：3
13. T1530⑩：1　14. T0823⑩：1　15. T1729⑩：3　16. T0724⑩：6

铤、锋均残，器身一面有凹槽，另一面较为圆鼓，磨制较光。残长4、厚0.3厘米（图一三七，3）。

　　B 型　16 件。扁铤圆锋。标本 H363：11，扁铤平齐略残，器身一面圆鼓，一面为凹槽状，至锋部变成扁圆状，斜磨成尖状锋。残长9.8厘米（图一三六，1；彩版二八，1左1）。标本 T1730⑪：10，器体瘦长，一面磨光，另一面凹槽微弧，最大径在器中部，扁铤较短，尖圆锋。通长9.5厘米（图一三六，2；彩版二八，1左2）。标本 T1529⑪：6，铤部残存为扁铤，有脊，剖面三角形，两面有凹槽，一面磨平，锋部略扁。残长9.1厘米

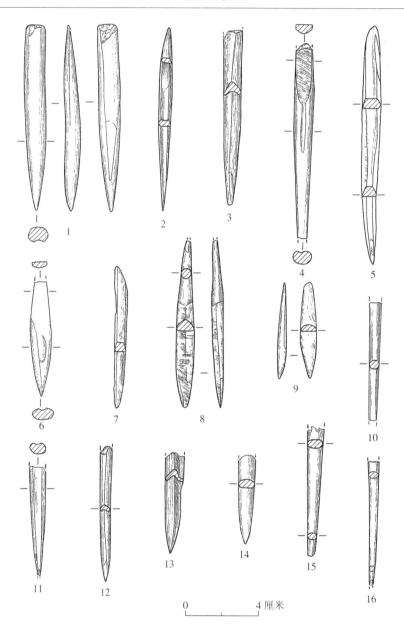

**图一三六　石山孜一期文化 B 型骨镞**

1. H363：11　2. T1730⑪：10　3. T1529⑪：6　4. T1730⑪：2　5. T1529⑪：15　6. T1530⑪：16
7. T1529⑪：8　8. H209：1　9. T1530⑪：12　10. T0724⑩：8　11. T1730⑪：7　12. T1530⑪：9
13. H367：5　14. T1730⑪：11　15. T1530⑪：14　16. T1530⑪：5

（图一三六，3；彩版二八，1 左 3）。标本 T1730⑪：2，器身扁圆状，一面略平，另一面微弧鼓，最大径靠近铤部，锋、铤均残。残长 10.2 厘米（图一三六，4；彩版二八，1 右 1）。标本 T1529⑪：15，呈柳叶状，铤扁，尖圆锋，磨制粗糙，铤部被磨成近三角形。通长12.5 厘米（图一三六，5；彩版二八，2 左 1）。标本 T1530⑪：16，器体略小，但较厚，扁铤略残，器身一面有凹槽，另一面微弧较平，尖圆锋。残长 6 厘米（图一三六，6；彩版二七，2 左 2）。标本 T1529⑪：8，残，扁圆体，剖面呈长方形。通长 7.5厘米（图一三六，7；彩版二七，2 左 3）。标本 H209：1，铤段呈扁三角形，锋尖残，器身一面磨制较平，另一个微圆鼓，其上刻有4道短横线。残长8.7厘米（图一三六，8；彩版二七，2右1）。标本T1530⑪：12，短锋较尖，铤较长，器形较小，一面磨平，另一面微弧鼓，均经抛光处理。通长5厘米（图一三六，9）。标本T0724⑩：8，扁铤已残，器体较小，尖锋。残长6.2厘米（图一三六，10；彩版二八，1左1）。标本T1730⑪：7，残存器身及锋部，剖面呈长方形，两面平，尖锋。残长5.7厘米（图一三六，11）。标本T1530⑪：9，铤残，一面有脊，一面作凹槽状。残长7厘米（图一三六，12；彩版二八，1左2）。标本H367：5，铤残，两面有凹槽，一面为脊，尖锋。残长5.2厘米（图一三六，13）。标本T1730⑪：11，仅存锥锋部，经抛光。残长4.6厘米（图一三六，14；彩版二八，1左3）。标本T1530⑪：14，锋、铤均残，扁圆体，两面均平。残长6.8厘米（图一三六，15；彩版二八，1右1）。标本T1530⑪：5，铤残，器形细小，器体呈三角形，尖峰。残长6.5厘米（图一三六，16）。

C型　5件。圆铤，圆锋，铤与器身结合部磨有明显台面。标本T1530⑪：11，铤部较细，锋尖较钝，器身较长，铤残。长11.6、截面径0.7厘米（图一三七，1；彩版二八，2左1）。标本T1529⑪：4，圆铤较长，残，尖圆锋。长7.5、截面径0.4厘米（图一三七2；彩版二八，2左2）。标本T1530⑪：6，器体较小，一面圆鼓，接近铤部有较浅的凹槽，器身总体呈锥形，短铤较尖，锋残，通体磨光。长7.4、截面径0.5厘米（图一三七，4；彩版二八，2左3）。标本T1529⑪：3，器身呈圆形，粗于铤部，铤与器身结合处略削磨成台面，磨痕明显，铤残。长9.5、截面径0.8厘米（图一三七，5；彩版二八，2右1）。标本T0724⑩：10，圆铤略尖，铤与器身一段斜磨较细为铤，较尖，器身横剖面成半圆状，一面圆鼓，一面磨平，有较浅的凹槽，尖圆锋残。长6.3、截面径0.7厘米（图一三七，6）。

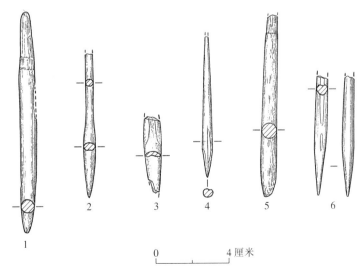

0　　　　　　4厘米

图一三七　石山孜一期文化骨镞

1、2、4～6. C型（T1530⑪：11、T1529⑪：4、T1530⑪：6、T1529⑪：3、T0724⑩：10）
3. A型（T1530⑬：11）

角锥　3件。巧妙利用动物肢骨磨制而成，均残，用动物角部的自然形态制成，使用痕迹明显。标本 T1530⑪：53，鹿角制成。长 12.8、截面径 1.8 厘米（图一三八，1；彩版二九，1 左）。标本 T1729⑩：2，尾段磨制平齐，呈圆形，锋部斜磨成尖，经长期使用，通体光滑。通长 10、截面径 1 厘米（图一三八，4；彩版二九，1 右）。标本 T1529⑪：12，鹿角制成。通长 7、截面径 1.5 厘米（图一三八，9；彩版二九，1 中）。

骨锥　6件。分 2 型。

A 型　3件。圆柱形骨锥。标本 H387：1，仅存锥尖，磨制光滑。长 3.4、截面径 0.5 厘米（图一三八，5）。标本 T1729⑫：2，仅存锋部，器身呈圆形，斜磨成圆尖，尖已残，经抛光。长 8.4、截面径 0.7 厘米（图一三八，7；彩版二九，2 左 1）。标本 T1729⑩：1，残存一段，尖部圆钝。长 6、截面径 0.5 厘米（图一三八，11；彩版二九，2 左 2）。

B 型　3件。扁圆形骨锥。标本 T1729⑫：3，残，器身一面圆鼓，一面有凹槽，斜磨

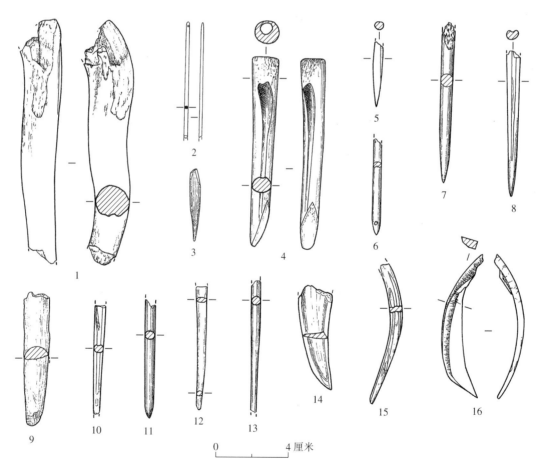

图一三八　石山孜一期文化器物

1、4、9. 角锥（T1530⑪：53、T1729⑩：2、T1529⑪：12）　　2、6、13. 骨针（T1729⑪：1、
T1530⑪：4、T1730⑪：9）　　3、15. 牙雕（H378：5、T1529⑪：11）　　5、7、11. A 型骨锥
（H387：1、T1729⑫：2、T1729⑩：1）　　8、10、12. B 型骨锥（T1729⑫：3、T0724⑩：9、
T1530⑪：5）　　14、16. 牙削（H379：2、T1530⑩：2）

成锥尖。长7.5、截面径0.6厘米（图一三八，8；彩版二九，2左3）。标本T0724⑩：9，残，器身一面圆鼓一面有凹槽。长5.7、截面径0.5厘米（图一三八，10；彩版二九，2右2）。标本T1530⑪：5，残存一段，扁圆形，磨制光滑。长6.4、截面径0.5厘米（图一三八，12；彩版二九，2右1）。

骨针　3件。磨制较粗，器体有圆形，扁形之分，针鼻均有穿孔。标本T1729⑪：1，器体细长，鼻部被斜磨成扁平状，对钻椭圆针眼，器体呈椭圆状，针残失。长6.1厘米（图一三八，2；彩版三〇，1左）。标本T1530⑪：4，鼻部一面斜磨略平，一面较薄微弧鼓，器身亦同，尖部残失，椭圆状针眼对钻而成，呈椭圆状，略倾斜。长5、截面径0.4厘米（图一三八，6；彩版三〇，1中）。标本T1730⑪：9，椭圆形，鼻、针均残，磨制光滑，经抛光。长6.8、截面径0.5厘米（图一三八，13；彩版三〇，1右）。

牙雕　2件。动物或兽牙，一段略加修整，磨光，有尖锋，其余部分略磨制成。标本H378：5，残，牙根部磨成尖状。通长3.7厘米（图一三八，3；彩版三〇，2右）。标本T1529⑪：11，弯曲状。长7.3、截面径0.7厘米（图一三八，15；彩版三〇，2左）。

牙削　2件。形制大体相同，用动物獠牙经磨制修整而成，有磨痕的一侧为牙的内侧，斜磨成刃。标本H379：2，残存一段。残长5.5、截面径1.3厘米（图一三八，14；彩版三〇，3下）。标本T1530⑩：2，较完整。长7.5厘米（图一三八，16；彩版三〇，3上）。

骨凿　1件。标本T1729⑪：1，采用动物肢骨锯削成长方形，一段磨成单面斜刃，周身均经刮磨修整，顶部有崩残。通长4.6、宽2.5、厚0.5厘米（图一三九，1；彩版三〇，4）。

骨柄　1件。标本H386：12，长条状，残存部分似用大型动物肋骨磨制而成，周身经削磨，从其光滑度观察，应属长期使用所致。一端削磨出一台，其下有对钻的两个横排圆孔，用途不详。长12.5、宽4、厚0.8厘米（图一三九，6；彩版三一，1）。

骨镖　3件。有翼，扁铤，残。标本T1730⑪：12，圆铤，有翼，器体较长，锋尖部呈扁三角形，两侧有翼，器身中部呈圆形，两侧各有对称的倒刺两个，较薄，铤部残存呈圆形，将器身磨去一部分，细于器身。长16.5、截面径1.5厘米（图一三九，5；彩版三一，2）。标本T1729⑬：1，器身横剖呈大半圆形，铤部略短，两面斜磨成扁平状，器身一侧呈圆弧状，另一侧磨平，存有两个倒刺状翼，尖部无存，圆弧状一侧有倒刺一个。长6.9、截面径0.8厘米（图一三九，3；彩版三一，3）。标本T1529⑪：14，残存后半部，器身横刻做椭圆形，圆锥铤，磨制略细于器身，铤与器身相接处凸起，磨成椭圆状，其凸出部分对钻两个圆孔，其前部磨出两个较尖锐的倒刺，较精致，残，似为动物雕像。长6.5、截面径0.8厘米（图一三九，4；彩版三一，4）。

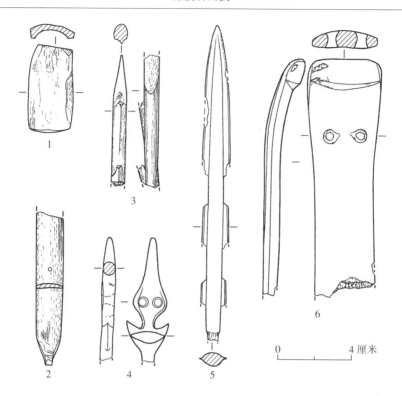

图一三九　石山孜一期文化骨器

1. 凿（T1729⑪：1）　　2. 匕（T1530⑪：8）　　3～5. 镖（T1729⑬：1、
T1529⑪：14、T1730⑪：12）　　6. 柄（H386：12）

骨匕　1件。标本T1530⑪：8，圭形，一段呈三角尖状，两侧平齐，扁平体，中有一对钻圆孔。长8、截面径1.5厘米（图一三九，2；彩版三一，5）。

此外，在石山孜一期文化的地层和遗迹单位中，还出土了动物骨骼389件，其种属包括鱼、鳖、龟、鸟、麋鹿、梅花鹿、狗、猪、牛等（附录一）。

## 第四节　分期与年代

石山孜一期文化遗存主要有房址、灰坑和地层堆积，这些堆积单位分别出自不同的层位，反映了石山孜一期文化不同遗存间的相对年代关系，同时，出自不同层位的遗迹单位所伴出的遗物在形态方面也存在着一定的差别。因此，分析和排比这些堆积单位的遗物，尤其是陶器，有助于探讨各堆积单位间的阶段性划分，进而为文化分期提供依据。

石山孜一期文化遗存单位有58个，其中地层堆积27个、灰坑29座、房址2座，由于2座房屋基址没有做进一步的清理和发掘（为了较完整的解剖和保存），所以关于这两座房址的内部结构和文化性质，不作具体介绍和分析，亦不参与分期。依据地层单位的叠压关系和所出土遗物的形态特征，属于石山孜一期文化遗存的地层堆积有：东区T1628第⑨层，T1629第⑨层，T1631第⑨、⑩层，T1529第⑩～⑬层，T1530第⑩～⑬层，

T1729 第⑩~⑬层，T1730 第⑩~⑬层；西区 T0722 第⑩层，T0822 第⑩层，T0823 第⑩层，T0724 第⑩、⑪层，T0725 第⑩、⑪层。属于这一时期的灰坑有：开口于第⑨层下打破第⑩层及其以下遗存单位的 9 座，分别为 H221、H233、H234、H359、H360、H366、H367、H375、H381；开口于第⑩下打破第⑪层及其以下遗存单位的 7 座，分别为 H368、H369、H376、H380、H382、H383、H394；开口于第⑪层下打破第⑫层及其以下遗存单位的 5 座，分别为 H377、H378、H379、H386、H393；开口于第⑫层下打破第⑬层堆积的 4 座，分别为 H384、H390、H392、H395；开口于第⑬层下打破生土层的 2 座，分别为 H389、H391。这些遗存单位中的 H233、H234、H359、H367、H366、H375、H385、H389、H390、H392、H360、H382，因出土的遗物较破碎或没有出土遗物而无法参加对应陶器的排比和型式划分，现将余下的遗迹单位的叠压打破关系列为以下 5 组：

（1）⑬→H391

（2）⑫→H384→生土，⑫→H395→生土

（3）⑪→H378→⑫→⑬→生土，⑪→H379→⑫→生土，

　　　⑪→H386→⑫→⑬→生土，⑪→H393→⑪→⑫

（4）⑩→H382→⑪→⑫→⑬→生土，⑩→H394→⑪→⑫，

　　　⑩→H383→⑪，⑩→H376→⑪→⑫→⑬→生土

（5）⑨→H221→⑩，⑨→H363→⑩→⑪，

　　　⑨→H360→⑩，⑨→H381→⑩→⑪

处于以上 5 组中的遗迹单位共有 15 个，从各单位所处的层位年代看，大致可以反映石山孜一期文化遗存的各个层位环节。各单位出土典型陶器的型式排序情况见表二。

从表二中所反映的情况进行分析，可以看出在层位关系中处于较早一环的单位，它们所出的陶器的型式也处于排序结果的前列，其他在层位关系中环节相当的单位，其所出土的陶器型式大体具有相当多的一致性。综合以上 5 组 15 个典型单位陶器出土的情况，可得出石山孜一期文化陶器的基本组合为釜、盆、钵、小口双耳罐、碗、支脚。

另外，再对石山孜一期文化遗存地层中出土的陶器型式进行统计，情况如表三。

从表三中所反映的情况进行分析，可以看出其陶器组合情况与遗迹单位中的陶器组合情况基本一致。因此，石山孜一期文化遗存应属具有较多共性的同一文化范畴。

通过前面对陶器进行的型式划分，已经找出了各类陶器演进的逻辑序列，再将各类陶器回归于各自所出的地层堆积和遗迹单位之中，以类型相同的器物进行比较，将出土遗物型式绝大多数相同的地层堆积和遗迹单位予以合并，可以得出石山孜一期文化陶器的分期表（表四）。

由表四中所反映的情况，可以了解石山孜一期文化遗存不同阶段所流行的陶器型式及组合关系，它们代表了不同阶段在陶器上所呈现的文化特征，同时也反映了各阶段的区别与联系。由此，可将石山孜一期文化遗存的各单位合并成两个地层组。

表二　石山孜一期文化典型单位出土陶器型式表

| 单位 | 釜 | | | | | | 盆 | | | 钵 | | | 双耳罐 | 碗 | 支脚 |
|---|---|---|---|---|---|---|---|---|---|---|---|---|---|---|---|
| | 附加堆纹釜 | 乳丁纹釜 | 带錾釜 | 倒勾沿釜 | 卷沿釜 | 折腹平底釜 | 平折沿盆 | 卷沿盆 | 斜折沿盆 | 敛口钵 | 直口钵 | 侈口钵 | | | |
| H391 | B I | | Ba I Da I | | | | | | | | | | B I | | A |
| H395 | B I C I | | Ca I | | | A I | | | | | | | | | A |
| H384 | | | | | | | | | | | | | | | |
| H378 | B I | | Bb I | | | | | | | B I | | | | | |
| H379 | | | Bb I | | | | | | | A I | | I | | | |
| H377 | | | Fa I | | A I | | | | | | | | | | |
| H393 | | | Cb I | C I | A I B I | | B I | A I | | | | I | | | |
| H386 | | | | | | | | | | C I | | | | | |
| H380 | A II | | Ea I | | | | | | | | I | | | | |
| H383 | | B | | | B II | B II | | | | B I | | | | | |
| H368 | | | Ca I | C II | | D I | | | | | | | | | C |
| H394 | | | Cb I Fc I | | | C I | | | | C I | | | | | |
| H376 | | | | A II | | | | | | | | | | B I | |
| H381 | C II | | | | | | | | | | | | | | |
| H221 | | | | | | | A II | | | | | | | | |
| H363 | | | | | | | | A I B II | | | | | | | |
| H360 | | | | | | | | | | | | | | B II | |

表三　石山孜一期文化地层出土陶器型式表

| 地层 | 釜 | | | | | | 盆 | | | 敛口钵 | 钵 | | 耳罐 | 碗 | 支脚 |
|---|---|---|---|---|---|---|---|---|---|---|---|---|---|---|---|
| | 附加堆纹釜 | 乳丁纹釜 | 带鋬釜 | 折腹平底釜 | 倒钩沿釜 | 卷沿釜 | 平折沿盆 | 卷沿盆 | 斜折沿盆 | | 直口钵 | 侈口钵 | | | |
| T1529⑬ | BⅠ | | AbⅠ、CaⅠ、CbⅠ | | | | | | | BⅠ | | | | | BⅠ | |
| T1729⑬ | CⅠ | | CcⅠ、CdⅠ | | | AⅠ | | | | AⅠ | | | | | | |
| T1530⑬ | | | AaⅠ、CaⅠ、Db | AⅠ、DⅠ | AⅠ | | | | BⅠ | | | | | | AⅠ | A |
| T1529⑫ | AⅠ | | AbⅠ、BaⅠ、BbⅠ、Db | AⅠ、BⅠ | AⅠ、CⅠ | | | | | CⅠ | | | | BⅠ | | |
| T1530⑫ | AⅠ、BⅠ、CⅠ | | BaⅠ、CaⅠ、CdⅣ、Db、EaⅠ、EcⅠ | AⅠ、BⅠ、CⅠ | BⅠ | AⅠ | AⅠ | BⅠ | AⅠ、BⅠ | DⅠ | | | AⅠ、BⅠ | | | |
| T1729⑫ | | | AbⅠ、DaⅠ | BⅠ、CⅠ | | BⅠ | | | AⅠ | BⅠ、CⅠ | | Ⅰ | AⅠ、BⅠ | BⅠ | A | |
| T1529⑪ | AⅠ | A | BaⅠ、CaⅠ、CbⅡ | BⅠ | AⅠ、AⅡ | | AⅠ | | AⅠ | AⅠ、BⅠ | | | AⅠ、BⅠ | AⅠ、BⅠ | B | |

续表三

| 地层 | 附加堆纹釜 | 乳丁纹釜 | 带鋬釜 | 折腹平底釜 | 倒钩沿釜 | 卷沿釜 | 平折沿盆 | 卷沿盆 | 斜折沿盆 | 敛口钵 | 直口钵 | 侈口钵 | 耳罐 | 碗 | 支脚 |
|---|---|---|---|---|---|---|---|---|---|---|---|---|---|---|---|
| | | | | | | | | | | | 钵 | | | | |
| T1529① | CⅠ | A | CdⅠ、DaⅠ、FaⅠ、FcⅠ | BⅡ | BⅠ、CⅠ | | BⅠ | | BⅠ | DⅠ | | | CⅠ | CⅠ | B |
| T1730① | AⅡ、BⅠ、BⅡ | B | AaⅠ、AbⅠ、BaⅠ、BbⅠ、EaⅠ | AⅠ、BⅠ | AⅠ、AⅡ、BⅠ、BⅡ | | | | BⅡ | BⅠ、CⅠ | | | AⅠ | | B、D、E |
| T1530① | BⅡ | | AaⅠ、BbⅠ、CaⅠ、CbⅠ、CbⅡ、CcⅠ、CdⅠ、Dc、EbⅠ、FbⅠ、FcⅠ | AⅠ、DⅠ | AⅡ、CⅠ | | AⅠ、BⅠ | BⅠ | AⅠ、CⅠ | | Ⅰ | | AⅠ | BⅠ、CⅠ、DⅠ | C |
| T1729① | | | CdⅠ | CⅠ | | | | | | DⅠ | | | AⅠ、CⅠ | | |
| T0724① | | | EbⅠ | | BⅠ、CⅠ | BⅡ | CⅠ | | | | Ⅰ | | AⅠ | | A |
| T0725① | | | EbⅠ | | | BⅠ | AⅠ | | | AⅠ、CⅠ、DⅠ | | | BⅠ | BⅠ | |

续表三

| 地层 | 釜 | | | | | | 盆 | | | 钵 | | | 耳罐 | 碗 | 支脚 |
|---|---|---|---|---|---|---|---|---|---|---|---|---|---|---|---|
| | 附加堆纹釜 | 乳丁纹釜 | 带錾釜 | 折腹平底釜 | 倒钩沿釜 | 卷沿釜 | 平折沿盆 | 卷沿盆 | 斜折沿盆 | 敛口钵 | 直口钵 | 侈口钵 | | | |
| T1529⑩ | | | Db、FbⅠ、FcⅠ | | | | | | CⅡ | | | | | | |
| T1530⑩ | | | | BⅡ | | | | AⅡ | | | | | | | E |
| T1729⑩ | AⅡ | | CaⅠ、DaⅡ、Dc | AⅡ | AⅡ、CⅡ | | | | | | | | | | |
| T1730⑩ | BⅡ | | EbⅡ | | | | | | | | | | | DⅡ | A |
| T0724⑩ | CⅡ | | BbⅡ、CbⅡ、FaⅡ、FcⅠ | AⅡ | BⅡ、CⅠ、CⅡ | AⅠ、AⅡ、BⅡ | CⅠ | | | AⅠ、BⅠ | | Ⅰ | AⅡ、BⅠ、CⅡ | AⅡ、BⅠ、CⅠ、DⅠ | |
| T0722⑩ | | | BaⅠ | | | | | AⅡ | | BⅠ | | | | AⅡ | AB |
| T0823⑩ | AⅡ | | DaⅡ、EaⅠ、EcⅠ、FbⅠ | AⅡ | CⅡ | | AⅡ、CⅠ | | | CⅠ | | | | BⅠ | AD |
| T0725⑩ | | | | AⅠ | AⅡ | AⅡ、BⅡ | | AⅠ | | AⅠ | | | | AⅡ、BⅠ | |
| T1629⑨ | CⅡ | | AbⅠ、DaⅡ | | AⅡ | | | | | CⅡ | | | AⅡ | | |
| T1628⑨ | | | CbⅡ | | AⅡ | BⅡ | | | | | | | AⅠ | | |
| T1631⑨ | | | EaⅡ | | AⅡ | AⅡ | | | | CⅡ | | | | | |

表四　石山孜一期文化分期表

| 分期 | 器类/型式 | 釜 | | | | | | 盆 | | | 钵 | | | 双耳罐 | 碗 | 支脚 |
|---|---|---|---|---|---|---|---|---|---|---|---|---|---|---|---|---|
| | | 附加堆纹釜 | 乳丁纹釜 | 带鋬釜 | 倒钩沿釜 | 卷沿釜 | 折腹平底釜 | 平折沿盆 | 卷沿盆 | 斜折沿盆 | 敛口钵 | 直口钵 | 侈口钵 | | | |
| 早期 | ①层下诸单位及⑫、⑬层 | AⅠ、BⅠ、CⅠ | | AaⅠ、AbⅠ、BaⅠ、BbⅠ、CaⅠ、CbⅠ、CcⅠ、CdⅠ、DaⅠ、Db、EaⅠ、EcⅠ、FaⅠ | AⅠ、BⅠ、CⅠ | AⅠ、BⅠ | AⅠ、BⅠ、CⅠ、DⅠ | AⅠ、BⅠ | AⅠ、BⅠ | AⅠ、BⅠ | AⅠ、BⅠ、CⅠ、DⅠ | | Ⅰ | AⅠ、BⅠ | AⅠ、BⅠ | A |
| 晚期 | ⑨层以下诸单位及⑩、⑪层 | AⅠ、AⅡ、BⅠ、BⅡ | AB | AaⅠ、AbⅠ、BaⅠ、BbⅠ、BbⅡ、CaⅠ、CbⅠ、CbⅡ、CcⅠ、CdⅠ、DaⅠ、DaⅡ | AⅠ、AⅡ、BⅠ、BⅡ | AⅠ、AⅡ、BⅠ、BⅡ | AⅠ、AⅡ、BⅠ、BⅡ、CⅠ、DⅠ | AⅠ、AⅡ、BⅠ、CⅠ | AⅠ、AⅡ | AⅠ、BⅠ、BⅡ | AⅠ、BⅠ | Ⅰ | Ⅰ | AⅠ、AⅡ | AⅠ、AⅡ、BⅠ、BⅡ | A、B、C |

续表四

| 分期 | 型式 / 器类 | 釜 | | | | | | 盆 | | | 钵 | | | 双耳罐 | 碗 | 支脚 |
|---|---|---|---|---|---|---|---|---|---|---|---|---|---|---|---|---|
| | | 附加堆纹釜 | 乳丁纹釜 | 带鋬釜 | 倒钩沿釜 | 卷沿釜 | 折腹平底釜 | 平折沿盆 | 卷沿盆 | 斜折沿盆 | 敛口钵 | 直口钵 | 侈口钵 | | | |
| 晚期 | ⑨层以下诸单位及⑩、⑪层 | CⅠ、CⅡ | B | Db、Dc、EaⅠ、EaⅡ、EbⅠ、EbⅡ、EcⅠ、FaⅠ、FaⅡ、FbⅠ、FcⅠ | CⅠ、CⅡ | BⅠ、BⅡ | BⅠ、BⅡ、CⅠ、DⅠ | BⅠ、CⅠ | BⅠ、BⅡ | CⅠ、CⅡ | CⅠ、CⅡ、DⅠ | Ⅰ | Ⅰ | BⅠ、CⅠ、CⅡ | CⅠ、DⅠ、DⅡ | D、E |

　　第一组：包括 H391、H384、H395、H378、H379、H386、H393 及 T1529、T1530、T1729、T1730 第⑫、⑬层诸单位。这一组出土的陶器主要有：A 型 I 式附加堆纹釜、B 型 I 式附加堆纹釜、C 型 I 式附加堆纹釜、Aa 型 I 式带錾釜、Ab 型 I 式带錾釜、Ba 型 I 式带錾釜、Bb 型 I 式带錾釜、Ca 型 I 式带錾釜、Cb 型 I 式带錾釜、Cc 型 I 式带錾釜、Cd 型 I 式带錾釜、Da 型 I 式带錾釜、Db 型带錾釜、Ea 型 I 式带錾釜、Ec 型 I 式带錾釜、Fa 型 I 式带錾釜、Fc 型 I 式带錾釜、A 型 I 式倒钩沿釜、B 型 I 式倒钩沿釜、C 型 I 式倒钩沿釜、A 型 I 式卷沿釜、B 型 I 式卷沿釜、A 型 I 式折腹平底釜、B 型 I 式折腹平底釜、C 型 I 式折腹平底釜、D 型 I 式折腹平底釜、A 型 I 式平折沿盆、B 型 I 式平折沿盆、A 型 I 式卷沿盆、B 型 I 式卷沿盆、A 型 I 式斜折沿盆、B 型 I 式斜折沿盆、A 型 I 式敛口钵、B 型 I 式敛口钵、C 型 I 式敛口钵、D 型 I 式敛口钵、I 式侈口钵、A 型 I 式双耳罐、B 型 I 式双耳罐、A 型 I 式陶碗、B 型 I 式陶碗、A 型支脚。

　　第二组：包括 H376、H382、H383、H394、H221、H363、H360、H381 以及 T1628、T1629 第⑨层，T1631 第⑨层和第⑩层，T1529、T1530、T1729、T1730 第⑩层和第⑪层，T0724、T0725 第⑩层和第⑪层，T0822、T0823、T0722 的第⑩层诸单位。这一组出土的陶器主要有：A 型 I 式附加堆纹釜、A 型 II 式附加堆纹釜、B 型 I 式附加堆纹釜、B 型 II 式附加堆纹釜、C 型 I 式附加堆纹釜、C 型 II 式附加堆纹釜、A 型乳丁纹釜、B 型乳丁纹釜、Aa 型 I 式带錾釜、Ab 型 I 式带錾釜、Ba 型 I 式带錾釜、Bb 型 I 式带錾釜、Bb 型 II 式带錾釜、Ca 型 I 式带錾釜、Cb 型 I 式带錾釜、Cb 型 II 式带錾釜、Cc 型 I 式带錾釜、Cd 型 I 式带錾釜、Da 型 I 式带錾釜、Da 型 II 式带錾釜、Db 型带錾釜、Dc 型带錾釜、Ea 型 I 式带錾釜、Ea 型 II 式带錾釜、Eb 型 I 式带錾釜、Eb 型 II 式带錾釜、Ec 型 I 式带錾釜、Fa 型 I 式带錾釜、Fa 型 II 式带錾釜、Fb 型 I 式带錾釜、Fc 型 I 式带錾釜、A 型 I 式倒钩沿釜、A 型 II 式倒钩沿釜、B 型 I 式倒钩沿釜、B 型 II 式倒钩沿釜、C 型 I 式倒钩沿釜、C 型 II 式倒钩沿釜、A 型 I 式卷沿釜、A 型 II 式卷沿釜、B 型 I 式卷沿釜、B 型 II 式卷沿釜、A 型 I 式折腹平底釜、A 型 II 式折腹平底釜、B 型 I 式折腹平底釜、B 型 II 式折腹平底釜、C 型 I 式折腹平底釜、D 型 I 式折腹平底釜、A 型 I 式平折沿盆、A 型 II 式平折沿盆、B 型 I 式平折沿盆、C 型 I 式平折沿盆、A 型 I 式卷沿盆、A 型 II 式卷沿盆、B 型 I 式卷沿盆、B 型 II 式卷沿盆、A 型 I 式斜折沿盆、B 型 I 式斜折沿盆、B 型 II 式斜折沿盆、C 型 I 式斜折沿盆、C 型 II 式斜折沿盆、A 型 I 式敛口钵、B 型 I 式敛口钵、C 型 I 式敛口钵、C 型 II 式敛口钵、D 型 I 式敛口钵、I 式直口钵、I 式侈口钵、A 型 I 式双耳罐、A 型 II 式双耳罐、B 型 I 式双耳罐、C 型 I 式双耳罐、C 型 II 式双耳罐、A 型 I 式陶碗、A 型 II 式陶碗、B 型 I 式陶碗、B 型 II 式陶碗、C 型 I 式陶碗、D 型 I 式陶碗、D 型 II 式陶碗、A 型支脚、B 型支脚、C 型支脚、D 型支脚、E 型支脚。

　　上述两组典型层位关系中的各单位所包含的典型器物与其他的地层堆积和遗迹单位中的出土遗物进行比较，归入第一组和第二组的地层堆积和遗迹单位所包含的典型器物的式别或不出其所在组别的范畴或者不见于这两组而对这两组有所补充。较特殊的是第②组的少数遗迹和叠压或打破这两组的地层和遗迹单位中出土了少量和这两组相同或相近的遗物，这些可视为早期形态在晚期的保留和延用。将这些遗物归入以上两组之中，并不影响众多的其他典型器对相应单位所确定的组别，那么形成了这两组典型器物完整的组合关系，即釜、钵、碗、盆、支脚，其中的第一组包括各类型的Ⅰ式，第二组的组合基本为各类型的Ⅱ式（这一组中尚可见到第一组中未见或Ⅰ式者）。以此为基础，检查两组各单位所含的其他非典型陶器，其年代早晚关系并没有矛盾之处。不同的地层组尽管出土的器类和器形大多相同，同型器物在两个地层组中却有着式的差别变化，并且第二地层组中还出土了一些与第一年代组不同的新器形，如圈足、灶、支脚之属，两者之间应有区别。其所出的器物既有联系，又有发展变化，因此，可将石山孜一期文化分为二期，分别以第一地层组代表早期，第二地层组代表晚期（图一四〇）。

　　石山孜一期文化遗存所划分的前后两期，在陶器的形态变化上既表现出同一文化范畴的共性，同时同型器物在各地层组之间又有较为明显的发展变化，展示了其文化发展的阶段性特征：陶质上早晚期呈现出夹砂陶递减、夹蚌陶递增的趋势；器表装饰上的变化较为明显，附加堆纹上压印的指甲纹在早期多密集规整且较直，到后期则变得稀疏潦草而作斜直状。乳丁纹、压印篮纹、篦点纹、镂孔、划纹等也多出自于晚期；早期器物磨光的较少，且多为器内磨光，后期不仅内外磨光的陶器数量有所增加，而且出现了器表施红陶衣；某些安装在器物口沿和上腹部的鋬手形状在前后期也存在着变化，马鞍形鋬由早期的凹窝状且较规整并加饰花边，到后期的退化不明，月牙形鋬手由素面到后期出现的鸡冠状鋬，圈足器在早期几乎不见，至后期开始出现并逐渐流行，且形态多样。与此同时，主要器物的形态在前后期也发生着变化。釜类器中附加堆指甲纹釜的前后变化的特点为：A 型，斜沿—折沿，颈腹部由不明显至明显；B 型，沿面外翻—外翻近平，腹部由微鼓，斜弧腹至斜直腹；C 型，直口—直口外侈，斜直腹—斜弧腹。带鋬釜前后期变化的特点是：Aa 型，口部直口—微敛；Ca 型，腹部斜直—斜弧腹；Cb 型，斜弧腹—斜腹内收—斜弧腹内折。唇鋬釜早晚期变化的特点为：Da 型，直口—直口微敛。花边沿带鋬釜的前后期变化特点是：Ea 型，花边平折—花边斜折上翘，Eb 型的变化与之相反，Ec 型，内突唇—无突唇。鸡冠鋬手釜由早及晚的变化特点是：Fa 型，斜弧腹—弧腹内收较急，Fb 型，斜弧腹—斜直腹急内收。倒钩沿釜除沿面口部的变化外，其前后变化的特点是：A 型，斜弧腹微鼓—弧腹急内收；B 型，沿面斜直、斜弧腹微鼓—沿面外卷闭合、弧腹内收；C 型，斜弧腹内收较急—缓内收。卷沿釜由早而晚的变化特点是：A 型，斜卷沿、斜弧腹—沿外卷近平、弧腹急内收；B 型，斜弧腹—曲腹急内收。折腹平底釜由早及晚的变化特点是：A 型，上腹斜直、下腹内折—上腹斜弧、下腹缓内收—下腹较浅、硬折；C 型，直口、直上腹、下腹急内折—直口外侈、上腹较浅、下腹缓内收；D 型，敛口较甚、上腹较浅—敛口、下腹斜直内收。盆类由早及晚的变化特点多为上腹较直或微鼓到斜弧腹，其中 C 型盆的变化则为从束颈斜弧腹到束颈斜直腹。碗类由早及晚的变化特点为：A 型，斜弧腹—斜直腹；B 型斜直腹—斜弧腹；圈足由高向低变化。钵类器由早及晚的变化特点是：敛口钵 B 型，曲腹内收—斜直腹内收；D 型，斜直腹—弧腹内收；直口钵，直口弧腹—敛口斜直腹。罐类由早及晚的变化特点是：双耳由口唇部至肩腹部下移，腹部由瘦长形向扁圆形转变，一律平底，到晚期底部出现较低的器座。支脚的变化多由 A 型向其他各型转变，由实心向有穿孔转变，后期出现了扁柱形、猪嘴状和少量的倒锥状及支钉等新类型。支脚的器表装饰由早期的素面到晚期压印纹饰。灶的出现较晚，数量也不多，但变化明显，由粗泥厚壁发展到烧制较粗制的盆形镂孔形。纺轮由素面发展到饰篦点纹。从这些现象上分析，受烧制技术的限制，早期因陶质较软易碎，制陶者已经注意到在陶制品如实心支脚、纺轮上穿孔，装饰纹饰以防止烧裂，同时也增加了美感。

上述几类陶器前后变化的趋势，不但说明了石山孜一期文化遗存中各类陶器前后变化的过程，而且直接反映了晚期制陶工艺已经发生了显著的变化。结合各文化层堆积的早晚叠压关系，大体上可将石山孜一期文化遗存的发展变化过程划分为相对的前后两期。在第三次发掘时，采集了属于石山孜一期文化的 4 个检测样品，经中国社会科学院考古研究所实验室测定，其绝对年代结果如表五。

从样品的测定结果来看，ZK2854 和 ZK2852 与其层位关系所表现的相对年代相差较大，原因待查。ZK2853 和 ZK2851 的年代同石山孜遗址小山口文化遗存的晚期推定的相对年代基本符合。依据小山口遗址的小山口一期文化出土的木炭测定年代为公元前 6077～前 5700 年和公元前 5958～前 5630 年（均经树轮校正），推测石山孜一期文化的年代的上限应为距今 7900 年～7600 年，与小山口一期文化遗存相当或略晚，而后期的年代推测为距今 7600～7200 年。

表五　石山孜一期文化<sup>14</sup>C 测定年代数据（半衰期 5730）

| 编号 | 单位 | 材料 | 距今年代 | 校正年代（BC） |
|---|---|---|---|---|
| ZK－2851 | 93SST1729⑩ | 兽骨 | 6322±185 | 5266－4836 |
| ZK－2852 | 93SSH368 | 兽骨 | 5487±235 | 4441－3827 |
| ZK－2853 | 93SST1529⑪ | 炭土 | 6181±132 | 5059－4772 |
| ZK－2854 | 93SST1529⑫ | 炭土 | 4801±319 | 3775－2918 |

# 第五节　小　结

综上所述，石山孜遗址第二次和第三次发掘发现的石山孜一期文化遗存有如下主要特征。

陶器以夹砂陶为主，夹蚌陶次之，有少量的泥质陶和夹炭陶，同时夹砂陶中存在有羼和蚌末的现象。由于陶土未经淘洗，烧制火候较低，陶器表面的砂粒和蚌片多有脱落，在陶器的内外留下蜂窝状的孔洞和凹坑，陶质地较疏松，吸水性较强。陶色多斑驳不纯，总体以红褐色为主，有少量的灰黑色陶，因烧制技术较为原始，一器多色现象较为突出，最常见的是器表呈红褐色，器内及口沿呈灰黑色，即便是红褐色陶器也在器物内外留有灰黑色斑块。陶器的制作方法以手制为主，采用泥圈叠筑和泥条盘筑，然后拍打成型，因此，有些器形往往不够圆整，器壁也厚薄不一。器物群的器表装饰较为简单，以素面为主，部分经磨光处理，后期出现了施红陶衣的器形，多施在平底折腹釜和圈足碗及钵类器之上。有纹饰者以附加堆纹其上压印指甲纹为主要装饰，另有少量的乳丁纹、戳点纹、锉状纹、划纹和不典型的压印篮纹。

陶器群的基本器类主要有釜、钵、盆、碗、罐、支脚。其中釜类器最为发达，型式多样，演化轨迹较清楚。罐类以小口平底双耳罐为主，钵类中的带鋬钵、直口钵、敛口钵也较有特征；碗类在前期尚不见圈足存在，后期随着器座等的出现，圈足器碗也开始流行；盆类器多有沿，直腹或弧腹；支座在前期流行实心状，后期开始流行穿孔和其他类型的支座。陶器群的明显特点是不见三足器，流行圆底器、平底器和圈足器，器物流行在沿下安装捉手、鋬手等附件，主要有马鞍状鋬、条形鋬、三角鋬、月牙形鋬和鸡冠形鋬等式样，以支脚与釜配套的复合式炊器以及后期出现的以灶、釜相配套的炊器最为典型。此外陶制品中的小陶器和陶塑品、纺轮等亦特色鲜明。通过前文的类比、归纳，可以清楚地看出，石山孜遗址一期文化延续的时间较长。随着时间的推移，当时居民生活内容的日渐丰富，陶器类别逐步趋向多样化和实用化，其类别无论如何增减更迭，基本的器类始终是釜、小口双耳罐、盆、钵、碗和支座，这几类陶器前后呈现的种种差异，不但反映了这一文化变迁的历程，而且还揭示了其所固有的文化传统和文化特征。由以上陶器的递嬗过程，大致可将该文化遗存分为前、后两期。

石器的种类不多，质料硬度亦不很高，形体较厚重，制作方法以打制、琢制和磨制为主，有些器类是打琢兼施，通体磨光者仅是一些小型石器，其中石磨盘可分为有足和无足，磨棒种类较多，其他石器类有斧、锤、凿、砺石等。

骨、角器较为发达，皆以动物长骨等部件经砍削再磨制成所需的器具。主要骨器有镞、锥、鱼镖、针、凿等渔猎工具和日常生活用品，兽骨中以猪、鹿的遗骨较多。

从上述陶器、石器、骨器工具的类别以及动物遗骨中有家猪等现象分析，当时居民的经济生活应是以农业、制陶业、渔猎和家禽饲养业并重的综合经济。

　　上述石山孜一期文化的基本特征与淮北地区的小山口一期文化有着较多的相似性，在安徽省淮北地区史前文化的总谱系中，目前所知的是以小山口一期文化遗存的时代为最早[①]，其文化面貌概括起来有如下特点：打制石器与磨制石器共存，主要器类有刮削器、尖状器、凿、锛、斧、石磨盘、石磨棒等；骨器种类较少，以笄、管锥为主；陶器色泽斑驳不纯，一器多色的现象较为普遍，多以外红内黑为特点，主体色泽为红褐色。陶质以夹砂陶为主，同时夹砂陶内有羼蚌末现象，并有少量的泥质陶和夹炭陶。陶器制作以手制为主，火候较低，陶质较软，制作方法较粗糙。器表装饰以素面为主，并有一定数量的器类施有陶衣。有纹饰者以附加堆纹指甲纹、戳点纹为主，器形单调，直口器口沿外施一周凸棱和凸棱上压印指甲纹的较多，并有少量的乳丁纹。器类上安装錾手等附件也较多，主要有鸡冠錾、椭圆錾。器物的基本组合以釜、钵、盆、碗为主，并出土有少量的陶支脚、乳足器、三足器等，其中釜类器为大宗。发掘者依据当时的陶器特点及其差别，将小山口遗址和古台寺遗址的早期遗存归属为同一文化类型，同时指出二者之间存在一定的差异，并且推测因发掘面积小、资料不全等问题，二者之间可能还存在时间上的差别。经中国社会科学院考古研究所碳十四实验室对小山口遗址出土的木炭进行测定，其年代分别为公元前6077～前5700年公元前和5958～前5650年（均经树轮校正）。这些特点说明，小山口一期文化遗存尽管年代比较早，但其文化面貌的总体特征仍与石山孜一期文化遗存基本一致。就具体器物而言，小山口一期文化的AⅢ、AⅣ型釜、罐、支脚、C型釜、BⅠ型釜、陶杯，古台寺的AⅤ型釜、BⅡ型釜在石山孜一期文化遗存中均有发现，至于其中的突棱釜AⅠ型，则出现在石山孜二期文化遗存中，而古台寺遗址中的锥形Ⅰ式鼎足、平底碗也出现在石山孜二期文化遗存中。说明了古台寺与小山口遗存实际上是有时间上的差别的，即古台寺遗址中的一些器类要晚于小山口遗存，这些器类应归属于石山孜二期文化。此外，石山孜一期文化中的小口双耳罐、花边沿釜、唇錾釜、折腹平底釜、圈足器、月牙錾手釜以及几类支脚亦不见于小山口一期文化中。

　　通过小山口一期文化和石山孜一期文化遗存的对比，可以看到石山孜一期文化与小山口一期文化遗存的文化面貌既存在一定的共同性，同时也存在一些差异，这些差别主要有两个方面：其一，石山孜一期文化的后期，陶器群的器类较之前有明显增多，如灶、圈足器、各类支脚等；其二，陶器的类别虽然相同，但型式却有所变化。这两种情况可以理解为文化发展进程中对原有文化因素不断改进和更新的结果，亦不排除来自其他同期文化的影响因素。鉴于目前小山口一期文化发掘面积小、资料太少，当时的陶器群是否如此单调，文化内涵的延续性情况到底如何，据此展开讨论尚显证据不足。但毕竟是

---

　　①　中国社会科学院考古研究所：《安徽省宿县小山口和古台寺遗址试掘简报》，《考古》1993 年第 12 期。

最早提供的一批可供比较研究的资料，总体上的文化面貌与特征，其与石山孜遗址第二、三次发掘的一期文化遗存仍然相似，加之彼此相距不到 20 公里，它们之间属同一文化系统当无大的疑问。为了使这一地区史前文化的分野取得一致，将石山孜遗址第二次和第三次发掘发现的一期文化的早晚二期归于石山孜一期文化的范畴之内，作为这一地区的先行文化应该是比较合适的。相信随着研究的深入，小山口一期文化与石山孜一期文化（早、晚期）在前后文化面貌因袭关系上体现出来的"共时性"将会越来越明朗。

　　石山孜第二次和第三次发掘的石山孜一期文化遗存与小山口一期文化的关系既已确定，那么其文化的来源问题则成为不可避免的话题。就目前所公布的资料分析，近年来在江苏省泗洪县发掘的顺山集遗址[①]，在文化面貌和文化内涵的总体特征上与石山孜一期文化较为接近。该遗址位于淮河中下游交界处的黄淮平原东部。发掘者依诸类遗存层位关系的先后及伴出遗物的差异和特点，将遗址分为三期，并依据环壕聚落、圆形地面式房址、使用的石质工具和种植水稻等方面的特色和固定的陶器组合、自身独特的文化面貌、明确的时代分期以及广阔的分布范围，将顺山集一、二期文化遗存为代表的考古学文化，命名为顺山集文化，距今约 8500~8000 年，主要分布于淮河支流的濉河水系。而第三期文化因材料的限制，文化面貌尚不十分清晰。顺山集文化遗存的特征概括起来如下。

　　一期文化遗物，陶器以夹砂陶为主（占 90%），泥质陶较少。夹砂陶多为外红褐色内灰黑色，陶色不匀，陶胎较厚，器形不甚规整，泥质陶为红色，且施陶衣。器表装饰以素面为主。有纹饰者主要有指甲纹、按捺纹、附加堆纹及镂孔等，指甲纹、按捺纹多饰于釜类器物的唇口外侧。器形以圜底器为主，其次为平底器及少量的圈足器。基本器物组合为釜、罐、钵、盆、灶、支脚、器座等，釜为大宗。石器出土数量较少，多粗糙，打、琢、磨共存，器类有磨球、斧、锤、锛等，还出土一件残玉管。二期文化遗物，陶器仍以夹砂陶为主（占 99%），泥质陶较少。器表装饰以素面为主，有纹饰者主要是乳丁纹、刻划纹及镂孔等，常见马鞍形、鸡冠形錾手。基本组合为釜、双耳罐、钵、灶、支脚等，其他器形还有匜、豆、壶、器座、小杯、器盖、纺锤、纺轮、泥塑模型等。石器主要是磨球、斧、锛、带脚圆形磨盘和平底磨盘。玉器有绿松石饰件。骨器较少，有鹿角、锄、镞等。三期文化遗物，陶器以夹砂陶为主，其中夹砂陶中多蜃和植物末（占 99%），陶胎较薄。基本组合为釜、圈足盘、钵、壶、盆、豆、器盖、支脚等，陶锉仅见于三期文化遗存。器表多饰绳纹和月牙形錾手。石器数量不多，特征不明显。

　　以上文化特征表明，顺山集文化总体特征仍与石山孜一期文化基本一致，只不过器

① 南京博物院考古研究所、泗洪县博物馆：《江苏泗洪县顺山集新石器时代遗址》，《考古》2013 年第 7 期。

类更多，器形也更加复杂。其中一期的夹砂红陶釜与石山孜一期文化遗存的侈口倒钩沿釜较相似，二期的陶釜与石山孜一期文化遗存的唇錾釜和花边沿釜较为接近，灶与石山孜一期文化遗存的灶也有些相像。此外，顺山集文化的壶和罐多为高颈，与石山孜一期文化遗存的双耳罐有些差异，但其陶系、纹饰、器物组合均有较多的相似性，尤其是陶器口腹部安装錾手和装饰附加堆纹的现象，与石山孜一期文化遗存如出一辙，是濉河流域文化传统在陶器制作上的突出表现。而石器中的石磨盘也有有足和无足之分，但形状略有差异，石山孜一期文化流行的石磨棒在顺山集遗址中不见，而石磨球亦不见于石山孜一期文化中。通过以上的分析比较，可以说明濉河流域的史前文化遗存源远流长，诸类陶器不管出现得早晚，都有其递嬗的轨迹。那些出现时间早、数量多的器类构成了其陶器群的主体，是反映这一地区新石器时代中期偏早阶段最丰富、最系统的材料。而其后出现的新器形如石山孜一期文化后期制作较规整的盆形镂空灶、篦点纹纺轮、各种圈足假圈足器、穿孔支脚、猪形支脚等，尽管数量不多，但在这一阶段的陶器中占有相当重要的地位。这些新器类的出现一方面反映了不同阶段器类多寡的差异，另一方面也表明随着时间的推移，这一地区新的文化因素的产生和成长阶段性明显。当然，从石山孜一期文化遗存发展的全过程观察，其陶器群中的基本器形或多或少地见于其他考古学文化之中，如贾湖一期文化[①]中的 A 型、B 型、C 型陶钵，A 型陶碗，Ca 型、Cc 型、F 型陶支脚以及后李文化[②]中的附加堆指甲纹釜、花边沿釜、唇錾釜等，这些在文化内涵中呈现的某些相同或相似的因素，一方面说明了石山孜一期文化遗存的起步并不晚，另一方面也显示出在其发展过程中并没有将自己置身于自相封闭孤立发展的境遇之中，而是通过相互的学习、模仿和重复创造从而保持了自己固有的文化传统和特色。尽管如此，若从文化遗存的总体面貌和本质特征分析，石山孜一期文化遗存与顺山集文化遗存的联系要比与贾湖和后李两个文化遗存之间的联系密切得多。由此可见，处于濉河流域中下游地区的小山口一期文化遗存、石山孜一期文化遗存以及顺山集文化遗存是在相同的地理环境、气候条件与生态环境下产生的遗址地方特征明显的同一系统的考古学文化共同体。

新石器时代相同的自然条件导致了当时濉河中下游居民的生产方式和生活方式的相似，从而使不同文化时期的文化面貌具有极强的一致性，同时又呈现出诸多不容忽视的差异，而这些差异正是其文化发展的阶段性特征。这些信息显示出顺山集文化可能就是石山孜一期文化的源头，至于这一考古学文化各遗存之间在相关发展过程中的过渡环节及因袭关系的详情，则需在今后的工作中去揭示和探讨，这对于厘清淮河流域新石器时代中的早期史前文化面貌和文化谱系时空框架的构建具有重要意义。

① 河南省文物考古研究所：《舞阳贾湖》，科学出版社，1999 年。
② 王永波：《关于后李文化的谱系问题——兼论北辛文化的内涵和分期》，《青果集》，知识出版社，1993 年。

# 第四章　石山孜二期文化遗存

本期文化遗存主要有第⑦、⑧、⑨层的文化堆积及开口于第⑥、⑦、⑧层下的相关遗迹单位（图一四一、一四二）。随着生产力水平的提高，这一时期的居民在遗址上的生产生活活动较为频繁和广泛，使遗址的范围和规模有所扩大，表现在出土遗存中，则是遗迹的种类和数量均有所增加。本阶段的堆积和遗迹中出土了为数不少的石山孜一期文化的遗物，反映了当时人们的活动对早期堆积的扰动和破坏。属于这一时期的遗迹主要有房址、灰坑、墓葬等。

## 第一节　居住址

在第二、三次发掘中发现了一些与房屋有关的柱洞、红烧土硬面等残存迹象，但明确的房屋基址仅揭露了三座，分别为 F8、F13、F14，其中 F13 因处于探方的东南角，大部分叠压在探方的东壁、南壁之外，没有扩方清理，其具体情况不是十分清楚。

F8　位于 T1630 西南部，向西延伸至 T1530，房址东南部因遭破坏界线不明，推测可能延伸至 T1629 北隔梁内而没有发掘。开口于第⑦层下，打破第⑧层，同时 F8 的南部被 H212 打破，西部被 H61 打破。F8 平面呈长方形，东南部凸出，没有发现门道，方向不详，残存东西长 4.2、南北宽约 1.5 米，因被第⑦层及晚于 F8 的遗迹和地层的破坏，房址内仅发现了几个柱洞，分别为位于 F8 西部的 D1、东南角的 D2 和 D3、东北角的 D4、西南角的 D5。F8 内的堆积可分为 2 层。第①层属房屋倒塌的堆积，厚 10～25 厘米，质松软，呈灰黑色，夹杂有红烧土块和砾石及较多的陶片。其下覆盖有柱洞，出土有骨锥、骨镞、骨环饰、小陶碗、陶球等小件器物。第②层为居住面，较平整，厚 10 厘米，呈灰褐色，夹杂红烧土块和颗粒，质地较细腻光滑，内夹杂极少的碎陶片和红烧土颗粒（图一四三）。

各柱洞的情况如下。D1，位于 F8 的西南部的凸出部分，圆形，斜直壁，圜底，口大底小，直径 20、深 30 厘米。D2，圆形，圜底，直径 18、深 34 厘米。D3 与 D2 相距较近，椭圆形，斜直壁，圜底，口径 12～18、深 18 厘米。D4，椭圆形，斜直壁，圜底，口径 22～26、深 36 厘米。D5，圆形，斜直壁，圜底，口径 26、深 38 厘米。从柱洞的分布

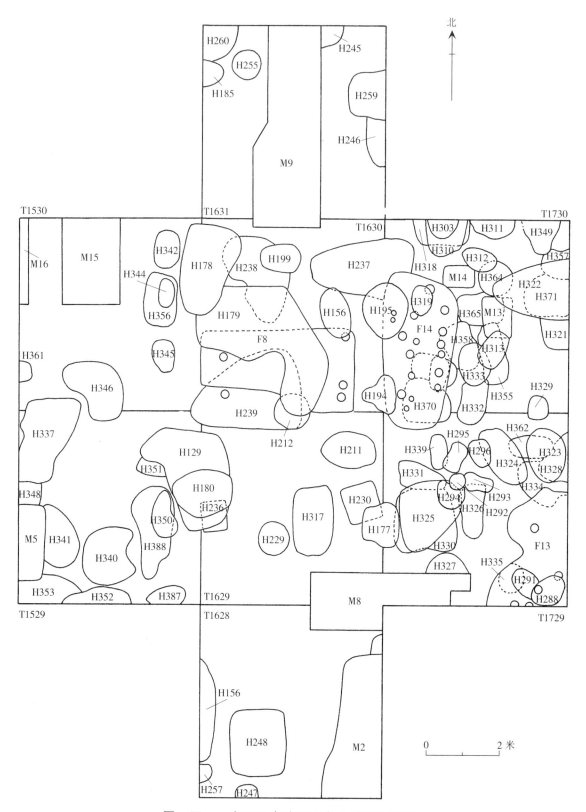

图一四一　东区石山孜二期文化遗迹平面图

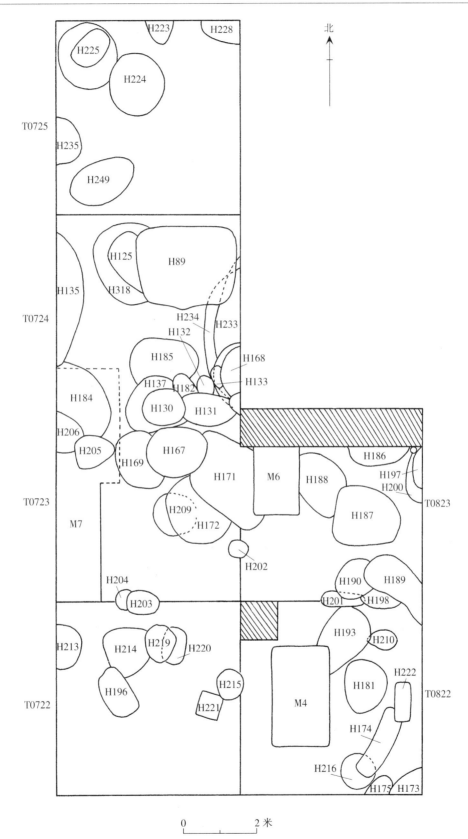

北

图一四二 西区石山孜二期文化遗迹平面图

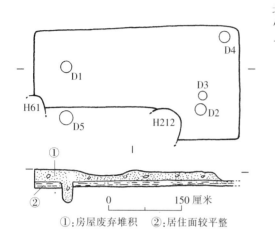

图一四三　石山孜二期文化房址 F8

①：房屋废弃堆积　②：居住面较平整

分析，该房址属地面式建筑，门道可能位于东南部，被 H212 打破处。

F14　位于 T1730 西南部，一部分延伸至 T1729 西北部，开口于第⑦层下，打破第⑧层和 H327、H370、H372。开口距地表 1.8 米，平面形状近圆角长方形，没有发现明确的门及门道设施，故其方向不清，大致为东北—西南向，南北长 4、东西宽 2 米。发现了分布较为密集的柱洞，共计 15 个，大致呈南北向两纵队排列，房内堆积可分 2 层。第①层，浅灰色夹杂较多的炭灰颗粒和少量的红烧土颗粒，出土少量陶片，厚 14～17 厘米。第②层，土质较硬实，含较多红烧土颗粒，出土遗物较少，厚 10～30 厘米。柱洞均分布在第①层堆积之下，打破第②层，从柱洞的形状和分布情况分析，应为地面建筑，房内的第①层为残存的倒塌堆积。第②层为居住面。出土遗物以陶片为主，夹砂陶、泥质陶、夹蚌陶均有一定比例，可辨器形有釜、罐、支脚等。

各柱洞情况如下。D1，位于房址东南，呈椭圆形，直壁，圜底，直径 24～18、深 30 厘米。D2，圆形，斜直壁，圜底，直径 20、深 26 厘米。D3，椭圆形，略直壁，小平底，直径 24～30、深 30 厘米。D4，椭圆形，直径 24～30、深 50 厘米。D5 圆形，圜底，直径 20、深 30 厘米。D6，略呈圆形，圜底近平，直径 20、深 34 厘米。D7，圆形，圜底，直径 30、深 80 厘米。D8，近圆形，圜底，直径 40、深 40 厘米。D9，较小，圆形，直径 20、深 32 厘米。D10，椭圆形，直径 14～18、深 32 厘米。D11，圆形，圜底，直径 18、深 30 厘米。D12，圆形，直径 12、深 20 厘米。D13，圆形，圜底，直径 10、深 20 厘米。D14，圆形，直径 12、深 22 厘米。D15，近似圆形，直径 14、深 30 厘米。从柱洞结构形状分析，较粗大者应为承重柱，而较小者应为支撑柱，内填土含少量红烧土及灰褐色土（图一四四）。

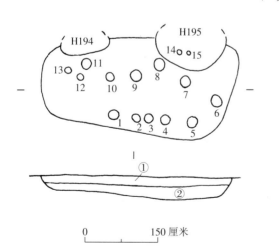

图一四四　石山孜二期文化房址 F14

## 第二节　灰　坑

共清理灰坑 137 座，分布密集，相互间打破关系复杂，按坑口的平面形状，可分为椭圆形、圆形、长方形（圆角方形）、不规则形四类。坑壁多为斜弧壁、斜直壁，少数为曲壁，坑底主要有平底、圜底等。以下举例说明。

一　椭圆形

共 63 座。

H364　位于 T1730 北部偏东，开口于第⑧层下，打破第⑨层和 H365，坑口距地表 2.1 米。平面呈椭圆形，斜直壁，平底，坑口径 0.9～1、坑深 0.45、底径 0.6 米，坑内填土呈深灰褐色，夹杂较多的红烧土颗粒和炭灰屑，出土遗物以陶片为主，其中夹砂、夹蚌占多数，仅少部分泥质陶，可辨器形有釜、盆、罐（小口双耳）、支脚等（图一四五）。

H339　位于 T1729 西北部，开口于第⑧层下，打破第⑨层，坑口距地表约 2.16 米。平面呈椭圆形，近直壁，圜底。长 0.9、宽 0.5、坑深 0.32 米。坑壁、坑底加工痕迹不明显，填土呈灰黄色堆积，内夹有较多红烧土颗粒。出土遗物以动物骨骼、石块及较碎的陶片为主（图一四六）。

H135　位于 T0724 西部，大部叠压于 T0724 西隔梁下，开口于第⑧层下，打破 H184 和第⑨层，该坑南部被（开口于第④层下）的 H42 和开口于第⑤层下的 H123 打破。平面呈不规则半椭圆形，斜弧壁，近圜底。残存口径 0.2～3.3、坑口距地表 2.3、坑深 0.5 米。坑内填土呈灰黑色，夹杂有较多的草木灰、动物骨骼颗粒，质较松软。出土遗物主要有陶器残片和骨器，可辨器形有鼎、釜、罐、钵、盆、支脚、碗、鹿角钩形器等（图一四七）。

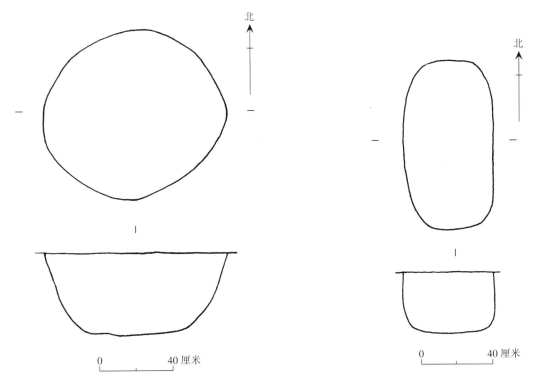

图一四五　石山孜二期文化 H364 平、剖面图　　　图一四六　石山孜二期文化 H339 平、剖面图

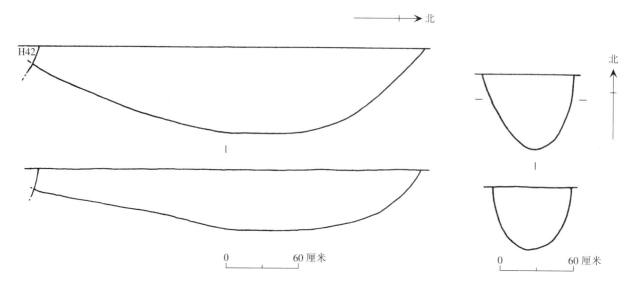

图一四七　石山孜二期文化 H135 平、剖面图　　图一四八　石山孜二期文化 H223 平、剖面图

H223　位于 T0725 北部偏东，部分叠压在北隔梁下，未进行扩方清理，开口于第⑥层下，打破第⑦～⑨层，坑口东部被 H36 打破，平面为半椭圆状，斜弧壁，圜底。坑口距地表 1.55、坑口发掘部分直径 0.6～0.75、坑深 0.75 米。坑内填土为灰黄色沙土，夹杂有少量红烧土颗粒，较质密。出土遗物以陶片为主，可辨器形有钵、盆、釜等，另有一件石磨棒（图一四八）。

H187　位于 T0823 中部偏东，开口于第⑥层下，打破第⑦、⑧层及 H188，被 H110 打破。平面近椭圆形。近直壁，坑底东部有一小部分下凹，余均平坦。坑口距地表 2.15、口径 1.6～1.7、坑深 1.1 米。坑内填土呈黄褐色，内含有红烧土颗粒，质紧密。出土遗物以陶片为主，可辨器形有釜、盆、碗、罐、钵、鼎、支脚等（图一四九）。

H355　位于 T1730 南部，开口于第⑧层下，打破第⑨层和 H365。平面近椭圆形，斜弧壁，平底。坑口距地表 2.3、坑口直径 0.65～1.48、坑深 0.32、底径 0.6 米。坑内堆积呈黑褐色，夹杂少量的红烧土颗

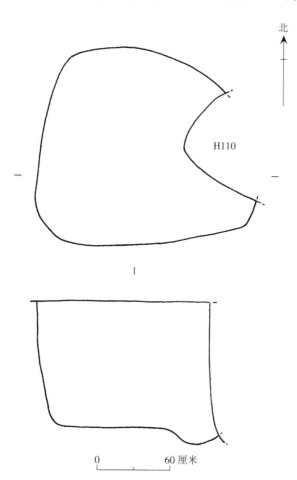

图一四九　石山孜二期文化 H187 平、剖面图

粒和较多的炭灰屑及石块、动物骨骼、牙齿等，质较疏松。出土遗物以陶片为主，可辨器形有釜、盆、钵等（图一五〇）。

　　H138　位于T0724北部，开口于第⑧层下，打破第⑨层，中部被H125、H89同时打破，平面近椭圆形，斜弧壁，平底。坑口距地表2.3、口径1.6～2、坑深0.4米。坑内堆积呈灰黑色，质较松软。出土陶片以夹砂、夹蚌泥质陶为主，可辨器形有小口双耳罐、带把钵、红顶钵、盆、鼎、碗等（图一五一）。

　　H185　位于T0724南部稍偏东，开口于第⑧层下，打破第⑨层，被H137、H182打破，平面近椭圆形，斜弧壁，平底。坑口距地表2.5、口径长1.1～2、深0.5米。坑内堆积呈灰褐色，夹杂少量红烧土颗粒、炭灰屑。出土遗物以陶片为主，可辨器形有鼎、碗、钵、小口双耳罐、釜等（图一五二）。

　　H249　位于T0725西南部，开口于第⑧层下，打破第⑨层，被H44打破。平面呈椭圆形，斜直壁，西高东低坡状底。坑口距地表约2.2、口径1.1～1.9、深0.6米。坑内填土为灰黄色红烧土堆积等。出土遗物以陶片为主，可辨器形有钵、鼎、釜、罐、盆等（图一五三）。

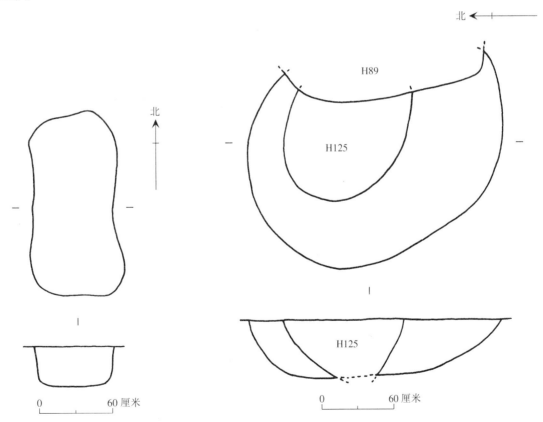

图一五〇　石山孜二期文化 H355 平、剖面图　　图一五一　石山孜二期文化 H138 平、剖面图

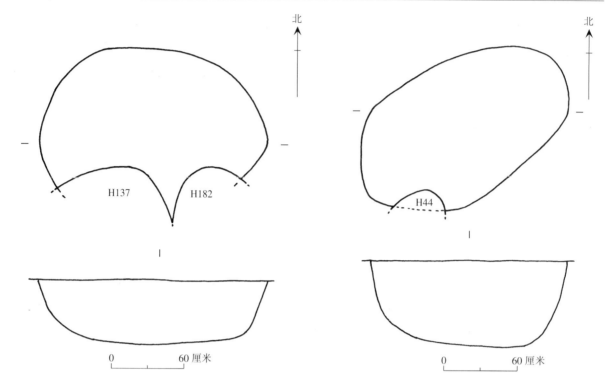

图一五二　石山孜二期文化 H185 平、剖面图　　　图一五三　石山孜二期文化 H249 平、剖面图

H351　位于 T1529 东北部，开口于第⑧层下，打破第⑨、⑩层，北部被 H129 打破。平面近椭圆形，斜弧壁，圜底。坑口距地表 2.1、残存口径 0.45～0.85、坑深 0.4 米。坑内堆积呈黄褐色，质地松软。出土遗物以陶片为主，可辨器形有钵、罐、鼎足、支脚、锉等（图一五四）。

H229　位于 T1629 中部偏西，开口于第⑧层下，打破第⑨层和生土。平面近椭圆形，直壁，平底。坑口距地表 2.9、口径 0.75～0.85、坑深 0.8 米。坑内填土呈灰褐色，夹杂有较多的草木灰动物骨骼，质较疏松。出土遗物以陶片为主，可辨器形有钵、小口双耳罐等（图一五五）。

H125　位于 T0724 北部，开口于第⑦层下，打破第⑧～⑩层和 H138，被 H89 打破。平面近椭圆状，斜弧壁，圜底。坑口距地表 2、口径 0.85～1.2、坑深 0.8 米。坑内填土呈灰黑色，内夹杂烧土颗粒、动物骨骼和较多的炭灰屑。出土遗物以陶、骨器为主，可辨器形有釜、钵、鼎、罐、杯、碗、鹿角钩形器等（图一五六）。

H212　位于 T1630 南部，开口于第⑦层下，打破第⑧层及 F8。平面呈椭圆形，斜弧壁，圜底。开口距地表 2.2、口径 0.8～1、坑深 0.45 米。坑内堆积为红褐色，质松软，夹杂部分动物骨骼及砾石、红烧土颗粒、炭灰屑。出土遗物以陶片为主，可辨器形有釜、碗、盆、钵等（图一五七）。

H211　位于 T1629 东北部，开口于第⑦层下，打破第⑧、⑨层。平面呈椭圆形，坑

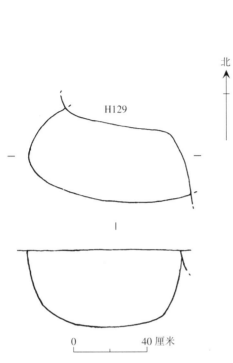

图一五四　石山孜二期文化 H351 平、剖面图

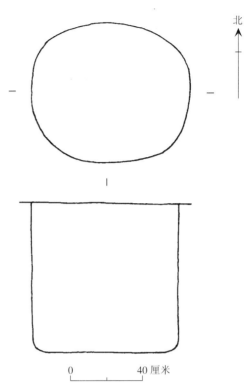

图一五五　石山孜二期文化 H229 平、剖面图

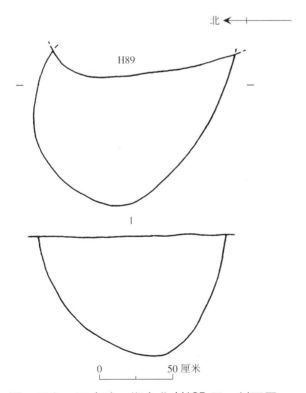

图一五六　石山孜二期文化 H125 平、剖面图

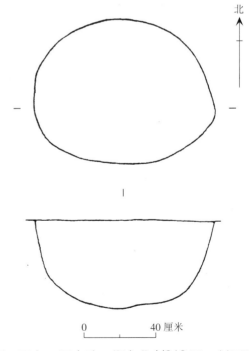

图一五七　石山孜二期文化 H212 平、剖面图

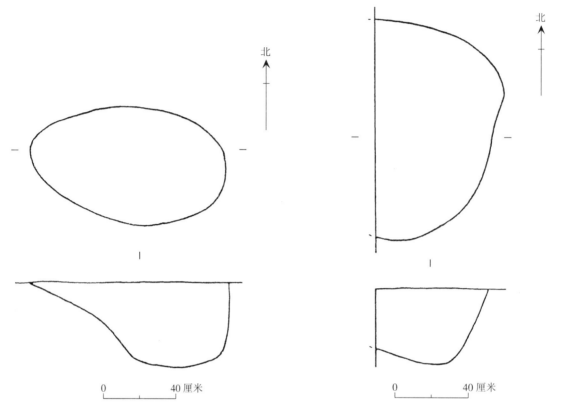

图一五八　石山孜二期文化 H211 平、剖面图　　　图一五九　石山孜二期文化 H213 平、剖面图

壁东部近直，西部斜弧近平底。口径 0.6～1.05、深 0.55、底径 0.5 米。坑内填土呈黄褐色，土质较硬，结构紧密，夹杂较多的石块、红烧土颗粒、炭灰屑等。出土遗物以陶片为主，可辨器形有釜、钵、盆等（图一五八）。

　　H213　位于 T0722 西北部，部分伸出方外，开口于第⑦层下，打破第⑧、⑨层。平面近椭圆形，斜直壁，圜底。坑口距地表 2.5、口径 0.7～1.16、深 0.4 米。坑内填土为灰黑色，质较硬密，夹杂有少量的红烧土颗粒、兽骨残片、石块等。出土遗物以陶片为主，可辨器形有钵、器盖、鼎、罐、釜、盆等（图一五九）。

　　H199　位于 T1630 中北部偏西，开口于第⑦层下，打破第⑧、⑨层及 H238。平面呈椭圆形，斜弧壁，圜底。坑口距地表 2.2、口径 0.8～1.1、深约 0.65 米。坑内填土为灰褐色，土质松软，夹有较多的炭灰屑和少量兽骨。出土陶片较少，可辨器形有釜、钵等（图一六〇）。

　　H228　位于 T0725 东北部，延伸出探方外的部分未扩方清理，开口于第⑦层下，打破第⑧～⑩层。平面近椭圆形，直壁，底部呈东高西低的坡状。坑口距地表 1.7、口径 0.6～1、深 1.05 米。坑内堆积呈黄灰色，夹杂较多的红烧土块。出土遗物以陶片为主，可辨器形有釜、钵、碗等（图一六一）。

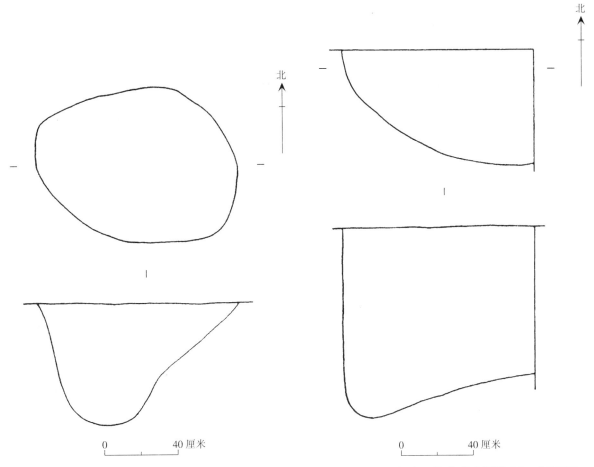

图一六〇 石山孜二期文化 H199 平、剖面图　　图一六一 石山孜二期文化 H228 平、剖面图

　　H215 位于 T0722 东部，开口于第⑦层下，打破第⑧、⑨层。平面呈椭圆形，斜弧壁，圜底。坑口距地表 2.6、口径 0.8～0.85、深约 0.45 米。坑内堆积呈灰黑色，土质疏松，夹杂较丰富的炭灰屑。出土遗物以陶片为主，可辨器形有钵、釜、盆等（图一六二）。

　　H190 位于 T0823 南部偏东，开口于第⑦层下，打破第⑧、⑨层及 H198，被 H189 打破。平面近椭圆形，近直壁，平底。坑口距地表 2.4、口径 0.7～1.1、坑深 0.7 米。坑内填土呈黄褐色，内含红烧土颗粒、炭灰屑。出土遗物以陶片为主，可辨器形有支脚、钵、釜、盆等（图一六三）。

　　H189 位于 T0823 东南部，部分伸入探方外，未做发掘，开口于第⑦层下，打破第⑧～⑩层和 H198、H190。平面近椭圆形，斜弧壁，圜底。坑口距地表 2.4、现存口径 0.85～1.8、深 0.75 厘米。坑内堆积呈黄褐色，内含红烧土颗粒。出土遗物以陶片为主，可辨器形有盆、釜、罐、钵等（图一六四）。

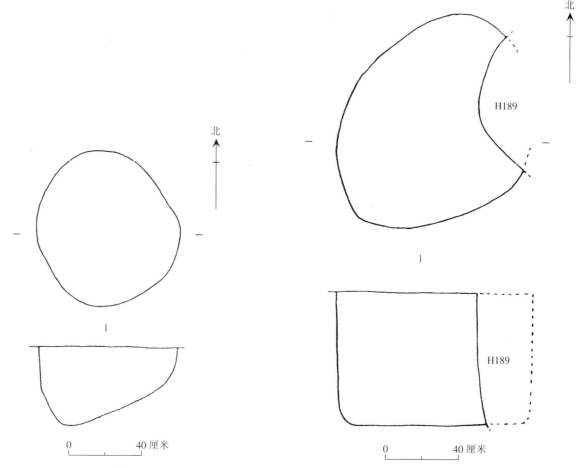

图一六二　石山孜二期文化 H215 平、剖面图　　　　图一六三　石山孜二期文化 H190 平、剖面图

　　H324　位于 T1729 北部偏东，开口于第⑦层下，打破第⑧～⑩层及 H376、H362。平面呈椭圆形，斜弧壁，圜底。坑口距地表 1.85、口径 1.1～1.3 米。坑内堆积呈深灰褐色，结构疏松，内夹杂有红烧土颗粒和炭灰屑。出土遗物以陶片为主，可辨器形有罐、鼎、钵、锥状鼎足、盆等（图一六五）。

　　H341　位于 T1529 南部，开口于第⑦层下，打破第⑧、⑨层及汉代墓葬打破。平面近椭圆形，斜弧壁，圜底。坑口地表 1.8、口径 1.1～1.7、坑深 0.3 米，坑内填土均为红烧土。出土遗物以陶片为主，可辨器形有钵、碗、釜等（图一六六）。

　　H226　位于 T0725 西北部，开口于第⑥层下，打破第⑦、⑧层，被 H225 打破。平面呈椭圆形，斜弧壁。坑口距地表 1.5、坑口径 1.5～1.7、深 0.7 米，坑内填土为红褐色，较松软。出土遗物以陶片为主，可辨器形有罐、盆、鼎、钵、鼎、穿孔支脚等（图一六七）。

　　H156　位于 T1630 东部，开口于第⑥层下，打破第⑦层。平面呈椭圆形，斜壁，平底。坑口距地表深为 1.7、口径 0.7～1.2 米。坑内填土为灰黄色，土质松软，夹杂少量残

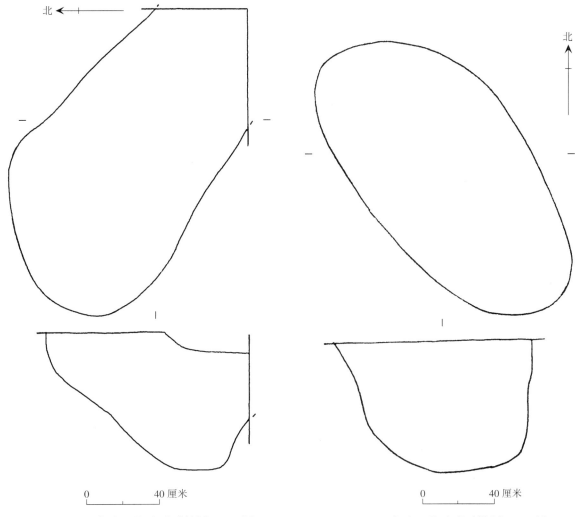

图一六四　石山孜二期文化 H189 平、剖面图　　图一六五　石山孜二期文化 H324 平、剖面图

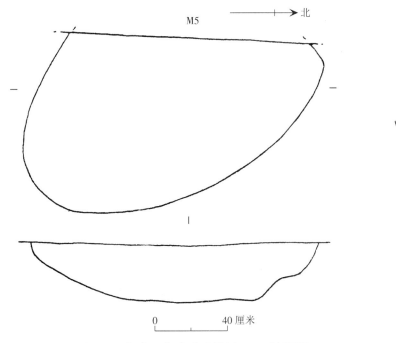

图一六六　石山孜二期文化 H341 平、剖面图

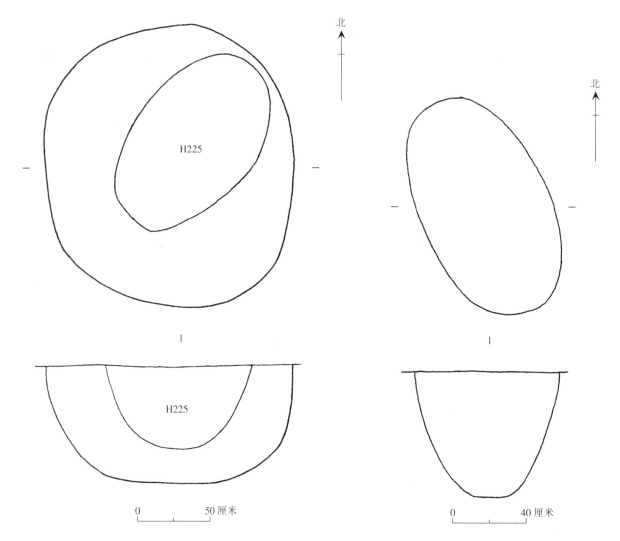

图一六七　石山孜二期文化 H226 平、剖面图　　图一六八　石山孜二期文化 H156 平、剖面图

碎石块、炭灰屑。出土遗物以陶片为主，可辨器形鼎、钵、釜、器流等（图一六八）。

二　圆形

26 座。

H195　位于 T1630 东部居中，开口于第⑥层下，打破第⑦层。平面呈半圆形，斜弧壁，圜底。坑口距地表 1.75、口径 0.9、坑深 0.6 米。坑内填土为灰褐色，土质松软，内含有红烧土颗粒、残碎兽骨。出土遗物以陶片为主，可辨器形有盆、钵、鼎、釜等（图一六九）。

H224　位于 T0725 北中部偏西处，开口于第⑥层下，打破第⑦、⑧层。平面形状为圆形，斜弧壁，圜底。坑口距地表 1.5、口径 1.6、深 0.6 米。坑内堆积为较硬实的红烧土块，夹杂较多炭灰屑。出土遗物以陶片为主，可辨器形有釜、鼎、钵、碗等（图一七〇）。

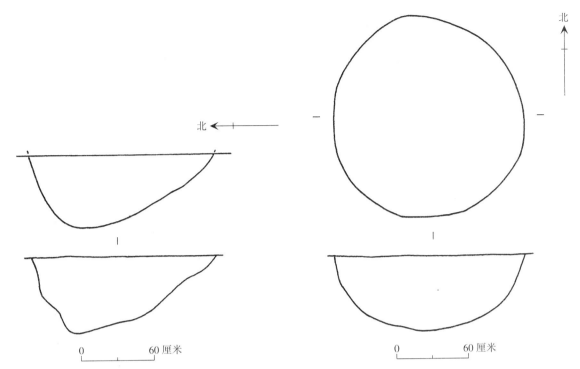

图一六九 石山孜二期文化 H195 平、剖面图　　图一七〇 石山孜二期文化 H224 平、剖面图

H209 位于 T0723 中部，开口于第⑦层下，打破第⑧~⑩层。平面为圆形，口大底小，剖面呈锥形，斜壁，圜底。坑口距地表 2.65、口径 1.15、深 1.35 米。坑内堆积为黑灰色，质软黏湿，夹杂较多炭灰屑和动物骨骼。出土遗物以陶片为主，可辨器形有釜、钵、盆等，此外还出土了一件骨镞（图一七一）。

H340 位于 T1529 南部，开口于第⑦层下，打破第⑧~⑩层和 K36，被 K29、K30 打破。平面呈不规整圆形，近直壁，平底。坑口距地表 1.8、口径约 1.6、深 0.5 米。坑内堆积主要是红烧土，夹杂有炭灰屑。出土遗物以陶片为主，可辨器形有鼎、钵、釜、圆锥状鼎足（图一七二）。

H311 位于 T1730 北部，部分延伸出探方外，未做发掘，开口于第⑥层下，打破第⑦~⑩层。平面近似半圆形，斜直壁，平底。口径 1.2、深 1.5、坑口距地表 1.5 米。坑内填土呈深灰褐色，夹杂较多的红烧土颗粒和少量的炭灰屑。出土遗物以陶片为主，可辨器形有盆、钵、罐、釜、鼎等（图一七三）。

H219 位于 T0722 北部，开口于第⑥层下，打破第⑦~⑨层及 H214、H220。平面近圆形。口径 1.1、深 1.3 米。东壁稍直，西壁作台阶式，圜底。坑内填土为灰黑色，质较硬，内夹杂较多数量的红烧土颗粒。出土遗物以陶片为主，可辨器形有盆、碗、罐、鼎等（图一七四）。

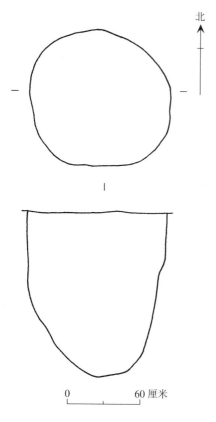

图一七一　石山孜二期文化 H209 平、剖面图

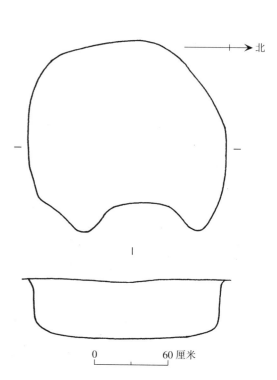

图一七二　石山孜二期文化 H340 平、剖面图

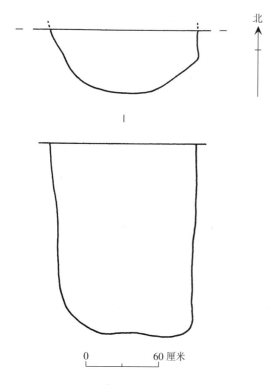

图一七三　石山孜二期文化 H311 平、剖面图

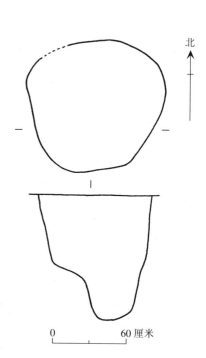

图一七四　石山孜二期文化 H219 平、剖面图

### 三　长方形

共 21 座。

H259　位于 T1631 东壁偏北处，向东延伸至探方外，开口于第⑥层下，打破第⑦层和 H246，被 H101 打破。平面形状为圆角方形，斜直壁，斜平底。坑口距地表约 1.7、长 1.2、宽 1、坑深 0.9~1.05 米。呈北高南低状，坑内堆积呈灰褐色，内夹有红烧土颗粒，质地较松软。出土遗物以陶片为主，可辨器形有碗、罐、釜、盆、钵、鼎及鼎足等（图一七五）。

H245　位于 T1631 东北部，部分伸入探方北壁之外，开口于第⑥层下，打破第⑦层，被位于其西侧的汉代墓葬 M9 打破。平面近圆角长方形，坑壁较直，壁中部内收成台阶状，小平底。坑口距地表约 1.75、长 0.6、宽 0.6、深 1 米。坑内填土为红褐色，夹杂较多红烧土块及颗粒和少量碎石块。出土遗物以陶片为主，可辨器形有盆、钵、釜、鼎等（图一七六）。

H230　位于 T1629 东部偏北处，开口于第⑧层下，打破第⑨层和生土。平面呈正方

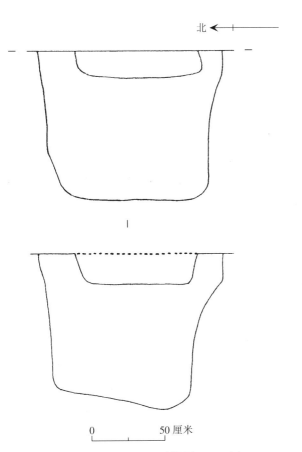

图一七五　石山孜二期文化 H259 平、剖面图

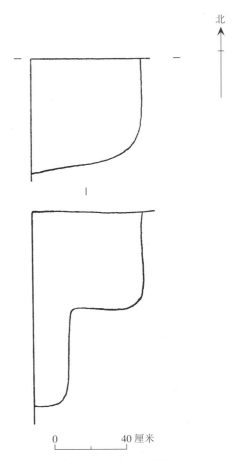

图一七六　石山孜二期文化 H245 平、剖面图

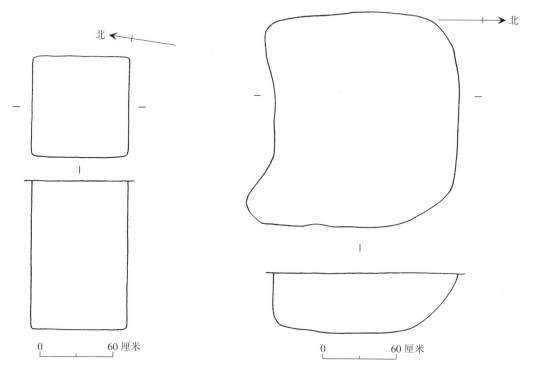

图一七七　石山孜二期文化 H230 平、剖面图　　图一七八　石山孜二期文化 H330 平、剖面图

形。直壁，平底。坑口距地表2.5、长0.8、宽0.8、深0.82米。坑内填土呈灰褐色，夹杂动物骨骼残片，沙粒和草木灰较多，土质疏松。出土遗物以陶片为主，可辨器形有罐、釜等（图一七七）。

　　H330　位于 T1729 西部居中，西隔梁内叠压一部分（部分伸入 T1629 内），北部与 H331 相邻。开口于第⑧层下，上部被 H325 打破，打破第⑨层和 H331。平面呈圆角方形，斜弧壁，近平底。口径东西长1.7、南北宽1.5、深0.48、坑口距地表约2.3米。坑内填土呈深灰褐色，夹杂较多的红烧土颗粒和炭灰屑，土质较疏松。出土遗物以陶片和骨器为主，可辨器形有釜、罐、钵、盆、骨锥等（图一七八）。

　　H358　位于 T1730 南部偏西，开口于第⑧层下，打破第⑨层、H365。平面形状为圆角长方形，斜直壁，底部西高东低。坑口距地表2.3、长1.1、宽0.9、深0.4米，坑内填土呈灰褐色，夹杂少量红烧土颗粒、炭灰屑、残碎石块及动物骨骼。出土遗物以陶片为主，可辨器形有釜、盆、钵、支脚、鼎足等（图一七九）。

　　H365　位于 T1730 中部，开口于第⑧层下，打破第⑨层，被 H355、H358、H364 打破。平面呈圆角长方形，东壁斜弧，西壁斜直，平底。坑口距地表2.3、东西长1.3、南北宽0.8、深0.3米。坑内堆积为灰褐色，内夹杂有黄土，较疏松。出土遗物以陶片和兽骨为主，可辨器形有钵、鼎等（图一八〇）。

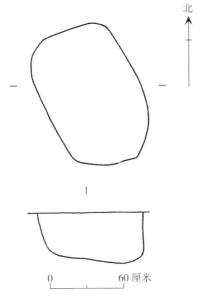

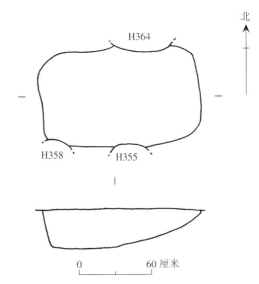

图一七九 石山孜二期文化 H358 平、剖面图　　　图一八〇 石山孜二期文化 H365 平、剖面图

H371　位于 T1730 东部偏北，部分叠压在东隔梁下，开口于第⑧层下，打破第⑨～⑪层，被 H357 打破。平面近长方形，斜弧壁，底部近平，略显北高南低状。坑口距地表2.35、长1、宽0.85、深0.58米，坑内堆积呈灰褐色，土质稍硬，密度略大，夹杂兽骨残片和少量的碎残石块。出土遗物以陶片为主，可辨器形有钵、釜等（图一八一）。

H372　位于 T1730 西南部，开口于第⑧层下，打破第⑨、⑩层和 H382，同时被 H354、H370 打破。平面近圆角长方形，近直壁，底呈南高北低状。坑口距地表2、长0.8、宽0.65、深0.35～0.4米，坑内堆积为灰黄色，质软硬度适中，略带黏性，夹杂炭灰屑。出土遗物以陶片为主，可辨器形有罐、釜、盆、钵等（图一八二）。

H217　位于 T1629 中部偏东部，开口于第⑧层下，打破第⑨层及生土层。坑口界线较明显，平面呈圆角长方形，坑壁较直，平底。坑口距地表2.9、长1.56、宽1.04米。坑内堆积呈黄褐色，较硬，夹杂较少量的红烧土颗粒和炭灰屑。出土遗物以陶片为主，可辨器形有钵、小口双耳罐等（图一八三）。

H356　位于 T1530 东部，开口于第⑦层下，打破第⑧～⑩层。平面近圆角长方形。坑口距地表约1.8、长1.55、宽0.9、深0.6米。坑壁北部做内曲状，南壁为斜弧壁，壁底均较为规整。坑内填土为大块红烧土，夹杂少量的兽骨和石块，质较硬。出土遗物以陶片为主，可辨器形有鼎、罐、碗、釜等（图一八四）。

H193　位于 T0822 北部居中，开口于第⑥层下，打破第⑦～⑨层及生土，西部被 M4 和 H251 打破。平面为圆角长方形，斜直壁，平底，呈西高东低状。坑口距地表2.2、口长1.7、宽1.2、深1.2米。坑内填土为灰褐色，质地疏松。出土遗物以陶片为主，可辨器形有鼎、釜、盆、钵、罐等（图一八五）。

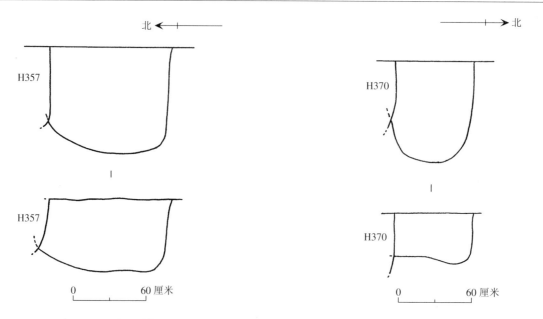

图一八一　石山孜二期文化 H371 平、剖面图　　　图一八二　石山孜二期文化 H372 平、剖面图

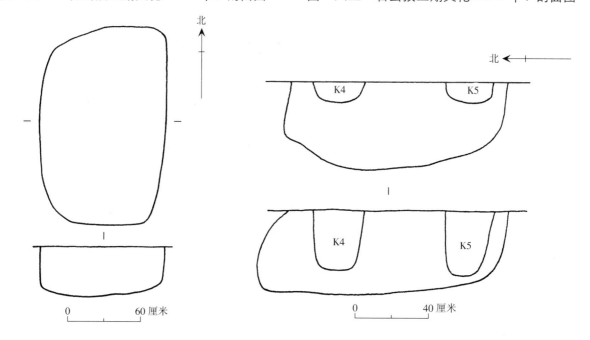

图一八三　石山孜二期文化 H217 平、剖面图　　图一八四　石山孜二期文化 H356 平、剖面图

H222　位于 T0822 东部，开口于第⑥层下，打破⑦层，被 H174 打破。平面呈长方形，直壁、平底，口底同大。坑口距地表 2.45、口长 1、宽 0.5、深 0.72 米。坑内填土为黄褐色，质略疏松，夹杂石块等。出土遗物以陶片为主，可辨器形有盆、釜、罐、钵、鼎（图一八六）。

H180　位于 T1629 西北部，西部伸入 T1529 内，开口于第⑥层下，打破第⑦层和H129。平面近圆角长方形，斜弧壁，斜平底（南高北低）。坑口距地表 1.5、长 1.5、宽1.25、深 0.7 米。坑内填土呈黄褐色，质地较硬密，夹杂红烧土块和炭灰屑颗粒。出土遗物以陶片为主，可辨器形有鼎、釜、罐等（图一八七）。

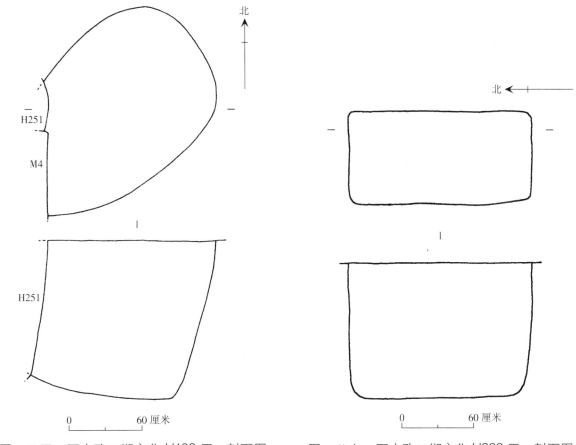

图一八五　石山孜二期文化 H193 平、剖面图　　图一八六　石山孜二期文化 H222 平、剖面图

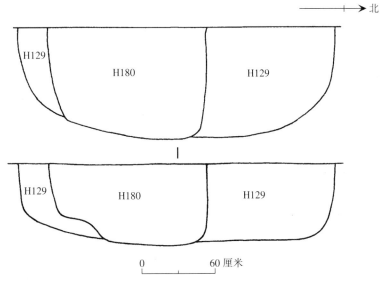

图一八七　石山孜二期文化 H180 平、剖面图

四　不规则形

共 27 座。

H235　位于 T0725 西部偏南，部分延伸至西隔梁下，开口于第⑦层下，打破第⑧、

⑨层，坑口西部被 H45 打破。平面呈不规则形，斜弧壁，圆底。口径 1.25、深 0.65 米。坑内堆积为灰色，土质较松软，夹杂红烧土颗粒及草木灰。出土遗物以陶片为主，可辨器形有钵、鼎、罐、釜等（图一八八）。

　　H346　位于 T1530 南部，部分伸入 T1529 北部，开口于第⑦层下，打破第⑧、⑨层。平面呈不规则半环状，圜底，坑壁西部直，东部斜弧。坑口距地表 1.8、坑口长 1.45、宽 0.75、坑深 0.45 米。坑内填土呈红褐色，内含较多的红烧块。出土遗物以陶片为主，可辨器形有盆、罐、钵、鼎、釜等（图一八九）。

　　H349　位于 T1730 北部偏东，开口于第⑥层下，打破第⑦～⑨层，坑口部分被 H268 打破。平面呈不规则形，斜弧壁，近平底。长 1、宽 0.8、深 0.6 米。坑内填土为灰黄色，含有较多的红烧土颗粒，质密。出土遗物以陶片为主，可辨器形有盆、釜、罐、钵等（图一九〇）。

　　H214　位于 T0722 北部偏西，开口于第⑦层下，打破第⑧、⑨层，被 H219、H196 打破。平面呈不规则圆形，斜直壁，圜底。坑口距地表 2.5、长径约 1.2、深 0.6 米。坑内填土为灰褐色，土质较硬密，内含少量红烧土颗粒和较多的炭灰屑。出土遗物以陶片为主，可辨器形有钵、釜、鼎、盆、罐等（图一九一）。

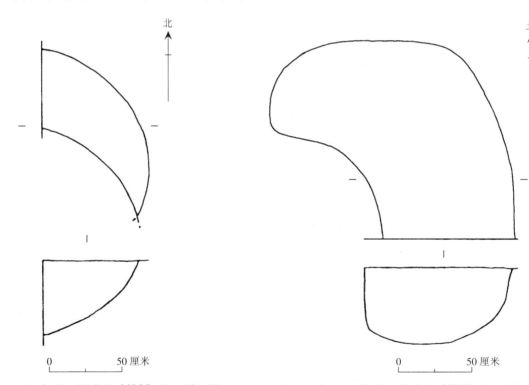

图一八八　石山孜二期文化 H235 平、剖面图　　　　图一八九　石山孜二期文化 H346 平、剖面图

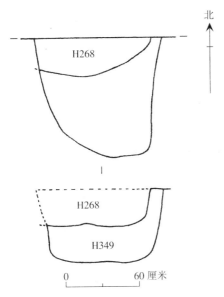

图一九〇　石山孜二期文化 H349 平、剖面图

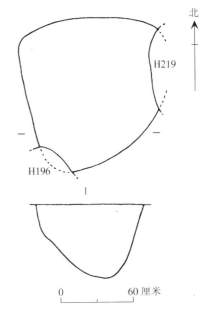

图一九一　石山孜二期文化 H214 平、剖面图

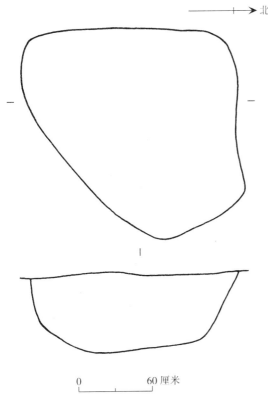

图一九二　石山孜二期文化 H325 平、剖面图

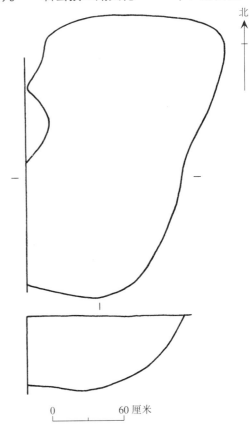

图一九三　石山孜二期文化 H337 平、剖面图

　　H325　位于 T1729 西部居中，部分伸入 T1629 东壁，开口于第⑦层下，打破第⑧层。平面呈不规则圆形，斜弧壁，坡状底略圜。坑口距地表 1.75、口径 1.7、深 0.65 米。坑内堆积呈红褐色，内夹杂较多的红烧土颗粒和炭灰屑、兽骨，土质较硬。出土遗物以陶

片为主，可辨器形有鼎、罐、釜、鼎足、钵等（图一九二）。

H337　位于T1529西北部，北部伸入T1530，与探方T1530内的H347为一个灰坑，因西部叠压在隔梁之下，未做清理。平面呈不规则状，与H347相合后，略呈长条状，圆角，坑南壁为斜弧壁，坑北壁下部较直，平底。坑口距地表1.8、坑口长1.95、宽1.25～1.5、深0.6～1.05米。坑内填土以红烧土为主，夹杂较多的炭灰屑，质较紧密。出土遗物以陶片为主，可辨器形有鼎、釜、彩陶钵、罐等（图一九三）。

H350　位于T1529东部，开口于第⑦层下，打破第⑧～⑩层和H388。平面呈不规则椭圆形，斜直壁，平底。口径0.58～1.3、深0.7米。坑内填土为黄褐色，质地较软，夹杂有炭灰屑。出土遗物以陶片为主，可辨器形有鼎、钵、盆、碗、釜等（图一九四）。

H238　位于T1630西北部，开口于第⑦层下，打破第⑧、⑨层，东部被H199打破。平面呈不规则状，斜弧壁，圜底。坑口距地表2.25、长2.15、宽1.4、深0.85厘米。坑内填土为灰黑色，土质松软，夹杂较多炭灰屑。出土少量陶片，碎破较甚（图一九五）。

H188　位于T0823北部，开口于第⑥层下，打破第⑦层和H189，被H187、H154、H152打破。平面呈不规则状，斜直壁、平底。坑口距地表2.2、直径1.2～1.65、深约0.8米。坑内填土为黄褐色，结构紧密。出土遗物以陶片为主，可辨器形有豆、钵、盆、釜、罐、碗、鼎等（图一九六）。

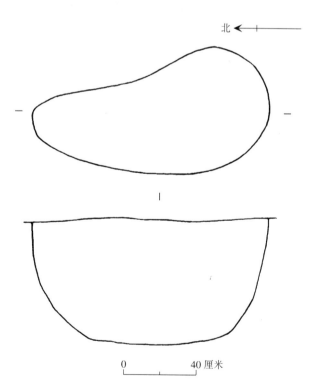

图一九四　石山孜二期文化H350平、剖面图

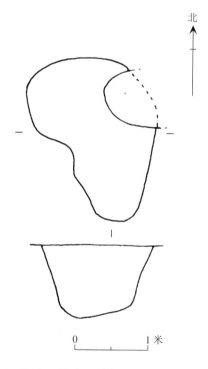

图一九五　石山孜二期文化H238平、剖面图

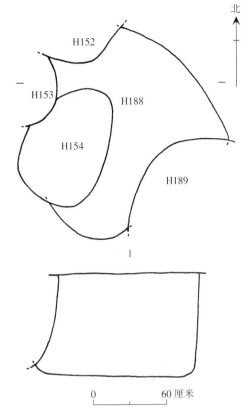

图一九六 石山孜二期文化 H188 平、剖面图

## 第三节 墓 葬

属于本时期的墓葬仅发现 2 座，编号分别为 M13、M14，均为竖穴土坑墓。

M13 位于 T1730 中部，开口于第⑦层下，打破第⑧层，方向 270°，长方形竖穴土坑墓。墓口距地表 2.1、东西长 1.1、南北宽 0.8、残深 0.35 米。填土为灰褐色五花土，墓壁较直，略规整。墓底有人骨架一具，骨骼保存较差，头西脚东，仰身直肢，未发现随葬器物和葬具痕迹，依骨骼推断墓主应为未成年人，性别不明（图一九七）。

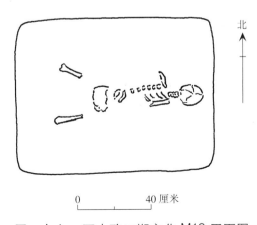

图一九七 石山孜二期文化 M13 平面图

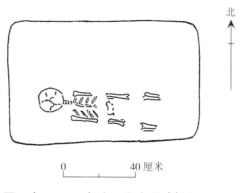

图一九八　石山孜二期文化 M14 平面图

M14　位于 T1730 西部，开口于第⑧层下，打破第⑨层，墓向 271°，长方形竖穴土坑墓。墓口距地表 2.5、东西长 1、南部宽 0.6、残深 0.3 米。墓内填土为灰褐色五花土，内含少量残碎陶片，土质较松散。墓壁略直，墓底葬有人骨一具，骨架保存较差，从痕迹看，应为仰身直肢，头西脚东。没有发现葬具痕迹和随葬品。依骨骼推测墓主为一未成年人，因未进行人骨鉴定，性别不明（图一九八）。

## 第四节　出土遗物

石山孜二期文化遗存出土的遗物比较丰富，以陶器为主，另有一些石器、骨器及动物遗骸等，现按其质地不同分别介绍。

一　陶器

按其用途可分为生活用具、生产工具。

（一）生活用具

主要指当时日常生活中使用的各类器具，由于多存在于地层、灰坑和房址之中，因而完整器较少。按质地可分为夹蚌陶、夹砂陶、泥质陶和夹炭陶四类，其中夹蚌陶明显增多，约占 55%，夹砂陶次之，约占 28%，泥质陶也有所增加，约占 11%，夹炭陶较少，约占 6%。在陶色方面，夹砂陶和夹蚌陶仍以红褐色为主，灰黑色陶次之，陶色仍不纯正，存在相当多的外红内褐灰黑色陶，器物内外也时常有灰黑色斑块；泥质陶以青灰色和红色为主，有少量不纯正的灰色陶和灰黑色陶；夹炭陶的陶色与夹砂陶和夹蚌陶有些相似，只是夹炭陶的胎质经常呈现灰黑色。在器表处理方面，一般泥质陶多磨光，内外光滑，有的施红陶衣，陶质较细。有为数不少的泥质陶口部内外有一周红色，其下为青灰色，即所谓的“红顶”。另外出现少量的彩陶，色彩以红色为主，纹样简单，均为口外饰一周红色彩带；夹炭陶有一部分口沿上绘有红色彩绘，多为烧制后所绘，容易脱落，

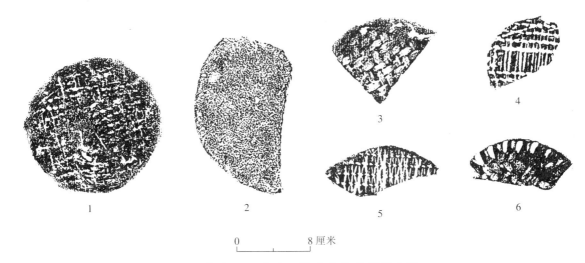

0 ├──────┤ 8厘米

图一九九　石山孜二期文化陶器纹饰拓片

1、3、6. 席纹（T1630⑧：5、H253：5、H187：3）　2. 谷糠纹（T0725⑧：61）　4、5. 栉节纹（F13：7、T1630⑦：11）

纹样多不清晰，可辨有放射线纹、方格纹及宽带纹，如标本 T0725⑦：16（图二二七，2）、标本 T1530⑨：25（图二二七，11）。其他纹饰常见的有附加堆纹、篦点纹、划纹、指掐纹、弦纹、栉节纹、谷糠纹等，部分器物的器表施有由两种以上的纹样组成的图案（图一九九）。

　　附加堆纹是由泥条贴塑在器表之上，既可作加固之用，又可作为装饰。有两种类型，一种是附加泥条上压印如锁链状的花纹，另一种是素面呈凸棱状。比如，标本 T1630⑦：38（图二〇〇，2）为链式附加堆纹，标本 T0822⑨：39（图二〇四，7）为凸棱状附加堆纹。掐指纹是用圆弧形工具或制陶者的指甲掐印而成，数量不多，仅在釜形鼎上发现，如标本 T0724⑦：9（图二〇八，1）即属此类。弦纹是新出现的纹饰，主要发现在鼎类器物的沿外，如标本 T1529⑧：1（图二一一，4）。篦点纹是用圆尖状工具在器物的表面锥刺或剔刺成圆点或椭圆状的图案。划纹主要刻划在器表，但有的器物底部也有紊乱的划纹，如标本 T0724⑨：19（图二四四，1）为器底交错划纹，此外还有交叉状划纹和斜向划纹等。值得注意的是，在器物底部还发现有压印状的刻划符号，如标本 T0725⑨：19（图二四二，12）为"十"字形交叉符号，标本 T1630⑧：23（图二四二，9）为平行条状纹。谷糠纹主要是钵或碗底部有类似粟糠的印痕，这是制陶时为避免陶胚粘连而形成的。栉节纹较少，仅发现两件，即标本 T1630⑦：11（图一九九，5）、标本 F13：7（图一九九，4）。另外，在器物圈足上有一些刮削而成的花边，也可以归入纹饰类，如标本 H188：1（图二四二，4）等。

　　陶器的制作方法大多采用手制，泥条盘筑成型，然后打磨。其中夹蚌陶和夹砂陶多采用手制，较为粗糙。泥质陶的器壁较薄，陶质较硬，内外壁磨光，口部规整并留有旋痕，表明已经开始使用轮旋技术。小件器物多直接捏塑成形，有些陶器的足、耳、圈足、鋬、把等部位应是分制后再粘接安装，如鼎等。

陶器的器形主要有釜、鼎、碗、钵、盆、罐、盂及小型陶器。器物造型主要有平底器、圜底器、三足器及少量的带把、带流器。以下分别加以介绍。

釜　57 件。以夹蚌红褐陶为主，外红内黑陶次之。依器物形制不同，可分为附加堆纹釜、带鋬釜两类。

附加堆纹釜　45 件。多为器物残片，以夹蚌红褐陶为主，有少量的外红内黑陶。依器物贴塑附加泥条纹饰的不同分 2 型。

A 型　22 件。链式附加堆纹釜。器物口外附加泥条上压印的按窝纹，形似链索，部分器物附加泥条下装有鋬手。依器物口部、腹部差异分 3 亚型。

Aa 型　7 件。敛口，斜腹，圜底或平底。分 2 式。

Ⅰ 式　3 件。敛口，斜弧腹。标本 T1630⑦：38，夹蚌红褐陶。器物内外抹痕明显，圆唇，口外附加泥条较宽厚，其上压印链索状窝纹，斜弧腹，下残。残高 10.8 厘米（图二〇〇，1）。标本 T0724⑧：10，夹蚌红褐陶，器内抹制略光，器表抹痕明显，器物内外有因蚌片脱落形成的凹坑。圆唇，口外附加泥条上压印斜向细浅窝纹，斜弧腹，下残。口径 15、残高 4 厘米（图二〇〇，3）。标本 T1530⑦：9，夹蚌红褐陶，器物内外抹痕明显。圆唇，口外附加泥条呈下斜状，其上压印链索状窝纹，斜弧腹，下残。残高 9.4 厘米（图二〇〇，6）。

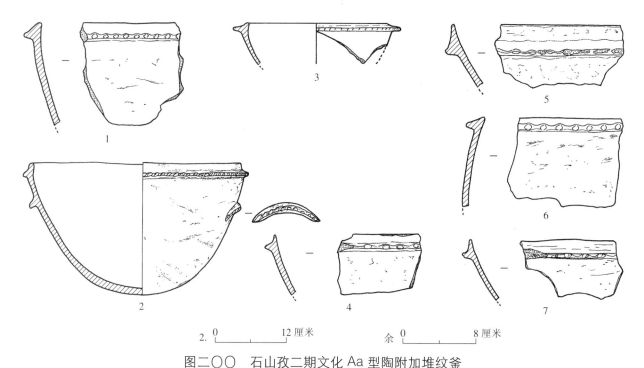

2. 0 ____ 12厘米　　余 0 ____ 8厘米

图二〇〇　石山孜二期文化 Aa 型陶附加堆纹釜

1、3、6. Ⅰ式（T1630⑦：38、T0724⑧：10、T1530⑦：9）　2、4、5、7. Ⅱ式（H188：23、T0823⑦：8、H89：27、T1730⑦：6）

Ⅱ式　4件。敛口作榫状，口外附加泥条略靠下，斜直腹内收成圜底。标本H188：23，复原器，夹蚌陶，器内及口外为灰黑色，磨光，器表红褐色有黑色斑块及修整打磨时留下的划痕，器物内外因蚌片脱落而形成的凹坑。方圆唇，口外附加泥条上压印密集链索状凹窝纹，上腹部装有对称的鸡冠状鋬手，斜直腹内收成圜底。口径34.5、残高21厘米（图二〇〇，2）。标本T0823⑦：8，夹蚌红褐陶，器物内外抹痕明显。口微敛，圆唇，口外附加泥条上压印链索状凹窝纹，下腹残。残高6厘米（图二〇〇，4）。标本H89：27，夹蚌红褐陶，器物内外抹痕明显，有因蚌片脱落形成的凹坑，圆唇，口外贴附加泥条上压印链索状凹窝纹，下腹残。残高6.6厘米（图二〇〇，5）。标本T1730⑦：6，夹蚌红褐陶，器内抹制略光，器表抹痕明显。圆唇，口外附加泥条上压印链索状凹窝纹，下腹残。残高6.8厘米（图二〇〇，7）。

Ab型　11件。直口，斜腹，平底或圜底。分2式。

Ⅰ式　6件。均为器物残片，直口，上腹略直，下腹斜内收。标本T1530⑦：10，夹蚌红褐陶，器物内外抹痕明显。圆唇，口外贴方形附加泥条，其上压印链索状凹窝纹，下腹残。残高8厘米（图二〇一，1）。标本H346：2，夹蚌陶，器内为灰黑色抹制略光，器表红褐色，有黑色斑块抹痕明显。圆唇，口外附加泥条上压印链索状凹窝纹，下腹残。残高8.6厘米（图二〇一，2）。标本T1729⑧：8，夹蚌陶，器内为灰黑色，器表红褐色有黑色斑块，器物内外抹痕明显。圆唇，口外附加泥条上压印链索状凹窝纹，下腹残。残高4.8厘米（图二〇一，5）。标本T0724⑧：14与标本T1729⑧：8形制相同，残高5厘米（图二〇一，3）。标本T0725⑧：21，夹蚌红褐陶，器物内外有黑色斑块，抹制略光。方圆唇，口外贴较细的附加泥条，其上压印稀疏凹窝纹，下腹残。残高9.5厘米（图二〇一，4）。标本H346：13，夹蚌红褐陶，器物内外抹制略光。圆唇，口外附加泥条上压印链索状凹窝纹，下腹残。残高9厘米（图二〇一，6）。

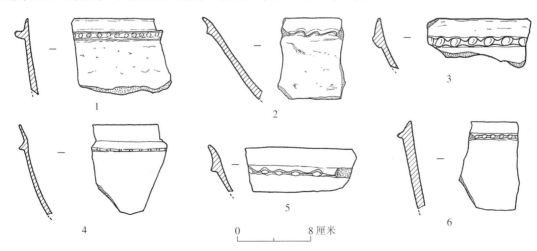

图二〇一　石山孜二期文化Ab型Ⅰ式陶附加堆纹釜
1. T1530⑦：10　2. H346：2　3. T0724⑧：14　4. T0725⑧：21　5. T1729⑧：8　6. H346：13

　　Ⅱ式　5件。直口，斜直腹。标本 H188：22，复原器，夹蚌陶，器内为灰黑色，抹制略光，器表红褐色，有黑色斑块及打磨时留下的划痕，器物内外因蚌片脱落形成的凹坑。圆唇，口外附加泥条上压印链索状凹窝纹，上腹部装有对称的鸡冠状鋬手，斜直腹平底。口径30、残高14.1厘米（图二〇二，1）。标本 T0722⑦：14，夹蚌红褐陶，器壁略厚，器物内外因蚌片脱落形成的凹坑，抹痕明显，方圆唇，口外附加泥条上压印链索状凹窝纹，下腹残。残高6.8厘米（图二〇二，2）。标本 H205：1，夹蚌红褐陶，器壁略厚，器物内外抹制略光，有因蚌片脱落形成的凹坑。圆唇，口外附加泥条上压印链索状凹窝纹，下腹残。残高6.6厘米（图二〇二，3）。标本 T1729⑦：20，夹蚌陶，器内为灰黑色，抹制略光，器表红褐色抹痕明显。圆唇，口外贴附加泥条上压印链索状凹窝纹，下腹残。残高7.6厘米（图二〇二，4）。标本 T1530⑦：8，夹蚌红褐陶，器物内外抹痕明显。圆唇，口外附加泥条接近口部，其上压印链索状凹窝纹，下腹残。残高8厘米（图二〇二，5）。

　　Ac 型　4件。均为器物残片，数量较少。侈口，斜直腹。标本 T1729⑦：18，夹蚌红褐陶，器形较大，器壁略厚，器物内外有少量黑色斑块，抹制略光。圆唇，口外附加泥条上压印链索状凹窝纹，下腹残。口径42、残高11.2厘米（图二〇三，1）。标本 T0724⑦：42，夹蚌红褐陶，器物内外抹制略光，有因蚌片脱落形成的凹坑。方圆唇，口外附加泥条上压印链索状凹窝纹，下腹残。残高7.4厘米（图二〇三，2）。标本 T0725⑧：55，夹蚌红褐陶，器物内外抹痕明显。卷沿，圆唇，沿下贴方形附加泥条，其上压印链索状凹窝纹，下残。残高7.6厘米（图二〇三，3）。标本 H322：3，夹蚌红褐陶，器物内外抹制略光。圆唇，口外附加泥条上压印链索状凹窝纹，下腹残。残高7.8厘米（图二〇三，4）。

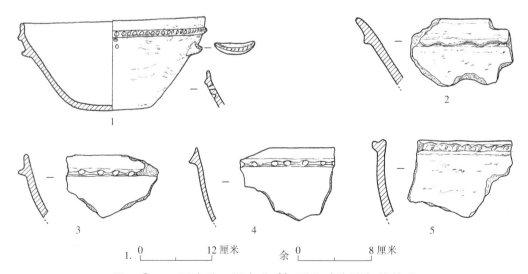

1.　0 ├─┼─┼─┼─┤ 12厘米　　　余　0 ├─┼─┼─┤ 8厘米

图二〇二　石山孜二期文化 Ab 型Ⅱ式陶附加堆纹釜
1. H188：22　2. T0722⑦：14　3. H205：1　4. T1729⑦：20　5. T1530⑦：8

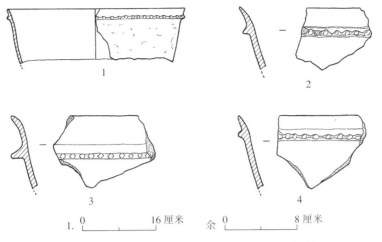

图二〇三　石山孜二期文化 Ac 型陶附加堆纹釜
1. T1729⑦：18　2. T0724⑦：42　3. T0725⑧：55　4. H322：3

　　B 型　23 件。附加堆凸棱釜。均为器物残片。夹蚌红褐陶占绝大多数，外红内黑陶较少，器物口外或上腹部贴有一周凸棱状附加堆纹。依器物口部、腹部的变化分 3 亚型。

　　Ba 型　13 件。均为器物残片。直口，直腹或斜弧腹。分 2 式。

　　I 式　5 件。直口，腹壁斜直。标本 T1730⑨：33，夹蚌陶，器内为灰黑色，器表红褐色，器物内外抹制略光。圆唇，口外贴有一周凸棱状附加泥条，其下压印一道凹痕，下腹残。口径 40、残高 6.5 厘米（图二〇四，1）。标本 T1729⑧：5，夹蚌陶，器内为灰黑色，器表红褐色有黑色斑块，器物内外抹制略光。圆唇，口外贴有一周凸棱状附加泥条，下腹残。口径 20、残高 6.4 厘米（图二〇四，4）。标本 T0822⑨：39，夹蚌陶，器内为灰黑色抹制略光，器表红褐色，有黑色斑块抹痕明显，器物内外有因蚌片脱落形成的凹坑。圆唇，口外贴有一周凸棱状附加泥条，下腹残。残高 7.8 厘米（图二〇四，7）。标本 T1730⑧：6，夹蚌红褐陶，器物内外抹制略光。圆唇，口外贴有一周凸棱状附加泥条，下腹残。残高 8.8 厘米（图二〇四，8）。标本 H137：1，夹蚌红褐陶，器物内外抹制略光，有因蚌片脱落形成的凹痕。圆唇，口外贴有一周凸棱状附加泥条，腹残。残高 5.7 厘米（图二〇四，12）。

　　II 式　8 件。直口，斜弧腹。标本 H125：7，夹蚌陶，器内为灰黑色，器表红褐色，器物内外抹痕明显。方圆唇，口外贴有一周凸棱状附加泥条，腹残。口径 44、残高 4.6 厘米（图二〇四，2）。标本 T1530⑦：5，夹蚌红褐陶，器物内外抹痕明显。圆唇，口外贴有一周凸棱状附加泥条较宽厚，斜弧腹内收较缓，下残。口径 37.6、残高 8.4 厘米（图二〇四，3）。标本 T1729⑦：9，夹蚌红褐陶，器内抹痕明显，有因蚌片脱落形成的凹坑，器表抹制略光。圆唇，口外贴有一周凸棱状附加泥条，斜弧腹缓内收，下残。口径 35.5、残高 13 厘米（图二〇四，5）。标本 T1530⑦：24，夹蚌陶，器内为灰黑色，器表红褐色，器物内外抹制略光。圆唇，口外贴有一周凸棱状附加泥条，腹残。残高 5.6 厘米（图二〇四，9）。标本 T0725⑦：32，与标本 T1530⑦：24 形制相同，残高 4.8 厘米

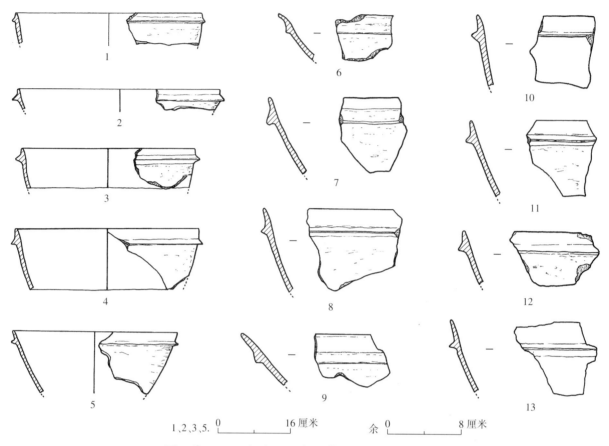

1、2、3、5. ⌐____⌐____⌐ 16厘米　　　　余 0 ⌐____⌐____⌐ 8厘米

图二〇四　石山孜二期文化 Ba 型陶附加堆纹釜

1、4、7、8、12. Ⅰ式（T1730⑨：33、T1729⑧：5、T0822⑨：39、T1730⑧：6、H137：1）　　2、3、5、6、9～11、
13. Ⅱ式（H125：7、T1530⑦：5、T1729⑦：9、T0725⑦：32、T1530⑦：24、H322：6、T1631⑦：62、T1630⑦：69）

（图二〇四，6）。标本 H322：6，夹蚌陶，器内为灰黑色，器表红褐色，器物内外抹痕明显。方唇，下腹残。残高7.4厘米（图二〇四，10）。标本 T1630⑦：69，与标本 T1530⑦：24 形制相同，残高7.6厘米（图二〇四，13）。标本 T1631⑦：62，与标本 T1530⑦：24 相同，残高8厘米（图二〇四，11）。

Bb 型　8件。侈口，斜弧腹或微鼓。分2式。

Ⅰ式　5件。侈口，斜弧腹微鼓。标本 H135：4，夹蚌红褐陶，器物内外有黑色斑块，抹痕明显，有因蚌片脱落形成的凹坑。圆唇，口外贴有一周凸棱状附加泥条，下腹残。口径44、残高9.6厘米（图二〇五，1）。标本 H374：2，夹蚌陶，器内为灰黑色，器表红褐色，器物内外抹痕明显。圆唇，口外贴有一周凸棱状附加泥条，下腹残。残高7.5厘米（图二〇五，2）。标本 T1729⑨：5，夹蚌红褐陶，器物内外抹痕明显。圆唇，口外贴一周凸棱状附加泥条，下腹残。残高9.7厘米（图二〇五，3）。标本 T0822⑨：6，夹蚌红褐陶，器物内外有黑色斑块，抹制略光，有因蚌片脱落形成的凹坑。圆唇，口外贴有一周凸棱状附加泥条，下腹残。口径28、残高14厘米（图二〇五，4）。标本 T0822⑨：65，夹蚌陶，器内为灰黑色，器表红褐色，器物内外抹制略光。厚圆唇，口外贴有一周凸棱状附加泥条略宽厚，下腹残。残高 10 厘米（图二〇五，5）。

Ⅱ式 3 件。侈口，斜弧腹。标本 H211：2，夹蚌红褐陶，器物内外抹制略光。圆唇，口外贴有一周凸棱状附加泥条，下腹残。残高 5.5 厘米（图二〇五，7）。标本 F13：10，夹蚌陶，器内为灰黑色，器表红褐色，器物内外抹制略光。圆唇，口外贴有一周凸棱状附加泥条，下腹残。残高 12.6 厘米（图二〇五，10）。标本 T1530⑦：17，夹蚌陶，器内为灰黑色，器表红褐色，器物内外抹痕明显。圆唇，口外贴有一周凸棱状附加泥条，腹残。残高 4.6 厘米（图二〇五，9）。

Bc 型 2 件。敛口凸棱釜。标本 H371：1，夹蚌红褐陶，器内抹制较光，器表抹痕明显。方唇，上腹部贴一周凸棱状附加泥条，斜弧腹下残。残高 7.5 厘米（图二〇五，6）。标本 H135：6，夹蚌红褐陶，器物内外抹痕明显。圆唇，口外贴一周凸棱状附加泥条，下腹残。残高 5.2 厘米（图二〇五，8）。

带鋬釜 12 件。均为器物残片，无可复原者。以夹蚌红褐陶为主，部分呈外红内黑陶，器物口外或腹部装有鋬手。依器物口部、腹部差异分 2 型。

A 型 9 件。侈口，斜弧腹微鼓。分 2 式。

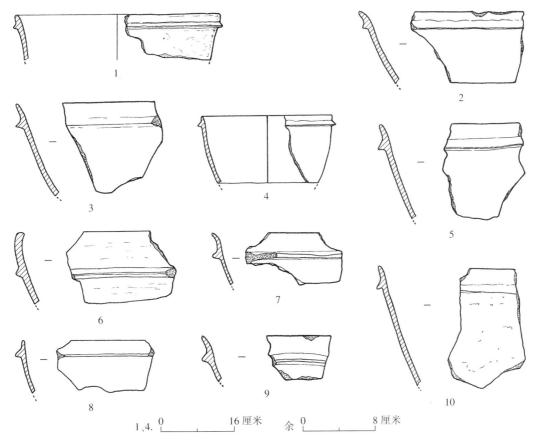

图二〇五 石山孜二期文化陶附加堆纹釜

1～5. Bb 型 Ⅰ 式（H135：4、H374：2、T1729⑨：5、T0822⑨：6、T0822⑨：65） 6、8. Bc 型（H371：1、H135：6）
7、9、10. Bb 型 Ⅱ 式（H211：2、T1530⑦：17、F13：10）

Ⅰ式　4件。口微侈，斜直腹。标本T1730⑦：5，夹蚌陶，器内为灰黑色，器表红褐色，器物内外抹痕明显，有因蚌片脱落形成的凹坑。圆唇，上腹部装有鸡冠状錾手，下腹残。残高9.8厘米（图二〇六，1）。标本T0725⑧：37，夹蚌红褐陶，器内磨光有黑色斑块，器表抹痕明显。素面。圆唇，口外装有錾手现存2个（因为器物残片錾手数量不详），下腹残。口径36、残高7.2厘米（图二〇六，5）。标本H193：5，夹蚌陶，器内为灰黑色，器表红褐色有黑色斑块，器物内外抹制略光。圆唇，口外装有较小的月牙形錾手，下腹残。残高5.5厘米（图二〇六，7）。标本T0724⑨：3，夹蚌红褐陶，器内抹制略光，器表抹痕明显，器物内外有因蚌片脱落形成的凹坑。素面。圆唇，口外装有较小的月牙形錾手，下腹残。残高9.8厘米（图二〇六，9）。

Ⅱ式　5件。口沿侈度较大，近外敞，斜弧腹微鼓。标本T1729⑦：19，夹蚌陶，器内为灰黑色，器表红褐色，器物内外抹痕明显。圆唇，口外装有鸡冠状錾手，下腹残。残高11.6厘米（图二〇六，2）。标本T1629⑦：3，器形较大，夹蚌陶，器内为灰黑色，器表红褐色，器物内外抹制略光。圆唇，上腹部装有鸡冠状錾手，下腹残。口径44、残高13.2厘米（图二〇六，3）。标本T1630⑦：28，夹蚌红褐陶，器物内外抹制略光，上腹部装有月牙形錾手，下腹残。残高8.4厘米（图二〇六，4）。标本T1631⑦：61，夹蚌陶，器内为灰黑色抹制略光，器表红褐色抹痕明显。圆唇，口外装有鸡冠状錾手，现存2个，均残，下腹残。残高5.5厘米（图二〇六，8）。标本F14：2，与标本T1631⑦：61

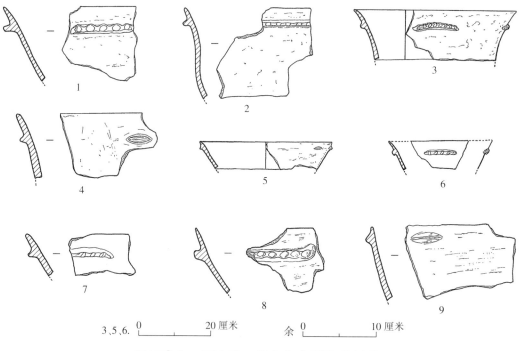

3、5、6.　0 —————— 20厘米　　　　余　0 —————— 10厘米

图二〇六　石山孜二期文化A型陶带錾釜

1、5、7、9.Ⅰ式（T1730⑦：5、T0725⑧：37、H193：5、T0724⑨：3）　2~4、6、8.Ⅱ式（T1729⑦：19、T1629⑦：3、T1630⑦：28、F14：2、T1631⑦：61）

形制相同，口径 28、残高 7.2 厘米（图二〇六，6）。

B 型　3 件。直口，腹壁斜直。标本 F14：1，夹蚌红褐陶，器物内外抹痕明显。圆唇，口外装有鸡冠状鋬手，下腹残。残高 8.5 厘米（图二〇七，1）。标本 T1628⑦：10，夹蚌红褐陶，器物内外抹制略光。方唇，口外装有长条形鋬手其上按压窝纹，下腹残。残高 7 厘米（图二〇七，2）。标本 T1631⑦：27，夹蚌陶，器内为灰黑色抹制略光，器表红褐色有黑色斑块抹痕明显。圆唇，口外装有鸡冠状鋬手，下腹残。残高 8.5 厘米（图二〇七，3）。

鼎　40 件。以夹蚌陶为主，少量的夹砂陶，陶色以红褐陶为主，并有少量的外红内黑陶，依器物形态变化可分为釜形鼎、盆形鼎、罐形鼎、钵形鼎 4 类。

釜形鼎　13 件。均残。分 3 型。

A 型　6 件。侈口，斜折沿，弧腹。分 2 式。

Ⅰ式　4 件。侈口，斜沿，斜弧腹，圜底或平底。标本 T1530⑧：22，夹蚌陶，器内为灰黑色磨光，器表红褐色抹痕明显。圆唇，斜沿微卷，斜弧腹内收下残，腹部贴附一周泥条呈凸棱状，其上戳印指甲纹。口径 21、残高 6.2 厘米（图二〇八，1）。标本 T0725⑨：53，夹蚌红褐陶，器物内外抹制略光，有黑色斑块。圆唇，斜弧腹下残，腹部贴附一周泥条呈凸棱状，泥条上面戳印细密指甲纹，顶端捏有小泥突。口径 19.6、残高 7 厘米（图二〇八，2；彩版三二，1）。标本 T0725⑧：6，夹蚌红褐陶，器物内外有黑色斑块。圆唇，沿外刻划由斜线组成的编织纹，腹部贴附一周泥条呈凸棱状，泥条上面戳印细密指甲纹，泥条下部捏制四个等距泥突，斜弧腹内收成圜底，三足已残。残高 6 厘米（图二〇八，5；彩版三二，2）。标本 H348：2，夹蚌陶，器内为灰黑色抹制略光，器表红褐色抹痕明显，器物内外有因蚌片脱落形成的凹坑。圆唇，斜弧腹下残，腹部贴附一周泥条呈凸棱状，泥条顶端捏有凹形小泥突。残高 6.2 厘米（图二〇八，6）。

Ⅱ式　2 件。侈口，宽斜沿，斜弧腹内收。标本 T0724⑦：9，夹蚌陶，器内为灰黑色，器表红褐色，器物内外抹制略光，有因蚌片脱落形成的凹坑。圆唇，腹部贴附一周泥条呈凸棱状，泥条上面戳印细密指甲纹，下面捏有泥突，斜弧腹内收下残。残高 9 厘米（图二〇八，3；彩版三二，3）。标本 T0725⑦：15，夹砂红褐陶，器内磨光，器表抹

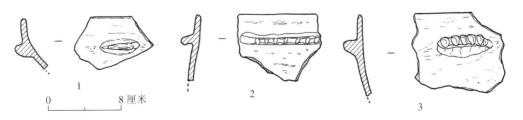

0 ────── 8 厘米

图二〇七　石山孜二期文化 B 型陶带鋬釜
1. F14：1　2. T1628⑦：10　3. T1631⑦：27

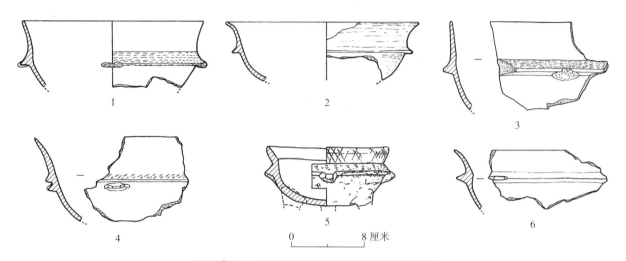

图二○八　石山孜二期文化 A 型陶釜形鼎

1、2、5、6. I 式（T1530⑧：22、T0725⑨：53、T0725⑧：6、H348：2）　3、4. II 式（T0724⑦：9、T0725⑦：15）

痕明显。圆唇，腹部贴附一周泥条呈凸棱状，泥条上面戳印稀疏指甲纹，其下装有凹形泥突。斜弧腹内收，下残。残高8.8厘米（图二○八，4）。

B 型　5件。直口，近直腹或斜弧腹。分2式。

I 式　3件。直口，斜直腹。标本 T0723⑧：36，器形较大，均为夹蚌红褐陶，器物内外抹制略光，有黑色斑块。圆唇，口外贴附一周泥条呈凸棱状，其上饰斜向戳刺纹，泥条下装有錾手已残，下腹残。口径 46、残高 9.6 厘米（图二○九，1）。标本 T0823⑦：10，与标本 T0723⑧：36 形制相同，残高 6 厘米（图二○九，5）。标本 T0725⑧：11，夹蚌陶，器内为灰黑色磨光，器表红褐色抹痕明显。圆唇，口外贴附一周泥条呈凸棱状，其下捏有泥突，下腹残。残高6厘米（图二○九，6）。

II 式　2件。直口，斜弧腹内收。标本 T0725⑦：16，夹砂屬蚌红褐陶，器物内外抹制略光。圆唇，口外贴附一周较窄的泥条呈凸棱状，其上压印浅窝纹，泥条下捏有椭圆形泥突，腹残。残高 7.5 厘米（图二○九，4）。标本 T0724⑦：24，夹蚌灰黑陶，器物内外抹痕明显，有因蚌片脱落形成的凹坑。圆唇，口外贴附一周泥条呈凸棱状，上面戳印细密的横向指甲纹，泥条顶端压印纵向指切纹，下腹残。残高 7 厘米（图二○九，7）。

C 型　2件。侈口，卷沿，弧腹。标本 T0724⑦：21，夹蚌红褐陶，器内抹制略光，器表抹痕明显。圆唇，沿下贴附一周泥条，呈凸棱状，弧腹内收下残。口径 30、残高 8.5 厘米（图二○九，2；彩版三二，4）。标本 T0725⑧：15，夹蚌红褐陶，器物内外抹制略光。圆唇，沿下贴附一周泥条，呈凸棱状，其上饰斜向戳刺纹，泥条顶端捏有凹形泥突，下腹残。口径 30、残高 9.8 厘米（图二○九，3）。

盆形鼎　11件。均为器物残片。分2式。

I 式　6件。侈口，斜折沿，斜弧腹。标本 H337：1，夹蚌红褐陶，器物内外抹制略

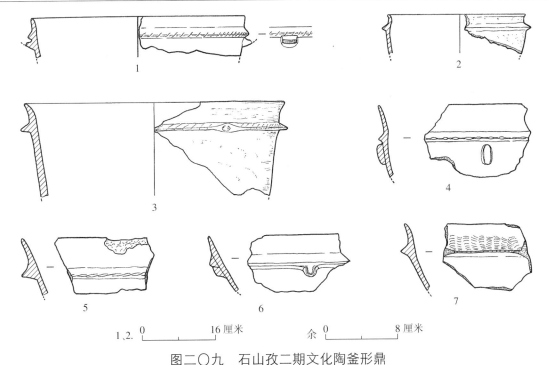

图二〇九 石山孜二期文化陶釜形鼎

1、5、6. B 型 I 式（T0723⑧：36、T0823⑦：10、T0725⑧：11） 2、3. C 型（T0724⑦：21、T0725⑧：15）
4、7. B 型 II 式（T0725⑦：16、T0724⑦：24）

光，有因蚌片脱落形成的凹坑。圆唇，沿下贴附一周附加泥条，呈凸棱状，腹残。口径50、残高8.5厘米（图二一〇，1）。标本H337：11，与标本H337：1形制相同，口径48、残高8厘米（图二一〇，2）。标本F13：9，夹蚌红褐陶，器物内外抹制略光，有因蚌片脱落而形成的凹坑。圆唇，沿下贴附一周泥条，呈凸棱状，其上捏有凹形泥突，腹残。残高5.3厘米（图二一〇，6；彩版三二，5）。标本T0725⑧：18，与标本T1530⑧：7形制相同，残高7.5厘米（图二一〇，8）。标本T1530⑧：7，夹蚌红褐陶，器物内外抹痕明显，有因蚌片脱落形成的凹坑，口部有黑色斑块。圆唇，沿下贴附一周泥条，呈凸棱状，腹残。残高7.6厘米（图二一〇，9）。标本H182：1，夹蚌红褐陶，器物内外抹制，略光有黑色斑块。圆唇，沿下贴附一周泥条，呈凸棱状，腹残。残高6.8厘米（图二一〇，10）。

II式 5件。侈口，斜折沿，斜直腹。标本H117：1，器形硕大，夹蚌红褐陶，器物内外抹痕明显。圆唇，沿下贴附一周泥条，呈凸棱状，腹残。口径50、残高7.2厘米（图二一〇，3）。标本T0823⑥：7，夹蚌红褐陶，器物内外抹制略光。圆唇，沿下贴附一周泥条，呈凸棱状，下腹残。残高7.8厘米（图二一〇，5）。标本T1629⑤：16，与标本T0823⑥：7形制相同，残高5厘米（图二一〇，4）。标本T0822⑤：2，夹蚌红褐陶，器物内外抹制略光。圆唇，沿下贴附一周泥条，呈凸棱状，下腹残。残高6厘米（图二一〇，7）。标本H159：2，夹蚌红褐陶，器物内外抹光，有因蚌片脱落形成的凹坑。圆唇，沿下

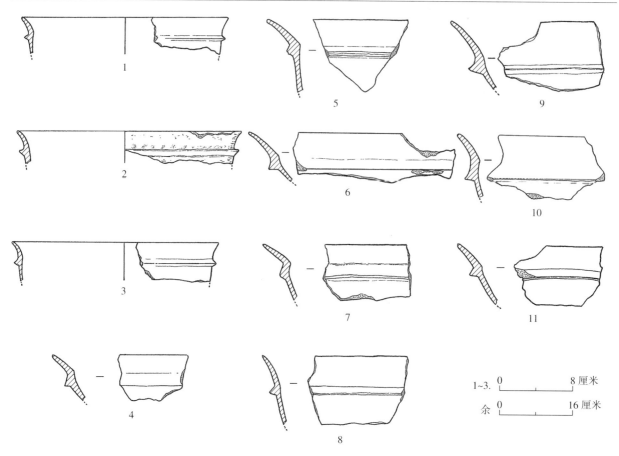

图二一〇　石山孜二期文化陶盆形鼎

1、2、6、8~10. Ⅰ式（H337：1、H337：11、F13：9、T0725⑧：18、T1530⑧：7、H182：1）　　3~5、7、11. Ⅱ式（H117：1、T1629⑤：16、T0823⑥：7、T0822⑤：2、H159：2）

贴附一周泥条，呈凸棱状，腹残。残高6.5厘米（图二一〇，11）。

罐形鼎　12件。均为器物残片。分3型。

A型　7件。折沿，束颈，鼓腹，带鋬。分2式。

Ⅰ式　4件。敛口，折沿，束颈，鼓腹，带鋬。标本H135：14，夹蚌红褐陶，器物内外抹痕明显。圆唇，束颈部位有一周刮削痕，腹部装有扁长方形鋬手，下腹残。口径14、残高8.6厘米（图二一一，1；彩版三二，6）。标本H135：15，夹蚌红褐陶，器物内外抹制略光。圆唇，沿下装有月牙形鋬手，略上翘，下腹残。口径40、残高8.4厘米（图二一一，2）。标本H135：3，夹蚌陶，器内为灰黑色，抹制略光，器表红褐色，横向抹痕明显。圆唇，沿下装有月牙形鋬手，略下斜，下腹残。残高11厘米（图二一一，3）。标本H185：5，残存口部，夹蚌陶，器内为灰黑色，器表红褐色，器物内外抹制略光。圆唇，沿下鋬手及腹部残。残高4.9厘米（图二一一，10）。

Ⅱ式　3件。折沿，束颈，鼓腹，沿外饰有数周凹弦纹，鋬部压印指甲纹。标本T1529⑧：1，夹蚌红褐陶，器物内外有黑色斑块。圆唇，沿外饰弦纹，沿下装鸡冠鋬手，腹残。残高6.5厘米（图二一一，4）。标本T0725⑧：16，夹蚌红褐陶，器物内外抹痕明

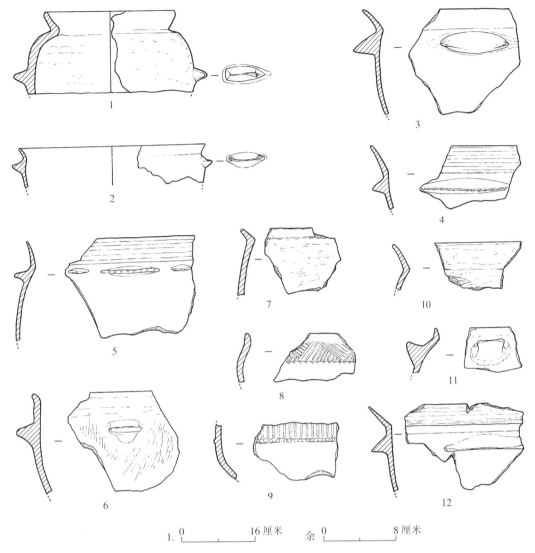

图二一一　石山孜二期文化陶罐形鼎

1～3、10. A 型 I 式（H135：14、H135：15、H135：3、H185：5）　4、5、12. A 型 II 式（T1529⑧：1、T0725⑧：16、T0725⑦：18）　6、8、9. B 型（T1631⑦：11、T1630⑦：10、H180：1）　7、11. C 型（H219：1、H205：3）

显。圆唇，沿外饰弦纹，沿下錾手呈鸡冠状，錾手两侧捏有泥突，下腹残。残高 10.4 厘米（图二一一，5；彩版三三，1）。标本 T0725⑦：18，夹蚌红褐陶，器物内外抹痕明显。圆唇，沿外饰弦纹，沿下装有鸡冠錾手，略下斜，下腹残。残高 9 厘米（图二一一，12；彩版三三，2）。

B 型　3 件。侈口，鼓腹。标本 T1631⑦：11，夹蚌红褐陶，器物内外抹痕明显。圆唇，溜肩，鼓腹，上腹部装有菌状錾手，下腹残。残高 10.5 厘米（图二一一，6）。标本 T1630⑦：10，夹砂羼云母陶，器内为灰黑色磨光，器表红褐色抹痕明显。圆唇，口外饰由斜线组成的正倒三角形纹带，纹带下饰一周戳点纹，下腹残。残高 5 厘米（图二一一，8）。标本 H180：1，腹部残片，夹砂陶，内外磨光。上腹部饰纵向条纹带，纹带下部饰一周较窄薄的链式堆纹。残高 6 厘米（图二一一，9）。

C 型　2 件。直口，溜肩，鼓腹。标本 H219：1，夹蚌红褐陶，器物内外抹制略光，有因蚌片脱落而形成的凹坑。下腹残。残高 7 厘米（图二一一，7）。标本 H205：3，夹蚌红褐陶，器内有黑色斑块，器表抹制略光。方唇，肩部装有方形錾手，下腹残。残高 4.8 厘米（图二一一，11）。

钵形鼎　4 件。敛口，弧腹，带錾。依錾的形状不同分 2 型。

A 型　2 件。长条形錾，口微敛。标本 H125：2，夹蚌红褐陶，器内抹制略光，器表抹痕明显，器物内外有黑色斑块。圆唇，唇外饰一周凹弦纹，上腹部装有四个长方形錾手，其上压印指甲纹，弧腹微鼓下内收成圜底，底部装三足已残。残高 9.2 厘米（图二一二，1）。标本 T0725⑧：10，夹蚌红褐陶，器物内外抹痕明显，有黑色斑块，尖圆唇，口外贴附一周泥条，呈凸棱状，其上压印间断的斜向凹窝纹，弧腹，下残。口径 40、残高 6.8 厘米（图二一二，3）。

B 型　2 件。月牙形錾，侈口。标本 T0724⑦：8，夹蚌红褐陶，器物内外抹制略光。圆唇，腹部装有月牙形錾手，下腹残。残高 7.3 厘米（图二一二，2）。标本 F14：1，夹蚌红褐陶，器物内外抹制略光。方唇，腹部装有扁圆形錾手，腹残。残高 5 厘米（图二一二，4）。

鼎足　26 件。以夹蚌陶为主，少量的夹砂羼蚌陶。足体有大小粗细之分，足身有曲直之别。足根、足体装饰纹样亦各有差异，安装方法有榫卯式和贴附式。依其形制的不同，分 2 型。

A 型　19 件。圆锥状鼎足。足呈圆柱形，数量较多，分 2 亚型。

Aa 型　17 件。圆锥状鼎足，皆为素面。标本 T0725⑦：3，夹蚌红褐陶，足身粗短。残高 8 厘米（图二一三，1）。标本 T1631⑦：55，夹蚌红褐陶，抹制略光。足身略细较短。残高 8 厘米（图二一三，2）。标本 H137：2，夹砂羼蚌红褐陶，磨光。足尖残。残高

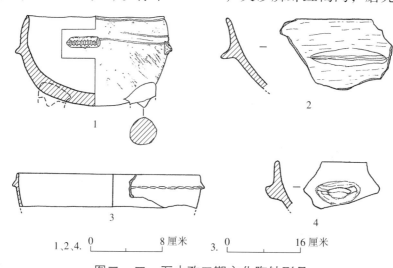

图二一二　石山孜二期文化陶钵形鼎
1、3. A 型（H125：2、T0725⑧：10）　2、4. B 型（T0724⑦：8、F14：1）

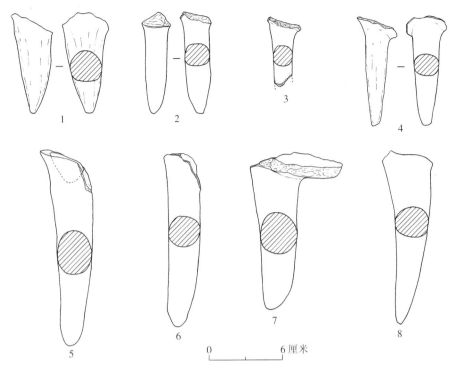

图二一三　石山孜二期文化 Aa 型陶鼎足

1. T0725⑦：3　2. T1631⑦：55　3. H137：2　4. T1629⑦：24　5. T0724⑦：16　6. T1729⑦：7
7. T1530⑧：4　8. T1631⑦：35

5.5 厘米（图二一三，3）。标本 T1629⑦：24，夹蚌红褐陶。足身略细，足尖圆钝。残高
8.5 厘米（图二一三，4）。标本 T0724⑦：16，夹蚌红褐陶。抹制略光，有因蚌片脱落形
成的凹坑。足身较长，足根与器身接茬处内凹。残高 15.5 厘米（图二一三，5；彩版三
三，3）。标本 T1729⑦：7，夹蚌红褐陶。足身略斜，足根与器身接茬处为榫状结构。残
高 13.7 厘米（图二一三，6；彩版三三，4）。标本 T1530⑧：4，夹蚌红褐陶。足尖残。
残高 12.4 厘米（图二一三，7；彩版三三，5）。标本 T1631⑦：35，夹蚌红褐陶，足身略
斜，有因蚌片脱落形成的凹坑。残高 13.7 厘米（图二一三，8）。标本 T1530⑧：35，夹
蚌红褐陶。足尖因长期使用已圆钝。残高 10.5 厘米（图二一四，1；彩版三三，6）。标
本 T0724⑦：31，夹蚌红褐陶，有黑色斑块。足根与器身接茬处内凹。残高 11.5 厘米
（图二一四，2；彩版三四，1）。标本 H135：5，夹蚌红褐陶，抹制略光。足尖略斜。残
高 11.7 厘米（图二一四，3）。标本 H337：2，夹蚌红褐陶，抹制略光。足尖残。残高 10
厘米（图二一四，4；彩版三四，2）。标本 H358：6，夹蚌红褐陶，有黑色斑块。足身有
因蚌片脱落而形成的凹坑，足根部榫状接茬明显，足尖残。残高 8.8 厘米（图二一四，5）。
标本 H125：6，夹蚌红褐陶，抹制略光。足较细短。残高 6.5 厘米（图二一四，6）。标本
H125：5，夹蚌红褐陶。足略短。残高 9.5 厘米（图二一四，7）。标本 T1631⑦：30，夹
蚌红褐陶，抹制略光。足身粗短。残高 10 厘米（图二一四，8）。标本 T0724⑦：30，夹
蚌红褐陶。足身略斜。残高 9 厘米（图二一四，9）。

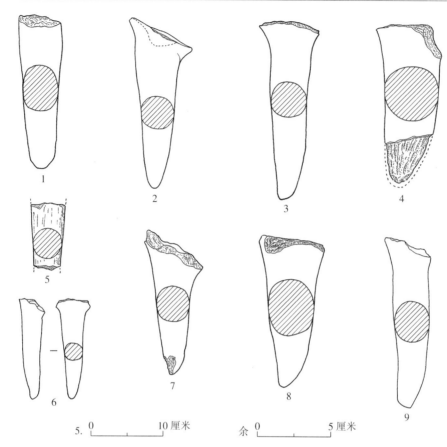

5. |0————————10 厘米   余 0————————5 厘米

图二一四　石山孜二期文化 Aa 型陶鼎足

1. T1530⑧：35　2. T0724⑦：31　3. H135：5　4. H337：2　5. H358：6　6. H125：6　7. H125：5
8. T1631⑦：30　9. T0724⑦：30

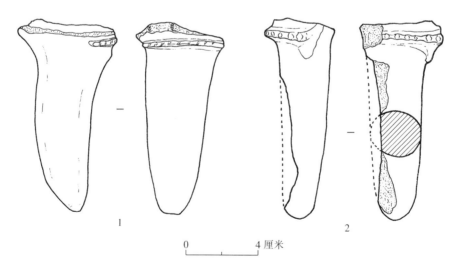

0————————4 厘米

图二一五　石山孜二期文化 Ab 型陶鼎足
1. T0725⑦：2　2. T1630⑦：22

Ab 型　2 件。足根贴附加堆纹。标本 T0725⑦：2，夹蚌红褐陶。足根部贴附泥条，其上压印指甲纹，足身粗短略斜，足尖残。残高 9.8 厘米（图二一五，1）。标本 T1630⑦：22，夹蚌红褐陶，抹制略光。足根部贴附泥条，其上压印指甲纹，足身略斜，足尖残。残高 10.3 厘米（图二一五，2）。

B 型　7 件。扁锥形鼎足，均为素面。标本 H313：1，夹蚌红褐陶，抹制略光。器身扁圆状，足根部内凹，足尖残。残高 10 厘米（图二一六，1）。标本 T1730⑧：4，夹蚌红褐陶。足身剖面呈椭圆形，较短，足根部与器身接茬处为榫状结构，足尖圆钝。残高 8.4厘米（图二一六，2）。标本 T1629⑦：20，夹蚌红褐陶。足身扁圆，捏痕明显，足尖略斜。残高 7.5 厘米（图二一六，3）。标本 H156：2，夹蚌红褐陶。足身扁圆略曲，捏痕明显，足根部与器身接茬处为榫状结构，足尖圆钝。残高 9.8 厘米（图二一六，4；彩版三四，3）。标本 T1530⑦：7，夹蚌红褐陶，抹制略光。有因蚌片脱落形成的凹坑，足根内凹，足尖部圆钝。残高 10.2 厘米（图二一六，5）。标本 H346：6，夹蚌红褐陶。足身细长，剖面呈椭圆形，足根部与器身接茬处榫状结构明显，足尖残。残高 11.4 厘米（图二一六，6）。标本 T1631⑦：16，夹蚌红褐陶，抹制略光。足身扁圆略曲，足尖圆钝。残高12.4 厘米（图二一六，7；彩版三四，4）。

双耳罐　40 件。以夹蚌陶、泥质陶为主，并有少量的夹炭陶。均残。依器物形制变化分了型。

A 型　16 件。均为器物残片，无可复原者，以夹蚌陶为主。依口部、腹部变化分 2亚型。

Aa 型　8 件。直口，斜肩或溜肩，高直领或矮直领，长圆腹微鼓。分 3 式。

Ⅰ 式　2 件。近直口，斜肩，鼓腹部位在耳部以下。标本 T0725⑨：11，夹蚌红褐陶，器物内外抹痕明显，有因蚌片脱落形成的凹坑，素面，手制。圆唇，斜直领，斜肩，腹微鼓，下残。肩部装有半环形耳上下贴有泥条。口径 12、残高 8.8 厘米（图二一七，1）。

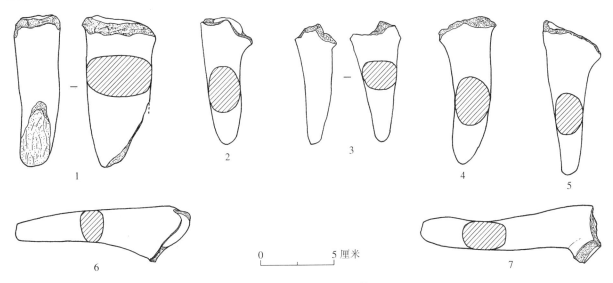

图二一六　石山孜二期文化 B 型陶鼎足
1. H313：1　2. T1730⑧：4　3. T1629⑦：20　4. H156：2　5. T1530⑦：7　6. H346：6　7. T1631⑦：16

标本 T1530⑧：16，器物残片，夹蚌红褐陶，器物内外抹痕明显，素面，手制，圆唇，矮直领，斜肩。残高 6 厘米（图二一七，7）。

　　Ⅱ式　2 件。折沿，直口微敛，溜肩，鼓腹部位上移。标本 T0724⑦：36，夹蚌红褐陶，器内有黑色斑块。圆唇，矮直领，溜肩，鼓腹，肩腹部装有较小半环状耳上部贴有泥突。口径 12、残高 5.6 厘米（图二一七，4；彩版三四，5）。标本 T1530⑦：4（图二一七，5），夹蚌红褐陶，器物内外抹痕明显，素面，手制。圆唇，溜肩，鼓腹下内收，腹部捏半圆饼状耳有穿孔已残。残高 17.2 厘米。

　　Ⅲ式　4 件。近直口，溜肩，圆鼓腹。标本 T1530⑤：24，与标本 T1530⑤：45 形制相同。口径 18、残高 9.9 厘米（图二一七，2）。标本 H89：20，夹蚌陶，器内为灰黑色，器表红褐色，器物内外抹痕明显，素面，手制。圆唇，矮领，肩部装有半环形器耳。残高 4.5 厘米（图二一七，3）。标本 T1530⑤：45，残，夹蚌红褐陶，素面，手制。溜肩，鼓腹，后者领略高。口径 21、残高 5.8 厘米（图二一七，6）。标本 H62：1，夹蚌红褐陶，器物内外抹制略光，素面，手制。圆唇，矮领，鼓腹，肩腹部装横向半环形耳系已残。口径 22、残高 12 厘米（图二一七，8）。

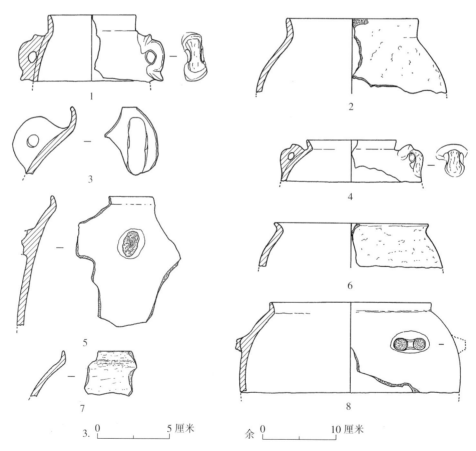

图二一七　石山孜二期文化 Aa 型陶双耳罐

　　1、7. Ⅰ式（T0725⑨：11、T1530⑧：16）　2、3、6、8. Ⅲ式（T1530⑤：24、H89：20、T1530⑤：45、H62：1）
　　4、5. Ⅱ式（T0724⑦：36、T1530⑦：4）

Ab 型　8 件。敛口，束颈，斜肩或溜肩，鼓腹。分 3 式。

Ⅰ式　2 件。敛口，束颈，斜肩，鼓腹部位在耳部。标本 H138：1，夹蚌红褐陶，器内抹痕明显，口部有黑色斑块，器表抹制略光，手制。素面，圆唇，斜领，肩部装有半环形耳系，鼓腹，下残。口径 13、残高 9 厘米（图二一八，1）。标本 H138：2，夹蚌红褐陶，器内抹痕明显，器表抹制略光，素面。圆唇，斜领较矮，肩部装半环形耳系，上下贴有加固耳系的泥突，鼓腹，下残。残高 11.6 厘米（图二一八，3）。

Ⅱ式　4 件。敛口，束颈，溜肩，鼓腹部位在耳部以下。标本 H125：12，夹蚌红褐陶，器内抹痕明显，器表抹制较粗，素面。圆唇，斜领较矮，肩腹部装半环形耳系，上下贴有加固耳系的泥突，鼓腹，下残。口径 12、残高 11 厘米（图二一八，5）。标本 T0725⑧：69，夹蚌红褐陶。仅存颈腹部，半环耳下部贴有加固耳系的泥条和泥片，素面。残高 9.6 厘米（图二一八，2；彩版三四，6）。标本 T0725⑧：20，与标本 T0725⑧：69 形制相同，残高 7.2 厘米（图二一八，8；彩版三五，1）。标本 H226：12，与标本 T0725⑧：69 形制相同，残高 9.6 厘米（图二一八，6；彩版三五，2）。

Ⅲ式　2 件。侈口，束颈，圆肩，鼓腹。标本 T1730⑥：1，夹蚌红褐陶，器物内外抹痕明显，素面。束颈，鼓腹，肩腹部捏半圆饼状耳系，中穿较小的圆孔。残高 8.5 厘米（图二一八，7）。标本 T1530⑦：13，夹砂红褐陶，器物内外抹痕明显，素面。圆唇，耳部残失。口径 14、残高 4 厘米（图二一八，4）。

此外，因该器形多为器物残片，出土的耳系形制也较多，主要有以下几种。

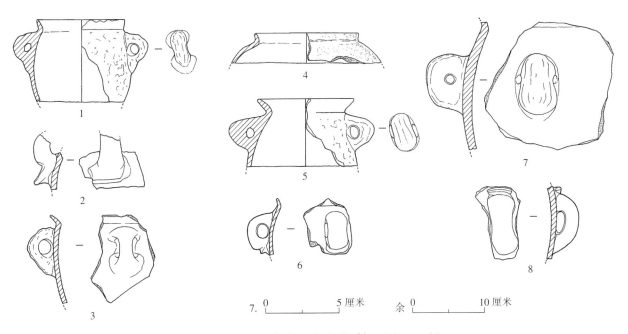

图二一八　石山孜二期文化 Ab 型陶双耳罐

1、3. Ⅰ式（H138：1、H138：2）　2、5、6、8. Ⅱ式（T0725⑧：69、H125：12、H226：12、T0725⑧：20）

4、7. Ⅲ式（T1530⑦：13、T1730⑥：1）

半圆状泥饼耳系　4件。圆形穿孔较细。标本T0724⑥：25，夹蚌外红内黑陶。器耳较薄。残高6.5厘米（图二一九，1）。标本T1729⑨：14，夹蚌红褐陶，器表及耳系上有大片黑色斑块。残高10.4厘米（图二一九，4）。标本H89：65，夹蚌红褐陶。残高6.2厘米（图二一九，5）。标本T1730⑥：5，夹蚌红褐陶。耳系刮抹整齐。残高5.5厘米（图二一九，6）。

半环形耳系正面压印凹槽　2件。标本T1530⑨：18，夹蚌红褐陶，器内及耳系以上有黑色斑块。耳系正面压印一道凹槽。残高7.2厘米（图二一九，2）。标本T0725⑨：92，夹蚌红褐陶，耳系一端有黑色斑块。耳系较宽正面压印两道凹槽。残高9厘米（图二一九，3）。

半环形耳系一端捏有乳丁状泥突　4件。标本T0725⑨：23，夹蚌红褐陶。环形耳系一端捏有两个泥突。残高7.6厘米（图二二〇，1）。标本T0724⑧：47，夹蚌红褐陶。耳系一端残存一个泥突。残高9.2厘米（图二二〇，2）。标本T1530⑥：2，夹蚌红褐陶.耳系一端残存两个并列泥突，耳系正面微凹。残高10.4厘米（图二二〇，3）。标本T1631⑦：52，夹蚌红褐陶。耳系一端残存一个泥突。残高9.6厘米（图二二〇，4）。

半环形耳系一端贴有泥条其上压印指甲纹　1件。标本H50：3，夹蚌红褐陶。残高11厘米（图二二〇，5）。

B型　18件。均残，无可复原者，以泥质陶为主。依口部、腹部的变化分2亚型。

Ba型　6件。直领，广肩或溜肩，鼓腹。分2式。

Ⅰ式　3件。直领，矮直领，广肩，鼓腹。标本T1729⑦：4，泥质灰陶，器内抹痕明显，器表磨制光滑。圆唇。口径10、残高2.8厘米（图二二一，1）。标本H356：6，泥

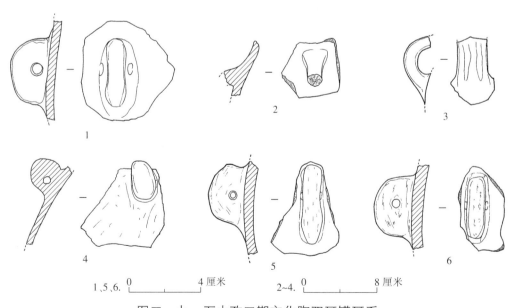

图二一九　石山孜二期文化陶双耳罐耳系
1. T0724⑥：25　2. T1530⑨：18　3. T0725⑨：92　4. T1729⑨：14　5. H89：65　6. T1730⑥：5

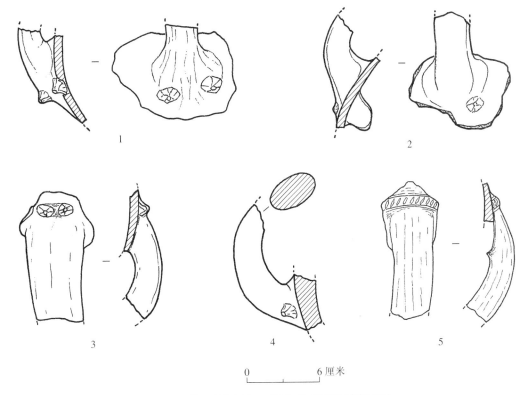

图二二〇　石山孜二期文化陶双耳罐耳系
1. T0725⑨：23　2. T0724⑧：47　3. T1530⑥：2　4. T1631⑦：52　5. H50：3

质红陶，内外磨光。圆唇。残高 2.2 厘米（图二二一，5）。标本 T1630⑦：9，泥质灰陶胎，器表饰红陶衣。圆唇，矮直领。残高 6 厘米（图二二一，6）。

Ⅱ式　3 件。直领，直领较高，溜肩，鼓腹。标本 T1630⑦：16，泥质红陶，器内抹痕明显，器表及口内饰红彩。圆唇。口径 12、残高 4.6 厘米（图二二一，2）。标本 H226：2，泥质红陶胎质灰皮，磨光，素面。圆唇，溜肩，鼓腹，肩部捏半圆饼状耳系穿有圆孔。残高 4.4 厘米（图二二一，4）。标本 H167：7，泥质红陶，磨光，素面。圆唇，溜肩，鼓腹，肩部捏半圆饼状耳系，有圆形穿孔。残高 5.8 厘米（图二二一，3）。

Bb 型　12 件。侈口，斜直领，束颈，溜肩或广肩，鼓腹。分 2 式。

Ⅰ式　5 件。斜领，溜肩。标本 T0724⑦：2，泥质灰胎红皮陶。圆唇，肩部捏泥饼状耳系有圆形穿孔。口径 14、残高 6 厘米（图二二二，1；彩版三五，3）。标本 T1729⑧：10，泥质红陶。因烧制时火候不匀有灰斑，磨光，素面。圆唇。口径 10、残高 3.8 厘米（图二二二，2）。标本 H356：4，泥质红陶。磨光，素面。尖圆唇。口径 12、残高 2.4 厘米（图二二二，4）。标本 T0725⑧：27，泥质红陶。磨光，素面。圆唇，肩部耳系已残。口径 10.2、残高 3 厘米（图二二二，7）。标本 T1630⑦：59，泥质灰陶，磨光，素面。尖圆唇。口径 9、残高 3.2 厘米（图二二二，11）。

Ⅱ式　7 件。斜直领，广肩。标本 H191：1，泥质红陶，磨光，素面。圆唇，斜直领较矮，下残。肩部捏半圆形饼状耳系，中穿圆孔。口径 13、残高 4.6 厘米（图二二二，

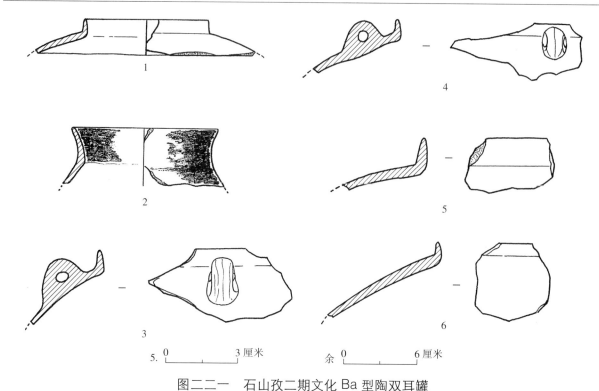

5. $\underline{0\quad\quad\quad 3\text{厘米}}$ 余 $\underline{0\quad\quad\quad 6\text{厘米}}$

图二二一　石山孜二期文化 Ba 型陶双耳罐

1、5、6. Ⅰ式（T1729⑦：4、H356：6、T1630⑦：9）　2～4. Ⅱ式（T1630⑦：16、H167：7、H226：2）

3）。标本 H226：1，泥质红陶，磨光，素面。尖圆唇，斜直领略高，肩部捏半圆形饼状耳系，中穿圆孔。口径 13.6、残高 5.2 厘米（图二二二，5）。标本 T0724⑦：3，泥质红陶，磨光，素面。尖圆唇，下残。肩部耳系已残。口径 12、残高 6.4 厘米（图二二二，6；彩版三五，4）。标本 T1730⑦：11，泥质红陶，磨光，素面。残高 3.4 厘米（图二二二，8）。标本 T1630⑥：2，泥质灰陶。磨光，素面。圆唇。口径 8、残高 3.4 厘米（图二二二，9）。标本 T1630⑦：12，泥质红陶。磨光，素面。圆唇。口径 13、残高 2.6 厘米（图二二二，10）。标本 T1630⑥：18，泥质灰陶，磨光，素面。圆唇。口径 9、残高 3.6 厘米（图二二二，12）。

此外，因陶双耳罐多残破，有的器物仅残存耳系和罐底，耳系和罐底主要有以下几种。

长方形器耳　3 件。标本 T1628⑤：21，与标本 T1530⑧：3 形制相同，残高 4.5 厘米（图二二三，1）。标本 T1530⑧：3，泥质灰陶。器耳捏制成长方形泥条状，中有圆形穿孔。残高 9.4 厘米（图二二三，2）。标本 H337：16，泥质灰陶。长方形器耳，顶部呈弧形，有一条凹槽，剖面呈三角形，两端各有一个较小的圆形穿孔。长 7、残高 7 厘米（图二二三，4）。

三角形泥饼器耳　2 件。标本 T1629⑤：6，泥质红陶。磨光，素面。三角形器耳较高，中穿圆孔。残高 4.5 厘米（图二二三，3）。标本 T1630⑦：54，泥质灰陶胎质，饰红陶衣。三角形器耳较低矮，中穿圆孔。残高 7.6 厘米（图二二三，5）。

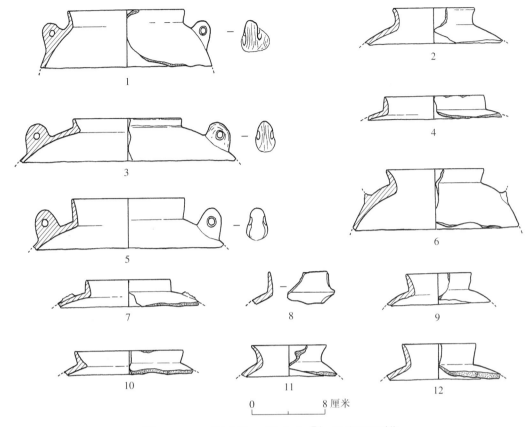

图二二二　石山孜二期文化 Bb 型陶双耳罐

1、2、4、7、11. Ⅰ式（T0724⑦：2、T1729⑧：10、H356：4、T0725⑧：27、T1630⑦：59）　3、5、6、8～10、12. Ⅱ
式（H191：1、H226：1、T0724⑦：3、T1730⑦：11、T1630⑥：2、T1630⑦：12、T1630⑥：18）

半圆形泥饼状器耳　5件。标本 T0725⑥：31，半圆形泥饼较厚，中有圆形穿孔。残高 6.2 厘米（图二二四，1）。标本 T0725⑨：11，泥质红陶。磨光，素面。半圆形泥饼状器耳较薄，中穿圆孔。残高 4.9 厘米（图二二四，2；彩版三五，5）。标本 T0723⑤：7，半圆形泥饼较厚，中有圆形穿孔。残高 4.5 厘米（图二二四，3）。标本 T0725⑥：11，泥质红陶。器表及耳系饰红陶衣。残高 6.8 厘米（图二二四，4）。标本 T1530⑦：22，泥质红陶。半圆形泥饼较厚，中有圆形穿孔。残高 3.7 厘米（图二二四，5）。

罐底　8件。多为平底，除素面罐底外，还发现了为数不多有纹饰的罐底。主要有以下几种。

粟糠纹罐底　2件。此类罐底应是制陶过程中，器物底部放有粟糠类物质以避免粘连。标本 T0725⑦：9，泥质红陶。器内抹痕明显，器表磨光，素面，器底有粟糠纹。底径 12、残高 7 厘米（图二二五，1）。标本 T0725⑧：61，泥质陶。器内为红色，抹痕明显，器表灰色，磨光，器底有粟糠纹。底径 10、残高 0.6 厘米（图二二五，6）。

席纹罐底　3件。此类罐底推测是制陶过程中，器物底部放有席子，以避免粘连而遗留下来的痕迹。标本 H187：3，泥质灰陶胎质，饰红陶衣。底部周边按压窝纹形似花边，中部压印席纹。底径 10、残高 3.3 厘米（图二二五，2）。标本 T1630⑧：5，泥质灰陶胎

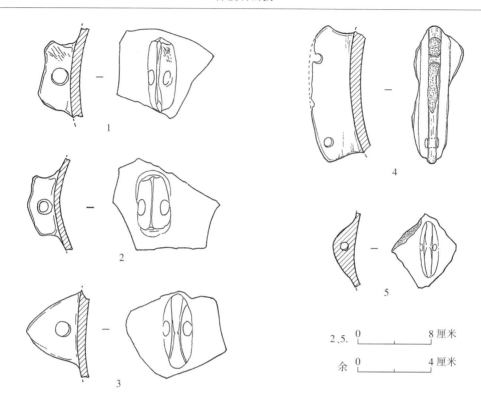

图二二三　石山孜二期文化 B 型陶双耳罐耳系
1. T1628⑤: 21　2. T1530⑧: 3　3. T1629⑤: 6　4. H337：16　5. T1630⑦：54

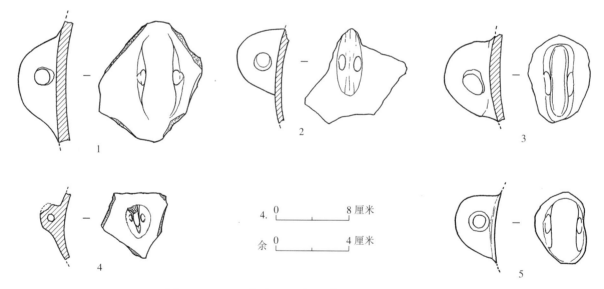

图二二四　石山孜二期文化 B 型陶双耳罐耳系
1. T0725⑥: 31　2. T0725⑨：11　3. T0723⑤: 7　4. T0725⑥: 11　5. T1530⑦：22

质，红皮。器内抹制粗糙，器表磨光，器底有纵横交错的席纹。底径 7.4、残高 3.6 厘米（图二二五，3）。标本 H253：5，泥质红陶。器内抹制粗糙，器表磨光，器底有"人"字形席纹。底径 10、残高 3 厘米（图二二五，5）。

　　枻节纹罐底　2 件。此类罐底是在制陶过程中，在器物底部压印而成的。标本 T1630

⑦：11，泥质灰陶胎质，红皮。器内抹制粗糙，器表磨光，器底饰密集椆节纹。底径8、残高3.7厘米（图二二五，4；彩版三五，6）。标本F13：7，泥质灰陶，器表饰红陶衣。下腹与器底交界处贴附一周小泥突呈花边状，底部压印椆节纹。残长6、残宽3厘米（图一九九，4）。

划纹器底　1件。标本T0724⑨：19，夹蚌陶。器内灰黑色磨光，器表红褐色，有黑色斑块，器底较平其上刻划交错划纹。底径11、残高0.9厘米（图二二五，7）。

C型　6件。数量较少，均为残片，以夹炭陶为主。标本H216：1，夹炭灰黑陶。器内横向划痕明显，器表抹光。直口，圆唇，高领，广肩，半环形耳装在领与肩之间。口径12、残高7.4厘米（图二二六，1）。标本H95：4，夹炭羼蚌末灰黑陶。器表饰红陶衣，宽扁状半环耳。残高6厘米（图二二六，2）。标本H188：6，夹炭灰黑陶。器内横向抹痕明显，器表抹制略光。近直口，尖圆唇，口外装有横向宽扁状半环耳系。残高5.6厘米（图二二六，3）。标本T0725⑨：4，夹炭灰黑陶。内外磨光，器耳为长方形，耳上部穿圆孔，两端捏出似一对兽角形锥状泥条，形制较特殊。残高7.6厘米（图二二六，4）。标本T0722⑥：4，夹炭灰黑陶。半环形耳较宽，抹制略光。残高6.6厘米（图二二六，5）。

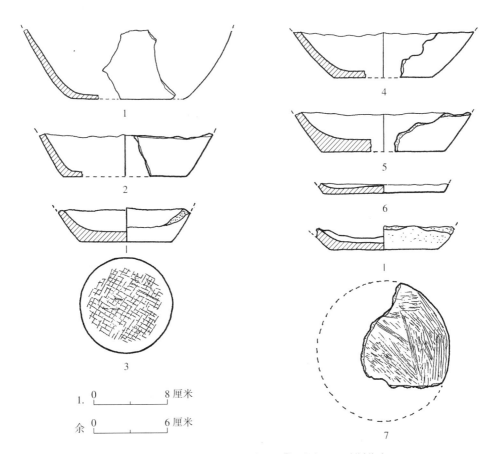

图二二五　石山孜二期文化B型陶双耳罐罐底
1. T0725⑦：9　2. H187：3　3. T1630⑧：5　4. T1630⑦：11　5. H253：5　6. T0725⑧：61　7. T0724⑨：19

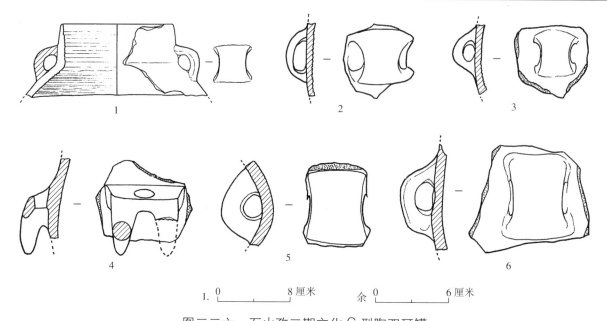

1. 0 _____ 8 厘米    余 0 _____ 6 厘米

图二二六　石山孜二期文化 C 型陶双耳罐

1. H216：1　2. H95：4　3. H188：6　4. T0725⑨：4　5. T0722⑥：4　6. T1730⑥：2

标本 T1730⑥：2，夹炭羼蚌末陶。器物内外饰红陶衣，宽扁状半环形耳。残高 8.6 厘米（图二二六，6）。

盆　47 件。均为残片，无可复原者。以泥质陶和夹蚌陶为主，夹砂陶和夹炭陶较少。依口沿和装饰不同分为 5 型。

A 型　11 件。宽平折沿彩绘陶盆。器物沿面较宽，其上有彩绘图案。依彩绘图案的差异可分为 2 亚型。

Aa 型　5 件。图案状彩绘。标本 H176：11，夹炭羼蚌陶，器表饰红陶衣。直口，圆唇，宽平沿绘有红色交错条纹图案，多漫漶不清。口径 7.6、残高 3.4 厘米（图二二七，1；彩版三六，1）。标本 T0725⑦：16，夹炭羼蚌陶，器物内外饰红陶衣。近直口，圆唇，宽平沿面上绘有红色平行条纹图案，器物内外饰红陶衣。口径 11.6、残高 3 厘米（图二二七，2；彩版三六，2）。标本 H148：16，夹炭羼蚌陶，器物内外饰红陶衣。直口，圆唇，宽平沿面上绘有方格状网纹。口径 10.4、残高 2 厘米（图二二七，4）。标本 T0823⑨：46，夹炭羼蚌陶，器表沿下饰红色陶衣。直口，宽平折沿，圆唇，沿面绘有三角形彩绘图案。口径 6.5、残高 3 厘米（图二二七，8）。标本 T1530⑨：25，夹炭羼蚌陶，器表饰红陶衣。口微敛，沿面绘有放射状纹图案，间隔红彩，圆唇（图二二七，11；彩版三六，3）。

Ab 型　6 件。宽带式彩绘。标本 H128：8，夹炭羼蚌陶，器物内外饰红陶衣。沿面彩绘多有脱落，纹饰不清。口径 10.4、残高 2 厘米（图二二七，3）。标本 T1729⑤：8，与标本 H128：8 形制相同，口径 8、残高 3.8 厘米（图二二七，5）。标本 H176：3，与标本 H128：8 形制相同，口径 10、残高 3 厘米（图二二七，7）。标本 T0723⑧：39，夹炭羼

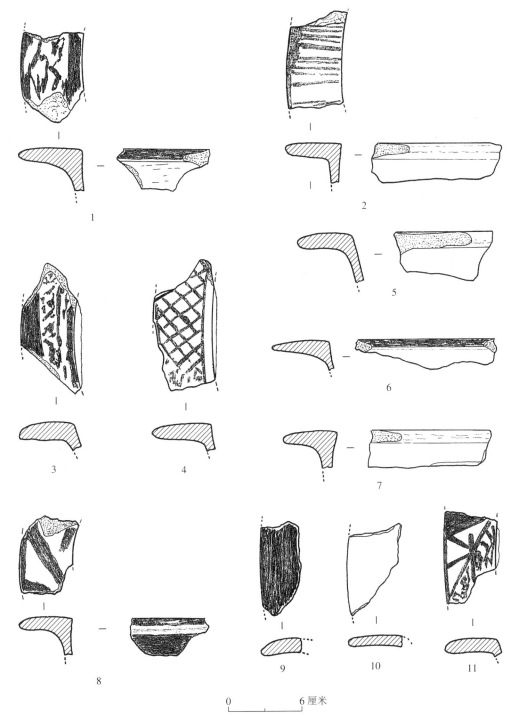

图二二七　石山孜二期文化 A 型陶盆

1、2、4、8、11. Aa 型（H176：11、T0725⑦：16、H148：16、T0823⑨：46、T1530⑨：25）　　3、5～7、9、10. Ab 型（H128：8、T1729⑤：8、T0723⑧：39、H176：3、H186：5、H260：1）

蚌陶，器表饰红陶衣。直口，宽平沿面有红色带状彩绘，纹饰脱落，漫漶不清，尖圆唇，沿面有一个对钻圆孔，器内磨光。口径 11.5、残高 2 厘米（图二二七，6；彩版三六，4）。标本 H186：5，夹炭陶。满绘带状红彩，圆唇。口径 7.5 厘米（图二二七，9）。标本

H260：1，与标本 H128：8 形制相同，口径 7 厘米（图二二七，10）。

B 型　14 件。折沿斜腹盆。依口部不同分 2 亚型。

Ba 型　10 件。直口或口微敛。分 2 式。

Ⅰ式　5 件。直口或近直口，折沿，斜直腹。标本 H239：13，夹蚌陶。器内及沿面为灰黑色抹光，器表红褐色有黑色斑块抹痕明显，素面。近直口，折沿，方圆唇，斜直腹下残。口径 32、残高 4.6 厘米（图二二八，1）。标本 T1629⑧：28，夹蚌红褐陶。器内抹制略光，器表抹痕明显，素面。近直口，厚折沿，方唇，斜直腹下残。口径 30、残高 5 厘米（图二二八，3）。标本 T1629⑥：6，夹砂羼云母灰黑陶。素面。近直口，折沿，方唇，斜直腹，下残。口径 32、残高 4 厘米（图二二八，5）。标本 T1729⑨：10，夹炭羼蚌灰黑胎质红皮。器内及沿面磨光，器表抹痕明显。直口，尖圆唇，下腹及底残。残高 4.8 厘米（图二二八，6）。标本 F12：3，夹砂灰黑陶。器内抹制略光，器表抹痕明显，火候较高，素面。直口，折沿，圆唇，斜直腹，下残。残高 4.8 厘米（图二二八，10）。

Ⅱ式　5 件。近直口微敛，折沿，斜弧腹内收明显。标本 H188：2，夹蚌红褐陶。器

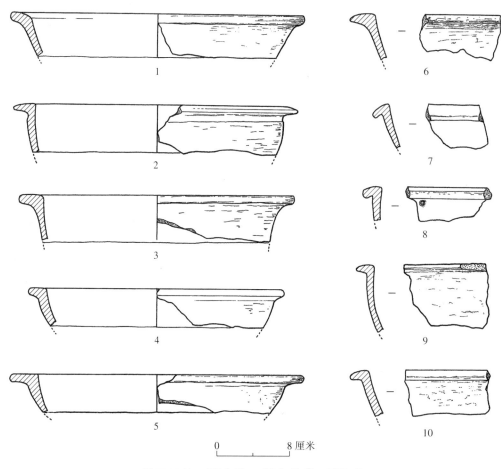

0　　　　　8厘米

图二二八　石山孜二期文化 Ba 型陶盆

1、3、5、6、10. Ⅰ式（H239：13、T1629⑧：28、T1629⑥：6、T1729⑨：10、F12：3）　2、4、7、8、9. Ⅱ式（H188：16、H226：3、T1730⑥：4、T1729⑦：24、H188：2）

内有黑色斑块，器物内外有因蚌片脱落形成的凹点，素面。圆唇，斜弧腹内收，下残。残高6.8厘米（图二二八，9）。标本H188：16，与标本H188：2形制相同，口径31、残高5厘米（图二二八，2）。标本H226：3，夹蚌红褐陶。器内腹部饰两周凹弦纹，器表有黑色斑块。方圆唇，斜弧腹，下残。口径28、残高4厘米（图二二八，4）。标本T1730⑥：4，夹蚌陶。器内为灰黑色，器表红褐色，器物内外抹制较光，素面。方唇，斜弧腹内收，下残。残高4.6厘米（图二二八，7）。标本T1729⑦：24，夹蚌陶。器内为灰黑色，器表红褐色，器物内外抹制较光，素面。方唇，沿下有对钻圆孔一个，斜弧腹下残。残高3.6厘米（图二二八，8）。

Bb型　4件。折沿，敛口，斜弧腹。分2式。

Ⅰ式　2件。口微敛，窄折沿，斜弧腹。标本T0725⑧：33，泥质灰陶。器物内外磨光，素面。方唇，窄沿斜折，斜弧腹，下残。口径24、残高5.4厘米（图二二九，1）。标本T1630⑦：14，泥质红陶。器物内外磨光，素面。圆唇，窄平折沿，斜弧腹下残。残高4厘米（图二二九，4）。

Ⅱ式　2件。敛口，沿面较宽，斜弧腹。标本T1631⑦：49，泥质灰陶胎质。器物内外饰红陶衣。方唇，斜弧腹内收，下残。口径28、残高3.6厘米（图二二九，2）。标本T0724⑦：14，泥质灰陶胎质。器物内外饰红陶衣。圆唇，斜弧腹内收，下残。残高6厘米（图二二九，3）。

C型　9件。折沿带錾盆。分2式。

Ⅰ式　5件。敛口或口微敛，折沿，斜直腹。标本T1629⑧：23，夹蚌红褐陶。器物内外有黑色斑块，抹痕明显。圆唇厚薄不一，沿下装有鸡冠状錾手，斜弧腹，下残。口径26、残高5厘米（图二三〇，1）。标本T0822⑦：5，夹蚌陶。器内为灰黑色，抹制较光，器表红褐色，有黑色斑块，抹痕明显，素面。圆唇，窄沿斜折，上腹部装有月牙形錾手，斜弧腹微鼓，下残。残高8厘米（图二三〇，3）。标本M15：3，夹蚌陶。器内为灰黑色，抹制较光，器表红褐色，有黑色斑块，抹痕明显。唇部压印宽疏指甲纹形成花

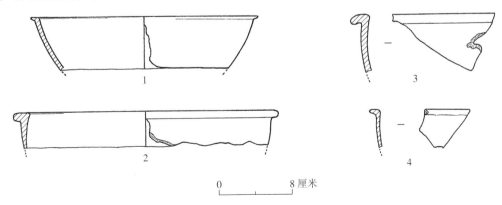

图二二九　石山孜二期文化Bb型陶盆

1、4. Ⅰ式（T0725⑧：33、T1630⑦：14）　　2、3. Ⅱ式（T1631⑦：49、T0724⑦：14）

边状唇，沿下装有鸡冠状錾手，斜弧腹，下残。残高 5 厘米（图二三〇，4）。标本 H373：5，夹蚌红褐陶，器物内外磨光，有黑色斑块，素面。敛口，内凸唇，宽平折沿，上腹部装有鸡冠状錾手，斜直腹，下残。残高 4 厘米（图二三〇，5）。标本 T0723⑧：4，夹砂羼蚌陶，器内为灰黑色，器表红褐色，有黑色斑块，器物内外抹痕明显，素面。圆唇，宽平折沿，沿下装有鸡冠状錾手，斜弧腹，下残。残高 7 厘米（图二三〇，7）。

Ⅱ式　4 件。侈口，折沿，斜弧腹内收较急。标本 H154：1，夹蚌红褐陶。器物内外有黑色斑块，素面。圆唇，窄折沿，腹部装有月牙形錾手，錾手中部压印凹窝，斜弧腹内收，下残。残高 5.4 厘米（图二三〇，2）。标本 H77：2，夹砂陶。器内为灰黑色抹光，器表红褐色，有黑色斑块，抹痕明显，素面。圆唇，窄折沿，沿下装有月牙形錾手。残高 5 厘米（图二三〇，6）。标本 H315：4，夹砂羼蚌末红褐陶。器内抹光，器表抹痕明显。方唇，窄折沿较厚，腹部装有鸡冠状錾手，斜弧腹内收，下残。残高 6.6 厘米（图二三〇，8）。标本 T1630⑦：25，夹蚌红褐陶。器物内外抹制略光。圆唇，窄斜折沿，腹部装有鸡冠状錾手，斜弧腹，下残。残高 7 厘米（图二三〇，9）。

D 型　10 件。折沿凸棱盆，多为残片。共同特点是折沿，腹部贴有凸棱状附加泥条。依口沿、腹部的差异分 3 亚型。

Da 型　3 件。直口，窄折沿，斜弧腹。标本 F8：21，夹蚌陶。器内为灰黑色磨光，器表红褐色，有黑色斑块，抹痕明显，素面。圆唇，腹部贴一周凸棱状附加泥条，斜弧腹，下残。口径 34、残高 5.6 厘米（图二三一，1）。标本 F8：28，夹蚌红褐陶。器物内

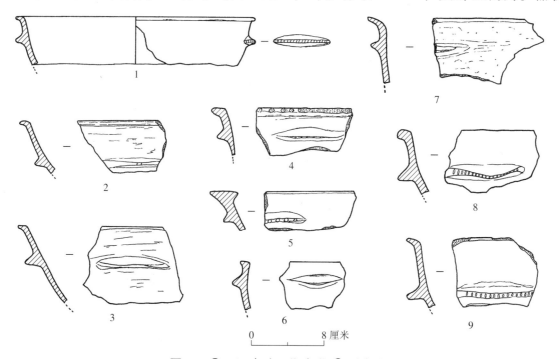

0　　　　　　8 厘米

图二三〇　石山孜二期文化 C 型陶盆

1、3～5、7. Ⅰ式（T1629⑧：23、T0822⑦：5、M15：3、H373：5、T0723⑧：4）　2、6、8、9. Ⅱ式（H154：1、H77：2、H315：4、T1630⑦：25）

外有因蚌片脱落形成的凹坑，器表有黑色斑块，素面。圆唇，腹部贴一周凸棱状附加泥条，斜弧腹下残。口径33、残高8厘米（图二三一，2）。标本T1729⑧：6，夹蚌灰黑陶。器表凸棱以下饰红陶衣。方唇，上腹部贴一周凸棱状附加泥条，斜弧腹，下残。残高7厘米（图二三一，8）。

Db型　2件。敛口，窄折沿，折腹凸棱盆。标本T0823⑧：13，夹蚌陶。器内及口外凸棱以上部分为灰黑色，器表折腹以下为红褐色，器物内外因蚌片脱落形成蜂窝状凹坑，素面。圆唇，窄折沿，上腹斜弧，较浅，下腹斜直，硬内折，最大径在折腹处，折腹处贴凸棱状附加泥条。残高5厘米（图二三一，6）。标本H188：10，与标本T0823⑧：13形制相同。残高4.2厘米（图二三一，5）。

Dc型　5件。敛口，宽折沿，斜腹。分2式。

Ⅰ式　3件。折沿，敛口，斜直腹。标本T0722⑦：30，夹炭陶。器内及口外凸棱以上部分为灰黑色，器表凸棱以下饰红陶衣。圆唇，平折沿，腹部贴凸棱状附加泥条，下腹残。残高4.6厘米（图二三一，3）。标本T0725⑦：13，夹蚌红褐陶。内凸唇，宽折沿近平，腹部贴凸棱状附加泥条，素面。下腹残。残高7.6厘米（图二三一，7）。标本

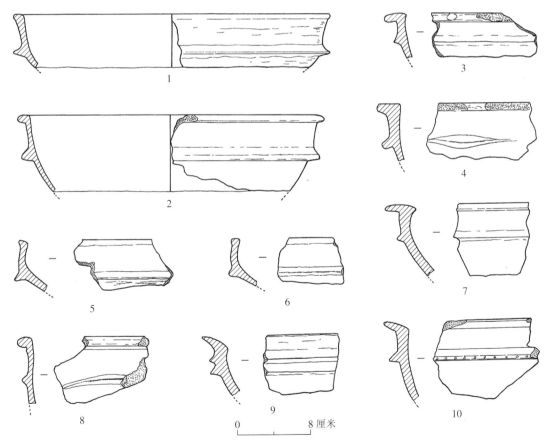

图二三一　石山孜二期文化D型陶盆

1、2、8. Da型（F8：21、F8：28、T1729⑧：6）　3、7、10. Dc型Ⅰ式（T0722⑦：30、T0725⑦：13、T1530⑦：6）
4、9. Dc型Ⅱ式（H176：7、T1631⑥：16）　5、6. Db型（H188：10、T0823⑧：13）

T1530⑦：6，夹蚌红褐陶。宽平折沿略斜，圆唇，腹部贴凸棱状附加泥条，其上压印稀疏较浅的凹窝。下腹残。残高 8.3 厘米（图二三一，10；彩版三六，5）。

Ⅱ式　2 件。敛口，折沿，斜弧腹。标本 H176：7，夹炭羼蚌末陶。器物内外饰红陶衣，多有脱落。平折沿，腹部贴凸棱状附加泥条，其上有泥突。残高 6 厘米（图二三一，4）。标本 T1631⑥：16，夹蚌陶。器内及沿面为灰黑色，器表红褐色，器物内外有因蚌片脱落形成的凹坑。沿下贴有两道凸棱状附加泥条，下腹残。残高 6.2 厘米（图二三一，9）。

E 型　3 件。斜折沿盆。标本 T0725⑧：49，夹蚌陶。器内为灰黑色，器表红褐色，器物内外抹制略光，有因蚌片脱落形成的凹坑，素面。敛口，方圆唇，斜弧腹，下残。残高 6 厘米（图二三二，1）。标本 T0724⑧：50，夹蚌红褐陶。器物内外抹制略光，有因蚌片脱落形成的凹坑，素面。近直口，尖圆唇，斜直腹，下残。残高 4.4 厘米（图二三二，2）。标本 T1729⑦：34，夹蚌红褐陶。器物内外抹光，有因蚌片脱落形成的凹坑，素面。口微敛，圆唇，斜直腹下残。残高 6 厘米（图二三二，3）。

钵　67 件。以夹蚌陶和泥质陶为主。其中夹蚌陶多为红褐色，有少量的为灰黑色和外红内黑陶，并有极少量的红衣陶和彩绘陶。泥质陶多为“红顶”式，呈上口红色、下灰色，亦有涂红色彩带的泥质陶。依陶质不同分两类：夹蚌陶钵、泥质陶钵。

A 型　13 件。均为器物残片。依器物口部、腹部的差异分 4 亚型。

Aa 型　3 件。敛口，斜直腹钵。标本 T1631⑦：63，夹蚌红褐陶。器内抹制略光，器表抹痕明显，素面。圆唇，下腹残。口径 22、残高 6.8 厘米（图二三三，1）。标本 H188：8，夹蚌红褐陶。器内抹制略光，有黑色斑块，器表抹痕明显，器物内外有蚌片脱落形成的凹坑，素面。圆唇，下腹残。口径 23、残高 7.6 厘米（图二三三，2）。标本 H187：10，夹蚌陶。器内口部饰一周红彩带，其下满饰密集的放射状条纹，器表饰红陶衣，腹部有一个对钻圆孔。圆唇，下腹残。口径 38、残高 4.4 厘米（图二三三，3）。

Ab 型　4 件。侈口，斜直腹。标本 T1630⑥：10，夹蚌红褐陶。器内抹制略光，器表抹制较粗，素面。方唇，下腹残。口径 30、残高 9 厘米（图二三三，5）。标本 H186：11，夹蚌陶。器内为灰黑色抹制略光，器表饰红陶衣。方唇，上腹部有两个对钻圆孔，下腹残。口径 40、残高 6.4 厘米（图二三三，4）。标本 T0723⑦：12，夹蚌红褐陶。器内抹制较粗，器表凹凸不平，素面。圆唇，底残。口径 16、残高 6.6 厘米（图二三三，7）。标

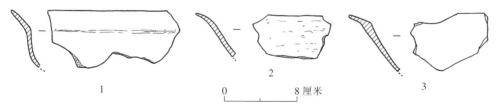

0　　　　8 厘米

图二三二　石山孜二期文化 E 型陶盆
1. T0725⑧：49　2. T0724⑧：50　3. T1729⑦：34

本 H187：6，夹蚌红褐陶。器物内外抹制略光，有黑色斑块，素面。圆唇，下腹残。口径21、残高 3.8 厘米（图二三三，10）。

Ac 型　3 件。直口，斜直腹内收，圜底。标本 T1729⑦：2，复原器，夹蚌陶。器内灰黑色，抹制略光，器表红褐色，抹痕明显。圆唇，口外有细弦纹一周，斜直腹内收，圜底。口径 12、残高 6 厘米（图二三三，6；彩版三六，6）。标本 T0724⑦：23，夹蚌陶。器内及口外为灰黑色，器表红褐色，器物内外抹制略光，素面。尖圆唇，下腹残。口径 15、残高 6 厘米（图二三三，8）。标本 T0724⑦：25，夹蚌陶。器内及口外为灰黑色，器表红褐色，有黑色斑块，器物内外有因蚌片脱落形成的凹坑，素面。圆唇，下腹残。口径 19、残高 4.8 厘米（图二三三，9）。

Ad 型　3 件。带把钵。标本 H321：3，夹蚌红褐陶。器物内外抹制略光，素面。圆唇，敛口，斜弧腹，腹部装有宽扁形上翘的把手。把手顶端内凹，下腹残。残高 5 厘米

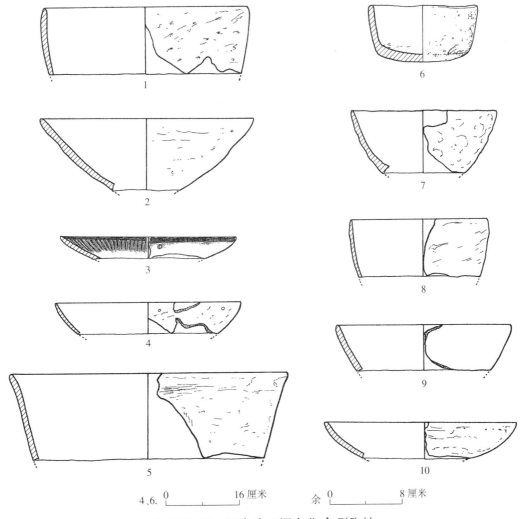

4.6. 0 ————— 16 厘米　　余 0 ————— 8 厘米

图二三三　石山孜二期文化 A 型陶钵

1~3. Aa 型（T1631⑦：63、H188：8、H187：10）　　4、5、7、10. Ab 型（H186：11、T1630⑥：10、T0723⑦：12、H187：6）　　6、8、9. Ac 型（T1729⑦：2、T0724⑦：23、T0724⑦：25）

（图二三四，1）。标本 T1530⑧：15，夹蚌陶。器内为灰黑色，器表红褐色，有黑色斑块，器物内外抹制略光，素面。敛口，斜弧腹，仅存腹部，腹部装有宽扁形上翘的把手，把手顶端内凹。残高 6.2 厘米（图二三四，3）。标本 T1631⑦：19，夹蚌陶。器内为灰黑色，器表红褐色，器物内外抹痕明显，素面。直口，圆唇，上腹略曲，下腹斜直内收，腹部装有宽扁形上翘的把手，把手顶端圆弧。残高 4.5 厘米（图二三四，2）。

钵把手　6 件。把手大致有 2 种形制。其一，椭圆形锥状把手 3 件。标本 T0724⑧：16，夹蚌红褐陶。抹制较光，把手顶端尖圆微上翘。长 8.7 厘米（图二三四，6）。标本 T1529 ⑧：3，与标本 T0724⑧：16 形制相同，长 7.5 厘米（图二三四，7）。标本 T1729⑦：12，夹蚌红褐陶。有黑色斑块，把手下部饰划纹，顶端尖圆微上翘。长 6.2 厘米（图二三四，4）。其二，宽扁形把手 3 件。标本 H103：1，夹蚌红褐陶。素面。把手顶端内凹。长 6.5 厘米（图二三四，5）。

B 型　55 件。均为器物残片。依器物口部、腹部的不同分 6 亚型。

Ba 型　25 件。敛口红顶钵，口部外侧有一周"红顶式"宽带，其下为青灰色或红色，烧制火候较高，陶质硬，器壁薄，数量较多。依器物口部、腹部的不同分 2 式。

Ⅰ 式　16 件。敛口或口微敛，斜弧腹。标本 T0724⑧：22，泥质陶。器物内外磨光，口外一周红带，其余为青灰色。圆唇，下腹残。口径 26.8、残高 6 厘米（图二三五，1）。

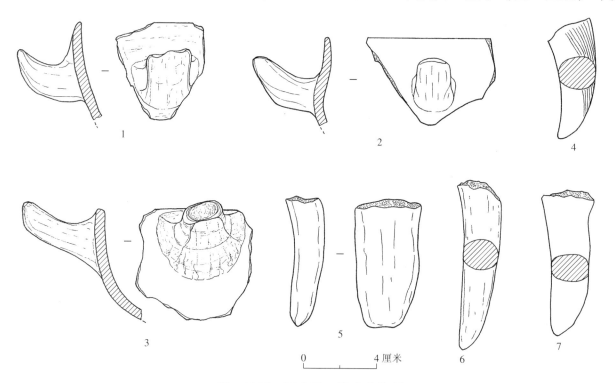

0　　　　　　4 厘米

图二三四　石山孜二期文化陶钵

1~3. Ad 型陶钵（H321：3、T1631⑦：19、T1530⑧：15）　4~7. 钵把手（T1729⑦：12、H103：1、T0724⑧：16、T1529⑧：3）

标本 H358：9（残高 5.8 厘米）（图二三五，16）、标本 H372：4（残高 3 厘米）（图二三五，11）、标本 F13：2（口径 18、残高 3.4 厘米）（图二三五，6）、标本 T0725⑨：60（口径 22、残高 4 厘米）（图二三五，4）、标本 T0724⑥：14（残高 4.4 厘米）（图二三五，15），形制与标本 T0725⑨：60 大致相同。标本 H135：7，泥质灰陶。器物内外磨光，口部内外有一周红带，圆唇，斜弧腹下残。口径 24、残高 7.8 厘米（图二三五，8；彩版三七，1）。标本 T0724⑧：35，与标本 H135：7 形制相同，口径 21.8、残高 4 厘米（图二三五，5；彩版三七，2）。标本 H138：7，口径 24、残高 4 厘米（图二三五，3）。标本 H167：3，泥质灰陶胎质。器物内外磨光饰红陶衣，口外有一周红带，圆唇，斜弧腹，下残。口径 26、残高 8 厘米（图二三五，9）。标本 T0724⑦：10，泥质灰陶。器物内外磨光，口部内外有一周"红顶式"宽带，圆唇，斜弧腹下残。口径 24、残高 6.6 厘米（图二三五，2；彩版三七，3）。标本 T1530⑧：1，泥质红陶。器物内外磨光饰红陶衣，口部内外涂一周红彩，口内红彩多脱落。圆唇，斜弧腹下残。口径 14、残高 2.8 厘米（图二三五，13）。标本 H365：1，泥质红陶。器物内外磨光，饰红陶衣。圆唇，下腹残。口径 22、残高 5 厘米（图二三五，10）。标本 H185：2，泥质红陶。器物内外磨光饰红陶衣，口外有一周红带。方圆唇，斜弧腹下残。残高 6.4 厘米（图二三五，12）。标本 H341：2，与标本 H185：2 形制相同。残高 4.6 厘米（图二三五，14）。标本 T0725⑦：10，泥质红陶。器物内外磨光饰红陶衣，口外有一周红带。圆唇，斜弧腹下残。口径 33.6、残高 6.4 厘米（图二三五，7）。

Ⅱ式　9 件。敛口，斜直腹。标本 T1631⑦：14，泥质红陶。器物内外磨光。口外有"红顶式"宽带，方唇，斜直腹，下残。□径 30.6、残高 7 厘米（图二三六，1）。标本 T0724⑦：21，泥质灰陶。器物内外磨光，口外一周红带至腹部。方圆唇，斜直腹下残。口径 26.8、残高 5 厘米（图二三六，2）。标本 T1729⑥：1，泥质灰陶。器物内外磨光，唇部及口外有一周红带。圆唇，斜直腹下残。口径 24.8、残高 5.5 厘米（图二三六，3）。标本 T0724⑦：52，泥质红陶。器物内外饰红陶衣。口外一周红带，尖圆唇，斜直腹下残。口径 24、残高 4.4 厘米（图二三六，4）。标本 T1628⑥：1，泥质灰陶。器物内外磨光，唇部及口外有一周红带。方唇，斜直腹，下残。残高 4 厘米（图二三六，5）。标本 H44：8，泥质灰陶。器物内外磨光，饰红陶衣，口外一周较窄的红彩带。圆唇，下残。口径 15、残高 5 厘米（图二三六，6）。标本 T0724④：82，泥质灰陶。器物内外磨光，饰红陶衣，多脱落，口外有一周较宽的红带。圆唇，斜直腹下残。口径 15、残高 5.4 厘米（图二三六，7）。标本 H287：2，泥质红陶。器物内外磨光，饰红陶衣，口外涂一周较宽的红带。圆唇，下残。口径 18、残高 3.6 厘米（图二三六，8）。标本 T0725⑤：28，泥质灰陶。器物内外磨光，饰红陶衣，多脱落，口外有一周红带。方唇，斜直腹，下残。口径 22、残高 3.8 厘米（图二三六，9）。

Bb 型　10 件。敛口，圆肩，曲腹钵。分 2 式。

Ⅰ式　7 件。敛口，下腹内收较急。标本 T1629⑦：6，泥质灰陶。磨光，器物内外饰

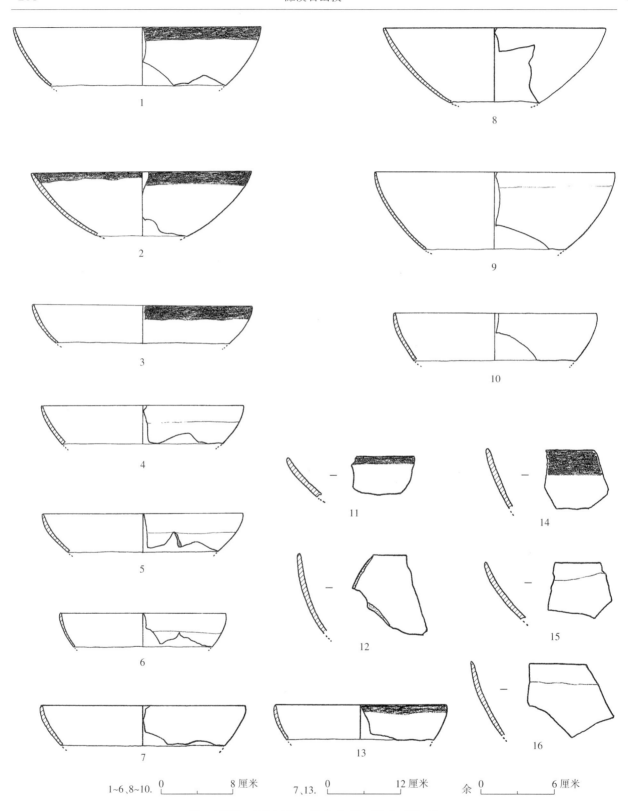

图二三五　石山孜二期文化 Ba 型 I 式陶钵

1. T0724⑧：22　2. T0724⑦：10　3. H138：7　4. T0725⑨：60　5. T0724⑧：35　6. F13：2　7. T0725⑦：10　8. H135：7
9. H167：3　10. H365：1　11. H372：4　12. H185：2　13. T1530⑧：1　14. H341：2　15. T0724⑥：14　16. H358：9

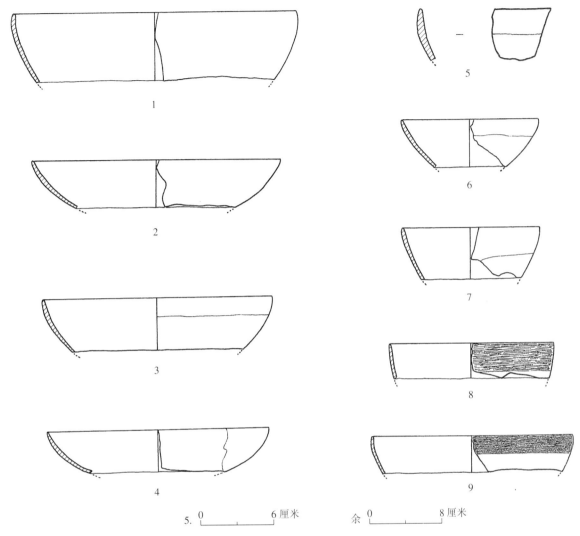

5. 0 [_____] 6厘米      余 0 [_____] 8厘米

图二三六 石山孜二期文化 Ba 型 II 式陶钵

1. T1631⑦：14  2. T0724⑦：21  3. T1729⑥：1  4. T0724⑦：52  5. T1628⑥：1  6. H44：8  7. T0724④：82
8. H287：2  9. T0725⑤：28

红陶衣。敛口较甚，圆唇，圆鼓肩，腹下残。口径 30.6、残高 5 厘米（图二三七，1）。标本 T1730⑧：15，泥质灰陶。器物内外磨光，饰红陶衣。方唇，下腹残。口径 22、残高 5.4 厘米（图二三七，3）。标本 H178：2，泥质陶。口外侧有一周红带，其余部分为青灰色磨光。圆唇，斜直腹，下残。残高 4.2 厘米（图二三七，5）。标本 T1628⑦：5，泥质灰陶。器物内外磨光，饰红陶衣。方唇，下腹残。残高 4.4 厘米（图二三七，6）。标本 T1530⑦：14，泥质红陶。器物内外磨光，饰红陶衣。方唇，曲腹内收，下残。口径 34.4、残高 5.6 厘米（图二三七，7）。标本 T1730⑧：16，仅存口部，泥质灰陶。器物内外磨光，口内及器表饰红陶衣。圆唇。残高 4 厘米（图二三七，8）。标本 T1730⑦：9，泥质陶。口外侧有一周较宽的红带，其余部分为青灰色磨光。方圆唇，下腹残。口径 22、残高 6.6 厘米（图二三七，10）。

II式 3件。敛口，方唇，曲腹缓内收。标本 T0725⑤：27，泥质陶。磨光，口外一周红带至腹部，其余部分为青灰色。下腹残。口径25.6、残高7.6厘米（图二三七，4）。标本T0723⑤：15，与标本T0725⑤：27形制相同。口径30、残高7.4厘米（图二三七，2；彩版三七，4）。标本T1730⑥：6，泥质陶。磨光，口外一周较宽的红带，其余部分为青灰色。下腹残。残高4.6厘米（图二三七，9）。

Bc型　7件。内敛口，浅折腹钵。分2式。

Ⅰ式　4件。内敛口，浅腹硬折。标本T1729⑤：2，泥质灰陶。器物内外磨光，饰红陶衣，方唇，下腹弧内折残。口径26、残高4.4厘米（图二三八，1）。标本T1530⑦：31，泥质红陶。器物内外磨光，饰红陶衣，圆唇，下腹弧内折，残。口径24、残高4厘米（图二三八，3）。标本T1529⑦：5，泥质红陶。器物内外磨光，饰红陶衣，口外涂一周红彩带。圆唇，下腹硬内折残。残高4厘米（图二三八，6）。标本H299：2，泥质灰

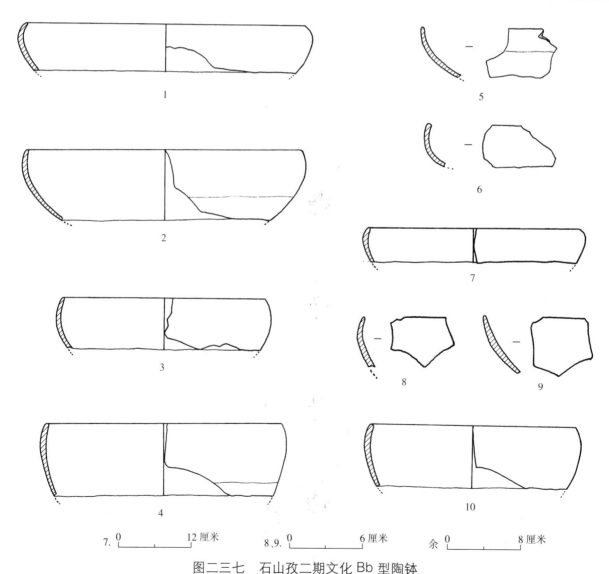

1　　　　　5

6

7

2

8　　9

3

4　　　　　10

7.　0 _____ 12厘米　　8,9.　0 ____ 6厘米　　余　0 ____ 8厘米

图二三七　石山孜二期文化 Bb 型陶钵

1、3、5～8、10. Ⅰ式（T1629⑦：6、T1730⑧：15、H178：2、T1628⑦：5、T1530⑦：14、T1730⑧：16、T1730⑦：9）

2、4、9. Ⅱ式（T0723⑤：15、T0725⑤：27、T1730⑥：6）

陶。器物内外饰红陶衣，口外涂一周红彩带。圆唇，下腹硬内折残。口径24、残高3.4厘米（图二三八，7）。

Ⅱ式 3件。内敛口或敛口，浅腹弧折。标本H249：5，泥质红陶。器物内外磨光，饰红陶衣，圆唇，下腹弧内折。口径30、残高5.2厘米（图二三八，2）。标本H322：2，泥质灰陶。器物内外磨光，饰红陶衣。圆唇，下腹弧折。口径30、残高4.6厘米（图二三八，4）。标本H137：4，泥质红陶。器物内外磨光，饰红陶衣，口外涂一周红彩带。圆唇，圆肩，下腹内折。口径23、残高4.5厘米（图二三八，5）。

Bd型 6件。敛口，斜唇，斜直腹，唇部削抹成斜面状。标本T1729⑦：26，泥质灰陶。器物内外磨光，饰较宽红带。斜圆唇，下腹残。口径26、残高2.6厘米（图二三九，1）。标本T0725⑦：35，泥质灰陶。器物内外磨光，口外及唇部有一周红带。斜圆唇，下腹残。口径22、残高4厘米（图二三九，7）。标本T1729⑧：15，泥质灰陶胎质，器物内外磨光，口外有一周红带，斜尖唇，下腹残。残高5厘米（图二三九，8）。标本T1630⑥：5，泥质灰陶。器物内外磨光，器表饰较宽红带。斜圆唇，下腹残。残高2.8厘米（图二三九，10）。标本T0724⑤：62，泥质灰陶。器物内外磨光，口外有一周较宽的红带。斜尖唇，下腹残。残高3.4厘米（图二三九，11）。标本T0823⑤：8，泥质灰陶胎质，器物内外磨光饰红陶衣，口外有一周红带，斜尖唇，下腹残。残高3.1厘米（图二三九，13）。

Be型 6件。敛口内凸唇折腹钵。标本T1529⑤：17，泥质灰陶。器物内外磨光，器表饰红陶衣。折腹，下腹部残。口径32、残高4.2厘米（图二三九，3）。标本H289：3，泥质灰陶。器物内外磨光，口外有一周较宽的红带。腹部有一面钻圆孔一个，折腹，下腹部残。口径26、残高4.2厘米（图二三九，2）。标本T1730⑥：10，泥质灰陶。器物内外磨光，饰红陶衣，器表涂红彩多脱落。折腹，下腹部残。残高4厘米（图二三九，6）。标本T1630⑥：4，泥质灰陶。器物内外磨光，饰红陶衣，器表涂红彩。折腹，下腹部残。口径36、残高4.6厘米（图二三九，5）。标本H282：11，泥质灰陶。器物内外磨光，口外有一周较宽的红带。折腹，下腹部残。口径36、残高6厘米（图二三九，4）。标本T1630⑥：24，泥质灰陶。器物内外磨光，器表饰较宽红带。折腹，下腹部残。残高4厘米（图二三九，9）。

Bf型 1件。泥质带把钵。标本H138：4，泥质灰陶。器物内外磨光，素面。敛口，方圆唇，鼓腹，腹部装有宽扁状把手，顶端平齐，微上翘。残高4.3厘米（图二三九，12）。

碗 19件。以泥质红陶和泥质灰陶为主，其中泥质灰陶中有部分为红顶碗，另有少量的夹炭羼蚌陶。因均为器物残片，无可复原者。依形制变化分4型。

A型 5件。依口、腹部不同分为2亚型。

Aa型 3件。敛口，斜直腹。标本H135：8，泥质灰陶。器物内外磨光。圆唇，下腹残。口径23、残高6.2厘米（图二四〇，1）。标本H249：4，泥质灰黑陶。器物内外磨光。器壁较薄，圆唇，下腹残。口径20、残高4.4厘米（图二四〇，6）。标本T0822⑤：8，泥质灰陶。器物内外磨光。方唇，下腹残。口径20、残高6.2厘米（图二四〇，7）。

Ab型　2件。侈口，斜弧腹。标本T0823⑧：6，夹炭羼蚌陶。器内及口外为灰黑色，器表饰红陶衣，器物内外有修整打磨时留下的划痕。圆唇，斜弧腹，下残。口径21、残高4.4厘米（图二四〇，5；彩版三七，5）。标本H188：17，夹炭羼蚌陶。器内为灰黑色，抹制较光，器表饰红陶衣，部分脱落。圆唇，斜弧腹内收，下残。口径20、残高4厘米（图二四〇，9）。

B型　5件。红顶碗。分2式。

Ⅰ式　3件。近直口，斜直腹。标本T0724⑧：23，泥质灰陶。器物内外磨光，口外有一周红带。方唇，下腹残。口径26、残高4.6厘米（图二四〇，4）。标本H125：12，泥质灰陶。器物内外磨光，口外有一周红带。方圆唇，腹略弧，下残。口径20、残高4.8厘米（图二四〇，8）。标本H185：1，泥质灰陶。器物内外磨光，口外有一周红带。方唇，腹略弧，下残。口径21、残高5厘米（图二四〇，10）。

Ⅱ式　2件。口微敛。斜弧腹内收。标本H183：4，泥质灰陶。器物内外磨光，器表饰红陶衣，多脱落。圆唇，口外有一周红带，下腹残。口径24、残高7厘米（图二四〇，2）。标本T0723⑥：1，泥质灰陶。器物内外磨光，口外有一周红带。方圆唇，斜弧腹，下残。口径24、残高5.6厘米（图二四〇，3；彩版三七，6）。

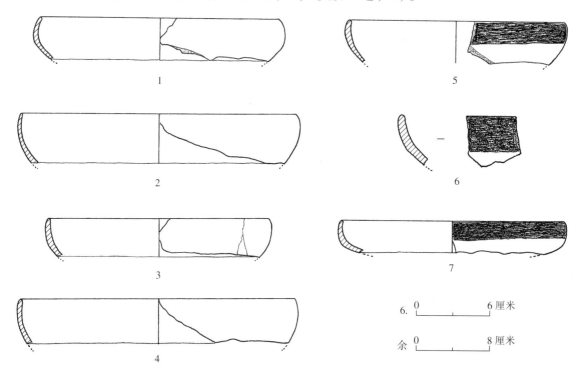

图二三八　石山孜二期文化Bc型陶钵

1、3、6、7. Ca型（T1729⑤：2、T1530⑦：31、T1529⑦：5、H299：2）　2、4、5. Cb型（H249：5、H322：2、H137：4）

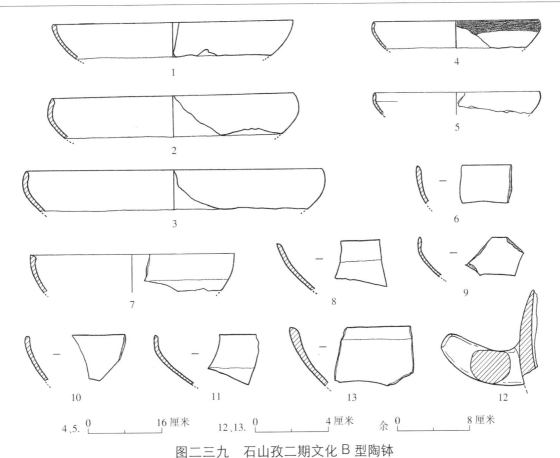

图二三九　石山孜二期文化 B 型陶钵

1、7、8、10、11、13. Bd 型（T1729⑦: 26、T0725⑦: 35、T1729⑧: 15、T1630⑥: 5、T0724⑤: 62、T0823⑤: 8）

2~6、9. Be 型（H289: 3、T1529⑤: 17、H282: 11、T1630⑥: 4、T1730⑥: 10、T1630⑥: 24）　　12. Bf 型（H138: 4）

　　C 型　2 件。敛口，斜弧腹。标本 F13: 1，泥质红陶。器物内外磨光，饰红陶衣。圆唇其上压印斜向指甲纹，形成花边唇，斜弧腹，下残。口径 22、残高 7.8 厘米（图二四一，1）。标本 T0725⑧: 28，泥质红陶。器物内外磨光，饰红陶衣，口内有间断的两道细弦纹，腹部有一面钻圆孔 2 个。圆唇，下腹残。口径 30、残高 8 厘米（图二四一，9）。

　　D 型　7 件。折腹碗。标本 H337: 6，泥质灰黑陶。器物内外抹制略光，折腹处压印一周指甲纹。直口，圆唇，上腹较直，下腹弧内折，下腹残。口径 20、残高 5.8 厘米（图二四一，2）。标本 T1631⑦: 13，泥质灰陶。器物内外磨光，饰红陶衣。侈口，方圆唇，上腹斜直，下腹硬内折。残高 6.1 厘米（图二四一，3）。标本 H235: 1，泥质灰陶。器物内外磨光，饰红陶衣，器表陶衣多脱落。近直口，圆唇，上腹较直，下腹内折残，折腹处贴有细泥条，其上压印指甲纹，泥条下装有錾手，中部内凹。口径 22、残高 4 厘米（图二四一，4）。标本 T0724⑥: 19，泥质灰陶。器物内外磨光。方唇，口外贴附一周凸棱状细方形泥条，斜弧腹，下残。口径 20、残高 3.4 厘米（图二四一，5）。标本 T1530⑥: 8，泥质灰陶胎质。器物内外饰红陶衣。侈口，圆唇，上腹短直，下腹斜直内折，折腹处贴有泥条，其上压印指甲纹。残高 4.8 厘米（图二四一，6）。标本 H115: 1，泥质灰陶。器内饰红陶衣，口外一周红带，其下为灰色。口微敛，圆唇，上腹略直，下

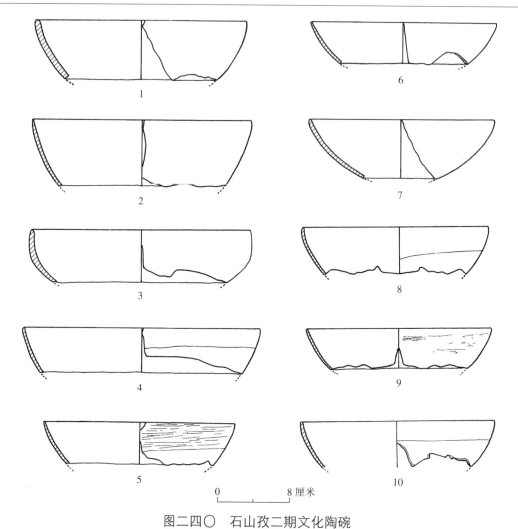

图二四〇　石山孜二期文化陶碗

1、6、7. Aa 型（H135∶8、H249∶4、T0822⑤∶8）　　2、3. B 型Ⅱ式（H183∶4、T0723⑥∶1）　　4、8、10. B 型
Ⅰ式（T0724⑧∶23、H125∶12、H185∶1）　　5、9. Ab 型（T0823⑧∶6、H188∶17）

腹斜直内折。残高 4.7 厘米（图二四一，7）。标本 H229∶3，泥质红陶。器物内外磨光，饰红陶衣，器表上腹部涂红彩。圆唇，上腹较直，下腹内折，已残。残高 5.6 厘米（图二四一，8）。

碗底　23 件。绝大多数为圈足器底，推测为钵或碗的底部。依据形状的不同分为6 型。

A 型　2 件。直圈足。标本 T1631⑦∶44，夹炭羼蚌末陶。器内为灰黑色，磨光，器表饰红陶衣。圈足残，器底残留有器身与圈足相接的划痕。圈足径 23.4、残高 2.6 厘米（图二四二，1）。标本 T0724⑦∶12，夹炭羼蚌末陶。器物内外饰红陶衣。圈足残。圈足径 20.8、残高 3 厘米（图二四二，2）。

B 型　2 件。喇叭形圈足。标本 F8∶9，夹炭羼蚌末陶。器内为灰黑色磨光，器表及圈足饰红陶衣。圈足内部划痕明显。圈足径 13、残高 4.4 厘米（图二四二，5）。标本 T0724⑦∶6，夹蚌红褐陶。器内及圈足内部有黑色斑块，素面。圈足径 7.4、残高 3.8 厘

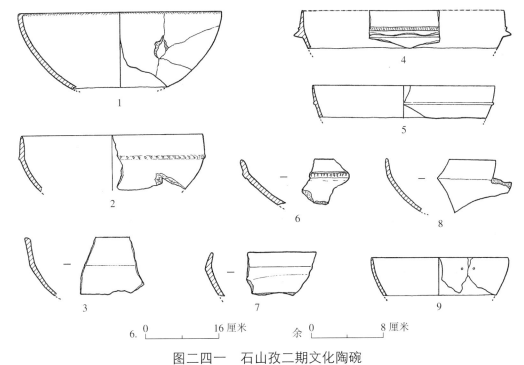

图二四一　石山孜二期文化陶碗

1、9. C 型（F13：1、T0725⑧：28）　　2～8. D 型（H337：6、T1631⑦：13、H235：1、T0724⑥：19、T1530⑥：8、H115：1、H229：3）

米（图二四二，8）。

C 型　3 件。花边圈足器底。标本 H188：1，夹砂红褐陶。圈足内外磨光、边缘压印窝纹形成花边。圈足径 12、残高 4 厘米（图二四二，4；彩版三八，1）。标本 T0725⑨：22，夹蚌红褐陶。器内磨光，圈足边缘压印窝纹，形成花边。圈足径 10.6、残高 2.6 厘米（图二四二，10）。标本 H176：5，夹砂红褐陶。圈足内外有黑色斑块，边缘压印斜向短条纹，形成花边。圈足径 12、残高 4 厘米（图二四二，11）。

D 型　5 件。矮圈足。标本 T1630⑦：30，夹炭羼蚌末陶。器内灰黑色，器表饰红陶衣。圈足径 13.4、残高 2.4 厘米（图二四二，3）。标本 H259：1，夹砂灰黑陶。内外磨光。圈足径 17.6、残高 5 厘米（图二四二，6）。标本 T1631⑦：42，夹砂陶。器内红褐色，器表灰黑色，内外磨光。圈足径 17、残高 3.8 厘米（图二四二，7）。标本 T1630⑧：23，夹蚌陶。器内为灰黑色磨光，器表饰红陶衣，圈足内底部压印两道凸起的平行条纹。圈足径 6、残高 2 厘米（图二四二，9；彩版三八，2）。标本 T0725⑨：19，夹蚌红褐陶。内外饰红陶衣。矮圈足，圈足内底部刻划"十"字和圆圈及叉形组成的刻划符号。圈足径 9、残高 2.6 厘米（图二四二，12；彩版三八，3）。

E 型　4 件。饼状足。标本 H238：2，夹蚌陶。器内为灰黑色，器表红褐色，内外磨光。饼足底部有黑色斑块，下腹与饼足交界处有对钻圆孔一个。直径 11.2、残高 2.8 厘米（图二四三，1）。标本 H213：2，夹蚌红褐陶。素面，饼足底部刮抹痕明显。直径 5.6、残高 2 厘米（图二四三，2）。标本 H138：10，夹蚌灰黑陶。内外饰红陶衣。饼足边

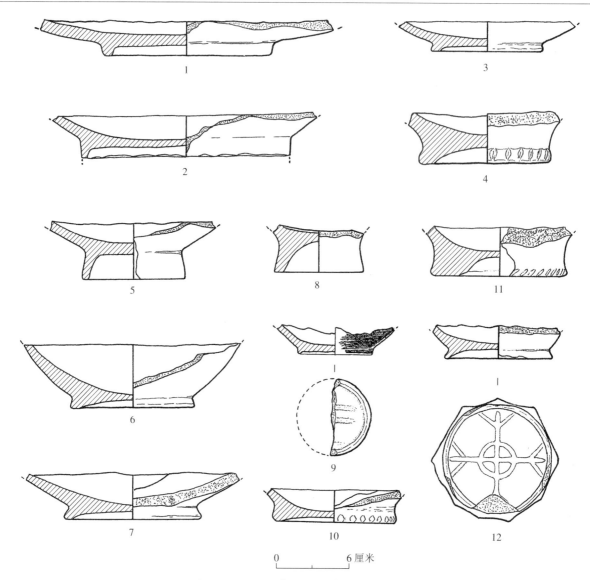

图二四二　石山孜二期文化陶碗底

1、2. A 型（T1631⑦：44、T0724⑦：12）　3、6、7、9、12. D 型（T1630⑦：30、H259：1、T1631⑦：42、T1630⑧：23、T0725⑨：19）　4、10、11. C 型（H188：1、T0725⑨：22、H176：5）　5、8. B 型（F8：9、T0724⑦：6）

缘压印窝纹形成花边。直径20、残高4.8厘米（图二四三，3）。标本 T1530⑨：10，泥质陶。器内灰黑色磨光，器表饰红陶衣。饼足底部红褐色磨光。直径9、残高1.8厘米（图二四三，4）。

F 型　7件。标本 T0725⑧：43，泥质灰陶。内外磨光，下腹与底交界处刻划一周弦纹。平底，底部有粟糠纹。底径8、残高1.6厘米（图二四三，5）。标本 H253：10，泥质灰黑陶。内外磨光，底部满饰粟糠纹。底径5.9、残高1.1厘米（图二四三，6）。标本 T0724⑦：48，泥质灰陶。内外磨光，饰红陶衣，器底满饰粟糠纹。底径7、残高1.2厘米（图二四三，7；彩版三八，4）。标本 T0724⑦：47，泥质灰陶。内外磨光。下腹与底交界处有一周刮削痕，底部满饰粟糠纹。底径8、残高1.4厘米（图二四三，8）。标本

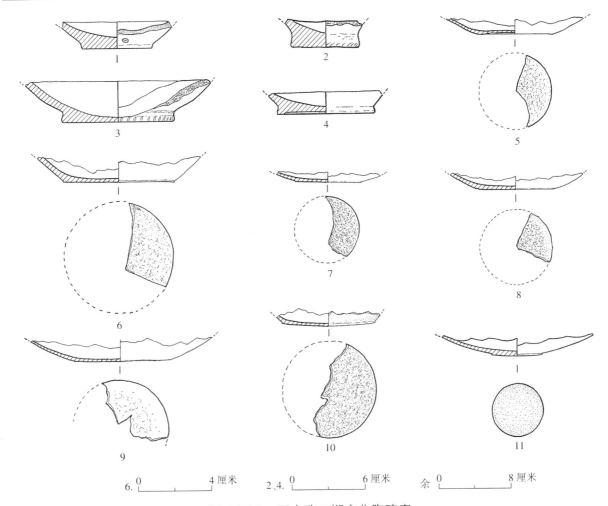

图二四三　石山孜二期文化陶碗底

1～4. E 型（H238：2、H213：2、H138：10、T1530⑨：10）　　5～11. F 型（T0725⑧：43、H253：10、T0724⑦：48、T0724⑦：47、F13：4、H228：1、H39：1）

F13：4，泥质红陶。内外磨光。平底，底部有少量粟糠纹。底径 10.2、残高 2.2 厘米（图二四三，9）。标本 H228：1，泥质灰陶。器内饰红陶衣，磨光。底部满饰粟糠纹。底径 10、残高 1.4 厘米（图二四三，10）。标本 H39：1，泥质灰陶。内外磨光。底部满饰粟糠纹。底径 5.6、残高 2 厘米（图二四三，11）。

器盖纽　4 件。标本 T1631⑦：7，泥质红陶。器表饰红陶衣。花瓣状纽，中有一穿孔。残高 4.3 厘米（图二四四，1）。标本 H346：8，夹蚌红褐陶。扁柱状纽，上窄下宽，纽下部横穿圆孔。残高 4.2 厘米（图二四四，3）。标本 T0724⑧：24，夹蚌陶。外红内黑。仅存圈足状纽。纽径 5.9、残高 3.2 厘米（图二四四，2）。标本 T0722⑨：9，泥质红陶。手制，器形略小，覆碗状盖，方圆唇，斜直壁，柱状盖纽，顶端呈凹窝状。口径 5、通高 3 厘米（图二四四，4；彩版三八，5）。

器流　3 件。圆形流齐口，均为泥质陶。标本 H156：6，泥质灰陶。器表饰红陶衣，圆形流略长。长 4.3、宽 1.8 厘米（图二四四，5；彩版三八，6）。标本 T1530⑦：12，泥质红陶。磨光，素面。圆形器流较短。长2.6、宽1.6厘米（图二四四，6）。标本T0725⑥：12，泥质红陶。饰红彩，圆形器流。长3.5、宽2.1厘米（图二四四，7）。

陶支脚　8件。分3型。

A型　3件。蘑菇状支脚。均残，顶端为尖圆或圆状，圆形或椭圆形柱体。标本T1730⑨：17，与标本T1730⑨：20形制相同。残高15厘米（图二四五，1；彩版三九，1）。标本T1730⑨：20，夹砂红褐陶。器体呈柱状，较粗大，尖圆状顶，掺有少量蚌末。残高10.4厘米（图二四五，2）。标本T1630⑦：7，泥质红陶。素面，残存顶端呈蘑菇状。残高7厘米（图二四五，6）。

B型　3件。圆形座，器体略呈倒置的圆锥形，顶部微倾曲。标本T0724⑤：1，夹蚌红褐陶。器表凹凸不平。顶端残失，内倾，底端呈椭圆形。残高11.8厘米（图二四五，3；彩版三九，2）。标本T1631⑦：2，泥质红褐陶。一侧烟炱明显，圆形底座外突明显，柱体和顶端内倾。残高5.9厘米（图二四五，5）。标本H358：11，泥质红陶。器表用手指按压的凹槽，顶部捏制成扁尖状。残高7厘米（图二四五，8）。

C型　2件。馒头形支脚，均残。标本H135：9，泥质红褐陶。掺蚌末，仅存顶部略尖圆，因一侧烧烤时间较长，呈灰黑色，一则呈红褐色，器表经过打磨。残高7.8厘米（图二四五，4；彩版三九，3）。标本T1730⑨：16，夹砂灰褐陶。外饰红陶衣，掺有蚌末。仅存半面，底有压印席纹，一侧似有微隆突棱，形如馒头状。残高7厘米（图二四五，7；彩版三九，4）。

灶　2件。标本T0723⑧：28，夹炭红褐陶。黑皮外磨光，沿面及器内饰交错划纹，

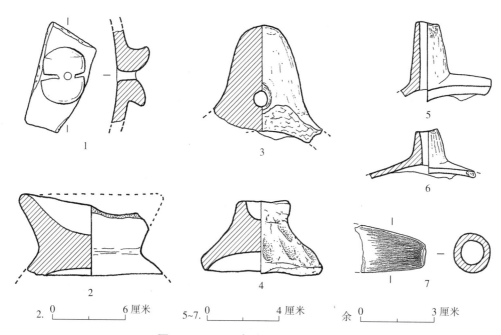

2. 0 —— 6厘米　　5~7. 0 —— 4厘米　　余 0 —— 3厘米

图二四四　石山孜二期文化陶器

1~4. 器盖纽（T1631⑦：7、T0724⑧：24、H346：8、T0722⑨：9）　5~7. 器流（H156：6、T1530⑦：12、T0725⑥：12）

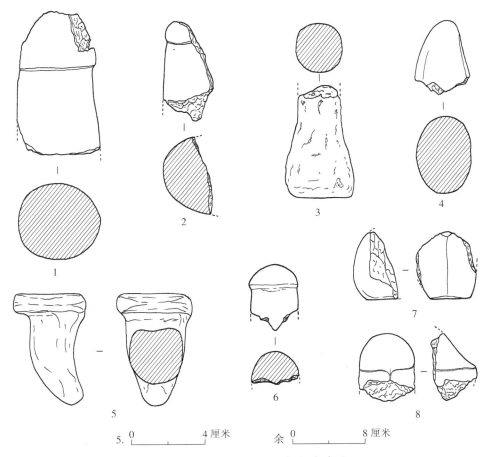

5. |0————4厘米  余 |0————8厘米

图二四五 石山孜二期文化陶支脚

1、2、6. A 型（T1730⑨：17、T1730⑨：20、T1630⑦：7） 3、5、8. B 型（T0724⑤：1、T1631⑦：2、H358：11）
4、7. C 型（H135：9、T1730⑨：16）

沿下饰指甲纹。仅存口沿。底径 26.4、残高 3 厘米（图二四六，1）。标本 T0724⑧：34，夹蚌红褐陶。器表抹光，素面。仅存口沿部分。残高 5 厘米（图二四六，4）。

器座 4 件。均残。分 2 型。

A 型 3 件。鼓形，腰部有戳印圆点纹。标本 H89：13，夹蚌红褐陶。外黑皮磨光，内抹痕明显，腰部饰戳印圆点纹。残高 3.8 厘米（图二四六，2）。标本 H57：1，夹蚌红褐陶。外磨光，内有抹痕。圆唇，腹略鼓有圆形镂孔，已残。残高 5.6 厘米（图二四六，5）。标本 H187：13，夹蚌红褐陶。外磨光，有黑斑。残存一部分，方唇，鼓腹。残高 3.8 厘米（图二四六，6）。

B 型 1 件。筒形。标本 F8：1，夹蚌灰黑陶。器表磨光，饰有红陶衣，器内有数道横划纹，斜直腹。底径 13、残高 7 厘米（图二四六，7）。

勺 3 件。均为器物残片，形制各异。标本 T1629⑧：6，夹蚌红褐陶。器内抹制略光，器表抹痕明显，素面。浅腹，勺柄呈方圆形，顶端圆弧。长 10 厘米（图二四七，1；彩版三九，5）。标本 T0724⑧：13，夹蚌红褐陶。器物内外磨光，素面。腹略深，勺柄呈椭圆形较细长，柄部穿有细小的圆孔。长 7.6 厘米（图二四七，2；彩版三九，6）。标本

T1730⑨：12，夹砂羼蚌红褐陶。器内为灰黑色，器表红褐色，器物内外磨光，素面。浅腹，勺柄呈椭圆形较粗短，顶端平齐。长7.3厘米（图二四七，3）。

泥塑动物模型　1件。标本T0722⑨：7，泥质红陶。残存部分呈倒锥状，器体一侧用手捏制出双耳、双眼、鼻梁，耳、眼外突，鼻梁部分呈突棱状，锥尖部分为嘴部，刻成凹槽状。残高5.5厘米（图二四六，3；彩版四○，1）。

球　1件。标本F8：35，夹蚌红褐陶。椭圆形，较小。素面，手制。长径1.5、短径1.3厘米（彩版四○，2）。

小陶器　主要有小陶碗、小陶钵、小陶壶、小陶盂。

小碗　21件。分3型。

A型　6件。侈口，假圈足。均为手制。复原器。标本T1631⑧：8，夹蚌红褐陶。器物内外有黑色斑块，抹痕明显。侈口，圆唇，斜直腹。素面。口径8.6、通高5.4厘米（图二四八，1；彩版四一，1）。标本T1630⑦：52，夹砂红褐陶。侈口，圆唇，斜直腹，素面，器物内外凹凸不平。口径7.1、通高3.5厘米（图二四八，3）。标本T1729⑧：3，夹砂红褐陶。侈口，圆唇，斜直腹。素面。口径7.5、通高3.5厘米（图二四八，4；彩版四一，2）。标本T1631⑦：3，夹砂红褐陶。器物内外有黑色斑块。近直口，圆唇，斜直腹。素面。口径8、通高5.6厘米（图二四八，6；彩版四一，3）。标本T1629⑧：2，夹砂红褐陶。有黑色斑块。侈口，圆唇，斜弧腹。素面。口径5.5、通高4厘米（图二四八，8；彩版四一，4）。标本T0722⑨：8，夹砂红褐陶。方圆唇，斜弧腹，假圈足内凹。口径6、通高3.2厘米（图二四八，9；彩版四一，5）。

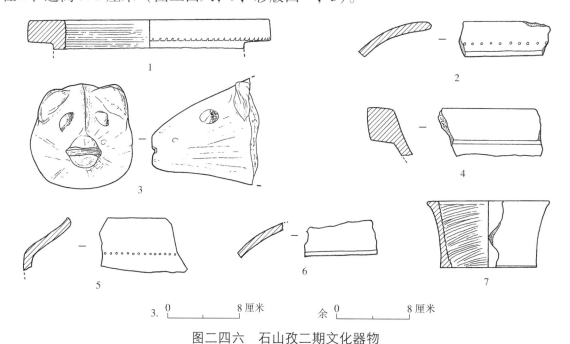

图二四六　石山孜二期文化器物

1、4. 陶灶（T0723⑧：28、T0724⑧：34）　　2、5、6. A型器座（H89：13、H57：1、H187：13）　　3. 泥塑动物模型（T0722⑨：7）　　7. B型器座（F8：1）

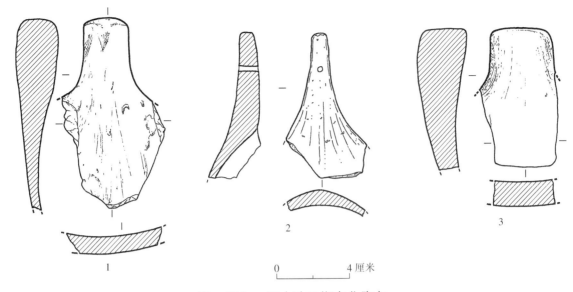

图二四七 石山孜二期文化陶勺
1. T1629⑧: 6 2. T0724⑧: 13 3. T1730⑨: 12

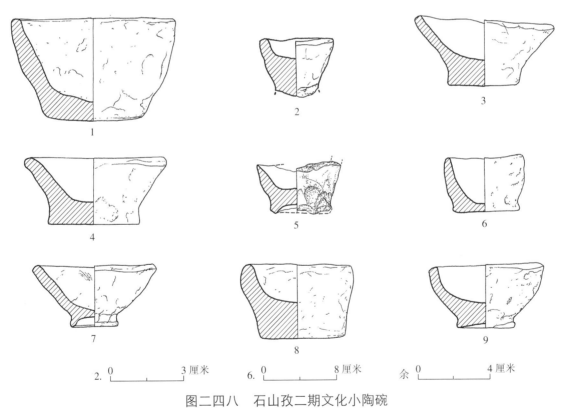

图二四八 石山孜二期文化小陶碗
1、3、4、6、8、9. A型（T1631⑧: 8、T1630⑦: 52、T1729⑧: 3、T1631⑦: 3、T1629⑧: 2、T0722⑨: 8）
2、5、7. C型（T0723⑦: 9、T0725⑧: 13、T0723⑧: 6）

B型 12件。侈口，斜直腹，平底，均为手制。标本 T0722⑦: 6，夹砂外红内黑陶。口部残，斜直腹，平底。素面。口径5、通高5.5厘米（图二四九，1）。标本 T0823⑧: 2，夹砂红褐陶。侈口，圆唇，斜直腹较浅，平底。器物内外抹制略光，素面。口径7.5、通高2.8厘米（图二四九，2；彩版四一，6）。标本T1530⑦：1，夹砂红褐陶。器内抹制略光，器表捏抹痕明显，器物内外有黑色斑块。侈口，圆唇，斜直腹，平底。素面。口径9.6、通高6厘米（图二四九，3；彩版四二，1）。标本T1628⑧：6，夹蚌红褐陶。口部残，斜直腹，平底。素面。口径6.8、通高2.6厘米（图二四九，4）。标本T0823⑧：1，夹砂红褐陶。器内抹制略光，器表捏抹痕明显，器物内外有黑色斑块。口微侈，方唇，斜直腹，平底。素面。口径8.5、通高4.9厘米（图二四九，5；彩版四二，2）。标本T0823⑦：1，夹砂红褐陶。圆唇，斜直腹较浅，平底微内凹。素面。口径4.3、通高1.2厘米（图二四九，6；彩版四二，3）。标本T0723⑧：12，夹砂红褐陶。方唇，斜直腹，平底。素面。口径3.8、通高2.7厘米（图二四九，7；彩版四二，4）。标本T1629⑧：4，夹蚌红褐陶。侈口，圆唇，斜直腹，平底。素面，制作不规整。口径3.7、通高2.2厘米（图二四九，8）。标本T0723⑧：10，夹砂红褐陶。侈口，方圆唇，斜直腹，小平底，器物内外凹凸不平。素面。口径3.8、通高2.5厘米（图二四九，9；

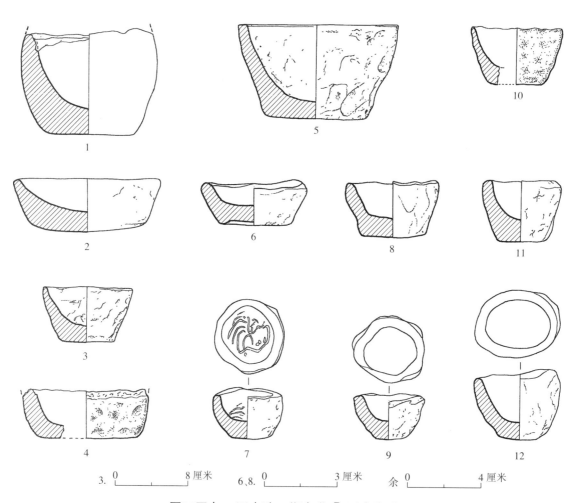

3.　0　　　　　8厘米　　6,8.　0　　　　3厘米　　余　0　　　　4厘米

图二四九　石山孜二期文化 B 型小陶碗

1. T0722⑦：6　2. T0823⑧：2　3. T1530⑦：1　4. T1628⑧：6　5. T0823⑧：1　6. T0823⑦：1　7. T0723⑧：12
8. T1629⑧：4　9. T0723⑧：10　10. T1629⑦：28　11. T0722⑧：2　12. F8：2

彩版四二，5）。标本 T1629⑦：28，夹砂红褐陶。尖圆唇，斜直腹，平底。素面。口径5、通高3厘米（图二四九，10）。标本 T0722⑧：2，夹砂红褐陶。圆唇，侈口，斜直腹，平底。素面。口径4、通高3.2厘米（图二四九，11）。标本 F8：2，夹砂红褐陶。器体呈椭圆形，圆唇，斜直腹，平底。素面无纹，器表凹凸不平。口径3.4、通高3.7厘米（图二四九，12）。

C 型 3件。侈口，斜直腹，圈足。标本 T0723⑦：9，夹砂红褐陶。有黑色斑块。器体小。方唇，斜直腹，圈足残。素面。口径3、通高2.4厘米（图二四八，2）。标本 T0725⑧：13，夹砂红褐陶。口及圈足残失，器内抹制略光，器表凹凸不平，捏痕明显。素面。口径4.5、通高2.6厘米（图二四八，5；彩版四二，6）。标本 T0723⑧：6，夹砂红褐陶。侈口，方圆唇，斜直腹，圈足。素面。口径6.3、通高3.6厘米（图二四八，7；彩版四三，1）。

小钵 6件。侈口，弧腹，圜底。标本 H188：20，夹蚌红褐陶。有黑色斑块。侈口，圆唇，斜弧腹，圜底。素面。口径4.8、通高3厘米（图二五〇，1）。标本 H169：2，标本夹砂红褐陶。有黑色斑块。侈口，圆唇，斜直腹，圜底。素面。口径3.5、通高2.5厘米（图二五〇，2；彩版四三，2）。标本 T0723⑧：7，夹砂红褐陶。方唇，斜弧腹，圜底。器内抹制略光，器表凹凸不平，素面。口径6.7、通高3.9厘米（图二五〇，3；彩版四三，3）。标本 T0725⑨：5，夹砂红褐陶。侈口，圆唇，圜底。器内抹制略光，器表凹凸不平，口部厚薄不一，素面。口径7.4、通高4.4厘米（图二五〇，4）。标本 T0822⑦：2，夹砂红褐陶。器体小，器壁较厚，方圆唇，圜底。素面。口径3、通高2.5厘米（图二五〇，5；彩版四三，4）。标本 T1629⑧：3，夹砂红褐陶。器体小，侈口，圆唇，弧腹。素面，器物内外抹制略光。口径3.5、通高2.3厘米（图二五〇，6；彩版四三，5）。

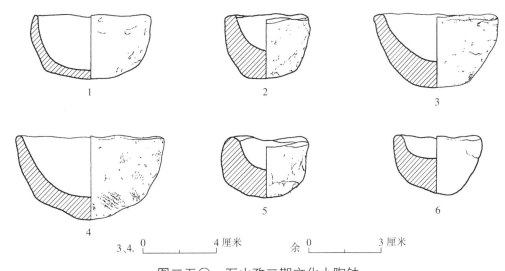

3、4. ⊢—————⊣ 4厘米　　　余 ⊢—————⊣ 3厘米

图二五〇 石山孜二期文化小陶钵

1. H188：20　2. H169：2　3. T0723⑧：7　4. T0725⑨：5　5. T0822⑦：2　6. T1629⑧：3

小盂 4件。敛口，折腹，平底。标本 H89：3，泥质灰陶胎。器物内外磨光，饰红陶衣。方唇，上腹较直，下腹内折。口径 20、残高 5 厘米（图二五一，1）。标本 T0725⑧：2，复原器，泥质红陶。器物内外磨光，素面。方唇，上腹较直，下腹内折成小平底。口径 8.5、残高 4 厘米（图二五一，3；彩版四〇，3）。标本 F13：5，泥质陶。器表上腹有一周红带，其余为灰黑色，陶质硬，内外磨光。方唇，上腹较直，下腹内折。残高 4 厘米（图二五一，4）。

此外，还有 1 件带把小陶盂。标本 H346：1，夹蚌红褐陶。器物内外有黑色斑块，抹制略光，素面。侈口，圆唇，束颈，鼓腹，平底，腹部装有把手，已残失。口径 10.5、通高 9.2 厘米（图二五一，2；彩版四〇，4）。

小壶 1件。标本 T1631⑦：4，夹砂红褐陶。器体小，手制，直口，溜肩，鼓腹，平底。素面磨光。通高 3.6 厘米（图二五一，5；彩版四三，6）。

（二）陶制生产工具

主要有陶拍、陶网坠、陶纺轮、陶垫、圆陶片、陶锉等。

陶拍 2件。呈菌形伞状，依形制差异分 2 型。

A 型 1件。标本 T1730⑨：21，泥质红褐陶。素面，手制。依残存柄部痕迹判断，应为柱状柄。拍面呈圆饼状，制作粗糙。直径 6.1 厘米（图二五二，1；彩版四〇，5）。

B 型 1件。标本 T0725⑧：8，夹蚌红褐陶。柄柱及拍面均残。拍面为圆形，中部微凸，边沿下垂，并压印按窝状花边，依残存柄部痕迹观察应为柱状柄。直径 10.2 厘米（图二五二，3；彩版四〇，6）。

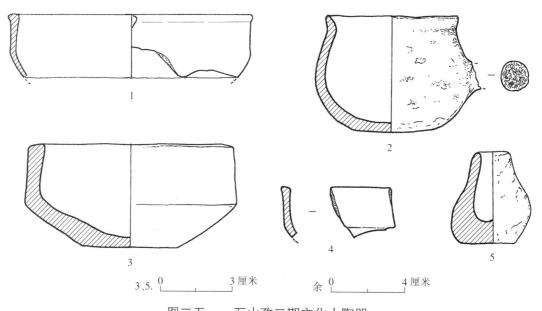

1

2

3

4

5

3、5. ⊢0————3厘米    余 ⊢0————4厘米

图二五一 石山孜二期文化小陶器

1、3、4. 盂（H89：3、T0725⑧：2、F13：5） 2. 带把盂（H346：1） 5. 壶（T1631⑦：4）

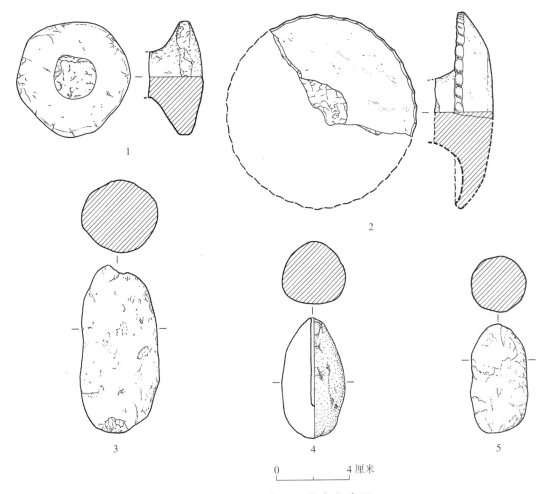

图二五二　石山孜二期文化陶器

1. A 型拍（T1730⑨：21）　2. B 型拍（T0725⑧：8）　3～5. 网坠（H111：35、H169：1、T0724⑦：1）

陶网坠　3 件。枣核状。有泥质陶和夹蚌陶，利用制作陶器时剩余陶泥捏制而成。标本 H169：1，泥质红褐陶。素面，手制。器表有黑斑，器内纵穿有圆形孔。长 6.3、宽 3.5 厘米（图二五二，4）。标本 T0724⑦：1，泥质红褐陶。素面，手制。器表有凹槽，因磨损，隐约可见。长 5.7、宽 3 厘米（图二五二，5；彩版四四，1）。标本 H111：35，夹蚌红褐陶。素面，手制。器表有凹槽，粗糙，以利系绳。长 8.9、宽 4.2 厘米（图二五二，3；彩版四四，2）。

纺轮　23 件。分 4 型。

A 型　8 件。圆形或椭圆形器体呈扁平者。标本 H321：10，夹蚌红褐陶。素面，手制。一侧残，椭圆形，器表略平，中有圆形穿孔，器体既小且薄。直径 3.7、厚 0.6 厘米（图二五三，1）。标本 T0723⑧：9，泥质红褐陶。素面，手制，器表磨光较平，轮周制作粗糙。器体自穿孔处残断，仅存一半。直径 6、厚 1.7 厘米（图二五三，2）。标本 T1629⑧：5，泥质红褐陶。素面，手制，器体呈椭圆形，制作不规整。一侧略厚，一侧较薄，器表一面略平，一面微凹，圆形穿孔略偏于一侧。直径 4.8、厚 1.9 厘米（图二五三，

3）。标本 T0822⑧：4，夹砂红褐陶。手制，器表抹痕明显，轮周打磨略平。器体自穿孔处残断，残存一半。直径 5、厚 1.5 厘米（图二五三，4）。标本 T0723⑦：8，夹砂红褐陶。素面，手制，器表抹光较平，轮周略粗糙。直径 7、厚 1.5 厘米（图二五三，5）。标本 M6：1，泥质红褐色陶。素面，手制。器体呈圆形，较小略厚，制作粗糙，未经打磨，器表一面较平，一面微凹。直径 4.5、厚 1.6 厘米（图二五三，6）。标本 T1730⑦：2，泥质红褐陶。素面，手制，一面呈灰黑色，另一面为红褐色，器表轮周均经打磨，器体略薄。器体自穿孔处残断，仅存一半。直径 4.2、厚 1 厘米（图二五三，7）。标本 H239：3，泥质红褐陶。素面，手制，器表打磨痕明显。器体呈椭圆形，较薄，一侧残，中有圆形穿孔。直径 5.2、厚 0.9 厘米（图二五三，8）。

B 型　6 件。器体一面较平，另一面略鼓者。标本 T0822⑨：1，夹砂红褐陶。一面有黑斑，较鼓一面呈红褐色，素面，手制。器体较小，轮周厚薄不匀，中部圆形穿孔略斜。直径 3.7、厚 1.4 厘米（图二五四，1）。标本 T1530⑨：3，夹砂红褐陶。素面，手制。椭圆形饼状，器体较厚，器表两面凹凸不平，圆形穿孔位于器体中部，孔径较小。直径 5.9、厚 2 厘米（图二五四，2）。标本 T0723⑦：7，夹蚌红褐陶。素面，手制。器体呈椭圆形较小，边沿厚薄不一，中部有圆形穿孔较细。直径 3.1、厚 1.7 厘米（图二五四，

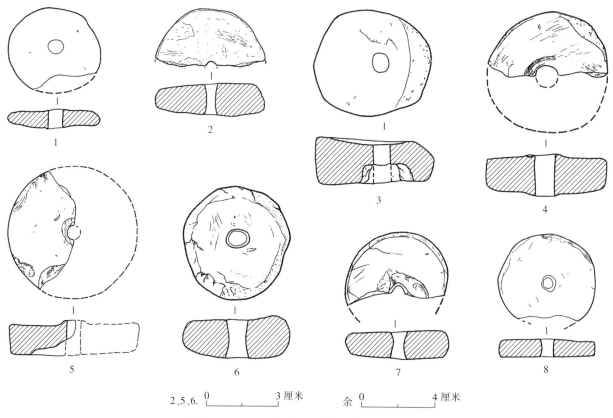

2、5、6. 0 ———— 3厘米　　余 0 ———— 4厘米

图二五三　石山孜二期文化 A 型陶纺轮

1. H321：10　2. T0723⑧：9　3. T1629⑧：5　4. T0822⑧：4　5. T0723⑦：8　6. M6：1　7. 1730⑦：2　8. H239：3

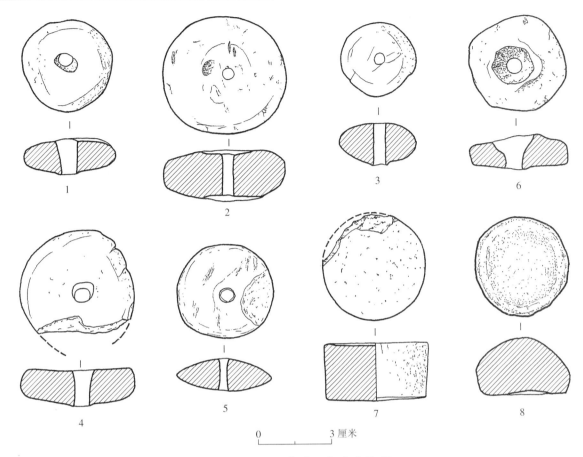

0　　　　3 厘米

图二五四　石山孜二期文化陶器

1~6. B 型纺轮（T0822⑨: 1、T1530⑨: 3、T0723⑦: 7、T1630⑧: 37、H358: 1、T0822⑨: 2）

7、8. 垫（T0722⑨: 10、T0725⑨: 3）

3）。标本 T1630⑧: 37，夹砂红褐陶。素面，手制。边缘一部分残缺，器表较平的一面似经打磨，略鼓一面凹凸不平，边沿厚薄不一。直径 4.6、厚 1.4 厘米（图二五四，4）。标本 H358: 1，泥质红褐陶。素面，手制抹光。器呈圆形，制作较精，器体两面均略鼓，轮周边沿较薄，中部有圆形穿孔。直径 3.8、厚 1.3 厘米（图二五四，5）。标本 T0822⑨: 2，泥质红褐陶。素面，手制。方圆形，较鼓的一面穿孔，因长期使用，直径较大。直径 4、厚 1.3 厘米（图二五四，6）。

C 型　3 件。器表饰戳点纹和凹弦纹，均残。标本 H349: 9，泥质灰褐陶。手制，器体自中部圆形穿孔处残断，仅存一半，器表两面围绕圆形穿孔，饰两周凹弦纹，周边经打磨。直径 6.4、厚 1.8 厘米（图二五五，1）。标本 T0723⑧: 8，夹砂红褐陶。手制，器体自中部圆形穿孔处残断，仅存一半，一面较平，一面略鼓，轮周边沿较薄，器体两面环绕穿孔，饰两周圆形戳点纹。直径 6.3、厚 1.8 厘米（图二五五，2）。标本 T0823⑦: 2，夹蚌红褐陶。手制。残甚，器体残存部分围绕穿孔压印较小的圆形戳点纹，轮周边缘突出，中部内凹。厚 1.5 厘米（图二五五，3）。

D 型　6 件。均用陶片改制而成。标本 T1529⑦: 2，夹蚌红褐陶。素面。器呈圆形，

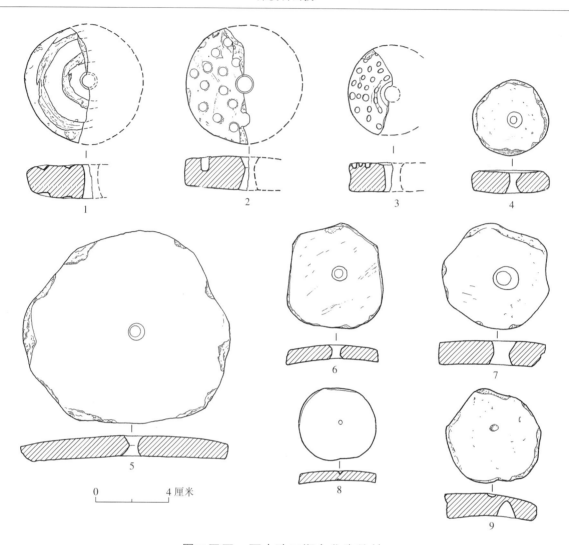

图二五五　石山孜二期文化陶纺轮

1~3. C 型（H349：9、T0723⑧：8、T0823⑦：2）　　4~9. D 型（T1529⑦：2、T1630⑧：38、T0725⑥：1、
T1530④：3、T1631⑦：5、H296：2）

较小，中部有圆形穿孔，对钻而成，轮周边缘经磨制。直径 4.2、厚 1.2 厘米（图二五
五，4）。标本 T1630⑧：38，夹炭灰黑陶。一面饰红陶衣，一面抹有红褐色稀泥，其上饰
有划纹。器呈不规则圆形，中部穿孔为圆形，对钻而成，向一侧倾斜，轮周边沿打磨参
差不齐。直径 11.2、厚 1 厘米（图二五五，5）。标本 T0725⑥：1，泥质红陶胎。一面打
磨光滑，一面为灰黑色。不规则圆形，边沿直接打制似无修整，粗糙，对钻圆孔微向一
侧斜。直径 5、厚 0.7 厘米（图二五五，6）。标本 T1530④：3，夹蚌红褐陶。一面呈红褐
色，另一面为灰黑色。椭圆形，器体中部的圆孔对钻而成略斜，边沿稍加修整，参差不
齐。直径 5.7、厚 1.2 厘米（图二五五，7）。标本 T1631⑦：5，夹炭陶。一面饰红色陶
衣，另一面为灰黑色，磨光，轮周边缘磨制较平。器呈椭圆形。器体中部两面均钻有较
小的圆坑，但钻孔位置不对称，亦未钻透，似为半成品。直径 4.1、厚 0.5 厘米（图二五
五，8）。标本 H296：2，夹蚌红褐陶。素面。器呈椭圆形，轮周边缘稍加修整，一面有钻

孔，但未钻透，穿孔位置偏于器体一侧。直径5、厚1.2厘米（图二五五，9）。

垫　2件。标本T0722⑨：10，夹砂红褐陶。素面，手制。圆饼形，器体略小，但较厚实，一面较平，另一面微凹，周边齐整。直径4.2、厚2.3厘米（图二五四，7）。标本T0725⑨：3，夹砂红褐陶。素面，手制。一面平，一面圆鼓。直径3.8、厚2.2厘米（图二五四，8）。

圆片　13件。利用废弃的陶片加工而成，多数为夹蚌陶，其次为泥质陶，再次为夹砂陶。陶色以红褐陶占多数，其次为外红内黑陶，并有少量的泥质红陶。器形多为圆形和椭圆形。有的周边不太整齐，有的周边磨制较为规整，其用途可能用于刮削或制作纺

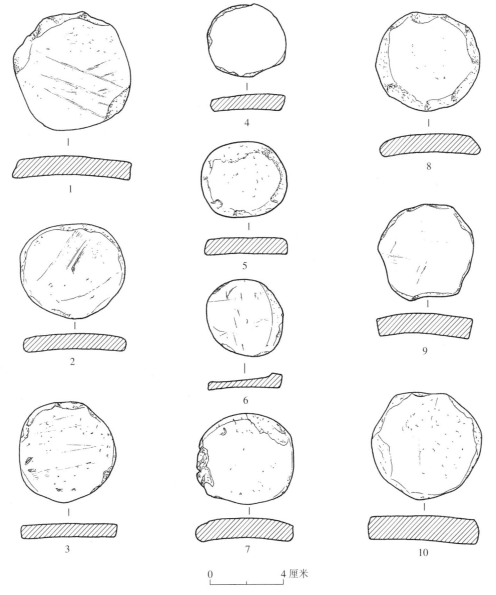

图二五六　石山孜二期文化Ａ型圆陶片
1. T0725⑨：2　2. T0823⑧：3　3. T0722⑦：3　4. T0724⑦：5　5. H388：8　6. T0724⑨：1　7. T1730⑦：1
8. T0725⑨：1　9. H183：8　10. H88：19

轮。依制作方法的不同分 2 型。

A 型　10 件。利用废弃的陶器腹片制成，略有弧度。标本 T0725⑨：2，夹蚌红褐陶。器呈椭圆形，一面为灰黑色，一面为红褐色有黑斑块，其上有交错划纹，周边部分打磨成刃状。直径 6.3、厚 1 厘米（图二五六，1）。标本 T0823⑧：3，夹蚌红褐陶。器呈椭圆形，两面均磨光，周边磨成圆唇状。直径 5.7、厚 0.8 厘米（图二五六，2）。标本 T0722⑦：3，夹蚌红褐陶。略呈圆形，一面磨光，一面抹痕明显，周边磨制略粗糙，厚薄不匀。直径 5.2、厚 0.8 厘米（图二五六，3）。标本 T0724⑦：5，夹炭灰黑陶。一面饰红陶衣。椭圆形，器形较小，周边打磨不规整。直径 4.2、厚 0.9 厘米（图二五六，4）。标本 H388：8，夹蚌红褐陶。素面，磨光。器呈椭圆状，器形较小，周边磨成刃状。直径 4.6、厚 0.8 厘米（图二五六，5）。标本 T0724⑨：1，泥质红陶。器呈椭圆形，一面有抹痕，一面使用较久，呈厚薄不匀状。直径 4.2、厚 0.5 厘米（图二五六，6）。标本 T1730⑦：1，夹蚌红褐陶。器呈不规则圆形，一面为灰褐色，周边磨制成钝刃状。直径 5.2、厚 1 厘米（图二五六，7）。标本 T0725⑨：1，夹炭灰黑陶胎。一面施有红陶衣，施红陶衣的一面刻划有“十”字状的枝叶形符号，周边打磨成弧刃。直径 5.6、厚 1 厘米（图二五六，8）。标本 H183：8，夹蚌红褐陶。器呈不规则圆形，一面磨光，另一面抹痕明显，周边修整粗糙。直径 5.2、厚 1.2 厘米（图二五六，9）。标本 H88：19，夹蚌红褐陶。素面，磨光。圆形，周边打磨粗糙。直径 6、厚 8 厘米（图二五六，10）。

B 型　3 件。利用废弃的陶器底部改制而成。标本 H212：8，夹砂灰褐陶。素面，磨光。残存大部，周边打制较薄成刃状。直径 10.8、厚 0.8 厘米（图二五七，1）。标本 H75：12，夹炭灰黑陶。素面，磨光，一面施有红陶衣，另一面依器物底部自然打磨成

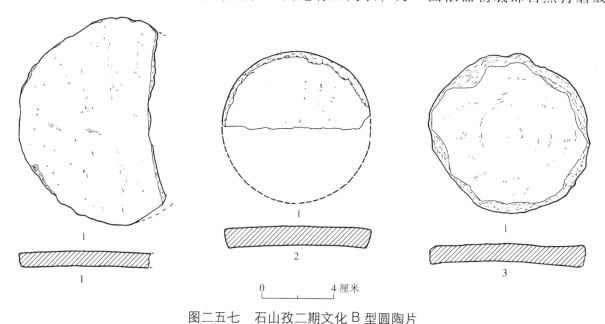

图二五七　石山孜二期文化 B 型圆陶片
1. H212：8　2. H75：12　3. T0724⑧：9

形。圆形，残存一半。直径8.1、厚0.5厘米（图二五七，2）。标本T0724⑧：9，泥质红陶。圆形，一面满饰谷糠纹，一面抹光，边沿打制成刃状。直径8.2、厚1厘米（图二五七，3）。

锉　6件。均残。多为夹蚌陶，仅有1件泥质陶，扁长条形，有的一端略呈尖圆状，器体表面布满蜂窝式的小孔，排列密集而无规律，陶质较硬，有因使用而形成的磨损痕迹。标本H167：15，夹蚌红褐陶。棱形，两端均残。长9、宽3.5厘米（图二五八，1；彩版四四，3）。标本T1529⑥：6，夹蚌红褐陶。长条扁锥状，一端残，另一端呈尖圆状。长10、宽3.3厘米（图二五八，2）。标本T1630④：18，泥质红陶。一端略宽，一端稍窄，宽的一端边缘加厚，窄端略薄。长7.9、宽3.3厘米（图二五八，3）。标本M15：3，夹蚌红褐陶。残断，半圆环状，器体中部有横向排列的两个细小圆孔，可能为系挂而设。长9、宽3.2厘米（图二五八，4；彩版四四，4）。标本H44：26，夹蚌末红褐陶。残存一端。宽扁舌形，横剖面呈扁椭圆形，边沿较薄，器体中部略鼓，形似舌状，坑点纹略细小。长8.2、宽4.8厘米（图二五八，5；彩版四四，5）。标本T0723⑦：6，夹蚌红褐陶。棱形，两端均残，中部略宽。长9.7、宽3.9厘米（图二五八，6；彩版四四，6）。

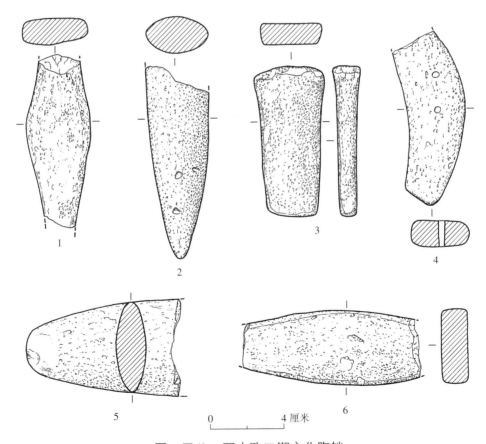

图二五八　石山孜二期文化陶锉
1. H167：15　2. T1529⑥：6　3. T1630④：18　4. M15：3　5. H44：26　6. T0723⑦：6

## 二　石器

主要有石柄形器、石锤、砍砸器、石铲、石凿、石锛、砺石、石斧、研磨器、石钻帽、石刀、石盘状器等。以下分别介绍。

柄形器　1件。标本 T1631⑧:1，灰绿色变蚀辉长岩。器如蘑菇形柄饰，扁长方体，首端呈椭圆状弧凸，琢磨有两周竹节状凸棱纹，其下为椭圆状柱体，柄略细，磨制平齐，首端一面残有崩痕，因长期使用，通体光滑油亮，可能为具有宗教礼制性质的器物。通高 15.3 厘米（图二五九；彩版四五，1）。

砍砸器　1件。标本 T0723⑧:5，浅棕红色石英砂岩。利用残断的石器改制而成，两端保留有残断后的自然岩石面，器体呈上宽下窄状，剖面为三角形，上部磨制较平，下部磨制成单面斜刃状，余两面均经磨制。长 14、宽 10 厘米（图二六〇；彩版四五，2）。

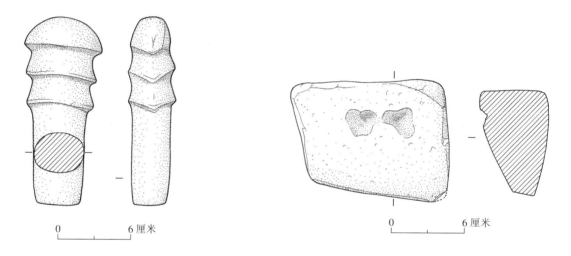

图二五九　石山孜二期文化石柄形器（T1631⑧:1）　图二六〇　石山孜二期文化石砍砸器（T0723⑧:5）

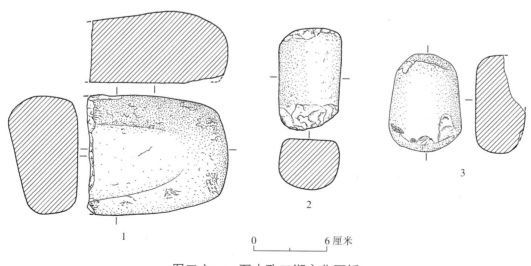

图二六一　石山孜二期文化石锤
1. A 型（T0725⑨:6）　2、3. B 型（H322:14、T1729⑧:2）

锤　3 件。依形状的不同分 2 型。

A 型　1 件。呈梯形，琢磨而成。标本 T0725⑨：6，残，灰黑色闪长玢岩，横剖面为椭圆形，残断的一端为岩石自然断裂面，没有使用痕迹，另一端为使用面，锤击痕明显，器体表面均经磨制。长 10.9、宽 9 厘米（图二六一，1；彩版四五，3）。

B 型　2 件。器呈长方体状，用残石器改制而成，器体较小。标本 H322：14，棕黄色石英砂岩。一端砸击痕明显，另一端磨制略平，一面磨制较平，另一面磨制凹弧。长 7.7、宽 4.6 厘米（图二六一，2；彩版四五，4）。标本 T1729⑧：2，绿黑色细粒辉长岩。平面呈梯形，横剖面呈椭圆状，上下两端已锤砸，呈弧面，其余还保留原磨制面。长 7.5、宽 5.7 厘米（图二六一，3；彩版四五，5）。

铲　14 件。多为灰岩制成，因石质较软，均残，器呈扁平体。标本 H371：8，浅灰色砂屑灰岩，两侧斜弧，正反面均磨光，弧形刃略厚，刃部有分布不匀的大小疤痕。残

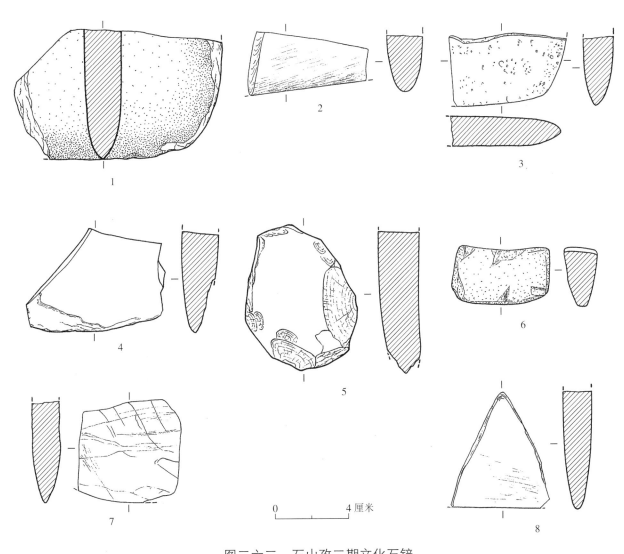

图二六二　石山孜二期文化石铲
1. H371：8　2. H179：4　3. H346：33　4. H178：4　5. H371：7　6. H1730⑧：1　7. H322：13　8. H179：6

长11.3、残宽7、厚2厘米（图二六二，1；彩版四六，1）。标本H346：33，灰色灰岩。弧形刃略斜，周身磨制光滑，仅存一侧，磨制略薄无刃。残长6.5、残宽3.7、厚1.6厘米（图二六二，3）。标本H371：7，灰色灰岩。残存刃部，疤痕明显。残长6.2、残宽7.7、厚2.2厘米（图二六二，5）。标本T1730⑧：1，灰色砂屑灰岩。残存刃部，两侧及正反两面经磨制，略平，刃部因使用磨损较甚。残长5.5、残宽3、厚1.8厘米（图二六二，6）。标本H322：13，浅灰色灰岩。残存刃部，仅将刃部磨成弧状，器身两面均保留原始岩面。残长5.5、残宽5.4、厚1.5厘米（图二六二，7）。标本H179：4，残存器体一侧。残长6.5、残宽3.3、厚3厘米（图二六二，2）。标本H178：4，残存器体一侧。残长7.6、残宽5.5、厚2厘米（图二六二，4）。标本H179：6，残存器体一侧。残长5.5、残宽6.2、厚1.5厘米（图二六二，8）。标本H179：7，残存碎裂边或刃。长9.5、残宽5、厚1.6厘米（图二六三，1）。标本H356：9，长7.5、残宽2.7、厚1.8厘米（图二六三，3）。标本H356：10，长5.5、残宽3.2、厚1.8厘米（图二六三，2）。标本H178：5，残存器体侧部。长5.3、残宽3.4、厚2厘米（图二六三，4）。标本H179：5，残存器体部分。长5.7、残宽4、厚2.6厘米（图二六三，5）。标本H388：6，残存器身部分。长6、残宽3.6、厚2厘米（图二六三，6）。

凿　3件。器体略小。依其形状的不同分2型。

A型　1件。平面长方体。标本T0725⑨：9，灰黑色辉长岩。平顶略斜，两侧较直，正反两面微斜弧，双面斜弧刃，顶部有崩痕，通体磨光，较精制。长4.8、宽1.7厘米

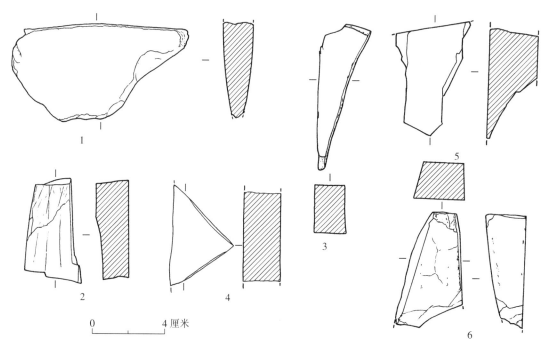

图二六三　石山孜二期文化石铲

1. H179：7　2. H356：10　3. H356：9　4. H178：5　5. H179：5　6. H388：6

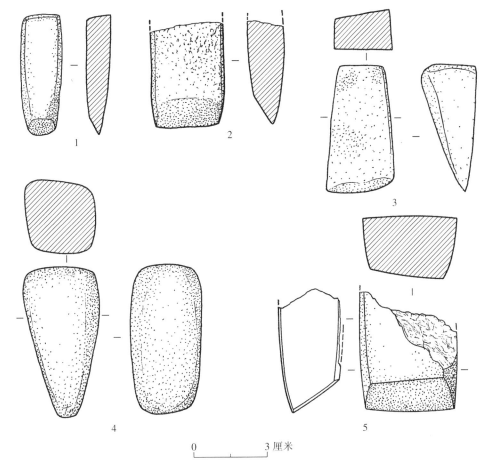

0　　　　3厘米

图二六四　石山孜二期文化石器

1. A型凿（T0725⑨：9）　　2、5. 锛（T0725⑨：10、T1628⑦：2）　　3、4. B型凿（T1628⑨：1、T1628⑦：3）

（图二六四，1；彩版四六，2）。

B型　2件。平面呈倒三角形。标本T1628⑦：3，浅黄绿色灰岩。顶部较平，两侧斜直粗磨，斜弧刃，因长期使用磨损较甚。长6、宽3厘米（图二六四，4；彩版四六，3）。标本T1628⑨：1，浅黄灰色灰岩。器体较小，顶端略平微凹，两侧面斜直，正反面磨制较平，两面斜直刃锋利。长5.1、宽2.8厘米（图二六四，3；彩版四六，4）。

锛　2件。长方形扁平体。标本T1628⑦：2，黑色玄武玢岩。残存下部，通体磨制光滑，平刃，偏锋。长4.7、宽4厘米（图二六四，5；彩版四六，5）。标本T0725⑨：10，灰黑色辉长岩。残存下部，两侧近直，横剖面呈长方形，通体磨光，平刃，偏锋。长4.1、宽3厘米（图二六四，2；彩版四六，6）。

砺石　12件。依其形状和使用方法的不同分3型。

A型　6件。扁长条形。标本T0823⑨：3，棕黄色含云母石英砂岩。长条薄片状，两端残，一面磨制成斜平面，另一面稍经磨制，两侧面亦经磨制。长15.5、宽4.2厘米（图二六五，1；彩版四七，1）。标本H198：8，棕红色含云母砂岩。残存一小部分，仅一面磨制较平。长7.8、宽4厘米（图二六五，2）。标本T1729⑦：3，黄绿色细砂岩。

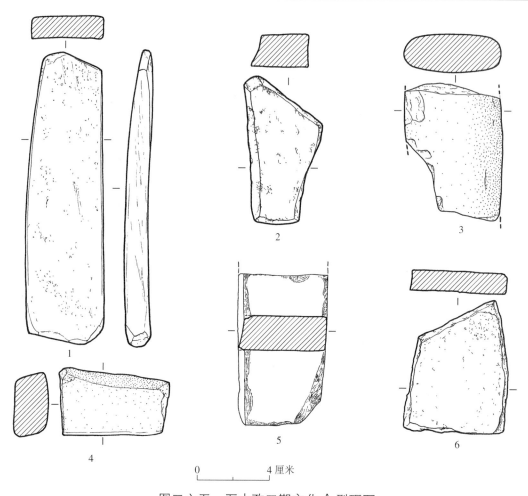

0      4厘米

图二六五　石山孜二期文化 A 型砺石

1. T0823⑨：3　2. H198：8　3. T1729⑦：3　4. H223：4　5. T1529⑧：2　6. H222：19

残存一段，器体除残断面外，均有使用和磨制痕。长6.5、宽5.3厘米（图二六五，3）。标本 H223：4，灰黄色石英砂岩。两端均残，两面磨痕较平，两侧面均磨成斜面。长6、宽3.2厘米（图二六五，4）。标本 T1529⑧：2，紫红色含云母砂岩。残存部分呈长方形，一端残断，一面磨制成微斜面，另一面稍经磨制，一侧磨成斜面，另一侧磨制略直。长8、宽4.7厘米（图二六五，5；彩版四七，2）。标本 H222：19，棕红色石英砂岩。残存一段，一面有磨痕。长7、宽5.5厘米（图二六五，6）。

B 型　4件。长方形，器体略厚。标本 T1631⑧：6，浅棕红色石英砂岩。残存一部分，一面磨制较平，另一面保持原砂石自然断面，余三面经琢磨较粗。长11.8、宽10厘米（图二六六，1；彩版四七，3）。标本 H129：8，紫红色含云母砂岩。残存一部分，正反两面磨制较平。长8.3、宽6.5厘米（图二六六，2）。标本 H238：21，浅红褐色灰岩。残存一部分，正反两面均经磨制，其余为自然断裂面。长8.6、宽4厘米（图二六六，3）。标本 H238：22，棕黄色石英砂岩。残存一小部分，一面磨平，另一面有磨制的浅凹槽。长5.5、宽5厘米（图二六六，4）。

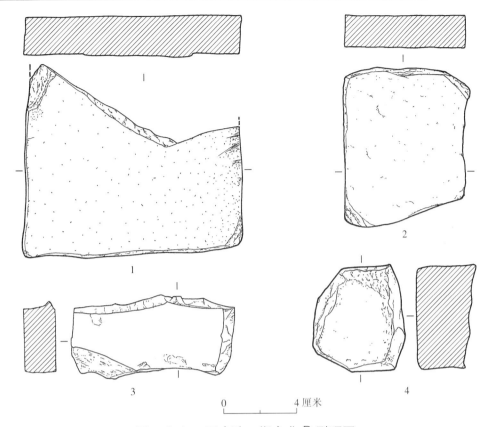

图二六六　石山孜二期文化 B 型砺石
1. T1631⑧：6　2. H129：8　3. H238：21　4. H238：22

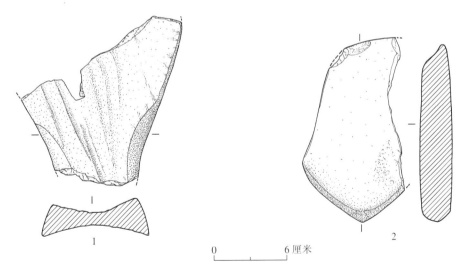

图二六七　石山孜二期文化 C 型砺石
1. T0822⑧：5　2. H195：6

　　C 型　2 件。不规则状。标本 T0822⑧：5，棕黄色石英砂岩。残，器体正、反两面及各侧面均有磨痕，且正反两面已被磨制，较薄，呈凹坑状，侧面呈浅凹斜面状。长 13、宽 11.5 厘米（图二六七，1；彩版四七，4）。标本 H195：6，灰白色闪长玢岩。残，除断裂面外其余各面均有磨痕。长 14、宽 8.5 厘米（图二六七，2）。

斧　7件。均残损。分3型。

A型　3件。梯形，弧背。标本 H221：12，黄灰色石英砂岩。残存背部一段，剖面呈长方形，正、反两面及各侧面均琢制较平，器表有崩疤痕，器体略厚。长9.5、宽6.5厘米（图二六八，1）。标本 T0722⑨：3，灰色辉长岩。残存背部一段，剖面呈长方形，通体琢制。长7.2、宽6.6厘米（图二六八，2；彩版四七，5）。标本 H259：19，黑色玄武玢岩。仅存器体一侧，残存部分精磨，弧刃。长6.4、宽3厘米（图二六八，3）。

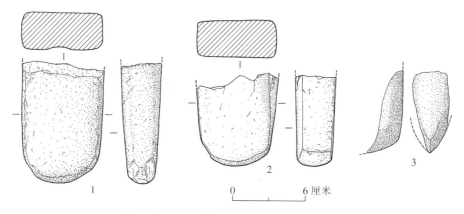

图二六八　石山孜二期文化 A 型石斧
1. H221：12　2. T0722⑨：3　3. H259：19

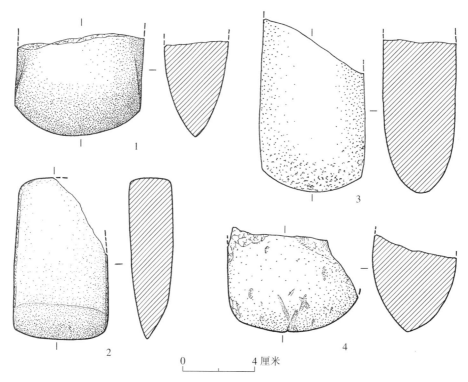

图二六九　石山孜二期文化石斧
1、2、4. B 型（T1631⑧：2、T1530⑨：4、H174：8）　3. C 型（T1631⑧：3）

B型 3件。梯形，平背。标本T1631⑧：2，灰黑色辉长岩。残存刃部，正锋，弧刃，通体精磨。宽6.8、厚3.5厘米（图二六九，1；彩版四七，6）。标本H174：8，黄色石英岩。弧刃略斜，残存弧刃，因长期使用，较圆钝，琢制，刃部崩痕明显。宽7、厚4.5厘米（图二六九，4）。标本T1530⑨：4，灰色辉长岩。背部残缺一部分，通体精磨，斜刃。长8.5、宽5、厚2.5厘米（图二六九，2；彩版四八，1）。

C型 1件。椭圆形。标本T1631⑧：3，灰色纯灰岩。残存平面近椭圆形，琢制而成，器表及刃部因长期使用，较圆钝，崩痕明显。长8、宽5.6厘米（图二六九，3；彩版四八，2）。

钻帽 1件。标本H354：3，灰绿色辉长岩。残存为半圆饼状，周边有琢击的疤痕，一面有圆锥状的凹窝，另一面磨平，亦可能兼作他用。孔径2.9、厚2.9厘米（图二七〇，1；彩版四八，3）。

研磨器 3件。标本H228：1，紫红色石英砂岩。平面呈梯形，正反面及周边磨制略平，较规整。长6.3、宽2.2厘米（图二七〇，3）。标本H167：3，灰绿色石英粉砂岩。器呈方形体，通体磨制光滑，有崩疤。长3.5、宽3.3、厚3厘米（图二七〇，4）。标本T1629⑦：1，黄色细粒石英岩。残，器呈不规则状，周身磨面及使用痕明显。长5、宽4、厚1.8厘米（图二七〇，5）。

刀 1件。半月形，略完整。标本H235：1，灰色细砂岩。磨制而成，圆弧背，直双刃，背部和器身有崩疤痕。长12、宽4.2、厚1厘米（图二七〇，2）。

盘状器 3件。使用扁平砾石，将周边打成圆形，其打制方法是从单面或两面交互打成锋刃或钝刃，器身两面保留有天然的岩面，有的兼用做砺石等。标本T1631⑧：4，灰色

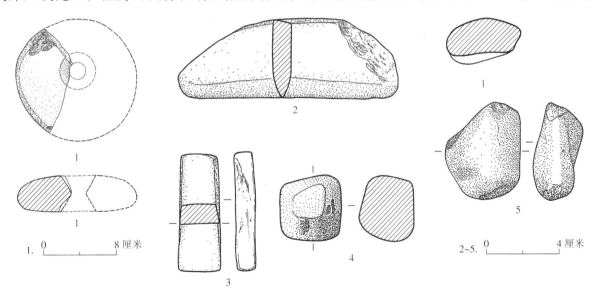

图二七〇 石山孜二期文化石器

1. 钻帽（H354：3） 2. 刀（H235：1） 3～5. 研磨器（H228：1、H167：3、T1629⑦：1）

风化玢岩。较完整，圆饼状，边沿略薄，器体两面微鼓，器体有加工时留下的崩疤，凹凸不平。直径10.4、厚4厘米（图二七一，1；彩版四八，4）。标本T1631⑧：5，灰色石英砂岩，残存半部，略呈椭圆形，刃部略锋利，两面磨制略平，中部微凹，可能兼做砺石用。长10.5、宽5.9、厚1.4厘米（图二七一，2；彩版四八，5）。标本T1630⑦：53，绿棕色砂岩。磨制成椭圆状，较精致。直径4.6、厚0.6厘米（图二七一，3；彩版四八，6）。

三　骨、角、蚌器

主要有骨镞、角锥、骨锥、骨针、骨饰、骨刀、骨镖、骨匕、骨笄、鹿角钩形器等。以下分别介绍。

骨镞　19件。分3型。

A型　4件。扁铤，扁锋。标本H230：5，铤、锋尖均残，器身最大径靠近铤部，两面均磨略平。长9.2、宽0.8厘米（图二七二，1；彩版四九，1）。标本T1730⑨：1，器体略向一侧弯曲，最大径在器中部，较细长，铤锋分界不明显，一面磨制较平，一面磨制粗糙，有浅凹槽。长12、宽1厘米（图二七二，2；彩版四九，2）。标本T0723⑦：3，仅存扁铤部，一面平有凹槽，一面微弧鼓，磨制较粗糙。长7.7、宽1.2厘米（图二七二，5）。标本T0822⑦：1，短锋较尖，铤较长，器形较小，一面磨平，另一面微弧鼓，均经抛光处理。长4、宽1厘米（图二七二，7）。

B型　11件。扁铤，圆锋或扁圆锋。标本F8：3，铤较短已残，器身一面圆鼓，另一面微呈凹槽，经抛光，尖圆锋。长14.2、宽1厘米（图二七三，1；彩版四九，3）。标本T0722⑧：1，锋身较长，扁铤较短，圆锥状器身，尖锋经抛光。长9.3、宽0.7厘米（图二七三，2；彩版四九，4）。标本T0723⑧：1，扁铤已残，器身扁圆形，扁圆锋，经抛

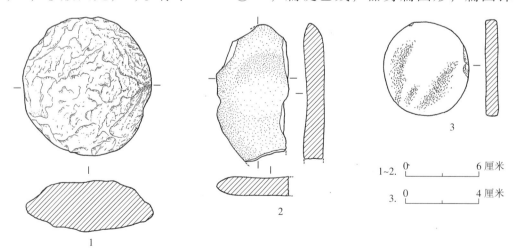

图二七一　石山孜二期文化石盘状器
1. T1631⑧：4　2. T1631⑧：5　3. T1630⑦：53

光。长9.5、宽0.8厘米（图二七三，3；彩版四九，5）。标本H330：7，扁铤残，器身呈扁圆状，经抛光处理，扁圆锋。长9.5、宽1.2厘米（图二七三，4；彩版四九，6）。标本T0822⑧：2，铤部略弯曲，一面斜磨，顶段略齐，扁锥尖锋，器身一面较平，另一面略圆鼓。长8.2、宽1厘米（图二七三，5）。标本T0823⑨：1，器形较小，扁铤略尖，器身扁平，尖锋。长4.8、宽0.5厘米（图二七三，6）。标本T1629⑨：1，铤部残，扁圆状器身，尖圆锋，器身最宽处位于铤与器身交界处。长8.4、宽0.9厘米（图二七三，7）。标本T1628⑧：7，铤残，扁圆器身，斜磨成斜锥状锋。长7.6、宽0.8厘米（图二七三，8；彩版四九，7）。标本H324：10，铤残，器身一面磨平，一面有凹槽，尖圆锋。长4.3、宽0.9厘米（图二七三，9）。标本T0823⑨：2，扁圆体，锋、铤均残，经抛光。长

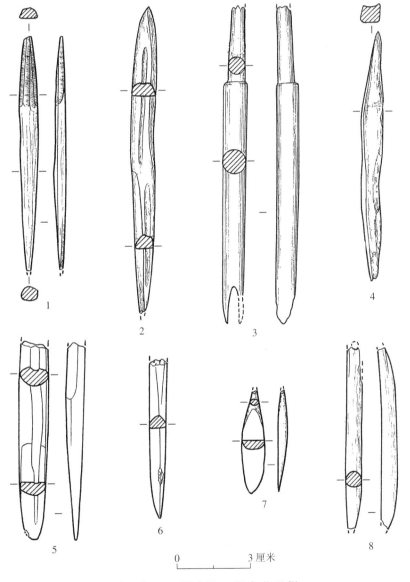

图二七二　石山孜二期文化骨镞

1、2、5、7. A型（H230：5、T1730⑨：1、T0723⑦：3、T0822⑦：1）　3、4、6、8. C型（T0722⑨：1、T0722⑨：2、T1630⑦：51、H243：2）

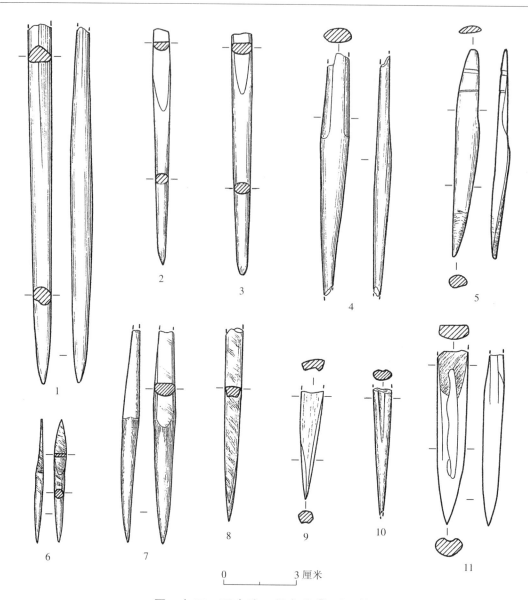

图二七三　石山孜二期文化 B 型骨镞

1. F8：3　2. T0722⑧：1　3. T0723⑧：1　4. H330：7　5. T0822⑧：2　6. T0823⑨：1　7. T1629⑨：1　8. T1628⑧：7
9. H324：10　10. T0823⑨：2　11. T0723⑦：1

5、宽 0.8 厘米（图二七三，10）。标本 T0723⑦：1，铤残，器身一面圆鼓，一面有凹槽，
扁圆锋。长 6.7、宽 1.2 厘米（图二七三，11；彩版四九，8）。

　　C 型　4 件。圆铤，圆锋，铤与器身结合部磨有明显台面。标本 T0722⑨：1，铤、锋
均残。铤与锋交界处有磨制明显的台面，圆形器身接近锋部有穿孔，已残。长 12.5、宽
0.9 厘米（图二七二，3；彩版五〇，1 左）。标本 T0722⑨：2，器身弯曲，呈方形，磨制
粗糙，圆锥状铤，斜磨较短。锋残。长 9.8、宽 0.9 厘米（图二七二，4；彩版五〇，1 中）。
标本 T1630⑦：51，铤残。器身略呈三角形，圆锋。长 6.3、宽 0.8 厘米（图二七二，6）。
标本 H243：2，锋、铤均残失，器身一面弧曲，圆鼓。长 7.1、宽 0.7 厘米（图二七二，8；
彩版五〇，1 右）。

角锥　2件。标本 T0723⑧:2，鸟类肢骨骨管的其中一段斜磨成尖锋，经长期使用，通体光滑。长 10.7、宽 0.9 厘米（图二七四，1；彩版五〇，2 左）。标本 T0723⑧:4，残，仅存尖部，器体均磨制，尖圆锋。长 6、宽 1.6 厘米（图二七四，9；彩版五〇，2 右）。

骨锥　8件。分 2 型。

A 型　1件。圆柱形。标本 F8:6，黑色发亮，器身表面刮磨痕明显，锥状尖。长 5.1、宽 0.4 厘米（图二七四，10；彩版五〇，3 左）。

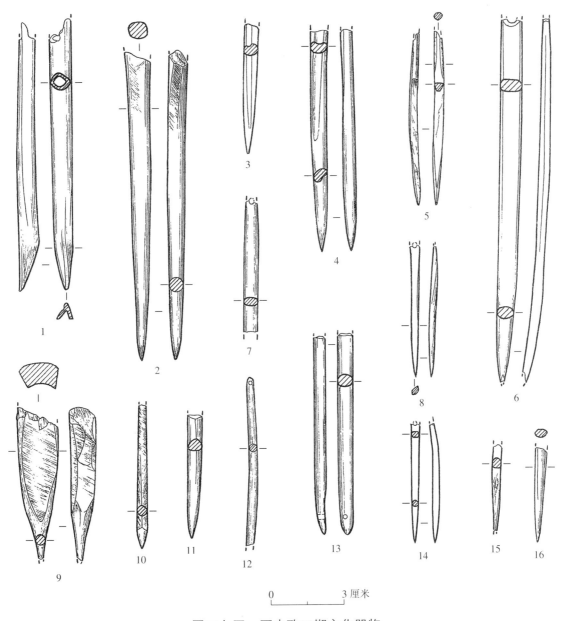

0 ———— 3 厘米

图二七四　石山孜二期文化器物

1、9. 角锥（T0723⑧:2、T0723⑧:4）　2～5、11、15、16. B 型骨锥（T1628⑦:1、T1729⑧:1、T1729⑦:1、T1629⑨:2、T0725⑧:5、T0725⑧:1、H181:1）　6～8、12～14. 骨针（F8:7、T1729⑨:1、T0724⑧:3、H330:5、T0723⑦:2、T1529⑦:1）　10. A 型骨锥（F8:6）

B型 7件。扁圆形。标本T1628⑦：1，器体横部呈椭圆形，圆尖，尾段稍宽，磨成方形。长12.2、宽1厘米（图二七四，2；彩版五〇，3右）。标本T1729⑧：1，残存一段，器身一面圆弧，一面有凹槽，尖圆锋。长5.1、宽0.6厘米（图二七四，3）。标本T1729⑦：1，残存尖部，虽通体均磨，但较粗糙，较细短。长8.7、宽0.6厘米（图二七四，4）。标本T1629⑨：2，与标本T1729⑦：1形制相同，长6.8、宽0.5厘米（图二七四，5；彩版五〇，3中）。标本T0725⑧：5，残存一段，器身略弯曲，一面磨制略平，一面呈圆弧状。长4.8、宽0.6厘米（图二七四，11）。标本T0725⑧：1，较短小，四棱形尖。长3.3、宽0.4厘米（图二七四，15）。标本H181：1，仅存一段，一面圆弧，一面平，尖圆锋。长3.7、宽0.5厘米（图二七四，16）。

骨针 6件。标本F8：7，针眼呈三角形，扁针状，针眼残。长14.3、宽0.9厘米（图二七四，6；彩版五一，1左1）。标本T1729⑨：1，残存针眼。长5.1、宽0.5厘米（图二七四，7；彩版五一，1左2）。标本T0724⑧：3，器身扁平，针部略圆，鼻部两面斜磨，针眼残。长5.2、宽0.4厘米（图二七四，8；彩版五一，1左3）。标本H330：5，针残，圆形，鼻部两面斜磨较扁，对钻针眼较圆，经抛光。长6.6、宽0.3厘米（图二七四，12；彩版五一，1右2）。标本T0723⑦：2，针残，横刻呈椭圆形，鼻部两面斜磨较扁，针眼对钻圆孔，长7.9、宽0.6厘米（图二七四，13；彩版五一，1右1）。标本T1529⑦：1，鼻部较扁，针部较圆，针眼残。长4.7、宽0.3厘米（图二七四，14）。

骨镖 1件。标本T0822⑧：1，器身横剖面呈圆方形，残存后部，器体一面磨制较平，中有浅细凹槽，另一面劈裂成较宽深凹槽，铤部一面斜磨较平。铤部刻有拴绳的凹槽。器身两侧有较宽大尖锐的对称倒刺两个，其中一个残存一部分。残长14.8、宽3.3、厚1.7厘米（图二七五，1；彩版五二，1）。

骨饰 4件。可分为角形饰、环形饰两类。

角形饰 3件。标本T0723③：1，系一动物角部，呈自然弯曲状，呈锥状，一段截面磨平齐，中有穿孔，一面磨制略平，在较粗一面对钻圆孔与截中部穿孔相连通，一面弧鼓，其上横刻两组菱形方格纹，细段雕刻箍状突棱。残长8.2、宽2厘米（图二七五，2；彩版五一，2右）。标本T0724④：8，动物角尖部位刻有一周凹槽，均磨制光滑。残长6.8、截面径1.1~1.6、厚0.5厘米（图二七五，3；彩版五一，2左）。标本H57：3，角尖部位被截磨，一面较平，一面圆鼓，上刻磨光两道箍状突棱。残长3.6、宽1厘米（图二七五，4）。

环形饰 1件。标本F8：5，残存半环，环内侧较厚，外侧较薄，侧刻有凹槽数道，环中部每两道凹槽间有对钻圆孔一个。外径3.7、内径2.1厘米（图二七五，5）。

骨刀 1件。标本T0723⑧：3，系动物的角部，器体自然弯曲，尖段外侧磨成斜面，器体保留自然骨面和劈裂面，尖段内侧磨成弧刃，另一段保留关节面，以便把握，月牙状。残长15、宽4.8、厚2厘米（图二七五，6；彩版五一，3左）。

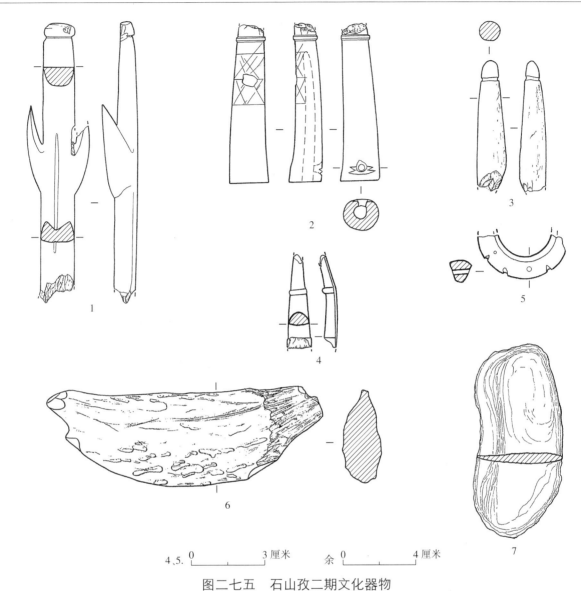

4、5. ⊢————3厘米————⊣　余 ⊢————4厘米————⊣

**图二七五　石山孜二期文化器物**

1. 骨镖（T0822⑧：1）　　2~4. 骨角形饰（T0723③：1、T0724④：8、H57：3）　　5. 骨环形饰（F8：5）
6. 骨刀（T0723⑧：3）　　7. 蚌刀（H262：5）

蚌刀　1件。标本 H262：5，长弧形，内侧为弧刃。残长10、宽4.6、厚0.6厘米（图二七五，7；彩版五一，3右）。

骨匕　2件。多系动物肢骨磨制而成，一面磨成扁薄弧刃，经刻、刮、削、磨成扁平体。标本 T0724⑧：1，一段呈三角形尖状较窄，另一段较宽，残，一侧平齐，一侧扁刃。残长15.4、厚1.3厘米（图二七六，1；彩版五二，2）。标本 T1630⑦：50，器形较小，扁平状，一面磨制较平，另一面微鼓，一端磨平有穿孔，一端磨制呈斜尖状。残长6.5、厚1厘米（图二七六，3；彩版五二，3）。

骨笄　1件。标本 H273：7，利用较细的长骨制成，自然弯曲，扁平顶较宽，一面刻细密的斜方格纹，笄头残。残长14.5、厚0.5厘米（图二七六，2）。

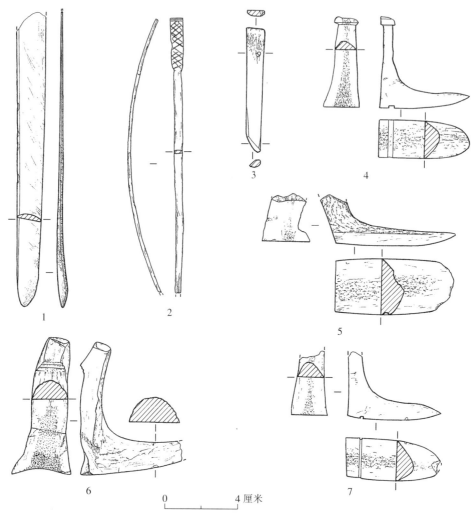

图二七六　石山孜二期文化器物

1、3. 骨匕（T0724⑧：1、T1630⑦：50）　　2. 骨笄（H273：7）　　4～7. A 型鹿角钩形器
（H57：1、T0724⑧：2、H125：1、T0725⑨：7）

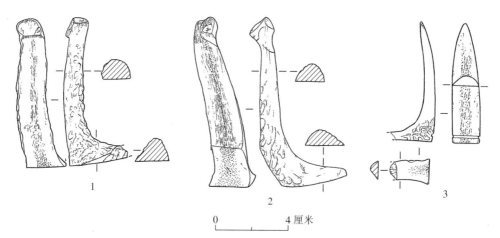

图二七七　石山孜二期文化 B 型鹿角钩形器

1. H135：1　2. H135：2　3. T0725⑨：8

鹿角钩形器　7件。系由鹿角分叉处，切割磨制而成，呈曲尺形，横剖面近半圆形，下段呈鸭嘴状。另一种呈靴形。依形状不同分2型。

A型　4件。曲尺形。标本H57：1，较完整。残长4.9、高4.7、厚2厘米（图二七六，4；彩版五三，1左1）。标本T0724⑧：2，柄残，底较平，无凹槽。残长6.3、高2.5、厚1.2厘米（图二七六，5；彩版五三，1左2）。标本H125：1，柄上段锥状突棱，底部凹槽消失，底部残，一侧呈黑灰色，可能经烧烤。残长5.5、高7、厚2厘米（图二七六，6；彩版五三，1右2）。标本T0725⑨：7，柄残。残长6、高3.3、厚2厘米（图二七六，7；彩版五三，1右1）。

B型　3件。靴形。标本H135：1，柄与底相交处磨制成近直角，平底，前段已残。长7.8、宽3.2、厚1.2厘米（图二七七，1；彩版五三，2左）。标本H135：2，柄段较长，有尖锥状榫，下有使用的浅凹槽，柄下部与底交界处磨制斜平较宽，因使用时间较长，较光滑。长8.9、宽3.5、厚0.9厘米（图二七七，2；彩版五三，2中）。标本T0725⑨：8，柄部残，底部较窄长，呈尖靴状，底部一段刻有凹槽。长6.3、宽2.3厘米（图二七七，3；彩版五三，2右）。

此外，在本期出土的遗物中，还有不少动物骨骼，共计250余件，其种属包括龟、狗、獾、梅花鹿、麋鹿、牛和猪等，具体情况可参见附录一。

## 第五节　分期与年代

石山孜二期文化遗存共计有179个单位，其中地层堆积38个、灰坑136座、房址3座、墓葬2座，这些遗迹单位分布于第二次和第三次发掘的石山孜遗址东、西两个发掘区的不同区域。属于这一时期的遗迹单位包括：开口于第⑥层下的灰坑59座，开口于第⑦层下的灰坑47座、房址3座、墓葬1座，开口于第⑧层下的灰坑39座、墓葬1座，以及第⑦层、第⑧层和第⑨层的文化堆积。这些遗迹单位和文化层之间存在着众多的叠压打破关系，代表着各遗迹单位形成的年代先后序列。通过层位关系所确定的相对关系序列，了解不同遗存及其伴出遗物的变化，将有可能把握这一时期各文化遗存发展的阶段性特征，进而对众多的遗存进行归纳和分期。值得说明的是，在这些遗存单位中，由于墓葬M13和M14没有出土随葬器物，一些灰坑中也存在着出土遗物较少且破碎致使器形难以辨别或者无出土遗物的情况，无法参加对应陶器的排比。以下选择部分出土陶器较多又具备一定可比性的遗迹单位进行分析排比，来探讨石山孜二期文化遗存的阶段性变化。依各遗迹单位的层位关系，大体可将这些遗迹单位划分为三组。

第一组，开口于第⑧层下，打破第⑨层及其以下遗存单位的有12小组：

（1）⑧→H135→H184→⑨　　　　（2）⑧→H136→H184→⑨→⑩

（3）⑧→H137→H185→⑨→⑩　　　（4）⑧→H185→⑨

（5）⑧→H138→⑨→⑩　　　　　　（6）⑧→H249→⑨

（7）⑧→H229→⑨→生土　　　　　　（8）⑧→H358→H365→⑨

（9）⑧→H216→⑨　　　　　　　　　（10）⑧→H371→⑨

（11）⑧→H372→⑨→⑩→H382　　　（12）⑧→H184→⑨→⑩

第二组，开口于第⑦层下，打破第⑧层及其以下遗存单位的有 15 小组：

（1）⑦→H125→⑧→H138→⑨　　　（2）⑦→H211→⑧→⑨

（3）⑦→II193→⑧　　　　　　　　（4）⑦ ›H337 ›⑧→⑨→⑩

（5）⑦→H341→⑧　　　　　　　　　（6）⑦→H235→⑧→⑨

（7）⑦→H356→H355→⑧　　　　　　（8）⑦→H346→⑨

（9）⑦→H288→⑧→⑨　　　　　　　（10）⑦→H337→⑧→⑨→⑩

（11）⑦→F8→⑧　　　　　　　　　　（12）⑦→F13→⑧

（13）⑦→F14→⑧　　　　　　　　　（14）⑦→H238→⑧→⑨

（15）⑦→H209→⑧→⑨→生土

第三组，开口于第⑥层下，打破第⑦层及其以下遗存单位的有 11 小组：

（1）⑥→H219→⑦→⑧→⑨　　　　　（2）⑥→H226→⑦→⑧

（3）⑥→H187→⑦　　　　　　　　　（4）⑥→H180→⑦

（5）⑥→H156→⑦　　　　　　　　　（6）⑥→H311→⑦→⑧→⑨

（7）⑥→H222→⑦→⑧　　　　　　　（8）⑥→H349→⑦→⑧

（9）⑥→H195→H246→⑦　　　　　　（10）⑥→H245→⑦

（11）⑥→H224→⑦→⑧

以上处于三大组中有层位关系的遗存单位有 38 个，从各单位所处的不同层位看，基本涵盖了石山孜遗址石山孜二期文化遗存的各个层位环节，各单位出土的典型陶器的情况，经过统计，可制成石山孜二期文化典型单位出土陶器型式表（表六）。

表六　石山孜二期文化典型单位出土陶器型式表

| 单位 | 鼎 | | | | 釜 | | 双耳罐 | 盆 | 钵 | 碗 | 支脚 |
|---|---|---|---|---|---|---|---|---|---|---|---|
| | 釜形鼎 | 盆形鼎 | 罐形鼎 | 钵形鼎 | 附加堆纹釜 | 带錾釜 | | | | | |
| H135 | | | A I | | Bb I 、Bc | | | | Ba I | Aa | C |
| H371 | | | | | Bc | | | | | | |
| H249 | | | | | | | | | Bc II | Aa | |
| H185 | | | A I | | | | | | Ba I | B I | |
| H229 | | | | | | | | | | D | |
| H358 | | | | | | | | | Ba I | | B |
| H372 | | | | | | | | | Ba I | | |
| H138 | | | | | Ab I | | | | Ba I 、Bf | | |

续表六

| 单位 | 鼎 | | | | 釜 | | 双耳罐 | 盆 | 钵 | 碗 | 支脚 |
|------|------|------|------|------|------|------|--------|-----|-----|-----|------|
| | 釜形鼎 | 盆形鼎 | 罐形鼎 | 钵形鼎 | 附加堆纹釜 | 带錾釜 | | | | | |
| H365 | | | | | | | | | Ba I | | |
| H219 | | C | | | | | | | | | |
| H348 | A I | | | | | | | | | | |
| H346 | | | | | Ab I | | | | | | |
| H211 | | | | | Bb II | | | | | | |
| H193 | | | | | | A I | | | | | |
| H125 | | | | A | | | Ab II | | | B I | |
| H337 | | I | | | | | | | | D | |
| H235 | | | | | | | | | | D | |
| H341 | | | | | | | | | Ba I | | |
| H356 | | | | | | | Ba I、Bb I | | | | |
| F8 | | | | | | | | Da | | | |
| F13 | | I | | | Bb II | | | | Ba I | C | |
| F14 | | | | | | A II | | | | | |
| H226 | | | | | | | Ab II、Ba II、Bb II | Ba II | | | |
| H187 | | | | | | | | | Aa、Bb | | |
| H180 | | | B | | | | | | | | |
| H188 | | | | | Aa II、Ab II | | Ba II、Db | | Aa | Ab | |

从上表可以看出，在层位关系中处于最早一环的单位，它们所出的陶器的型式也基本居于排序结果的前列，同理，其他在层位关系中环节相当的单位，其所含的型式也大体具有较多的一致性。第一组出土的遗物主要有 A 型 I 式釜形鼎、A 型 I 式罐形鼎、Bb 型 I 式附加堆纹釜、Bc 型附加堆纹釜、Ab 型 I 式双耳罐、Ba 型 I 式钵、Bc 型 II 式钵、Bf 型钵、Aa 型碗、B 型 I 式碗、D 型碗、B 型支脚、C 型支脚；第二组出土的遗物主要有 I 式盆形鼎、A 型钵形鼎、Ab 型 I 式附加堆纹釜、Bb 型 II 式附加堆纹釜、A 型 I 式带錾釜、A 型 II 式带錾釜、Ab 型 II 式双耳罐、Ba 型 I 式双耳罐、Bb 型 I 式双耳罐、Da 型盆、Ba 型 I 式钵、B 型 I 式碗、C 型碗、D 型碗；第三组出土的遗物主要有 B 型罐形鼎、C 型罐形鼎、Ab 型 II 式双耳罐、Ba 型 II 式双耳罐、Bb 型 II 式双耳罐、Ba 型 II 式盆、Aa 型钵、Ab 型钵。综合以上三组遗迹单位的典型陶器的出土情况，其典型陶器的基本组合为鼎、釜、钵、碗、罐、盆。

再以石山孜二期文化遗存的地层中所出的典型陶器型式情况的统计归纳，可制成石山孜二期文化地层出土典型陶器型式表（表七）。从表中反映的情况看，处于第⑨层堆积中的典型陶器主要有：A 型 I 式釜形鼎、Ba 型 I 式附加堆纹釜、Bb 型 I 式附加堆纹釜、

A 型 I 式带鋬釜、Aa 型 I 式双耳罐、A 型盆、Ba 型 I 式盆、Ba 型 I 式钵、A 型支脚、C 型支脚；处于第⑧层堆积中的典型陶器主要有 A 型 I 式釜形鼎、B 型 I 式釜形鼎、C 型釜形鼎、I 式盆形鼎、A 型 II 式罐形鼎、Aa 型 I 式附加堆纹釜、Ab 型 I 式附加堆纹釜、Ac 型附加堆纹釜、Ba 型 I 式附加堆纹釜、A 型 I 式带鋬釜、Aa 型 I 式双耳罐、Ab 型 II 式双耳罐、Ba 型 I 式双耳罐、A 型盆、Ba 型 I 式盆、Bb 型 I 式盆、C 型 I 式盆、Da 型盆、Db 型盆、E 型盆、Ad 型钵、Aa 型 I 式钵、Bb 型 I 式钵、Bd 型陶钵、Ab 型碗、B 型 I 式碗、C 型碗；处于第⑦层堆积中的典型陶器主要有 A 型 II 式釜形鼎、B 型 I 式釜形鼎、B 型 II 式釜形鼎、C 型釜形鼎、A 型 II 式罐形鼎、B 型罐形鼎、B 型钵形鼎、Aa 型 I 式附加堆纹釜、Aa 型 II 式附加堆纹釜、Ab 型 I 式附加堆纹釜、Ab 型 II 式附加堆纹釜、Ac 型附加堆纹釜、Ba 型 II 式附加堆纹釜、Bb 型 II 式附加堆纹釜、A 型 II 式带鋬釜、B 型带鋬釜、Aa 型 II 式双耳罐、Bb 型 III 式双耳罐、Ba 型 I 式双耳罐、Ba 型 II 式双耳罐、Bb 型 I 式双耳罐、Bb 型 II 式双耳罐、A 型盆、Ba 型 II 式盆、Bb 型 I 式盆、Bb 型 II 式盆、C 型 I 式盆、C 型 II 式盆、Dc 型 I 式盆、E 型盆、Aa 型钵、Ab 型钵、Ac 型陶钵、Ad 型钵、Ba 型 I 式钵、Ba 型 II 式钵、Bb 型 I 式钵、Bc 型 I 式钵、Bc 型 II 式钵、Bd 型钵、D 型碗、A 型支脚、B 型支脚。以上三个地层堆积出土的典型陶器的基本组合情况与上述三组遗迹单位的典型陶器组合大体一致，故其应属于同一时代范畴的文化遗存。

表七 石山孜二期文化地层出土陶器型式表

| 单位 | 鼎 | | | | 釜 | | 双耳罐 | 盆 | 钵 | 碗 | 支脚 |
|---|---|---|---|---|---|---|---|---|---|---|---|
| | 釜形鼎 | 盆形鼎 | 罐形鼎 | 钵形鼎 | 附加堆纹釜 | 带鋬釜 | | | | | |
| T0725⑨ | A I | | | | | | Aa I | | Ba I | | |
| T0822⑨ | | | | | Ba I 、Bb I | | | | | | |
| T1730⑨ | | | | | Ba I | | | | | | A 、C |
| T1729⑨ | | | | | Bb I | | Aa | Ba I | | | |
| T0724⑨ | | | | | | A I | | | | | |
| T0823⑨ | | | | | | | | A | | | |
| T1530⑨ | | | | | | | | A | | | |
| T1530⑧ | A I | I | | | | | Aa I | | Ad 、Ba I | | |
| T0725⑧ | A I 、B I 、C | I | A II | A | Ab I 、Ac | A I | Ab II 、Bb I | Bb I 、E | | C | |
| T0723⑧ | B I | | | | | | | A 、C I | | | |
| T1529⑧ | | | A II | | | | | | | | |
| T0724⑧ | | | | | Aa I 、Ab I | | | E | Ba I | B I | |

续表七

| 单位 | 釜形鼎 | 盆形鼎 | 罐形鼎 | 钵形鼎 | 附加堆纹釜 | 带錾釜 | 双耳罐 | 盆 | 钵 | 碗 | 支脚 |
|---|---|---|---|---|---|---|---|---|---|---|---|
| T1729⑧ | | | | | AbⅠ、BaⅠ | | BbⅠ | Da | Bd | | |
| T1730⑧ | | | | | BaⅠ | | | | BbⅠ | | |
| T1629⑧ | | | | | | | BaⅠ、CⅠ | | | | |
| T0823⑧ | | | | | | | | Db | | Ab | |
| T1530⑦ | | | | | AaⅠ、AbⅠ、AbⅡ、BaⅡ、BbⅡ | | AaⅡ、AbⅢ | DcⅠ | BbⅠ、BcⅡ | | |
| T1630⑦ | | | B | | AaⅠ、BaⅡ | AⅡ | BaⅠ、BaⅡ、BbⅠ、BbⅡ | BbⅠ、CⅡ | | | A |
| T1730⑦ | | | | | AaⅡ | AⅡ | BbⅡ | | BbⅠ | | |
| T0823⑦ | BⅠ | | | | AaⅡ | | | | | | |
| T0722⑦ | | | | | AbⅡ | | | DcⅠ | | | |
| T1729⑦ | | | | | AbⅡ、Ac、BaⅡ | AⅡ | BaⅠ | BaⅡ、E | Ac、Bd | | |
| T0724⑦ | AⅡ、BⅡ、C | | | B | Ac | | AaⅡ、BbⅠ、BbⅡ | BbⅡ | Ac、BaⅠ、BaⅡ | | |
| T0725⑦ | AⅡ、BⅡ | | AⅡ | | BaⅡ | | | A、DcⅠ | BaⅠ、Bd | | |
| T1631⑦ | | | B | | BaⅡ | B | | BbⅡ | Aa、Ad、BaⅡ | D | B |
| T1629⑦ | | | | | | AⅡ | | | BbⅠ | | |
| T1628⑦ | | | | | | B | | | BbⅠ | | |
| T0822⑦ | | | | | | | | CⅠ | | | |
| T0723⑦ | | | | | | | | | Ab | | |
| T1529⑦ | | | | | | | | | BcⅠ | | |

　　通过对各类遗物的分型分式，已找出每一类陶器演进的逻辑序列，再将各类器物回归于各自所出的地层和单位中，将出土陶器型式多数相同的单位予以合并。如此，对石山孜二期文化的各单位划分为两个大的地层组，第一组包括开口于第⑧层下打破第⑨层

的灰坑及第⑨层出土遗物，这些陶器形态多为各类型的Ⅰ式；第二组包括开口于第⑥层下打破第⑦层和第⑧层的诸单位以及第⑦层和第⑧层的出土遗物，这些陶器形态多为各类型的Ⅱ式和Ⅲ式。将两组中各单位所构成的典型器物的组合与其他遗迹的出土遗物比较，第二组中的少数遗迹还发现有少量与第一组相同的A型Ⅰ式釜形鼎、Ba型Ⅰ式附加堆纹釜、A型Ⅰ式带錾釜、Aa型Ⅰ式双耳罐、Ba型Ⅰ式钵、Bc型Ⅱ式钵、A型盆、Ba型Ⅰ式盆、B型Ⅰ式碗、D型碗、A型支脚、B型支脚等器类，这些可以视为早期形态在晚期的保留和沿用，它们的存在并不影响众多其他典型器对相应单位所确定的组别，由此可得到石山孜二期文化陶器分期表（表八）。

表八 石山孜二期文化分期表

| 分期 | 型式 / 器类 | 鼎 | | | | 釜 | | 双耳罐 | 钵 | 盆 | 碗 | 支脚 |
|---|---|---|---|---|---|---|---|---|---|---|---|---|
| | | 釜形鼎 | 盆形鼎 | 罐形鼎 | 钵形鼎 | 附加堆纹釜 | 带錾釜 | | | | | |
| 早期 | 第⑧层下诸单位及第⑨层 | AⅠ | | AⅠ、C | | BaⅠ、BbⅠ、Bc | AⅠ | AaⅠ、AbⅠ | BaⅠ、BcⅡ、Bf | A、BaⅠ | Aa、BⅠ、D | A、B、C |
| 晚期 | 第⑥层下诸单位及第⑦、⑧层 | AⅠ、AⅡ、BⅠ、BⅡ、C | Ⅰ | AⅡ、B | A B | AaⅠ、AaⅡ、AbⅠ、AbⅡ、Ac、BaⅠ、BaⅡ、BbⅡ | AⅠ、AⅡ、B | AaⅠ、AaⅡ、AbⅡ、AbⅢ、BaⅠ、BaⅡ、BbⅠ、BbⅡ | Aa、Ab、Ac、AdⅠ、AdⅡ、BaⅠ、BaⅡ、BbⅠ、BcⅠ、BcⅡ、Bd | A、BaⅠ、BaⅡ、BbⅠ、BbⅡ、CⅠ、CⅡ、Da、Db、DcⅠ、E | Ab、BⅠ、C、D | A、B |

不同的地层组尽管出土器类和器形大多相同，同型器物之间在不同地层组中却有式别的变化，说明石山孜二期文化的两个地层组曾有早晚之分。因此可将这一时期的遗存划分为前后两期，分别以第一地层组代表前期，第二地层组代表晚期，两地层组出土的器物既有紧密联系，又有发展变化（图二七八）。

石山孜二期文化遗存的前后两期典型器物之间演进变化的基本趋势，概括起来主要有以下变化。

链式附加堆纹釜变化的特点是：Aa型，敛口斜弧腹—敛口较甚—斜直腹；Ab型，上腹较直、下腹内收—口部微敛、斜直腹。附加堆纹凸棱釜的变化特点为：Ba型，直口，近直腹—直口，斜弧腹；Bb型，弧腹微鼓—斜弧腹。带錾釜变化的特点是：A型，口微侈—口部近敛。陶盆的型式多样，未见完整器，其中以彩绘陶盆较有特色，因数量较少，很难把握各自的特征，难以将混入的晚期遗物剔除，对早晚纹饰的变化难以弄清，但从所出地层观察，其在石山孜二期文化的早、晚两期中一直流行。凸棱盆变化特点是：斜直腹—斜弧腹。Ba 型盆的变化特点是：斜直腹—斜弧腹。带錾盆 C 型的变化特点是：斜弧腹—急内收。红顶碗的变化特点是：B 型，直口，斜直腹—直口微敛、斜弧腹内收。钵类器中新出现了带把钵，数量虽然不多，但器物的把手由素面变为装饰划纹。其中以红顶钵最具特色，形态多样，型式变化较复杂，变化特点为：Ba 型，口部微敛，斜弧腹—敛口明显，斜直腹；Bb 型，腹部急内收—曲腹缓内收；折腹钵，浅腹硬折—浅腹弧折。其余的因数量较少，演化关系不甚明显。陶双耳罐变化的特点为：Aa 型，斜肩，鼓腹，部位靠下—溜肩，鼓腹，部位上移；Ab 型，束颈，斜肩—束颈，溜肩。器耳的变化特点是新出现了半圆饼状，三角形耳系和耳部压印凹槽，耳系装饰乳丁和短泥条；Ba 型，领部较低，圆肩，鼓腹—领部渐高，溜肩，鼓腹；Bb 型，斜领，溜肩，鼓腹—斜直领，广肩，鼓腹。鼎类是新出现的器类，多残破，从可辨者观察其变化特点是：A 型，斜沿较宽，腹部贴素面泥条—腹内收，泥条上印指甲纹；B 型，腹较直，泥条上印戳刺纹—腹内收，泥条上压印指窝纹。盆形鼎的变化特点是：弧腹饰凸棱堆纹—斜直腹饰凸棱堆纹。A 型罐形鼎的变化特点是：束颈，鼓腹，月牙錾—口微敛，束颈，鼓腹，鸡冠状錾。鼎足前期均为锥状足，后期出现扁锥状和少量的足根饰有短泥条堆纹装饰。支脚的变化特点是：圆顶粗体—馒头形。同时出现了一些新的器形，虽然不多，如带流器、纺轮饰凹弦纹与戳点纹组合的纹饰、用残破陶片制成的纺轮、网坠、拍等，器盖数量增多，捉手有柱状、圈足花边纹状。

　　石山孜二期文化遗存的绝对年代在第三次发掘时曾采集了一个属于该遗存晚期的灰坑 H337 内的木炭标本，经中国社会科学院考古研究所实验室年代检测的结果为距今 3931±233 年，树轮校正年代为 BC 2569 ~ BC 1933（实验室编号 ZK2850）。测定的年代结果同石山孜二期遗存排定的相对年代比较，数据偏晚，摒除不用，可能因采集方法、标本好坏、标本后期污染所致，因此，石山孜二期文化遗存的年代问题可以借助与其文化面貌和器物特征相同或相似的文化遗存进行比较来确定。

　　依据上述的文化特征和器物形态变化的特点，石山孜二期文化遗存与同处安徽省淮河以北的蚌埠双墩文化遗存[①]有着较为密切的关系，二者在陶质、陶色、纹饰、制作技术以及器物形态方面皆有一定的相似和相同的因素。其中，在陶器形态方面，石山孜二期文化遗存中的 A 型鼎与双墩遗址的 B 型罐（双墩报告图四七，1、5、6，因残，推测应为鼎）在器型和纹饰上有较多的相似之处。石山孜二期文化遗存中的 B 型鼎与双墩遗址出土的 B 型鼎在纹饰的装饰上相若，鼎足更是均流行圆锥状鼎足（双墩报告图四〇，1、2等）。石山孜二期文化遗存的 Aa 型陶小口双耳罐与双墩遗址的 A 型双耳罐也有相似之处（双墩报告图四四，1、7）。Bb 型陶双耳罐与双墩遗址的 A 型施红陶衣双耳罐也有些相似

---

①　安徽省文物考古研究所：《蚌埠双墩——新石器时代遗址发掘报告》，科学出版社，2008 年。

（双墩报告图四五，10）。至于双耳罐的耳系则多大致相似，只是双墩遗址的双耳罐的耳系上装饰的纹饰者较多，而石山孜二期文化遗存的双耳罐则多素面，部分耳系上装泥条或乳丁或压印凹弦纹。二者均出土有较少的口外饰一周宽带红彩的彩陶，而石山孜遗址的"红顶"钵、碗类也不见于双墩遗址。盆类器中带鋬盆也有窄沿、宽沿之分，器形也多有相似之处（双墩报告图五二，3、4）。钵类中的带把钵和各类钵（双墩报告图五五，2、4、7、9等）形态也多相同。陶制工具类中，石山孜二期文化遗存中的A型陶支座与双墩遗址的B型支座（双墩报告图三七，2、5、9）相同，用破碎陶片改制的纺轮的作风和陶锉、陶垫（报告称陶圆饼）也与双墩遗址的同类器物相同。骨器中的鹿角钩形器无论制作工艺还是形状大小均与双墩遗址的同类器物相同。尤其重要的是，在石山孜二期文化遗存中还发现了两件有刻划符号的标本T0725⑨：19、T1630⑧:23，这种刻划符号与双墩遗址出土的双"十"字符号（报告图一四〇，10）和叉形符号（报告图一六八，2）的刻印方法和形状毫无二致，两类符号所揭示的含义也应基本相同。另外，石山孜二期文化遗存与河南鹿邑武庄遗址一期文化遗存①也有一些相似的文化因素，如Ab型锥状鼎足与武庄遗址一期文化遗存的A型鼎足（武庄简报图三，18）较为相似，红顶钵与武庄遗址一期文化遗存的A型钵（武庄简报图三，2、12）、B型钵（武庄简报图三，1、10）较为相似，泥质陶双耳罐与武庄遗址一期文化遗存的乙类陶罐（武庄简报图三，4）较为相似。

石山孜二期文化遗存与山东的北辛文化遗存②也存在一些相同或相近的文化因素。从两类遗存早期出土的器物来看，鼎类器中，石山孜二期文化遗存早期出土的鼎流行在口腹部装饰附加堆纹和圆锥状鼎足的作风与北辛文化遗存有些相似，但北辛文化的鼎类腹部饰各种堆纹的作风不见于石山孜二期文化遗存。钵类器中均有相同的"红顶"钵（北辛报告图一五，9）和口沿外饰一周红带的彩陶钵（北辛报告图一七，1、2），器物底部所布满的谷糠纹的作风也较为一致，两类遗址中的带把钵的形态也极为相似（北辛报告图一八，6、7）。罐类器中的泥质陶双耳罐和北辛文化的小口双耳罐（北辛报告图一八，17、18）形态相若。盆类器中的折沿盆与北辛文化的折沿盆（北辛报告图一八，22、23、24）也有较多的相似之处。陶网坠与北辛文化的陶网坠（北辛图一六，7）也极为相似。骨器类中北辛文化也出土有鹿角钩形器（北辛报告图八，31、32），形制与石山孜二期文化遗存的鹿角钩形器大致相同。这些相似的因素说明，石山孜二期文化遗存早期的年代与北辛文化早期的年代大致相同。从两类遗存晚期阶层出土的器物来看，鼎类器中，石山孜二期文化遗存晚期出土的A型釜形鼎腹部装饰细密指甲纹的作风，与北辛文化晚期A型釜形鼎的作风有些相似；C型折腹盆形鼎装饰凸棱的作风与北辛文化晚期D型Ⅰ盆形鼎（北辛报告图二七，4）装饰凸棱的作风有些相似；A型罐形鼎沿外饰弦纹的作风与

① 河南省文物考古研究所：《河南鹿邑县武庄遗址的发掘》，《考古》2002年第3期。
② 中国社会科学院考古研究所山东队等：《山东滕县北辛遗址发掘报告》，《考古学报》1984年第2期。

北辛文化晚期Ⅰ型盆形鼎（北辛报告图二八，1）装饰弦纹的作风也有些相似。此外，北辛文化晚期鼎类中的鼎足型式多样，除圆锥状鼎足可见于石山孜二期文化遗存以外，其他类型的鼎足均不见于石山孜二期文化遗存中。钵类器中，石山孜二期文化遗存出土的A型Ⅱ式钵与北辛文化晚期的B型Ⅰ式钵（北辛报告图三一，17）形态颇为相似。罐类器中，石山孜二期文化遗存晚期出土的陶双耳罐与北辛文化晚期的C型Ⅰ式壶形态有些相似，仅耳部略有些差异。这些相似的因素说明，石山孜二期文化遗存晚期年代与北辛文化晚期的年代大致相同。

　　上述相同或相近的文化因素清楚的说明，以上三个考古学文化遗存无疑是并行发展的，它们所处的时间段也应该大致相同。处于不同地区的考古学文化只有当它们同时或者由早及晚的发展过程也大致同步时，彼此才能发生相互交流和影响。北辛遗址¹⁴C测年有7个数据，其早期年代约为距今7300～6800年，中期年代约为距今6800～6500年，晚期年代约为距今6500～6300年。双墩遗址¹⁴C测年有5个数据，其平均值约为距今7100～6759年。参考双墩遗址和北辛遗址的¹⁴C测年数据，推测石山孜二期文化遗存的早期年代约为距今7200～6700年，晚期年代约为距今6700～6300年。

## 第六节　小　结

　　综合前面的分析可以看出，石山孜遗址第二次和第三次发掘的石山孜二期文化遗存的陶器以夹蚌陶和夹砂陶为主，泥质陶的数量明显增加，并有少量夹炭陶。陶色以红褐色和红色较多，有少量的灰黑陶，虽然陶色中还存在着一定数量的陶色不纯的现象，但外红内黑陶和器物内外有黑色斑点的器物已大为减少。典型的泥质红陶已经出现，并逐渐开始流行，陶器的制作方法多为手制，然而对陶器雏形使用慢轮修整的技术和设备已经出现。因此，这一时期的陶器的胎壁厚薄较均匀，质地细密，烧制的温度也较高，泥质陶中的罐、盆、钵、碗等器类不仅扣之响声清脆，而且器物口部多遗留有线状的抹痕，这些现象反映了陶器的烧制技术在这一时期已有了较为长足的进步。陶器的器表装饰仍以素面为主，但装饰手法渐趋多样化，其中用细泥刮抹而成的附加堆泥条凸棱纹始见于这一时期的前期，到后期时开始流行，原先的附加堆纹泥条上压印指甲纹的装饰已被附加堆泥条上压印窝状的链式纹所取代，这两种纹饰成为这一时期器物表面装饰的常见手法。与此同时，泥质陶的器表装饰也有了显著的变化，均为磨光或饰红陶衣，并出现了为数不少的上红下灰的"红顶式"器类和少量的饰宽带式红彩的泥质红陶。夹炭陶多在口部沿面上施有红色彩绘。其彩绘纹样以宽带式和方格网状纹、放射状条纹为主，因多有脱落，可能为烧成后绘制。此外，在泥质陶器物的底部还出现了少量的栉节纹、席纹、篦点纹、谷糠纹等装饰手法，鼎类器上的纹饰则以弦纹、细密指甲纹、戳刺纹和附加泥条上装泥丁的装饰。这些纹饰的出现，说明当时人们的审美情趣开始发生了变化，更加注重陶器表面的装饰。

陶器的基本器类为鼎、釜、钵、碗、盆、小口双耳罐，此外，新出现了陶盂、带把器、带流器等器类。随着陶器种类的增加和造型上的变化，各类陶器在用途及功能上也发生了变化，陶釜与陶支脚相配套的复合式饮煮器的功能，因为陶鼎的产生，而居于次要的地位，但作为一种重要的盛储器，仍然还延续了较长的时间。罐类器因为泥质陶罐的出现，其造型也有所变化，开始流行泥饼状耳系和在耳系正面或上部加饰泥条和乳丁的装饰，既可增加耳部器体的黏附力，又能作为一种装饰。在各类陶鼎的相继产生之后，新出现了一些圆头状的支脚，以取代以前较盛行的各类柱状支脚。陶制工具的变化也较为明显，陶网坠、陶拍、用残破陶片改制的纺轮，以及纺轮上装饰弦纹和篦点纹的增加和流行均表明，这一时期的生产、生活水平较之以前有了较大的提高。

石器类的数量有所增加，纯打击的石器明显减少，通体精磨者也不在少数，如石柄形器、石斧等，新出现了石刀、石钻帽、石盘状器，器类多为斧、锤、铲、凿、砺石、锛。

骨器总体说来较为发达，主要有镞、锥、笄、刀、针等渔猎和日常生活用具，渔镖的数量在减少，制造工艺较为复杂的鹿角钩形器的出现表明这一时期骨器制作的水平也有了明显进步。

石山孜二期文化遗存发现的房址为长方形的地面式建筑，虽然多为残存的基址，但尚可看出其经过平整地面、挖槽竖柱、筑墙棚顶、室内地面多用红烧土与黏土相混合砸实等工序。由于发现的墓葬较少，且为未成年人墓，既无葬具，亦无随葬品，其具体特征有待于在今后工作中加以解决。

石山孜遗址第二次和第三次发掘的石山孜二期文化遗存与第一次发掘的石山孜一期文化遗存相比，其文化内涵表现得更加丰富，几乎囊括了这一类遗存绝大部分典型器物的各种形态，使我们对于这一时期文化遗存的性质和特点有了更为准确的认识，同时还为全面研究淮北地区新石器时代彩陶的起源和发展提供了重要线索。尤为重要的一点是，这次发掘发现了石山孜二期文化遗存叠压石山孜一期文化遗存的地层关系，从而明确了淮北地区新石器时代中期文化的先后顺序，这对于详细探讨安徽地区新石器时代中晚期考古学文化谱系的建立和时代的分野有着重要意义。

# 第五章　石山孜三期文化遗存

　　石山孜遗址第二、三次发掘的石山孜三期文化遗存包括第⑤层和第⑥层文化堆积以及开口于第④层下、第⑤层下的房址、墓葬、灰坑等遗迹（图二七九、二八○）。

## 第一节　居住址

　　本期文化遗存共发现房址9座，其中开口于第④层下的有5座，开口于第⑤层下的有4座。这些房址多为地面式建筑，保存较差，其中F2、F5、F6、F7和F10破坏较为严重，残存范围较小且多分布在探方之外，多未扩方清理。以下举例说明。

　　F3　位于T1630内，占据该探方大部，开口于第⑤层下，打破第⑥层，其东北部被H58打破，中部偏东处被H65打破，西南部被H66打破，残存有排列不甚规则的柱洞14个、部分倒塌堆积及被破坏的居住面。以柱洞的分布判断其平面略呈长方形，残存长（东西）3.6、宽约（南北）3.3米，面积约11.88平方米，中部的柱洞D1、D2、D5、D12和东部的D14、D8及西部的D11和D10排列较为规则整齐，西北部及西南部未见柱洞，其余均分布较散乱，推测可能为附柱。房内未发现灶址、门道和墙壁等，设施不详，方向不明。房址内堆积可分为2层。第①层，应为房屋倒塌的堆积，灰黑色，厚10～20厘米，内杂有较多的砾石和灶土块，无出土遗物，土质略显疏松。第②层应为居住面，灰褐色，厚10厘米，夹杂较均匀的红烧土颗粒，土质略坚硬，少杂质，较平坦，剥落严重，混杂一些破碎的陶片。从柱洞的分布情况推测应为木骨泥墙式的两居室，以中部柱洞为准分东、西两居室。柱洞的详情如下。D1，圆形，内填灰土，直径20厘米，深38厘米；D2，圆形，直径16、深32厘米；D3，圆形，圜底，直径20、深50厘米；D4，椭圆形，直径18～20、深40厘米；D5，椭圆形，直径20～22、深50厘米；D6，圆形，圜底，直径1、深44厘米；D7，椭圆形，圜底，直径20～22、深44厘米；D8，圆形，圜底，直径24、深44厘米；D9，椭圆形，圜底，直径18～22、深42厘米；D10，圆形，圜底，直径30、深48厘米；D11，椭圆形，圜底，直径40～50、深56厘米；D12，圆形，平底，直径20、深40厘米；D13，圆形，平底，直径50、深46厘米（图二八一）。

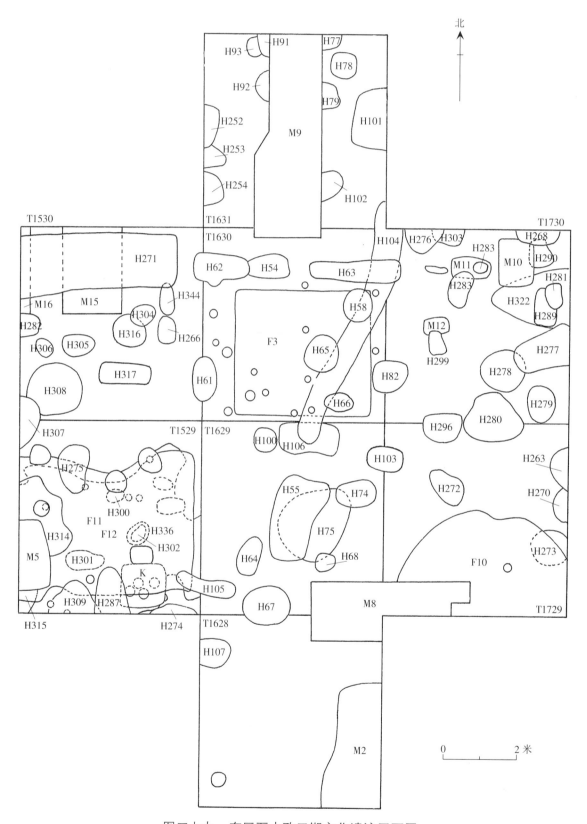

图二七九　东区石山孜三期文化遗迹平面图

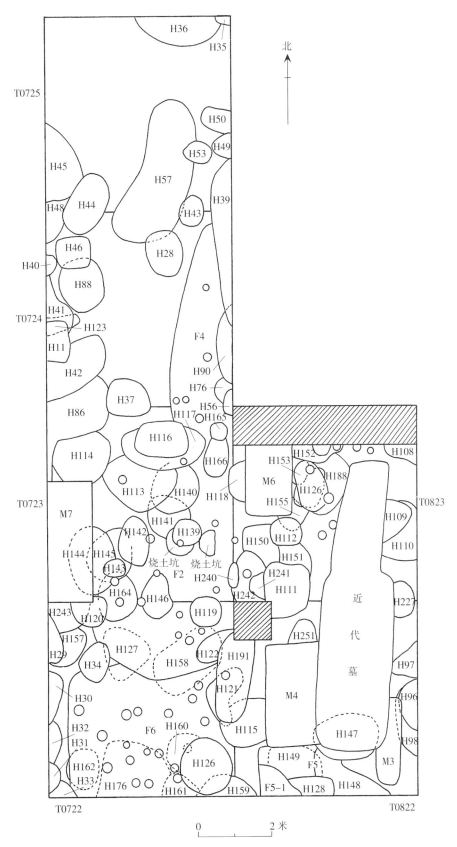

图二八○ 西区石山孜三期文化遗迹平面图

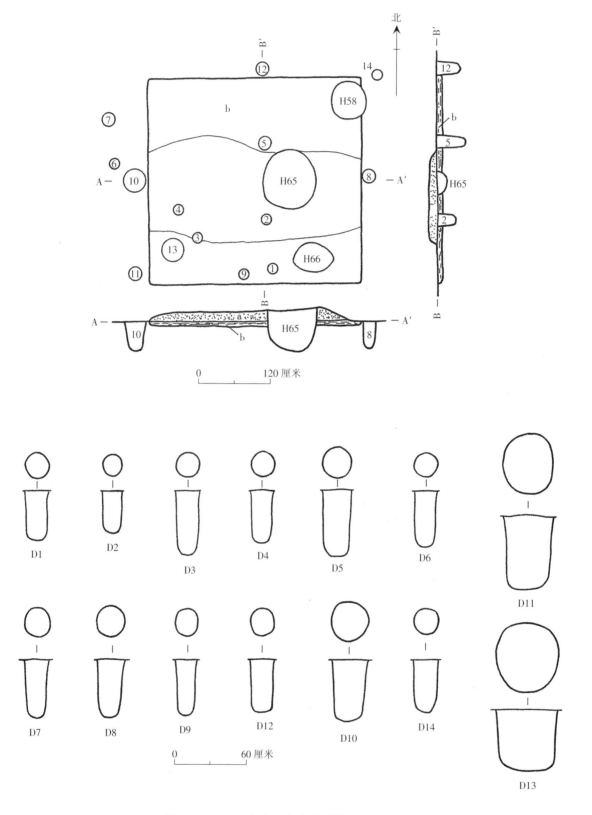

**图二八一　石山孜三期文化 F3 平、剖面图**

a. 废墟堆积　b. 残留居住面　1~14. 柱洞

　　F4　位于 T0724 东部和 T0723 东北部，并延伸至两个探方的东壁之外，没有扩方清理。开口于第⑤层下，打破第⑥层和第⑦层及 H189，其东部和北部被 H39、H90 打破。南部被 H56 和 H70 打破。F4 分布在 T0723 的部分被 F2、H116、H117 和 H165 打破，房址平面距地表约 1.5 米，平面形状应为椭圆形或圆形，现存平面呈不规则形长 5.5、宽 1.6 米。因发掘范围所限，F4 现存部分未发

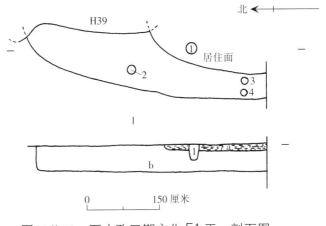

图二八二　石山孜三期文化 F4 平、剖面图
a. 居住面　b. 泥质硬土　1~4. 柱洞

现房门、门道、墙及灶的痕迹，故其方向、房顶形状不得而知，仅发现了部分红烧土面和建筑房址前平整地面的垫土层以及 4 个柱洞。房址内堆积分两层。第①层为红褐色红烧土，厚约 15 厘米，结构紧密较硬，推测为居住面；第②层为灰黑泥质硬土，厚约 50 厘米，其分布范围比第①层大，推测为建房前平整地面后铺设的垫土，在此层发现柱洞 4 个。D1 位于 F4 的东部，圆形，直壁，平底，直径 20、深 30 厘米。D2 位于 D1 的西北部，圆形，直壁，平底，直径 15、深约 28 厘米。D3、D4 位于 D1 的东南部，两柱洞略呈东西向直线排列，圆形，直壁，平底，D3 直径 15、深约 30 厘米，D4 直径约 10、深约 30 厘米。前述 4 个柱洞均未发现木灰、柱灰等，均打破居住面和垫土层。房址居住面上没有发现遗物，垫土中出土有陶锥状鼎足、罐、釜、钵、盆等残片及骨锥 1 件（图二八二）。

　　F11　位于 T1529 内，分布于探方大部并延伸至探方西壁之外，没有扩方清理，开口于第④层下，打破第⑤层，东部被 H274 打破，西部被 H265 和汉代墓葬打破，北部被小灰坑 K6、K5、K4、K3 打破。从发掘部分判断，该房址平面大体呈长方形，南北窄，东西宽，现存长 4.75、宽 3.25 米。因没有全部发掘，故其具体门道不详，方向不明，其房址内的结构不明，仅存居住面，为红烧土颗粒铺垫，厚度 10~15 厘米。在居住面的南部发现柱洞一个（D1），圆形，直壁，底略平，内填灰褐色土，夹杂红烧土颗粒，直径 20、深 30 厘米。出土遗物以陶片为主，可辨器形有凿状鼎足、罐、钵、釜等（图二八三）。

　　F12　位于 T1529 内，被 F11 叠压，其分布范围较大，覆盖 T1529 大部，并且向西、向南延伸出 T1529 的西壁和南壁，东部在 T1629 内，因遭较大范围的破坏，痕迹不明显。被汉墓 M5 及 H301、H287、H300、H302、H105、H274、H24、H4 打破。从发掘部分判断，平面近长方形，发掘部分长 5、宽 4.5~5 米。由于遭严重破坏，未发现灶址、墙基，方向不详。基址内堆积可分为两层。第①层，呈黄褐色，密集的红烧土颗粒铺设，内含碎陶片，结构较坚实，推测为 F12 的原居住面，厚 10 厘米。第②层，为较细腻的灰褐色土，结构较疏松，几乎无遗物出土，应为建该房时平整地面的垫土，厚 10~15 厘米。柱

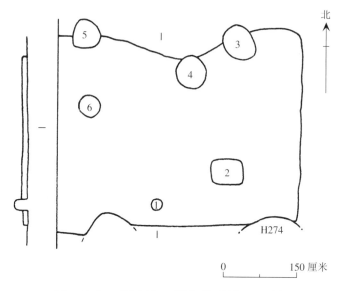

图二八三　石山孜三期文化 F11 平、剖面图

1～6. 柱洞

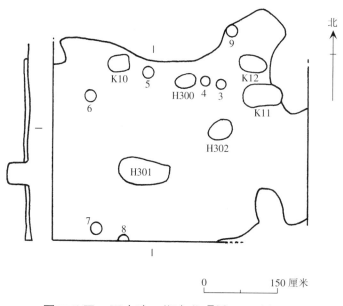

图二八四　石山孜三期文化 F12 平、剖面图

1～9. 柱洞

洞共发现 6 个，其中分布在该房址北部的 D1、D2、D3，几近直线，呈东向排列，D5、D6 大致亦呈斜直线的南北向排列，D6 处在东北部边缘，两排相连，构成一圆角方形的房间。各柱洞的情况如下。D1，圆形，平底，内含有炭灰粒和碎陶片等，直径 20、深 22 厘米；D2，椭圆形，直壁，内填灰黑土，夹碎陶片，直径 22～30、深 22 厘米；D3，圆形，内填灰褐土，直径 21、深 27 厘米；D4，圆形，圜底，内填红烧土，直径 25、深 14 厘米；D5，内填灰褐土，直径 20、深 40 厘米；D6，圆形，内填灰褐色土，直径 20、深 30 厘米。位于 F12 东北部的 K11 和 K12 形制相同，其中 K11 为长圆形，直径 40～75、深 75

厘米，内有一较大且平整的石块。二者应与 F12 关系密切，但出土物极少，属性不明。H300、H301、H302 的出土遗物有陶片、兽牙、砾石块、兽骨等，应为 F12 的附属窖穴类设施。F12 出土遗物以陶片为主，可辨器形有鼎、釜、罐、盆等（图二八四）。

## 第二节 灰 坑

本期文化遗存共清理 159 座灰坑，分布于东、西发掘区的不同区域，相互间打破关系较为复杂。灰坑按平面形状可以分为椭圆形、圆形、长方形（圆角方形）、不规则形四类。坑壁多为斜直壁、斜弧壁，有少量的曲壁和近直壁。坑底多为圜底、平底和不规则型底。以下分别介绍。

一 椭圆形

共 78 座。

H88 位于 T0724 西北部，开口于第⑤层下，打破第⑥层，坑口被 H46 打破。坑口距地表 1.4、口径 1.2 ~ 1.45、深 0.3 米。平面呈椭圆形，斜直壁，平底，坑内填土为灰黑色，夹杂较多的炭灰屑，土质疏松。出土遗物以陶片为主，可辨器形有罐、盆、釜、鼎等（图二八五）。

H284 位于 T1730 北部居中，开口于第⑤层下，打破第⑥、⑦层和 M11。坑口距地表 1.2、口径 0.4 ~ 0.45、深 0.3 米。平面呈椭圆形，斜直壁，平底，坑内堆积为灰黄色，内含少量红烧土颗粒。出土遗物以陶片为主，可辨器形有罐、三足钵、釜等，另出土 1件骨笄（图二八六）。

H142 位于 T0723 西南，开口于第⑤层下，打破第⑥、⑦层和 H145。坑口距地表 1.7、口径 0.92 ~ 1.30、深 0.6 米。平面呈椭圆形，斜弧壁，圜底，坑内堆积呈灰褐色，土质较疏松，内夹杂红烧土和炭灰颗粒。出土遗物以陶片为主，可辨器形有釜、鼎、钵等（图二八七）。

H28 位于 T0724 北部，开口于第④层下，打破第⑤、⑥层。坑口距地表 1.1、口径 1 ~ 1.2、深 1.9 米。平面呈椭圆形，近直壁，平底，坑内堆积为大块的红烧土和灰褐色土相杂。出土遗物以陶片为主，可辨器形有鼎、罐、盆、钵及陶球等（图二八八）。

H108 位于 T0823 东北部，部分延伸至探方外，没有发掘，开口于第④层下，打破第⑤层，被 H81 打破。坑口距地表 1.05、长径 0.75、短径 0.4、深约 0.6 米。残存平面形状近椭圆形，斜直壁，平底。坑内堆积为灰褐色沙质土，较疏松，内夹杂少量的红烧土颗粒。出土遗物有少量陶片，可辨器形有鼎足、釜等（图二八九）。

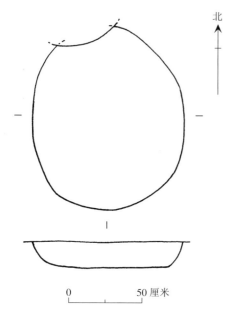

图二八五　石山孜三期文化 H88 平、剖面图

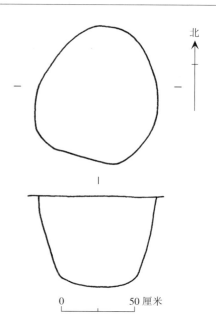

图二八六　石山孜三期文化 H284 平、剖面图

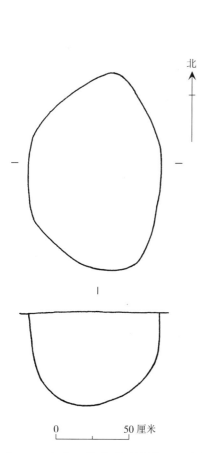

图二八七　石山孜三期文化 H142 平、剖面图

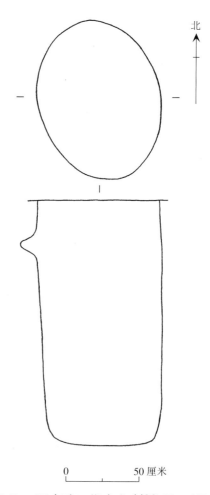

图二八八　石山孜三期文化 H28 平、剖面图

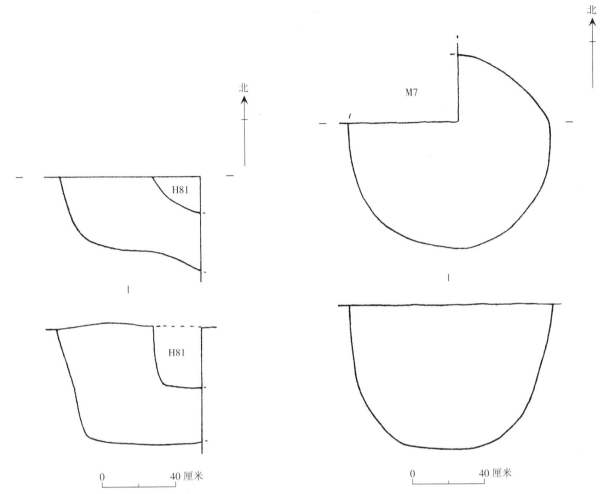

图二八九　石山孜三期文化 H108 平、剖面图　　图二九〇　石山孜三期文化 H120 平、剖面图

H120　位于 T0723 西南部，部分伸入 T0722 北隔梁内，打隔梁时一并清理，开口于第④层下，打破第⑤层、F2、H164，西北部被 M7 打破。长径 1.1、短径 1、深 0.62 米。平面形状为椭圆形，圜底，坑内堆积为灰褐色，质地紧密，夹杂较多的红烧土颗粒。出土遗物以陶片为主，可辨器形有釜、钵等（图二九〇）。

H119　位于 T0723 东南部，部分延伸至 T0722 北部，在发掘 T0722 北壁时清理了叠压在隔梁下的部分。开口于第④层下，打破第⑤、⑥层和 F2。坑口距地表 0.95、口径 0.73～0.95、深 0.92 米。平面呈椭圆形，剖面呈口大底小，斜直壁，平底，坑内堆积为浅灰褐色，夹杂有炭灰屑，土质略疏松。出土遗物以陶片为主，可辨器形有罐、鼎、钵、釜等（图二九一）。

H55　位于 T1629 中部，开口于第④层下，打破第⑤、⑥层和 H75。坑口距地表约 0.95、长径 1.87、短径 1.24、深约 0.7 米。平面呈椭圆形，坑壁较直，平底，坑内堆积呈灰黄色，质较硬，内夹杂有红烧土颗粒、炭灰屑及动物骨骼。出土遗物有陶钵、鼎足、罐、釜等（图二九二）。

H268　位于T1730东北部,开口于第④层下,打破第⑤~⑦层和H290,部分叠压在探方北部未,没有扩方清理。坑口距地表0.8、口径0.4~1.2、深约0.8米。现存平面呈半椭圆形,斜弧壁,坑底凹凸不平,坑内堆积呈灰褐色,土质较疏松,夹杂较多炭灰屑。出土遗物以陶片为主,可辨器形有盆、釜、罐等(图二九三)。

H74　位于T1629东北部,开口于第④层下,打破第⑤、⑥层,坑口距地表0.95、口径0.9~1.1、坑深0.8米。平面呈椭圆形,剖面呈口大底小状,坑壁斜直,坑底呈东高西低的坡状,坑内填土呈灰褐色,结构紧密,质较硬实,内夹杂有红烧土颗粒、炭灰屑和动物骨骼残片。出土遗物以陶片为主,可辨器形有罐、鼎足、釜、盆等(图二九四)。

H109　位于T0823东部,开口于第④层下,打破第⑤、⑥层和H110,西半部被近代墓打破。坑口距地表1.2、口径0.55~1.1、深1.5米。现存平面呈椭圆形,斜直壁,底部高低不平,坑内堆积呈浅黄色,土质较疏松,夹杂有大块红烧土和炭灰屑。出土遗物以陶片为主,可辨器形有盆和釜(图二九五)。

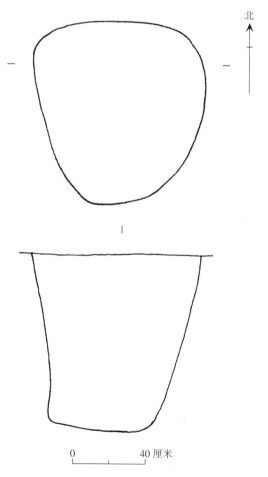

0　　　　40厘米

图二九一　石山孜三期文化 H119 平、剖面图

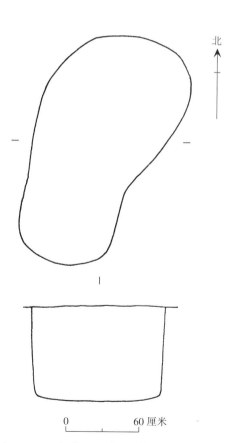

0　　　60厘米

图二九二　石山孜三期文化 H55 平、剖面图

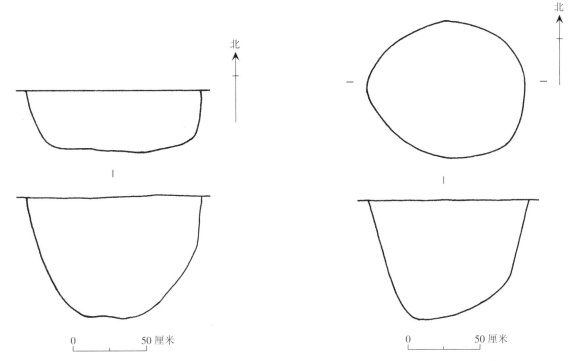

图二九三 石山孜三期文化 H268 平、剖面图　　　图二九四 石山孜三期文化 H74 平、剖面图

H122　位于 T0722 东部，开口于第④层下，打破第⑤、⑥层和 F6、H158，被 H121 打破。坑口距地表 1、口径 0.65～1.2 米。发掘部分平面呈椭圆形，斜弧壁，圜底，坑内堆积呈灰黄色，土质较密实。出土遗物以陶片为主，可辨器形有罐等（图二九六）。

H36　位于 T0725 东北部，部分叠压在北隔梁下，未进行清理，开口于第④层下，打破第⑥、⑦层和 H223，被 H9、H35 打破。坑口距地表 1、长径 2.4、短径 0.75、深 0.25 米。发掘部分平面近半椭圆形，斜弧壁，圜底近平，坑内堆积为灰黄色，夹杂少量红烧土颗粒，质较硬。出土遗物以陶片为主，可辨器形有鼎、釜、盆、罐、钵等（图二九七）。

H39　位于 T0724 东北部和 T0724 东南部，跨两个探方，大部分延伸至探方外，未做清理，开口于第④层下，打破第⑤～⑨层和 F4、H89、H90，被 H15 和 H17、H49 打破。坑口距地表 1.2、口长径 3.6、短径 0.54、深约 1.25 米。现发掘部分平面呈半椭圆形，口大底小，斜弧壁，圜底。坑内堆积呈灰褐色，内夹杂有红烧土颗粒和兽骨，质较松软。出土遗物以陶片为主，可辨器形有小口双耳罐、鼎、钵、釜等（图二九八）。

H61　位于 T1630 西部偏南，西部伸出探方外，未全部清理，开口于第④层下，打破第⑤～⑧层和 F8。坑口距地表 1、口径约 0.4～1.15、深 1.5 米。发掘部分平面呈半椭圆形，剖面呈口大底小状，斜弧壁，圜底，坑内填土松软，土色呈灰色泛白，夹杂红烧土颗粒和少量砾石。出土遗物以陶片为主，可辨器形有罐、釜、鼎等（图二九九）。

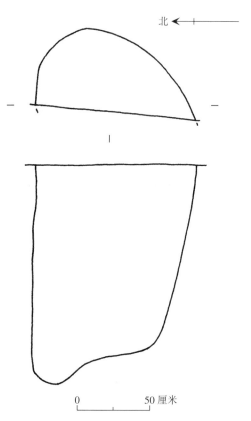

图二九五　石山孜三期文化 H109 平、剖面图

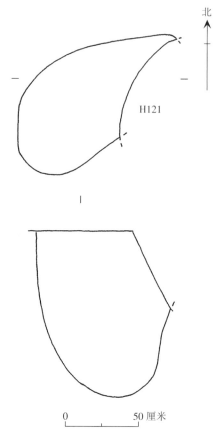

图二九六　石山孜三期文化 H122 平、剖面图

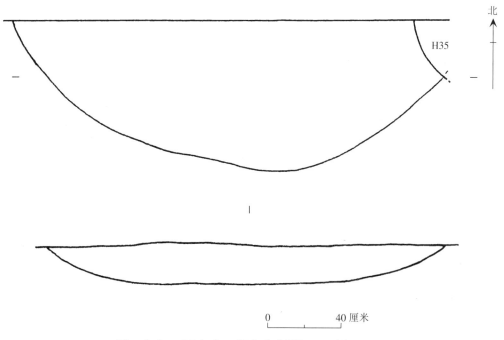

图二九七　石山孜三期文化 H36 平、剖面图

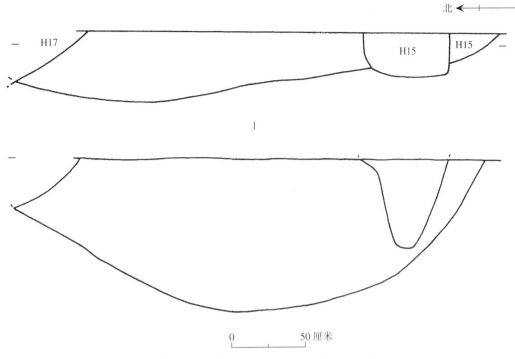

图二九八　石山孜三期文化 H39 平、剖面图

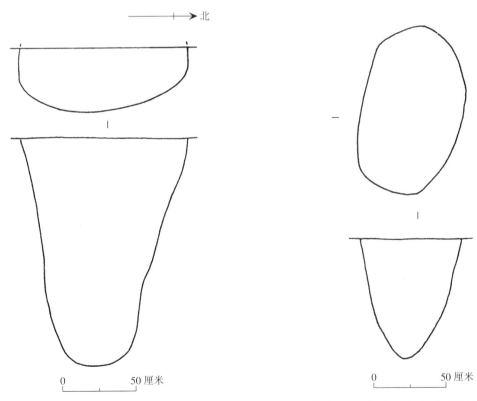

图二九九　石山孜三期文化 H61 平、剖面图　　　图三〇〇　石山孜三期文化 H64 平、剖面图

H64　位于T1629西南部，开口于第④层下，打破第⑤、⑥层。坑口距地表0.85、口径0.7~0.9、深0.8米。平面形状为椭圆形，口大底小，斜直壁，圜底，坑内堆积呈灰黄色，较疏松，夹杂红烧土颗粒和炭灰屑。出土遗物有动物骨骼、砾石、陶片，陶器可辨器形有罐等（图三〇〇）。

H45　位于T0725西南部，部分延伸至探方西壁内，开口于第④层下，打破第⑤~⑧层和H48、H235，被H44打破。坑口距地表1.1、口径1~2、深1米。发掘部分平面形状呈椭圆形，斜直壁，底呈东高西低的平坡状，坑内堆积呈灰黑色，沙质较明显，内夹杂红烧土颗粒，较疏松。出土遗物以陶片为主，可辨器形有釜、盆、鼎足等（图三〇一）。

H44　位于T0725西南部，开口于第④层下，打破第⑤~⑨层和H45、H48。坑口距地表1.1、口径1.1~1.75、深1.45米。平面形状呈椭圆形，坑壁斜直微弧，圜底，坑内堆积呈灰褐色，夹杂有红烧土颗粒，略松软。出土遗物以陶片为主，可辨器形有盆、钵、鼎等（图三〇二）。

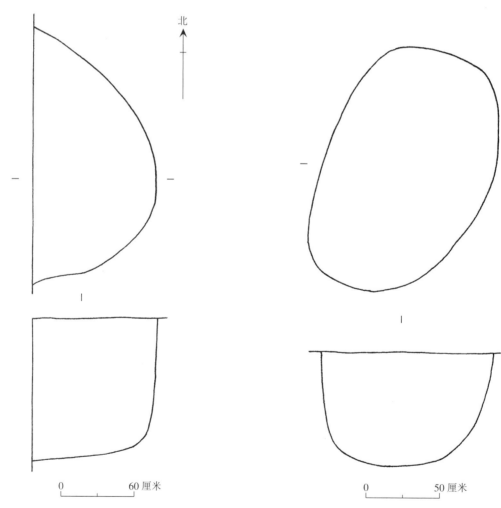

图三〇一　石山孜三期文化H45平、剖面图　　　图三〇二　石山孜三期文化H44平、剖面图

H40　位于T0724西北部，部分叠压在西隔梁中，没有发掘，东为H46，北为H48，南部打破H41，开口于第④层下，打破第⑤～⑦层及H41。坑口距地表约1.1、长径0.52、短径0.36、坑深约0.8米。平面呈椭圆状，壁较直，底近平，坑内填土呈灰褐色，夹杂较多的红烧土块及炭灰屑，质较硬密。出土遗物以陶片为主，可辨器形有钵、盆、鼎、罐等（图三〇三）。

H41　位于T0724东部，部分延伸出探方外，未做清理，开口于第④层下，打破第⑤层，坑口南北两侧被H11和H40打破。坑口距地表1.1、长径1.35、短径0.75、深0.5米。现发掘部分平面呈椭圆形，坑壁呈斜弧状，圜底，坑内堆积呈灰色，土质松软，内夹杂有草木灰及炭粒。出土遗物以陶片为主，可辨器形有釜、鼎、钵等（图三〇四）。

H75　位于T1629中部偏东，开口于第④层下，打破第⑤～⑦层及H68、H74，被H55打破。坑口距地表0.9、口径1.6～1.9、深115米。平面近椭圆形，坑壁斜直，尖圜底。坑内填土为灰褐色，土质较疏松，内夹杂较多的红烧土颗粒与炭灰屑、砾石碎块、动物骨骼碎片等。出土遗物以陶片为主，可辨器形有盆、钵、釜、支脚等（图三〇五）。

H53　位于T0725东南部，开口于第⑤层下，打破第⑥～⑨层和H57。坑口距地表1.3、口径0.6～0.8、深1.3米。平面形状为椭圆形，坑壁较直，西壁下部作台阶状，平底。坑内堆积呈灰黑色，夹杂有红烧土颗粒及动物骨骼残片，土质较疏松。出土遗物以陶片为主，可辨器形有罐、盆、碗、钵、釜、陶球等（图三〇六）。

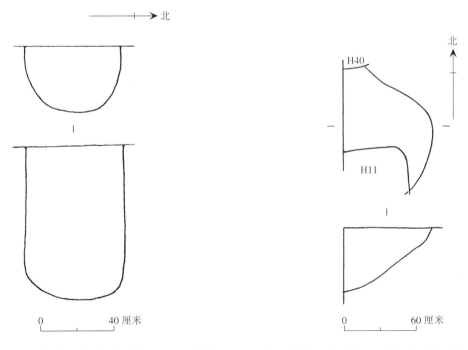

图三〇三　石山孜三期文化H40平、剖面图　　　图三〇四　石山孜三期文化H41平、剖面图

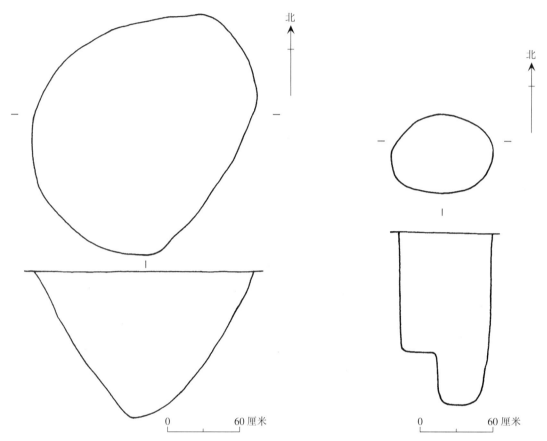

图三〇五　石山孜三期文化 H75 平、剖面图　　　图三〇六　石山孜三期文化 H53 平、剖面图

H322　位于 T1730 东部，开口于第⑤层下，打破第⑥、⑦层和 H357、H321。坑口距地表 1.55、口径 1.50～2.15、坑深 0.85 米。平面形状为椭圆形，剖面呈口大底小，呈梯形，斜弧壁，底部不甚平。坑内填土为深灰褐色，夹杂有少量烧土颗粒，质稍硬。出土遗物以陶片为主，可辨器形有釜、盆、鼎、钵等，另出土一件残石磨棒（图三〇七）。

二　圆形

共 29 座。

H302　位于 T1529 东部居中，开口于第⑤层下，打破第⑥层和 F12。坑口距地表 1.1、口径 0.45、深 0.27 米。平面呈圆形，斜弧壁，圜底近平。坑内填土为浅褐色，质软，内含兽骨等杂物。出土遗物以陶片为主，可辨器形有钵、鼎、釜、罐等（图三〇八）。

三　长方形

共 25 座。

北 ←—

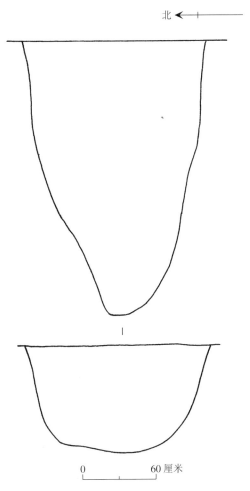

图三〇七　石山孜三期文化 H322 平、剖面图

北

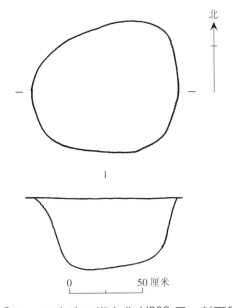

图三〇八　石山孜三期文化 H302 平、剖面图

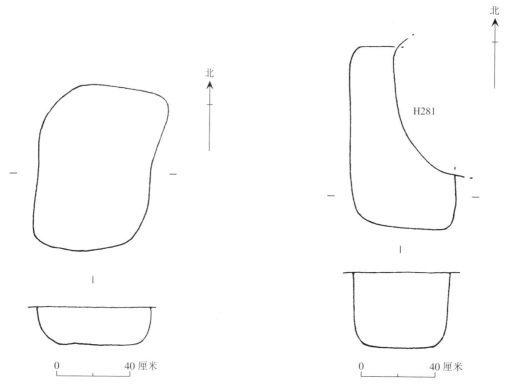

图三〇九　石山孜三期文化 H281 平、剖面图　　图三一〇　石山孜三期文化 H289 平、剖面图

　　**H281**　位于 T1730 东部偏北，开口于第⑤层下，打破⑥层和 H289。坑口距地表 1.3、长 0.85、宽 0.5、坑深 0.2 米。平面形状为圆角长方形，斜弧壁，平底。坑内填土为灰褐色，夹杂少量红烧土颗粒，土质略松软。出土遗物以陶片为主，可辨器形有鼎、釜、钵等（图三〇九）。

　　**H289**　位于 T1730 东部略偏北、H227 北部、H281 南部，开口于第⑤层下，打破第⑥层，被 H281 打破。坑口长 0.9、宽 0.55、坑深 0.4 米。残存平面呈圆角长方形，斜直壁，平底。坑内填土为浅灰褐色，质疏松，内夹杂有动物骨骼、炭灰屑。出土遗物以陶片为主，可辨器形有鼎、釜、罐、钵、盆等（图三一〇）。

　　**H299**　位于 T1730 西部稍偏南，开口于第⑤层下，打破第⑥层和 M12。坑口距地表 1.3、长 1、宽 0.9、深 0.4 米。平面呈圆角长方形，斜直壁，平底。坑内填土为黄褐色，质较松软，内含有动物骨骼残片。出土遗物以陶片为主，可辨器形有钵、罐、釜、盆、鼎等（图三一一）。

　　**H301**　位于 T1529 南部偏西，开口于第⑤层下，打破第⑥层和 F12。坑口距地表 1.1、长 1、宽 0.5、深 0.4 米。平面呈圆角长条状，斜直壁，平底。坑内填土呈浅褐色，质软，夹杂石块、兽骨残片。出土遗物以陶片为主，可辨器形有钵、釜、罐等（图三一二）。

　　**H153**　位于 T0823 北部偏西，开口于第⑤层下，打破第⑥、⑦层及 H154，被 M6、H152 打破。坑口距地表 1.7、长 0.7、宽 0.5、深 0.75 米。现存平面形状呈圆角长条状，斜弧壁，圜底。坑内堆积为灰白色沙质土，夹杂少量红烧土颗粒。出土遗物以陶片为主，可辨器形有釜、罐、鼎等（图三一三）。

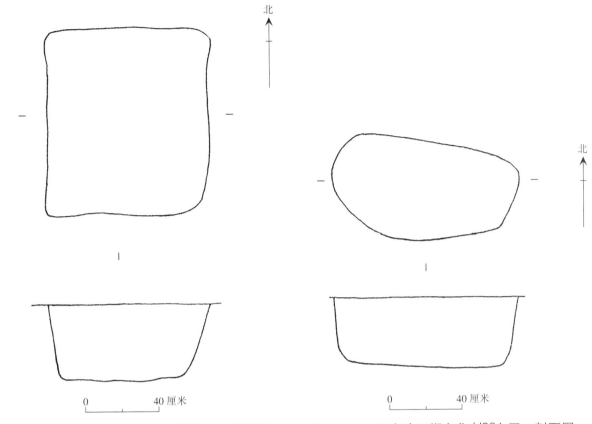

图三一一　石山孜三期文化 H299 平、剖面图　　　图三一二　石山孜三期文化 H301 平、剖面图

H91　位于 T1631 北部偏西，部分延伸至探方外，未做清理，开口于第④层下，打破第⑤、⑥层和 H93，东部被 M9 打破。坑口长 0.6、宽 0.3、坑深 0.80 厘米。残存平面形状近似圆角长方形，斜弧壁，圜底。坑内填土为灰褐色。出土遗物以陶片为主，可辨器形有鼎、釜、罐、盆等（图三一四）。

H154　位于 T0823 北部偏西，H153 东南，M6 东部，开口于第⑤层下，打破第⑥层和 H155，被 H153 打破。坑口距地表 1.7、长 1、宽 0.6、深 1.1 米。平面形状为圆角长方形，剖面为倒梯形，斜直壁，平底，口大底小。坑内填土为黄褐色，沙质，内含较多红烧土颗粒，质密。出土遗物以陶片为主，可辨器形有罐、钵、盆、鼎、釜等（图三一五）。

H106　位于 T1629 北部，开口于第④层下，打破第⑤、⑥层，被 H104 打破。坑口距地表 0.9、长 1.4、宽 0.9、深 0.42 米。平面略呈圆角长方形，斜直壁，平底。坑内堆积为灰褐色，夹杂少量红烧土块和炭灰屑，土质疏松。出土遗物以陶片为主，可辨器形有罐、鼎、盆等（图三一六）。

H107　位于 T1628 北部，开口于第⑤层下，打破第⑥、⑦层和 H256。坑口距地表 0.95、长 0.8、宽 0.6、深 1 米。残存平面呈半圆角长方形，近直壁，平底。坑内堆积为灰褐色，质紧密较硬，夹杂有红烧土颗粒和炭灰烬。出土遗物以陶片为主，可辨器形有盆、釜、钵、支脚等（图三一七）。

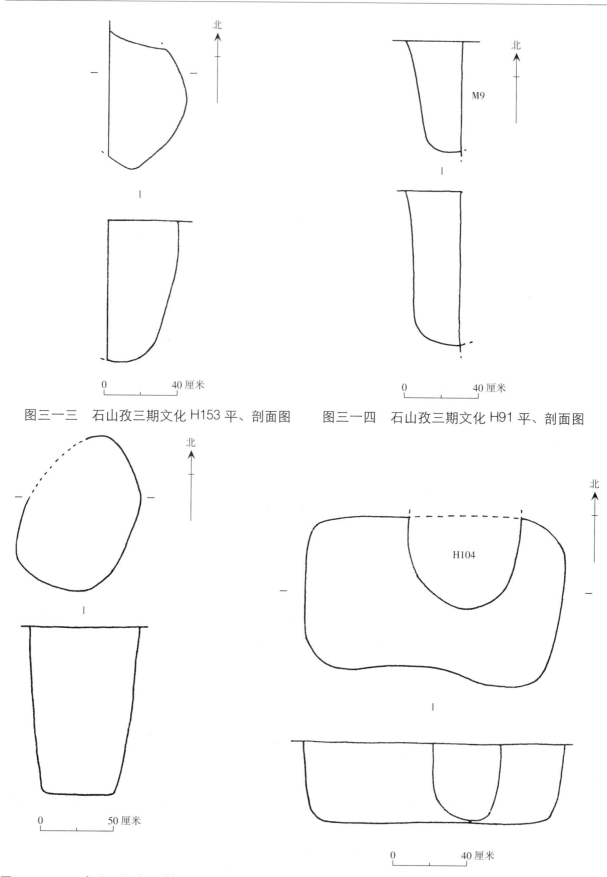

图三一三　石山孜三期文化 H153 平、剖面图　　图三一四　石山孜三期文化 H91 平、剖面图

图三一五　石山孜三期文化 H154 平、剖面图　　图三一六　石山孜三期文化 H106 平、剖面图

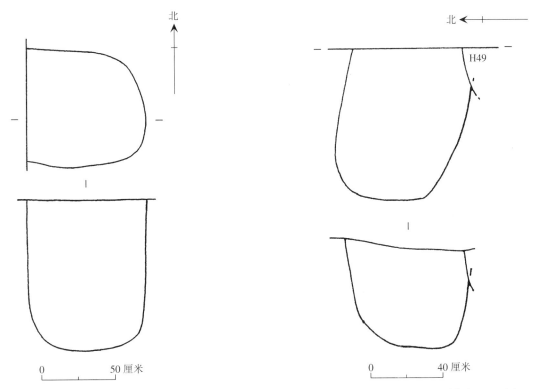

图三一七　石山孜三期文化 H107 平、剖面图　　　　图三一八　石山孜三期文化 H50 平、剖面图

H50　位于 T0725 东部居中，部分叠压在东隔梁下，延伸至探方外，没有进行清理，开口于第④层下，打破第⑤~⑦层，同时被 H17、H49 打破。坑口距地表约 1.3、长 0.8、宽 0.7、深 0.5 米。残存平面呈圆角长方形，斜弧壁，底呈北高南低的缓斜坡状。坑内填土呈灰褐色，沙性较重，土质疏松，内夹杂少量的红烧土颗粒。出土遗物以陶片为主，可辨器形有钵、罐、釜等（图三一八）。

H111　位于 T0823 西部，向南伸入 T0822 北部，开口于第④层下，打破第⑤~⑩层和 F2。坑口距地表约 1.05、长 1.2、宽 0.95、深 2.25 米。平面形状为圆角长方形，口略大于底部，坑壁斜弧略曲，平底。坑内堆积灰褐色，夹杂大量红烧土块和炭灰屑。出土遗物以陶片为主，可辨器形有红顶钵、鼎、盆、釜、罐等（图三一九）。

H62　位于 T1630 西北角，向西延伸至探方壁外，未做扩方清理，开口于第④层下，打破第⑤、⑥层和 H54。坑口距地表 1、长 1.25、宽约 0.6、深 0.5~0.65 米。现发掘部分平面形状近似圆角长方形，坑壁南部有部分向外突曲，北壁斜直，底面东部下凹余均平。坑内堆积呈灰黄色，土质疏松，夹杂蚌壳残片和炭灰屑。出土遗物以陶片为主，可辨器形有罐、鼎、盆、釜等（图三二〇）。

H63　位于 T1639 东北角，东部伸出探方外未做清理，开口于第④层下，打破第⑤~⑦层和 H104。坑口距地表 1.15、长 0.84、宽 0.24、深 0.5 米，现发掘部分平面形状为圆角长方形，剖面呈口大底小状，坑壁上部斜弧，下部较直，平底。坑内填土呈灰黄色，质较松软，夹杂较少量兽骨、炭灰等。出土遗物以陶片为主，可辨器形有碗、釜、罐等（图三二一）。

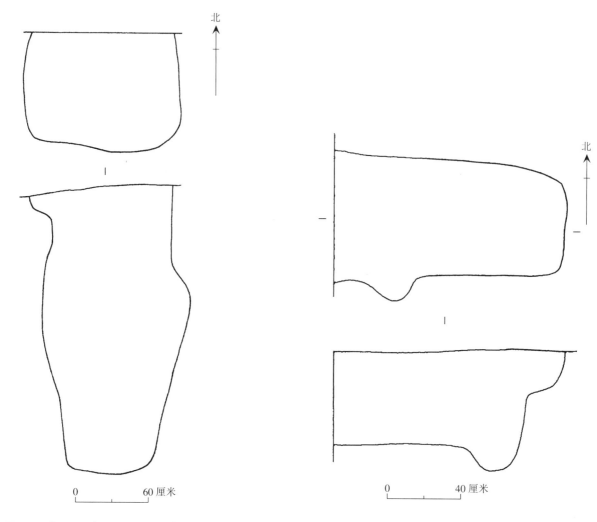

图三一九　石山孜三期文化 H111 平、剖面图　　图三二〇　石山孜三期文化 H62 平、剖面图

**H46**　位于 T0724 西北部，部分叠压在北隔梁中，开口于第④层下，打破第⑤～⑦层。坑口距地表约 1.1、长 0.93、宽 0.8、深 0.75 米。平面呈圆角方形，口大底小，斜弧壁内收，圜底。坑内堆积为灰黑色，夹杂较多红烧土块和炭灰屑。出土遗物以陶片为主，可辨器形有支脚、罐等（图三二二）。

四　不规则形

共 27 座。

**H277**　位于 T1730 东部偏南，部分伸出探方东壁外，未做发掘，开口于第⑤层下，打破第⑥层和 H278。坑口距地表 1.3、长 1.2、宽 0.95、深 0.6 米。现发掘部分平面呈不规则状，斜直壁，平底。坑内填土呈灰褐色，内夹杂有少量的红烧土颗粒和炭灰屑。出土遗物以陶片为主，可辨器形有釜、盆等（图三二三）。

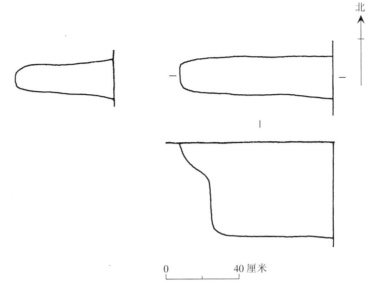

图三二一　石山孜三期文化 H63 平、剖面图

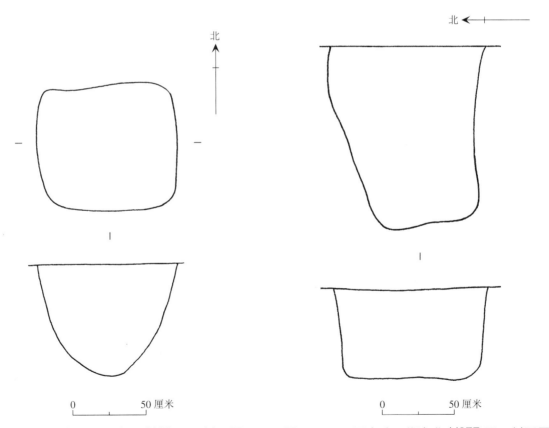

图三二二　石山孜三期文化 H46 平、剖面图　　　图三二三　石山孜三期文化 H277 平、剖面图

　　H57　位于 T0725 东南部，有一部分伸入 T0724 北部，开口于第⑤层下，打破第⑦~⑨层，东部被 H43、H53 打破。坑口距地表 1.3、口长 3.5、宽 1.7、底长 3.2、宽 0.7、

坑深 1.5 米。平面呈不规则长条状，斜直壁，平底，剖面呈口大底小的倒梯形。坑内填土为灰色，较疏松。出土遗物以陶片为主，可辨器形有钵、盆、罐、釜、鼎等，另出土骨针和鹿角钩形器各 1 件（图三二四）。

H116　位于 T0723 北部，开口于第④层下，打破第⑤、⑥层和 F2、H117，被 H23 打破，坑口距地表 1.05、口径 1.25 ~ 1.83、深 0.95 米。平面呈不规则形，剖面呈锅底状，口大底小，斜弧壁，圜底。坑内堆积呈灰褐色，质较松散。出土遗物以陶片为主，可辨器形有红顶钵、鼎、盆、罐、釜等（图三二五）。

H104　位于 T1631 东南部，向南跨 T1630 和 T1629 北部，开口于第④层下，打破第⑤ ~ ⑦层和 H106，被 H63 打破。坑口距地表 1.1、口径 0.25 ~ 1.50、深 1.55 米。现发掘部分平面呈不规则椭圆形，坑内堆积呈灰褐泛黄色，夹杂少量红烧土和炭灰屑。出土遗物以陶片为主，可辨器形有鼎、罐、盆等（图三二六）。

H110　位于 T0823 东部，开口于第④层下，打破第⑤ ~ ⑦层，被 H70、H72、H109 和近代墓打破。坑口距地表 1.2、口径 1 ~ 1.5、深 1.8 米。因被打破较甚，现存平面呈不规则状，北壁斜弧，南壁弧曲，平底，剖面呈口大底小状。坑内堆积呈灰褐色，

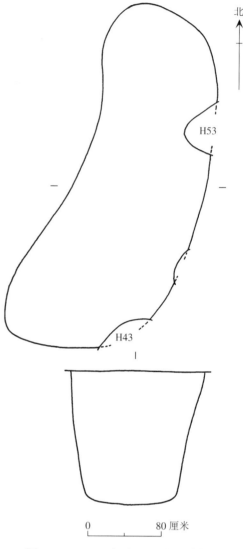

图三二四　石山孜三期文化 H57
平、剖面图

夹杂有较多的红烧土颗粒和炭灰屑，沙性较大，质疏松。出土遗物以陶片为主，可辨器形有釜、钵、罐等（图三二七）。

H42　位于 T0724 西南部，有一部分延伸至西壁，未做扩方清理，开口于第④层下，打破第⑤ ~ ⑧层和 H86、H135、H183、H184，西北部被 H11 打破。坑口距地表 1.25、长 1.7、宽约 1.2、深 1.4 米。平面呈不规则圆角长方形，斜弧壁，圜底，剖面呈口大底小状。坑内堆积为灰褐色，土质结构较紧密，夹杂大量块状红烧土。出土遗物以陶器、石器为主，陶器可辨器形有小口双耳罐、釜、鼎、钵等（图三二八）。

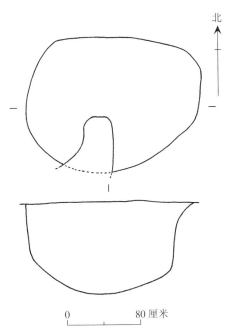

图三二五　石山孜三期文化 H116 平、剖面图

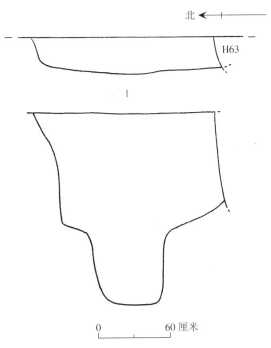

图三二六　石山孜三期文化 H104 平、剖面图

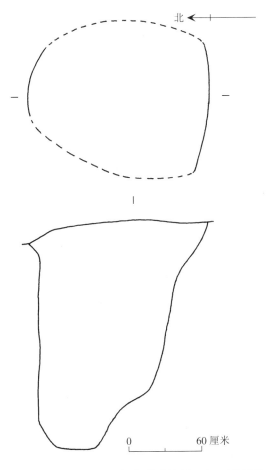

图三二七　石山孜三期文化 H110 平、剖面图

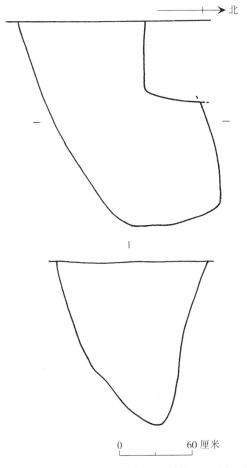

图三二八　石山孜三期文化 H42 平、剖面图

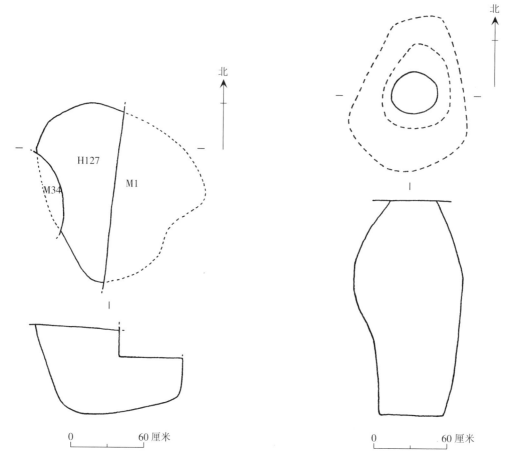

图三二九　石山孜三期文化 H127 平、剖面图　　　图三三〇　石山孜三期文化 H34 平、剖面图

　　H127　位于 T0722 西北部，开口于 F2 下，打破第⑤层，被 H34、M1 打破。坑口距地表 1.2、口径 1.35、深 0.7 米。平面呈不规则状，斜直壁，坑底呈东高西低的坡状。坑内堆积为灰褐色，夹杂较多红烧土颗粒。出土遗物以陶片为主，可辨器形有鼎、釜、盆、钵等（图三二九）。

　　H34　位于 T0724 西北部，开口于第④层下，打破第⑤～⑦层和 F6。坑口距地表 0.85、口径 1.2～1.3、深 1.7 米。平面呈椭圆形，剖面呈口小底大状，坑壁斜直，微弧曲，平底。坑内堆积呈灰褐色，含有较多的红烧土块状和颗粒，土质较疏松。出土遗物以陶器、石器为主，可辨器形有陶釜、陶支脚、陶罐、陶鼎、石斧等（图三三〇）。

## 第三节　墓　葬

　　本期文化遗存共清理墓葬 3 座，编号为 M10、M11、M12，均为竖穴土坑墓。其中 M10 为双人葬，M11 和 M12 为单人葬。从残存骨架推断，均为未成年人墓，未发现葬具。以下分别介绍。

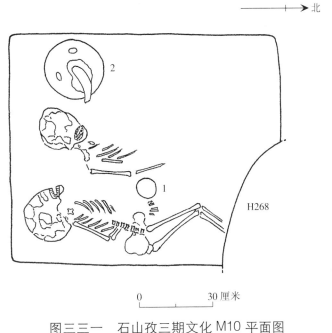

图三三一　石山孜三期文化 M10 平面图
1. 陶杯　2. 三足钵

M10　位于 T1730 北部偏东，开口于第④层下，打破第⑤层，方向 180°，东北角被 H268 打破。长方形竖穴土坑墓。墓口距地表 0.72、长 1.1、宽 0.9、残深 0.15 米。墓内填土为灰褐色五花土，土质较疏松。墓底有人骨架两具，呈东西向排列。东侧的人骨架保存尚好，侧身屈肢，头南面左；西侧人骨保存极差，仅存上半身，葬式不清，头南面上，未见葬具痕迹。性别不明。从残存骨架分析，应为未成年人合葬墓，不排除二次葬的可能。发现随葬器物两件：夹蚌红褐陶带把钵，置于二人骨架腰部；泥质磨光陶三足钵，置于墓内东侧人骨架头部（图三三一）。

M11　位于 T1730 北部偏西，开口于第⑤层下，打破第⑥层，方向 270°，西南部被 H283 打破，东部被 H284 打破。长方形竖穴土坑墓。墓口距地表 1.15、长 0.9、宽 0.6、残深 0.3 米。墓壁不规整，填土为灰褐色花土，含少量残碎陶片，质较疏松。墓底有人骨架一具，保存较差，由于被 H284 打破，骨架仅存上半身，下半身已无存，头西面上，性别不详。未发现葬具痕迹和随葬器物（图三三二）。

M12　位于 T1730 西南部，开口于第⑤层下，打破第⑥层，方向 273°，长方形竖穴土坑墓。东西长 1.2、南北宽 0.6、深 0.3 米。墓壁较规整，墓内填土为灰色五花土，结构松散。墓底放置人骨一具，较散乱，头与四肢堆放一起，余散置于北侧，未见葬具痕迹。头向西，骨骼细小，推测为未成年人墓，性别不明。从散乱的骨架分析，可能为迁葬墓。

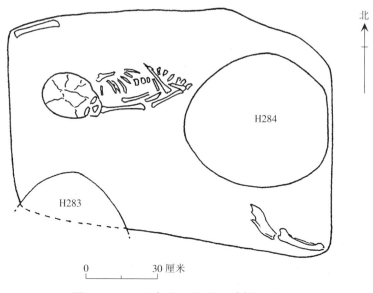

图三三二 石山孜三期文化 M11 平面图

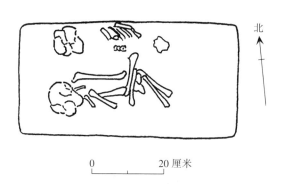

图三三三 石山孜三期文化 M12 平面图

未发现葬具痕迹和随葬器物（图三三三）。

## 第四节 出土遗物

石山孜三期文化遗存中的遗物以陶器占绝大多数，另有少量石器、玉器、骨器和动物遗骸。依其质料的不同分别予以介绍。

### 一 陶器

陶器是本期文化遗存中出土最多的一类遗物，各遗迹单位和文化层堆积的主要出土物都是残破的陶片，可复原的较少。在出土陶器中，绝大多数是日常生活所使用的各类器皿，另外还有一些小陶器和工具类陶器。

（一）生活用具

主要指各类日常生活所使用的陶制器具，按其质地可分为夹蚌陶、泥质陶、夹砂陶和夹炭陶。夹蚌陶数量最多，约占陶器数量的72%，泥质陶约占23%，夹砂陶约占3%，夹炭陶约占2%。夹蚌陶虽然内外均经过修整、刮抹，但仍较为粗糙。泥质陶多较细腻，胎质较薄，可塑性强。夹蚌陶和夹砂陶多为红褐色，并有少量外红内黑陶。泥质陶多呈红色，有一部分红皮黑灰陶，未见纯正的黑陶，出现极少的橙黄色陶。

在陶器制作工艺方面，主要是泥条盘筑的手制工艺和慢轮修整技术，其中，夹蚌陶和夹砂陶多属于手制，而泥质陶则多经过慢轮修整成型后磨光，少有刮削痕迹。三足器、圈足器、带把器、带流器及带鋬器多为分制后再粘接安装在器体之上。

器物装饰以素面为主，泥质陶多施有红陶衣，纹饰常见有附加堆纹、弦纹、戳点纹、镂孔、彩陶，有少量为指甲纹、花瓣纹、席纹和各种泥丁装饰等。附加堆纹有三种形式：其一是附加泥条上压印水波状纹饰，主要装饰在釜类器的口外；其二是素面附加泥条，主要装饰在釜类器的口外；其三是短附加泥条，主要装饰在鼎足的足根部位，如标本T0723⑤：37（图三三四，5）、T0724⑥：1（图三四七，1）、T1529⑥：1（图三五三，1）等即属此类。镂孔多装饰在豆的圈足部位，如标本T0724⑤：65（图三七四，12）为三角形镂孔，T1729④：2（图三七四，1）为圆形镂孔。弦纹多装饰在泥质陶双耳罐和豆的腹部，如标本H110：1（图三六三，4）和T1730④：7（图三七五，3）。花瓣纹较少，多装饰在豆的圈足上，如标本T0724⑥：11（图三七四，2）。此外还有压印的戳点三角形纹，如标本T1631⑥：5（图三八一，1）。彩陶纹样较为简单，主要有斜栅栏纹和宽带纹，如标本T0724⑥：4（图三七六，1）等。此外，各种乳丁、泥丁、泥突等多装饰在鼎类器物腹部凸棱纹的上下部位和鼎足的根部，如标本T0725⑤：36（图三五三，5）、H75：3（图三五一，5）。陶器主要有釜、鼎、罐、盆、钵、碗、豆、盂等。

釜　62件。以夹蚌红褐陶为主，另有少量的外红内黑陶。依器物形制不同，分为附加堆纹釜、带鋬釜、圜底釜3类。

附加堆纹釜　50件。多为器物残片，以夹蚌红褐陶为主，有少量的外红内黑陶，依器物贴塑附加泥条纹饰的不同分2型。

A型　25件。水波状附加堆纹釜，器物口外附加泥条上压印的按窝纹形似水波状。依器物口部、腹部的差异，分3亚型。

Aa型　9件。均为器物残片。敛口，斜腹。分2式。

Ⅰ式　5件。敛口，斜直腹。标本H281：3，夹蚌红褐陶。器物内外抹制略光。方唇，口外贴水波状附加堆纹，下腹残。残高12厘米（图三三四，1）。标本T0723⑤：1，夹蚌红褐陶。器物内外抹痕明显。圆唇，口外贴水波状附加堆纹，下腹残。残高9.6厘米（图三三四，5）。标本T0723⑤：37，与标本T0723⑤：1形制相同，残高5.8厘米（图三三四，3）。标本 T0723⑤：39，与标本 T0723⑤：1 形制相同，残高 7.5 厘米（图三三四，8）。标本 T1631⑥：47，夹蚌红褐陶。器内抹制略光，器表抹痕明显。圆唇，口外贴水波状附加堆纹，下腹残。残高 6.5 厘米（图三三四，9）。

Ⅱ式　4 件。敛口作榫状，斜弧腹微鼓，缓内收。标本 H100：3，夹蚌红褐陶。器物内外抹痕明显，有因蚌片脱落形成的凹坑。圆唇，唇外贴附加水波状堆纹，下腹残。口径 37.2、残高 9.5 厘米（图三三四，2）。标本 H111：2，夹蚌红褐陶。器物内外抹痕明显，口外贴水波状附加堆纹，下腹残。残高 10 厘米（图三三四，6）。标本 H111：12，与标本 H111：2 形制相同，残高 9.5 厘米（图三三四，4）。标本 F7：1，夹蚌红褐陶。器物内外抹制略光。圆唇，口外贴水波状附加堆纹，下腹残。残高 6.5 厘米（图三三四，7）。

Ab 型　10 件。均为器物残片。直口，斜腹。分 2 式。

Ⅰ式　5 件。直口，斜弧腹略鼓。标本 T1530⑤：18，夹蚌红褐陶。器内抹制略光，器表抹痕明显。方唇，口外贴水波状附加堆纹，下腹残。残高 12 厘米（图三三五，1）。

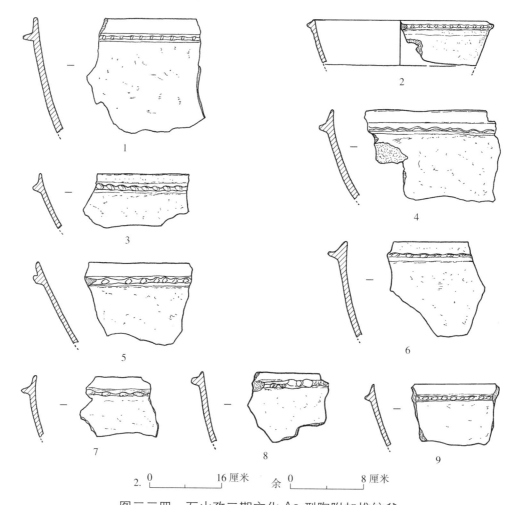

2.　0　　　　　16 厘米　　余　0　　　　　8 厘米

图三三四　石山孜三期文化 Aa 型陶附加堆纹釜

1、3、5、8、9. Ⅰ式（H281：3、T0723⑤：37、T0723⑤：1、T0723⑤：39、T1631⑥：47）　　2、4、6、7. Ⅱ式（H100：3、H111：12、H111：2、F7：1）

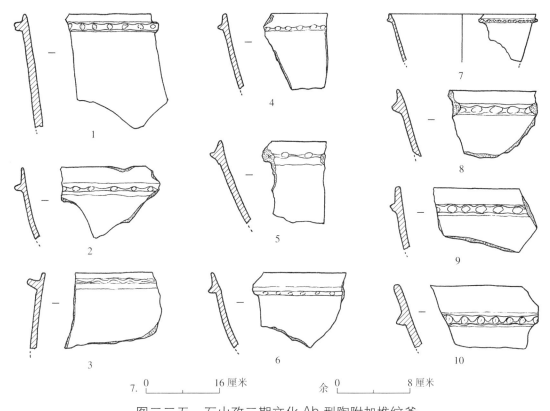

7. <u>0　　　　16厘米</u>　　　余 <u>0　　　8厘米</u>

图三三五　石山孜三期文化 Ab 型陶附加堆纹釜
1、3、6、7、9. Ⅰ式（T1530⑤：18、T0723⑤：31、T1631⑥：18、H89：19、T1530⑥：6）
2、4、5、8、10. Ⅱ式（T1730⑤：10、H87：2、H28：15、T0725⑤：19、H61：1）

标本 T0723⑤：31，与标本 T1530⑤：18 形制相同，残高 8 厘米（图三三五，3）。标本 T1631⑥：18，夹蚌红褐陶。器物内外抹痕明显。方圆唇，口外贴水波状附加堆纹，下腹残。残高 8 厘米（图三三五，6）。标本 H89：19，夹蚌红褐陶。器物内外抹痕明显。圆唇，口外贴水波状附加堆纹，下腹残。口径 32、残高 9 厘米（图三三五，7）。标本 T1530⑥：6，夹蚌红褐陶。器物内外有黑色斑块，抹制略光。方圆唇，口外贴水波状附加堆纹，腹残。残高 6.8 厘米（图三三五，9）。

　　Ⅱ式　5 件。直口，腹壁略直。标本 T1730⑤：10，夹蚌红褐陶。器物内外抹制略光。圆唇，口外贴水波状附加堆纹，下腹残。残高 7.4 厘米（图三三五，2）。标本 H28：15，夹蚌红褐陶。器内抹制略光，器表抹痕明显。方圆唇，口外贴水波状附加堆纹，下腹残。残高 8.8 厘米（图三三五，5）。标本 H87：2，与标本 H28：15 形制相同，残高 8 厘米（图三三五，4）。标本 T0725⑤：19，夹蚌陶。器内为灰黑色，抹制略光，器表红褐色，抹痕明显。圆唇，口外贴水波状附加堆纹，下腹残。残高 7 厘米（图三三五，8）。标本 H61：1，夹蚌陶。器内为灰黑色，器表红褐色，器物内外抹痕明显。器壁较厚，方圆唇，上腹部贴水波状附加堆纹，下腹残。残高 6.6 厘米（图三三五，10）。

　　Ac 型　6 件。侈口，有沿，斜腹。分 2 式。

　　Ⅰ式　2 件。侈口，短沿微卷，斜弧腹略鼓。标本 T1631⑤：20，夹蚌陶。器内为灰黑色，器表红褐色，器物内外抹痕明显。圆唇，沿下贴水波状附加堆纹，下腹残。残高10厘米（图三三六，1）。标本H316：2，夹蚌红褐陶。器物内外抹制略光。圆唇，沿下贴水波状附加堆纹，腹残。残高5.4厘米（图三三六，2）。

Ⅱ式　4件。侈口，短沿斜折，腹略直。标本H21：10，夹蚌红褐陶。器物内外抹制略光。方唇，沿下贴较薄的水波状附加堆纹，其上压印细小的凹窝，下腹残。残高10厘米（图三三六，3）。标本T0724⑤：7，夹蚌陶。器内为灰黑色抹痕明显，器表红褐色抹制略光。圆唇，沿下贴水波状附加堆纹，下腹残。残高9厘米（图三三六，4）。标本T0823④：14，夹蚌红褐陶。器物内外抹制略光，有因蚌片脱落形成的凹坑。圆唇，沿下贴水波状附加堆纹，下腹残。残高5.4厘米（图三三六，5）。标本H115：6，夹蚌红褐陶。器物内外有黑色斑块，抹痕明显。尖圆唇，沿下贴水波状附加堆纹，下腹残。残高6厘米（图三三六，6）。

B型　25件。附加堆凸棱釜。共同特点是器物口外附加泥条呈凸棱状，依器物口部、腹部的差异分3亚型。

Ba型　13件。数量较多，均为器物残片，直口，直腹或斜弧腹。分2式。

Ⅰ式　7件。直口，腹壁较直。标本T0724⑥：53，器物内外略抹光。圆唇，口外贴附泥条呈凸棱状。口径48、残高7.5厘米（图三三七，1）。标本T0724⑥：7，夹蚌陶。器内为灰黑色，器表红褐色，器物内外抹痕明显。圆唇，口外贴附加泥条呈凸棱状，下腹残。残高11.8厘米（图三三七，6）。标本T0724⑥：27，与标本T0724⑥：7形制相同，残高5.5厘米（图三三七，5）。标本T1629⑤：30，与标本T0724⑥：7形制相同，残高4厘米（图三三七，2）。标本T0724⑥：36，夹蚌红褐陶。器物内外抹制略光。圆唇，口外贴附加泥条呈凸棱状，下腹残。残高8.4厘米（图三三七，3）。标本T1631⑥：3，夹蚌

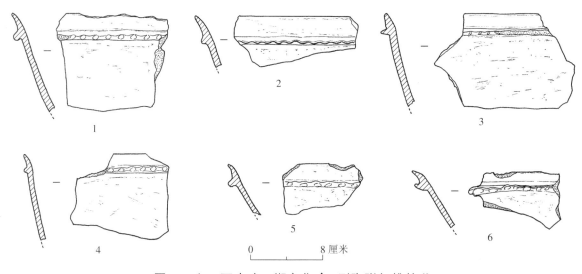

图三三六　石山孜三期文化 Ac 型陶附加堆纹釜
1、2. Ⅰ式（T1631⑤：20、H316：2）　3～6. Ⅱ式（H21：10、T0724⑤：7、T0823④：14、H115：6）

陶。器内为灰黑色，器表红褐色，器物内外抹痕明显。圆唇，口外贴附加泥条呈凸棱状，下腹残。残高 9 厘米（图三三七，4）。标本 T1529⑤：12，夹蚌红褐陶。器物内外抹痕明显，有黑色斑块，有因蚌片脱落而形成的凹坑。圆唇，口外贴附加泥条呈凸棱状，下腹残。残高 9.5 厘米（图三三七，7）。

Ⅱ式　6 件。直口，斜弧腹。标本 H87：1，夹蚌红褐陶。器物内外有黑色斑块。圆唇，口外贴附加泥条呈凸棱状，下腹残。口径 52、残高 7.3 厘米（图三三八，1）。标本 H39：12，夹蚌陶。器内为灰黑色，器表有黑色斑块，器物内外抹制略光。圆唇，口外贴附加泥条呈凸棱状，下腹残。口径 32、残高 8.8 厘米（图三三八，2）。标本 H127：1，夹蚌红褐陶。器物内外抹痕明显。器壁略厚，圆唇，口外贴附加泥条呈凸棱状，下腹残。口径 42.5、残高 7.5 厘米（图三三八，3）。标本 T1628⑤：15，夹蚌红褐陶。器物内外抹制略光。方圆唇，口外贴附加泥条呈凸棱状，腹残。残高 5 厘米（图三三八，4）。标本 T0723⑤：2，夹蚌红褐陶。器物内外抹制略光。圆唇，口外贴附加泥条呈凸棱状，下腹残。残高 8 厘米（图三三八，5）。标本 H85：4，夹蚌陶。器内为灰黑色，器表红褐色，器物内外抹痕明显。方唇，口外贴附加泥条呈凸棱状，下腹残。口径 40、残高 6.5 厘米（图三三八，6）。

Bb 型　7 件。侈口，斜弧腹或腹壁略直。分 2 式。

Ⅰ式　4 件。侈口，斜弧腹。标本 T1529⑥：15，夹蚌陶。器内为灰黑色，器表红褐色，器物内外抹痕明显。圆唇，口外贴附加泥条呈凸棱状，腹残。残高 4.6 厘米（图三三九，1）。标本 T1631⑤：43，与标本 T1529⑥：15 形制相同，残高 7.5 厘米（图三三九，6）。标本 T1631⑥：27，夹蚌红褐陶。器物内外抹制略光。圆唇，口外贴附加泥条呈凸棱

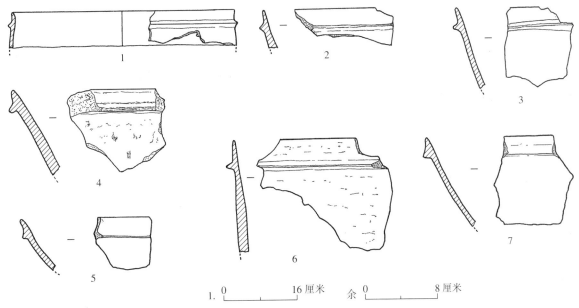

图三三七　石山孜三期文化 Ba 型Ⅰ式陶附加堆纹釜
1. T0724⑥：53　2. T1629⑤：30　3. T0724⑥：36　4. T1631⑥：3　5. T0724⑥：27　6. T0724⑥：7　7. T1529⑤：12

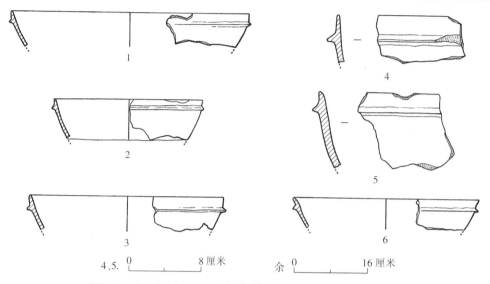

图三三八　石山孜三期文化 Ba 型 II 式陶附加堆纹釜
1. H87：1　2. H39：12　3. H127：1　4. T1628⑤：15　5. T0723⑤：2　6. H85：4

状，腹壁略厚弧内收，下腹残。残高 10 厘米（图三三九，5）。标本 F3：4，夹蚌红褐陶。器物内外抹制略光。方圆唇，口外贴附加泥条呈凸棱状，下腹残。残高 9 厘米（图三三九，7）。

II式　3 件。侈口，斜直腹。标本 F7：2，夹蚌陶。器内为灰黑色，器表红褐色有黑色斑块，器物内外有因蚌片脱落形成的凹坑。圆唇，口外贴附加泥条呈凸棱状，下腹残。残高 5.8 厘米（图三三九，2）。标本 T0823⑤：19，夹蚌陶。器内为灰黑色，器表红褐色，器物内外抹制略光。圆唇，口外贴附加泥条呈凸棱状，腹残。残高 4.8 厘米（图三三九，3）。标本 T1631⑤：23，夹蚌陶。器内为灰黑色，器表红褐色，器物内外抹制略光。圆唇，口外贴附加泥条呈凸棱状，腹残。残高 6.5 厘米（图三三九，4）。

Bc 型　5 件。均为器物残片，敛口呈榫状，斜弧腹内收。标本 H166：1，夹蚌红褐陶。器物内外抹制略光，有黑色斑块。圆唇，口外贴附加泥条呈凸棱状，下腹残。口径 36.8、残高 12 厘米（图三四〇，1）。标本 T1530⑤：19，夹蚌陶。器内为灰黑色，器表红褐色，器物内外抹制略光，有因蚌片脱落形成的凹坑。圆唇，口外贴附加泥条呈凸棱状，腹残。残高 6.4 厘米（图三四〇，2）。标本 T0723⑥：3，夹蚌红褐陶。器物内外抹痕明显，有黑色斑块。圆唇，口外贴附加泥条呈凸棱状，腹残。残高 8.8 厘米（图三四〇，3）。标本 H13：2，夹蚌红褐陶。器内有黑色斑块，器物内外抹痕明显。圆唇，口外贴附加泥条呈凸棱状，下腹残。残高 6.6 厘米（图三四〇，4）。标本 T0725⑥：7，夹蚌红褐陶。器内有黑色斑块，器物内外抹制略光。圆唇，口外贴附加泥条呈凸棱状，下腹残。残高 6.4 厘米（图三四〇，5）。

带鋬釜　10 件。均为器物残片，无可复原者。以夹蚌红褐陶为主，部分呈外红内黑陶，器物口外或腹部装有鋬手。依器物口部、腹部变化分 2 型。

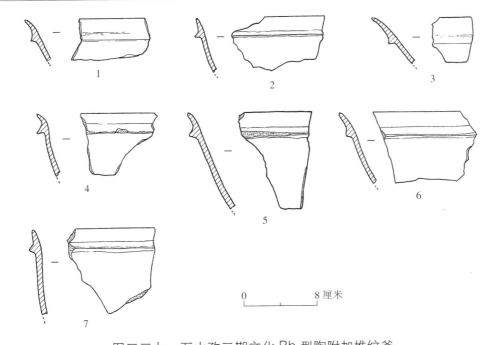

图三三九　石山孜三期文化 Bb 型陶附加堆纹釜

1、5~7. Ⅰ式（T1529⑥: 15、T1631⑥: 27、T1631⑤: 43、F3: 4）　　2~4. Ⅱ式（F7: 2、T0823⑤: 19、T1631⑤: 23）

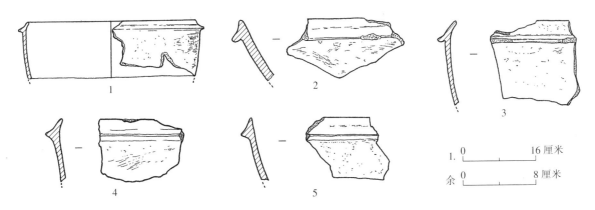

图三四〇　石山孜三期文化 Bc 型陶附加堆纹釜

1. H166: 1　2. T1530⑤: 19　3. T0723⑥: 3　4. H13: 2　5. T0725⑥: 7

A 型　7 件。侈口，斜弧腹。分 2 式。

Ⅰ式　3 件。侈口，上腹较直，下腹弧内收。标本 T1631⑥: 12，夹蚌红褐陶。器物内外抹制略光。上腹部装有较小的錾手已残失，下腹残。残高 13 厘米（图三四一，1）。标本 T1529⑥: 3，夹蚌红褐陶。器内有黑色斑块，器物内外抹痕明显。器壁较厚，圆唇，口外装有较厚实鸡冠状錾手，腹残。残高 4.8 厘米（图三四一，6）。标本 T1530⑥: 5，夹蚌红褐陶。器物内外抹痕明显。圆唇略厚，口外装有月牙形錾手，下腹残。残高 7 厘米（图三四一，10）。

Ⅱ式　4 件。侈口，斜弧腹略鼓。标本 F3: 5，夹蚌红褐陶。器物内外抹制略光。圆唇，上腹部装有鸡冠状錾手，下腹残。残高 6.4 厘米（图三四一，3）。标本 T1631⑤:

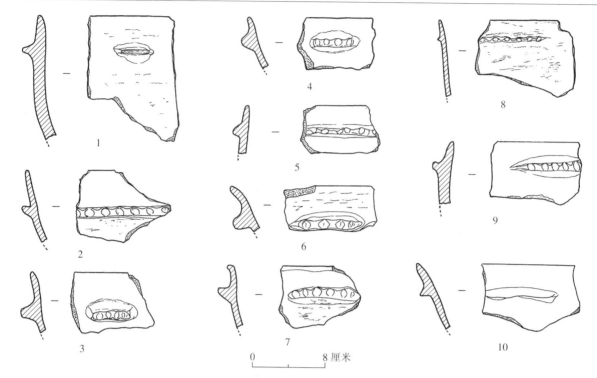

图三四一　石山孜三期文化陶带鋬釜

1、6、10. A 型 I 式（T1631⑥：12、T1529⑥：3、T1530⑥：5）　　2、5、9. B 型（H148：9、T1629⑥：35、T1629⑥：12）
3、4、7、8. A 型 II 式（F3：5、T1631⑤：28、H54：5、T1631④：12）

28，夹蚌陶。器内为灰黑色，器表红褐色，器物内外抹制略光。圆唇，口外装有较小的鸡冠状鋬手，腹残。残高 5.2 厘米（图三四一，4）。标本 H54：5，夹蚌红褐陶。器内抹制略光，器表抹痕明显。方圆唇，口外装有鸡冠状鋬手微上翘，下腹残。残高 6.4 厘米（图三四一，7）。标本 T1631④：12，夹蚌陶。器内为灰黑色，器表有黑色斑块，器物内外抹痕明显，有因蚌片脱落形成的凹坑。方圆唇，口外装有细薄的鸡冠状鋬手，腹残。残高 8 厘米（图三四一，8）。

B 型　3 件。直口，斜弧腹。标本 H148：9，夹蚌红褐陶。器物面无抹痕明显，有因蚌片脱落形成的凹坑。方圆唇，口外装有较长的鸡冠状鋬手，下腹残。残高 7.4 厘米（图三四一，2）。标本 T1629⑥：35，夹蚌红褐陶。器物内外抹痕明显。方圆唇，口外装有鸡冠状鋬手，下腹残。残高 5 厘米（图三四一，5）。标本 T1629⑥：12，夹蚌红褐陶。器物内外抹制略光。圆唇，口外装有鸡冠状鋬手，已残，下腹残。残高 6.6 厘米（图三四一，9）。

圜底釜　2 件。复原器。夹蚌红褐陶，素面，圜底，与其他釜类有别单列于此。标本 H308：1，夹蚌红褐陶。器物内外抹痕明显，有少量黑色斑块。侈口，斜沿，圆唇，筒状腹下内收成圜底。口径 15.6、残高 10.4 厘米（图三四二，1；彩版五四，1）。标本 H316：9，夹蚌红褐陶。器物内外有黑色斑块，抹制略光。侈口，圆唇，斜弧腹内收成圜底。口径 14.2、残高 7 厘米（图三四二，3；彩版五四，2）。

鼎　39 件。以夹蚌陶和泥质陶为主，部分夹砂羼蚌陶，其中夹蚌陶多为红褐色，少量为外红内黑陶。泥质陶以泥质红陶为主，多数饰有红陶衣，并有部分饰红彩，依其器形变化分为釜形鼎、罐形鼎、盆形鼎、钵形鼎。

釜形鼎　5 件。均为器物残片。分 2 式。

Ⅰ式　3 件。侈口，斜折沿，斜弧腹内收。标本 T0724⑤：61，夹蚌红褐陶。器内抹痕明显有黑色斑块，器表抹制略光。圆唇，沿下饰戳点纹圈带，其下贴附一周压印指甲纹的泥条，斜弧腹内收，下残。残高 6.4 厘米（图三四二，5）。标本 T0724⑤：83，夹蚌红褐陶。器内有黑色斑块，器表抹制略光，器物内外有因蚌片脱落形成的凹坑。器壁略厚，圆唇，沿下贴附一周凸棱状泥条，弧腹内收，下残。残高 6.7 厘米（图三四二，6）。标本 T0723⑤：13，夹蚌红褐陶。器内抹痕明显，器表抹制略光，器物内外有黑色斑块。圆唇，沿下贴附一周泥条，呈凸棱状，其上压印模糊细浅的按窝，泥条下装有较小的月牙形錾手，斜弧腹略内收，下残。残高 7.6 厘米（图三四二，7）。

Ⅱ式　2 件。侈口，斜折沿近平，弧腹微鼓内收。标本 T1730④：10，夹蚌红褐陶。器物内外抹制略光。圆唇，沿下装有较小的鸡冠錾手，下腹残。口径 22、残高 5.5 厘米（图三四二，2）。标本 T1530④：11，夹蚌红褐陶。器物内外抹痕明显，有黑色斑块，因蚌片脱落而形成的凹坑，下腹残。口径 22、残高 6.2 厘米（图三四二，4）。

罐形鼎　13 件。分 4 型。

A 型　3 件。带把罐形鼎。均残。分 2 式。

Ⅰ式　1 件。标本 H322：1，夹砂羼蚌红褐陶。器物内外抹痕明显，有因蚌片脱落而形成的凹坑。口部残，溜肩，扁圆状腹，腹部装有圆形把手，已残，把手根部两侧捏有较小的乳丁状小泥突，平底三足已残失。口径 5、残高 9 厘米（图三四三，1；彩版五四，3）。

Ⅱ式　2 件。标 H111：1，夹蚌红褐陶。器表抹制略光。侈口呈喇叭状，圆唇，束颈，溜肩，鼓腹，肩腹交界处装有把手，平底三足已残失。口径 4.8、残高 12 厘米（图三四三，4）。标本 H268：1，夹砂羼蚌红褐陶。器表抹痕明显有黑色斑块。口部残，斜肩，鼓腹，肩腹部一侧斜伸出柱状把手，已残失，腹部一面贴附两个上下相对的半环形泥条，呈倒"X"形状，平底，腹底交界处装有三个锥状足，足尖残失，足根正面贴附凹形泥突。口径 6、残高 12 厘米（图三四三，5；彩版五四，4）。

B 型　5 件。分 2 式。

Ⅰ式　3 件。直口，鼓腹，带錾。标本 T1631④：11，夹蚌红褐陶。器物内外抹制略光。方圆唇，溜肩，腹部装有鸟首形錾手，下腹残。残高 5.2 厘米（图三四三，6）。标本 H75：5，夹蚌红褐陶。器物内外抹制略光。圆唇，矮领，溜肩，腹部装有长方形錾手，下腹残。残高 5.6 厘米（图三四三，7）。标本 H65：1，夹蚌红褐陶。器物内外磨光。圆唇，矮领，溜肩，腹部装有半圆形錾手，下腹残。残高 4.4 厘米（图三四三，8）。

Ⅱ式　2 件。直口，溜肩，鼓腹。标本 H28：1，夹蚌红褐陶。器物内外抹制略光。

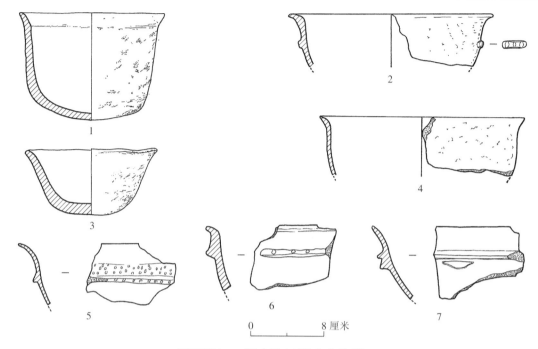

图三四二　石山孜三期文化陶器

1、3. 圜底釜（H308：1、H316：9）　　2、4. Ⅱ式釜形鼎（T1730④：10、T1530④：11）

5～7. Ⅰ式釜形鼎（T0724⑤：61、T0724⑤：83、T0723⑤：13）

方圆唇，矮直领，溜肩，鼓腹，下残。口径 10.4、残高 7.6 厘米（图三四三，3）。标本 T0722④：2，夹蚌红褐陶。器物内外有黑色斑块。方圆唇，矮直领，溜肩，长圆腹，圜底近平，下腹部装有三足已残失。口径 9.6、残高 14 厘米（图三四三，2；彩版五四，5）。

C 型　3 件。敛口，斜折沿，束颈，鼓腹，带錾。标本 T0724⑥：5，夹蚌陶。器内为灰黑色，器表红褐色，器物内外抹痕明显。圆唇，沿下装有月牙形錾手，下腹残。残高 9 厘米（图三四四，1）。标本 T1529⑥：2，夹蚌红褐陶。器物内外抹制略光，有黑色斑块。圆唇，上腹部装有錾手呈长方形，錾手顶部内凹，下腹残。残高 8.6 厘米（图三四四，3；彩版五四，6）。标本 H53：6，夹蚌红褐陶。器物内外抹痕明显。圆唇，上腹部装有月牙形錾手，下腹残。残高 7 厘米（图三四四，5）。

D 型　2 件。侈口，溜肩，鼓腹。标本 T1730⑤：7，夹蚌红褐陶。器物内外抹痕明显。素面，圆唇，溜肩，鼓腹，下残。口径 16、残高 8.2 厘米（图三四四，2）。标本 H62：5，器形较小，夹蚌红褐陶。器物内外抹制略光，有黑色斑块。圆唇，溜肩，腹部贴附细泥条，其上压印由斜线组成的三角纹。残高 4 厘米（图三四四，4）。

盆形鼎　9 件。分 2 式。

Ⅰ式　5 件。侈口，斜弧腹，平底。标本 T1631⑥：2，器形较小，夹蚌红褐陶。器物内外抹痕明显。圆唇，斜直腹，平底，底部装三足已残。口径 12、残高 5 厘米（图三四五，1；彩版五五，1）。标本 T0722⑥：1，夹蚌陶。器内为灰黑色，器表红褐色，器物内外抹制略光，有因蚌片脱落而形成的凹坑。圆唇，腹部装有月牙形錾手，下腹残。残高

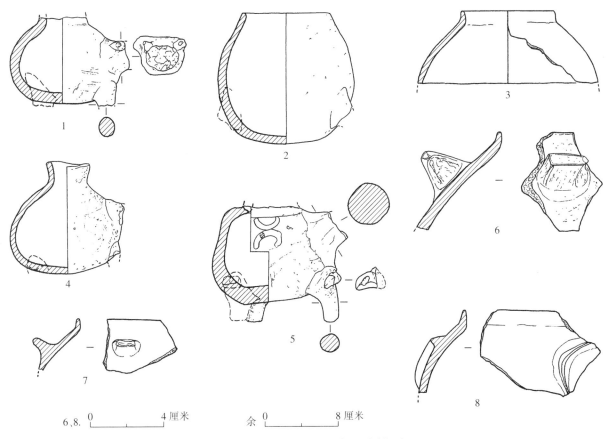

6,8. 0 _____ 4厘米  余 0 _____ 8厘米

图三四三 石山孜三期文化陶罐形鼎

1. A 型 I 式（H322：1） 2、3. B 型 II 式（T0722④：2、H28：1） 4、5. A 型 II 式（H111：1、H268：1）
6~8. B 型 I 式（T1631④：11、H75：5、H65：1）

6.5 厘米（图三四五，2）。标本 T1631⑤：7，夹蚌红褐陶。器物内外抹制略光，有黑色斑块。圆唇，斜直腹，平底，底部装有三足已残失仅存痕迹。口径 15.4、残高 6 厘米（图三四五，5；彩版五五，2）。标本 T0724⑥：11，夹蚌红褐陶。器物内外抹制略光，有黑色斑块。圆唇，口外装有长方形鋬手，其上压印竖条纹，下腹残。残高 6 厘米（图三四五，6）。标本 T1729⑥：8，夹蚌陶。器内为灰黑色，器表红褐色，器物内外抹制略光。圆唇，口外装有椭圆形鋬手，下腹残。残高 6 厘米（图三四五，8）。

II 式 4 件。侈口，斜直腹。标本 H75：6，夹蚌陶，器内为灰黑色，器表红褐色。器物内外抹痕明显。圆唇，上腹部装有月牙形鋬手，下腹残。口径 36、残高 7.2 厘米（图三四五，4）。标本 H39：3，夹蚌红褐陶。器物内外抹痕明显。器壁较厚，圆唇，腹部装有月牙形鋬手，下腹残。残高 8.5 厘米（图三四五，3）。标本 T1628⑤：18，夹蚌红褐陶。器物内外抹制略光，有黑色斑块。方唇，腹部装有长方形鋬手，下腹残。残高 7.2 厘米（图三四五，7）。标本 H85：3，夹蚌红褐陶。器物内外抹痕明显。圆唇，口外装有较小的月牙形鋬手，下腹残。残高 6 厘米（图三四五，9）。

钵形鼎 12 件。均为器物残片，分 2 型。

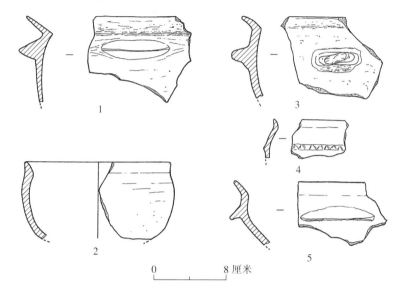

图三四四　石山孜三期文化陶罐形鼎
1、3、5. C 型（T0724⑥：5、T1529⑥：2、H53：6）　2、4. D 型（T1730⑤：7、H62：5）

A 型　7 件。敛口，弧腹，带鋬。分 2 式。

Ⅰ式　5 件。斜弧腹内收。标本 H317：1，夹蚌红褐陶。器物内外抹痕明显。方圆唇，上腹部装有不规则鸡冠状鋬手，下腹残。残高 9 厘米（图三四六，1）。标本 H281：1，夹蚌红褐陶。器物内外抹痕明显，有因蚌片脱落而形成的凹坑。圆唇，上腹部装有上翘的长方形鋬手，下腹残。残高 8.7 厘米（图三四六，2）。标本 T1630⑥：9，夹蚌红褐陶。器物内外抹痕明显。器壁较厚，圆唇，下腹部装有半圆形鋬手，略上翘，下腹残。残高 7.6 厘米（图三四六，4）。标本 T1631⑥：15，夹蚌红褐陶。器物内外抹制略光。方圆唇，口微敛，口外装有月牙形鋬手，下腹残。残高 5.7 厘米（图三四六，5）。标本 T0723⑤：9，夹蚌红褐陶。器物内外抹制略光。圆唇，口微敛，腹部装有鋬手呈长方形，顶部略凹，下腹残。残高 8.4 厘米（图三四六，7）。

Ⅱ式　2 件。口微敛，斜弧腹微鼓。标本 T1630④：2，夹蚌红褐陶。器物内外抹痕明显，圆唇，腹部装有鸡冠状鋬手，下腹残。残高 13 厘米（图三四六，3）。标本 H87：12，夹蚌红褐陶。器物内外抹痕明显。圆唇，上腹部装有长方形鋬手，下腹残。残高 5.6 厘米（图三四六，6）。

B 型　5 件。分 2 亚型。

Ba 型　4 件。分 2 式。

Ⅰ式　1 件。标本 T0724⑥：1，泥质红陶。器物内外磨光。圆唇，直口，上腹斜直较浅饰红彩，下腹弧内折成圜底，底部装三个外撇扁凿状足。口径 22、通高 5.6 厘米（图三四七，1；彩版五五，3）。

Ⅱ式　3 件。标本 M10：2，泥质红陶，磨光，饰红陶衣，器物上腹部内外饰红彩。侈口，圆唇，上腹斜直，下腹弧内折，装有三个稍外撇的钺形足，圜底。口径 26、通高

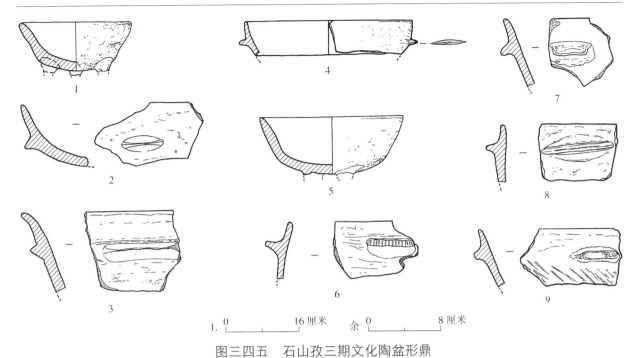

图三四五　石山孜三期文化陶盆形鼎

1、2、5、6、8. Ⅰ式（T1631⑥：2、T0722⑥：1、T1631⑤：7、T0724⑥：11、T1729⑥：8）　3、4、7、9. Ⅱ式（H39：3、H75：6、T1628⑤：18、H85：3）

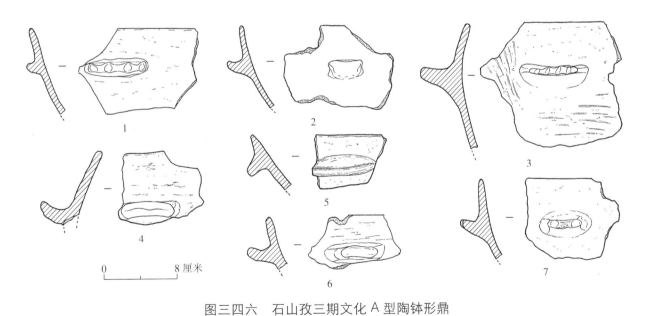

图三四六　石山孜三期文化 A 型陶钵形鼎

1、2、4、5、7. Ⅰ式（H317：1、H281：1、T1630⑥：9、T1631⑥：15、T0723⑤：9）　3、6. Ⅱ式（T1630④：2、H87：12）

7.5 厘米（图三四七，2；彩版五六，1）。标本 T1730④：3，与标本 M10：2 形制相同，口径 24.6、通高 6.6 厘米（图三四七，5；彩版五六，2）。标本 H282：2，泥质红陶。磨光饰红陶衣，器表有部分黑斑，上腹部内外饰红彩。侈口，圆唇，上腹斜直略深，折腹处有一面钻圆孔一个，下腹斜弧内折装有三个略直的钺形足，圜底。口径 23.7、通高 9

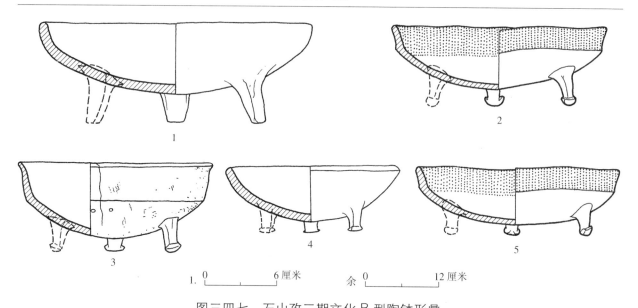

图三四七　石山孜三期文化 B 型陶钵形鼎

1. Ba 型 Ⅰ 式（T0724⑥：1）　2、3、5. Ba 型 Ⅱ 式（M10：2、H282：2、T1730④：3）　4. Bb 型（T1629⑥：4）

厘米（图三四七，3；彩版五五，4）。

Bb 型　1 件。标本 T1629⑥：4，泥质红陶。器物内外磨光饰红陶衣。口微敛，圆唇，斜弧腹内收圜底，底部装有三扁足，足尖两侧外突。口径 21、通高 8 厘米（图三四七，4；彩版五五，5）。

鼎足　84 件。以夹蚌陶和泥质陶为主，足体有大小粗细之分，足身有曲直之别。安装方法有榫卯和贴附式。依形制变化分 7 型。

A 型　32 件。锥状足。分 4 亚型。

Aa 型　16 件。圆锥状，均为素面。标本 T1628⑤：3，夹蚌红褐陶。足身抹制略光。足体较长。残高 19 厘米（图三四八，1；彩版五七，1）。标本 T1631⑥：24，夹蚌红褐陶。足身略短，足尖圆钝，足根为榫卯结构。残高 7.5 厘米（图三四八，2）。标本 T0723⑥：32，夹蚌红褐陶。足身抹制略光，有因蚌片脱落形成的凹坑，足尖残。残高 8.9 厘米（图三四八，3）。标本 H87：9，夹蚌红褐陶。抹制略光，足身较细长。残高 8.5 厘米（图三四八，4）。标本 T1631⑤：13，夹蚌红褐陶。抹痕明显，足体略粗。残高 16.7 厘米（图三四八，6；彩版五七，2）。标本 T1730⑤：21，夹蚌红褐陶。抹制略光，足身矮小，足尖斜削。残高 4.8 厘米（图三四八，5）。标本 T1729⑥：16，夹蚌红褐陶。足身较矮小，足尖略斜。残高 4.5 厘米（图三四八，7）。标本 T0725⑤：11，夹蚌红褐陶。有黑色斑块，抹制略光，足体细小。残高 5.1 厘米（图三四八，8）。标本 H159：4，夹蚌红褐陶。足身抹痕明显，略粗矮。残高 7.4 厘米（图三四八，9）。标本 H115：4，夹蚌红褐陶。足身抹制略光，足根与器体接荐处内凹，足尖残。残高 11.7 厘米（图三四九，1）。标本 H111：9，夹蚌红褐陶。足身捏痕明显。残高 9.5 厘米（图三四九，2）。标本 H180：2，夹蚌红褐陶。足身捏痕明显，足尖圆钝。残高 10 厘米（图三四九，4）。标本 H89：7，夹蚌红褐陶。足体粗矮，有因蚌片脱落而形成的凹坑，足根与器体接茬处内凹。残高7.4厘米（图三四九，3）。标本 T1631⑤：44，夹蚌红褐陶。抹痕明显，足根与

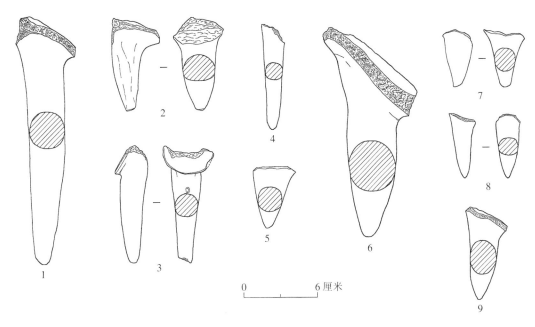

图三四八　石山孜三期文化 Aa 型陶鼎足
1. T1628⑤：3　2. T1631⑥：24　3. T0723⑥：32　4. H87：9　5. T1730⑤：21　6. T1631⑤：13
7. T1729⑥：16　8. T0725⑤：11　9. H159：4

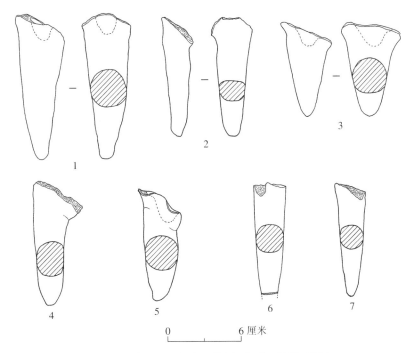

图三四九　石山孜三期文化 Aa 型陶鼎足
1. H115：4　2. H111：9　3. H89：7　4. H180：2　5. T1631⑤：44　6. T0724⑤：31　7. T1629⑥：10

器体接茬处内凹。残高 9 厘米（图三四九，5）。标本 T0724⑤：31，夹蚌红褐陶。抹制略光，足尖残。残高 9 厘米（图三四九，6）。标本 T1629⑥：10，夹砂羼蚌红褐陶。抹制略光。残高 9 厘米（图三四九，7）。

　　Ab 型　8 件。足根部正面饰附加堆纹。标本 H21：1，夹蚌红褐陶。足根贴附泥条，其上压印窝纹，下残。残高 6.4 厘米（图三五〇，1）。标本 T1530⑤：17，夹蚌红褐陶。抹制略光，足根贴附泥条较薄，其上压印凹窝纹，下残。残高 6.3 厘米（图三五〇，2）。标本 T1630④：8，夹蚌红褐陶。抹制略光，足体矮小略斜，足根贴附泥条，其上压印窝纹，与器体接茬处为榫状结构。残高 7.5 厘米（图三五〇，3）。标本 T1631⑤：35，夹蚌红褐陶。抹制略光稍晚曲，足根贴附泥条，其上压印指甲纹，与器体接茬处内凹。残高 6.3 厘米（图三五〇，4）。标本 H75：2，夹蚌红褐陶。抹制略光，足身较矮，足根贴附泥条，其上压印凹窝纹，足尖圆钝。残高 8 厘米（图三五〇，5；彩版五七，3）。标本 H28：21，夹蚌红褐陶。抹制略光，足根部贴附泥条，其上压印指甲纹，与器体接茬处为榫状结构，下残。残高 7.2 厘米（图三五〇，6）。标本 H87：10，夹蚌红褐陶。抹制略光，足身短小，足根部贴附泥条较短，其上压印凹窝纹。残高 6.5 厘米（图三五〇，7）。标本 T1730⑥：12，夹蚌红褐陶。足身略短，足根部贴附泥条，其上压印凹窝纹，与器体接茬处内凹。残高 5.6 厘米（图三五〇，8）。

　　Ac 型　2 件。足根部两侧贴附小泥丁，中部饰指甲纹。标本 H75：3，夹蚌红褐陶。抹制略光，足根两侧贴附泥丁，仅存一枚，泥丁内侧压印指甲纹。残高 8.3 厘米（图三五一，1）。标本 T1628④：20，夹蚌红褐陶。抹制略光，足根两侧贴附小泥丁内侧压印指甲纹。残高 7.5 厘米（图三五一，6）。

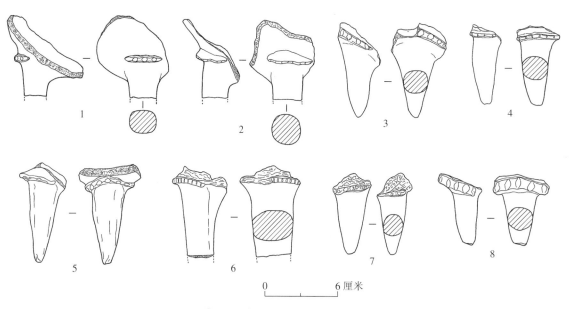

0　　　　　6 厘米

图三五〇　石山孜三期文化 Ab 型陶鼎足
1. H21：1　2. T1530⑤：17　3. T1630④：8　4. T1631⑤：35　5. H75：2　6. H28：21　7. H87：10　8. T1730⑥：12

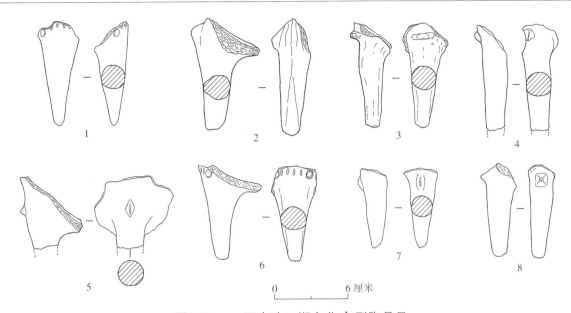

图三五一　石山孜三期文化 A 型陶鼎足

1、6. Ac 型（H75：3、T1628④：20）　　2～5、7、8. Ad 型（T1530④：18、T1629④：10、T0725⑤：22、T1530⑤：16、T1729④：30、T1730④：35）

Ad 型　6 件。足根部凸起或捏泥突。标本 T1530④：18，夹蚌红褐陶。足身呈椭圆形，足根部呈乳丁状凸起，足尖残。残高 9.4 厘米（图三五一，2；彩版五七，4）。标本 T1629④：10，夹蚌红褐陶。抹制略光，足根部正面贴附中部内凹的泥突，足尖残。残高 8.4 厘米（图三五一，3；彩版五七，5）。标本 T0725⑤：22，夹蚌红褐陶。抹制略光，足根部正面贴附泥突，足身略细，足尖残。残高 8.5 厘米（图三五一，4）。标本 T1530⑤：16，夹蚌红褐陶。足根部正面捏有小泥突，下残。残高 5.5 厘米（图三五一，5）。标本 T1729④：30，夹蚌红褐陶。抹制略光，足身细短，足根部呈乳丁状凸起。残高 6.4 厘米（图三五一，7）。标本 T1730④：35，夹蚌红褐陶。抹制略光，足根部似乳丁状凸起，足尖残。残高 7.4 厘米（图三五一，8；彩版五七，6）。

B 型　14 件。扁锥状鼎足。分 3 亚型。

Ba 型　8 件。扁锥状，均为素面。标本 H28：10，夹蚌红褐陶。抹制略光，足根部与器体接荐处内凹。残高 12.5 厘米（图三五二，1）。标本 T0822⑥：7，夹蚌红褐陶。抹制略光，有因蚌片脱落形成的凹坑，足尖圆钝。残高 11.1 厘米（图三五二，2；彩版五八，1 左 1）。标本 H88：1，夹蚌红褐陶。抹制略光，有黑色斑块，足尖残。残高 9.5 厘米（图三五二，3；彩版五八，1 左 2）。标本 H52：2，夹蚌红褐陶。足身捏痕明显，有因蚌片脱落形成的凹坑，足尖扁圆。残高 8.4 厘米（图三五二，4；彩版五八，1 左 3）。标本 T1729④：34，夹蚌红褐陶。足根部略曲，足尖扁圆。残高 9 厘米（图三五二，5）。标本 T0724⑥：75，夹蚌红褐陶。足身细短，足尖圆钝，足根与器身接荐处内凹。残高 8.4 厘米（图三五二，6）。标本 T1631④：9，夹蚌红褐陶。足身捏痕明显，足根与器体接荐处为榫状结构。残高 8.5 厘米（图三五二，7；彩版五八，1 右 1）。标本 T0725⑥：23，夹蚌红褐陶。抹制略光，足根与器体接茬处内凹。残高 8.7 厘米（图三五二，8）。

Bb 型　4 件。足根部饰附加堆纹。标本 T1529⑥：1，夹蚌红褐陶。抹制略光，有因蚌片脱落形成的凹坑，足根部贴附泥条，其上压印凹窝，因磨损已近平。残高 13.5 厘米（图三五三，1；彩版五八，2 左）。标本 T1630④：5，夹蚌红褐陶。抹制略光，足身略短，足根部贴附泥条，其上压印凹窝。残高 6.9 厘米（图三五三，2）。标本 T0724⑥：47，夹蚌红褐陶。抹制略光，足身较短，足根部贴附泥条，其上压印凹窝，因磨损已近平。残高 7.6 厘米（图三五三，3）。标本 T1729⑤：6，夹蚌红褐陶。抹制略光，足根部贴附较短的泥条，其上压印凹窝，与器体接茬处内凹，足尖残。残高 10.5 厘米（图三五三，4；彩版五八，2 右）。

Bc 型　2 件。足根部捏泥突。标本 T0725⑤：36，夹蚌红褐陶。足身磨光，足根部贴附纵向泥突，其上压印凹窝，足尖残。残高 5.9 厘米（图三五三，5；彩版五九，1）。标本 T1730⑤：19，夹蚌红褐陶。足身抹制略光，足根部捏有横向泥突中内凹，足尖圆钝。残高 11.8 厘米（图三五三，6；彩版五九，2）。

C 型　7 件。方锥形鼎足，剖面呈方形，足尖呈锥状。分 2 亚型。

Ca 型　2 件。足根饰附加堆纹。标本 T1730⑥：11，夹蚌红褐陶。抹制略光，有因蚌片脱落形成的凹坑，足根部贴附泥条，其上压印窝纹。残高 7.3 厘米（图三五四，1）。标本 T1629⑤：11，夹蚌红褐陶。抹制略光，足根部贴附泥条，其上压印窝纹，与器身接茬处为榫状结构。残高 9.7 厘米（图三五四，4；彩版五九，3）。

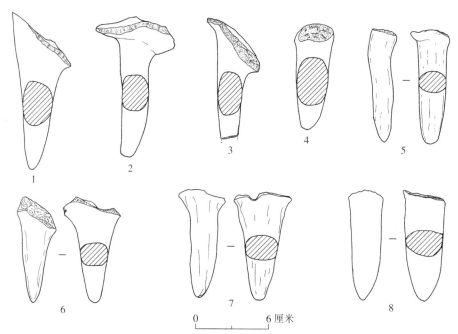

图三五二　石山孜三期文化 Ba 型陶鼎足

1. H28：10　2. T0822⑥：7　3. H88：1　4. H52：2　5. T1729④：34　6. T0724⑥：75　7. T1631④：9　8. T0725⑥：23

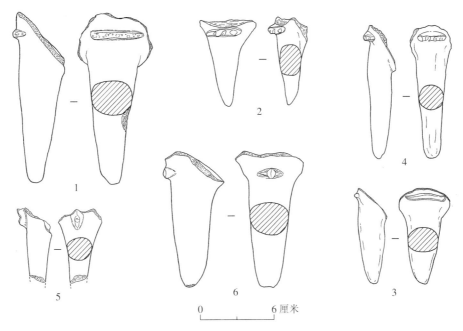

图三五三 石山孜三期文化 B 型陶鼎足

1~4. Bb 型（T1529⑥：1、T1630④：5、T0724⑥：47、T1729⑤：6） 5、6. Bc 型（T0725⑤：36、T1730⑤：19）

Cb 型 5 件。方锥形，均为素面。标本 T0725⑤：38，夹蚌红褐陶。足身抹制略光，制作较规整，足尖残。残高 7.2 厘米（图三五四，2）。标本 H53：1，夹蚌红褐陶。抹制略光，有黑色斑块。残高 8.9 厘米（图三五四，3）。标本 T0724⑤：88，夹蚌红褐陶。抹制略光，足身较短。残高 7 厘米（图三五四，5；彩版五九，4）。标本 T0725⑤：10，夹蚌红褐陶。抹制略光，足根部残。残高 6.2 厘米（图三五四，6）。标本 T1631⑤：30，夹蚌红褐陶。抹制略光，足身较短。残高 7.5 厘米（图三五四，7）。

D 型 14 件。扁凿形足。分 3 亚型。

Da 型 7 件。凿状足正面有凹槽或足根按压凹窝。标本 T1730⑤：27，夹蚌红褐陶。抹制略光，足身宽扁略曲，正面凹槽较宽。残高 12.3 厘米（图三五五，1；彩版六〇，1 左 1）。标本 F10：1，夹蚌红褐陶。抹制略光，足身略窄，足根部按压凹窝，足尖残。残高 10.6 厘米（图三五五，2；彩版六〇，1 左 2）。标本 T0724④：15，夹蚌红褐陶。抹制略光，有黑色斑块，有因蚌片脱落形成凹坑，足身正面有凹槽一道，足尖残。残高 11.4 厘米（图三五五，3）。标本 T1730④：51，夹蚌红褐陶，抹制略光，足身正面凹槽略浅，足根微凸，足尖残。残高 8.3 厘米（图三五五，4）。标本 T1530④：17，夹蚌红褐陶。抹制略光，足身略曲，正面有凹槽一道，足根部与器体接茬处为榫状结构。残高 13.3 厘米（图三五五，5；彩版五〇，1 左 3）。标本 T1729④：12，夹蚌红褐陶。抹制略光，正面凹槽较浅，足根部凸起，与器体接茬处内凹，足尖残。残高 13.2 厘米（图三五六，1；彩版五〇，1 右 2）。标本 H269：5，夹蚌红褐陶。抹制略光，足身正面上部有凹槽。残高 12.5 厘米（图三五六，2；彩版五〇，1 右 1）。

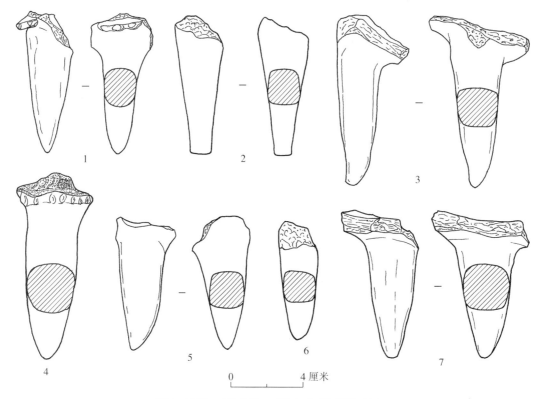

图三五四　石山孜三期文化 C 型陶鼎足

1、4. Ca 型（T1730⑥：11、T1629⑤：11）　2、3、5~7. Cb 型（T0725⑤：38、H53：1、T0724⑤：88、T0725⑤：10、T1631⑤：30）

Db 型　4 件。凿状足正面有多道凹槽。标本 T1530④：31，夹蚌红褐陶。抹制略光，足正面内凹较宽，足尖残。残高 7.8 厘米（图三五七，1）。标本 T0724④：10，夹蚌红褐陶。抹制略光，足正面内凹较宽，凹底处有三道窄抹痕，足背面中部凸起，足尖残。残高 9.2 厘米（图三五七，2）。标本 T0822④：3，夹蚌红褐陶。残存上半部，足正面有两道凹槽。残高 7.3 厘米（图三五七，3）。标本 T1530④：28，残存下半部，夹蚌红褐陶。抹制略光，剖面呈长方形，足正面有三道凹槽。残高 5.6 厘米（图三五七，4）。

Dc 型　3 件。均残，凿状足根部凸起正面有一道凹槽。标本 T1530④：20，夹蚌红褐陶。抹制略光，足身略宽，足根部凸起，正面有一道上窄下宽的凹槽，下残。残高 9.2 厘米（图三五八，1；彩版五九，5）。标本 T1628④：21，夹蚌红褐陶。足身较窄，足根部凸起，正面有一道凹槽，下残。残高 7.5 厘米（图三五八，2；彩版五九，6）。标本 T1628④：28，夹蚌红褐陶。足身较窄，足根部凸起，正面有一道凹槽，下残。残高 8.4 厘米（图三五八，3）。

E 型　8 件。分 2 亚型。

Ea 型　5 件。凿状足。上宽下窄，足尖略平齐。标本 T0724⑤：5，泥质红陶。磨光，饰红陶衣。足身略厚。残高 7.5 厘米（图三五九，1）。标本 T0723④：21，泥质灰陶。饰红陶衣。足身细长。残高 6.3 厘米（图三五九，2）。标本 T1530⑤：33，泥质红陶。磨

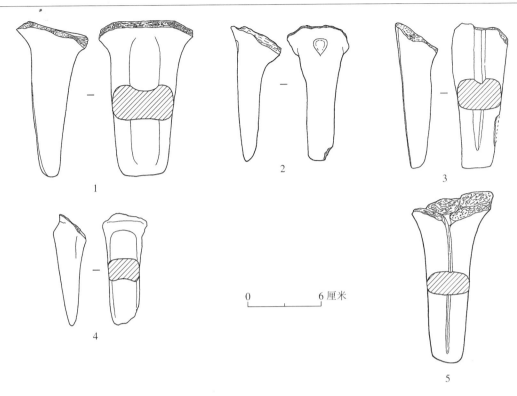

图三五五　石山孜三期文化 Da 型陶鼎足
1. T1730⑤: 27　2. F10: 1　3. T0724④: 15　4. T1730④: 51　5. T1530④: 17

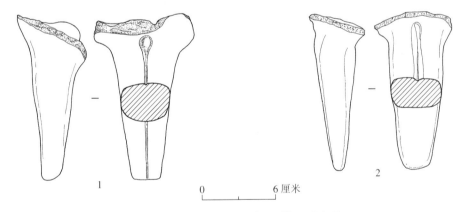

图三五六　石山孜三期文化 Da 型陶鼎足
1. T1729④: 12　2. H269: 5

光，饰红彩。足体内曲，正面有凹槽。残高 5.5 厘米（图三五九，3）。标本 F11: 5，泥质红陶。磨光，饰红陶衣。足身较短。残高 4.2 厘米（图三五九，4）。标本 T1729⑥: 2，泥质红陶。磨光，饰红陶衣。足身较短。残高 4 厘米（图三五九，5）。

Eb 型　3 件。凿状足两侧刻指甲纹。标本 H11: 6，泥质红陶。磨光，饰红彩多脱落。足身内曲，正面两侧刻指甲纹，足尖平齐。残高 5 厘米（图三五九，7）。标本 T1630④: 9，泥质红陶。磨光，饰红彩多脱落。足身内曲，正面两侧刻指甲纹，足尖平齐。残高 5.2 厘米（图三五九，6）。标本 T0723④: 16，泥质红陶。磨光，饰红陶衣。足身稍内曲，正

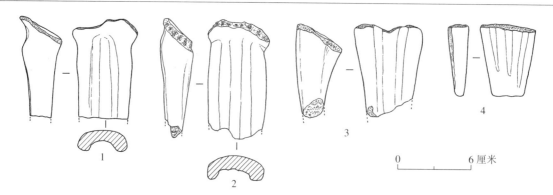

图三五七　石山孜三期文化 Db 型陶鼎足
1. T1530④: 31　2. T0724④: 10　3. T0822④: 3　4. T1530④: 28

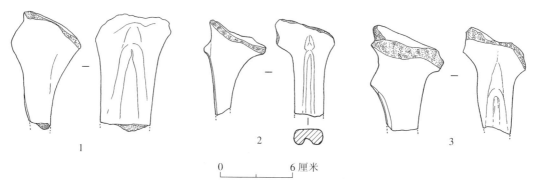

图三五八　石山孜三期文化 Dc 型陶鼎足
1. T1530④: 20　2. T1628④: 21　3. T1628④: 28

面两侧刻指甲纹，中部刻两个窄凹窝，足尖平齐。残高 5.2 厘米（图三五九，8；彩版六〇，3）。

F 型　6 件。分 2 亚型。

Fa 型　3 件。足尖两侧外突。标本 T1529⑤: 5，泥质红陶。磨光，饰红陶衣。足身较矮，足尖两侧外突。残高 3.9 厘米（图三六〇，1；彩版六〇，2 上）。标本 T1529⑤: 6，泥质红陶。磨光，饰红陶衣。足身较矮，足根部捏有两个乳丁状泥突，足尖两侧外突。残高 4.3 厘米（图三六〇，6；彩版六〇，2 下）。标本 T0723④: 15，泥质红陶。磨光，饰红陶衣。足身较矮，足尖两侧外突。残高 3.3 厘米（图三六〇，5）。

Fb 型　3 件。钺形足。标本 F12：4，泥质红陶。磨光，饰红陶衣。足身较矮，足尖呈钺形。残高 4 厘米（图三六〇，2）。标本 H307：1，泥质红陶。磨光，饰红陶衣。足根贴附泥条，钺形足尖。残高 5.9 厘米（图三六〇，4；彩版六〇，4）。标本 H281：2，泥质红陶。磨光，施红彩多脱落。足身较矮，足根部贴附泥条，其上压印凹窝，钺形足尖。残高 3.5 厘米（图三六〇，8）。

G 型　2 件。扁柱状足。标本 T1529⑤: 8，泥质红陶。磨光。足身较矮，足尖斜削。残高 4.2 厘米（图三六〇，3）。标本 F11：2，泥质灰陶。饰红陶衣。足尖残。残高 6.2 厘米（图三六〇，7）。

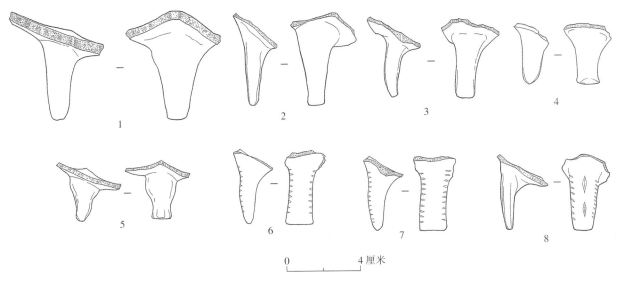

图三五九　石山孜三期文化 E 型陶钵形鼎足

1~5. Ea 型（T0724⑤：5、T0723④：21、T1530⑤：33、F11：5、T1729⑥：2）　6~8. Eb 型（T1630④：9、H11：6、T0723④：16）

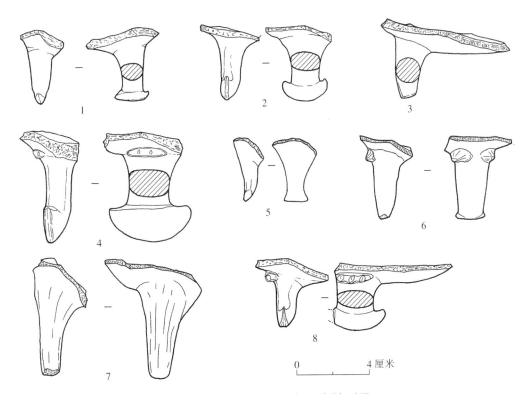

图三六〇　石山孜三期文化陶钵形鼎足

1、5、6. Fa 型（T1529⑤：5、T0723④：15、T1529⑤：6）　2、4、8. Fb 型（F12：4、H307：1、H281：2）
3、7. G 型（T1529⑤：8、F11：2）

罐　20 件。均为器物残片，无可复原者。以夹蚌陶和泥质陶为主。依器物口部、腹部及耳部的变化分 3 型。

A 型　7 件。耳系以鸟首最多，并有少量的半圆形泥饼状耳系和长方形耳系。分 2 式。

Ⅰ式 3件。矮直领，溜肩，鼓腹。标本 H177：2，夹蚌红褐陶。器物内外有因蚌片脱落形成的凹坑，素面。方唇，肩腹部装有喙部向下的鸟首耳，中有圆形穿孔，下腹残。残高9.2厘米（图三六一，1）。标本 H149：1，夹蚌红褐陶。器物内外有黑色斑块和因蚌片脱落形成的凹坑，素面。圆唇，肩腹部装有鸟首状耳系，喙部不明显，中有圆形穿孔，下腹残。残高10.5厘米（图三六一，3）。标本 T1631⑥：4，夹蚌红褐陶。器物内外抹痕明显，素面。圆唇，肩腹部装有不规则的半圆形泥饼状耳系，中有圆形穿孔，下腹残。残高6.5厘米（图三六一，7）。

Ⅱ式 4件。直领，广肩，鼓腹。标本 T0823⑤：1，夹蚌红褐陶。器物内外抹痕明显，有因蚌片脱落形成的凹坑，素面。圆唇，腹部以下残。口径10、残高8.5厘米（图三六一，2）。标本 H21：14，夹蚌红褐陶。器物内外抹痕明显，素面。方唇，肩部装有鸟首状耳系，喙部不明显，中有圆形穿孔，腹部以下残。残高8.2厘米（图三六一，4）。标本 T0724⑤：2，夹蚌红褐陶。器物内外抹痕明显，素面。圆唇，肩部装有鸟首状耳系，喙部不明显，中有圆形穿孔，腹部以下残。残高4.4厘米（图三六一，5）。标本 H21：2，夹蚌红褐陶。器内抹痕明显，器表抹制略光，素面。圆唇，腹部装有鸟首状耳系，喙部朝上，中有圆形穿孔，腹部以下残。残高7厘米（图三六一，6）。

B型 11件。均为残片，部分饰红陶衣。按口、腹部变化分2式。

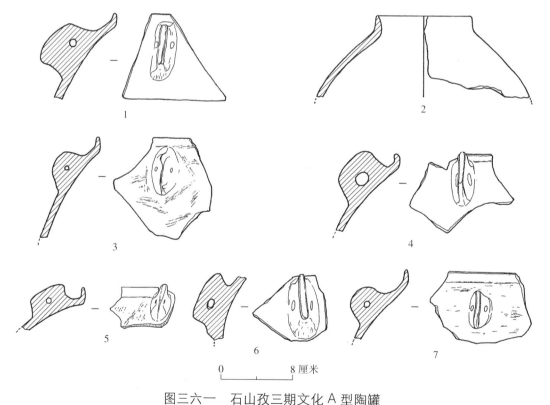

0       8厘米

图三六一 石山孜三期文化 A 型陶罐

1、3、7. Ⅰ式（H177：2、H149：1、T1631⑥：4） 2、4~6. Ⅱ式（T0823⑤：1、H21：14、T0724⑤：2、H21：2）

Ⅰ式　3件。侈口，束颈，溜肩，鼓腹。标本 T1530⑤：35，泥质红陶。器内刮抹痕明显，器表及口部饰红陶衣。圆唇，颈肩交界处有刮痕一周，腹部以下残。残高 2.6 厘米（图三六二，1）。标本 T1730⑥：9，泥质红陶。器内刮抹痕明显，器表及口部饰红陶衣。圆唇，颈肩交界处有刮痕一周，腹部以下残。口径 12、残高 3.6 厘米（图三六二，11）。标本 T1729⑥：18，泥质红陶。器内刮抹痕明显，器表磨光，素面。圆唇，腹部以下残。口径 13、残高 3.8 厘米（图三六二，12）。

Ⅱ式　8件。侈口，束颈，广肩，鼓腹，肩部饰弦纹。标本 T1730⑤：16，泥质红陶，器内抹痕明显，器表饰红陶衣，颈部饰宽凹弦纹。圆唇，腹部以下残。残高 8 厘米（图三六二，2）。标本 H110：1，泥质红陶。器内刮抹痕明显，肩腹部饰数道不规则细凹弦纹，装有鸟首状耳系，中有圆形穿孔。圆唇，腹部以下残。残高 7.8 厘米（图三六二，3）。标本 T0724⑤：20，泥质红陶。器内抹痕明显，肩部饰数道凹弦纹。圆唇，腹部以下残。残高 4 厘米（图三六二，5；彩版六一，1）。标本 T0725⑤：26，泥质红陶。器内抹痕明显，肩部饰数道凹弦纹。圆唇，腹部以下残。残高 5 厘米（图三六二，6；彩版六一，2）。标本 T0822⑤：7，泥质红陶。器内抹痕明显，肩部饰数道凹弦纹。圆唇，腹部

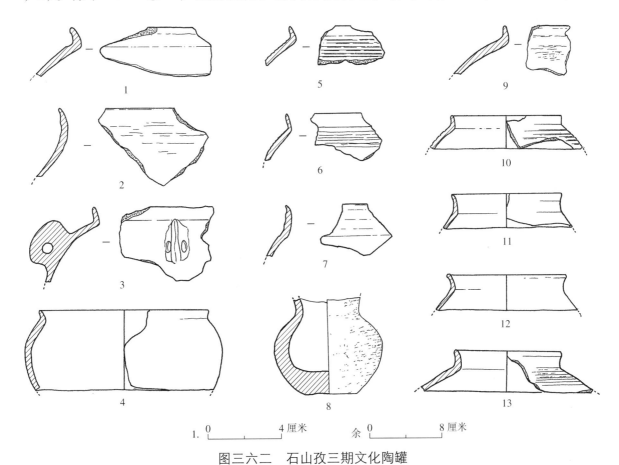

图三六二　石山孜三期文化陶罐

1、11、12. B 型Ⅰ式（T1530⑤：35、T1730⑥：9、T1729⑥：18）　2、3、5~7、9、10、13. B 型Ⅱ式（T1730⑤：16、H110：1、T0724⑤：20、T0725⑤：26、T1631⑤：20、F5：1、T0822⑤：7、T1630⑤：1）　4、8. C 型（T1630⑥：7、T1631⑤：9）

以下残。口径 12、残高 3.4 厘米（图三六二，10）。标本 T1631⑤：20，泥质红陶。器内抹痕明显，器表饰红陶衣，颈部饰宽凹弦纹。圆唇，腹部以下残。残高 5.4 厘米（图三六二，7）。标本 F5：1，泥质红陶。器内抹痕明显，肩部饰数道细凹弦纹，腹部以下残。残高 5.2 厘米（图三六二，9）。标本 T1630⑤：1，泥质红陶。器内抹痕明显，肩部饰数道细凹弦纹，腹部以下残。口径 11.8、残高 4.2 厘米（图三六二，13）。

C 型　无耳罐。2 件。均残。标本 T1630⑥：7，夹砂羼蚌陶。器内为灰黑色，抹制略光，器表红褐色，有黑色斑块，抹痕明显，素面。近直口，方圆唇，溜肩，鼓腹，下残。口径 18、残高 8.4 厘米（图三六二，4）。标本 T1631⑤：9，夹砂羼蚌红褐陶。器内抹痕明显，器表抹制略光，素面。器形较小，器壁较厚，口部残，溜肩，鼓腹，小平底。口径 6.6、残高 9.8 厘米（图三六二，8；彩版六一，3）。

双耳罐耳系　15 件。均为夹蚌陶，素面，鸟首状。标本 T1629⑤：7，长方形鸟首耳系，喙部明显，中有圆形穿孔。残高 8.5 厘米（图三六三，1；彩版六一，4）。标本 T1631⑥：44，长方形耳系，喙部不明显。残高 6 厘米（图三六三，2）。标本 H183：7，长方形耳系，喙部不明显。残高 8 厘米（图三六三，5）。标本 T0724⑥：18，长方形鸟首耳系，喙部明显，中有圆形穿孔。残高 6.6 厘米（图三六三，8）。标本 T1530⑤：7，长方形鸟首耳系，喙部明显，中有圆形穿孔。残高 4.5 厘米（图三六三，7）。标本 T1729⑥：13，长方形耳系，顶部呈圆弧状，中有圆形穿孔。残高 5.5 厘米（图三六三，6）。标本 H85：8，长方形耳系，顶部呈圆弧状，中有圆形穿孔。残高 6.2 厘米（图三六三，4）。标本 T1630④：7，半圆饼状鸟首，喙部较明显，中有圆形穿孔。残高 5.8 厘米（图三六三，3）。标本 T0823⑤：6，泥质红陶胎黑皮陶。磨光，素面。长方形鸟首耳，喙部不明显，中有圆形穿孔。残高 6 厘米（图三六四，1）。标本 T0724④：50，泥质灰陶。器表饰红陶衣。鸟首状耳系，喙部明显，中有圆形穿孔。残高 6 厘米（图三六四，3）。标本 H301：2，泥质红陶。磨光，素面。鸟首状耳系，喙部明显，中有圆形穿孔。残高 5.1 厘米（彩版六一，5）。标本 T0724④：20，泥质红陶。磨光，素面。鸟首状耳系，喙部明显，中有圆形穿孔。残高 5 厘米（图三六四，4）。标本 T1729④：20，泥质红陶。素面。鸟首状耳系顶部内凹，喙部明显，中有圆形穿孔。残高 6.5 厘米（图三六四，2；彩版六一，6）。标本 H16：4，泥质红陶。磨光，素面。长方形鸟首耳，喙部不明显，中有圆形穿孔。残高 5.4 厘米（图三六四，5）。标本 T0725⑤：16，泥质灰陶。器表饰红陶衣。鸟首状耳系，喙部明显，中有圆形穿孔。残高 5.5 厘米（图三六四，6）。

盆　47 件。依器物形制的不同分 5 型。

A 型　19 件。折沿盆，依沿面宽窄的不同分 2 亚型。

Aa 型　6 件。敛口，宽折沿。分 2 式。

I 式　4 件。敛口，折沿，弧腹。标本 T1730⑥：5，泥质灰陶。器物内外磨光，饰红陶衣。方唇，斜弧腹下残。口径 24、残高 3 厘米（图三六五，1）。标本 T1629⑥：23，泥

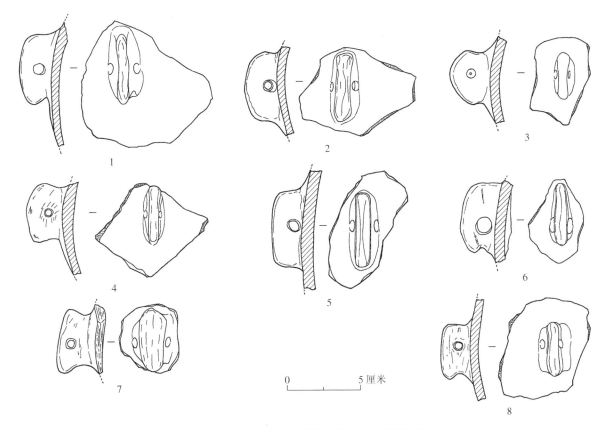

图三六三　石山孜三期文化陶双耳罐耳系

1. T1629⑤: 7　2. T1631⑥: 44　3. T1630④: 7　4. H85 : 8　5. H183 : 7　6. T1729⑥: 13　7. T1530⑤: 7　8. T0724⑥: 18

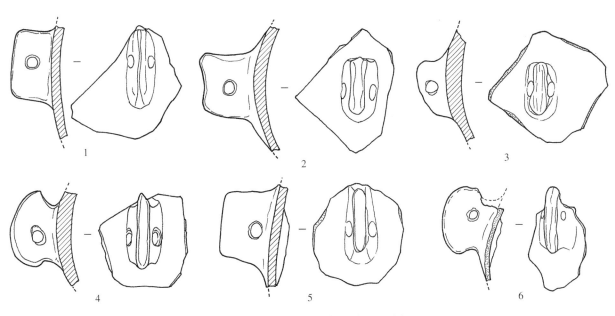

图三六四　石山孜三期文化陶双耳罐耳系

1. T0823⑤: 6　2. T1729④: 20　3. T0724④: 50　4. T0724④: 20　5. H16 : 4　6. T0725⑤: 16

质灰陶。器物内外磨光，饰红陶衣，器内及沿面涂红彩。圆唇，斜弧腹下残。残高 3 厘米（图三六五，2）。标本 F11：10，夹蚌红褐陶。器物内外有因蚌片脱落下残的凹坑，抹痕明显，素面。圆唇，沿面微凹，斜直腹，下残。口径 27、残高 4.4 厘米（图三六五，3）。标本 T0724⑥：46，夹蚌陶。器内为灰黑色，抹制略光，器表红褐色，抹痕明显，素面。圆唇，平折沿，斜直腹下残。残高 6 厘米（图三六五，4）。

Ⅱ式　2 件。敛口，折沿，斜直腹。标本 T1729④：8，泥质灰陶。磨光，器物内外饰红陶衣。圆唇，斜直腹下残。残高 6 厘米（图三六五，5）。标本 F2：5，泥质灰陶。器内为灰色磨光，沿下及器表饰红陶衣。圆唇，斜直腹下残。残高 4.4 厘米（图三六五，6）。

Ab 型　13 件。窄折沿，斜腹。分 2 式。

Ⅰ式　6 件。敛口，斜弧腹。标本 H57：9，泥质灰陶。器物内外磨光，素面。圆唇，斜弧腹下残。口径 22、残高 6 厘米（图三六六，1）。标本 H88：7，泥质红陶。器物内外磨光，有黑色斑块和气泡，器形不规整，烧制时已变形，素面。圆唇，沿面不平整，斜弧腹，下残。残高 4.5 厘米（图三六六，2）。标本 H57：12，泥质红陶。器物内外磨光。素面。圆唇，斜弧腹，下残。残高 6.8 厘米（图三六六，3）。标本 T1530⑤：25，夹蚌红褐陶。器物内外刮抹痕明显，素面。沿面略斜，圆唇。残高 10 厘米（图三六六，4）。标本 H122：2，夹蚌红褐陶。器物内外抹制略光，素面。沿面斜直，圆唇。残高 5 厘米（图三六六，5）。标本 H282：10，夹蚌红褐陶。器物内外抹制略光，素面。沿面略平，圆唇。残高 5 厘米（图三六六，6）。

Ⅱ式　7 件。近直口，斜弧腹。标本 T1629⑤：22，泥质灰陶。器物内外饰红陶衣。圆唇，斜弧腹，下残。残高 3.5 厘米（图三六六，7）。标本 F2：7，泥质灰陶。器物内外饰红陶衣。圆唇，斜弧腹，下残。残高 5 厘米（图三六六，8）。标本 T1631⑥：8，夹蚌红褐陶。器物内外抹制略光，有黑色斑块，素面。圆唇。残高 6 厘米（图三六六，9）。

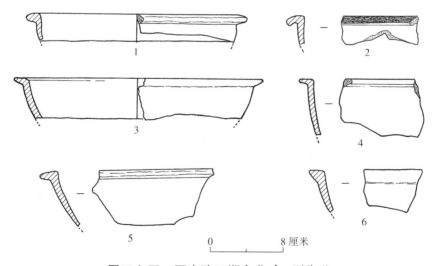

图三六五　石山孜三期文化 Aa 型陶盆

1～4. Ⅰ式（T1730⑥：5、T1629⑥：23、F11：10、T0724⑥：46）　5、6. Ⅱ式（T1729④：8、F2：5）

标本 F3：3，夹蚌红褐陶。器物内外抹制略光，素面。圆唇。残高 12 厘米。标本 T0724⑤：9，夹蚌红褐陶。器内抹制略光，器表抹痕明显，素面。圆唇，沿面略凹。残高 7.4 厘米（图三六六，10）。标本 T1530⑤：14，夹蚌红褐陶。器物内外抹制略光，厚方唇。残高 6 厘米（图三六六，11）。标本 T1530⑤：15，夹蚌红褐陶。器物内外刮抹痕明显，素面。圆唇，厚薄不一，沿面高低不平。残高 7 厘米（图三六六，12）。

B 型　6 件。卷沿斜腹盆。分 2 式。

Ⅰ 式　4 件。侈口，斜卷沿，斜直腹。标本 T0725⑤：31，泥质灰陶。器物内外饰红陶衣。圆唇，斜直腹，下残。残高 4.2 厘米（图三六七，1）。标本 T0724⑤：17，泥质灰陶。器物内外饰红陶衣，沿面饰红彩。斜直腹，下残。残高 3 厘米（图三六七，2；彩版六二，1）。标本 T0723⑤：14，泥质灰陶。器物内外饰红陶衣。圆唇，沿面饰红彩，器内红彩多脱落，斜直腹，下残。残高 4 厘米（图三六七，3）。标本 T0724⑥：22，泥质灰陶。器物内外饰红陶衣，沿面饰红彩。圆唇，斜直腹，下残。残高 4.6 厘米（图三六七，4）。

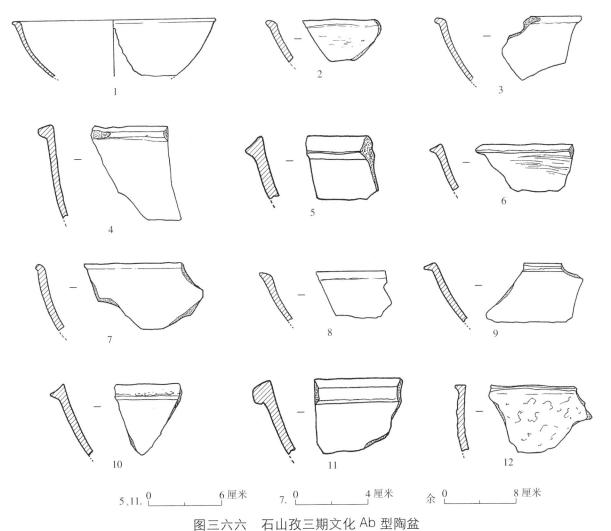

5、11. <u>0</u>　　　6厘米　　　7. <u>0</u>　　　4厘米　　　余 <u>0</u>　　　8厘米

图三六六　石山孜三期文化 Ab 型陶盆

1~6. Ⅰ式（H57：9、H88：7、H57：12、T1530⑤：25、H122：2、H282：10）　7~12. Ⅱ式（T1629⑤：22、F2：7、F3：3、T1631⑥：8、T0724⑤：9、T1530⑤：14、T1530⑤：15）

Ⅱ式　2件。近直口微敛，沿面圆隆，斜直腹。标本 H64：1，泥质灰陶。器物内外饰红陶衣，器内上腹部及沿面涂红彩。圆唇下垂，斜直腹。残高5.7厘米（图三六七，5；彩版六二，2）。标本 H122：1，泥质红陶。器物内外饰红陶衣，器内上腹部及沿面涂红彩，多脱落。斜直腹，下残。残高5厘米（图三六七，6；彩版六二，3）。

C型　13件。花边口沿盆。唇缘按压凹窝形成花边，器身为素面。分2亚型。

Ca型　7件。折沿，直口花边口沿盆。分2式。

Ⅰ式　4件。直口，折沿，上腹微鼓，斜弧腹，缓内收。标本 F3：1，夹蚌红褐陶。器物内外抹制略光。花边唇，沿面较窄，微凹，下腹残。口径48、残高9.2厘米（图三六八，1）。标本 T1631⑤：21，夹蚌红褐陶。器物内外刮抹痕明显，沿面略凹，下腹残。残高8.4厘米（图三六八，4）。标本 T1630⑥：20，夹蚌陶。器内及沿面灰黑色，器表红褐色，器物内外刮抹痕明显。沿面略凹，下腹残。残高4.4厘米（图三六八，6）。标本 F2：17，夹蚌陶。器内为灰黑色，器表红褐色，有黑色斑块，器物内外抹痕明显，

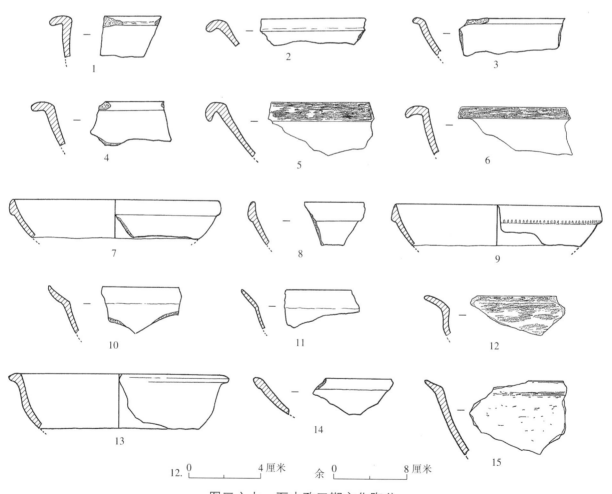

12. 0　　　　　4厘米　　　余 0　　　　　8厘米

图三六七　石山孜三期文化陶盆

1～4. B型Ⅰ式（T0724⑤：17、T0725⑤：31、T0723⑤：14、T0724⑥：22）　5、6. B型Ⅱ式（H64：1、H122：1）
7～9、14. D型（H262：2、T1729④：43、T1628⑤：10、T1529④：22）　10～12. Ea型（T1629⑤：20、T0725⑤：32、H67：3）　13、15. Eb型（T0725⑤：7、T1631⑤：14）

沿面内凹，下腹残。残高8.5厘米（图三六八，7）。

Ⅱ式　3件。直口，折沿，斜直腹。标本T1631④：7，夹蚌红褐陶。器物内外抹痕明显，沿面较平，下腹残。口径28、残高9厘米（图三六八，2）。标本H21：3，夹蚌红褐陶。器内抹制略光，器表有刮抹修整留下的横向划纹。沿面较平，下腹残。口径52、残高8.5厘米（图三六八，3）。标本H285：7，夹蚌红褐陶。器物内外抹痕明显。沿面较平，下腹残。残高8.2厘米（图三六八，5）。

Cb型　6件。折沿，敛口花边口沿盆。分2式。

Ⅰ式　3件。口微敛，平折沿，腹斜弧内收。标本T1630⑥：14，夹蚌红褐陶。器内抹制略光，器表抹痕明显，有黑色斑块，宽平折沿，下腹残。口径25.6、残高7厘米（图三六九，1）。标本T1530⑤：9，夹蚌陶。器内及沿面有黑色斑块，沿下有对钻圆孔一个。下腹残。残高6.2厘米（图三六九，2）。标本T1630⑥：12，夹蚌红褐陶。器内抹制略光，器表刮抹痕明显。沿面略宽平，下腹残。残高9.4厘米（图三六九，3）。

Ⅱ式　3件。敛口，折沿下斜，弧腹内收。标本H100：4，夹蚌红褐陶。器物内外抹痕明显。沿面略窄，下腹残。残高9.6厘米（图三六九，4）。标本T1630④：4，夹蚌红褐陶。器物内外抹痕明显。沿面略宽，下腹残。残高6.8厘米（图三六九，5）。标本T0724④：12，夹蚌红褐陶。器物内外有黑色斑块，因蚌片脱落形成的凹坑。沿面较窄，下腹残。残高7.6厘米（图三六九，6）。

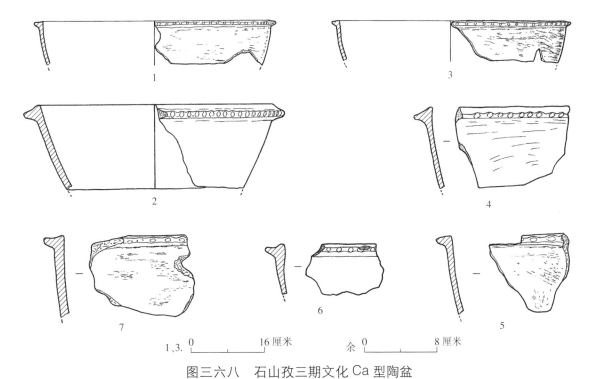

1、3. 0 ⎯⎯⎯ 16厘米　　　余 0 ⎯⎯⎯ 8厘米

图三六八　石山孜三期文化Ca型陶盆

1、4、6、7. Ⅰ式（F3：1、T1631⑤：21、T1630⑥：20、F2：17）　　2、3、5. Ⅱ式（T1631④：7、H21：3、H285：7）

D 型 4 件。均为器物残片。敛口，圆唇，口外加厚，斜弧腹盆。标本 H262∶2，泥质灰陶。器物内外饰红彩。腹壁斜弧内收。口径 23、残高 4 厘米（图三六七，7）。标本 T1729④∶43，泥质灰陶。器物内外饰红陶衣，多脱落。腹壁斜弧内收。残高 4.6 厘米（图三六七，8）。标本 T1628⑤∶10，泥质红陶。器物内外饰红彩，口外加厚处饰指甲纹。腹壁内收较急。口径 22、残高 4.4 厘米（图三六七，9）。标本 T1529④∶22，夹蚌红褐陶。器物内外有黑色斑块，素面。侈口，圆唇，唇外加厚，斜弧腹下残。残高 3.8 厘米（图三六七，14）。

E 型 5 件。分 2 亚型。

Ea 型 3 件。斜折沿盆，折腹。标本 T0725⑤∶32，泥质红陶。器物内外磨光，器内沿面饰红彩。敛口，圆唇，斜直腹内折，下残。残高 4 厘米（图三六七，11）。标本 H67∶3，泥质红陶。器内及器表上腹部饰红彩。敛口，圆唇，上腹斜弧，下腹斜直内折，下残。残高 2.1 厘米（图三六七，12）。标本 T1629⑤∶20，泥质红陶。器物内外磨光，素面。侈口，圆唇，斜弧腹内折，下残。残高 5 厘米（图三六七，10）。

Eb 型 2 件。斜折沿弧腹盆。标本 T0725⑤∶7，夹蚌红褐陶。器物内外抹制略光，素面。圆唇，斜折沿较窄，上腹斜直，下腹内折，折痕明显。口径 21.6、残高 5.8 厘米（图三六七，13）。标本 T1631⑤∶14，夹蚌红褐陶。器物内外有黑色斑块，素面。侈口，斜折沿，尖圆唇，斜弧腹下残。残高 7.8 厘米（图三六七，15）。

钵 30 件。依形制不同分 4 型。

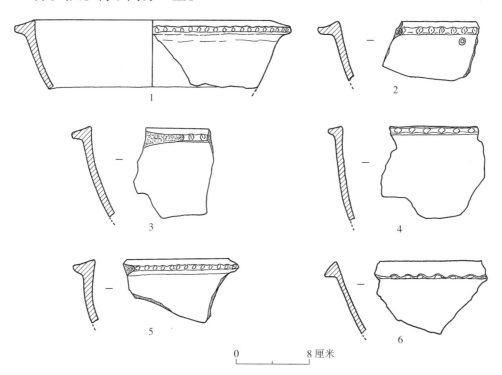

图三六九 石山孜三期文化 Cb 型陶盆

1～3. Ⅰ式（T1630⑥∶14、T1530⑤∶9、T1630⑥∶12） 4～6. Ⅱ式（H100∶4、T1630④∶4、T0724④∶12）

　　A 型　8 件。敛口，斜直腹。标本 T0725⑤：48，夹蚌红褐陶。器物内外抹制略光，素面。圆唇，斜直腹，下残。口径 23.8、残高 3.6 厘米（图三七〇，1）。标本 T1530④：47，泥质灰陶。器物内外饰红陶衣，口部内外涂一周红彩带。圆唇，下腹残。口径 31.6、残高 5.8 厘米（图三七〇，2）。标本 H112：3，夹蚌红褐陶。器物内外抹痕明显有黑色斑块，素面。圆唇，斜直腹下残。口径 38、残高 6.8 厘米（图三七〇，3）。标本 H100：1，泥质红陶。器物内外磨光，饰红陶衣，器表涂红彩。方唇，下腹残。口径 30、残高 6 厘米（图三七〇，4）。标本 T1529④：6，泥质灰陶。器物内外饰红陶衣。方唇，下腹残。口径 29.6、残高 8 厘米（图三七〇，5）。标本 T0822④：6，泥质灰陶。器物内外磨光，饰红陶衣，口外有一周红彩带。圆唇，下腹残。口径 27.6、残高 4.4 厘米（图三七〇，6）。标本 H100：2，泥质红陶。器物内外磨光，饰红陶衣，器表涂红彩。方唇，肩腹部有一面钻圆孔一个下腹残。口径 23.6、残高 6.2 厘米（图三七〇，7）。标本 T1629④：17，泥质灰陶。磨光，器表饰红陶衣。圆唇，腹较浅，下腹残。口径 23、残高 4 厘米（图三七〇，8）。

　　B 型　6 件。侈口，斜腹，圜底或平底。分 2 式。

　　Ⅰ 式　4 件。侈口，斜直腹略深，圜底。标本 T0724⑥：35，夹蚌陶。器内为灰黑色，器表红褐色，器物内外有因蚌片脱落形成的凹坑，素面。圆唇，下腹残。口径 38、残高 7.6 厘米（图三七一，1）。标本 T0723⑤：18，夹蚌橙黄陶。器物内外有修整时留下的刮抹痕，素面。圆唇，下腹残。残高 7 厘米（图三七一，4）。标本 F3：8，复原器，夹蚌红褐陶，器物内外抹痕明显有黑色斑块，素面，圆唇，斜直腹，圜底。口径 14、底径 4.1、通高 7 厘米（图三七一，8）。标本 T1729⑥：17，夹蚌红褐陶。器内有黑色斑块，器表红褐色，器物内外抹制略光，素面。圆唇，下腹残。残高 6 厘米（图三七一，6）。

　　Ⅱ 式　2 件。侈口，斜弧腹，圜底。标本 T0724⑤：4，夹蚌红褐陶。器内抹制略光，有黑色斑块，器表抹痕明显，素面。圆唇，下腹残。口径 11、残高 4.4 厘米（图三七一，5）。标本 T1631⑤：5，夹蚌红褐陶。器物内外抹制略光，有黑色斑块，素面。圆唇，斜弧腹，圜底。口径 13.6、残高 5 厘米（图三七一，9；彩版六三，1）。

　　C 型　5 件。近直口，深腹钵。标本 T1631⑥：19，泥质红陶。器物内外磨光，饰红陶衣。方唇，斜直腹下内收残。口径 16、残高 6.6 厘米（图三七二，1）。标本 T1530⑥：10，泥质灰陶。器物内外磨光，饰红陶衣。圆唇，斜直腹下残。残高 7 厘米（图三七二，2）。标本 T1631⑥：21，泥质红陶。器物内外磨光，饰红陶衣。圆唇，斜直腹下残。残高 6.8 厘米（图三七二，3）。标本 H282：1，夹蚌红褐陶。器内抹制略光，器表抹痕明显，素面。圆唇，斜直腹内收成圜底。口径 11.4、通高 6 厘米（图三七一，10；彩版六三，2）。标本 T1729④：1，复原器，夹蚌红褐陶。器物内外抹制略光，素面。圆唇，上腹较直，下腹斜弧内收，圜底。口径 12.4、通高 6 厘米（图三七一，11；彩版六三，3）。

　　D 型　8 件。均为器物残片。分 2 亚型。

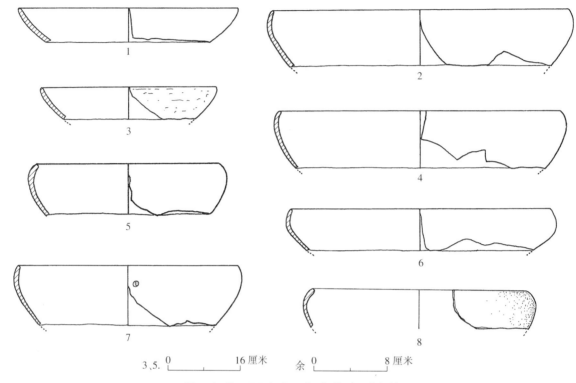

3、5.　0 |___|___| 16厘米　　　余　0 |___|___| 8厘米

图三七〇　石山孜三期文化 A 型陶钵
1. T0725⑤：48　2. T1530④：47　3. H112：3　4. H100：1　5. T1529④：6　6. T0822④：6　7. H100：2　8. T1629④：17

Da 型　5件。敛口，短肩，斜弧腹。标本 T1629⑥：8，泥质灰陶。器物内外磨光，饰红陶衣。方唇，下腹残。口径25.4、残高5.6厘米（图三七二，8）。标本 F2：8，泥质红陶。器物内外磨光，饰红陶衣。圆唇，下腹残。残高7厘米（图三七二，11）。标本 H253：1，泥质红陶。器物内外磨光，饰红陶衣。圆唇，下腹残。残高3.2厘米（图三七二，5）。标本 H42：19，泥质红陶，器物内外磨光饰红陶衣，器表及口内涂红彩。圆唇，下腹残。口径19.6、残高5厘米（图三七二，10）。标本 H244：2，泥质灰陶。器物内外磨光，饰红陶衣，器表及口内涂红彩。圆唇，斜弧腹下残。口径22.8、残高5.4厘米（图三七二，9）。

Db 型　3件。敛口，口部均削抹成尖唇斜面状，斜弧腹。标本 T0724⑤：21，泥质灰陶。器物内外磨光，饰红陶衣。斜尖唇，下腹残。口径22、残高4厘米（图三七二，6）。标本 T0724⑥：39，泥质红陶。器物内外磨光，饰红陶衣。斜圆唇，下腹残。口径20、残高3.8厘米（图三七二，7）。标本 T0724⑥：17，泥质红陶。器物内外磨光，饰红陶衣。斜尖唇，下腹残。残高4.8厘米（图三七二，4）。

E 型　3件。带把钵。分2亚型。

Ea 型　2件。近直口或口微敛。标本 T1631⑤：8，复原器，夹蚌红褐陶。器物内外抹光，有黑色斑块，素面。近直口，圆唇，近直腹较深下内成圜底，下腹与器底交界处装有把手已残失。口径12.4、通高10厘米（图三七一，3；彩版六三，4）。标本 M10：1，

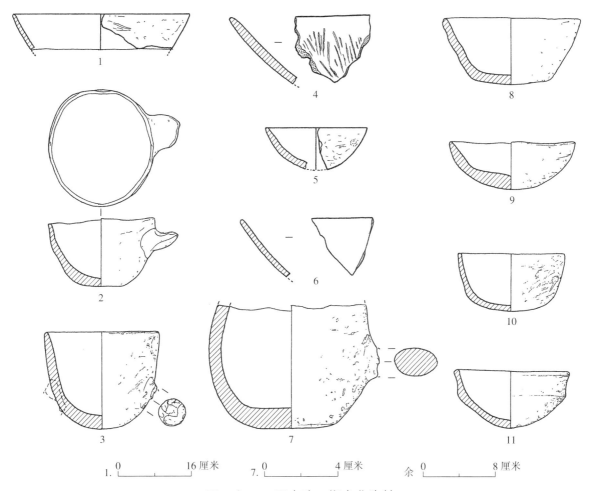

图三七一　石山孜三期文化陶钵

1、4、6、8. B 型 I 式（T0724⑥：35、T0723⑤：18、T1729⑥：17、F3：8）　2. Eb 型（T1631⑤：6）　3、7. Ea 型（T1631⑤：8、M10：1）　5、9. B 型 II 式（T0724⑤：4、T1631⑤：5）　10、11. C 型（H282：1、T1729④：1）

复原器，夹蚌红褐陶。器物内外抹制略光，有黑色斑块，有因蚌片脱落形成的凹坑，素面。口微敛，圆唇，筒腹，小平底，腹中部装有把手已残失。口径 8、通高 6.4 厘米（图三七一，7；彩版六三，5）。

Eb 型　1 件。完整器。标本 T1631⑤：6，夹蚌灰黑陶。器物内外抹光，素面。侈口，圆唇高低不平，斜弧腹，小平底，口外装有宽扁状把手较短，把手顶端圆弧微上翘。口径 11.4、通高 7 厘米（图三七一，2；彩版六三，6）。

碗　13 件。均为器物残片。以泥质陶为主，夹蚌陶次之，器表多磨光，部分涂红彩。分 2 型。

A 型　10 件。敛口，斜腹碗。分 2 式。

I 式　6 件。均残。口微敛，斜直腹。标本 T0822⑤：10，泥质红陶。器物内外磨光，饰红陶衣。方唇，下腹残。口径 29.6、残高 5.4 厘米（图三七三，1）。标本 H57：35，夹蚌灰黑陶。器物内外磨光。圆唇，下腹残。口径 25.6、残高 5.6 厘米（图三七三，3）。

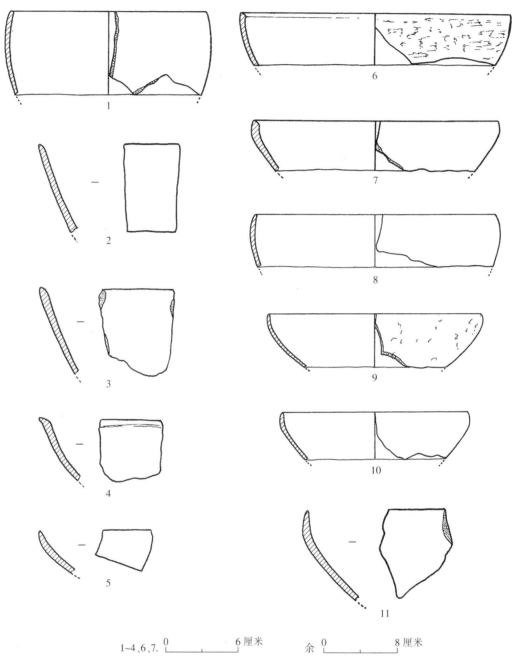

图三七二　石山孜三期文化陶钵

1~3. C 型（T1631⑥：19、T1530⑥：10、T1631⑥：21）　5、8~11. Da 型（H253：1、T1629⑥：8、H244：2、H42：19、F2：8）　4、6、7. Db 型（T0724⑥：17、T0724⑤：21、T0724⑥：39）

标本 T0724⑥：15，泥质红陶。器物内外磨光，饰红陶衣。方唇，下腹残。口径 23.2、残高 5.2 厘米（图三七三，5）。标本 T0823⑤：7，泥质红陶。器物内外磨光，饰红陶衣。方唇，下腹残。残高 4.4 厘米（图三七三，11）。标本 T0823⑥：3，泥质灰陶。器物内外磨光，器表饰红陶衣。方唇，下腹残。残高 3.6 厘米。标本 T0724⑤：22，泥质灰黑陶。器物内外磨光。圆唇，下腹残。残高 4.7 厘米（图三七三，12）。

Ⅱ式　4件。敛口，斜弧腹。标本 T0725⑤：20，夹蚌灰黑陶。器物内外磨光，口部内外涂一周红彩带。圆唇，器壁略厚，下腹残。口径18.4、残高6厘米（图三七三，2）。标本T0724④：69，泥质灰陶。器物内外磨光，饰红陶衣，多脱落。圆唇，下腹残。口径23.6、残高4.8厘米（图三七三，6）。标本T1529④：11，泥质红陶。器物内外磨光，饰红陶衣。圆唇，下腹残。口径12、残高3.8厘米（图三七三，8）。标本T0822④：5，泥质红陶。器物内外磨光，饰红陶衣。圆唇，下腹残。残高5.2厘米（图三七三，10）。

B型　3件。彩绘陶碗，均为器物残片。敛口，斜弧腹。标本F10：4，泥质红陶。器物内外饰红陶衣，口部内外涂一周红彩带。方唇，下腹残。口径16.4、残高4.8厘米（图三七三，4）。标本T1530④：9，泥质灰陶。器物内外饰红陶衣，口外涂一周红彩带。圆唇，下腹残。口径19.6、残高4.4厘米（图三七三，7）。标本T1530⑤：12，泥质灰陶。器物内外饰红陶衣，口部内外涂一周红彩带。圆唇，下腹残。口径13.8、残高3.6厘米（图三七三，9）。

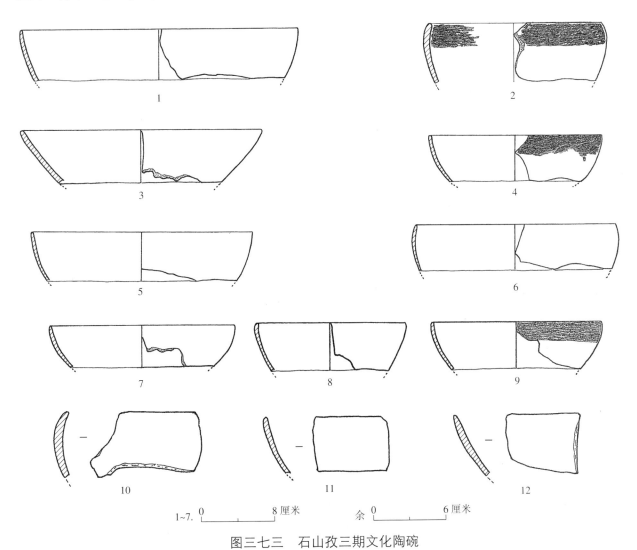

图三七三　石山孜三期文化陶碗

1、3、5、11、12. A型Ⅰ式（T0822⑤：10、H57：35、T0724⑥：15、T0823⑤：7、T0724⑤：22）　2、6、8、10. A型Ⅱ式（T0725⑤：20、T0724④：69、T1529④：11、T0822④：5）　4、7、9. B型（F10：4、T1530④：9、T1530⑤：12）

豆 23件。均为泥质陶，部分饰红陶衣，有的绘红彩。发现数量不多以豆柄的不同分2型。

A型 13件。均残。弧腹或折腹，喇叭形圈足。标本T1729④：2，泥质红陶。磨光，器表上腹部饰红彩。器形较小，侈口，圆唇，斜直腹内折，喇叭形圈足残，其上有一周相间的圆形镂孔。口径5、残高2.7厘米（图三七四，1；彩版六四，1）。标本T0724⑥：11，泥质灰陶。磨光，圈足上饰两周细戳点纹形成的圈带，内填两两相对的花瓣状纹。圈足残片。底径9、残高3.2厘米（图三七四，2）。标本T1529④：10，泥质红陶。内外施红彩，多脱落。已复原，器形较小，侈口，圆唇，斜直腹，喇叭形圈足。豆盘腹部饰两周细弦纹，圈足下部饰一周细弦纹，圈足上刻纵向相间的条纹和戳点纹。口径5.4、通高4.3厘米（图三七四，3；彩版六四，2）。标本T0723④：7，泥质灰陶。器物内外饰红陶衣，腹部饰三周戳点纹。口微敛，方唇，斜弧腹，圈足残。口径11、残高5.4厘米（图三七四，4）。标本T0823④：1，已复原，器形较小，泥质红陶。磨光，内外有黑色斑块。侈口，圆唇，斜弧腹较浅，喇叭形圈足。底径3.5、通高3.5厘米（图三七四，5；彩版六四，3）。标本T1629④：5，泥质灰陶。饰红陶衣，器表绘红彩多脱落，下腹部残存弦纹一段，圈足上刻有间隔的戳点纹和叶脉纹。圈足残片。底径13.6、残高4.4厘米（图三七四，7）。标本T1628⑤：23，泥质红陶。磨光，饰红陶衣，豆盘腹部饰两周戳点纹。残高4.3厘米（图三七四，8）。标本T1628④：14，泥质灰陶。饰红陶衣，其上绘有空格状红彩纹。圈足残片。残高4.4厘米（图三七四，9）。标本T1730⑥：10，泥质红陶磨光。饰红陶衣，圈足施红彩带，彩陶纹样不详。残高4.2厘米（图三七四，10）。标本T1629④：6，泥质红陶。磨光，内外饰红陶衣，圈足施红彩，彩陶纹样不详。仅存圈足。底径12、残高5厘米（图三七四，11）。标本T0724⑤：65，泥质红陶。器表磨光，饰红彩，现残存有两个三角形镂孔。残高6.5厘米（图三七四，12）。标本T0822⑤：9，泥质灰陶。器表饰红陶衣，豆盘腹部残存两周戳点纹。残高1.5厘米（图三七四，13）。标本F11：1，泥质红陶。器物内外饰红陶衣，器表饰红彩多脱落。复原器，敛口，圆唇，弧腹，腹部饰有间断的压印窝纹，喇叭形圈足。口径14.8、通高6厘米（图三七四，14）。

B型 1件。高圈足。标本H168：1，泥质陶。内外磨光，豆盘内灰黑色，器表为红色。侈口，圆唇，斜弧腹，下装竹节状柄，中部微鼓，其上刻划细密指甲纹。口径12、残高8.8厘米（图三七四，6）。

豆盘残片 以口、腹部不同分2型。

A型 6件。侈口，折腹。标本T1730④：7，泥质红陶。器物内外磨光，涂红彩。侈口，圆唇，上腹斜直，饰数道弦纹，下腹内折。口径22、残高4厘米（图三七五，1）。标本T1730⑥：8，泥质灰陶。器物内外饰红陶衣，涂红彩，多脱落。侈口，圆唇，上腹斜直，饰弦纹一道，下腹内折。残高3.4厘米（图三七五，2）。标本T1730⑥：7，泥质灰

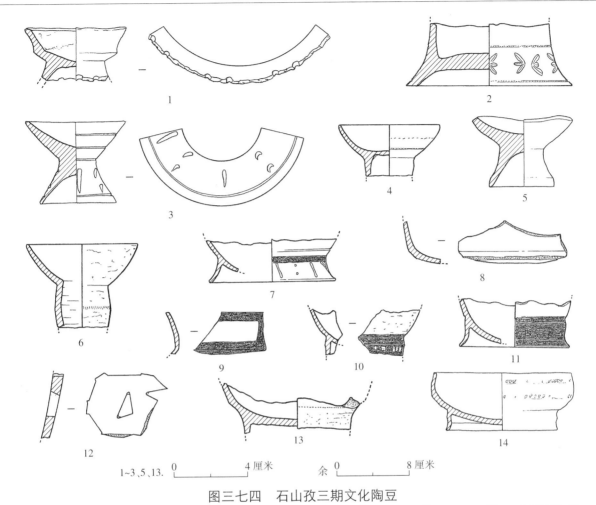

图三七四　石山孜三期文化陶豆

1～5、7～14. A 型（T1729④: 2、T0724⑥: 11、T1529④: 10、T0723④: 7、T0823④: 1、T1629④: 5、T1628⑤: 23、T1628④: 14、T1730⑥: 10、T1629④: 6、T0724⑤: 65、T0822⑤: 9、F11 : 1）　　6. B 型（H168 : 1）

陶。器物内外饰红陶衣，涂红彩。侈口，圆唇，折腹。残高 3.8 厘米（图三七五，4）。标本 T1529⑤: 3，泥质灰陶。器物内外磨光，饰红陶衣。侈口，圆唇，上腹斜弧饰两道弦纹，下腹内折。残高 4.5 厘米（图三七五，8）。标本 T0723⑤: 29，泥质红陶。器物内外磨光。侈口，圆唇，上腹斜弧，下腹内折。残高 3.8 厘米（图三七五，9）。标本 T1729④: 27，泥质灰陶。饰红陶衣，器物内外涂红彩多脱落。侈口，方圆唇，上腹斜弧饰数道弦纹，下腹内折。残高 4.5 厘米（图三七五，10）。

B 型　3 件。敛口，折腹。标本 T1629④: 15，泥质灰陶。饰红陶衣，器物内外涂红彩，多有脱落。口微敛，圆唇，上腹斜弧，下腹内折。口径 19.4、残高 3.8 厘米（图三七五，3）。标本 T1628④: 12，泥质灰陶。器物内外饰红陶衣。敛口，圆唇，上腹饰两道凹弦纹，下腹弧内折。口径 22、残高 4 厘米（图三七五，6）。标本 H57 : 13，泥质灰陶。器物内外磨光，器表施红彩。口微敛，圆唇，弧腹内折。口径 24.6、残高 4 厘米（图三七五，7）。

器柄　1 件。标本 H307 : 4，夹炭灰黑陶。外饰红陶衣。喇叭状柄，平底内凹，底部刻划网格纹。底径7、通高7.7厘米（图三七五，6；彩版六四，4）。

彩陶残片　4件。标本T0724⑥：4，泥质红陶。器表饰红陶衣，其上绘有红色平行斜线纹样。残高9.8厘米（图三七六，1；彩版六二，4）。标本H50：4，泥质红陶。器表饰红陶衣，其上绘红色平行纹样。残高5.4厘米（图三七六，2）。标本T0725⑥：89，泥质灰陶胎。器表饰红衣，其上绘有红色平行纹样。高5.4厘米（图三七六，3）。标本T0725⑥：5，泥质红陶。器表饰红陶衣，其上绘红色平行纹样。残高9厘米（图三七六，4）。

器盖纽　9件。可分为菌状纽、矮柱状纽、鸟首盖纽、环形纽、权形纽。

菌状纽　3件。标本T1730④：19，夹蚌红褐陶。手制，素面。残高4厘米（图三七七，1）。标本H168：3，夹蚌红褐陶。手制，素面。残高3.7厘米（图三七七，6）。标本T1628④：1，夹蚌红褐陶。手制，纽部周边按压凹窝，形似花边。残高3.7厘米（图三七七，8；彩版六二，5）。

矮柱状纽　3件。标本T1628④：2，夹蚌红褐陶。柱状纽略粗，顶部内凹。残高3.5厘米（图三七七，1）。标本T1630⑤：14，夹蚌红褐陶。覆碗状盖已残，纽顶部略呈三角

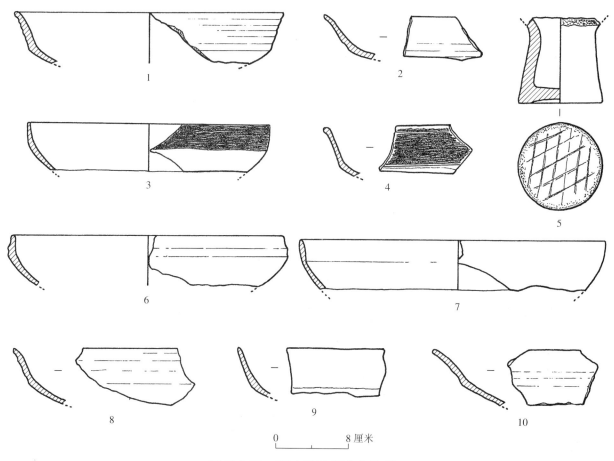

图三七五　石山孜三期文化陶器

1、2、4、8~10. A型豆盘残片（T1730④：7、T1730⑥：8、T1730⑥：7、T1529⑤：3、T0723⑤：29、T1729④：27）

3、6、7. B型豆盘残片（T1629④：15、T1628④：12、H57：13）　5. 器柄（H307：4）

形，有凹窝。残高 3.6 厘米（图三七七，3）。标本 T1629④：8，夹蚌红褐陶。盖内有黑色斑块，覆碗状盖，顶部内凹。残高 4.3 厘米（图三七七，5）。

鸟首盖纽　1 件。标本 T0723⑥：5，夹蚌红褐陶。手制，素面。覆碗状盖，扁柱状纽，顶部呈鸟首形。残高 4.3 厘米（图三七七，4；彩版六二，6）。

环形纽　1 件。标本 T1629④：12，夹蚌红褐陶。柱状纽，顶部呈环形，中穿圆孔已残。残高 4.5 厘米（图三七七，9）。

杈形纽　1 件。标本 T1530⑤：2，泥质红陶。制作不规整，纽残，柱状纽顶部分为三部分，形如树杈。残高 5.2 厘米（图三七七，7）。

器流　8 件。圆形流斜尖口。均为泥质陶。标本 T0725⑤：17，泥质灰陶。饰红彩。直径 2.5、长 7 厘米（图三七八，1）。标本 T0724⑤：11，泥质灰陶。饰红彩。直径 2.5、长 6.6 厘米（图三七八，3）。标本 T1628④：4，泥质灰陶。器表饰红彩。直径 2.5、长 6.9 厘米（图三七八，2；彩版六五，1）。标本 T1730⑤：22，泥质红陶。饰红彩。直径 2.3、长 5 厘米（图三七八，5；彩版六五，2）。标本 T0725⑤：33，泥质红陶。饰红彩。直径 4、长 13 厘米（图三七八，6）。标本 H115：2，泥质红陶。饰红彩。直径 2.3、长 6.9 厘米（图三七八，4）。标本 T0724④：9，泥质红陶。饰红彩。直径 1.5、长 4 厘米（图三七八，7）。标本 T0724⑥：12，泥质红陶。饰红彩。直径 2.5、长 6.2 厘米（图三七八，8）。

（二）小陶器

主要有小陶碗、小陶壶、小陶钵、小陶盂等。

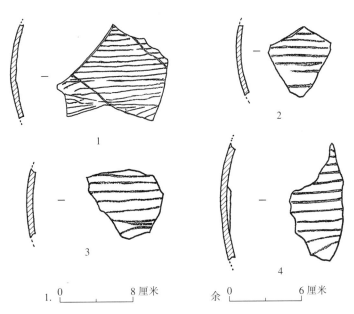

图三七六　石山孜三期文化彩陶残片
1. T0724⑥：4　2. H50：4　3. T0725⑥：89　4. T0725⑥：5

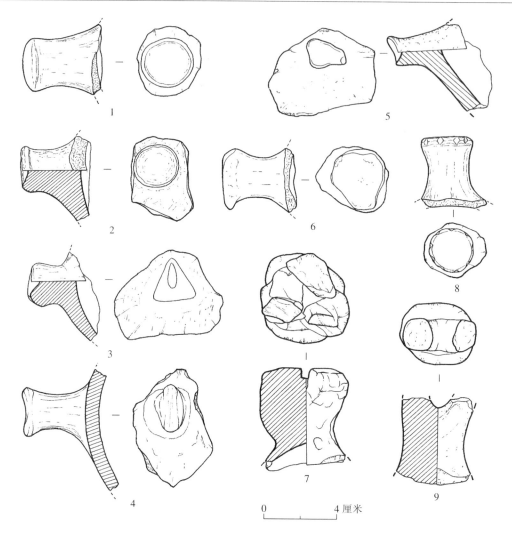

0 ____ 4厘米

图三七七　石山孜三期文化陶器盖纽

1、6、8. 菌状纽（T1730④：19、H168：3、T1628④：1）　2、3、5. 矮柱状纽（T1628④：2、T1630⑤：14、T1629④：8）　4. 鸟首盖纽（T0723⑥：5）　7. 权形纽（T1530⑤：2）　9. 环形纽（T1629④：12）

小碗　12 件。分 3 型。

A 型　8 件。平底或底内凹。标本 H116：1，夹蚌红褐陶。近直口，方唇，斜弧腹，平底。器内抹制略光，器表凹凸不平，素面。口径 7、残高 4 厘米（图三七九，1）。标本 T1529④：9，泥质红褐陶。侈口，圆唇，斜直腹，平底。素面，制作不规整。口径 5.1、残高 3.5 厘米（图三七九，3）。标本 T1629⑥：3，夹蚌红褐陶。花边口沿，斜弧腹，平底，口径 7、残高 2.2 厘米（图三七九，4；彩版六五，4）。标本 M6：2，采集。夹砂红褐陶，尖圆唇，腹略鼓，平底内凹。器内抹制略光，器表凹凸不平，素面。口径 5.5、残高 2.9 厘米（图三七九，7；彩版六五，5）。标本 T1629④：2，夹蚌红褐陶。有黑色斑块。侈口，斜沿，尖唇，斜直腹，平底。素面，手制。口径 4.5、残高 2.3 厘米（图三七九，9；彩版六五，6）。标本 T1730④：31，泥质红陶。侈口，尖圆唇，斜直腹。素面，手制，器物内外捏抹痕明显。口径 8、残高 2.8 厘米（图三七九，10）。标本 T0725⑥：2，

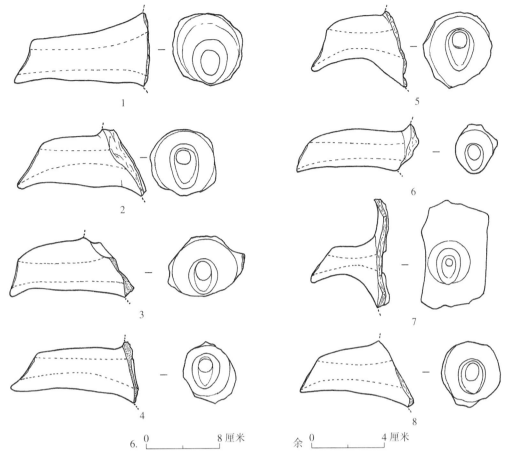

图三七八　石山孜三期文化陶器流

1. T0725⑤: 17　2. T1628④: 4　3. T0724⑤: 11　4. H115 : 2　5. T1730⑤: 22　6. T0725⑤: 33
7. T0724④: 9　8. T0724⑥: 12

夹蚌红褐陶。口微敛，圆唇，斜弧腹，平底。素面。口径7、残高5厘米（图三七九，11）。标本T1629⑥: 2，夹砂红褐陶。方圆唇，斜直腹，平底内凹。素面。口径3.8、残高2.8厘米（图三七九，12；彩版六六，1）。

　　B型　2件。圈足。标本T1530⑤: 1，泥质红陶。器内抹光，器表饰红陶衣，部分脱落。侈口，圆唇，斜弧腹，筒状圈足。口径6、残高2.5厘米（图三七九，8；彩版六六，2）。标本T1530⑤: 3，夹蚌红褐陶。有黑色斑块。口部残，斜直腹，喇叭形圈足。素面。底径4、残高4厘米（图三七九，13）。

　　C型　2件。假圈足。标本T1530④: 1，夹砂红褐陶。侈口，圆唇，斜直腹略深，饼状假圈足较矮。器内抹制略光，器表凹凸不平，素面。口径7、残高5厘米（图三七九，2；彩版六六，3）。标本H307 : 3，夹砂红褐陶。侈口，方圆唇，斜直腹，假圈足略高。素面，器表凹凸不平，制作不规整。口径5、残高3.6厘米（图三七九，6；彩版六六，4）。

　　小壶　1件。标本T1628⑤: 5，泥质红陶。口微侈，圆唇，溜肩，肩腹交界处有刮痕一道，扁圆腹外鼓，下腹内折成小平底。素面。口径3、残高5.9厘米（图三七九，5；

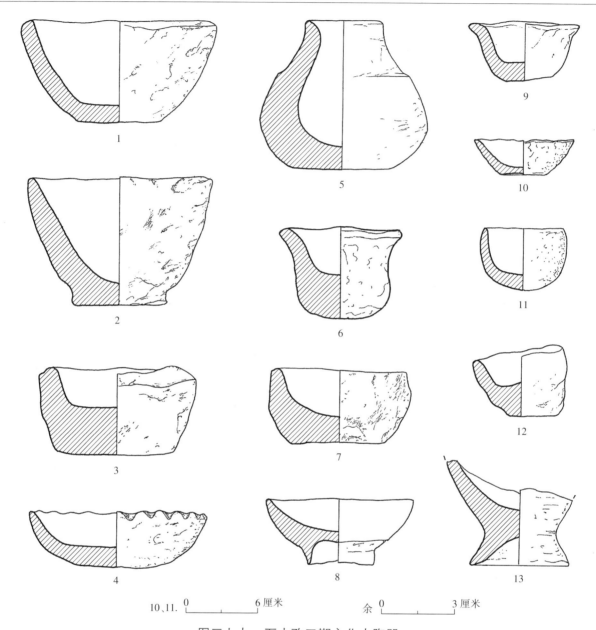

图三七九　石山孜三期文化小陶器

1、3、4、7、9～12. A 型碗（H116：1、T1529④：9、T1629⑥：3、M6：2、T1629④：2、T1730④：31、T0725⑥：2、T1629⑥：2）　2、6. C 型碗（T1530④：1、H307：3）　5. 壶（T1628⑤：5）　8、13. B 型碗（T1530⑤：1、T1530⑤：3）

彩版六五，3）。

　　小钵　3 件。标本 T1530⑤：39，夹蚌红褐陶。侈口，圆唇，弧腹，圜底残。素面。残高 3.4 厘米（图三八〇，1）。标本 T1630⑤：10，夹蚌红褐陶。敛口，圆唇，弧腹，圜底残。素面，内外有黑色斑块，器表凹凸不平。口径 10、残高 5 厘米（图三八〇，2）。标本 T1729⑤：1，泥质红褐陶。敛口，尖圆唇，近直腹，圜底。素面，内外有黑色斑块，抹制略光。口径 2.9、通高 3 厘米（图三八〇，3）。

　　小盂　19 件。侈口。分 3 型。

　　A 型　7 件。溜肩，鼓腹，平底。标本 T1631⑥：5，泥质红陶。上腹部饰两周戳点纹，其内填三角形戳点纹带。下腹斜弧，平底。口径6.5、残高9厘米（图三八一，1）。标本T0724④：4，泥质红陶。复原器，侈口，圆唇，溜肩，鼓腹，下腹斜弧，有黑色斑块，平底。肩腹之间饰两周戳点纹，其内填三角形戳点纹带。口径4.4、残高4.4厘米（图三八一，2；彩版六六，5）。标本F11：8，泥质红陶。器物内外抹光。侈口，尖唇，底残。肩腹部饰两周戳点纹。口径10、残高6厘米（图三八一，3）。标本T0724④：31，泥质红陶。侈口，圆唇。鼓腹处饰有凹弦纹一道。口径8、残高5厘米（图三八一，4）。标本T0723④：1，泥质红陶。复原器，侈口，圆唇，溜肩，鼓腹，平底。素面。口径8、残高6.4厘米（图三八一，5；彩版六六，6）。标本T0723④：4，泥质红陶。侈口，尖圆唇，鼓腹，器体较薄，下残。器物内外有黑色斑块，肩腹之间饰两道凹弦纹。口径4、残高3.6厘米（图三八一，7）。标本F11：23，夹砂红褐陶。器表细泥抹光，上腹部饰两周戳点纹。平底。口径4.4、残高4.2厘米（图三八一，9）。

　　B型　9件。束颈，鼓腹，平底。标本T1628④：11，泥质红陶。磨光。溜肩，鼓腹，平底。素面。口径7、残高4.5厘米（图三八二，1）。标本T0722④：1，泥质红陶。有黑色斑块，磨光。复原器，侈口，圆唇，束颈，上腹斜直，下腹内折，小平底。素面。口径4、残高4.4厘米（图三八二，2；彩版六七，1）。标本T0724④：10，泥质红陶。磨光。上腹斜直，下腹内折，平底。素面。口径4.7、残高3.5厘米（图三八二，3）。标本H269：12，泥质红陶。侈口，圆唇，束颈，上腹斜弧，下腹内折。素面。口径8、残高5.8厘米（图三八二，4）。标本M15：2，夹砂红褐陶，有黑色斑块，抹制略光。复原器，侈口，圆唇，束颈，上腹斜直，下腹内折，平底。素面。口径4、残高4.3厘米（图三八二，5；彩版六七，2）。标本T1730④：2，泥质红陶，磨光。复原器，侈口，圆唇，上腹斜直，下腹内折，平底。素面。口径4、残高4.3厘米（图三八二，6；彩版六七，3）。标本T1628⑤：4，泥质红陶。折腹，平底。底径3、残高3.6厘米（图三八二，7）。标本H6：1，泥质红陶。有黑色斑块，磨光。复原器，侈口，圆唇，束颈，上腹斜直，下腹内折，平底。素面。口径4.5、残高3.9厘米（图三八二，8；彩版六七，4）。标本T1628⑤：1，泥质红陶。有黑色斑块，磨光。复原器，侈口，圆唇，上腹斜直，下腹内折，平底。素面。口径6、残高4厘米（图三八二，9；彩版六七，5）。

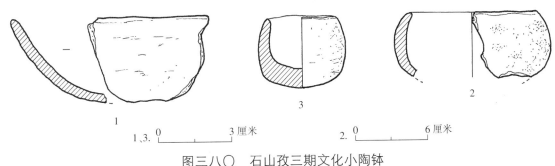

图三八〇　石山孜三期文化小陶钵
1. T1530⑤：39　2. T1630⑤：10　3. T1729⑤：1

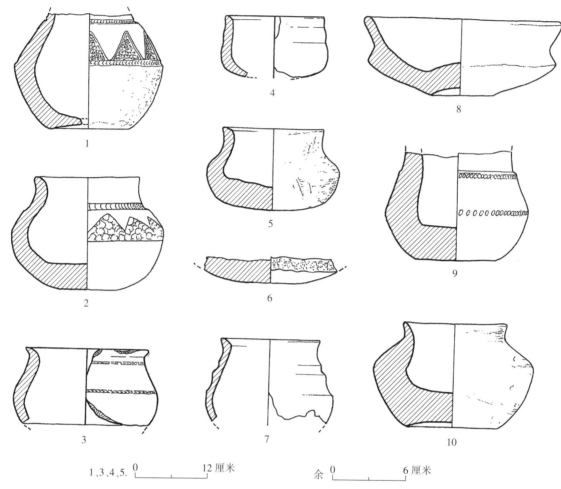

1、3、4、5. 0 _____ 12厘米　　　余 0 _____ 6厘米

图三八一　石山孜三期文化小陶盂

1~5、7、9. A 型（T1631⑥：5、T0724④：4、F11：8、T0724④：31、T0723④：1、T0723④：4、F11：23）
6、8、10. C 型（T1628⑥：3、T1629④：1、T1729④：4）

C 型　3 件。折腹，底部内凹。标本 T1628⑥：3，泥质红陶。磨光，素面。仅存底部，器底内平外凹。底径 1.6、残高 1 厘米（图三八一，6）。标本 T1629④：1，泥质红陶。有黑色斑块，抹制略光。复原器，下腹斜直，下腹内折，器底内凸外凹。口径 8、残高 3 厘米（图三八一，8；彩版六七，6）。标本 T1729④：4，泥质红陶。磨光。侈口，上腹斜直，下腹内折，器底内平外凹。口径 4.1、残高 4 厘米（图三八一，10）。

（三）生产工具

主要有陶拍、陶纺轮、圆陶片等。以下分别介绍。

拍　4 件。呈菌状，依形制不同分 2 型。

A 型　2 件。标本 T0724⑤：24，夹蚌红褐陶。素面，手制。柄及拍面均残，拍面较平，边沿下垂。拍面直径 9.7 厘米（图三八三，1；彩版六八，3）。标本 H281：6，夹蚌红褐陶。柄部残失，从残存柄根部痕迹来看柄应为柱状，器形较小，拍面弧凸，边沿下

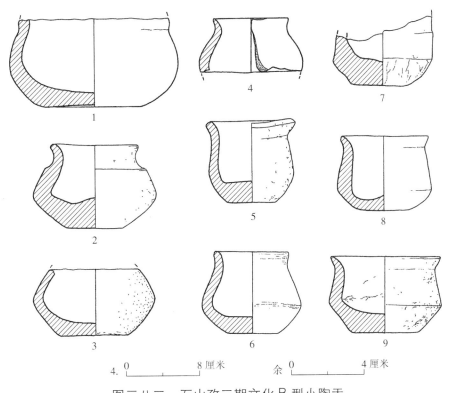

图三八二  石山孜三期文化 B 型小陶盂
1. T1628④：11  2. T0722④：1  3. T0724④：10  4. H269：12  5. M15：2  6. T1730④：2
7. T1628⑤：4  8. H6：1  9. T1628⑤：1

垂。素面，手制。拍面直径 5 厘米（图三八三，4；彩版六八，4）。

B 型  2 件。标本 T0725⑤：5，夹蚌红褐陶。素面，手制。仅存拍面一半，拍面圆平，较厚。拍面直径 8.4 厘米（图三八三，2）。标本 H64：4，夹蚌红褐陶。仅存部分拍面，器呈圆饼状，拍面微鼓，刻有方格纹，边沿较薄。拍面直径 6 厘米（图三八三，3）。

纺轮  4 件。其制作方法有手制、陶片改制两种，形制以圆形、椭圆形为主，器体中部均有穿孔，亦有极少量的钻而未透者，陶质以夹砂、夹蚌为多数，亦有较少量的夹炭陶，绝大多数为素面。依其形状、加工方法的不同分为 2 型。

A 型  1 件。器体扁平者。标本 H128：1，夹蚌褐陶。椭圆形，器形略小，较厚，轮周磨制较粗，器表一面平，一面微凹，中部穿孔较直。直径 4.1、厚 1.6 厘米（图三八四，1）。

B 型  3 件。器体一面较平，另一面略鼓者。标本 F5：1，泥质红褐陶。素面，手制。器体自穿孔处残断，仅存一半，器体一面有黑斑，器表抹光，一面凹凸不平，另一面略鼓，穿孔偏向一侧略斜。直径 7.5、厚 2 厘米（图三八四，3）。标本 T1730⑤：4，夹蚌红褐陶。素面，手制。圆形，器表一面微凹，轮周边沿呈尖圆状，厚薄不一，器体中部圆形穿孔略斜。直径 4.9、厚 1.2 厘米（图三八四，2）。另有采集品 1 件，夹蚌红褐陶。素面，手制。器表一面微凹，一面稍鼓，边沿厚薄不一，器表有蚌片脱落的蜂窝状凹坑。

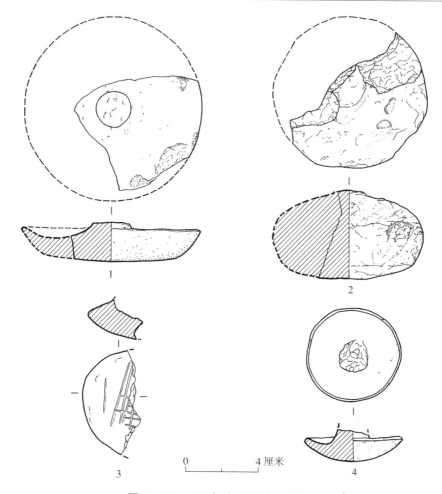

图三八三　石山孜三期文化陶拍
1、4. A 型（T0724⑤: 24、H281 : 6）　2、3. B 型（T0725⑤: 5、H64 : 4）

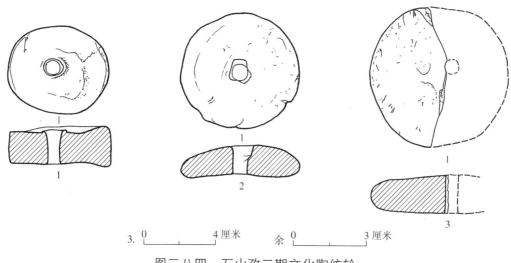

图三八四　石山孜三期文化陶纺轮
1. A 型（H128 : 1）　2、3. B 型（T1730⑤: 4、F5 : 1）

直径3.9、厚1.4厘米。

圆片　8件。均利用残破陶器打制而成，有一定弧度，多为器腹残片。标本H145：11，夹蚌红褐陶。一面呈灰黑色，周边略经磨制。直径6.5、厚1厘米（图三八五，1）。标本M11：1，夹蚌红褐陶。一面呈灰黑色，略呈圆形，周边打制痕明显，较粗糙。直径6.1、厚1.2厘米（图三八五，2）。标本T0724⑥：2，夹蚌红褐陶。近圆形。素面，磨光，周边磨制略整齐。直径4.3、厚0.8厘米（图三八五，3）。标本T0725⑤：1，夹蚌红褐陶。圆形，器形较小，磨制较粗。直径3.5、厚0.9厘米（图三八五，4）。标本T1629⑤：3，夹蚌红褐陶。素面。圆形，一面较平，另一面略弧，周边磨成刃状，厚薄不匀。直径4.5、厚1厘米（图三八五，8）。标本T1629⑤：4，夹蚌红褐陶。素面。椭圆形，周边磨制较粗糙。直径4.5、厚1厘米（图三八五，9）。标本H261：2，夹蚌红褐陶。素面。圆形，周边磨成刃状，参差不齐。直径4、厚0.7厘米（图三八五，10）。标本T1629⑤：2，夹蚌红褐。一面有黑斑块，另一面呈灰黑色，器呈椭圆形，器表正反面及边沿磨制较精。最大径5、厚1厘米（图三八五，11）。

此外，还出土有陶球、泥塑动物模型。

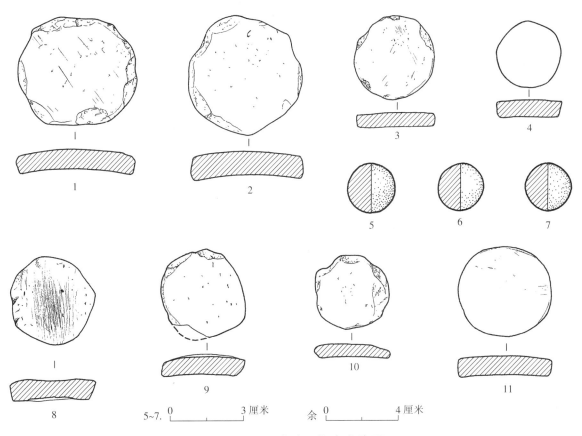

图三八五　石山孜三期文化陶器

1~4、8~11. 圆片（H145：11、M11：1、T0724⑥：2、T0725⑤：1、T1629⑤：3、T1629⑤：4、H261：2、T1629⑤：2）　5~7. 球（T0823⑥：1、M15：1、H53：1）

球　3件。标本T0823⑥：1，泥质红陶。球形。素面，磨光，手制。直径2厘米（图三八六，5；彩版六八，2左）。标本M15：1，泥质红褐陶。素面。球形，体内中空，内置小球，摇之有声。直径1.9厘米（图三八五，6；彩版六八，3中）。标本H53：1，泥质红褐陶。球形。素面，磨光，手制。直径1.9厘米（图三八五，7；彩版六八，3右）。

泥塑动物模型　1件。标本T1530⑥：1，泥质红陶。素面。残存部分仅存双眼及鼻梁，眼部外突呈乳丁状，鼻梁呈棱状。宽5.4、残高8厘米（图三八六；彩版六八，4）。

二　玉、石器

主要有石盘状器、石锤、石铲、石锛、砺石、石斧、石网坠等，此外还出土有一件玉璜。以下分别介绍。

石盘状器　3件。标本H167：16，棕黄色石英砂岩。圆形较厚，器体两面均经磨制，周边琢磨不规整，略直。长8.4、宽8、厚3.3厘米（图三八七，1）。标本T0722④：3，棕红色石英砂岩。略呈圆形，一面磨制较平，另一面琢击痕明显，周边琢击略直崩疤明显。长8.6、宽8.9、厚2.5厘米（图三八七，3；彩版六九，1）。标本T1630⑤：4，灰色灰岩。器体较小，两面略鼓，留有天然岩面，周边刃部略锋利，有崩疤。残长5.3、宽4、厚1厘米（图三八七，4）。

石锤　3件。标本H39：13，灰白色风化闪长玢岩。器呈长条状，一端略平，一端敲砸成锥状，其他各面稍经敲砸而成，尖锥状面有砸击的使用痕。长11.5、宽5.5、厚3.5厘米（图三八七，2）。标本H11：4，紫红色石英砂岩。可能为磨棒改制而成，一端呈方圆状，磨制平齐，另一端呈斜弧状，使用痕明显，器体表面均经磨制。长8、宽5.3、厚4.5厘米（图三八七，6）。标本F2：54，浅灰色石英砂岩。仅残存一小块，呈三角形，原磨面尚存，尖端使用痕明显。残长4、宽5.2、厚2.5厘米（图三八七，7）。

石铲　8件。多为灰岩制成，因石质较软，均残，器呈扁平体。标本H34：6，灰绿色砂屑制成。器呈椭圆形，弧形刃磨制略锋利，因使用崩痕较大，顶部近平微弧，两侧打击

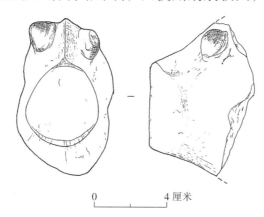

图三八六　石山孜三期文化泥塑动物模型（T1530⑥:1）

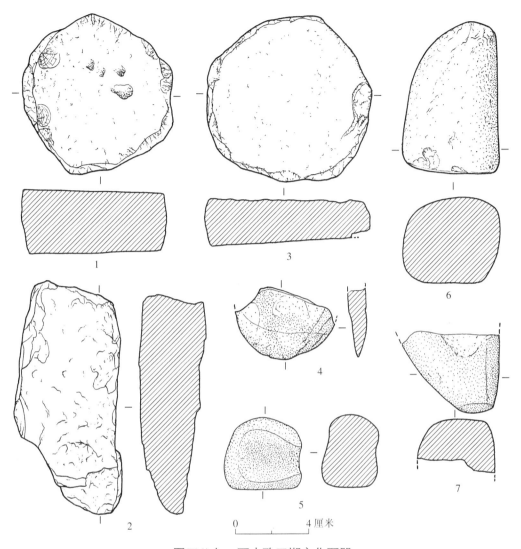

图三八七　石山孜三期文化石器

1、3、4. 盘状器（H167：16、T0722④：3、T1630⑤：4）　　2、6、7. 锤（H39：13、H11：4、F2：54）　　5. 网坠（H53：25）

痕明显。长 17.2、宽 12、厚 2 厘米（图三八八，1；彩版六九，2）。标本 H34：7，黄绿色灰岩制成。顶部和刃部已不易区分，周边打击痕明显，两面保持有原始岩面。长 15.5、宽 12、厚 1.6 厘米（图三八八，2；彩版六九，3）。标本 H34：8，黄绿色灰岩制成。顶部和刃部已不易区分，周边打击痕明显，两面保持有原始岩面。长 13.3、宽 9、厚 1.7 厘米（图三八八，5；彩版六九，4）。标本 H53：22，浅黄绿色灰岩。梯形，残存圆弧状顶部，两侧及顶均有打击痕，正反两面有打击或使用时的大片疤痕。长 10.6、宽 8、厚 3 厘米（图三八八，3）。

　　其余均为残片。标本 H42：19，浅黄色灰岩，残存器身一部分。长 9、宽 7、厚 1.5 厘米（图三八八，6）。标本 H45：15，灰白色灰岩，仅残存刃部。长 6.4、宽 4、厚 1.5 厘米（图三八八，4）。标本 T0822④：1，浅黄绿色灰岩，残存器身一部分。长 8、宽 7.7、厚 1.4 厘米（图三八八，7）。标本 F2：53，浅灰红色灰岩，残存器身一部分。长 9.5、宽 6、厚 2 厘米（图三八八，8）。

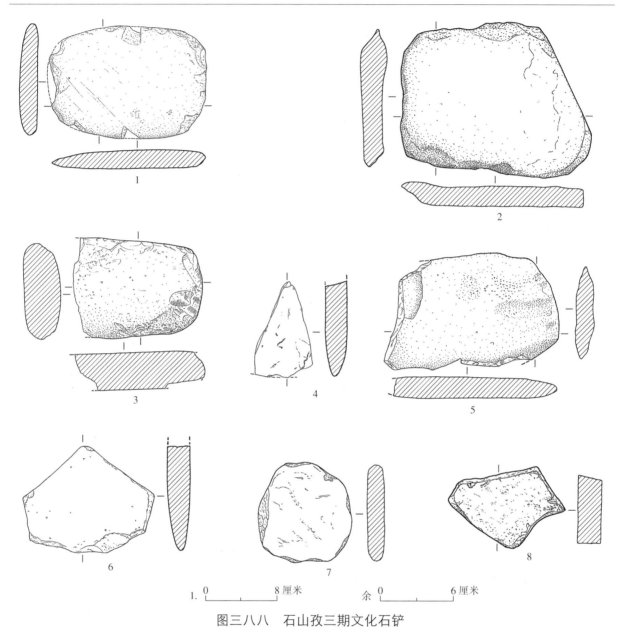

1. 0 _____ 8厘米
余 0 _____ 6厘米

图三八八　石山孜三期文化石铲

1. H34：6　2. H34：7　3. H53：22　4. H45：15　5. H34：8　6. H42：19　7. T0822④：1　8. F2：53

砺石　7件。依形状不同分2型。

A型　6件。长条状。标本T1630⑤：9，棕黄色含云母砂岩。两端残损，两面均磨成微凹状，一侧面残断，一侧面磨制平直。长9.5、宽5.5、厚1.5厘米（图三八九，1；彩版七〇，1）。标本H260：3，棕红色含云母砂岩。正反两面均磨制较平，一侧面磨制较直。长10、宽4.5、厚1.5厘米（图三八九，3）。标本T1730⑤：2，紫红色含云母砂岩。边沿及侧面均磨，正反面有磨出的浅凹槽。长7.1、宽4.8厘米（图三八九，8；彩版七〇，2）。标本F2：24，棕红色含云母砂岩。残甚，有磨痕。长7、宽6、厚0.7厘米（图三八九，5）。标本F2：30，棕红色含云母砂岩。残甚，有磨痕。长5.9、宽3.2、厚0.5厘米（图三八九，4）。标本F2：31，棕红色含云母砂岩。残甚，有磨痕。长11.3、

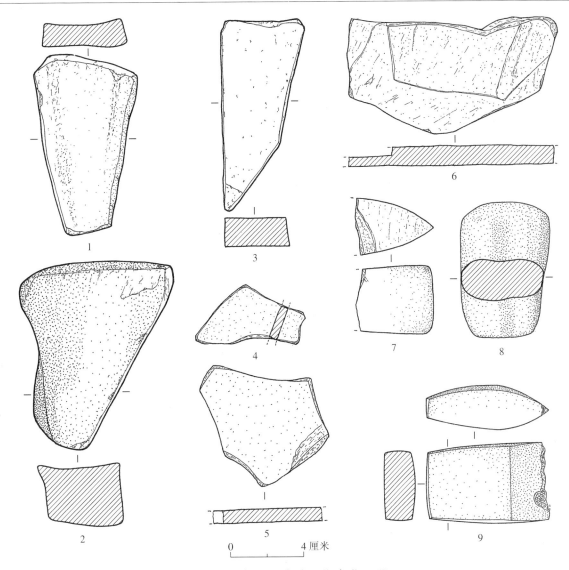

图三八九 石山孜三期文化石器

1、3~6、8. A 型砺石（T1630⑤：9、H260：3、F2：30、F2：24、F2：31、T1730⑤：2） 2. B 型砺石（H102：5）
7、9. 石锛（T1628⑤：31、T0822⑥：1）

宽5.8、厚1厘米（图三八九，6）。

B 型 1件。不规则状。标本 H102：5，棕黄色含云母砂岩。残损后反复使用，器呈三角形，侧面及正反面均有磨制的凹坑。长9.8、宽8.3、厚3.2厘米（图三八九，2）。

石锛 2件。长方形或梯形扁平体。标本 T0822⑥：1，黑绿色辉长岩制成。完整，剖面呈长方形，顶部磨制斜平，两侧斜直，平刃，偏锋，通体磨制光滑，顶部有崩痕。长6.7、宽4.1、厚1.7厘米（图三八九，9；彩版六九，5）。标本 T1628⑤：31，灰绿色石英粉砂岩。残存刃部，平刃，偏锋。长4.2、宽3.6厘米（图三八九，7；彩版六九，6）。

石斧 9件，均残。分4型。

A 型 3件。梯形，弧背。标本 T0722⑤：3，灰色辉长岩。残存刃部，平直刃略斜，器表崩疤痕明显。长5、宽6.4厘米（图三九〇，1；彩版七〇，3）。标本 H240：2，灰色辉长岩。为石斧的背侧面一部分，器表崩疤痕明显。长6.8、宽2.7厘米（图三九○，2）。标本H45∶16，绿黑色辉长岩。仅存刃部，作平刃，有崩痕。长4、宽2.1厘米（图三九○，6）。

B型　3件。均残，梯形，平背。标本H42∶1，灰色辉长岩。器体厚重略大，刃及器身部分残，刃部磨损严重，疤痕明显。长11、宽7.5、厚3.7厘米（图三九○，4；彩版七○，4）。标本T1628⑤∶2，灰色燧石。仅存背部，精磨。长4.3、宽4厘米（图三九○，3）。标本T1629④∶3，绿色粉砂岩。仅存背部，器表有崩痕。长4.5、宽4、厚1.2厘米（图三九○，9）。

C型　1件。椭圆形。标本T1730⑤∶1，灰色硅化灰岩。器体呈椭圆形，仅存器身下部，正锋弧刃磨制较精。长7、宽4.7、厚3.3厘米（图三九○，10；彩版七○，5）。

D型　2件。穿孔石斧。标本T1729④∶3，灰绿色石英岩。残存器身一侧，斜刃，中部有对钻的较大圆孔亦残。长7、宽4.5、厚1.8厘米（图三九○，7）。标本H88∶16，紫灰色辉长岩。残存背部，有对钻的圆孔已残。长5.2、宽4.2、厚1.8厘米（图三九○，5）。

石网坠　1件。标本H53∶25，灰绿色辉长岩。椭圆状，器中部有磨制较浅的凹槽，器表有较密的琢制崩疤。长4.1、宽3.8、厚3厘米（图三八七，5；彩版七○，6）。

玉璜　1件。标本T1629⑥∶11，灰白色。平面呈弧形，剖面椭圆形，两端斜直，分别由器身一面向两端各斜钻一个圆形穿孔。长5.4、直径0.5~0.9厘米（图三九○，8；彩版七一）。

三　骨、角、蚌器

主要有骨镞、骨锥、骨针、角锥等。以下分别介绍。

骨针　3件。标本T1629⑤∶1，鼻残失，均呈扁形，剖面长方形，尖部略粗钝。长12.2、宽0.7厘米（图三九一，1；彩版七二，左1）。标本F10∶1，鼻部较扁，器身及针尖部较圆，对钻针眼。长4.1、宽0.3厘米（图三九一，12）。标本T1630⑤∶7，鼻残失，均呈扁形，剖面长方形，尖部略粗钝。长7.9、宽0.6厘米（图三九一，5；彩版七二，2）。

骨镞　8件。分3型。

A型　6件。扁铤，扁锋。标本T1629⑥∶1，铤、锋分界不明显，呈较规整菱形，一面磨制较平，另一面有较浅凹槽。长8.4、宽1.1厘米（图三九一，2；彩版七三，1上左1）。标本T1631⑤∶1，一面略呈凹槽，一面似有脊，铤、锋均残。长6.8、宽0.9厘米（图三九一，8；彩版七三，1上左2）。标本T1631⑤∶2，扁铤较长，上面刻六道横线，一面较平，扁锋，器身较短。长6.4、宽1厘米（图三九一，11；彩版七三，1上左3）。标本T1630⑥∶1，锋部略尖，铤部较钝，呈不甚规整的菱形，较扁，一面磨平，另一面粗糙。长5.4、宽1.3厘米（图三九一，13；彩版七三，1上右1）。标本T1630⑤∶8，铤较长，器身一面磨平，一面略弧，鼓锋残。长4.5、宽1厘米（图三九一，15；彩版七三，

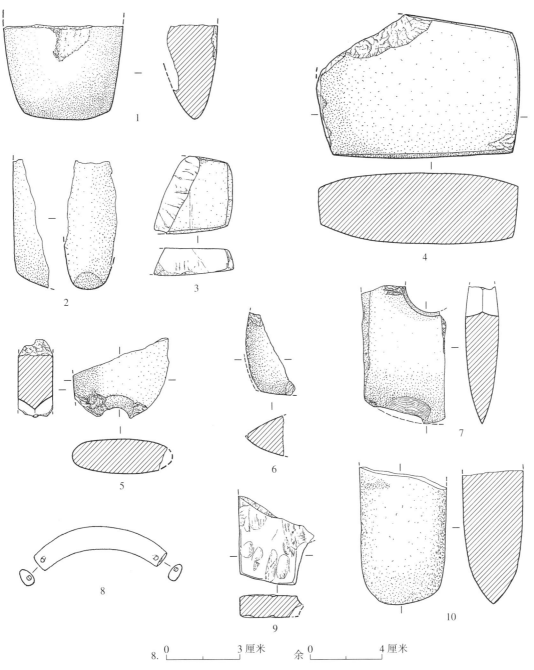

图三九〇 石山孜三期文化器物

1、2、6. A 型石斧（T0722⑤：3、H240：2、H45：16） 3、4、9. B 型石斧（T1628⑤：2、H42：1、T1629④：3）
5、7. D 型石斧（H88：16、T1729④：3） 8. 玉璜（T1629⑥：11） 10. C 型石斧（T1730⑤：1）

1 下左 1）。标本 H167：1，残，铤、锋一侧略直，另一侧微弧，一面较平，另一面微圆鼓。长 6.8、宽 1 厘米（图三九一，16；彩版七三，1 下左 2）。

B 型 1 件。扁铤，圆锋。标本 H164：1，扁铤残，扁圆器身，斜收成圆锋，较粗糙。长 6、宽 1 厘米（图三九一，14；彩版七三，1 下左 3）。

C 型 1 件。标本 T1628③：1，铤残，器最大径距锋部较近，尖圆锋。长 5.7、宽 0.8

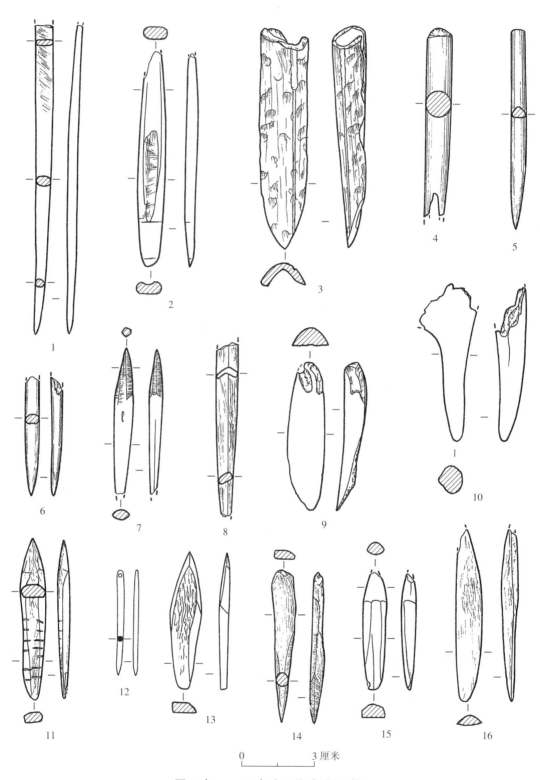

0 ———— 3厘米

图三九一　石山孜三期文化器物

1、5、12. 骨针（T1629⑤：1、T1630⑤：7、F10：1）　2、8、11、13、15、16. A 型骨镞（T1629⑥：1、T1631⑤：1、T1631⑤：2、T1630⑥：1、T1630⑤：8、H167：1）　3、9、10. 角锥（T1630④：16、T1630④：15、T1631⑤：3）　4、6. 骨锥（H154：7、T1631⑥：1）　7. C 型骨镞（T1628③：1）　14. B 型骨镞（H164：1）

厘米（图三九一，7；彩版七三，1下右1）。

骨锥 2件。标本 H154：7，仅存一段，器体扁圆，尖圆锋残。长7.4、宽1厘米（图三九一，4；彩版七三，3左）。标本 T1631⑥：1，仅存一段，一面平，一面圆弧，尖圆锋。长4.7、宽0.5厘米（图三九一，6；彩版七三，3右）。

角锥 3件。标本 T1630④：15，残，器身粗糙，尖部经磨制。长5.9、宽1.5厘米（图三九一，9；彩版七三，2左）。标本 T1630④：16，残，器身粗糙，尖部经磨磨制。长8.7、宽2厘米（图三九一，3；彩版七三，2右）。标本 T1631⑤：3，用动物角部制成，呈锥状。长6.2、宽2.3厘米（图三九一，10；彩版七三，2中）。

## 第五节 分期与年代

石山孜三期文化遗存计有199个单位，其中文化层堆积28个，灰坑159座，房屋基址9座，墓葬3座。这些遗迹单位分布于东、西两个发掘区的不同区域，存在很多的叠压打破关系，其所表示的各遗存形成年代先后的层位关系，反映了石山孜三期文化不同遗存间的相对年代序列，通过这些层位关系所确定的相对序列，了解不同遗存表现的变化，特别是不同层位年代的遗迹在陶器形态方面的差别，能够掌握到这一时期文化遗存发展的变化的阶段性规律，进而对这些遗存进行归纳与分期。

石山孜三期文化遗迹单位，主要有开口于第④层下和第⑤层下的灰坑、房址和墓葬，以及第⑤层和第⑥层堆积，其中开口于第④层下、打破第⑤层及其以下遗存单位的灰坑有93座，墓葬1座，房址5座。开口于第⑤层下、打破第⑥层及以下遗迹单位的灰坑66座，房址4座，墓葬2座。在这些遗迹单位中，尽管存在着较多叠压打破关系，但由于其所处的时代多相距不远，所以陶器的型式变化不太明显，而且其中的一些遗迹没有出土遗物，或者虽有出土遗物，但过于破碎，或者出土遗物较少，无法参加相应的陶器的排比。因此，以下选择部分出土遗物较多，又具有一定可比性的遗迹单位进行排比，来寻求这一时期的陶器演化轨迹，探讨石山孜三期文化遗存的阶段性变化。依各遗迹单位的层位关系和出土遗物的特征，将这些遗迹单位划分为两组。

第一组，开口于第⑤层下、打破第⑥层及其以下遗存者有以下9组：

（1）⑤→H53→H57→⑥→⑦　　　　（2）⑤→H57→⑥→⑦

（3）⑤→H88→⑥→⑦　　　　　　　（4）⑤→H299→M12→⑥

（5）⑤→H301→F12→⑥　　　　　　（6）⑤→H309→F12→⑥

（7）⑤→F13→⑥　　　　　　　　　（8）⑤→F10→⑥

（9）⑤→F3→⑥

第二组，开口于第④层下、打破第⑤层及其以下遗存者有以下13组：

（1）④→H28→⑤→⑥　　　　　　　（2）④→H39→⑤→⑥

（3）④→H75→⑤　　　　（4）④→H62→⑤→⑥

（5）④→H65→⑤→⑥　　　（6）④→H42→⑤→⑥

（7）④→H61→⑤→⑥　　　（8）④→H100→⑤

（9）④→H110→⑤→⑥　　　（10）④→H111→F2→⑤→⑥→⑦

（11）④→H307→⑤　　　　（12）④→M10→⑤

（13）④→F2→⑤→⑥

处于以上两大组层位关系中的遗迹单位共有 22 个，从各单位所处的层位年代看，大致可以反映石山孜三期文化遗存的各个层位环节。各单位出土的典型陶器的情况见表九对表中所反映的情况进行分析，可以看出在层位关系中处于较早一环的单位，它们所出的陶器的型式也处于排序结果的前列，其他在层位关系中环节相当的单位，其所出土的陶器型式大体具有相当多的一致性。综合以上两组 22 个单位陶器出土的情况，可得出其陶器的基本组合为鼎、釜、钵、碗、小口双耳罐、盆、豆。

表九　石山孜三期文化典型单位出土陶器型式表

| 单位 | 鼎 | | | 釜 | | 盆 | 钵 | 双耳罐 | 碗 | 豆 |
|---|---|---|---|---|---|---|---|---|---|---|
| | 罐形鼎 | 盆形鼎 | 钵形鼎 | 附加堆纹釜 | 带錾釜 | | | | | |
| F7 | | | | AaⅡ、BbⅡ | | | | | | |
| F3 | | | | BbⅠ | AⅡ | AbⅡ、CaⅠ | BⅠ | | | |
| F2 | | | | | | AaⅡ、AbⅡ、CaⅠ | Da | | | |
| F11 | | | | | | AaⅠ | | | | A |
| F5 | | | | | | | BⅡ | | | |
| F10 | | | | | | | | | B | |
| H281 | | | AⅠ | AaⅠ | | | | | | |
| H111 | AⅡ | | | AaⅡ | | | | | | |
| H28 | BⅡ | | | AbⅡ | | | | | | |
| H61 | | | | AbⅡ | | | | | | |
| H127 | | | | BaⅡ | | | | | | |
| H39 | | Ⅱ | | BaⅡ | | | | | | |
| H268 | AⅡ | | | | | | | | | |
| H75 | BⅠ | Ⅱ | | | | | | | | |
| H53 | C | | | | | | | | | |
| H62 | D | | | | | | | | | |
| H88 | | | | | | AbⅠ | | | | |
| H57 | | | | | | AbⅠ | | | AⅠ | |
| H64 | | | | | | BⅡ | | | | |

续表九

| 单位 | 鼎 | | | 釜 | | 盆 | 钵 | 双耳罐 | 碗 | 豆 |
|---|---|---|---|---|---|---|---|---|---|---|
| | 罐形鼎 | 盆形鼎 | 钵形鼎 | 附加堆纹釜 | 带錾釜 | | | | | |
| H122 | | | | | | BⅡ、AaⅡ | | | | |
| H110 | | | | | | | | BⅡ | | |
| H42 | | | | | | | Da | | | |
| H322 | AⅠ | | | | | | | | | |
| M10 | | | BaⅡ | | | | Ea | | | |

另外，再对石山孜三期文化遗存地层中出土的陶器型式的情况进行统计，可制成石山孜三期文化地层出土陶器型式表（表一〇）。从表中所反映的情况，可以看出其陶器组合情况与遗迹单位中的陶器组合情况基本一致。所以，石山孜三期文化遗存应属具有较多共性的同一文化范畴。

## 表一〇　石山孜三期文化地层出土陶器型式表

| 地层 | 鼎 | | | | 釜 | | 盆 | 钵 | 双耳罐 | 碗 | 豆 |
|---|---|---|---|---|---|---|---|---|---|---|---|
| | 釜形鼎 | 罐形鼎 | 盆形鼎 | 钵形鼎 | 附加堆纹釜 | 带錾釜 | | | | | |
| T1631⑥ | | | Ⅰ | AⅠ | AaⅠ、AbⅠ、BaⅠ、BbⅠ | AⅠ | AaⅡ | C | AⅠ | | |
| T1530⑥ | | | | | AbⅠ | AⅠ | | C | | | |
| T0724⑥ | | C | Ⅰ | BaⅠ | BaⅠ | | BⅠ、AaⅠ | BⅠ、Db | | AⅠ | |
| T1529⑥ | | C | | | BbⅠ | AⅠ | | | | | |
| T0723⑥ | | | | | Bc | | | | | | A |
| T0725⑥ | | | | | Bc | | | | | | |
| T1629⑥ | | | | Bb | | B | AaⅠ | Da | | | |
| T0722⑥ | | | Ⅰ | | | | | | | | |
| T1729⑥ | | | Ⅰ | | | | | BⅠ | BⅠ | | |
| T1630⑥ | | | | AⅠ | | | CaⅠ、CbⅠ | | C | | |
| T1730⑥ | | | | | | | AaⅠ | | BⅠ | | A |
| T0823⑥ | | | | | | | | | | AⅠ | |
| T1628⑥ | | | | | | | | | | | |
| T0822⑥ | | | | | | | | | | | |

续表一〇

| 地层 | 鼎 | | | | 釜 | | 盆 | 钵 | 双耳罐 | 碗 | 豆 |
|---|---|---|---|---|---|---|---|---|---|---|---|
| | 釜形鼎 | 罐形鼎 | 盆形鼎 | 钵形鼎 | 附加堆纹釜 | 带錾釜 | | | | | |
| T0723⑤ | I | | | A I | Aa I、Ab I、Ba II | | B I | B I | | | |
| T1530⑤ | | | | | Ab I、Bc | | Ab I、Ab II、Cb I | | | B I | B |
| T1730⑤ | | D | | | Ab II | | | | | B II | |
| T0725⑤ | | | | | Ab II | | B I、E、D | A | | B II | A II |
| T1631⑤ | | | I | | Ac I、Bb I、Bb II | A II | Ca I、D | B II、Ea、Eb | B II、C | | |
| T0724⑤ | I | | | | Ac II | | B I、Ab II | B II、Db | A II、B II | A I | A |
| T1629⑤ | | | | | Ba I | | Ab II、E | | | | |
| T1529⑤ | | | | | Ba I | | | | | | |
| T1628⑤ | | | II | | Ba II | | D | | | | A |
| T0823⑤ | | | | | Bb II | | | | A II | A I | |
| T0822⑤ | | | | | | | | | B II | A I | A |
| T1729⑤ | | | | | | | | | | | |
| T1630⑤ | | | | | | | | | | | |
| T0722⑤ | | | | | | | | | | | |

　　通过前面对各类陶器的分型和分式，已找出了石山孜三期文化每一类陶器演进的逻辑序列，再将各类器物回归于各自所出的地层单位之中，将出土器物型式绝大多数相同的单位予以合并，即可得到石山孜三期文化遗存分期表（表一一），由此将这一时期的各单位划分成两个大的地层组，不同的地层组尽管出土的陶器组合基本相同，同型器物在每一个地层组中却有着式别的变化，归入各组的遗迹所包含的典型器物的式别或不出其所在组的范畴，或不见于两组之中，而对本组有所补充。较特殊的第二组中的一些遗迹尚见有少量与第一组相同式别的器物，这些可视为早期的形态在晚期的保留与沿用，它们的存在并不影响其他典型器物对相应单位所确定的组别。不同的地层组既有联系又有发展变化，因此，可将石山孜三期文化遗存划分为早晚二期，分别以第一年代组为早期，第二年代组为晚期（图三九二）。

表一一　石山孜三期文化分期表

| 型式器类＼分期 | | 鼎 | | | | 釜 | | 盆 | 钵 | 双耳罐 | 碗 | 豆 |
|---|---|---|---|---|---|---|---|---|---|---|---|---|
| | | 釜形鼎 | 罐形鼎 | 盆形鼎 | 钵形鼎 | 附加堆纹釜 | 带鋬釜 | | | | | |
| 早期 | ⑤层下诸单位及⑥层 | AⅠ、C | Ⅰ | | AⅠ、BaⅠ、Bb | AaⅠ、AbⅠ、BaⅠ、BbⅠ、Bc | AⅠ、AⅡ、B | AaⅠ、AbⅠ、BⅠ、AaⅠ、AbⅡ、CaⅠ、CbⅠ | BⅠ、Da、C、Db | AⅠ、BⅠ、C | AⅠ、B | A |
| 晚期 | ④层下诸单位及⑤层 | Ⅰ | AⅡ、BⅠ、BⅡ、D | Ⅰ、Ⅱ | AⅠ | AaⅠ、AaⅡ、AbⅠ、AbⅡ、AcⅠ、AcⅡ、BaⅠ、BaⅡ、BbⅠ、BbⅡ、Bc | AⅡ | AaⅡ、AbⅡ、BⅠ、BⅡ、D、E、AbⅠ、AaⅠ、CaⅠ、CbⅠ | A、BⅠ、BⅡ、Ea、Eb、Da、Db | AⅡ、BⅠ、BⅡ、C | AⅠ、AⅡ、B | A |

通过分期表和分期图可以了解石山孜三期文化遗存不同发展阶段的陶器型式及组合的基本情况，它们代表了不同阶段在陶器上所呈现出的文化特征，同时也反映着各阶段的区别与联系。从其早晚的变化情况看，其变化主要表现在同类器物的式别替换上而新旧器形的更迭较少，表明前后两期的连接较紧密，应属同一性质的考古学文化，其主要陶器形态的发展演变轨迹概括起来主要如下。水波状附加堆纹釜的变化特点是：Aa 型，敛口、斜直腹—敛口作榫状、斜弧腹微鼓缓内收；Ab 型，直口、斜弧腹略鼓—直口、腹壁略直；Ac 型，侈口、短沿微卷、斜弧腹略鼓—侈口、短沿斜折、腹略直。附加堆凸棱釜的变化特点是：Ba 型，直口、腹壁较直—直口、斜弧腹；Bb 型，侈口、斜弧腹—侈口、斜直腹。A 型带鋬釜的变化特点是：侈口、上腹较直、下腹弧内收—侈口、斜弧腹略鼓。鼎类器中，新增加了带把罐（壶）形鼎和泥质陶三足钵（鼎），其变化的特点是：釜形鼎，侈口、斜折沿、斜弧腹内收—侈口、斜折沿近平、弧腹微鼓内收。罐形鼎，A型，溜肩、扁圆腹、把手装于腹部、两侧贴附乳丁泥突、锥状足—斜肩、把手装于肩腹交界处、腹贴"X"形泥条、足根捏塑花瓣状泥突；B 型，鼓腹、带鋬—长圆腹、无鋬；盆形鼎，均为平底、带鋬，斜弧腹—斜直腹。钵形鼎，A 型，敛口、斜弧腹内收—口微敛、斜弧腹微鼓；B 型，上腹斜直较浅、下腹弧内收、凿状足—上腹较深、下腹折痕明显内收、钺形足。鼎足的变化特点是：除继续流行锥状足外，足根部有的贴有附加短泥条其上压印凹窝，有的贴小泥丁和指甲纹以及足根部呈突起状，扁锥状足普遍在根部附加

短泥条和捏泥突，新出现剖面呈方形的锥状足和扁凿状足，其中的扁凿状足正面压印凹槽、足根部按压凹窝。三足钵形鼎的变化特点是：凿状足—刻划指甲纹，足尖两侧外突—足尖呈钺形。盆的变化特点是：Aa 型，折沿、弧腹—折沿、斜直腹；B 型，侈口、斜卷沿、斜直腹—近直口微敛、沿面圆隆、斜直腹。小口双耳罐的变化特点是：除少量为泥饼状耳系外，均为鸟首状耳系，其中 A 型，溜肩、鼓腹、鸟首耳喙部不明—广肩、鼓腹、鸟首耳喙部明显；B 型，溜肩、鼓腹、素面—广肩、鼓腹、肩饰弦纹。器流除圆流继续流行外，开始流行斜尖形流。钵的变化特点是：B 型，斜直腹—斜弧腹；E 型，敛口、斜弧腹—敛口、斜直腹内收。碗的变化特点是：A 型，斜直腹，饰红陶衣—斜弧腹、饰红陶衣其上涂红彩。豆的数量虽多，但多为残片，形制变化较难把握，但从残片中所见的陶豆的总体特点看，可以肯定前后期之间一直流行不衰。豆盘主要有敛口、侈口之分，多折腹；圈足主要有高圈足和低矮圈足之别，以素面居多，有纹饰者主要是镂孔、弦纹、篦点纹和施红彩等。器盖多残破，盖纽变化较为明显，除柱状外，增加了菌状、鸟首环形、权形等。上述陶器的前后变化特征反映了石山孜三期文化在发展变移的过程中，曾有早晚之别。

石山孜三期文化遗存的绝对年代，在该遗址的第三次发掘中采集了一个属于该期文化遗存 T1529⑥ 的木炭标本（实验室编号 ZK2849），经中国社会科学院考古研究所实验室测定，其年代为距今 4011 ± 87 年，经树轮校正的年代为 BC2470 ~ 2204 年。将测定的结果与该遗存的相对年代进行比较，可以看出测定的年代数据明显偏晚，其原因待查。因此，石山孜三期文化遗存的年代可以借助与其时代相近的邻近地区的文化遗存之间的相互比较来判定。

纵观石山孜三期文化遗存的陶器群，以之与石山孜二期文化遗存相比较，陶器的类型更加多样化，三足器、圈足器越来越流行，平底器也不少，而圜底器则不断地在减少。在三足器中，除常见的釜、罐、盆、钵、鼎继续存在之外，还出现了为数不少的带把罐形鼎和陶钵形鼎（三足钵）。圈足器中主要是豆类器的出现和流行，以及少量的红彩宽带盆、钵类和带斜栅栏状的彩陶纹饰。罐类器中新出现鸟首状的耳系。这些新出现的文化因素不仅是该期文化最鲜明的特点，也是构成其基本器类组合的重要组成部分，更是我们将该期文化遗存与石山孜二期文化遗存划分为不同发展阶段的主要依据之一。

以上这些新出现的文化因素与山东地区同处淮河流域的汶泗地区的大汶口文化遗存①有着较为相似的发展过程和陶器形态演进轨迹。出自石山孜三期文化遗存早期的带把罐（壶）形鼎与大汶口遗址第二、三次发掘出土的单把罐形鼎（报告图一一二，9）和 A 型 I 式、B 型单把壶形鼎（报告图一一二，1、6）较为相似，然大汶口的型式更为复杂多

① 山东省文物考古研究所：《大汶口续集——大汶口遗址第二、三次发掘报告》，科学出版社，1997 年。

样，其鼎足除锥状足外，尚有三角形扁平足和凿状足，而石山孜三期文化的鼎足则多为锥状足。两类文化遗存的三足钵均为泥质，石山孜三期文化遗存的 Ea 型三足钵与大汶口文化遗存的 A 型Ⅰ式三足碗（报告图五一，8）较为相似，而 A 型三足钵则与大汶口文化遗存的 A 型Ⅲ式三足钵也有些相似。石山孜三期文化遗存盆形带鋬鼎的带鋬和折沿的作风与大汶口文化遗存盆形鼎的卷沿和带鋬的作风相似。石山孜三期文化遗存的Ⅰ式盆形鼎与大汶口文化遗存的 B 型小鼎多有相似之处。石山孜三期文化遗存 A 型Ⅰ式罐形鼎与大汶口文化遗存 Aa 型Ⅰ式罐形鼎（报告图五一，1）的形态颇为相似；C 型罐形鼎与大汶口文化遗存 C 型罐形鼎（报告图五〇，3）也有些相似。二者的鼎足也较为相似，均有锥状足、凿状足，足根都有装饰乳丁、泥突的作风。二者的陶盆也大致相似，多为泥质陶，石山孜三期文化遗存的 Ab 型折沿陶盆与大汶口文化遗存的 F 型折沿陶盆（报告图五二，10）较为相似；B 型卷沿盆与大汶口文化遗存的 B 型Ⅰ式陶盆（报告图五二，6）形态也大致相似；E 型盆与大汶口文化遗存的 C 型陶盆（报告图五二，12）均为敛口、圆唇、口外加厚、弧腹内收。石山孜三期文化遗存 A 型豆与大汶口文化遗存高柄小杯（报告图一〇三，5）的形态相似；折腹敛口豆盘与大汶口文化遗存的 Aa 型Ⅲ式豆（报告图一六，9）也较为相似；豆类器圈足上的圆形和三角形镂孔与大汶口文化遗存的 Ab 型Ⅳ式豆（报告图一一七，7）上的镂孔形状也很相似，部分圈足饰弦纹和涂红彩的作风也较为一致。石山孜三期文化遗存的平底带把钵与大汶口文化遗存单把钵（报告图一二四，11）相若，其他碗、钵口部饰红彩的作风与大汶口文化遗存的同类器物作风也很相似。石山孜三期文化遗存出土的少量无耳罐与大汶口文化墓葬中随葬的陶罐（报告图一二〇，2、3）略为相似。此外，石山孜三期文化遗存出土的为数不多的饰斜栅栏纹样的彩陶残片与大汶口文化遗存器座（报告图一二九，3）上的斜道彩纹纹饰略同。

通过以上的比较可以看出，至石山孜三期文化时，其文化面貌与大汶口早期文化遗存面貌中的相同和相似因素在逐渐地增多，显示出不同地区之间的文化交往活动较为频繁。基于不同地区的原始文化只有当它们的发展阶段大致同步时，彼此才能发生交流和影响，故石山孜三期文化遗存与大汶口早期文化遗存间的若干共性表明，石山孜三期文化遗存的年代当不出大汶口早期文化的前后，二者是两支并行的考古学文化。参考大汶口文化的碳14测年数据，其一期的年代为距今6100~6000年，二期的年代为距今6000~5800年，推测石山孜三期文化遗存的早期年代约为6300~6100年，晚期年代约为距今6000~5700年。虽然石山孜三期文化遗存与大汶口早期文化遗存的年代大体相同，但因各自具有自己的分布区域并且承继的先行文化也不同，二者在文化总体面貌和本质特征上也存在着一定的差异，如在陶质方面，石山孜三期文化遗存以夹蚌陶和泥质陶为主，而大汶口早期文化遗存以夹砂陶和泥质陶为主。二者共有的三足器、圈足器类中，在数量和种类以及演化轨迹上石山孜三期文化遗存均不如大汶口早期遗存的丰富和清楚，而大汶口早期的重要标型器、觚形杯、高柄杯等器类亦未曾在石山孜三期文化遗存中发现，且石山孜三期文化遗存中，附加堆纹釜、花边沿盆、小口双耳罐类安装鸟首耳的作风也不见于大汶口早期文化遗存之中。这些差异显示出，石山孜三期文化遗存在其发展过程中，受大汶口早期文化的影响尽管较为明显，但前者自身文化的本质特色依然得以保留和发展。类似于石山孜三期文化遗存的遗址在其邻近地区也有发现，主要有安徽霍邱扁担岗遗址的下层遗存①、侯家寨遗址②、双墩遗址③、淮南小孙岗遗存④，江苏淮北地区的大伊山遗址⑤、万北遗址⑥，及河南鹿邑武庄遗址的二期遗存⑦等（未见报道者除外）。这些遗址当中的鸟首形双耳罐、带把罐（壶）形鼎、三足钵形鼎及鼎足根部贴附短附加泥条、乳丁、泥突等装饰的作风与石山孜三期文化遗存存在着较多相似或相近的因素，由此推测这些文化因素要么来源于石山孜三期文化遗存，要么受到石山孜三期文化遗存的影响。

## 第六节　小　结

石山孜遗址第二次和第三次发掘的石山孜三期文化遗存出土的陶器主要以夹蚌红褐陶和泥质红陶为主，另有少量的灰黑陶和红皮黑胎陶，夹砂陶和夹炭陶明显减少。器表装饰以素面为主，泥质陶器多磨光或施红陶衣和红彩，有纹饰者多饰附加堆纹、弦纹、篦点纹、镂孔，并出现了少量的斜栅栏彩陶纹。器类流行三足器、圈足器和平底器，圜底器数量较少，代表器类有各类型的鼎、釜、钵、碗、盆、罐、豆，另外还有一定数量的小陶器，陶制工具主要有纺轮、网坠、陶拍等。釜类器主要为水波状附加堆纹釜和凸棱釜；鼎类器中除常见的夹蚌陶釜形鼎、盆形鼎、罐形鼎和钵形鼎外，还出现了夹蚌陶带把罐（壶）形鼎和较为粗制的泥质陶三足钵形鼎；鼎足形式多样，除继续流行锥状鼎足外，新出现了剖面呈方形的鼎足和凿状鼎足，鼎足根部多贴附有附加短泥条堆纹、压印窝状纹以及泥突、乳丁、指甲纹等纹饰，凿状鼎足正面多有凹槽；圈足器中新出现了豆类器；罐类器流行鸟首状耳系和肩腹部饰弦纹的风格；碗、钵类器中，红顶类几乎不见，代之而起的是口部内外施红彩的碗和钵。以上这些新出现的器类，一方面构成了石山孜三期文化陶器组合中的重要器形，另一方面则反映了随着时间的推移，不同地区间的文化交往活动有所加强，其所受的影响主要是来自于大汶口文化的早期。

石山孜三期文化遗存中出土的石器除少量的打琢兼制外，大多数通体磨光，开始出

---

① 北京大学考古学系（商周组）、安徽省文物工作队：《安徽省霍邱、六安、寿县考古调查试掘报告》，《考古学研究（三）》，科学出版社，1997年。
② 阚绪杭：《定远县侯家寨新石器时代遗址发掘简报》，《文物研究》第五辑，黄山书社，1989年。
③ 安徽省文物考古研究所：《蚌埠双墩——新石器时代遗址发掘报告》，科学出版社，2008年。
④ 淮南市博物馆：《安徽淮南市小孙岗遗址试掘收获》，《文物研究》第十四辑，黄山书社，2005年。
⑤ 连云港市博物馆：《江苏灌云大伊山新石器时代遗址第一次发掘报告》，《东南文化》1988年第2期。
⑥ 南京博物院：《江苏沭阳万北遗址新石器时代遗存发掘简报》，《东南文化》1992年第1期。
⑦ 河南省文物考古研究所：《河南鹿邑县武庄遗址的发掘》，《考古》2002年第3期。

现了钻孔石器，穿孔方法一般是两面琢钻。此外还出土了一件玉璜。由此可以看出，这一时期的石器加工技术与石山孜二期文化相比有了明显进步。骨器的数量和种类虽然较少，但制作较精，主要器类有针、镞、锥等。从所见的骨、石器和陶制工具的类别以及动物遗骸中的现象推断，当时的经济主要是农业、渔猎和家畜饲养业并重的综合性经济，它是在继承石山孜二期文化基础上发展起来的。

石山孜三期文化遗存中发现的文化遗迹主要有房址、墓葬和灰坑，不仅数量增加，而且规模增大，反映出这一时期的生产力水平有所提高。房址虽多为残基地，但营建技术、数量和规模均有了较为明显的进步。所发现的少量墓葬多无葬具，墓葬形制为竖穴土坑墓，属未成年人墓，其中M10是唯一一座有随葬器物的墓葬，随葬器物为三足钵和带把钵，从其出土的带把钵推测，这时的小型陶器很可能是作为明器类陶器随葬使用。

纵观石山孜三期文化遗存的陶器群，可以看出，那些新出现的器类多是在与大汶口早期文化的交流中而产生的，鼎类器和豆类器中虽然与大汶口文化的同类器有些近似的特点，但在装饰方法上却有着明显的差别，如三足钵足根部刻划指甲纹和钺形足、带把鼎肩腹部贴附半圆形泥条的作风就与大汶口早期文化有明显的区别。可见，这些器类是经过了当时本地居民的再造过程。因此，这些与大汶口早期文化相似的因素并不能表现石山孜三期文化遗存的本质。石山孜三期文化遗存中有许多陶器器类与石山孜二期文化相似，虽然在器物形态和装饰上与石山孜二期文化有所差别，但釜、钵、碗、盆类器因袭前期的线索仍然十分明显，器类大多相同，某些传统性的因素多相似，这说明了两者的联系十分紧密。由此可知，石山孜三期文化是直接继承石山孜二期文化发展而来的，在其发展的过程中受到了来自大汶口早期文化的影响。

石山孜遗址第二次和第三次发掘的石山孜三期文化遗存与第一次发掘的石山孜二期文化遗存相比较，虽然在时间上处于同一的发展阶段，然其文化内涵上的表现较为丰富，时代特征也更为明显，其文化内涵更为丰富，时代特征也较为明显，至于其绝对年代的推测，则可能有些误差，这有待今后的工作加以解决。

# 第六章　龙山文化遗存

石山孜遗址第二、三次发掘的龙山文化遗存包括东、西发掘区的第④层堆积和开口于第③层下、打破第④层的灰坑、房址等遗迹单位（图三九三、三九四）。

## 第一节　居住址

本期文化遗存清理房址 1 座，编号 F1。

F1　位于 T1630 东部，叠压在第③层下，坐落在第④层层面上，被 H22 打破，因没有发现明确的门或门道，故方向不详。平面形状为长方形，东西长 2.6 米，南北宽约 2.25 米，面积约 5.9 平方米（图三九五）。从现存的柱洞和红烧土面分析，应为地面式建筑，且地面较平坦，内含较均匀的红烧土颗粒，并附有少量的灰土，夹杂极少量的碎陶片和少量的砾石残片。柱洞分别编号 D1、D2、D3、D4、D5、D6，中间的 D3 可能是用于支撑房顶结构的承重柱，柱洞平面呈圆形或椭圆形，壁较直，平底，直径为 16～30、深 40～50 厘米。因该房址被属于汉代遗存的第③层，叠压破坏较为严重，柱墙体结构、屋内的灶址及屋外地面特征均无明显迹象，在屋内居住面发现一枚残损的黄褐色陶球，其他遗物均残碎，难辨其形，由地层叠压关系判断，其时代应为龙山晚期的房址。现有房址应属垫土部分，厚约 8 厘米，质地细腻，较坚硬，表面因破坏有些剥落。

柱洞详情如下。D1，位于房址的西南角，圆形，口大底小，直壁，平底，直径 30、底径 20、深约 48 厘米；D2，位于 D1 的东部，较小，直壁，圜底，直径 20、深 38 厘米；D3，位于房址的中部，直壁，平底，直径 25、底径 20、深 35 厘米；D4，位于 D3 的西北部，直壁，平底，直径 28、底径 18、深 40 厘米；D5，位于房址西北部，柱坑略大，平面呈椭圆形，平底，直径 25～35、底径 20、深 48 厘米；D6，位于房址的东北角，较小，平面呈圆形，圜底，直径 15、深 40 厘米。

## 第二节　灰　坑

本期文化遗存共清理灰坑 6 座，多遭近代或汉代灰坑扰乱，出土遗物较少。以下举

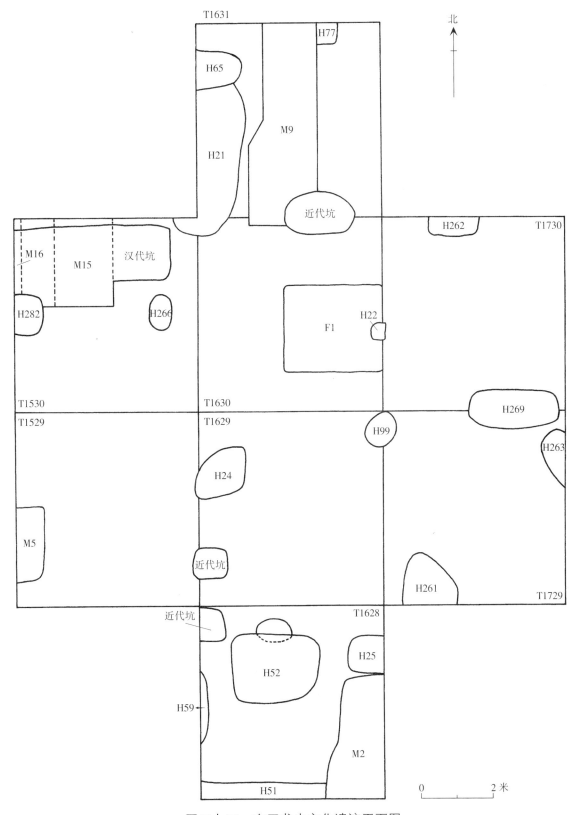

图三九三　东区龙山文化遗迹平面图

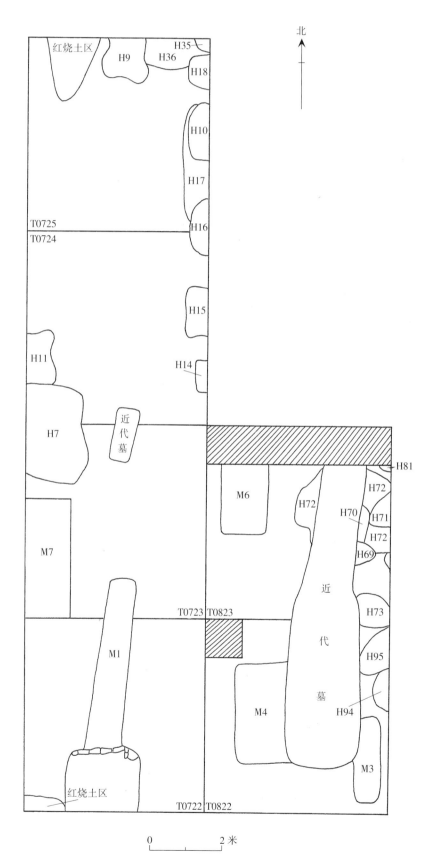

图三九四　西区龙山文化遗迹平面图

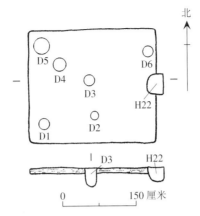

图三九五　龙山文化 F1 平、剖面图

D1 ~ D6. 柱洞

例说明。

H269　位于 T1730 东南部，大部分叠压在探方南壁下，并延伸至 T1729 内，开口于第④层下，打破第⑤层。平面呈不规则形，斜直壁，平底，剖面口大底小。坑内堆积呈浅灰褐色，土质略疏松，夹杂炭灰屑。坑口距地表 0.9、长 1.75、宽约 0.6、坑深 0.55 米。出土遗物以陶片为主，可辨器形有盆、罐、鼎、鼎足等（图三九六）。

H18　位于 T0725 东北部，开口于第③层下，打破第④层，因部分叠压在东壁之下，现存平面呈半椭圆形，斜弧壁，坑底高低不平。坑口距地表约 0.6、口南北长 0.9、东西宽约 0.6、坑深 0.7 米。坑内填土为灰黑色土，较疏松。出土遗物以陶片为主，可辨器形有鼎、罐、盆等（图三九七）。

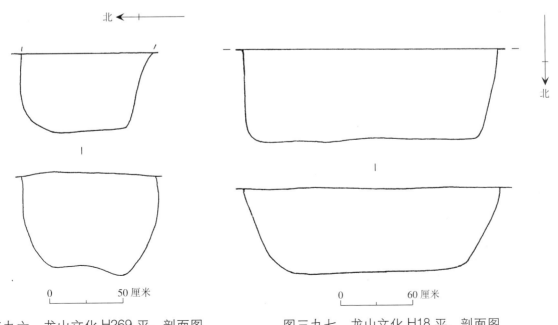

图三九六　龙山文化 H269 平、剖面图　　　　图三九七　龙山文化 H18 平、剖面图

## 第三节　出土遗物

石山孜遗址龙山文化遗存出土遗物中陶器占绝大多数，另有少量的石器、骨器以及动物遗骸。以下分别介绍。

### 一　陶器

本期文化遗存出土陶器数量较少，以泥质陶和夹砂陶为主，另有少量的夹蚌和夹炭陶，夹砂陶多为夹细砂，泥质陶陶土经淘洗，较纯净，器物多为轮制，制作较为工整，烧制火候较高，色泽纯正，以灰色为主，黑、红色较少。器表多饰篮纹、方格纹、弦纹及素面磨光。器形以罐、鼎为主，其次有盆、瓮、碗等。

罐口沿　6件。斜折沿，束颈，鼓腹，沿面上端唇内侧有一周凹槽。标本 T0723④：13，夹细砂灰黑陶。方唇，颈下饰纵向篮纹。口径 22、残高 6.2 厘米（图三九八，1）。标本 T0723④：3，夹炭灰陶。沿较宽，方唇，束颈不明显，颈下饰方格纹。口径 22、残高 6.8 厘米（图三九八，3；彩版七四，1）。标本 T0723④：6，夹细砂灰黑陶。方唇，颈下饰纵向篮纹。口径 22、残高 6.6 厘米（图三九八，5；彩版七四，2）。标本 T0723④：17，夹细砂红陶。圆唇，窄沿，颈下饰斜向篮纹。口径 17、残高 5 厘米（图三九八，7）。标本 T0723④：18，夹细砂红陶。圆唇，窄沿，颈下饰斜向篮纹。口径 17、残高 4.7 厘米（图四〇〇，4；彩版五七，3）。标本 T1730④：12，夹细砂灰陶。圆唇，颈下饰方格纹。口径 20、残高 5.2 厘米（图三九八，6；彩版七四，3）。

碗　1件。标本 T1730④：1，泥质红陶。口微敛，圆唇，斜直腹，假圈足。素面，轮制，制作不甚规整。口径 14、残高 5 厘米（图三九八，10；彩版七五，1）。

器盖　1件。标本 T1730④：20，残片。夹细砂红陶胎黑皮，斜弧壁，敛口，唇部有一道凹槽，器表有制作时留下的轮弦痕。残高 5 厘米（图三九八，11）。

篮纹陶片　2件。标本 T0724④：32，泥质灰陶。器表饰篮纹，其上有一道箍纹。厚 0.5 厘米（图三九八，8）。标本 T1628④：7，夹细砂灰黑陶。横向弯曲篮纹。厚 0.4 厘米（图三九八，9；彩版七四，4）。

鼎　2件。斜折沿。标本 T1730④：13，夹炭灰陶。圆唇，束颈，鼓腹，腹部饰斜向篮纹。口径 30、残高 4.6 厘米（图三九八，2）。标本 T0723④：5，夹细砂红陶胎质黑皮陶。尖圆唇，近直领，呈子母状口，溜肩，鼓腹。腹部饰方格纹。残高 7 厘米（图三九八，12）。

鼎足　10件。均为侧状三角形扁足。分3型。

A型　3件。足根外侧有按窝。标本 T1629④：9，夹炭灰黑陶。足尖斜削，足根两个按窝。残高 12.2 厘米（图三九九，1；彩版七六，1左）。标本 T0724④：11，夹炭灰黑

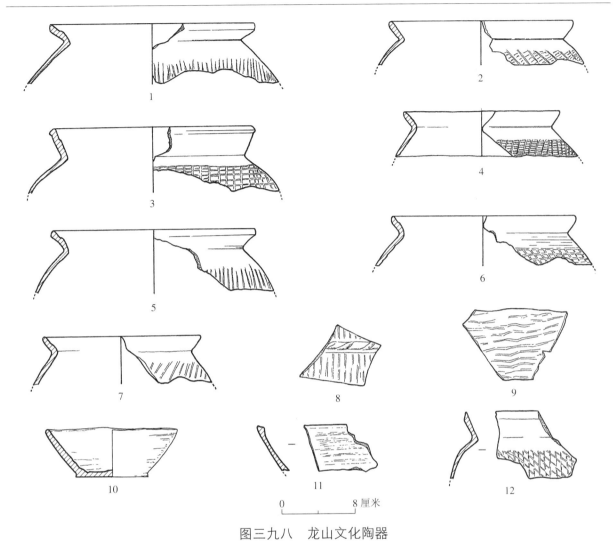

图三九八　龙山文化陶器

1、3~7. 罐口沿（T0723④：13、T0723④：3、T0723④：18、T0723④：6、T1730④：12、T0723④：17）　　2、12. 鼎（T1730④：13、T0723④：5）　　8、9. 篮纹陶片（T0724④：32、T1628④：7）　　10. 碗（T1730④：1）　　11. 器盖（T1730④：20）

陶。足根外侧有两个按窝，足尖有按窝。残高 9.2 厘米（图三九九，2；彩版七六，1 中）。标本 T1628④：10，泥质红陶。足根有两个按窝。残高 6 厘米（图三九九，3）。

B 型　5 件。足根无按窝。标本 H269：4，泥质灰陶。足尖一侧有按窝。残高 11.8 厘米（图四〇〇，1；彩版七六，1 右）。标本 T1730④：27，泥质灰陶。足尖一侧有按窝。残高 6.6 厘米（图四〇〇，4）。标本 H269：32，夹炭灰陶胎红皮。足尖有按窝。残高 8.2 厘米（图四〇〇，2）。标本 H7：1，夹砂红陶。足尖残。残高 5.6 厘米（图四〇〇，5）。标本 T0724④：45，夹砂红陶。足尖残。残高 5.7 厘米（图四〇〇，3）。

C 型　2 件。标本 T1729④：28，夹蚌末红褐陶。足根一侧刻有指甲纹，足尖残。残高 6 厘米（图三九九，4）。标本 H18：3，泥质红陶。素面。侧三角形鼎足。残高 7.55 厘米（图三九九，5）。

平底盆　4 件。分 2 型。

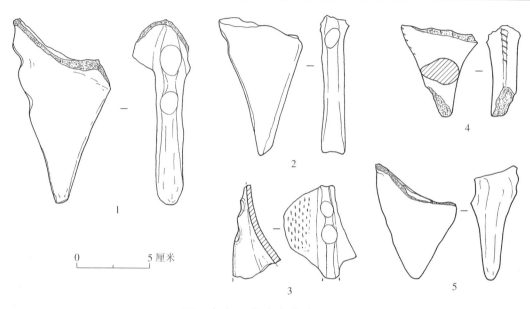

图三九九　龙山文化陶鼎足
1～3. A 型（T1629④: 9、T0724④: 11、T1628④: 10）　4、5. C 型（T1729④: 28、H18: 3）

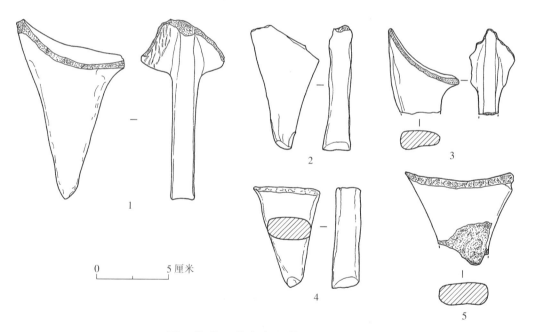

图四○○　龙山文化 B 型陶鼎足
1. H269: 4　2. H269: 32　3. T0724④: 45　4. T1730④: 27　5. H7: 1

　　A 型　3 件。口较大，卷沿，圆唇，弧腹，平底下腹有一周凸弦纹。标本 H269: 1，夹炭灰黑陶。细泥抹光。复原器。口径 22、残高 8.2 厘米（图四○一，1；彩版七五，2）。标本 H269: 2，泥质灰陶。细泥抹光。口径 22.4、残高 8 厘米（图四○一，2；彩版七五，3）。标本 T1729④: 5，泥质红陶。抹光，下腹部有一周凸弦纹。底部残片。口径 16、残高 4.3 厘米（图四○一，4）。

　　B 型　1 件。标本 H16: 3，夹炭灰陶红皮。细泥抹光，下腹部施数道凹弦纹。底部

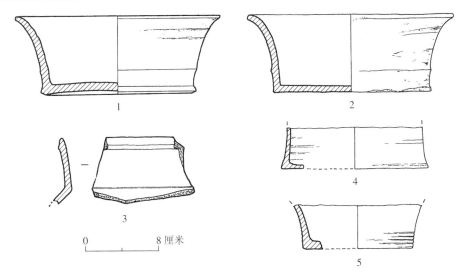

图四〇一　龙山文化陶器

1、2、4. A 型平底盆（H269：1、H269：2、T1729④：5）　3. 高领瓮（H26：2）　5. B 型平底盆（H16：3）

残。口径 12、残高 4.5 厘米（图四〇一，5）。

高领瓮　1 件。标本 H26：2，泥质红陶。磨光。口部残片。高直领，口微侈，圆唇外突，唇外压印一道凹弦纹。残高 7 厘米（图四〇一，3）。

鸡冠耳　2 件。标本 T1730④：14，泥质红陶。半椭圆形，其上压印凹窝。长 10.6、宽 2.8 厘米（图四〇二，1）。标本 H269：16，夹蚌橙黄陶。半圆形耳，中部有圆形穿孔，其上压印凹窝。长 7、宽 3.6 厘米（图四〇二，3）。

筒形杯　1 件。标本 T1730③：1，泥质灰黑陶。口部残，筒腹，平底。下腹部饰两道凹弦纹，装有宽带状把手与底相接。残口径 6、底径 7.3、残高 6.4、把宽 3.4 厘米（图四〇二，6）。

器把手　4 件。标本 T1729④：17，泥质灰陶。半环形耳正面数道细弦纹。长 6.4、宽 5.5 厘米（图四〇二，2）。标本 H269：15，泥质红陶。半环形耳，正面饰数道凹弦纹。长 9、宽 6 厘米（图四〇二，4）。标本 T1730④：8，泥质灰陶。饰红陶衣。半环状耳较宽，正面饰数道凹弦纹。长 7.8、宽 5.2 厘米（图四〇二，5）。标本 T1730④：9，泥质红陶胎黑皮。半环形耳一侧有凸棱。长 6.8、宽 4.3 厘米（图四〇二，7）。

纺轮　3 件。分 2 型。

A 型　1 件。标本 T0724③：1，夹蚌红褐陶。有黑色斑块，素面，手制。圆形，微残，器表及轮周修磨整齐。中部有圆形穿孔较直。直径 4.2、厚 0.7 厘米（图四〇三，1）。

B 型　2 件。标本 T1631③：3，夹蚌红褐陶。素面，手制。器体较薄，轮周边沿似经打磨。圆形，边沿部分残失，中部圆形穿孔规则。直径 3.9、厚 1.4 厘米（图四〇三，2）。标本 H269：3，夹蚌红褐陶，一面有灰黑斑块微鼓，一面为红褐色，圆形穿孔略偏于中心。器体自穿孔处残断，仅存一半。素面，手制。直径 5.4、厚 2.2 厘米（图四〇三，3）。

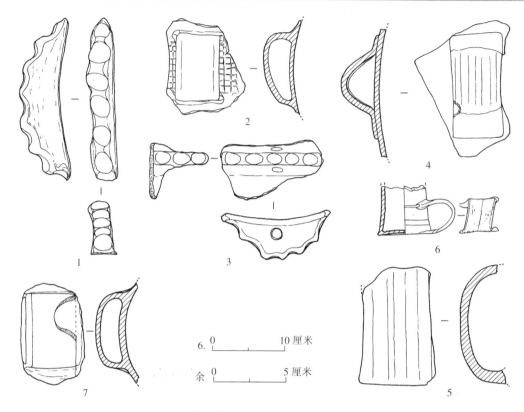

**图四〇二　龙山文化陶器**

1、3. 鸡冠耳（T1730④：14、H269：16）　　2、4、5、7. 器把手（T1729④：17、H269：15、T1730④：8、T1730④：9）
6. 筒形杯（T1730③：1）

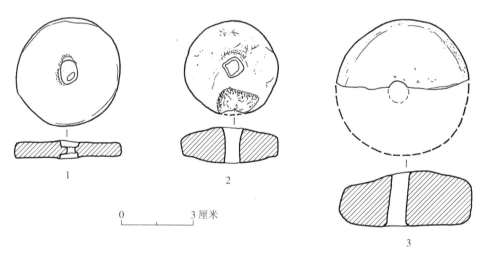

**图四〇三　龙山文化陶纺轮**

1. A 型（T0724③：1）　　2、3. B 型（T1631③：3、H269：3）

　　拍　3 件。形制差异明显，可分 3 型

　　A 型　2 件。标本 T0722④：4，夹蚌红褐陶。素面，手制。柄及拍面均残，拍面呈圆饼状较平，柱与拍面相接处，加贴有泥条。直径 9.9 厘米（图四〇四，1；彩版七七，1）。标本 T0724④：5，夹蚌红褐陶。素面，手制。拍面部分残。圆形拍面较平，上有桥状纽。直径7.3、残高6.2厘米（图四〇四，2；彩版七七，2）。

B型　1件。标本H69：1，夹蚌红褐陶。拍面呈椭圆形较平，器体略大，上部隆起中部有对穿圆孔，顶部压印两行指窝纹。直径13、宽7.8厘米（图四〇四，6；彩版七七，3）。

网坠　2件。标本T1630④：17，泥质红陶。枣核状，较小，有凹痕。宽2.4、残高5.5厘米（图四〇四，4；彩版七七，4）。标本T1530④：2，夹蚌红褐陶。圆饼状，一面略平，另一面有两道凹槽。径5.2、厚2.3厘米（图四〇四，5；彩版七七，5）。

球　5件。标本T1529④：1，夹蚌红褐陶。似球形，四面磨制较平，余两面略鼓，器

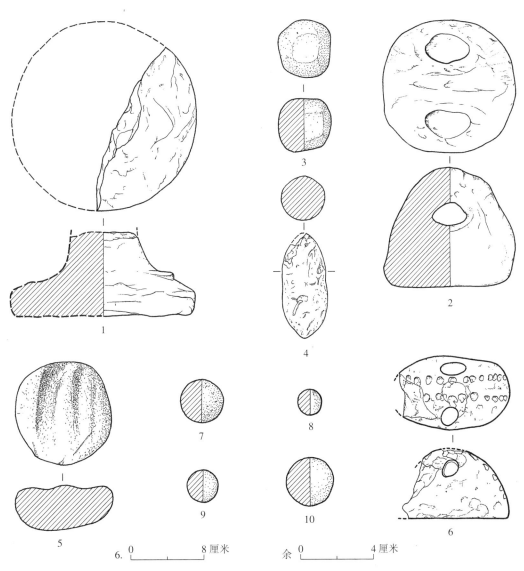

图四〇四　龙山文化陶器

1、2. A型拍（T0722④：4、T0724④：5）　3、7～10. 球（T1529④：1、T1629③：2、T0724④：11、F1：1、T1629③：1）　4、5. 网坠（T1630④：17、T1530④：2）　6. B型拍（H69：1）

表有黑灰斑块，素面，手制。直径4.5厘米（图四〇四，3；彩版七六，2左）。标本T1629③：2，夹蚌红褐陶。球形，素面，手制，器表粗糙。直径2.3厘米（图四〇四，7；彩版七六，2中）。标本T0724④：11，夹蚌红褐陶。较小，素面，磨光，手制。直径1.3厘米。直径2.8厘米（图四〇四，8）。标本F1：1，夹蚌黄褐陶。球形，部分残缺，器表凹凸不平。直径1.7厘米（图四〇四，9）。标本T1629③：1，夹蚌红褐陶。球形，器表有黑色斑块，刻有经纬线状方格纹。直径2.5厘米（图四〇四，10；彩版七六，2右）。

二 石器

凿 2件。器体略呈长方四棱体。标本T1628③：3，灰黑色页岩制成。顶部磨制略平有崩痕，两侧微弧斜收成双面刃，刃部有崩痕，正反面保留自然岩面。长7.3、宽2.7厘米（图四〇五，1；彩版七八，1）。标本T1629③：3，灰绿色页岩制成。顶部磨制略平，有崩痕，器中部一侧外弧鼓，单面斜刃，刃部较钝，通体磨制。长6.9、宽2.2厘米（图四〇五，4；彩版七八，2）。

刀 2件。标本T1631④：2，紫色含云母页岩。残存器体中部，直背较厚似有缺口，刃部已磨损，两面经粗磨。长6.3、宽5.5厘米（图四〇五，3；彩版七八，3）。标本H261：3，灰黄色石英砂岩。残存半部，直刃，圆弧背，背部有较多崩疤，正反两面磨制较平。长9.5、宽5.6厘米（图四〇五，6）。

砺石 4件。形体变化不确定，有的经修整加工成型，有的利用自然岩块加以利用，多为砂岩。均残，但有使用痕迹。标本T1631③：2，棕红色含云母砂岩。两端残，其余各面均磨制较平。长10、宽4厘米（图四〇五，2；彩版七八，4）。标本H77：6，棕黄色含云母砂岩。残存长方形，其中一面磨制略平，另一面有被磨制的凹槽。长7.9、宽5厘米（图四〇五，5）。标本H52：3，紫红色砂岩。两面均磨制较平，侧面均为原岩石断裂面。长5.4、宽3.8厘米（图四〇五，7）。标本T0725④：1，棕红色含云母砂岩。正反面及侧面均磨制较平，残断面为岩石断裂面。长6.5、宽2.6厘米（图四〇五，8）。

斧 6件。依其形制不同分3型。

A型 2件。梯形，弧背。标本T1631④：1，灰绿色辉长岩。器体较完整，弧形刃部，因长期使用严重磨损，崩疤明显，磨制较精。长9.5、宽6.4、厚3.4厘米（图四〇六，1；彩版七九，1）。标本H9：10，灰黑色辉长岩。器体较小，略完整，背呈斜弧状，有崩疤，直刃略斜有崩痕，磨制较精。长4.7、宽3.2、厚1.4厘米（图四〇六，6；彩版七九，2）。

B型 1件。梯形，平背。标本T1529④：2，灰黑色燧石岩。器体较完整，平刃，磨损严重，崩疤较为明显，通体磨制，较精。长6、宽3.3厘米（图四〇六，5；彩版

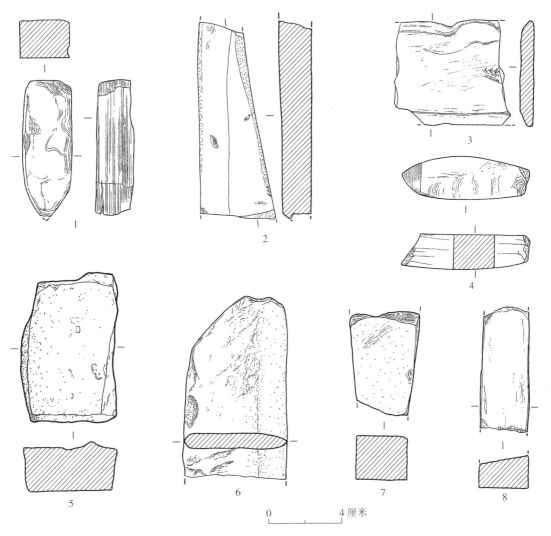

图四〇五 龙山文化石器

1、4. 凿（T1628③：3、T1629③：3） 2、5、7、8. 砺石（T1631③：2、H77：6、H52：3、T0725④：1）
3、6. 刀（T1631④：2、H261：3）

七九，3）。

C 型 3件。椭圆形。标本 T0723④：2，灰黄色层状灰岩。平背，尖刃，器体扁平，质较软，通体磨制，一面残缺一部分。长12、宽5.9、厚3厘米（图四〇六，2；彩版七九，4）。标本 M1：1，灰绿色粉砂岩。弧刃较宽有崩疤，背部残存略弧，磨制较精。长10.1、宽4.5、厚4厘米（图四〇六，3；彩版七九，5）。标本 T0724④：3，浅灰绿色石英粉砂岩。器体残存一半，器体中部略鼓，背部、刃部磨损严重。长10.7、宽4、厚3.1厘米（图四〇六，4；彩版七九，6）。

三 骨器

针 2件。标本 T1630③：1，器身一面略弧一面有凹槽，针部较粗钝，鼻部残，针眼在凹槽中钻成（残）。长8.5、宽0.7厘米（彩版七二，3）。标本 T1628③：2，器体一面

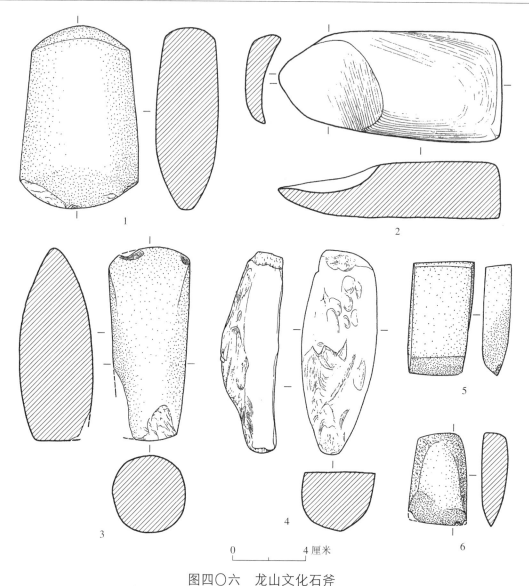

图四〇六　龙山文化石斧

1、6. A 型（T1631④: 1、H9: 10）　　2～4. C 型（T0723④: 2、M1: 1、T0724④: 3）　　5. B 型（T1529④: 2）

较平，另一面弧鼓，横部呈椭圆状，鼻部被磨平齐，针尖残，对钻圆孔略斜。长 7.2、宽 0.8 厘米（彩版七二，4）。

## 第四节　小　结

　　石山孜遗址龙山文化遗存文化堆积较薄，出土遗物较少，大多破碎。陶器以泥质陶为主，夹砂陶较少，且多为夹细砂陶。此外，还有一些夹蚌陶和夹炭陶。陶色以深灰色和灰黑色为主，并有少量的红色陶。器物的器壁较薄，多为轮制，制作较精致，器表装饰除素面和磨光外，还有篮纹、方格纹、凸弦纹等。器类以深腹罐为主，其次为鼎、平底盆、碗、器盖、筒形杯和高领瓮口部残片等。

　　将上述标本与淮北地区同时代的文化遗存相比较，其形态特征、装饰风格同宿州小山口遗址的龙山文化遗存①以及河南夏邑县清凉山遗址的龙山文化遗存②的同类器相近似。如深腹罐与小山口龙山文化遗存的 B 型Ⅱ式罐（简报图八，3）较为相似，鼎足与小山口龙山文化遗存的 A 型鼎的鼎足装饰按窝的作风相同，器盖与小山口龙山文化遗存 A 型Ⅱ式子母口器盖相似。石山孜龙山文化遗存的折沿鼎唇部有凹槽和平底盆饰弦纹的作风与清凉山遗址龙山文化遗存的 Ab 型Ⅱ式鼎（报告图九，10）和 Ab 型、B 型Ⅱ式平底盆（报告图一一，6、8）相似；侈口、斜直壁、假圈足陶碗与清凉山遗址龙山文化遗存的Ⅰ式、Ⅱ式陶碗（报告图一三，1、2）相同。此外，石山孜遗址龙山文化的筒形杯把手与底部相连、压印弦纹的作风与河南永城王油坊遗址③的筒形杯也较为相似。因此，本遗址的龙山文化遗存的年代大体不出三者的时间范畴。根据清凉山遗址龙山文化遗存 H25 出土的木炭标本经¹⁴C 测定年代数据为距今 4200±120（未经树轮校正）。小山口龙山文化遗存 H12 测定的¹⁴C 数据为 BC2032 年（经树轮校正），其时代应较为接近，其特点是既有中原龙山文化的因素，也含有山东龙山文化的因素，反映了同一时期不同考古学文化之间的交流和相互影响。

---

① 中国社会科学院考古研究所安徽队：《安徽宿县小山口和古台寺遗址发掘简报》，《考古》1993 年第 12 期。
② 北京大学考古学系、商丘地区文管会：《河南夏邑清凉山遗址发掘报告》，《考古学研究（四）》，科学出版社，2000 年。
③ 中国社会科学院考古所河南二队：《河南永城王油坊遗址发掘报告》，《考古学集刊》第 5 集，中国社会科学出版社，1987 年。

# 第七章　结　语

濉溪石山孜遗址的第二次和第三次发掘，为研究安徽省淮河以北地区史前考古学文化提供了较之以前更为丰富的资料。

首先，通过发掘获得了龙山文化遗存→石山孜三期文化遗存→石山孜二期文化遗存→石山孜一期文化遗存的地层叠压关系，从而明确了这一地区新石器时代中晚期考古学文化序列。依据地层关系和器物形制演变的轨迹并参考邻近该地区考古研究的成果，将石山孜遗址第二次和第三次发掘的各类文化遗存进行了年代分期的初步研究。发掘结果表明，石山孜遗址面积较大，堆积丰厚，文化内涵延续时间较长。从相当于石山孜一期文化遗存开始，中经石山孜二期和三期文化遗存，下至龙山文化遗存，直到两汉时期的文化遗存，时空范围前后延续长达数千年。其中，石山孜二期和三期文化遗存尤为丰富，构成了石山孜遗址的显著特征。该遗址第二次和第三次的发掘和初步研究，为构建淮北地区新石器时期的时空框架奠定了基础。

其次，在此次发掘之前，本地区新石器时代中晚期考古学文化的编年还不甚清楚，大部分考古材料仅限于调查和试掘，零散而无系统。通过第二次和第三次发掘，所获得的文化遗存使我们对这一地区新石器时代中晚期遗存的考古学面貌有了较进一步的了解和更深层次的认知。

石山孜遗址地处淮河中游，是连接上游与下游的中间地带。对该遗址的发掘和初步研究，不仅对于详细探讨这一区域新石器时代中晚期各类文化遗存的分期、文化内涵和特征具有重要意义，而且对于整个"淮系古文化"的年代推断、谱系排列、相互之间的关系等诸多问题的深入研究，也将产生深远的影响。

毋庸讳言，虽然通过发掘和初步整理研究，对该遗址文化内涵的研究取得了一些初步认识，但由于该遗址的田野工作仍然有限，对整个遗址的布局还没有取得较为彻底的了解，尚有不少问题值得深入研究，如石山孜一期文化遗存的来源和石山孜三期文化的走向等问题，因受资料的制约，还不能看得十分清晰；另外，该遗址各类遗存在此区域的分布范围也基本无线索可言。这些问题都需要在今后的工作中进一步探索。

# 附　表

附表一　石山孜遗址灰坑登记表

| 编号 | 位置 | 形状 | 尺寸（厘米） | | | 层位关系 | 时代 | 备注 |
| | | | 长（长径） | 宽（短径） | 深 | | | |
|---|---|---|---|---|---|---|---|---|
| H4 | T1629 | 圆角方形 | 80 | 75 | 55 | ②→H4→③ | 汉代 | |
| H5 | T1628 | 圆角长方形 | 95 | 75 | 100 | ②→H5→③ | 汉代 | |
| H6 | T1631 | 椭圆形 | 80 | 45 | 45 | ②→H6→③ | 汉代 | |
| H7 | T0723 | 长方形 | 150 | 115 | 70 | ③→H7→④、⑤ | 汉代 | |
| H8 | T0723 | 半椭圆形 | 185 | 90 | 110 | ③→H8→④<br>H8→M7 | 汉代 | |
| H9 | T0725 | 不规则状 | 110 | 100 | 95 | ③→H9→④ | 汉代 | |
| H10 | T0725 | 半椭圆形 | 150 | 50 | 40 | ③→H10→④ | 汉代 | |
| H11 | T0724 | 不规则状 | 30 | | 100 | ③→H11→④、⑤<br>H11→H41<br>H11→H42 | 汉代 | |
| H12 | | | | | | | | 消号 |
| H13 | T0724 | 椭圆形 | 110 | 100 | 120 | ③→H13→④ | 龙山 | |
| H14 | T0724 | 圆角长方形 | 80 | 30 | 30 | ③→H14→④ | 汉代 | |
| H15 | T0724 | 圆角长方形 | 110 | 50 | 90 | ③→H15→④ | 汉代 | |
| H16 | T0724 | 圆角长方形 | 160 | 40 | 25 | ③→H16→④ | 龙山 | |

续表附表一

| 编号 | 位置 | 形状 | 尺寸（厘米） | | | 层位关系 | 时代 | 备注 |
|---|---|---|---|---|---|---|---|---|
| | | | 长（长径） | 宽（短径） | 深 | | | |
| H17 | T0725 | 圆角长方形 | 280 | 60 | 80 | ③→H17→④ | 龙山 | |
| H18 | T0725 | 圆角长方形 | 90 | 60 | 50 | ③→H18→④ | 龙山 | |
| H19 | | | | | | | | 消号 |
| H20 | T1631 | 圆角长方形 | 90 | 80 | 40 | ②→H20→③ | 汉代 | |
| H21 | T1631 | 圆角长方形 | 500 | 45 | 35 | ③→H21→④ | 汉代 | |
| H22 | T1630 | 椭圆形 | 40 | 30 | 50 | ③→H22→④ | 汉代 | |
| H23 | T0723 | 不规则状 | 100 | 90 | 130 | ③→H23→④ | 汉代 | |
| H24 | T1629 | 圆角长方形 | 135 | 110 | 80 | ③→H24→④ | 汉代 | |
| H25 | T1628 | 方圆状 | 口径100 | | 90 | ③→H25→④ | 汉代 | |
| H26 | T0722 | 圆形 | 口径145 | | 80 | ③→H26→④ | 龙山 | |
| H27 | | | | | | | | 消号 |
| H28 | T0724 | 椭圆形 | 120 | 100 | 190 | ④→H28→⑤、⑥ | 石山孜三期 | |
| H29 | T0722 | 半椭圆形 | 150 | 40 | 65 | ④→H29→F2 | 石山孜三期 | |
| H30 | T0722 | 圆角长方形 | 150 | 40 | 55 | ④→H30→F2 | 石山孜三期 | |
| H31 | T0722 | 半椭圆形 | 85 | 25 | 60 | ④→H33→⑤ | 石山孜三期 | |
| H32 | T0722 | 椭圆形 | 115 | 40 | 82 | H31→H32 | 石山孜三期 | |
| H33 | T0722 | 不规则状 | 70 | 60 | 110 | ④→H33→⑤ | 石山孜三期 | |
| H34 | T0724 | 椭圆形 | 130 | 120 | 170 | ④→H34→⑤、⑥、⑦、F6 | 石山孜三期 | |
| H35 | T0725 | 半圆形 | 口径40 | | 40 | ④→H35→⑤ | 石山孜三期 | |
| H36 | T0725 | 半椭圆形 | 240 | 75 | 25 | ④→H36→⑥、⑦ | 石山孜三期 | |
| H37 | T0724 | 椭圆形 | 120 | 80 | 45 | ④→H37→⑤、⑥ | 石山孜三期 | |
| H38 | T0724 | | | | | | | 消号 |
| H39 | T0724 | 半椭圆形 | 360 | 54 | 125 | ④→H39→⑤ | 石山孜三期 | |

续表附表一

| 编号 | 位置 | 形状 | 尺寸（厘米） | | | 层位关系 | 时代 | 备注 |
|---|---|---|---|---|---|---|---|---|
| | | | 长（长径） | 宽（短径） | 深 | | | |
| H40 | T0724 | 椭圆形 | 52 | 36 | 80 | ④→H40→⑤、⑥、⑦ | 石山孜三期 | |
| H41 | T0724 | 椭圆形 | 135 | 75 | 50 | ④→H41→⑤ | 石山孜三期 | |
| H42 | T0724 | 不规则圆角长方形 | 170 | 120 | 140 | ④→H42→⑤、⑥ | 石山孜三期 | |
| H43 | T0725 | 椭圆形 | 80 | 65 | 60 | ④→H43→⑤、⑥ | 石山孜三期 | |
| H44 | T0725 | 椭圆形 | 175 | 110 | 145 | ④→H44→⑤、⑥ | 石山孜三期 | |
| H45 | T0725 | 椭圆形 | 200 | 100 | 100 | ④→H45→⑤、⑥ | 石山孜三期 | |
| H46 | T0724 | 圆角方形 | 93 | 80 | 75 | ④→H46→⑤、⑥、⑦ | 石山孜三期 | |
| H47 | T1628 | 椭圆形 | 40 | | 120 | ④→H47→⑤、⑥、⑦ | 石山孜三期 | |
| H48 | T0725 | 不规则状 | 100 | 45 | 40 | ④→H48→⑤、⑥ | 石山孜三期 | |
| H49 | T0725 | 半椭圆形 | 65 | 55 | 60 | H17→⑥ | 石山孜三期 | |
| H50 | T0725 | 圆角长方形 | 80 | 70 | 50 | ④→H50→⑤、⑥、⑦ | 石山孜三期 | |
| H51 | T1628 | 长方形 | 335 | 60 | 185 | ③→H51→④、⑤ | 汉代 | |
| H52 | T1628 | 圆角长方形 | 240 | 150 | 175 | ③→H52→④、⑤ | 汉代 | |
| H53 | T0725 | 椭圆形 | 80 | 60 | 130 | ⑤→H53→⑥ | 石山孜三期 | |
| H54 | T1630 | 椭圆形 | 110 | 55 | | ③→H54→④ | 汉代 | |
| H55 | T1629 | 椭圆形 | 187 | 124 | 70 | ④→H55→⑤、⑥ | 石山孜三期 | |
| H56 | T0724 | 半椭圆形 | 60 | 25 | 70 | ③→H56→④ | 石山孜三期 | |
| H57 | T0725 | 不规则状 | 350 | 170 | 150 | ⑤→H56→⑦、⑧、⑨ | 石山孜三期 | F3 |
| H58 | T1630 | 圆形 | 口径65 | | 50 | ④→H58→⑤、⑥ | 石山孜三期 | F3 |
| H59 | T1628 | 半椭圆形 | 170 | 30 | 70 | ③→H59→④、⑤ | 汉代 | |
| H60 | T1628 | 椭圆形 | 100 | 60 | 40 | ③→H60→④、⑤ | 汉代 | |
| H61 | T1630 | 半椭圆形 | 115 | 40 | 150 | ④→H61→⑤、⑥ | 石山孜三期 | |
| H62 | T1630 | 圆角长方形 | 125 | 60 | 50～65 | ④→H62→⑤、⑥ | 石山孜三期 | |

续表附表一

| 编号 | 位置 | 形状 | 尺寸（厘米） | | | 层位关系 | 时代 | 备注 |
|---|---|---|---|---|---|---|---|---|
| | | | 长（长径） | 宽（短径） | 深 | | | |
| H63 | T1630 | 长方形 | 84 | 24 | 50 | ④→H63→⑤、⑥、⑦ | 石山孜三期 | |
| H64 | T1629 | 椭圆形 | 90 | 70 | 80 | ④→H64→⑤、⑥ | 石山孜三期 | |
| H65 | T1630 | 圆形 | 口径70 | | 45 | ④→H65→F3、⑥ | 石山孜三期 | |
| H66 | T1630 | 椭圆形 | 70 | 50 | 30 | ⑤→H66→⑥、F3 | 石山孜三期 | |
| H67 | T1629 | 半椭圆形 | 130 | 80 | 80 | ④→H67→⑤、⑥ | 石山孜三期 | |
| H68 | T1629 | 椭圆形 | 55 | 40 | 50 | ④→H68→⑤、⑥ | 石山孜三期 | |
| H69 | T0823 | 半椭圆形 | 60 | 55 | 850 | ③→H69→④ | 汉代 | |
| H70 | T0823 | 圆角长方形 | 100 | 30 | 50 | ③→H70→④ | 汉代 | |
| H71 | T0823 | 半椭圆形 | 70 | 35 | 85 | ③→H71→④ | 汉代 | |
| H72 | T0823 | 不规则状 | 275 | 215 | 30 | H70→H71→H72 | 汉代 | |
| H73 | T0823 | 圆角长方形 | 80 | 65 | 65 | ③→H73→④ | 汉代 | |
| H74 | T1629 | 椭圆形 | 110 | 90 | 80 | ④→H74→⑤、⑥ | 石山孜三期 | |
| H75 | T1629 | 椭圆形 | 190 | 160 | 115 | ④→H75→⑤、⑥、⑦ | 石山孜三期 | |
| H76 | T0724 | 不规则状 | 60 | 40 | 60 | ⑤→H76→⑥ | 石山孜三期 | |
| H77 | T1631 | 方形 | 55 | 55 | 60 | ③→H77→④ | 汉代 | |
| H78 | T1631 | 圆形 | 口径70 | | 30 | ④→H78→⑤ | 石山孜三期 | |
| H79 | T1631 | 圆角长方形 | 60 | 45 | 35 | ④→H79→⑤ | 石山孜三期 | |
| H80 | T0724 | | | | | | | 消号 |
| H81 | T0823 | 不规则状 | 35 | 20 | 70 | ③→H81→④ | 汉代 | |
| H82 | T1629 | 圆角长方形 | 90 | 45 | 65 | ④→H82→⑤ | 石山孜三期 | |
| H83 | T1628 | | | | | | | 消号 |
| H84 | T1628 | | | | | | | 消号 |
| H85 | T1631 | 椭圆形 | 220 | 105 | 220 | ③→H85→④ | 汉代 | |

续表附表一

| 编号 | 位置 | 形状 | 尺寸（厘米） | | | 层位关系 | 时代 | 备注 |
| --- | --- | --- | --- | --- | --- | --- | --- | --- |
| | | | 长（长径） | 宽（短径） | 深 | | | |
| H86 | T0723 | 不规则状 | 210 | 160 | 125 | ④→H86→⑤ | 石山孜三期 | |
| H87 | T0724 | | | | | | | 消号 |
| H88 | T0724 | 椭圆状 | 145 | 120 | 30 | ⑤→H88→⑥ | 石山孜三期 | |
| H89 | T0724 | 椭圆形 | 270 | 200 | 150 | ⑤→H89→⑥ | 石山孜三期 | |
| H90 | T0724 | 半椭圆形 | 230 | 40 | 80 | H39→H90→H233 | 石山孜三期 | |
| H91 | T1631 | 圆角长方形 | 60 | 30 | 80 | ④→H91→⑤、⑥、H93 | 石山孜三期 | |
| H92 | T1631 | 半椭圆形 | 80 | 40 | 50 | ④→H92→⑤ | 石山孜三期 | |
| H93 | T1631 | 半椭圆形 | 50 | 30 | 30 | ④→H93→⑤ | 石山孜三期 | |
| H94 | T0822 | 半椭圆形 | 110 | 40 | 60 | ③→H94→④ | 汉代 | |
| H95 | T0822 | 不规则状 | 120 | 70 | 70 | ③→H95→④ | 汉代 | |
| H96 | T0822 | 不规则状 | 200 | 40 | 180 | ④→H96→⑤ | 石山孜三期 | |
| H97 | T0822 | 不规则状 | 70 | 25 | 150 | ④→H97→⑤、⑥ | 石山孜三期 | |
| H98 | T0822 | 不规则状 | 口径50~100 | | 200 | ④→H98→⑤、⑥ | 石山孜三期 | |
| H99 | T1629 | 半椭圆形 | 110 | 40 | 65 | ①→H99→M8 | 近代坑 | |
| H100 | T1629 | 圆形 | 口径80 | | 35 | ④→H100→⑤ | 石山孜三期 | |
| H101 | T1631 | 圆角长方形 | 185 | 100 | 90 | ④→H101→⑤ | 石山孜三期 | |
| H102 | T1631 | 半圆形 | 口径72 | | 60 | ④→H102→⑤ | 石山孜三期 | |
| H103 | T1629 | 半椭圆形 | 60 | 45 | 75 | ④→H103→⑤ | 石山孜三期 | |
| H104 | T1631 | 不规则椭圆状 | 口径25~150 | | 155 | ④→H104→⑤、⑥、⑦ | 石山孜三期 | |
| H105 | T1629 | 不规则状 | 140 | 30 | 80 | ④→H105→⑤ | 石山孜三期 | |
| H106 | T1629 | 圆角长方形 | 140 | 90 | 42 | ④→H106→⑤、⑥ | 石山孜三期 | |
| H107 | T1628 | 圆角长方形 | 80 | 60 | 100 | ⑤→H107→⑥、⑦ | 石山孜三期 | |
| H108 | T0823 | 半椭圆形 | 75 | 40 | 60 | ④→H108→⑤ | 石山孜三期 | |

续表附表一

| 编号 | 位置 | 形状 | 尺寸（厘米） | | | 层位关系 | 时代 | 备注 |
|---|---|---|---|---|---|---|---|---|
| | | | 长（长径） | 宽（短径） | 深 | | | |
| H109 | T0823 | 半椭圆形 | 110 | 55 | 150 | ④→H109→⑤、⑥ | 石山孜三期 | |
| H110 | T0823 | 不规则状 | 口径100～150 | | 180 | ④→H110→⑤、⑥、⑦ | 石山孜二期 | |
| H111 | T0823 | 圆角长方形 | 120 | 95 | 225 | ④→H111→⑤、F2 | 石山孜三期 | |
| H112 | T0823 | 椭圆形 | 85 | 75 | 60 | ④→H112→⑤ | 石山孜三期 | |
| H113 | T0723 | 不规则状 | 200 | 120 | 140 | F2→H113→⑤ | 石山孜三期 | |
| H114 | T0723 | 圆形 | 口径130 | | 120 | ④→H114→⑤ | 石山孜三期 | |
| H115 | T0722 | 椭圆形 | 125 | 110 | 45 | ④→H115→⑤ | 石山孜三期 | |
| H116 | T0723 | 不规则圆形 | 口径125～183 | | 95 | ④→H116→⑤、⑥、F2 | 石山孜三期 | |
| H117 | T0723 | 椭圆形 | 230 | 130 | 120 | ④→H117→F2 | 石山孜三期 | |
| H118 | T0723 | 半椭圆形 | 130 | 70 | 100 | ④→H118→F2 | 石山孜三期 | |
| H119 | T0723 | 椭圆形 | 95 | 73 | 92 | ④→H119→⑤、⑥、F2 | 石山孜三期 | |
| H120 | T0723 | 椭圆形 | 110 | 100 | 62 | ④→H120→⑤、F2 | 石山孜三期 | |
| H121 | T0722 | 圆角长方形 | 240 | 100 | 60 | ④→H121→F2 | 石山孜三期 | |
| H122 | T0722 | 椭圆形 | 120 | 65 | | ④→H122→⑤、⑥ | 石山孜三期 | |
| H123 | T0724 | 圆角长方形 | 90 | 35 | 75 | ⑤→H123→H124 | 石山孜三期 | |
| H124 | T0724 | 半圆弧状 | 60 | | 35 | ⑥→H124→⑦ | 石山孜三期 | |
| H125 | T0724 | 椭圆形 | 120 | 85 | 80 | ⑦→H125→⑧ | 石山孜三期 | |
| H126 | T0724 | 椭圆形 | 130 | 85 | 30 | F2→H126→⑤ | 石山孜三期 | |
| H127 | T0722 | 不规则状 | 口径135 | | 70 | F2→H127→⑤ | 石山孜三期 | |
| H128 | T0823 | 半椭圆形 | 120 | 60 | 175 | F5→H128→⑤ | 石山孜三期 | |
| H129 | T1629 | 圆角长方形 | 100 | 45 | 60 | ⑤→H129→⑥ | 石山孜三期 | |
| H130 | T0724 | 椭圆形 | 120 | 100 | 40 | ⑦→H130→⑧ | 石山孜二期 | |
| H131 | T0724 | 椭圆形 | 130 | 80 | 60 | ⑦→H131→⑧ | 石山孜二期 | |

续表附表一

| 编号 | 位置 | 形状 | 尺寸（厘米） | | | 层位关系 | 时代 | 备注 |
| | | | 长（长径） | 宽（短径） | 深 | | | |
| --- | --- | --- | --- | --- | --- | --- | --- | --- |
| H132 | T0724 | 半椭圆形 | 45 | 40 | 30 | ⑦→H132→⑧ | 石山孜二期 | |
| H133 | T0724 | 椭圆形 | 60 | 36 | 20 | ⑦→H133→⑧ | 石山孜二期 | |
| H134 | T0724 | | | | | | | 消号 |
| H135 | T0724 | 椭圆形 | 330 | 20 | 50 | ⑧→H135→⑨、H184 | 石山孜二期 | |
| H136 | T0724 | 圆形 | 口径80 | | 40 | ⑧→H136→⑨ | 石山孜二期 | |
| H137 | T0724 | 圆形 | 口径160 | | 110 | ⑧→H137→⑨、⑩ | 石山孜二期 | |
| H138 | T0724 | 椭圆形 | 200 | 160 | 40 | ⑧→H138→⑨ | 石山孜二期 | |
| H139 | T0723 | 椭圆形 | 80 | 75 | 40 | ⑤→H139→⑥ | 石山孜三期 | |
| H140 | T0723 | 圆形 | 口径115 | | 70 | ⑤→H140→⑥ | 石山孜三期 | |
| H141 | T0723 | 不规则状 | 100 | 80 | 110 | ⑤→H141→⑥ | 石山孜三期 | |
| H142 | T0723 | 椭圆形 | 130 | 92 | 60 | ⑤→H142→⑥ | 石山孜三期 | |
| H143 | T0723 | 不规则状 | 60 | 50 | 60 | ⑤→H143→⑥ | 石山孜三期 | |
| H144 | T0723 | 半椭圆形 | 180 | 60 | 95 | ⑤→H144→⑥ | 石山孜三期 | |
| H145 | T0723 | 不规则状 | 口径45～130 | | 70 | ⑤→H145→⑥、⑦ | 石山孜三期 | |
| H146 | T0723 | 不规则状 | 120 | 20 | 90 | ⑤→H146→⑥ | 石山孜三期 | |
| H147 | T0822 | 半椭圆形 | 150 | 30 | 60～70 | F7→H147→⑤ | 石山孜三期 | |
| H148 | T0822 | 不规则状 | 250 | 90 | 150 | F7→H148→⑤ | 石山孜三期 | |
| H149 | T0822 | 长方形 | 160 | 120 | 40 | F7→H149→⑤ | 石山孜三期 | |
| H150 | T0823 | 半椭圆形 | 100 | 20 | 150 | F2→H150→⑤、⑥ | 石山孜三期 | |
| H151 | T0823 | 不规则状 | 88 | 80 | | ⑤→H151→⑥ | 石山孜三期 | |
| H152 | T0823 | 不规则状 | 140 | 45 | 95 | ⑤→H152→⑥ | 石山孜三期 | |
| H153 | T0823 | 圆角长方形 | 70 | 50 | 75 | ⑤→H153→⑥、⑦ | 石山孜三期 | |
| H154 | T0823 | 圆角长方形 | 100 | 60 | 110 | ⑤→H154→⑥、H155 | 石山孜三期 | |

续表附表一

| 编号 | 位置 | 形状 | 长（长径） | 宽（短径） | 深 | 层位关系 | 时代 | 备注 |
|---|---|---|---|---|---|---|---|---|
| | | | 尺寸（厘米） | | | | | |
| H155 | T0823 | 不规则状 | 80 | 65 | 125 | ⑤→H155→⑥ | 石山孜三期 | |
| H156 | T1630 | 椭圆形 | 120 | 70 | 42 | ⑥→H156→⑦ | 石山孜二期 | |
| H157 | T0722 | 不规则状 | 100 | 80 | 38 | ⑤→H157→⑥ | 石山孜三期 | |
| H158 | T0722 | 圆角长方形 | 200 | 120 | 60 | ⑤→H158→⑥ | 石山孜三期 | |
| H159 | T0722 | 半椭圆形 | 170 | 60 | 40 | F6→H159→⑤→⑥ | 石山孜三期 | |
| H160 | T0722 | 圆形 | 口径108 | | 70 | F6→H160→⑤ | 石山孜三期 | |
| H161 | T0722 | 半椭圆形 | 115 | 60 | 60 | F6→H161→⑤ | 石山孜三期 | |
| H162 | T0722 | 椭圆形 | 110 | 90 | 80 | F6→H162→⑤、⑥ | 石山孜三期 | |
| H163 | T0723 | 椭圆形 | 40 | 35 | 125 | ⑤→H163→⑥ | 石山孜三期 | |
| H164 | T0723 | 半椭圆形 | 110 | 90 | 80 | ⑤→H164→⑥ | 石山孜三期 | |
| H165 | T0723 | 圆形 | 口径50 | | 70 | F2→H165→⑤ | 石山孜三期 | |
| H166 | T0723 | 椭圆形 | 100 | 80 | 80 | ⑤→H166→⑥ | 石山孜三期 | |
| H167 | T0723 | 椭圆形 | 160 | 120 | 95 | H117→H167→H169 | 石山孜三期 | |
| H168 | T0724 | | | | | | | 消号 |
| H169 | T0723 | 椭圆形 | 130 | 90 | | H117→H169 | 石山孜二期 | |
| H170 | T0723 | | | | | | | 消号 |
| H171 | T0723 | 不规则状 | 225 | 170 | 70 | ⑥→H171→⑦ | 石山孜二期 | |
| H172 | T0723 | 不规则状 | 160 | 40 | 75 | ⑥→H172→⑦ | 石山孜二期 | |
| H173 | T0822 | 半圆形 | 口径80 | | 95 | ⑥→H173→⑦ | 石山孜二期 | |
| H174 | T0822 | 圆角长方形 | 180 | 40 | 80 | ⑥→H174→⑦ | 石山孜二期 | |
| H175 | T0822 | 半椭圆形 | 65 | 45 | 60 | ⑥→H175→⑦ | 石山孜二期 | |
| H176 | T0722 | 半椭圆形 | 310 | 220 | 60 | M1→H176→⑥ | 石山孜三期 | |
| H177 | T1629 | 圆角长方形 | 120 | 110 | 40 | ⑤→H177→⑥ | 石山孜三期 | |

续表附表一

| 编号 | 位置 | 形状 | 尺寸（厘米） | | | 层位关系 | 时代 | 备注 |
| --- | --- | --- | --- | --- | --- | --- | --- | --- |
| | | | 长（长径） | 宽（短径） | 深 | | | |
| H178 | T1630 | 不规则状 | 260 | 100 | 75 | ⑥→H178→⑦ | 石山孜二期 | |
| H179 | T1630 | 不规则状 | 130 | 80 | 18～22 | ⑥→H179→⑦ | 石山孜二期 | |
| H180 | T1629 | 圆角长方形 | 150 | 125 | 70 | ⑥→H180→⑦ | 石山孜三期 | |
| H181 | T0822 | 椭圆形 | 145 | 115 | 60 | ⑥→H181→⑦ | 石山孜二期 | |
| H182 | T0724 | 椭圆形 | 130 | 80 | 80 | H130→H182→⑨ | 石山孜二期 | |
| H183 | T0724 | 半圆形 | 口径140 | | 60 | ⑤→H183→H184 | 石山孜二期 | |
| H184 | T0724 | 椭圆形 | 240 | 130 | | ⑧→H184→⑨、⑩ | 石山孜二期 | |
| H185 | T0724 | 椭圆形 | 200 | 110 | 50 | ⑧→H185→⑨ | 石山孜二期 | |
| H186 | T0823 | 半椭圆形 | 165 | 50 | 70 | ⑥→H186→⑦ | 石山孜二期 | |
| H187 | T0823 | 椭圆形 | 170 | 160 | 110 | ⑥→H187→⑦ | 石山孜二期 | |
| H188 | T0823 | 不规则状 | 口径120～165 | | 80 | ⑥→H188→⑦ | 石山孜二期 | |
| H189 | T0823 | 椭圆形 | 180 | 85 | 75 | ⑦→H189→⑧ | 石山孜二期 | |
| H190 | T0823 | 椭圆形 | 110 | 70 | 70 | ⑦→H190→⑧、⑨ | 石山孜二期 | |
| H191 | T0722 | 不规则状 | 100～140 | 60 | 80 | F6→H191→⑥ | 石山孜三期 | |
| H192 | T0722 | | | | | | | 消号 |
| H193 | T0822 | 圆角长方形 | 170 | 120 | 120 | ⑥→H193→⑦ | 石山孜二期 | |
| H194 | T1630 | 不规则状 | 85 | 60 | 90 | ⑥→H194→⑦ | 石山孜二期 | |
| H195 | T1630 | 半圆形 | 口径90 | | 60 | ⑥→H195→⑦ | 石山孜二期 | |
| H196 | T0722 | 椭圆形 | 135 | 80 | 60 | ⑦→H196→⑧ | 石山孜二期 | |
| H197 | T0823 | 半椭圆形 | 118 | 40 | 65 | ⑥→H197→⑦ | 石山孜二期 | |
| H198 | T0823 | 不规则状 | 口径110 | | 70 | 近代墓→H198→⑧ | 石山孜二期 | |
| H199 | T1630 | 椭圆形 | 110 | 80 | 65 | ⑦→H199→⑧、⑨ | 石山孜二期 | |
| H200 | T0823 | 不规则状 | 口径145 | | 145 | ⑦→H200→⑧、⑨ | 石山孜二期 | |

续表附表一

| 编号 | 位置 | 形状 | 长（长径） | 宽（短径） | 深 | 层位关系 | 时代 | 备注 |
|---|---|---|---|---|---|---|---|---|
| H201 | T0823 | 半椭圆形 | 125 | 25 | 65 | 近代墓→H201→⑦ | 石山孜二期 | |
| H202 | T0723 | 椭圆形 | 60 | 50 | 35 | ⑦→H202→⑧ | 石山孜二期 | |
| H203 | T0723 | 椭圆形 | 95 | 40 | 35 | ⑦→H203→⑧ | 石山孜二期 | |
| H204 | T0723 | 圆弧状 | 口径50 | | 40 | ⑦→H204→⑧ | 石山孜二期 | |
| H205 | T0723 | 不规则状 | 110 | 45 | 70 | H114→H205→⑧ | 石山孜二期 | |
| H206 | T0723 | 不规则状 | 口径20~60 | | | F2→H206→⑧ | 石山孜二期 | |
| H207 | T0723 | | | | | | | 消号 |
| H208 | T0723 | | | | | | | 消号 |
| H209 | T0723 | 圆形 | 口径115 | | 135 | ⑦→H209→⑧、⑨ | 石山孜二期 | |
| H210 | T0822 | 椭圆形 | 80 | 55 | 50 | ⑦→H210→⑧、⑨ | 石山孜二期 | |
| H211 | T1629 | 椭圆形 | 105 | 60 | 55 | ⑦→H211→⑧、⑨ | 石山孜二期 | |
| H212 | T1630 | 椭圆形 | 100 | 80 | 45 | ⑦→H212→⑧、F8 | 石山孜二期 | |
| H213 | T0722 | 椭圆形 | 116 | 70 | 40 | ⑦→H213→⑧、⑨ | 石山孜二期 | |
| H214 | T0722 | 不规则状 | 口径120 | | 60 | ⑦→H214→⑧、⑨ | 石山孜二期 | |
| H215 | T0722 | 椭圆形 | 85 | 80 | 45 | ⑦→H215→⑧、⑨ | 石山孜二期 | |
| H216 | T0822 | 圆形 | 口径100 | | 60 | ⑧→H216→⑨ | 石山孜二期 | |
| H217 | T1629 | 圆角长方形 | 156 | 104 | 60 | ⑧→H217→⑨ | 石山孜二期 | |
| H218 | T1629 | | | | | | | 消号 |
| H219 | T0722 | 圆形 | 口径110 | | 130 | ⑥→H219→⑦、⑧ | 石山孜二期 | |
| H220 | T0722 | 圆形 | 口径75 | | 60 | ⑧→H220→⑨、⑩ | 石山孜二期 | |
| H221 | T0722 | 方形 | 60~70 | 60~70 | 20 | ⑨→H221→⑩、生土层 | 石山孜一期 | |
| H222 | T0822 | 长方形 | 100 | 50 | 72 | ⑥→H222→⑦ | 石山孜二期 | |
| H223 | T0725 | 半椭圆形 | 75 | 60 | 75 | ⑥→H223→⑦ | 石山孜二期 | |

续表附表一

| 编号 | 位置 | 形状 | 长（长径） | 宽（短径） | 深 | 层位关系 | 时代 | 备注 |
|---|---|---|---|---|---|---|---|---|
| | | | 尺寸（厘米） | | | | | |
| H224 | T0725 | 圆形 | 口径160 | | 60 | ⑥→H224→⑦ | 石山孜二期 | |
| H225 | T0725 | 椭圆形 | 110 | 80 | 60 | ⑥→H225→⑦ | 石山孜二期 | |
| H226 | T0725 | 椭圆形 | 170 | 150 | 70 | ⑥→H226→⑦、⑧ | 石山孜二期 | |
| H227 | T0823 | 半圆形 | 口径55 | | 83 | H73→H227→⑤ | 石山孜三期 | |
| H228 | T0725 | 椭圆形 | 100 | 60 | 105 | ⑦→H228→⑧ | 石山孜二期 | |
| H229 | T1629 | 椭圆形 | 85 | 75 | 80 | ⑧→H229→⑨ | 石山孜二期 | |
| H230 | T1629 | 方形 | 80 | 80 | 82 | ⑧→H230→⑨ | 石山孜二期 | |
| H231 | T0724 | 椭圆形 | 70 | 60 | 50 | ⑦→H231→⑧ | 石山孜二期 | |
| H232 | T0724 | 近椭圆形 | 70 | | 90 | ⑦→H232→⑧ | 石山孜二期 | |
| H233 | T0724 | 半椭圆形 | 220 | 70 | 100 | H90→H233→⑩ | 石山孜二期 | |
| H234 | T0724 | 半椭圆形 | 350 | 110 | | H233→H234→⑪ | 石山孜二期 | |
| H235 | T0725 | 不规则状 | 口径125 | | 65 | ⑦→H235→⑧、⑨ | 石山孜二期 | |
| H236 | T1629 | 方形 | 70 | 70 | 80 | ⑧→H236→⑨ | 石山孜二期 | |
| H237 | T1630 | 圆角长方形 | 80 | 60 | 30 | ⑧→H237→⑨ | 石山孜二期 | |
| H238 | T1630 | 不规则状 | 215 | 140 | 85 | ⑦→H238→⑧、⑨ | 石山孜二期 | |
| H239 | T1630 | 不规则状 | 110 | 80 | | ⑧→H239→⑨ | 石山孜二期 | |
| H240 | T0823 | 椭圆形 | 80 | 30 | 180 | ④→H240→⑤ | 石山孜二期 | |
| H241 | T0823 | 半椭圆形 | 70 | 35 | 75 | F2→H241→⑤ | 石山孜二期 | |
| H242 | T0823 | 半椭圆形 | 130 | 80 | 120 | F2→H242→⑤ | 石山孜二期 | |
| H243 | T0722 | 不规则状 | 80 | 60 | 150 | ④→H243→⑤ | 石山孜二期 | |
| H244 | T1628 | 圆角长方形 | 50 | 40 | 100 | ⑤→H244→⑥ | 石山孜二期 | |
| H245 | T1631 | 圆角长方形 | 60 | 60 | 100 | ⑥→H245→⑦ | 石山孜二期 | |
| H246 | T1631 | 圆角长方形 | 120 | 50 | 50 | ⑥→H246→⑦ | 石山孜二期 | |

续表附表一

| 编号 | 位置 | 形状 | 尺寸（厘米） | | | 层位关系 | 时代 | 备注 |
| --- | --- | --- | --- | --- | --- | --- | --- | --- |
| | | | 长（长径） | 宽（短径） | 深 | | | |
| H247 | T1628 | 圆角长方形 | 80 | 35 | 75 | H51→H247→⑧ | 石山孜二期 | |
| H248 | T1628 | 圆角长方形 | 180 | 150 | 130 | ⑥→H248→⑦、⑧ | 石山孜二期 | |
| H249 | T0725 | 椭圆形 | 190 | 110 | 60 | ⑧→H249→⑨ | 石山孜二期 | |
| H250 | T0822 | 近圆形 | 口径100 | | 85 | ④→H250→⑤ | 石山孜二期 | |
| H251 | T0822 | 半椭圆形 | 100 | 80 | 110 | ⑤→H251→⑥ | 石山孜二期 | |
| H252 | T1631 | 半椭圆形 | 110 | 40 | 40 | H21→H252→⑥ | 石山孜三期 | |
| H253 | T1631 | 圆弧状 | 口径50 | | 80 | H21→H253→⑥ | 石山孜三期 | |
| H254 | T1631 | 半椭圆形 | 90 | 50 | 80 | H21→H254→⑥ | 石山孜二期 | |
| H255 | T1631 | 圆形 | 口径75 | | 40 | ⑥→H255→⑦ | 石山孜二期 | |
| H256 | T1628 | 半椭圆形 | 280 | 40 | 110 | ⑥→H256→⑦ | 石山孜二期 | |
| H257 | T1628 | 半椭圆形 | 50 | 25 | 30 | H244→H257→⑧ | 石山孜二期 | |
| H258 | T1628 | 半椭圆形 | 90 | 30 | 50 | ⑦→H258→⑧ | 石山孜二期 | |
| H259 | T1631 | 圆角方形 | 120 | 100 | 90~105 | ⑥→H259→⑦ | 石山孜二期 | |
| H260 | T1631 | 圆弧状 | 口径100 | | 80 | ⑥→H260→⑦ | 石山孜二期 | |
| H261 | T1729 | 圆角长方形 | 150 | 130 | 110 | ③→H261→④ | 汉代 | |
| H262 | T1730 | 圆角长方形 | 135 | 60 | 40 | ③→H262→④ | 汉代 | |
| H263 | T1729 | 半椭圆形 | 140 | 60 | 45 | ③→H263→④ | 汉代 | |
| H264 | T1529 | 半椭圆形 | 115 | 35 | 55 | ③→H264→H265 | 汉代 | |
| H265 | T1529 | 半椭圆形 | 180 | 90 | 65 | ③→H265→④ | 汉代 | |
| H266 | T1530 | 椭圆形 | 110 | 65 | 55 | ③→H266→④ | 汉代 | |
| H267 | T1530 | 圆角长方形 | 155 | 25 | 60 | ③→H267→H271 | 汉代 | |
| H268 | T1730 | 半椭圆形 | 120 | 40 | 80 | ④→H268→⑤、⑥ | 石山孜三期 | |
| H269 | T1730 | 圆角长方形 | 175 | 60 | 80 | ③→H269→④ | 龙山 | |

续表附表一

| 编号 | 位置 | 形状 | 尺寸（厘米）长（长径） | 宽（短径） | 深 | 层位关系 | 时代 | 备注 |
|---|---|---|---|---|---|---|---|---|
| H270 | T1729 | 半椭圆形 | 70 | 35 | 85 | ④→H270→⑤ | 石山孜三期 | |
| H271 | T1530 | 不规则状 | 425 | 125~200 | 130~180 | ③→H271→④ | 汉代 | |
| H272 | T1729 | 椭圆形 | 110 | 90 | 43 | ⑤→H272→⑥ | 石山孜三期 | |
| H273 | T1729 | 近圆形 | 口径100 | | 25 | ⑤→H273→⑥ | 石山孜三期 | |
| H274 | T1529 | 不规则状 | 325 | 70 | 135 | ③→H274→④、⑤ | 汉代 | |
| H275 | T1529 | 椭圆形 | 120 | 80 | 25 | ③→H275→⑤ | 汉代 | |
| H276 | T1530 | 半椭圆形 | 90 | 40 | 50 | ④→H276→⑤ | 石山孜三期 | |
| H277 | T1730 | 不规则状 | 口径95~120 | | 60 | ⑤→H277→⑥、H278 | 石山孜三期 | |
| H278 | T1730 | 圆形 | 口径100 | | 45 | ⑤→H278→⑥ | 石山孜三期 | |
| H279 | T1730 | 椭圆形 | 100 | 80 | 55 | ⑤→H279→⑥ | 石山孜三期 | |
| H280 | T1730 | 半圆形 | 口径160 | | 70 | ⑤→H280→⑥ | 石山孜三期 | |
| H281 | T1730 | 圆角长方形 | 85 | 50 | 20 | ⑤→H281→⑥、H289 | 石山孜三期 | |
| H282 | T1530 | 圆角长方形 | 105 | 80 | 140 | ③→H282→④、⑤ | 汉代 | |
| H283 | T1730 | 椭圆形 | 85 | 60 | 40 | ⑤→H283→⑥ | 石山孜三期 | |
| H284 | T1730 | 椭圆形 | 45 | 40 | 30 | ⑤→H284→⑥ | 石山孜三期 | |
| H285 | T1530 | 椭圆形 | 115 | 30 | 65 | ③→H285→④ | 汉代 | |
| H286 | T1529 | 半椭圆形 | 60 | 50 | 45 | ④→H286→⑤ | 石山孜三期 | |
| H287 | T1529 | 半椭圆形 | 120 | 100 | 120 | ④→H287→⑤ | 石山孜三期 | |
| H288 | T1729 | 圆形 | 口径80 | | 35 | F10→H288→⑤ | 石山孜三期 | |
| H289 | T1730 | 圆角长方形 | 90 | 55 | 40 | ⑤→H289→⑥ | 石山孜三期 | |
| H290 | T1730 | 圆角长方形 | 80 | 55 | 20 | ⑤→H290→⑥ | 石山孜三期 | |
| H291 | T1729 | 半椭圆形 | 95 | 80 | 65 | ⑥→H291→⑦ | 石山孜二期 | |
| H292 | T1729 | 圆形 | 口径50 | | 35 | ⑥→H292→⑦ | 石山孜二期 | |

续表附表一

| 编号 | 位置 | 形状 | 尺寸（厘米） | | | 层位关系 | 时代 | 备注 |
|---|---|---|---|---|---|---|---|---|
| | | | 长（长径） | 宽（短径） | 深 | | | |
| H293 | T1729 | 椭圆形 | 95 | 50 | 25 | ⑥→H293→⑦ | 石山孜二期 | |
| H294 | T1729 | 不规则状 | 70 | 50 | 45 | ⑥→H294→⑦ | 石山孜二期 | |
| H295 | T1729 | 椭圆形 | 95 | 50 | 60 | ⑥→H295→⑦ | 石山孜二期 | |
| H296 | T1729 | 椭圆形 | 80 | 60 | 45 | ⑥→H296→⑦ | 石山孜二期 | |
| H297 | T1730 | 圆角长方形 | 70 | 20 | 20 | ⑤→H297→⑥ | 石山孜三期 | |
| H298 | T1730 | 半圆形 | 口径100 | | 30 | ⑤→H298→⑥ | 石山孜三期 | |
| H299 | T1730 | 圆角长方形 | 100 | 90 | 40 | ⑤→H299→⑥、M12 | 石山孜三期 | |
| H300 | T1529 | 椭圆形 | 45 | 30 | 45 | ⑤→H300→F12 | 石山孜三期 | |
| H301 | T1529 | 圆角长方形 | 100 | 50 | 40 | ⑤→H301→⑥、F12 | 石山孜三期 | |
| H302 | T1529 | 圆形 | 口径45 | | 27 | ⑤→H302→⑥、F12 | 石山孜三期 | |
| H303 | T1730 | 椭圆形 | 90 | 40 | 60 | ⑤→H303→⑥ | 石山孜三期 | |
| H304 | T1530 | 圆角长方形 | 90 | 40 | 60 | ④→H303→⑤ | 石山孜三期 | |
| H305 | T1530 | 半椭圆形 | 90 | 55 | 40 | ④→H305→⑤ | 石山孜三期 | |
| H306 | T1530 | 椭圆形 | 60 | 40 | 25 | ④→H306→⑤ | 石山孜三期 | |
| H307 | T1530 | 半圆弧状 | 口径60 | | 30 | ④→H307→⑤ | 石山孜三期 | |
| H308 | T1530 | 椭圆形 | 150 | 130 | 65 | ④→H308→⑤ | 石山孜三期 | |
| H309 | T1529 | 不规则状 | 口径90～120 | | 90 | ⑤→H309→⑥、⑦、⑧ | 石山孜三期 | |
| H310 | T1730 | 圆角长方形 | 120 | 95 | 145 | ⑥→H310→⑦ | 石山孜二期 | |
| H311 | T1730 | 半圆形 | 口径120 | | 150 | ⑥→H311→⑦ | 石山孜二期 | |
| H312 | T1730 | 椭圆形 | 70 | 60 | 30 | ⑥→H312→⑦ | 石山孜二期 | |
| H313 | T1730 | 椭圆形 | 95 | 80 | 40 | ⑥→H313→⑦ | 石山孜二期 | |
| H314 | T1529 | 不规则状 | 180 | 140 | 70 | F12→H314→⑥ | 石山孜三期 | |
| H315 | T1529 | 不规则状 | 60 | 50 | 100 | F12→H315→⑥ | 石山孜三期 | |

续表附表一

| 编号 | 位置 | 形状 | 尺寸（厘米） | | | 层位关系 | 时代 | 备注 |
|---|---|---|---|---|---|---|---|---|
| | | | 长（长径） | 宽（短径） | 深 | | | |
| H316 | T1530 | 圆形 | 口径90 | | 65 | ⑤→H316→⑥ | 石山孜三期 | |
| H317 | T1530 | 长方形 | 135 | 60 | 70 | ⑤→H317→⑥ | 石山孜三期 | |
| H318 | T1730 | 圆角长方形 | 165 | 140 | 90 | H268→H318→⑦ | 石山孜二期 | |
| H319 | T1730 | 半椭圆形 | 75 | 30 | 30 | ⑥→H319→⑦ | 石山孜二期 | |
| H320 | | | | | | | | 消号 |
| H321 | T1730 | 半圆方形 | 80 | | 60 | ⑥→H321→⑦ | 石山孜三期 | |
| H322 | T1730 | 椭圆形 | 215 | 150 | 85 | ⑤→⑥→⑦ | 石山孜三期 | |
| H323 | T1729 | 椭圆形 | 140 | 130 | 70 | ⑦→H323→⑧ | 石山孜二期 | |
| H324 | T1729 | 椭圆形 | 130 | 110 | 80 | ⑦→H324→⑧ | 石山孜二期 | |
| H325 | T1729 | 不规则状 | 口径170 | | 65 | ⑦→H325→⑧ | 石山孜二期 | |
| H326 | T1729 | 不规则形 | 140 | 70 | 60 | ⑦→H326→⑧ | 石山孜二期 | |
| H327 | T1729 | 半椭圆形 | 110 | 55 | 55 | ⑦→H327→⑧ | 石山孜二期 | |
| H328 | T1729 | 半椭圆形 | 130 | 80 | 50 | ⑧→H328→⑨ | 石山孜二期 | |
| H329 | T1730 | 圆角长方形 | 55 | 25 | 20 | ⑥→H329→⑦、⑧ | 石山孜二期 | |
| H330 | T1729 | 圆角方形 | 170 | 150 | 48 | ⑧→H330→⑨ | 石山孜二期 | |
| H331 | T1729 | 半椭圆形 | 120 | 70 | 50 | ⑧→H331→⑨ | 石山孜二期 | |
| H332 | T1730 | 圆角长方形 | 75 | 60 | 65 | ⑦→H332→⑧ | 石山孜二期 | |
| H333 | T1730 | 圆形 | 口径110 | | 70 | ⑦→H333→⑧ | 石山孜二期 | |
| H334 | T1729 | 不规则状 | 140 | 130 | 55－60 | ⑧→H334→⑨ | 石山孜二期 | |
| H335 | T1729 | 圆形 | 口径75 | | 50 | ⑧→H335→⑨ | 石山孜二期 | |
| H336 | T1729 | 圆形 | 口径50 | | 130 | ⑤→H336→⑥、⑦ | 石山孜二期 | |
| H337 | T1529 | 不规则状 | 195 | 125～150 | 60～105 | ⑦→H337→⑧ | 石山孜二期 | |
| H338 | T1729 | 半椭圆形 | 60－80 | | 70 | ⑧→H338→⑨ | 石山孜二期 | |

续表附表一

| 编号 | 位置 | 形状 | 尺寸（厘米） | | | 层位关系 | 时代 | 备注 |
|---|---|---|---|---|---|---|---|---|
| | | | 长（长径） | 宽（短径） | 深 | | | |
| H339 | T1729 | 椭圆形 | 90 | 50 | 32 | ⑧→H339→⑨ | 石山孜二期 | |
| H340 | T1529 | 圆形 | 口径160 | | 50 | ⑦→H340→⑧、⑨ | 石山孜二期 | |
| H341 | T1529 | 椭圆形 | 170 | 110 | 30 | ⑦→H341→⑧ | 石山孜二期 | |
| H342 | T1530 | 椭圆形 | 100 | 70 | 95 | ⑦→H342→⑧ | 石山孜二期 | |
| H343 | T1730 | 不规则状 | 60 | 50 | 25 | ⑦→H343→⑧ | 石山孜二期 | |
| H344 | T1530 | 椭圆形 | 85 | 40 | 50 | ⑤→H344→⑥ | 石山孜二期 | |
| H345 | T1530 | 椭圆形 | 85 | 60 | 35 | ⑥→H345→⑦ | 石山孜二期 | |
| H346 | T1530 | 不规则状 | 145 | 75 | 45 | ⑦→H346→⑧、⑨ | 石山孜二期 | |
| H347 | T1530 | 半椭圆形 | 145 | 30 | 105 | ⑦→H347→⑧ | 石山孜二期 | |
| H348 | T1529 | 不规则状 | 60 | 40 | 60 | ⑧→H348→⑨ | 石山孜二期 | |
| H349 | T1730 | 长方形 | 100 | 80 | 60 | ⑥→H349→⑦、⑧ | 石山孜二期 | |
| H350 | T1529 | 不规则椭圆形 | 130 | 58 | 70 | ⑦→H350→⑧ | 石山孜二期 | |
| H351 | T1529 | 椭圆形 | 85 | 45 | 40 | ⑧→H351→⑨ | 石山孜二期 | |
| H352 | T1529 | 半椭圆形 | 190 | 45 | 165 | ⑦→H352→⑧ | 石山孜二期 | |
| H353 | T1529 | 不规则状 | 80 | 60 | | ⑧→H353→⑨ | 石山孜二期 | |
| H354 | T1730 | 圆角长方形 | 135 | 45 | 30 | ⑧→H354→⑨ | 石山孜二期 | |
| H355 | T1730 | 椭圆形 | 148 | 65 | 32 | ⑧→H355→⑨ | 石山孜二期 | |
| H356 | T1530 | 圆角长方形 | 155 | 90 | 60 | ⑦→H356→⑧ | 石山孜二期 | |
| H357 | T1730 | 半椭圆形 | 70 | | 30 | ⑧→H357→⑨ | 石山孜二期 | |
| H358 | T1730 | 圆角长方形 | 110 | 90 | 40 | ⑧→H358→⑨ | 石山孜二期 | |
| H359 | T1529 | 圆形 | 口径60 | | 30 | ⑨→H359→⑩ | 石山孜二期 | |
| H360 | T1529 | 椭圆形 | 140 | 130 | 25 | ⑨→H360→⑩ | 石山孜一期 | |
| H361 | T1530 | 半圆形 | 口径55 | | 30 | ⑦→H361→⑧ | 石山孜二期 | |

续表附表一

| 编号 | 位置 | 形状 | 长（长径） | 宽（短径） | 深 | 层位关系 | 时代 | 备注 |
|---|---|---|---|---|---|---|---|---|
| H362 | T1729 | 椭圆形 | 105 | 60 | 85 | ⑧→H362→⑨ | 石山孜二期 | |
| H363 | T1729 | 圆角长方形 | 130 | 85 | 54 | ⑨→H363→⑩、⑪ | 石山孜一期 | |
| H364 | T1720 | 椭圆形 | 100 | 90 | 45 | ⑧→H364→⑨ | 石山孜二期 | |
| H365 | T1730 | 圆角长方形 | 130 | 80 | 30 | ⑧→H365→⑨ | 石山孜二期 | |
| H366 | T1729 | 圆形 | 口径109 | | 46 | ⑨→H366→⑩ | 石山孜一期 | |
| H367 | T1729 | 椭圆形 | 106 | 50 | 60 | ⑨→H367→⑩ | 石山孜一期 | |
| H368 | T1729 | 圆形 | 口径140 | | 90 | ⑩→H368→⑪ | 石山孜一期 | |
| H369 | T1729 | 椭圆形 | 140 | 130 | 125 | ⑩→H369→⑪ | 石山孜一期 | |
| H370 | T1730 | 圆角长方形 | 130 | 70 | 50 | ⑧→H370→⑨ | 石山孜二期 | |
| H371 | T1730 | 长方形 | 100 | 85 | 58 | ⑧→H371→⑨ | 石山孜二期 | |
| H372 | T1730 | 圆角长方形 | 80 | 65 | 35－40 | ⑧→H372→⑨ | 石山孜二期 | |
| H373 | T1530 | 圆形 | 口径70 | | | ⑧→H373→⑨ | 石山孜二期 | |
| H374 | T1530 | 半椭圆形 | 130 | 55 | 75 | ⑧→H374→⑨ | 石山孜二期 | |
| H375 | T1730 | 半椭圆形 | 105 | 45 | 50 | ⑨→H375→⑩ | 石山孜一期 | |
| H376 | T1729 | 不规则椭圆形 | 170 | 120 | 116 | ⑩→H376→⑪ | 石山孜一期 | |
| H377 | T1729 | 椭圆形 | 120 | 100 | 65 | ⑪→H377→⑫ | 石山孜一期 | |
| H378 | T1529 | 圆角长方形 | 110 | 85 | 40 | ⑪→H378→⑫ | 石山孜一期 | |
| H379 | T1529 | 圆形 | 口径130 | | 50 | ⑪→H379→⑫ | 石山孜一期 | |
| H380 | T1730 | 椭圆形 | 100 | 95 | 40 | ⑩→H380→⑪ | 石山孜一期 | |
| H381 | T1730 | 椭圆形 | 100 | 70 | | ⑨→H381→⑩ | 石山孜一期 | |
| H382 | T1730 | 不规则圆形 | 口径90 | | 90 | ⑩→H382→⑪ | 石山孜一期 | |
| H383 | T1730 | 椭圆形 | 90 | 70 | 60 | ⑩→H383→⑪ | 石山孜一期 | |
| H384 | T1529 | 不规则椭圆形 | 100 | 80 | 19～22 | ⑫→H384→生土 | 石山孜一期 | |
| H385 | T1530 | 圆形 | 口径80 | | 40 | ⑩→H385→⑪ | 石山孜一期 | |
| H386 | T1730 | 长方形 | 170 | 110 | 90 | ⑪→H386→⑫→生土 | 石山孜一期 | |
| H387 | T1529 | 椭圆形 | 100 | 60 | 92 | F12→H387→⑦、⑧、⑨ | 石山孜二期 | |
| H388 | T1529 | 不规则状 | 200 | 100 | 150 | ⑧→H388→⑨ | 石山孜二期 | |

续表附表一

| 编号 | 位置 | 形状 | 尺寸（厘米） | | | 层位关系 | 时代 | 备注 |
| --- | --- | --- | --- | --- | --- | --- | --- | --- |
| | | | 长（长径） | 宽（短径） | 深 | | | |
| H389 | T1730 | 椭圆形 | 140 | 120 | 80 | ⑬→H389→生土 | 石山孜一期 | |
| H390 | T1529 | 圆形 | 口径62 | | 60 | ⑬→H390→生土 | 石山孜一期 | |
| H391 | T1529 | 椭圆形 | 150 | 135 | 38 | ⑬→H391→生土 | 石山孜一期 | |
| H392 | T1530 | 半椭圆形 | 65 | 45 | 45 | ⑫→H392→⑬→生土 | 石山孜一期 | |
| H393 | T1530 | 圆形 | 口径80 | | 70 | ⑩→H393→⑪、⑫、⑬→生土 | 石山孜一期 | |
| H394 | T1730 | 椭圆形 | 135 | 105 | 50 | ⑩→H394→⑪、⑫、⑬→生土 | 石山孜一期 | |
| H395 | T1530 | 圆形 | 口径80 | | 60 | ⑫→H395→⑬→生土 | 石山孜一期 | |

附表二　石山孜遗址房址登记表

（单位：厘米）

| 编号 | 层位关系 | 结构 | 形状 | 方向 | 出土物 | 时代 | 备注 |
| --- | --- | --- | --- | --- | --- | --- | --- |
| F1 | ③→F1→④ H22→F1 | 地面建筑，门、墙、灶无存，残柱洞6个 | 圆角长方形。长260，宽225厘米 | 不明 | 篮纹陶片、陶球、鼎足 | 龙山 | 残存烧土面 |
| F2 | ④→F2→⑤ F2→F5→H105 M17→F2 | 地面建筑，门、墙、灶无存，柱洞23个 | 不规则椭圆形。长径720，短径680厘米 | 不明 | 夹蚌陶釜、泥质陶钵，均残碎 | 石山孜三期 | 因被扰乱严重，形状、结构多不清楚，推测应为三处房址 |
| F3 | ⑤→F3→⑥ H65→F3 H66→F3 | 地面建筑，分两层，灶、墙无存 | 长方形。长360，宽330厘米 | 不明 | 夹蚌、泥质残碎陶片 | 石山孜三期 | 残存二层堆积，其中②层可能为居住面 |
| F4 | ⑤→F4→⑥→⑦ | 地面式建筑，探方内仅分布一部分 | 椭圆形。长径550，短径160厘米 | 不明 | 夹蚌、泥质陶片，器形不明 | 石山孜三期 | 多在探方外，仅清理一部分 |
| F5 | ④→F5→⑤ | 残居住面厚10~20厘米，垫土厚50~60厘米 | 长方形。长460，宽130厘米 | 不明 | 夹蚌、泥质陶残片 | 石山孜三期 | 被汉墓M3、M4及F2打破 |
| F6 | ④→F6→⑤→⑥ | 现残存居住面和垫土部分，柱洞20个，分布零乱 | 长方形。长550，宽400厘米 | 不明 | 夹蚌、泥质陶残片 | 石山孜三期 | 被灰坑、墓葬打破，延伸方外 F2→F6 F5→F6 |

续表附表二

| 编号 | 层位关系 | 结构 | 形状 | 方向 | 出土物 | 时代 | 备注 |
|---|---|---|---|---|---|---|---|
| F7 | F5→F7→⑤ | 现存两层堆积，柱洞12个，分布散乱 | 长方形。长350、宽120厘米 | 不明 | 泥质陶钵 | 石山孜三期 | 多分布探方外，F2、F5→F7 |
| F8 | ⑦→F8→⑧ | 现存堆积两层，①层为房屋倒塌堆积，②层为居住面，柱洞5个，部分有陶器碎片作柱础 | 长方形。长420、宽150厘米 | 不明 | 骨器、陶球、纺轮、红顶钵、夹蚌陶釜等 | 石山孜二期 | H212→F8 H61→F8 破扰 |
| F10 | ⑤→F10→⑥→⑦ | 伸出方外，形状结构不明，柱洞5个 | 不明 | 不明 | 骨器、残破陶片 | 石山孜三期 | M8→F10 |
| F11 | ④→F11→⑤ | 门、灶、墙均不清，现存红烧土居住面厚10-15厘米，垫土厚10-20厘米，柱洞1个 | 长方形。长475、宽325厘米 | 不明 | 泥质陶钵、碗、釜 | 石山孜三期 | H274→F11 M5→F11 F5→F12 |
| F12 | ⑤→F12→⑥ | 地面式建筑，仅发现残破的居住面和垫土层，柱洞6个 | 长方形。长500、宽450~500厘米 | 不明 | 动物遗骸、酱状鼎足、釜、鸟首器罐、钵 | 石山孜三期 | 被F11叠压，破坏严重，M5→F12 |
| F13 | ⑦→F13→⑧ | 地面式建筑，大部分伸出方外，发现柱洞5个，红烧土及垫土层厚约70-90厘米 | 不明 | 不明 | 红顶钵、陶碗、陶釜 | 石山孜二期 | 未进行扩方发掘，H291→F13 |
| F14 | ⑦→F14→⑧ | 地面窝棚式建筑，柱洞堆积，堆积分为两层，柱洞15个分布密集 | 圆角长方形。长400、宽200厘米 | 不明 | 支脚、磨光泥质红陶残片、小口双耳罐、釜 | 石山孜二期 | 南部破扰 |

附表三　石山孜遗址墓葬登记表

（单位：厘米）

| 编号 | 层位关系 | 方向、结构、形状 | 性别、年龄、葬式及葬俗 | 随葬器物 | 时代 | 备注 |
|---|---|---|---|---|---|---|
| M1 | T0722 南部 ②→M1→生土层 | 带墓道，凸形。距地表30、底部110厘米 | 不清 | 残破陶片、残存墓砖 | 汉 | 早期被盗扰，未全部发掘 |
| M2 | T1628 东南部 ②→M2→生土层 | 正南北。长方形竖穴砖石墓。长325、宽160、深327厘米 | 不清 | 无 | 汉 | 早期被破坏 |

续表附表三

| 编号 | 层位关系 | 方向、结构、形状 | 性别、年龄、葬式及葬俗 | 随葬器物 | 时代 | 备注 |
|---|---|---|---|---|---|---|
| M3 | T0822 东南部 ②→M3→生土层 | 正南北。长方形竖穴土坑墓。长230、宽70、深120厘米 | 仰身直肢 | 泥质灰陶罐 | 汉 | |
| M4 | T0822 中部偏西北 ②→M4→生土层 | 正南北。长方形竖穴土坑墓。长250、宽160、深390厘米 | 不清 | 泥质灰陶盆、钵、碗、壶、罐 | 汉 | 未被扰 |
| M5 | T1529 西部 ②→M5→生土层 | 清理部分为长方形 | 不清 | 残存墓砖 | 汉 | 伸出方外，未扩方清理 |
| M6 | T0823 西北部 ②→M6→生土层 | 正南北。长方形竖穴土坑墓。长160、宽120、深410厘米 | 不清 | 无 | 汉 | |
| M7 | T0723 西北部 ②→M7→生土层 | 正南北。长方形竖穴砖石墓，带墓道。长300、宽140、深165厘米 | 不清 | 无 | 汉 | 部分延伸方外 |
| M8 | T1628 东北部，T1629 东南部 开口被近代土坑扰乱 | 正南北。长方形竖穴砖石墓。长195、宽65、深110厘米 | 不清 | 无 | 汉 | |
| M9 | T1631 中部 ②→M9→生土层 | 正南北。长方形竖穴土坑墓，带墓道。墓道长250、宽185，墓室长270、宽145，墓室深450厘米 | 仰身直肢 | 陶罐、陶壶、陶鼎、铁剑、铁矛 | 汉 | |
| M10 | T1730 北部偏东 ④→M10→⑤ | 正南北。长方形竖穴土坑墓。长110、宽90厘米 | 未成年人合葬，东侧侧身曲肢，西侧侧身葬式不明 | 陶杯、三足钵 | 石山孜三期 | |
| M11 | T1730 北部偏西 ⑤→M11→⑥ | 270°。长方形竖穴土坑墓。长90、宽60厘米 | 仰身直肢 | 无 | 石山孜三期 | |
| M12 | T1730 西南部 ⑤→M12→⑥ | 273°。长方形竖穴土坑墓。长120、宽60、深30厘米 | 未成年人，可能为迁葬 | 无 | 石山孜三期 | |
| M13 | T1730 中部 ⑦→M13→⑧ | 270°。长方形竖穴土坑墓。长110、宽80厘米 | 未成年人，仰身直肢 | 无 | 石山孜二期 | |
| M14 | T1730 西部 ⑧→M14→⑨ | 271°。长方形竖穴土坑墓。长100、宽60厘米 | 未成年人，仰身直肢 | 无 | 石山孜二期 | |
| M15 | T1530 北部 ②→M15→生土层 | 正南北。长方形竖穴土坑墓。清理部分长225、宽160厘米 | 不清 | 陶壶、器盖 | 汉 | 伸出方外，未扩方清理 |

## 附表四　石山孜遗址灰坑陶系器形统计表

### H386 陶系器形统计表

| 陶质 | 夹砂 | | | 夹蚌 | 夹砂掺蚌 | | 合计 | 百分比 |
|---|---|---|---|---|---|---|---|---|
| 陶色　　纹饰 | 红褐 | 外红内黑 | 灰黑 | 外红内黑 | 红褐 | 外红内黑 | | |
| 素面 | 2 | 2 | 2 | | | 1 | 7 | 26.92% |
| 磨光 | 1 | | | 1 | | | 2 | 7.69% |
| 附加堆按窝 | 2 | 1 | 1 | | | | 4 | 15.38% |
| 划纹 | 8 | 2 | 2 | | | 1 | 13 | 50.00% |
| 合计 | 13 | 5 | 5 | 1 | 1 | 1 | 26 | 99.99% |
| 百分比 | 50.00% | 19.23% | 19.23% | 3.85% | 3.85% | 3.85% | 100.01% | |
| | 88.46% | | | 3.85% | 7.70% | | | |

| 器形 | 红褐 | 外红内黑 | 灰黑 | 外红内黑 | 红褐 | 外红内黑 | 合计 | 百分比 |
|---|---|---|---|---|---|---|---|---|
| 釜 | 8 | 2 | 2 | 1 | 1 | 1 | 15 | 62.50% |
| 盆 | 1 | 2 | | | | | 3 | 12.50% |
| 罐 | 1 | 1 | 1 | | | | 3 | 12.50% |
| 钵 | 1 | | 1 | | | | 2 | 8.33% |
| 碗 | | | 1 | | | | 1 | 4.17% |
| 合计 | 11 | 5 | 5 | 1 | 1 | 1 | 24 | 100.00% |
| 百分比 | 45.83% | 20.83% | 20.83% | 4.17% | 4.17% | 4.17% | 100% | |
| | 87.49% | | | 4.17% | 8.34% | | | |

### H378 陶系器形统计表

| 陶质 | 夹砂 | | | 夹蚌 | | 夹砂夹蚌 | 合计 | 百分比 |
|---|---|---|---|---|---|---|---|---|
| 陶色　　纹饰 | 红褐 | 灰黑 | 外红内黑 | 红褐 | 外红内黑 | 红褐 | | |
| 素面 | 3 | | | 1 | | 1 | 5 | 45.45% |
| 磨光 | | 1 | | | | | 1 | 9.09% |
| 附加堆按窝 | 1 | | 1 | 1 | | | 3 | 27.27% |
| 附加堆指甲纹 | | 1 | | | | | 1 | 9.09% |
| 划纹 | | | | | 1 | | 1 | 9.09% |
| 合计 | 4 | 1 | 2 | 2 | 1 | 1 | 11 | 99.99% |
| 百分比 | 36.36% | 9.09% | 18.18% | 18.18% | 9.09% | 9.09% | 99.99% | |
| | 63.63% | | | 27.27% | | 9.09% | | |

续表附表四

| 器形 | | | | | | | | 合计 | 百分比 |
|---|---|---|---|---|---|---|---|---|---|
| | 釜 | 1 | 1 | 1 | | | 1 | 4 | 57.14% |
| | 盆 | | | | 1 | | | 1 | 14.29% |
| | 罐 | 1 | | | | | | 1 | 14.29% |
| | 碗 | | | | | 1 | | 1 | 14.29% |
| | 合计 | 2 | 1 | 1 | 1 | 1 | 1 | 7 | 100.01% |
| | 百分比 | 28.57% | 14.29% | 14.29% | 14.29% | 14.29% | 14.29% | 100.02% | |
| | | 57.15% | | | 28.58% | | 14.29% | | |

注：凡未进行统计的均为出土遗物极少或残甚或无出土遗物者，下同。

| H183 陶系器形统计表 | | | | | | | | |
|---|---|---|---|---|---|---|---|---|
| 陶质 | 夹砂 | | 夹蚌 | | | 泥质 | 合计 | 百分比 |
| 纹饰＼陶色 | 红褐 | 外红内黑 | 红褐 | 外红内黑 | 外黑内红 | 灰陶 | | |
| 素面 | 1 | | 5 | | | | 6 | 30% |
| 磨光 | | | | | 1 | | 1 | 5% |
| 附加堆按窝 | | | 4 | 4 | 1 | | 9 | 45% |
| 划纹 | | 1 | | 1 | | | 2 | 10% |
| 附加堆指甲纹 | | | 1 | | | | 1 | 5% |
| 红彩带 | | | | | | 1 | 1 | 5% |
| 合计 | 1 | 1 | 10 | 5 | 2 | 1 | 20 | 100% |
| 百分比 | 5% | 5% | 50% | 25% | 10% | 5% | 100% | |
| | 10% | | 85% | | | 5% | | |
| 器形　釜 | 1 | | 1 | 1 | | | 3 | 18.75% |
| 鼎 | | | 2 | 2 | | | 4 | 25.00% |
| 盆 | | | | 1 | | | 1 | 6.25% |
| 罐 | | | 1 | | | | 1 | 6.25% |
| 钵 | | | | | | 1 | 1 | 6.25% |
| 器盖 | | 1 | | | 1 | | 2 | 12.50% |
| 鼎足 | | | 4 | | | | 4 | 25.00% |
| 合计 | 1 | 1 | 8 | 4 | 1 | 1 | 16 | 100.00% |
| 百分比 | 6.25% | 6.25% | 50.00% | 25.00% | 6.25% | 6.25% | 100% | |
| | 12.50% | | 81.25% | | | 6.25% | | |

续表附表四

| H201 陶系器形统计表 | | | | |
|---|---|---|---|---|
| 陶质 | 夹砂 | 夹蚌 | 合计 | 百分比 |
| 陶色<br>纹饰 | 外红<br>内黑 | 红褐 | | |
| 素面 | 1 | 2 | 3 | 75% |
| 附加堆按窝 | | 1 | 1 | 25% |
| 合计 | 1 | 3 | 4 | 100% |
| 百分比 | 25% | 75% | 100% | |
| | 25% | 75% | | |
| 器形 釜 | 1 | 1 | 2 | 50% |
| 罐 | | 1 | 1 | 25% |
| 鼎足 | | 1 | 1 | 25% |
| 合计 | 1 | 3 | 4 | 100% |
| 百分比 | 25% | 75% | 100% | |
| | 25% | 75% | | |

| H153 陶系器形统计表 | | | | | |
|---|---|---|---|---|---|
| 陶质 | 夹砂 | 夹蚌 | | 合计 | 百分比 |
| 陶色<br>纹饰 | 红褐 | 红褐 | 外红<br>内黑 | | |
| 素面 | 1 | 1 | 2 | 4 | 44.44% |
| 附加堆凸棱 | | 2 | | 2 | 22.22% |
| 附加堆按窝 | | 3 | | 3 | 33.33% |
| 合计 | 1 | 6 | 2 | 9 | 99.99% |
| 百分比 | 11.11% | 66.66% | 22.22% | 99.99% | |
| | 11.11% | 88.88% | | | |
| 器形 釜 | | 1 | 1 | 2 | 22.22% |
| 罐 | | 1 | | 1 | 11.11% |
| 残片 | 1 | 4 | 1 | 6 | 66.66% |
| 合计 | 1 | 6 | 2 | 9 | 99.99% |
| 百分比 | 11.11% | 66.66% | 22.22% | 99.99% | |
| | 11.11% | 88.88% | | | |

续表附表四

| H158 陶系器形统计表 | | | | |
|---|---|---|---|---|
| 陶质 | 夹砂 | | 合计 | 百分比 |
| 陶色 纹饰 | 红褐 | 外红 内黑 | | |
| 素面 | 2 | | 2 | 22.22% |
| 磨光 | 1 | 5 | 6 | 66.66% |
| 附加堆指甲纹 | 1 | | 1 | 11.11% |
| 合计 | 4 | 5 | 9 | 99.99% |
| 百分比 | 44.44% | 55.55% | 99.99% | |
| | 99.99% | | | |
| 釜 | 1 | | 1 | 20% |
| 盆 | | 2 | 2 | 40% |
| 罐 | 1 | 1 | 2 | 40% |
| 器形 合计 | 2 | 3 | 5 | 100% |
| 百分比 | 40% | 60% | 100% | |
| | 100% | | | |

| H162 陶系器形统计表 | | | | | |
|---|---|---|---|---|---|
| 陶质 | 夹蚌 | 泥质 | | 合计 | 百分比 |
| 陶色 纹饰 | 红褐 | 红陶 | 灰陶 | | |
| 附加堆按窝 | 1 | | | 1 | 33.33% |
| 红衣 | | 1 | 1 | 2 | 66.67% |
| 合计 | 1 | 1 | 1 | 3 | 100% |
| 百分比 | 33.33% | 33.33% | 33.33% | 99.99% | |
| | 33.33% | 66.66% | | | |
| 釜 | | 1 | | 1 | 33.33% |
| 罐 | | | 1 | 1 | 33.33% |
| 钵 | | 1 | | 1 | 33.33% |
| 器形 合计 | | 2 | 1 | 3 | 99.99% |
| 百分比 | | 66.67% | 33.33% | 100% | |
| | | 100% | | | |

续表附表四

**H272 陶系器形统计表**

| 陶质 纹饰 陶色 | 夹蚌 | | 合计 | 百分比 |
|---|---|---|---|---|
| | 红褐 | 外红内黑 | | |
| 素面 | 1 | | 1 | 16.67% |
| 附加堆按窝 | 3 | 1 | 4 | 66.67% |
| 乳丁 | 1 | | 1 | 16.67% |
| 合计 | 5 | 1 | 6 | 100.01% |
| 百分比 | 83.33% | 16.67% | 100% | |
| | 100% | | | |
| 器形 | 釜 | 2 | 1 | 3 | 60% |
| | 鼎足 | 2 | | 2 | 40% |
| | 合计 | 4 | 1 | 5 | 100% |
| | 百分比 | 80% | 20% | 100% | |
| | | 100% | | | |

注：汉代文化遗存灰坑未进行统计。

**附表五　石山孜遗址地层陶系器形统计表**

**T0722⑥陶系器形统计表**

| 陶质 纹饰 陶色 | 夹砂 | | 夹蚌 | | 夹砂掺蚌 | 夹炭 | 合计 | 百分比 |
|---|---|---|---|---|---|---|---|---|
| | 灰黑 | 外红内黑 | 红褐 | 外红内黑 | 红褐 | 灰黑 | | |
| 素面 | | | 5 | 1 | 1 | | 7 | 38.88% |
| 磨光 | 1 | 1 | | | 1 | | 3 | 16.67% |
| 附加堆凸棱 | | | | 1 | | | 1 | 5.56% |
| 划纹 | | 1 | | | | | 1 | 5.56% |
| 红陶衣 | | | | | | 1 | 1 | 5.56% |
| 指甲纹 | | | 1 | | | | 1 | 5.56% |
| 附加堆指切纹 | | | 3 | | 1 | | 4 | 22.22% |
| 合计 | 1 | 2 | 9 | 2 | 3 | 1 | 18 | 100.01% |
| 百分比 | 5.56% | 11.11% | 50.00% | 11.11% | 16.67% | 5.56% | 100.01% | |
| | 16.67% | | 61.11% | | 16.67% | 5.56% | | |
| 器形 | 釜 | | 1 | | | 1 | | 2 | 15.38% |
| | 盆 | | 1 | 2 | | | | 3 | 23.08% |
| | 罐 | | | 1 | | | 1 | 2 | 15.38% |

续表附表五

| 陶质 纹饰 \ 陶色 器形 | 夹砂 灰黑 | 夹砂 外红内黑 | 夹蚌 红褐 | 夹蚌 外红内黑 | 夹砂掺蚌 红褐 | 夹炭 灰黑 | 合计 | 百分比 |
|---|---|---|---|---|---|---|---|---|
| 鼎 | | | 1 | 1 | | | 2 | 15.38% |
| 钵 | 1 | | | 1 | | | 2 | 15.38% |
| 鼎足 | | | 2 | | | | 2 | 15.38% |
| 合计 | 1 | 2 | 6 | 2 | 1 | 1 | 13 | 99.98% |
| 百分比 | 7.69% | 15.38% | 46.15% | 15.38% | 7.69% | 7.69% | 99.98% | |
| | 23.07% | | 61.53% | | 7.69% | 7.69% | | |

附表六　石山孜遗址房址陶系器形统计表

F2 陶系器形统计表

| 陶质 纹饰 \ 陶色 | 夹砂 外红内黑 | 夹蚌 红褐 | 夹蚌 橙黄 | 夹蚌 外红内黑 | 夹砂掺蚌 灰黑 | 泥质 红陶 | 泥质 灰陶 | 合计 | 百分比 |
|---|---|---|---|---|---|---|---|---|---|
| 素面 | | 4 | 4 | 4 | | | | 12 | 26.09% |
| 磨光 | | | | 1 | | | | 1 | 2.17% |
| 附加堆凸棱 | | 2 | | 1 | | | | 3 | 6.52% |
| 附加堆指甲纹 | 1 | 4 | 3 | 1 | 1 | | | 10 | 21.74% |
| 红陶衣 | | | | | | 4 | 7 | 11 | 23.91% |
| 红彩带 | | | | | | | 9 | 9 | 19.57% |
| 合计 | 1 | 10 | 7 | 6 | 2 | 4 | 16 | 46 | 100.00% |
| 百分比 | 2.17% | 21.74% | 15.22% | 13.04% | 4.35% | 8.70% | 34.78% | 100% | |
| | 2.17% | 50% | | | 4.35% | 43.48% | | | |

| 器形 \ | 夹砂 外红内黑 | 夹蚌 红褐 | 夹蚌 橙黄 | 夹蚌 外红内黑 | 夹砂掺蚌 灰黑 | 泥质 红陶 | 泥质 灰陶 | 合计 | 百分比 |
|---|---|---|---|---|---|---|---|---|---|
| 釜 | 1 | 4 | 2 | 1 | 1 | | | 9 | 25.71% |
| 盆 | | | 2 | 2 | | 1 | 1 | 6 | 17.14% |
| 罐 | | 1 | | 2 | | 2 | | 5 | 14.29% |
| 鼎 | | 3 | | 1 | | | | 4 | 11.43% |
| 钵 | | | | | | 1 | 6 | 7 | 20.00% |
| 鼎足 | | 2 | | | | | | 2 | 5.71% |
| 碗 | | | | | | | 2 | 2 | 5.71% |
| 合计 | 1 | 10 | 4 | 6 | 1 | 4 | 9 | 35 | 99.99% |
| 百分比 | 2.86% | 28.57% | 11.43% | 17.14% | 2.86% | 11.43% | 25.71% | 100% | |
| | 2.86% | 57.14% | | | 2.86% | 37.14% | | | |

续表附表六

**F3 陶系器形统计表**

| 陶质 | 夹蚌 | | 合计 | 百分比 |
|---|---|---|---|---|
| 纹饰＼陶色 | 红褐 | 灰黑 | | |
| 素面 | 5 | | 5 | 38.46% |
| 附加堆按窝 | 4 | | 4 | 30.76% |
| 附加堆凸棱 | 2 | 1 | 3 | 23.08% |
| 附加堆指甲纹 | 1 | | 1 | 7.69% |
| 合计 | 12 | 1 | 13 | 99.99% |
| 百分比 | 92.31% | 7.69% | 100% | |
| | 100% | | | |
| 器形　釜 | 6 | | 6 | 54.55% |
| 鼎 | 2 | 1 | 3 | 27.27% |
| 鼎足 | 2 | | 2 | 18.18% |
| 合计 | 10 | 1 | 11 | 100.00% |
| 百分比 | 90.91% | 9.09% | 100% | |
| | 100% | | | |

**F4 陶系器形统计表**

| 陶质 | 夹蚌 | 泥质 | | 合计 | 百分比 |
|---|---|---|---|---|---|
| 纹饰＼陶色 | 红褐 | 灰陶 | 红陶 | | |
| 素面 | 3 | | | 3 | 33.33% |
| 附加堆凸棱 | 4 | | | 4 | 44.44% |
| 红陶衣 | | | 1 | 1 | 11.11% |
| 红彩带 | | 1 | | 1 | 11.11% |
| 合计 | 7 | 1 | 1 | 9 | 99.99% |
| 百分比 | 77.77% | 11.11% | 11.11% | 99.99% | |
| | 77.77% | 22.22% | | | |
| 器形　釜 | 1 | | | 1 | 12.50% |
| 鼎 | 3 | | | 3 | 37.50% |
| 罐 | | | 1 | 1 | 12.50% |
| 鼎足 | 2 | | | 2 | 25.00% |
| 钵 | | 1 | | 1 | 12.50% |
| 合计 | 6 | 1 | 1 | 8 | 100.00% |
| 百分比 | 75.00% | 12.50% | 12.50% | 100% | |
| | 75% | 25.00% | | | |

# 附录

## 附录一　濉溪石山孜遗址出土动物遗存分析

宋艳波（山东大学考古学系）

饶小艳（山东大学考古学系）

贾庆元（安徽省文物考古研究所）

### 一　动物遗存出土情况

遗址出土动物遗存共 804 件（包括了骨角蚌牙制品），涉及的时代主要包括五个阶段：小山口一期、北辛文化早中期、大汶口文化早中期、龙山文化时期和西汉中晚期，每个阶段均出土有一定数量的动物遗存。考古工作者在收集动物遗存的过程中仔细谨慎，有效避免了二次破坏，为进一步鉴定和整理打下了良好的基础。

鉴定过程中主要参考了山东大学考古系动物考古实验室的现生动物标本和分古代动物标本，同时也参考了部分文献①。

### 二　小山口一期动物遗存

（一）动物遗存概况

小山口一期共出土动物遗存 389 件（包括骨器和 1 件无法鉴定到纲的残骨），可以鉴定的种属包括：鱼、鳖、龟、鸟、梅花鹿、麋鹿、狗、牛和猪等。其中 9 件为疑似粪球的标本，这类标本的断块内可辨认出有鱼的骨骼存在。

1. 脊椎动物门 Vertabrate

1.1　辐鳍鱼纲 Actinopterygii

标本仅 1 件，为鱼的背鳍骨，重 1.89 克，具体种属不详。在疑似粪球的标本断面也可见夹杂有隅骨等淡水鱼骨，具体种属亦不详。

---

① 伊丽莎白·施密德著，李天元译：《动物骨骼图谱》，中国地质大学出版社，1992 年；刘月英等编著：《中国经济动物志——淡水软体动物》，科学出版社，1979 年；盛和林著：《中国鹿类动物》，华东师范大学出版社，1992 年；Elizabeth J. Reitz and Elizabeth S. Wing：*Zooarchaeology*，Cambridge University Press，1999。

1.2 爬行动物纲 Reptilia

1.2.1 龟鳖目 Testudines

共有 23 件，鉴定出有鳖和龟等。

1.2.1.1 鳖科 Trionychidae

标本仅 1 件，为左侧舌板残块，重 3.8 克。至少可代表 1 个个体。

1.2.1.2 龟科 Emydidae

标本共 22 件，全部为腹甲残块，总重 88.4 克。全部标本至少可代表 7 个个体。

1.3 鸟纲 Aves

标本仅 1 件，为左侧腕掌骨残块，重 4.1 克，至少可代表 1 个个体。

1.4 哺乳动物纲 Mammalia

种属比较丰富，可鉴定出的种属包括梅花鹿、麋鹿、小型鹿、牛、猫、狗、小犬科和猪等。

另有 55 件标本，因为保存特征不明确，暂以哺乳动物计，这些标本总重 1675.1 克。包括肱骨远端残块 1 件，肱骨近端残块 1 件，股骨远端残块 1 件，股骨残块 1 件，胫骨残块 11 件，髋骨残块 1 件，桡骨残块 4 件，下颌残块 1 件，胸椎残块 1 件，肢骨残片 33 件。

1.4.1 偶蹄目 Artiodactyla

1.4.1.1 鹿科 Cervidae

本次整理的动物遗存中包含了数量较多的鹿角，我们通过鹿角的形态特征可以鉴定出有麋鹿和梅花鹿的存在；通过部分出土的肢骨和上下颌骨标本的测量数据，可以将其分为大型鹿、中型鹿和小型鹿三种类型。我们推测，遗址中出土的大型鹿应该为麋鹿，中型鹿应该为梅花鹿。

此外，还有部分鹿角和肢骨等，保存较为残破，仅以鹿类动物记之，这部分标本共 21 件，总重 1372.7 克。包括带左角的头骨残块 1 件，角尖残块 5 件，角残段 10 件，炮骨残块 1 件，角器 4 件（包括锥 2 件、镖 1 件、柄 1 件）。全部标本至少可代表 1 个成年雄性个体，而且从保存特征来看，这一个体是被先民猎获的对象。

1.4.1.1.1 鹿属 *Cervus*

1.4.1.1.1.1 梅花鹿 *Cervus nippon*

角标本共 13 件，总重 925.5 克。包括带左角的头骨残块 2 件，左侧角残块 3 件，带右角的头骨残块 1 件，右侧角残块 3 件，角残段 4 件。全部标本至少可代表 5 个成年雄性个体。

中型鹿标本共 36 件，总重 1156.2 克。包括左侧尺骨近端残块 1 件，右侧尺骨近端残块 2 件；左侧跟骨 2 件，右侧跟骨 2 件；右侧肱骨残块 2 件；左侧胫骨残块 1 件，右侧胫骨残块 1 件；炮骨残块 2 件；左侧桡骨近端残块 4 件；左侧上颌残块 3 件；左侧下颌残块 3 件，右侧下颌残块 3 件；左侧掌骨残块 4 件，掌骨残块 2 件；左侧跖骨远端残块 1 件，跖骨残块 3 件。全部标本至少可代表 4 个成年个体。

综合来看，我们认为本时期遗址中先民猎获的梅花鹿至少为5个成年的雄性个体。

1.4.1.1.2　麋鹿属 *Elaphurus*

1.4.1.1.2.1　麋鹿 *Elaphurus davidianus*

角标本共11件，总重1858.5克。包括右侧角残块2件（其中1件为从角环处自然脱落的标本），角残段9件。全部标本至少可代表2个成年雄性个体，其中至少1个为先民狩猎所获的对象。

大型鹿标本共176件，总重12052.2克。包括左侧尺骨残块2件；左侧尺桡骨残块3件，右侧尺桡骨远端残块5件，尺骨做成的骨锥1件；中间趾骨8件，近端趾骨14件，末端趾骨5件；左侧跟骨7件，右侧跟骨16件；左侧肱骨远端残块4件，右侧肱骨远端残块2件；左侧股骨远端残块1件，右侧股骨远端残块1件；左侧肩胛骨残块6件，右侧肩胛骨残块2件；左侧胫骨远端残块5件，右侧胫骨远端残块6件；左侧距骨5件，右侧距骨6件；炮骨远端残块1件；左侧桡骨远端残块3件，左侧桡骨近端残块2件，右侧桡骨远端残块4件，右侧桡骨近端残块3件；左侧下颌残块20件，右侧下颌残块15件；游离牙齿4件；左侧掌骨近端残块2件，左侧掌骨远端残块1件，右侧掌骨近端残块2件，掌骨残块2件；左侧跖骨远残块端11件，右侧跖骨远端残块4件，跖骨残块3件。全部标本至少可代表16个不同年龄段的个体。

综合来看，我们认为本时期遗址中先民猎获的麋鹿至少为16个不同年龄段的个体，其中至少1个为成年的雄性个体。

1.4.1.1.3　小型鹿科

标本共9件，总重104.1克。包括右侧胫骨残块1件，左侧胫骨残块1件；左侧下颌残块3件，右侧下颌残块3件；右侧掌骨近端1件。全部标本至少可代表3个成年个体。

1.4.1.2　牛科 Bovidae

标本共4件，总重577.8克。包括左侧肱骨远端残块2件，右侧肱骨远端残块2件，至少可代表2个成年个体。

1.4.1.3　猪科 Suidae

1.4.1.3.1　猪属 *Sus*

1.4.1.3.1.1　家猪 *Sus scrofa domesticus*

标本共23件，总重1045.2克。包括左侧尺骨近端残块1件；右侧第四掌骨1件；左侧跟骨1件，右侧跟骨3件，右侧肱骨远端残块1件；左侧肩胛骨1件，右侧肩胛骨1件；左侧胫骨近端残块1件；左侧距骨1件，右侧距骨1件；游离牙齿1件；左侧下颌残块5件，右侧下颌残块4件；左侧下颌门齿1件（牙制品）。全部标本至少可代表6个不同年龄段的个体。

1.4.2　食肉目 Carnivora

种属不明标本2件，均为第一趾骨，总重28.5克，长度分别为59.33毫米和55.67

毫米，从测量数据来说应属大型哺乳动物。至少可代表 1 个个体。

1.4.2.1　犬科 Canidae

1.4.2.1.1　小型犬科

标本仅 1 件，为右侧下颌带 $P_4 - M_1$，重 4.8 克，至少代表了 1 个个体。

1.4.2.1.1　犬属 Canis

1.4.2.1.1.1　狗 Canis familiaris

标本共 2 件，总重 53.9 克。分别为右侧肱骨远端残块和右侧股骨残块，至少可代表 1 个个体。

1.4.2.2　猫科 Felidae

标本仅 1 件，为右侧下颌带 $M_1$，重 2.3 克，至少可代表 1 个个体。

（二）讨论与分析

1. 家养动物分析

1.1　猪

关于猪是否为家养，到目前为止，已经有不少学者发表了一系列相关文章[1]，综合来看的研究成果，大致可将其概括为以下几个方面[2]：形态学特征（包括泪骨形态、头骨比例、第三臼齿尺寸、齿列扭曲、犬齿发育与否、下颌联合部的长宽比例和角度等），年龄结构分析，相对比例分析，文化现象观察，食性分析，病理学观察，古 DNA 分析。

针对石山孜遗址遗存的保存状况，我们将着眼点放在第三臼齿尺寸、年龄结构分析、相对比例分析进行讨论。

1.1.1　第三臼齿尺寸

本次整理的动物遗存中，$M_3$ 完全萌出且保存完整的标本共 3 件，其长度分别为 33.11、40.1、36.09 毫米，平均值为 36.4 毫米。从测量数据来看，其平均值略大于姜寨遗址的平均值（36.2 毫米），但是所有数据都在姜寨遗址的测量范围内（30 ~ 41.7 毫米）[3]。姜寨遗址为仰韶时代的典型代表，遗址中出土的猪已经被鉴定为典型的家猪；本遗址的时代要早于姜寨遗址，其测量数据的平均值也比姜寨遗址略大一些，从这一点来说，本遗址的猪已经是家猪了。

1.1.2　年龄结构分析

根据上文描述，遗址中出土的标本至少代表了 6 个不同年龄段的个体：小于 13 月龄

---

① 袁靖：《中国新石器时代家畜起源的问题》，《文物》2001 年第 5 期；袁靖：《考古遗址出土家猪的判断标准》，《中国文物报》2003 年 8 月 1 日；胡耀武、王昌燧：《家猪起源的研究现状与思考》，《中国文物报》2004 年 3 月 12 日；袁靖：《动物考古学研究的新发现与新进展》，《考古》2004 年第 7 期；凯斯·道伯涅，袁靖等：《家猪起源研究的新视角》，《考古》2006 年第 11 期。

② 罗运兵：《中国古代家猪研究》，中国社会科学院研究生院博士学位论文，2007 年。

③ 祁国琴：《姜寨新石器时代遗址动物群的分析》，《姜寨——新石器时代遗址发掘报告》，第 504 ~ 538 页，文物出版社，1988 年。

1 个，13～25 月龄 1 个，大于等于 25 月龄 4 个。

综合来看，本时期出土的猪，小于 1 岁的比例较低，绝大多数为大于 1 岁的成年个体（图一）。从死亡年龄比较集中这一角度来说，我们认为当时的猪已经被家养，而且饲养水平较高，绝大部分的猪能够留待年龄较大以后再进行宰杀。

### 1.1.3　相对比例分析

从哺乳动物的可鉴定标本数来看，猪的占了 7.7%（图二）；从哺乳动物最小个体数的数量来看，猪占了 16%（图三）。无论是从可鉴定标本数还是最小个体数来看，猪的比例都是仅次于鹿类动物的。因此，从相对比例这一角度来说，我们认为本时期的猪已经是家猪了。

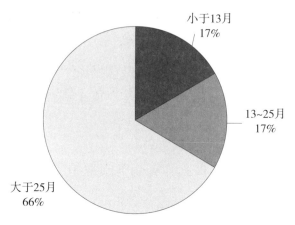

图一　石山孜遗址小山口一期猪的
死亡年龄结构分布示意图

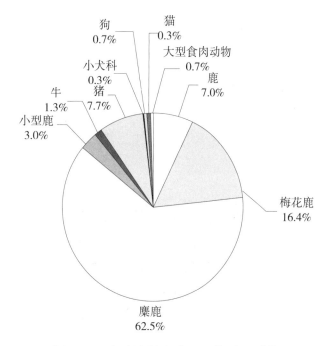

图二　石山孜遗址小山口一期哺乳动物
可鉴定标本数分布示意图

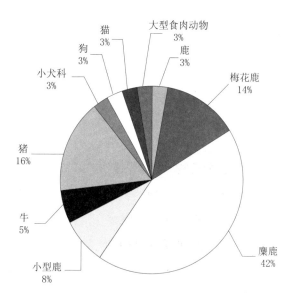

图三　石山孜遗址小山口一期哺乳动物
最小个体数分布示意图

综合以上三个方面，我们认为石山孜小山口一期的猪已经是家猪，而且先民饲养家猪的水平已经比较高，大部分家猪都是留待年龄较大后再进行宰杀的[①]。

---

① 韩立刚：《安徽省濉溪县石山孜遗址动物骨骼鉴定与研究》，《考古》1992 年第 3 期。虽然该文的研究者并未说明所整理的动物遗存具体的时代，但是通过动物遗存的特征我们推断应该也是属于本时期；该文中研究者是通过猪的死亡率来判断是否家养的，结论认为该遗址的猪已经是家猪了，而且饲养水平比较高。

### 1.2　狗

这一时期虽然狗的遗存发现数量较少，但是鉴于家猪已经出现，而且部分动物骨骼（64件标本）上还带有明显的食肉动物啃咬痕迹，我们推测应该是先民利用食剩的动物肢体来饲养狗的证据。

### 1.3　牛

这一时期发现的遗存数量较少，从可鉴定标本数来看，占哺乳动物总数的1.3%（图二）；从最小个体数来看，占哺乳动物总数的5%（图三）。判断是否为家养困难较大，结合同时期海岱地区的部分遗址[1]情况来看，我们推断本时期的牛仍属于野生种属。

### 2. 环境分析

麋鹿和梅花鹿喜栖于混交林、山地草原和森林边缘[2]。这些动物种类的存在表明当时遗址附近靠近水域（湖沼），而且有一定面积的森林或树林。

鱼类和龟鳖类动物的存在，也昭示着遗址周围有着一定面积的水域。

综合来看，我们推测石山孜小山口一期先民生存的自然环境是比较优越的，遗址附近有一定面积的林木，同时还有一定面积的水域存在，先民们比较容易从周围的环境中获取肉食资源。

### 3. 生业经济分析

从总的动物遗存数量来看，除了少量的鱼、爬行动物和鸟外，其余全部为哺乳动物，哺乳动物，占了总数的91%，说明先民的主要肉食来源为哺乳动物。

从哺乳动物各种属的情况来看，可鉴定标本中，以鹿类动物为主，占88.9%，尤其是麋鹿，占62.5%，其他动物数量比较少（图二）；最小个体数[3]中，也是以鹿类动物为主的，占67%，其次是猪，其他动物比较少（图三）。

从哺乳动物的肉食量[4]来看，还是以鹿类动物为主，占43.39%，其次是野生的牛，占39.14%，其他动物都比较少（图四）。

从总的情况来看，石山孜小山口一期的先民主要依靠狩猎遗址周围自然环境中的鹿类动物来获取肉食，偶尔猎获的野牛也能够带来丰富的肉食，先民们可能也已经饲养家猪，家猪在先民肉食来源中占据了重要地位。

### 4. 动物遗存表面痕迹分析

表面带有磨痕、砍痕、削痕、切割痕等人工加工痕迹的标本有44件，占全部动物遗

---

①　宋艳波：《海岱地区新石器时代的动物考古学研究》，山东大学博士学位论文，2012年。

②　盛和林：《中国鹿类动物》，华东师范大学出版社，1992年。

③　本处的最小个体数统计中，鹿类动物的最小个体数值是剔除了角环自然脱落可能为先民拾获的鹿角所代表的个体数之后的数值，下文肉食量的数据是基于此处的最小个体数数据而来的。

④　关于各种哺乳动物肉量的计算参照 Elizabeth J. Reitz and Elizabeth S. Wing：*Zooarchaeology*，Cambridge University Press，1999，P223. White，T. E. 的计算方法。体重数据参考《中国猪种》编写组：《中国猪种（一）》，上海人民出版社，1976年；寿振黄：《中国经济动物志（兽类）》，科学出版社，1962年；盛和林：《中国鹿类动物》，华东师范大学出版社，1992年；刘明玉等编：《中国脊椎动物大全》，辽宁大学出版社，2000年。幼年个体按照成年个体一半的标准进行统计。

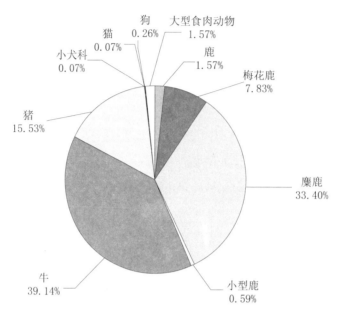

图四　石山孜遗址小山口一期哺乳动物肉量分布示意图

存的 11.3%。从种属来看，包括猪、鹿和不明种属的哺乳动物等，从种属上来看，多数成品的骨器均为大型哺乳动物的肢骨残片加工而成。

　　本时期所有的动物遗存中鹿角出土数量较多，而且 40% 都带有各种人工痕迹，这些人工痕迹多为先民取料加工制作产品时的遗留，因此多数鹿角实际为取料后的遗留物或加工过程中的副产品。我们在这些遗存中鉴定出部分标本为自然脱落的鹿角，我们推测这部分材料应该是先民为制作角器而特意拾获的鹿角。

　　其余带有人工加工痕迹的骨骼为猪和鹿的上下颌骨、脊椎和肢骨，这些痕迹多为切割痕，我们推测应该与先民狩猎肢解动物和获取肉食的活动有关。

　　除了上述人工痕迹外，还发现 12 件带有烧痕的动物遗存，这些烧痕的存在可能与先民取食动物的方式有关。

## 三　北辛文化时期动物遗存

### （一）动物遗存概况

　　本时期出土动物遗存共 250 件（包括骨器和 2 件疑似粪球标本），可鉴定的种属包括有龟、狗、梅花鹿、麋鹿、牛和猪等。

　　1. 脊椎动物门 Vertebrate

　　1.1　爬行动物纲 Reptilia

　　1.1.1　龟鳖目 Testudines

#### 1.1.1.1 龟科 Emydidae

标本共 2 件，总重 16.1 克。分别为右侧舌板和左侧舌板，至少可代表 1 个个体。

### 1.2 鸟纲 Aves

标本仅 1 件，为鸟的肢骨残片加工而成的骨锥，通体打磨光滑，重 5.75 克，代表了 1 个个体。

### 1.3 哺乳动物纲 Mammalia

种属比较丰富，可鉴定的种属包括梅花鹿、麋鹿、小型鹿、牛、狗和猪等。

另有 38 件标本，因为保存特征不明确，暂以哺乳动物计，这些标本总重 959.85 克。包括跟骨残块 1 件，肱骨残块 2 件，股骨残块 2 件，肩胛骨残块 1 件，胫骨残块 7 件，肋骨残块 1 件，桡骨残块 2 件，胸椎残块 1 件，掌骨残块 1 件，坐骨残块 1 件，肢骨残片 19 件。

#### 1.3.1 偶蹄目 Artiodactyla

#### 1.3.1.1 鹿科 Cervidae

本次整理的动物遗存中包含了数量较多的鹿角，我们通过鹿角的形态特征可以确定有麋鹿和梅花鹿的存在；通过部分出土的肢骨和上下颌骨标本的测量数据，可以将其分为大型鹿、中型鹿和小型鹿三种类型。我们推测，遗址中出土的大型鹿应该为麋鹿，中型鹿应该为梅花鹿。

此外，还有部分鹿角保存较为残破，仅以鹿类动物记之，这部分标本共 18 件，总重 1372.77 克。包括带左角的头骨残块 1 件，角尖残块 3 件，角残段 14 件（其中 2 件为角器）。全部标本至少可代表 1 个成年雄性个体。

##### 1.3.1.1.1 鹿属 *Cervus*

##### 1.3.1.1.1.1 梅花鹿 *Cervus nippon*

角标本共 17 件，总重 1015 克。包括带右角的头骨残块 3 件，左侧角残块 2 件（其中 1 件为从角环处脱落的标本），右侧角残块 1 件，角残段 11 件。全部标本至少可代表 5 个成年雄性个体（其中 1 个可能并非当时先民狩猎的对象，而是直接捡获的脱落鹿角）。

中型鹿标本共 20 件，总重 580.3 克。包括左侧跟骨 1 件；左侧肱骨远端残块 2 件；右侧肩胛骨 1 件；右侧距骨 1 件；左侧桡骨 2 件，右侧桡骨近端残块 1 件；左侧下颌残块 3 件，右侧下颌残块 4 件；掌骨残块 1 件；跖骨残块 4 件（其中 1 件为跖骨制作而成的骨镞柄部有磨痕，通体磨光）。全部标本至少可代表 2 个成年个体。

综合来看，我们认为本时期遗址中先民猎获的梅花鹿至少为 4 个成年雄性个体。

##### 1.3.1.1.2 麋鹿属 *Elaphurus*

##### 1.3.1.1.2.1 麋鹿 *Elaphurus davidianus*

角标本共 13 件，总重 1477.3 克。全部为角残段，部分表面有明显的砍削痕迹，其中 1 件为角器，带有磨痕。全部标本至少可代表 1 个成年雄性个体。

大型鹿标本共 86 件，总重 5359.5 克。包括左侧尺骨近端 2 件，右侧尺骨近端 3 件；左侧尺桡骨残块 1 件；中间趾骨 6 件，近端趾骨 4 件；左侧跟骨 7 件，右侧跟骨 1 件；右侧肱骨 2 件；左侧肩胛骨 3 件，右侧肩胛骨 2 件；左侧胫骨远端 4 件，右侧胫骨残块 4 件；左侧距骨 4 件，右侧距骨 4 件；右侧髋骨 1 件；末端趾骨 2 件；左侧桡骨远端 1 件，右侧桡骨近端 1 件；左侧上颌残块 1 件，右侧上颌残块 1 件；左侧下颌残块 9 件，右侧下颌残块 6 件，下颌残块 1 件；游离牙齿 2 件；左侧掌骨 4 件，右侧掌骨 3 件；左侧跖骨 3 件，右侧跖骨 3 件；右侧中央跗骨 1 件。全部标本至少可代表 7 个个体，其中一个为幼年。

综合来看，我们认为本时期遗址中先民猎获的麋鹿至少为 6 个成年个体（其中至少 1 个为雄性个体）和 1 个幼年个体。

### 1.3.1.1.3　小型鹿科

标本共 12 件，总重 139.6 克。包括右侧跟骨 1 件；左侧肱骨远端 2 件，右侧肱骨远端 1 件，肱骨残块 1 件；左侧肩胛骨 1 件；右侧胫骨远端 1 件；左侧下颌残块 2 件，右侧下颌残块 3 件。全部标本至少可代表 4 个成年个体。

### 1.3.1.2　牛科 Bovidae

标本仅 1 件，为左侧距骨远端，重 242.7 克，至少代表了 1 个个体。

### 1.3.1.3　猪科 Suidae

### 1.3.1.3.1　猪属 *Sus*

### 1.3.1.3.1.1　家猪 *Sus scrofa domesticus*

标本共 35 件，总重 2097.1 克。包括左侧尺骨近端 1 件，右侧尺骨近端 1 件；左侧跟骨 2 件；左侧肱骨远端 2 件，右侧肱骨远端 4 件；左侧股骨远端 1 件；左侧肩胛骨残块 3 件；左侧胫骨远端 1 件；左侧髋骨残块 1 件；左侧上颌残块 1 件；左侧下颌残块 7 件，右侧下颌残块 7 件，下颌联合残块 3 件；趾骨残块 1 件。全部标本至少可代表 7 个不同年龄段的个体。

### 1.3.2　食肉目 Carnivora

未定种标本共 2 件，总重 22.7 克，分别为右侧下颌和下颌残块，从标本尺寸来看属于小型食肉动物。至少可代表 1 个个体。

### 1.3.2.1　犬科 Canidae

### 1.3.2.1.1　犬属 *Canis*

### 1.3.2.1.1.1　狗 *Canis familiaris*

标本共 3 件，总重 71.1 克。包括右侧下颌残块 2 件，左侧下颌残块 1 件。全部标本至少可代表 2 个成年个体。

（二）讨论与分析

1. 家养动物分析

1.1　猪

关于猪是否为家养，到目前为止，已经有不少学者做了相关研究[1]，综合来看，大致可将其概括为以下几个方面[2]：形态学特征（包括泪骨形态、头骨比例、第三臼齿尺寸、齿列扭曲、犬齿发育与否、下颌联合部的长宽比例和角度等），年龄结构分析，相对比例分析，文化现象观察，食性分析，病理学观察，古 DNA 分析。

针对石山孜遗址遗存的保存状况，我们将着眼点放在第三臼齿尺寸、年龄结构分析、相对比例分析进行讨论。

1.1.1　第三臼齿尺寸

本次整理的动物遗存中，$M_3$ 完全萌出且保存完整的标本共 4 件，其长度分别为 41.91、44.01、42.63、38.86 毫米，平均值为 41.85 毫米。从测量数据来看，其平均值略大于磁山遗址的平均值（41.4 毫米），但是大部分数据在磁山遗址的测量范围内（39.2 ~ 45 毫米）[3]。磁山遗址为裴李岗时期的典型代表，遗址中出土的猪已经被鉴定为家猪；本遗址的时代与磁山遗址基本相当，其测量数据也比较相似。从这一点来说，我们认为本遗址的猪已经是家猪了。

1.1.2　年龄结构分析

根据上文的描述，遗址中出土的标本至少代表了 7 个不同年龄段的个体：6 ~ 13 月龄 1 个，13 ~ 18 月龄 2 个，大于等于 25 月龄 4 个。

综合来看，本时期出土的猪，小于 1 岁的比例较低，绝大多数为大于 1 岁的成年个体（图五）。从死亡年龄比较集中这一角度来说，我们认为当时的猪已经家养，而且饲养水平比较高，绝大部分的猪都能够留待年龄较大以后再进行宰杀。

1.1.3　相对比例分析

从哺乳动物的可鉴定标本数来看，猪的

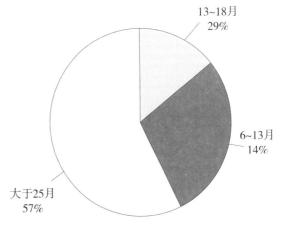

图五　石山孜遗址北辛文化时期猪的
死亡年龄结构分布示意图

---

① 袁靖：《中国新石器时代家畜起源的问题》，《文物》2001 年第 5 期；袁靖：《考古遗址出土家猪的判断标准》，《中国文物报》2003 年 8 月 1 日；胡耀武、王昌燧：《家猪起源的研究现状与思考》，《中国文物报》2004 年 3 月 12 日；袁靖：《动物考古学研究的新发现与新进展》，《考古》2004 年第 7 期；凯斯·道伯涅、袁靖等：《家猪起源研究的新视角》，《考古》2006 年第 11 期。

② 罗运兵：《中国古代家猪研究》，中国社会科学院研究生院博士学位论文，2007 年。

③ 周本雄：《河北武安磁山遗址的动物骨骸》，《考古学报》1981 年第 3 期。

占了 16.9%（图六）；从哺乳动物最小个体数的数量来看，猪占了 26%（图七）。无论是从可鉴定标本数还是最小个体数来看，猪的比例都是仅次于鹿类动物的，而且比例均比前一时期有所增加。从相对比例这一角度来说，我们认为本时期的猪已经是家猪了。

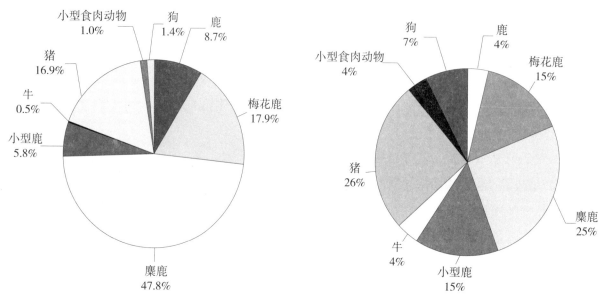

图六　石山孜遗址北辛文化时期哺乳动物　　　　图七　石山孜遗址北辛文化时期哺乳动物
　　　　可鉴定标本数分布示意图　　　　　　　　　　　　最小个体数分布示意图

综合以上三个方面，结合上文的分析，我们认为石山孜遗址北辛文化时期的猪已经是家猪了，而且先民饲养家猪的水平已经比较高，大部分家猪都是留待年龄较大后再进行宰杀的。

1.2　狗

这一时期虽然狗的遗存发现数量较少，但是鉴于家猪已经出现，而且部分动物骨骼（40 件标本）上还带有明显的食肉动物啃咬痕迹，我们推测应该是先民利用食剩的动物肢体来饲养狗的证据。

1.3　牛

这一时期发现的遗存数量非常少，仅 1 件标本，不足以判断是否为家养动物。结合同时期海岱地区的部分遗址[①]情况来看，我们推断本时期的牛仍属于野生种属。

2. 环境分析

麋鹿和梅花鹿等鹿类动物均喜栖于混交林、山地草原和森林边缘[②]。这些动物种类的存在表明当时遗址附近靠近水域（湖沼），而且有一定面积的森林或树林。

---

① 宋艳波：《海岱地区新石器时代的动物考古学研究》，山东大学博士学位论文，2012 年。
② 盛和林：《中国鹿类动物》，华东师范大学出版社，1992 年

龟鳖类动物的存在，也昭示着遗址周围有着一定面积的水域。

综合来看，我们推测石山孜北辛文化时期先民生存的自然环境是比较优越的，与小山口一期基本相似，遗址附近有一定面积的林木，同时还有一定面积的水域存在，先民们比较容易从周围的环境中获取肉食资源。

3. 生业经济分析

从总的动物遗存数量来看，除了少量的爬行动物和鸟外，其余全部为哺乳动物，哺乳动物，占了总数的98%，说明先民的主要肉食来源为哺乳动物。

从哺乳动物各种属的情况来看，可鉴定标本中，以鹿类动物为主，占80.2%，尤其是麋鹿，占47.8%，其他动物数量都比较少（图六）；最小个体数中①，也是以鹿类动物为主的，占59%，其次是猪，其他动物都比较少（图七）。

从哺乳动物的肉食量②来看，还是以鹿类动物为主的，占35.5%，家养的猪占32.3%，野生的牛占31.3%，其他动物都比较少（图八）。

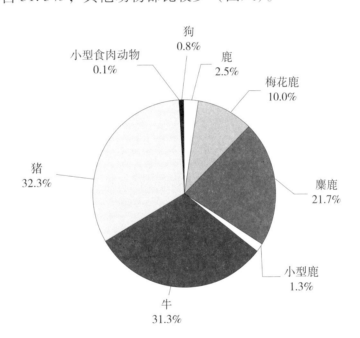

图八 石山孜遗址北辛文化时期哺乳动物肉量分布示意图

从总的情况来看，石山孜北辛文化时期的先民主要依靠狩猎遗址周围自然环境中的鹿类动物来获取肉食，偶尔猎获的野牛也能够带来丰富的肉食，他们也饲养家猪，家猪在先民肉食来源中占据了比较重要的地位。

---

① 本处的最小个体数统计中，鹿类动物的最小个体数数值是剔除了角环自然脱落可能为先民拾获的鹿角所代表的个体数之后的数值，下文肉食量的数据是基于此处的最小个体数数据而来的。

② 关于各种哺乳动物肉量的计算参照 Elizabeth J. Reitz and Elizabeth S. Wing：Zooarchaeology，Cambridge University Press，1999，P223. White，T. E. 的计算方法。体重数据参考《中国猪种》编写组：《中国猪种（一）》，上海人民出版社，1976 年；寿振黄：《中国经济动物志（兽类）》，科学出版社，1962 年；盛和林：《中国鹿类动物》，华东师范大学出版社，1992 年；刘明玉等编：《中国脊椎动物大全》，辽宁大学出版社，2000 年。幼年个体按照成年个体一半的标准进行统计。

4. 动物遗存表面痕迹分析

表面带有磨痕、砍痕、削痕、切割痕等人工加工痕迹的标本有 54 件，占全部动物遗存的 21.6%。从种属来看，包括有鹿、鸟和不明种属的哺乳动物等，从种属上来看，多数成品的骨器均为大型哺乳动物的肢骨残片加工而成。

本时期所有的动物遗存中鹿角出土数量较多，而且近 40% 的标本带有各种的人工痕迹，这些人工痕迹多为先民取料加工制作时遗留下来的，因此多数鹿角实际为取料后的遗留物或加工过程中的副产品。我们在这些遗存中鉴定出部分标本为自然脱落的鹿角，我们推测该部分材料应该是先民为制作角器而特意拾获的鹿角。

其余带有人工加工痕迹的骨骼为鹿和猪的肢骨、狗的下颌骨等，这些痕迹多为切割痕，我们推测应该与先民狩猎肢解动物和获取肉食的活动有关。

除了上述人工痕迹外，还发现 15 件带有烧痕的动物遗存，这些烧痕的存在可能与先民取食动物的方式有关。

## 四 大汶口文化时期动物遗存

### （一）动物遗存概况

本时期出土动物遗存共 76 件（包括骨器），可鉴定的种属包括蚌、鸟、梅花鹿、牛、猪和猪獾等。

1. 软体动物门 Mollusca

1.1 双壳纲 Bivalvia

1.1.1 真瓣鳃目 Eulamellibranchia

1.1.1.1 蚌科 Unionidae

标本共 23 件，总重 226 克。较为残破，种属不明，均为制作蚌制品的过程中留下的废料和副产品。

2. 脊椎动物门 Vertebrate

2.1 鸟纲 Aves

标本仅 1 件，为右侧肱骨，重 3.2 克，至少代表了 1 个个体。

2.2 哺乳动物纲 Mammalia

种属不明确标本共 8 件，总重 204.9 克。包括右侧胫骨近端残块 1 件，肢骨残片 6 件（其中 5 件为利用大型哺乳动物肢骨残片制作而成的骨制品），肋骨残块 1 件。

2.2.1 偶蹄目 Artiodactyla

2.2.1.1 鹿科 Cervidae

本次整理的动物遗存中包含了数量较多的鹿角，我们通过鹿角的形态特征可以鉴定出有梅花鹿的存在；通过部分出土的肢骨和上下颌骨标本的测量数据，可以将其分为大型鹿、中型鹿和小型鹿三种类型。我们推测，遗址中出土的中型鹿应该为梅花鹿。

此外，发现1件鹿角制品，角的特征不明确，可能为梅花鹿，重4.64克。

#### 2.2.1.1.1　鹿属 Cervus

#### 2.2.1.1.1.1　梅花鹿 Cervus nippon

角标本仅1件，为右侧角残块，重88.7克，至少代表了1个成年雄性个体。

中型鹿标本共11件，总重308.9克。包括左侧尺骨近端1件；左侧肩胛骨2件；左侧桡骨残块3件，右侧桡骨远端1件；右侧下颌残块2件；右侧距骨远端1件；右侧中央跗骨1件。全部标本至少可代表2个成年个体。

综合来看，我们认为本时期遗址先民猎获的梅花鹿至少为2个成年个体（其中至少1个为雄性个体）。

#### 2.2.1.1.2　大型鹿科

标本共7件，总重347.4克。包括近端趾骨2件；左侧跟骨1件；右侧胫骨远端1件；左侧距骨1件；右侧上颌残块1件；右侧中央跗骨1件。全部标本至少可代表1个成年个体。

#### 2.2.1.1.3　小型鹿科

标本共8件，总重107.9克。包括左侧肱骨远端2件；左侧肩胛骨1件；左侧下颌残块2件；左侧掌骨2件；左侧距骨远端1件。全部标本至少可代表2个成年个体。

#### 2.2.1.2　牛科 Bovidae

标本共4件，总重1405.4克。包括中间趾骨1件；左侧胫骨近端2件；左侧髋骨残块1件。全部标本至少可代表2个成年个体。

#### 2.2.1.3　猪科 Suidae

#### 2.2.1.3.1　猪属 Sus

#### 2.2.1.3.1.1　家猪 Sus scrofa domesticus

标本共10件，总重405.89克。包括近端趾骨1件；右侧跟骨1件；左侧桡骨近端1件，右侧桡骨残块1件；左侧下颌残块3件，右侧下颌残块2件；右侧下颌犬齿制品1件。全部标本至少可代表3个不同年龄段的个体（6-13月1个；13-25月1个；大于25月1个）。

#### 2.2.2　食肉目 Carnivora

#### 2.2.2.1　鼬科 Mustelidae

#### 2.2.2.1.1　猪獾属 Arctonyx

标本共2件，总重22.2克。为基本完整的两侧下颌，至少代表了1个成年个体。

（二）讨论与分析

1. 家养动物

属于本时期的动物遗存数量较少，不足以分析各类动物是否家养。根据前文分析，结合遗存的时代，我们推测这一时期的猪属于家养动物。

2. 环境分析

本时期发现的野生哺乳动物在前面两个时代均有发现，因此我们推测本时期遗址周围的地貌环境可能变化不大。

3. 生业经济分析

本次发现的动物遗存中，哺乳动物有52件，软体动物有23件，鸟类仅1件。明显以哺乳动物为主。

哺乳动物的情况来看，总体构成比较简单，种属除了鹿类动物外仅发现猪、牛和猪獾这几种动物。可鉴定标本以鹿类动物为主，占63%，其次是猪（图九）；最小个体也是以鹿类动物为主的，占45%，其次是猪，占28%（图一〇）。

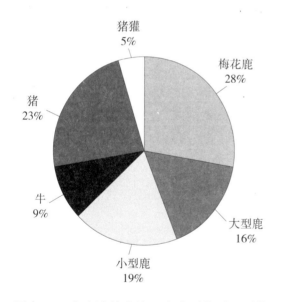

图九　石山孜遗址大汶口文化时期哺乳动物
可鉴定标本数分布示意图

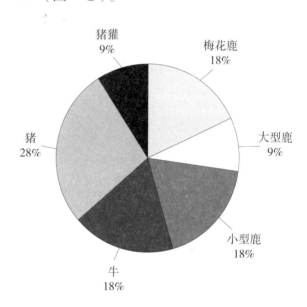

图一〇　石山孜遗址大汶口文化时期哺乳
动物最小个体数分布示意图

从哺乳动物的肉量①来看，是以野生的牛为主的，占74.4%；家养的猪仅占14.8%，而鹿类动物仅占10.7%（图一一）。

---

① 关于各种哺乳动物肉量的计算参照 Elizabeth J. Reitz and Elizabeth S. Wing：*Zooarchaeology*，Cambridge University Press，1999，P223. White，T. E. 的计算方法。体重数据参考《中国猪种》编写组：《中国猪种（一）》，上海人民出版社，1976年；寿振黄：《中国经济动物志（兽类）》，科学出版社，1962年；盛和林：《中国鹿类动物》，华东师范大学出版社，1992年；刘明玉等编：《中国脊椎动物大全》，辽宁大学出版社，2000年。

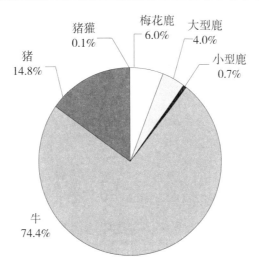

图一一 石山孜遗址大汶口文化时期哺乳
动物肉量分布示意图

4. 动物遗存表面痕迹分析

本时期带有人工痕迹的动物遗存共有 10 件（包括了 7 件骨角牙制品），这些标本应该都属于先民制作骨角蚌器的过程中遗留下来的产品和副产品。

另外还有 7 件标本带有食肉动物啃咬的痕迹，可能是先民用食剩的动物遗存来饲养狗的证据。

## 五 龙山文化时期动物遗存

### （一）动物遗存概况

本时期出土动物遗存共 52 件（包括骨器），可鉴定的种属包括蚌、龟、麋鹿、梅花鹿、狗和猪等。

1. 软体动物门 Mollusca

1.1 双壳纲 Bivalvia

1.1.1 真瓣鳃目 Eulamellibranchia

1.1.1.1 蚌科 Unionidae

标本仅 1 件，为蚌制品，重 49.14 克。

2. 脊椎动物门 Vertebrate

2.1 爬行动物纲 Reptilia

2.1.1 龟鳖科 Testudines

2.1.1.1 龟科 Emydidae

标本共 3 件，总重 14 克。包括右侧剑板 1 件，左侧腹板 1 件，腹甲残块 1 件。全部标本至少可代表 1 个个体。

## 2.2　哺乳动物纲 Mammalia

种属不明确标本共 7 件，总重 185.2 克。包括左侧胫骨近端 1 件，肢骨残片 5 件，肋骨残片制成的骨匕 1 件。

### 2.2.1　偶蹄目 Artiodactyla

#### 2.2.1.1　鹿科 Cervidae

本次整理的动物遗存中包含了一定数量的鹿角，我们通过鹿角的形态特征可以确定有麋鹿和梅花鹿的存在；通过部分出土的肢骨和上下颌骨标本的测量数据，可以将其分为大型鹿、中型鹿和小型鹿三种类型。我们推测，遗址中出土的大型鹿应该为麋鹿，中型鹿应该为梅花鹿。

此外，发现 2 件鹿角制品，角的特征不明确，总重 64 克。

##### 2.2.1.1.1　鹿属 Cervus

###### 2.2.1.1.1.1　梅花鹿 Cervus nippon

角残块标本共 2 件，总重 176.9 克，至少可代表 1 个成年雄性个体。

中型鹿标本共 11 件，总重 355.8 克。包括左侧尺骨近端 1 件；中间趾骨 1 件；左侧肱骨远端 1 件；肩胛骨残块 1 件；左侧胫骨残块 2 件；右侧桡骨远端 1 件，左侧桡骨远端 1 件；左侧掌骨近端 1 件，右侧掌骨近端 1 件，掌骨制成的骨锥 1 件。全部标本至少可代表 1 个成年个体。

综合来看，我们认为本时期遗址中先民猎获的梅花鹿至少为 1 个成年雄性个体。

##### 2.2.1.1.2　麋鹿属 Elaphurus

###### 2.2.1.1.2.1　麋鹿 Elaphurus davidianus

角残块标本共 2 件，总重 62.7 克，至少可代表 1 个成年雄性个体。

大型鹿标本共 9 件，总重 526.4 克。包括中间趾骨 1 件，近端趾骨 2 件；左侧跟骨 1 件；左侧胫骨远端 1 件；左侧距骨 1 件，右侧距骨 1 件；左侧上颌残块 1 件；左侧下颌残块 1 件。全部标本至少可代表 1 个成年个体。

综合来看，我们认为本时期遗址先民猎获的麋鹿至少为 1 个成年雄性个体。

##### 2.2.1.1.3　小型鹿科

标本共 2 件，总重 31.8 克。分别为右侧跟骨和左侧胫骨远端残块，至少代表了 1 个个体。

#### 2.2.1.2　猪科 Suidae

##### 2.2.1.2.1　猪属 Sus

###### 2.2.1.2.1.1 家猪 Sus scrofa domesticus

标本共 10 件，总重 353 克。包括右侧尺骨近端 1 件，左侧跟骨 2 件，左侧胫骨远端 1 件，左侧下颌残块 2 件，右侧下颌残块 1 件，下颌联合 1 件，游离牙齿 2 件。全部标本至少可代表 3 个个体（6～13 月 1 个；大于等于 25 月 2 个）。

### 2.2.2　食肉目 Carnivora

种属不明确标本共 2 件，总重 143.2 克。分别为左侧尺骨近端 1 件，腓骨 1 件，从尺寸来看应该属于大型食肉动物。至少可代表 1 个个体。

#### 2.2.2.1　犬科 Canidae

#### 2.2.2.1.1　犬属 *Canis*

#### 2.2.2.1.1.1　狗 *Canis familiaris*

标本仅 1 件，为右侧下颌带 $P_4 - M_2$，重 22.6 克，至少代表了 1 个成年个体。

### （二）讨论与分析

#### 1. 家养动物

属于本时期的动物遗存数量较少，不足以分析各类动物是否家养。根据前文分析，结合遗存的时代，我们推测这一时期的猪和狗属于家养动物。

#### 2. 环境分析

本时期发现的野生哺乳动物在前面几个时代均有发现，因此我们推测本时期遗址周围的自然环境可能变化不大。

#### 3. 生业经济分析

本次发现的动物遗存中，哺乳动物有 48 件，龟 3 件，软体动物仅 1 件。明显以哺乳动物为主。

哺乳动物的情况来看，总体构成比较简单，种属除了鹿类动物外仅发现猪和狗这两种家养动物。可鉴定标本以鹿类动物为主，占 66%，其次是猪（图一二）；最小个体来看，鹿类动物和猪的比例相当均为 37%（图一三）。

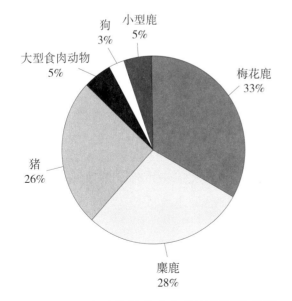

图一二　石山孜遗址龙山文化时期哺乳动物
　　　　可鉴定标本数分布示意图

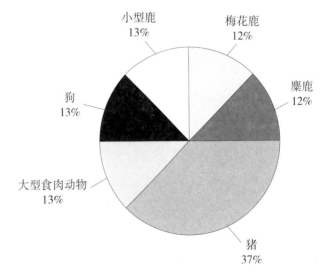

图一三　石山孜遗址龙山文化时期哺乳动物
　　　　最小个体数分布示意图

从哺乳动物的肉量①来看，是以家养的猪为主的，占了62%，而鹿类动物仅占30%（图一四）。

4. 动物遗存表面痕迹分析

本时期带有人工痕迹的动物遗存共有10件（包括了4件骨角蚌制品），这些标本应该都属于先民制作骨角蚌器的过程中遗留下来的产品和副产品。

另外还有12件标本带有食肉动物啃咬的痕迹，可能是先民用食剩的动物遗存来饲养狗的证据。

7件标本发现有烧过的痕迹，可能与先民加工食用动物的方式有关。

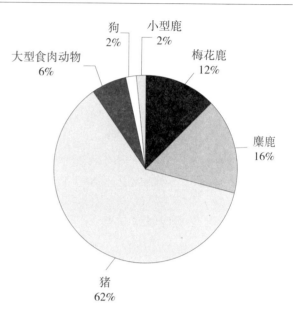

图一四　石山孜遗址龙山文化时期哺乳动物肉量分布示意图

## 六　汉代动物遗存

### （一）动物遗存概况

本时期出土动物遗存共37件（包括骨器），可以鉴定出有鲢鱼、牛、鹿、猪等存在。

1. 脊椎动物门

1.1　辐鳍鱼纲 Actinopterygii

1.1.1　鲤形目 Cypriniformes

1.1.1.1　鲤科 Cyprinidae

1.1.1.1.1　鲢属 *Hypophthalmichthys*

1.1.1.1.1.1　鲢鱼 *H. molitrix*

标本仅1件，为背鳍骨，重7.2克。

1.2　哺乳动物纲 Mammalia

种属不明确标本共9件，总重122.8克。包括右侧肱骨远端残块1件，左侧胫骨远端残块1件，下颌残块1件，肢骨残片6件（其中1件为骨制品）。

1.2.1　偶蹄目 Artiodactyla

① 关于各种哺乳动物肉量的计算参照 Elizabeth J. Reitz and Elizabeth S. Wing：*Zooarchaeology*，Cambridge University Press，1999，P223. White，T. E. 的计算方法。体重数据参考《中国猪种》编写组：《中国猪种（一）》，上海人民出版社，1976年；寿振黄：《中国经济动物志（兽类）》，科学出版社，1962年；盛和林：《中国鹿类动物》，华东师范大学出版社，1992年；刘明玉等编：《中国脊椎动物大全》，辽宁大学出版社，2000年。

1.2.1.1　鹿科 Cervidae

角标本仅 1 件，为角器，重 22.1 克。

1.2.1.1.1　大型鹿科

标本共 10 件，总重 1102.4 克。包括右侧尺桡骨远端 1 件，近端趾骨 4 件，右侧跟骨 1 件，左侧肱骨远端 1 件，左侧肩胛骨 1 件，右侧胫骨远端 2 件。全部标本至少可代表 2 个个体。

1.2.1.1.2　中型鹿科

标本共 7 件，总重 352.1 克。包括左侧跟骨 1 件，右侧跟骨 1 件，右侧胫骨远端 3 件，左侧桡骨远端 1 件，右侧距骨远端 1 件。全部标本至少可代表 3 个个体。

1.2.1.1.3　小型鹿科

标本仅 1 件，为左侧跖骨远端，重 17.7 克，至少代表了 1 个个体。

1.2.1.2　牛科 Bovidae

标本仅 1 件，为左侧距骨，重 166.1 克，至少代表了 1 个个体。

1.2.1.3　猪科 Suidae

1.2.1.3.1　猪属 Sus

1.2.1.3.1.1　家猪 Sus scrofa domesticus

标本共 6 件，总重 300.4 克。包括右侧尺骨近端 1 件，右侧跟骨 1 件，右侧股骨远端 1 件，左侧胫骨远端 1 件，右侧胫骨远端 1 件，左侧下颌残块 1 件。全部标本至少可代表 1 个个体。

1.2.2　食肉目 Carnivora

标本仅 1 件，为右侧尺骨，重 10.1 克，从尺寸来看为小型食肉动物，至少代表了 1 个个体。

（二）讨论与分析

1. 家养动物

属于本时期的动物遗存数量较少，不足以分析各类动物是否家养。根据前文分析，结合遗存的时代，我们推测这一时期的猪和牛应该属于家养动物。

2. 环境分析

本时期发现的野生哺乳动物在前面几个时代均有发现，因此我们推测本时期遗址周围的自然环境可能变化不大。

3. 生业经济分析

本次发现的动物遗存中，哺乳动物有 36 件，非哺乳动物仅鱼 1 件，明显以哺乳动物为主。

哺乳动物的情况来看，总体构成比较简单，种属除了鹿类动物外仅发现猪和牛这两种家养动物。可鉴定标本以鹿类动物为主，占69%，其次是猪（图一五）；从最小个体来看，还是以鹿类动物为主的，占67%，其他动物都比较少（图一六）。

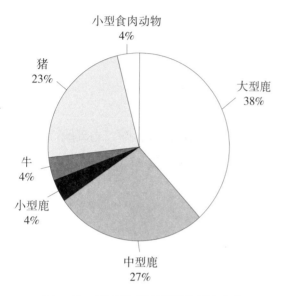

图一五　石山孜遗址西汉时期哺乳
动物可鉴定标本数分布示意图

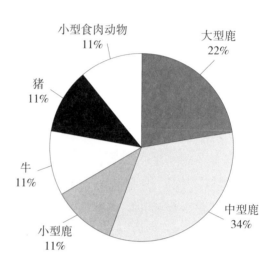

图一六　石山孜遗址西汉时期哺乳动物
最小个体数分布示意图

从哺乳动物的肉量[①]来看，是以家养的猪和牛为主的，占51.4%，鹿类动物占48.3%，比例也比较高（图一七）。

4. 动物遗存表面痕迹分析

本时期带有人工痕迹的动物遗存共有3件（包括了2件骨角制品），这些标本应该都属于先民制作骨角器的过程中遗留下来的产品和副产品。

另外还有7件标本带有食肉动物啃咬的痕迹，可能是先民用食剩的动物遗存来饲养狗的证据。

1件标本发现有烧过的痕迹，可能与先民加工食用动物的方式有关。

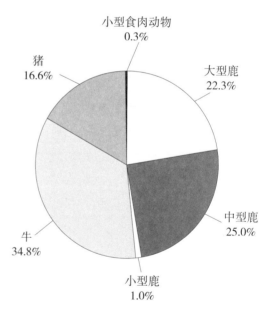

图一七　石山孜遗址西汉时期
哺乳动物肉量分布示意图

---

① 关于各种哺乳动物肉量的计算参照 Elizabeth J. Reitz and Elizabeth S. Wing：*Zooarchaeology*，Cambridge University Press，1999，P223. White，T. E. 的计算方法。体重数据参考《中国猪种》编写组：《中国猪种（一）》，上海人民出版社，1976年；寿振黄：《中国经济动物志（兽类）》，科学出版社，1962年；盛和林：《中国鹿类动物》，华东师范大学出版社，1992年；邱怀：《中国黄牛》，农业出版社，1992年。

# 七　小　结

综上分析，我们可以得出如下结论。

石山孜遗址的先民至少在小山口文化一期的时候就已经开始饲养家猪了；遗址延续的各个时代，猪和狗均为家畜；到了西汉时期，牛也应为家畜。

从小山口一期到西汉中晚期，遗址中出土的野生哺乳动物种属基本变化不大，说明遗址周围的地貌环境未发生太大的变化，一直都存在着一定面积适合鹿类动物生存的树林；从其他动物的情况来看，遗址延续的各个时代软体动物、鱼类和爬行动物的数量都比较少，但也都有相关的遗存发现，说明遗址周围存在着一定面积的水域。

从生业经济的角度来看，先民在小山口文化一期到大汶口文化时期，均是以狩猎野生动物（主要为鹿类动物和牛）来获取主要的肉食，同时家猪饲养也是当时先民获取肉食资源的重要方式；龙山文化到西汉时期，先民的主要肉食来源开始演变为饲养的家畜（主要为家猪和牛），同时仍然会狩猎多种鹿类动物作为肉食来源的补充（表一、二）。

**表一　石山孜遗址不同时期哺乳动物构成一览表**

| 时代 | 可鉴定标本数 | | 最小个体数 | |
| --- | --- | --- | --- | --- |
| | 家养哺乳动物 | 野生哺乳动物 | 家养哺乳动物 | 野生哺乳动物 |
| 小山口一期 | 8.4% | 91.6% | 19% | 81% |
| 北辛早中期 | 18.3% | 81.7% | 33% | 67% |
| 大汶口早中期 | 23% | 77% | 28% | 72% |
| 龙山时期 | 29% | 71% | 50% | 50% |
| 西汉中晚期 | 27% | 73% | 22% | 78% |

**表二　石山孜遗址不同时期哺乳动物肉量构成一览表**

| 动物种属 \ 时代 | | 小山口一期 | 北辛早中期 | 大汶口早中期 | 龙山时期 | 西汉中晚期 |
| --- | --- | --- | --- | --- | --- | --- |
| 家养哺乳动物 | 猪 | 15.53% | 32.3% | 14.8% | 62% | 16.6% |
| | 狗 | 0.26% | 0.8% | — | 2% | — |
| | 总比例 | 15.79% | 33.1% | 14.8% | 64% | 16.6% |

续表二

| 时代<br>动物种属 | | 小山口一期 | 北辛早中期 | 大汶口早中期 | 龙山时期 | 西汉中晚期 |
|---|---|---|---|---|---|---|
| 牛① | | 39.14% | 31.3% | 74.4% | — | 34.8% |
| 野生哺乳动物 | 鹿类 | 43.39% | 35.5% | 10.7% | 30% | 48.3% |
| | 其他 | 1.68% | 0.1% | 0.1% | 6% | 0.3% |
| | 总比例 | 45.07% | 35.6% | 10.8% | 36% | 48.6% |

注："—"表示没有发现。

　　从遗址出土动物遗存的整体情况来看，鹿类动物在遗址的各个阶段均有发现，而且数量都比较多。单从可鉴定标本和最小个体数量来看，从小山口一期到龙山文化时期，鹿类动物在哺乳动物中的比例有较为明显的下降趋势，而到了西汉时期，这一比例又都有所上升（图一八）。从肉食量来看，从小山口一期到大汶口文化时期，鹿类动物在哺乳动物中的比例呈现出明显的下降趋势，但是从大汶口文化到西汉时期，这一比例又呈现出明显上升的趋势（表二；图一八）。鹿类动物的这一演变趋势，我们认为一方面显示出遗址周围自然地理环境在相当长的时间内变化不大，保证了先民充足的狩猎资源；另一方面也显示出不同时期先民不同的经济生活方式，尤其是在家养动物饲养发展起来之后，先民对野生动物的依赖程度表现出逐渐降低的趋势；西汉时期所获遗存材料较少，本时期鹿类动物呈现的明显变化可能与资料的丰富程度相关。

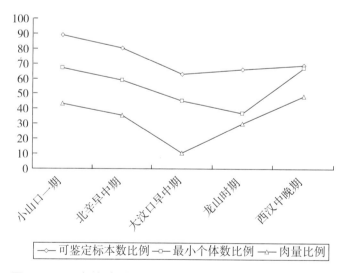

图一八　石山孜遗址不同时期鹿类动物比例演变示意图

---

① 本遗址出土的牛，龙山文化时期以前应该都还属于野生动物，在西汉中晚期出土的标本应该为家养动物，因此在表中牛单列一行，以表现其特殊性。

# 附录二　濉溪石山孜遗址出土石器研究

朱光耀（蚌埠学院淮河文化研究中心）

王善友（蚌埠市淮河文化研究会）

## 一　概　述

石山孜遗址先后于 1988 年、1993 年进行了两次发掘，在第二次发掘中出土石器 140 余件，大部分为生产工具。众所周知，生产工具是生产力发展水平的重要标志。整个生产力的变化总是从生产资料的变化，特别是生产工具的变化开始的[①]。我们有必要了解石山孜遗址出土的石器的岩性特征，以确定其功能和岩性的关系。此外，还可辅以非石质生产工具以及环境信息，用以了解该地考古时期人们的生产方式以及环境与人关系的例证。这对于客观理解石山孜遗址考古时期人与自然的关系是很有帮助的。

## 二　石山孜出土石器工具的岩性研究

石山孜遗址出土的石器主要是工具。工具是能够方便人们完成工作的器具，它对人类的生产和生活能产生巨大的推动作用。那么，在石山孜遗址延续数千年之久的新石器文化，人们使用的石器工具的选料从何而来？石器制造的选料是否因用途不同而不同？石器的制造是否因时代或认识上的进步而进步？为此，我们对石山孜出土的 140 件石器进行了鉴别和讨论，为石山孜遗址的先人选择制作和使用这些石器的原因做一探索。

依据安徽省文物考古研究所提供的石山孜遗址出土石器标本，我们首先使用田野地质调查方法和工具对石器石料的岩类和岩性做初步判断，并在室内与岩石标本进行比对。其后，对不易判断的石料，通过走访了安徽省 323 地质队，咨询相关的工程地质人员，查阅了该地区的地质图进行判定。对少数极难鉴别的石器石料，我们请南京大学地球科学与工程学院的教授参与研讨并给予定论。结果见表一。

---

① 蔡久忠、邵宝禄：《新编政治经济学》，第 35 页，高等教育出版社，1987 年。

表一　濉溪石山孜遗址出土石器岩性一览表

| 编号 | 类别 | 岩类 | 岩性 |
|---|---|---|---|
| H393：7 | 石锤 | 沉积岩 | 棕黄～棕红色细粒含云母长石石英砂岩 |
| H393：23 | 石锤 | 火成岩 | 灰白色风化闪长玢岩 |
| T0725⑨：6 | 石锤 | 火成岩 | 灰黑色闪长玢岩 |
| T1729⑧：2 | 石锤 | 火成岩 | 绿黑色细粒辉长岩 |
| H393：20 | 磨石 | 沉积岩 | 深棕红色微层～薄层状中细粒含云母长石石英砂岩 |
| T0823⑨：3 | 磨石 | 沉积岩 | 棕黄色微层～薄层状细粒含云母长石石英砂岩 |
| T1631⑧：5 | 磨石 | 沉积岩 | 浅灰色带绿色调中细粒含海绿石长石石英砂岩 |
| T1631⑧：6 | 磨石 | 沉积岩 | 浅棕黄～棕红色细粒含云母长石石英砂岩 |
| T1529⑧：2 | 磨石 | 沉积岩 | 紫红色微层～薄层状细粒含云母长石石英砂岩 |
| T0822⑧：5 | 磨石 | 沉积岩 | 浅棕黄色细粒含海绿石长石石英砂岩 |
| T0723⑧：5 | 磨石 | 沉积岩 | 浅棕红色细粒长石石英砂岩 |
| H238：20 | 磨石 | 沉积岩 | 浅棕黄色细粒长石石英砂岩 |
| T1630⑤：9 | 磨石 | 沉积岩 | 浅棕黄色带绿色调微层状细粒含云母长石石英砂岩 |
| H129：8 | 磨石 | 沉积岩 | 紫红色微层～薄层状细粒含云母长石石英砂岩 |
| H198：8 | 磨石 | 沉积岩 | 浅棕红色薄层状细粒含海绿石含云母长石石英砂岩 |
| H222：19 | 磨石 | 沉积岩 | 棕黄、棕红色微层～薄层状中细粒含云母长石石英砂岩 |
| H223：4 | 磨石 | 沉积岩 | 浅灰黄色细粒含海绿石长石石英砂岩 |
| H260：3 | 磨石 | 沉积岩 | 棕红色微层～薄层状中细粒含云母长石石英砂岩 |
| T0725④：1 | 磨石 | 沉积岩 | 棕红、深棕黄色微层状细粒含云母长石石英砂岩 |
| F2：24 | 磨石 | 沉积岩 | 棕红色微层状细粒含云母长石石英砂岩 |
| F2：30 | 磨石 | 沉积岩 | 棕红色微层状细粒含云母长石石英砂岩 |
| F2：31 | 磨石 | 沉积岩 | 棕红色微层状细粒含云母长石石英砂岩 |
| T1730⑪：1 | 石斧 | 火成岩 | 灰黑色带绿色调中细粒辉长岩 |
| T1529⑪：2 | 石斧 | 火成岩 | 绿灰色中细粒辉长岩 |
| T1530⑪：3 | 石斧 | 火成岩 | 绿黑色辉绿玢岩 |
| H221：12 | 石斧 | 沉积岩 | 浅黄灰色带绿色调含海绿石含云母细粒长石石英砂岩 |
| T0722⑨：3 | 石斧 | 火成岩 | 灰色中细粒辉长岩 |
| T1530⑨：4 | 石斧 | 火成岩 | 灰色中细粒辉长岩 |
| T1631⑧：2 | 石斧 | 火成岩 | 灰黑色带绿色调细粒橄榄辉长岩 |
| T1631⑧：3 | 石斧 | 沉积岩 | 灰色质纯灰岩 |
| H174：8 | 石斧 | 变质岩 | 肉黄色粗中粒石英岩 |
| H259：19 | 石斧 | 火成岩 | 黑色玄武玢岩 |
| H354：3 | 石斧 | 火成岩 | 深灰绿色中细粒辉长岩 |
| T1730⑤：1 | 石斧 | 变质岩 | 灰色硅化灰岩 |

续表一

| 编号 | 类别 | 岩类 | 岩性 |
|------|------|------|------|
| T0722⑤：3 | 石斧 | 火成岩 | 灰色中细粒辉长岩 |
| T1628⑤：2 | 石斧 | 变质岩 | 肉灰色燧石 |
| H42：1 | 石斧 | 火成岩 | 灰色带绿色调中细粒辉长岩 |
| H45：16 | 石斧 | 火成岩 | 绿黑色细粒辉长岩 |
| H88：16 | 石斧 | 火成岩 | 紫灰色细粒辉长岩 |
| H240：2 | 石斧 | 火成岩 | 深灰色中细粒辉长岩 |
| T0724④：3 | 石斧 | 沉积岩 | 浅灰绿色石英粉砂岩 |
| T1529④：2 | 石斧 | 变质岩 | 灰黑色微层状燧石岩 |
| T1629④：3 | 石斧 | 沉积岩 | 绿色石英粉砂岩 |
| T1631④：1 | 石斧 | 火成岩 | 灰绿色中细粒辉长岩 |
| T1729④：3 | 石斧 | 变质岩 | 浅灰绿色海绿石沉积石英岩 |
| M1：1 | 石斧 | 沉积岩 | 浅灰绿色石英粉砂岩 |
| T1530⑫：1 | 石凿 | 沉积岩 | 深灰绿色石英粉砂岩 |
| T0725⑨：9 | 石凿 | 火成岩 | 灰黑色中细粒辉长岩 |
| T1628⑧：1 | 石凿 | 沉积岩 | 浅黄灰色细鲕状灰岩 |
| T1628⑦：3 | 石凿 | 沉积岩 | 浅黄绿色灰岩 |
| T1628③：3 | 石凿 | 沉积岩 | 灰黑色页岩 |
| T1629③：3 | 石凿 | 沉积岩 | 灰绿色页岩 |
| T0725⑨：10 | 石锛 | 火成岩 | 灰色细中粒花岗岩 |
| T0822⑧：1 | 石锛 | 火成岩 | 绿黑色细粒辉长岩 |
| T1628⑦：2 | 石锛 | 火成岩 | 黑色玄武玢岩 |
| T1628⑤：31 | 石锛 | 沉积岩 | 浅灰绿色石英粉砂岩 |
| H39：13 | 石锛 | 火成岩 | 灰白色风化闪长玢岩 |
| T1530⑩：4 | 石铲 | 沉积岩 | 浅红灰色白云质灰岩 |
| H386：22 | 石铲 | 沉积岩 | 棕黄色带绿色调微层状含泥质灰岩 |
| H388：6 | 石铲 | 沉积岩 | 灰色质纯灰岩 |
| T1730⑧：1 | 石铲 | 沉积岩 | 灰绿色砂屑灰岩 |
| H178：4 | 石铲 | 沉积岩 | 灰色质纯灰岩 |
| H178：5 | 石铲 | 沉积岩 | 灰色质纯灰岩 |
| H179：4 | 石铲 | 沉积岩 | 灰色质纯灰岩 |
| H179：5 | 石铲 | 沉积岩 | 灰色质纯灰岩 |
| H179：6 | 石铲 | 沉积岩 | 浅黄绿色灰岩 |
| H179：7 | 石铲 | 沉积岩 | 浅黄绿色灰岩 |
| H195：6 | 石铲 | 火成岩 | 灰白色风化闪长玢岩 |

续表一

| 编号 | 类别 | 岩类 | 岩性 |
|---|---|---|---|
| H238：21 | 石铲 | 沉积岩 | 浅红灰色白云质灰岩 |
| H322：13 | 石铲 | 沉积岩 | 浅灰色灰岩 |
| H346：33 | 石铲 | 沉积岩 | 灰色灰岩 |
| H356：9 | 石铲 | 沉积岩 | 灰色质纯灰岩 |
| H356：10 | 石铲 | 沉积岩 | 灰色质纯灰岩 |
| H371：7 | 石铲 | 沉积岩 | 灰色质纯灰岩 |
| H371：8 | 石铲 | 沉积岩 | 浅灰色亮晶砂屑灰岩 |
| H34：6 | 石铲 | 沉积岩 | 灰绿色砂屑灰岩 |
| H34：7 | 石铲 | 沉积岩 | 浅黄绿色灰岩 |
| H34：8 | 石铲 | 沉积岩 | 浅黄绿色灰岩 |
| H42：19 | 石铲 | 沉积岩 | 浅黄绿色灰岩 |
| H45：15 | 石铲 | 沉积岩 | 灰白色灰岩 |
| H53：22 | 石铲 | 沉积岩 | 浅黄绿色灰岩 |
| T0723④：2 | 石铲 | 沉积岩 | 灰黄色微层状灰岩 |
| T0822④：1 | 石铲 | 沉积岩 | 浅黄绿色灰岩 |
| F2：53 | 石铲 | 沉积岩 | 浅灰红色泥灰岩 |
| T1529⑪：56 | 磨盘 | 沉积岩 | 浅棕红色细粒含云母长石石英砂岩 |
| T0725⑩：1 | 磨盘 | 沉积岩 | 紫灰色中粗粒石英砂岩 |
| H339：2 | 磨盘 | 火成岩 | 紫黑色安山岩 |
| T1530⑨：5 | 磨棒 | 沉积岩 | 深绿灰色微层~薄层状细粒含云母砂岩 |
| T1631⑧：7 | 磨棒 | 沉积岩 | 棕黄色细粒含云母含海绿石长石石英砂岩 |
| T0725⑧：3 | 磨棒 | 沉积岩 | 浅灰色粗粒石英砂岩 |
| T0725⑧：4 | 磨棒 | 沉积岩 | 浅棕黄色微层~薄层状中细粒含云母海绿石长石石英砂岩 |
| T1631⑦：1 | 磨棒 | 沉积岩 | 棕黄色细粒含云母含海绿石长石石英砂岩 |
| T1729⑦：3 | 磨棒 | 沉积岩 | 黄绿色含海绿石钙质细砂岩 |
| H220：5 | 磨棒 | 沉积岩 | 浅棕红色细粒含云母长石石英砂岩 |
| H355：5 | 磨棒 | 沉积岩 | 棕红、浅棕黄色微层~薄层状细粒含云母长石石英砂岩 |
| H355：6 | 磨棒 | 沉积岩 | 浅棕黄色带红色调细粒含云母长石石英砂岩 |
| T1730⑤：2 | 磨棒 | 沉积岩 | 浅棕黄色细粒含云母长石石英砂岩 |
| T1730⑤：3 | 磨棒 | 沉积岩 | 浅棕黄色细粒含海绿石长石石英砂岩 |
| T1628⑤：6 | 磨棒 | 沉积岩 | 深绿灰色细砂岩 |
| T0725⑤：2 | 磨棒 | 沉积岩 | 紫红、棕黄色微层~薄层状细粒含云母长石石英砂岩 |
| H322：14 | 磨棒 | 沉积岩 | 棕黄色带绿色调微层~薄层状细粒含云母长石石英砂岩 |
| H309：6 | 磨棒 | 沉积岩 | 浅棕红色微层~薄层状细粒含云母长石石英砂岩 |

续表一

| 编号 | 类别 | 岩类 | 岩性 |
| --- | --- | --- | --- |
| H53：23 | 磨棒 | 火成岩 | 浅灰色中细粒花岗岩 |
| H53：24 | 磨棒 | 沉积岩 | 深绿灰色细砂岩 |
| T0724④：1 | 磨棒 | 沉积岩 | 浅棕红色细粒含云母长石石英砂岩 |
| T1530④：4 | 磨棒 | 沉积岩 | 棕红色细粒含云母长石石英砂岩 |
| F2：54 | 磨棒 | 沉积岩 | 浅灰红色中细粒长石石英砂岩 |
| 1631⑧：4 | 石饼 | 火成岩 | 浅灰色带绿色调风化闪长玢岩 |
| H167：16 | 石饼 | 沉积岩 | 浅棕红色粗中粒石英砂岩 |
| T0722④：3 | 石饼 | 沉积岩 | 棕红色粗中粒石英砂岩 |
| H351：1 | 石刀 | 沉积岩 | 灰色细砂岩 |
| H261：3 | 石刀 | 沉积岩 | 灰黄色微层状中细粒含云母长石石英砂岩 |
| T1631④：2 | 石刀 | 沉积岩 | 紫色含云母粉砂质页岩 |
| H53：25 | 网坠 | 火成岩 | 灰绿色中细粒辉长岩 |
| T1630⑦：53 | 纺轮 | 沉积岩 | 绿棕色页片状中细粒含云母砂岩 |
| T1631⑧：1 | 柄形器 | 变质岩 | 灰绿色蚀变辉长岩 |
| T1530⑫：94 | 石坯 | 沉积岩 | 紫红色微层~薄层状细粒含云母砂岩 |
| H393：21 | 石坯 | 火成岩 | 灰白色风化闪长玢岩 |
| H393：22 | 石坯 | 火成岩 | 灰白色带绿色调风化闪长玢岩 |
| H393：25 | 石坯 | 火成岩 | 浅灰色带绿色调风化闪长玢岩 |
| H238：22 | 石坯 | 沉积岩 | 浅棕红色微层状细粒含云母长石石英砂岩 |
| H195：4 | 石坯 | 火成岩 | 浅灰色带绿色调风化闪长玢岩 |
| H199：1 | 石坯 | 火成岩 | 绿黑色辉绿岩 |
| T0724④：2 | 石坯 | 沉积岩 | 浅灰色灰岩 |
| T1529②：1 | 石坯 | 沉积岩 | 浅棕灰色细粒含云母砂岩 |
| T1529⑪：13 | 残石器 | 沉积岩 | 绿棕色页片状中细粒含云母砂岩 |
| H393：6 | 残石器 | 沉积岩 | 棕黄、棕红色微层状中细粒含云母长石石英砂岩 |
| H195：5 | 残石器 | 火成岩 | 浅灰色带绿色调风化闪长玢岩 |
| T1630⑤：4 | 残石器 | 沉积岩 | 灰色灰岩 |
| T1629⑦：1 | 坠饰 | 变质岩 | 深肉黄色细粒石英岩 |
| H228：1 | 坠饰 | 沉积岩 | 紫红色微层状细粒含云母长石石英砂岩 |
| H167：3 | 坠饰 | 沉积岩 | 深灰绿色石英粉砂岩 |

注：可见石器料石以沉积岩为主，其中砂岩类数量最多，其次为灰岩类。

## （一）遗址周围地区出露石山孜遗址石器石料的地层群组概况

根据"全国地层多重划分对比研究"项目成果，宿州石山孜遗址位于华北地层大区晋冀鲁豫地层区徐淮地层分区淮北地层小区，区内沉积岩分布十分广泛，出露的基岩地层有上元古界的青白口系八公山群（包括伍山组、刘老碑组和四十里长山组）、震旦系宿县群（包括贾园组、赵圩组、倪园组、九顶山组、张渠组、魏集组、史家组和望山组）和金山寨组，下古生界的寒武系（包括猴家山组、昌平组、馒头组、张夏组、崮山组、炒米店组和三山子组）和奥陶系（包括贾汪组和马家沟组），上古生界的月门沟群（包括本溪组、太原组和山西组）和石盒子组。

### （二）各地层组与石山孜遗址出土石器有关的岩石出露概况

贾园组总体岩性较稳定，下部为灰黄、灰绿色粉砂质灰岩及钙质石英细砂岩，上部为灰、青灰色薄～中厚层粉砂质灰岩夹含凸镜状叠层石灰岩，向东至黑峰岭一带为含钙质含电气石石英粉砂岩及石英粉砂质白云质灰岩。

赵圩组岩性基本稳定，以厚层灰岩为主，夹白云岩凸镜体，具微层理、波痕、干裂、冲刷充填构造。倪园组主要出露于宿县、灵璧一带，岩性稳定。下部为灰色薄～中厚层泥质条带灰岩、含燧石结核灰岩、藻灰结核灰岩夹灰质白云岩、砾屑灰岩，上部为浅灰色薄～厚层泥质白云岩及粉砂质白云岩，含燧石条带及结核。上、下均发育微细层理。见有干裂、雨痕及冲刷充填构造。

九顶山组岩性稳定，主体岩性为深灰～浅灰色厚层块状灰岩夹白云岩。张渠组岩性稳定，为灰、浅灰色薄～厚层细晶白云岩、细（微）晶含白云质灰岩、微（泥）晶灰岩，中下部夹紫红色钙质页岩，上部产叠层石。魏集组岩性、厚度稳定，下部为灰岩、泥灰岩与钙质页岩组成韵律，上部为以紫红色为主的叠层石灰岩。

史家组岩性稳定，以黄绿色页岩为主，下部夹页状～薄层泥晶灰岩、白云岩、叠层石灰岩和砾屑灰岩，中部夹灰色中厚层细粒石英砂岩，上部夹紫色含灰岩结核页岩、黄绿色薄层含海绿石粉（细）砂岩，顶部含赤铁矿结核。

望山组下部为灰、浅灰、黄绿灰色页状～薄层泥质（泥晶）灰岩，钙质页岩，具水平、波状层理和不对称波痕；中部为灰色薄～中厚层泥晶灰岩夹叠层石礁灰岩、砾屑灰岩凸镜体，微层理发育，具干裂构造；上部为灰色中厚～厚层泥晶灰岩，夹薄层泥质泥晶灰岩、叠层石礁灰岩和砾屑灰岩，含燧石、硅质、砂质结核和条带，波状层理发育，具楔形、扰动层理和干裂、鸟眼构造、不对称波痕及畸形方解石细脉，产叠层石；顶部为灰色薄层（泥质）泥晶白云岩，夹白云质灰岩，具波痕、干裂、鸟眼构造。

猴家山组岩性比较稳定，中部、上部以灰质白云岩与白云质泥灰岩互层及粉砂质页岩、泥灰岩、含硅质灰质白云岩为主。

昌平组岩性稳定，主要为白云质含藻微晶灰岩、泥质微晶灰岩、泥质条带砂屑灰岩、白云质细砂屑微晶灰岩、海绿石微晶生物屑灰岩。馒头组岩性稳定，分为四段，一段为肝紫色页岩夹灰岩凸镜体，二段为亮晶砂屑灰岩、豹皮状白云质球粒灰岩，三段为砾屑灰岩、鲕粒灰岩、叠层石灰岩、亮晶生物屑灰岩夹紫红色页岩、粉砂质页岩，四段为海绿石泥质长石石英细砂岩、粉砂岩夹亮晶鲕粒灰岩、亮晶砂质生物屑灰岩，长石石英砂岩具水平、波状、单斜层理。张夏组主要为鲕粒灰岩、亮晶生物屑灰岩、亮晶核形石灰岩、白云质亮晶球粒灰岩、白云质礁灰岩、残余鲕粒灰岩、残余鲕粒细晶白云岩。中上部水平纹层发育，含大量水平虫管，上部具冲刷交错层理，近顶部叠层石细晶白云岩发育。

崮山组主要为灰色中薄层亮晶白云质鲕粒灰岩、亮晶竹叶状砾屑灰岩、微晶鲕粒灰岩、微晶生物屑灰岩、豹皮状白云质生物屑微晶灰岩、泥质微晶灰岩。炒米店组岩性稳定，主要为大涡卷状叠层石微晶灰岩、含生物屑微晶灰岩、亮晶含海绿石鲕粒灰岩、豹皮状泥质白云质微晶灰岩、瘤状泥质白云质微晶灰岩，普遍含黄铁矿结核。下部见雹痕、水平虫管；上部垂直虫管发育，具水平纹层和鸟眼构造。三山子组岩性较稳定，下段（土坝段）为灰黄色中厚层白云岩，含灰质、泥质白云岩夹少量竹叶状砾屑白云岩；上段（韩家段）为灰黄色中薄层硅质条带白云岩夹少量竹叶状砾屑白云岩。

贾汪组为土黄、紫红、浅灰色页岩、钙质页岩、页片状泥质白云岩和泥质白云质灰岩及角砾岩。马家沟组分为三段，自下而上依次为萧县段、青龙山段和老虎山段。萧县段下部为膏溶角砾岩、含石膏假晶白云岩；上部为夹燧石结核、条带白云岩及豹皮状白云质灰岩。青龙山段下部以中薄～中厚微晶白云岩与微晶灰岩或薄层～页片状微晶灰岩互层为主，夹膏溶角砾岩；上部以灰深灰色中厚层豹皮状白云质微晶灰岩为主，下夹燧石结核和条带，上夹微晶白云岩。老虎山段岩性稳定，以细微晶白云岩为主，局部夹白云质微晶灰岩凸镜体，具水平纹层，含少量石膏假晶。

本溪组岩性较稳定，下部为紫红色含砾铁铝质黏土岩、粉砂质泥岩，上部为灰黄、暗紫、灰等杂色砂质铁质泥岩，铁、锰质砂岩，黏土岩夹青灰、灰黄色厚层灰岩、泥灰岩。具水平、波状层理，生物遗迹发育。太原组岩性稳定，厚度变化不大，下部为灰、灰黑色岩屑砂岩、石英砂岩与粉砂岩、粉砂质泥岩、泥岩不等厚互层，局部夹煤层，底部砂岩含砾；上部为生物屑泥晶灰岩与砂、泥质碎屑岩和不稳定煤层，局部夹放射虫硅质岩与燧石条带。

山西组岩性基本稳定，下部为灰、灰黑色泥岩、砂岩、粉砂岩砂质泥岩互层夹煤层；上部为灰、灰黑色组成韵律。含菱铁矿层（或鲕粒）、黄铁矿星点，局部含砾、含钙质。具交错层理、波状层理、水平层理及凸镜状层理。石盒子组下段为深灰色泥岩、粉砂岩、长石石英砂岩组成韵律，含煤3～18层；上段以泥岩为主，与细砂岩、中～粗粒长石石英砂岩呈韵律互层，夹薄层硅质岩，含煤2～10层。自下而上岩石粒度由细变粗，韵律特征明显。具波状层理、水平层理、凸镜状层理、交错层理。

此外，宿州—萧县地区晚震旦世有少量岩床辉绿岩活动，形成辉绿（玢）、岩玄武（玢）岩；晚侏罗世末，中酸性岩浆侵入和喷发，形成北北东向的闪长岩带；白垩纪，岩浆的多次侵入现象明显，先后是二长花岗岩、花岗斑岩、橄长岩、辉长岩等。脉岩中以中性和酸性岩类最为发育，如闪长（玢）岩、花岗（斑）岩等。

石铲料石中的黄绿色灰岩与安徽寒武系地层淮北市相山剖面第 12 层中的黄绿色薄层灰岩相似，灰色质纯灰岩与该剖面第 25 层中的灰色中厚层灰岩夹层相似；石凿料石中的浅黄灰色细鲕状灰岩与该剖面第 21 层中的灰、黄灰色中薄层细鲕状灰岩夹层相似；石刀料石中的紫色含云母粉砂质页岩与该剖面第 11 层中的紫色含绢云母粉砂质页岩相似；石斧料石中的灰色硅化灰岩与该剖面第 25 层中的灰、灰红色中厚层硅化碎裂白云质灰岩相似。这可能意味着部分石器料石来源于淮北市的相山。

需要说明的是：石山孜遗址出土石器的石料来源，除八公山群和金山寨组出露区距遗址稍远外，余者出露区与遗址距离在 100 公里以内。

### （三）出土石器反映的古人对石器石料的认知

从出土的石器用途与构成其石料的岩石的关系看，古人对各种岩石软硬、粗细、韧性、层理结构都有了较为深入的认识。为得到合适的制作工具的石料，他们不惜外出上百公里去采集或交换。他们精确地将合适的石料制作合适的工具，让人叹服不已。

例如磨石、磨棒、磨盘的料石几乎全是砂岩，其中又以棕黄色、紫红色薄层状含海绿石、含云母细粒长石石英砂岩为主，与馒头组四段（原称徐庄组）的砂岩岩性一致。该细砂岩属于碎屑岩，主要由碎屑颗粒组成，颗粒圆度较高，分布较均匀，岩石表面相对粗糙，适宜用作磨具。又如石铲的料石几乎全是灰岩，硬度不高，甚至表面疏松，手拂落灰掉渣，风化闪长玢岩亦同。石铲之所以如此选料，一方面是易于加工，另一方面说明耕种的土地相对松软。再如石斧的料石以辉长岩为主，少数为石英粉砂岩、燧石（岩）等，这些岩石的共同特征是质地均匀、致密坚硬，能够承受较大的外力作用，因此它们也成为制作石锛、石凿的重要原料。此外，辉长岩磨光后花纹图案美丽，装饰性能突出，能够满足古人的某种心理需求，部分辉长岩质石斧表面涂抹红色颜料的现象可能也是古人该种心理的反映。

在石刀、磨石和磨棒等石器上常见加工面与层面平行或重合的现象，原因是层面所在的位置相对软弱，容易沿之形成较平整的天然断裂面，而且层面上物质组成比较均匀，从而方便加工与利用。

改制石凿的料石为灰岩和页岩，岩性软弱，容易受损。这些石凿虽易加工，但不耐用。

石山孜人能够根据自然环境的特点、生产生活活动的特点与要求，在石器的选料选形上因地制宜，科学合理地利用岩矿资源。濉溪石山孜遗址部分出土石器与河南舞阳贾湖遗址出土的对应石制品相似，说明了二者具有一定的文化同源性。

石山孜遗址出土石器中的木材精加工工具如石锛、石凿数量不多，选料略有欠缺，可能是木材精加工需求有限。石斧数量较多，说明木材砍伐需求较大。部分磨盘兼有臼的功能（或改制为臼），磨棒数量较多，部分兼有杵的功能（或改制为杵），说明谷物加工需求量大，加工程度较深，种植业是重要的生产活动。

中寒武统馒头组四段的棕黄色、紫红色薄层状含海绿石、含云母细粒长石石英砂岩是制作磨石和磨棒的主要石料，灰岩、辉长岩分别是制作石铲和石斧的主要石料。砂岩类料石具有的层理构造对石器的加工方向有一定的影响，磨棒的形制深受加工方向的影响。石器的加工制作不仅考虑到实用性，而且还考虑到美观性和装饰性。

### 三　石山孜遗址出土的生产工具所反映的人地关系

现在的遗址是当年的聚落，考古发掘出的各种遗存大多是当年生活在该聚落里的先人们生产和生活的废弃物。因而遗址发掘出的遗物的多寡，与该聚落人口的多少、人们在此生活的时间长短有关，还与当今考古工作者发掘该遗址的面积大小有关。安徽省文物考古研究所先后两次发掘出了 140 余件石器，去除非生产工具、石杵和不可辨认的残石器外，还有 106 件石质生产工具。

根据初步研究，该遗址可分为四个时期：第⑩~⑬层出土的器物为小山口一期，距今约 8000 年[1]；第⑦~⑨层为北辛文化早期，距今 7300~6800[2] 年，第⑤~⑥层为大汶口文化时期，距今 6300~4500 年；第④层为龙山文化时期，距今 4600~4000 年。因此可以把出土的 106 件各时期石质生产工具的种类和数量分别列出，以便比较研究（表二）。

#### （一）四个时期的石质生产工具种类和数量的变化

从地层中出土的四个时期石质生产工具种类和数量看，小山口文化时期出土的石器种类和数量较少，仅有 6 类 12 件；北辛文化早期最多，有 11 类 52 件；大汶口文化时期次之，有 7 类 31 件；龙山文化时期与小山口文化时期相近，有 5 类 11 件。从时间上看，小山口一期、北辛早期、大汶口时期三个阶段是断开的，没有直接的演变和传承关系。该遗址大汶口文化与龙山文化演变和传承是否有联系尚不清楚。

1. 各时期的生产内容

在距今约 8000 年的小山口文化一期地层中，发现 12 件经过磨制的石质生产工具，按照其功能可以分为三组，石锤和磨石、石斧和石凿、石铲和磨盘。虽然工具并不齐全成套，但我们已经看到了新石器早期该遗址的先人日常生产的内容至少有制造工具、砍伐与木器加工、谷物生产与加工等内容。其中石斧数量较多，应与砍伐任务较重有关。

---

① 王吉怀等：《安徽宿县小山口和古台寺遗址试掘简报》，《考古》1993 年第 12 期。
② 据 ¹⁴C 测定，北辛文化的年代，在距今 7300~6300 年之间，早期约距今 7300~6800 年。

**表二　濉溪石山孜遗址出土石质生产工具分时期种类和数量变化表**

| 时期 a B.P.<br>生产工具 | | 小山口一期<br>约 8000 | 北辛早期<br>7300~6800 | 大汶口时期<br>6300~4500 | 龙山时期<br>4600~4000 |
|---|---|---|---|---|---|
| 石质生产<br>工具的种<br>类与数量<br>（件） | 石锤 | 2 | 2 | | |
| | 磨石 | 1 | 7 | 6 | 1 |
| | 石斧 | 4 | 7 | 7 | 5 |
| | 石凿 | 1 | 3 | | |
| | 石锛 | | 3 | 2 | |
| | 石铲 | 2 | 16 | 6 | 2 |
| | 磨盘 | 2 | 1 | | |
| | 磨棒 | | 9 | 8 | 2 |
| | 石饼 | | 1 | 1 | |
| | 石刀 | | 2 | | 1 |
| | 网坠 | | | 1 | |
| | 纺轮 | | 1 | | |
| | 小计 | 12 | 52 | 31 | 11 |

在距今约 7300~6800 年的北辛文化早期地层中，发现 52 件经过磨制的石质生产工具，按照其功能可以分为四组：石锤和磨石，石斧、石凿和石锛，石铲、石锛、石刀、磨盘、磨棒和石饼，石纺轮。工具已经比较齐全，我们可以清楚地看到新石器中期偏早阶段该遗址先人日常生产的内容有制造工具，砍伐与木器加工，谷物生产、收割与加工，纺纱织布等内容。石铲和磨棒数量明显多于其他工具，暗示了当时谷物生产任务的繁重。整体工具数量较多且成套，说明这是该遗址发展的鼎盛时期。

在距今约 6300~4500 年的大汶口文化时期地层中，发现 31 件经过磨制的石质生产工具，按照其功能可以分为四组：磨石，石斧和石锛，石铲、石锛、磨棒和石饼，石网坠。工具种类和数量没有北辛文化早期阶段丰富，但我们已经看到新石器中期偏晚阶段和新石器晚期偏早阶段该遗址的先人日常生产的内容有制造工具，砍伐与木器加工，谷物生产与加工，渔猎。整体工具数量较多，说明这是该遗址发展的较好时期。

在距今约 4600~4000 年的龙山文化时期地层中，发现 11 件经过磨制的石质生产工具，按照其功能可以分为三组，磨石，石斧，石铲、石刀、磨棒。工具并不齐全成套，但我们已经看到新石器晚期该遗址的先人日常生产的内容有制造工具、砍伐树木、谷物生产、收割与加工。整体工具种类和数量较少，暗示这是衰落时期。

2. 环境和遗存对生产内容的充实和纠正

从 8000a B.P.~4000a B.P. 石山孜地区古聚落续存的事实告诉我们，这是一个适宜生存之地。这里近水，方便渔猎和灌溉；这里近小山，可以躲避洪水袭击；附近是平原，宜于耕种。

韩立刚[①]研究了石山孜遗址出土的动物骨骼，动物群反映遗址周围的自然环境为山地与平原交接地带，当时有相当多的河湖水域存在，气候较现在温暖湿润。猪的饲养已较为发达。石山孜遗址猪骨骼占骨骼总数的 3%，猪在遗址中最小个体数达到 51 头之多，而且它们都是在青壮年阶段死亡，幼子猪和少年猪死亡率很低，反映出石山孜遗址上当时人们不仅饲养了猪，而且已经积累了相当丰富的饲养经验，饲养数量较多，成活率高，猪的饲养较为发达，使当时人类的肉食来源有了可靠保证。遗址出土的大量动物骨骼和蚌壳、鱼类骨骼说明，狩猎也是当时重要的生产内容。韩立刚曾认为石山孜遗址先民的狩猎和捕捞经济在当时占主导地位。但出土的石器生产工具表明，石山孜古聚落的农耕与饲养、狩猎同等重要。

在石山孜遗址各时期出土的生产工具中，石刀较少，没有石镰。但在蚌器中，可以找到蚌铲、蚌镰和蚌刀[②]，它们易于取得，使用方便，是各时期生产工具的重要组成部分。

（二）石山孜古聚落的发展与环境演变的关系

石山孜古聚落存在的几个阶段，从距今 8000 年前的始建，到北辛文化早期的繁荣，再到大汶口文化时期的平淡，直至龙山文化时期的萧条，是否与环境的演变有关系呢？

在该遗址东北部，丁敏[③]等人根据山东中部龙山镇山城村全新世黄土—古土壤及埋藏文化层的关系，利用色度、磁化率、粒度、碳酸钙含量等气候替代指标，揭示了全新世气候演变，全新世中期是最为暖湿的阶段，从 8500a B. P.～4600a B. P.，气候最为暖湿，期间经历了 8200a B. P.、5500a B. P. 两次幅度不大的降温事件。龙山文化中晚期已变干、变凉，但仍较现在温暖湿润，直至 4000a B. P. 发生了强烈的降温和尘暴事件。

在该遗址西北部，孙雄伟[④]等人研究了洛阳寺河南剖面的孢粉的变化。研究发现，7380a B. P.～7235a B. P. 气候较为寒冷干燥；7235a B. P.～5625a B. P. 乔木大量出现，种类丰富，表明气候以温暖湿润主，对应为全新世大暖期，尤其 6120a B. P.～5625a B. P. 期间出现了很多喜暖树种，表明这一时段是该地区中全新世以来气候最好的时期；之后，在 5625a B. P.～4580a B. P. 期间气候发生恶化，乔木急剧减少；4850a B. P.～3090a B. P. 乔木重新繁荣，气候有所好转；3090a B. P. 以后，乔木减少，禾本科大量出

①　韩立刚：《安徽省濉溪县石山子遗址动物骨骼鉴定与研究》，《考古》1992 年第 3 期。
②　贾庆元：《安徽濉溪石山子新石器时代遗址》，《考古》1992 年第 3 期。
③　丁敏等：《山东中部全新世环境演变与人类文化发展》，《土壤通报》2011 年第 6 期。
④　孙雄伟、夏正楷：《河南洛阳寺河南剖面中全新世以来的孢粉分析及环境变化》，《北京大学学报》（自然科学版）2005 年第 2 期。

现，气候变凉趋势明显。

在遗址的南部的太湖流域，吴永红[1]等人研究了近8000年来太湖北部钻孔沉积记录的环境演变。发现在约6300a B. P.、4100a B. P.、3300a B. P.，有3个温暖湿润阶段。其中约4100a B. P.、3300a B. P.的温暖气候事件在长江三角洲南翼的PJ钻孔研究[2]中也有着非常好的体现，特别是6300a B. P.的温暖事件，在PJ钻孔元素变化中有很好的体现。磁化率变化序列中，在约4400a B. P.时有一个明显的震动，这可能是被Perry和Hsu称为"四千年事件"的寒冷气候在太湖区域的响应[3]。

在遗址西部，陈菲菲[4]等人利用石笋重建宜昌地区9000年以来的环境演变。其中4200a B. P.事件是一次持续时间较长、规模较大、突发性且有反复的冷事件[5]，被认为加速了新石器时代文化的衰落[6]。

从遗址周围环境演变的状况可知，石山孜前三个时期文化发展、繁荣与新石器大暖期适宜的气候有关，其中断与新石器时代气候演变的大趋势无关，而应与小范围、短时期的极端气候以及瘟疫、战争等人文因素有关。龙山文化的衰落与4000a B. P. 前后的环境变化有关。

# 四　结　语

石山孜遗址位于安徽省淮北市濉溪县平山乡赵楼行政村石山孜自然村北，保存了距今8000～4000年前新石器时代的丰富遗存，尤其是作为生产工具的石器。石山孜石器共分12类，计140件，其形制与功能吻合。石料以沉积岩为主，主要是砂岩，古人可以根据需要选择不同的岩石。石器的石料多形成于距今8亿年前的青白口纪到4.3亿年前的奥陶纪。岩石来源于遗址100公里以内的区域。据初步研究，该遗址出土遗存分为小山口一期、北辛文化早期、大汶口文化时期和龙山文化四个时期。把出土的140件石器中的106件石质生产工具的种类和数量分别列出，进行四个时期的石质生产工具种类和数量的变化的研究，可以发现，小山口文化一期是石山孜古聚落的初创时期，北辛文化早期是该遗址发展的鼎盛时期，大汶口文化时期是该遗址发展的较好时期，龙山文化时期是古聚落衰落的时期。从8000a B. P. ～4000a B. P. 石山孜地区古聚落续存的事实告诉我们，

①　吴永红等：《近8000年来太湖北部钻孔沉积记录的环境演变》，《海洋地质与第四纪地质》2012年第1期。

②　Wu Yonghong *et. al*. Geochemical record of core PJ in Yangtze River Eel ta and implications for variations in pale environment. *Advanced Materials Research*，2011：183－185，161－165.

③　Perry C. A，Hsu K. J. Geophysical，archaeological，and historical evidence support a solar－output model for climate change［J］. *Proceedings of the National Academy of Sciences*，2000，97：12433－12438.

④　陈菲菲等：《石笋P/Ca重建宜昌地区9000年以来的陆地生产力》，《中国岩溶》2010年第3期。

⑤　Wang Y *et al*. The Holocene Asian Monsoon：Links to Solar Changes and North Atlantic Climate. *Science*，2005，308：854－857.

⑥　Wenxiang W. Tungsheng L.，Possible role of the" Holocene Event 3" on the collapse of Neolithic Cultures around the Central Plain of China［J］. *Quaternary International*，2004，117：153－166.

这是一个适宜生存之地！出土的石器生产工具表明，石山孜古聚落的农耕与饲养、狩猎同等重要。从遗址周围环境演变的状况可知，石山孜前三个时期文化发展、繁荣与新石器大暖期适宜的气候有关，其中断与新石器时代气候演变的大趋势无关，而应与小范围、短时期的极端气候以及瘟疫、战争等人文因素有关。龙山文化的衰落与 4000a B. P. 前后的环境变化有关。

## 附录三　濉溪石山孜遗址出土石磨盘石磨棒表面淀粉粒的鉴定与分析

董　珍（中国科学技术大学科技史与科技考古系）
张居中（中国科学技术大学科技史与科技考古系）
姚　凌（中国科学技术大学科技史与科技考古系）

石山孜遗址是淮北新石器时代遗址中年代较早的一处。[14]C测定年代距今为6350年，校正年代为距今6900年，遗址南北长约210、东西宽约160米，面积约3万多平方米。1988年、1992年和1993年进行了三次考古发掘。遗址地层堆积分7层，个别探方局部缺第⑤或第⑥层，其中第④～⑦层属新石器时代文化层，新石器文化层堆积厚约1.8米，可以反映出先民在这里生活了相当长的一段时间。出土器物种类较丰富，有石器、陶器、骨器、角器。石器种类主要有斧、铲、凿、杵、臼等，陶器中直口、微敛口、敞口釜，釜形、钵形、罐形、圆锥形鼎足鼎，短颈长圆腹双耳罐，宽折沿、窄沿、倒钩唇盆，微敛口深腹、直口浅折腹钵、覆碗形器盖和支座等，都是石山孜遗址具有代表性的器物[①]。

石山孜遗址所在的淮河流域，是我国自然条件的多重过渡地带，是亚热带与暖温带，南方湿润区和北方干旱区的过渡地带，也是黄河流域与长江流域、东部沿海与西部腹地的古代文化相互交流相互碰撞的一个区域，是中华文明孕育和发展的重要地区之一[②]，其优越的气候条件和独特的地理环境，非常有利于古代文化和农业起源的发展。以往对于淮河流域新石器时代人们的生业模式及农业起源方面的研究多是从遗址发掘中出土的宏观的实物资料如兽骨、鱼骨、贝壳及一些陶质生活用具和石质生产工具来判断，在发掘过程未进行浮选工作，大植物遗存很少发现，这对于研究当时人类社会的生计形态不能不说是一大缺憾。我们尝试从石器表面提取残留的植物微体化石的方法来研究该地区古代人类的食用的植物种类，进而推断当时社会的生业模式及生活方式，无疑具有重要意义。早在19世纪末20世纪初生物学家就发现淀粉粒同孢粉、植硅体一样可以进行种属的鉴定[③]，并且在地层中可以保存上百万年之久，而且从南美洲到澳洲，从北美洲到欧亚

---

① 安徽省文物考古研究所等：《濉溪石山孜》，本书。

② 周崇云：《淮河流域史前文化形成和发展的基础》，《安徽大学学报（哲学社会科学版）》1999年第5期。

③ Torrence R，Barton H，*Ancient starch research*，Walnur Creek，Left Coast Press，2006，pp. 1 - 256；Reichert E. T. ，*The differentia-tion and specificity of starches in relation to genera*，*species etc.* Washington，Carnegie institution of Washington，Carnegie Institution of Washington，1913. pp. 1 - 900.

大陆，从中美洲的热带雨林到中东的干旱沙漠，古代淀粉粒都可以被很好地保存下来[①]。随着淀粉粒分析方法的发展，从出土器物到人类或者动物的牙结石[②]或者遗址地层中[③]都能发现来自淀粉粒方面与人类有关的信息，这些来自植物种子、块根、块茎类的物质与来自花朵的花粉、来自茎叶和颖壳的植硅体互相补充，在植物考古研究中成果显著[④]。例如刘莉主要用淀粉粒分析并结合其他的方法对全新世早期长江下游地区先民的食物组成进行了分析[⑤]；杨晓燕利用淀粉粒分析的方法对北京平谷上宅遗址出土的一件磨盘和一件磨棒进行了研究[⑥]；张永辉利用淀粉粒分析的方法对裴李岗文化中的裴李岗等遗址出土 8 件带足石磨盘进行了分析[⑦]，这些都充分说明了淀粉粒分析在器物功能分析以及判断古人的饮食结构甚至农业起源方面都发挥了至关重要的作用，这也说明了淀粉粒分析这一方法的可行性。该方法在本次试验上的运用也是对该方法可行性的进一步验证以及对石磨盘石磨棒功能的检验。

石山孜遗址是皖北地区新石器时代文化的代表性遗址。2011 年 4 月，我们对石山孜遗址出土的 10 件石磨盘和石磨棒进行了取样分析，这些石磨盘和石磨棒出土层位明确，用肉眼观察有确的加工使用痕迹，能够比较可靠地反应实验结果。下面详细介绍这次实验的结果。

## 一　材料与方法

### （一）实验材料

由于石山孜遗址发掘于 20 世纪八九十年代，石器发掘出土后经过清洗被运到安徽省

① Reichert E. T. , *The differentiation and specificity of starches in relation to genera, species etc.* Washington, Carnegie institution of Washington, Carnegie Institution of Washington, 1913. pp. 1 – 900；Piperno D. R. , Ranere A. J. , *et al.* Starch grains reveal early root crop horticulture in the Panamanian tropical forest. *Nature*, 2000, 407：894 – 897；Fullagar R. , Judith Field, Pleistocene seed grinding implements from the Australian arid zone. *Antiquity*, 1997, 71：300；Linda Perry, *et al.* Starch Fossils and the Domestication and Dispersal of Chili Peppers (Capsicum spp. L. ) in the Americas, *Science*, 2007, 315：986 – 988；Fullagar R, Field J, Denham T, *et al.* Early and mid Holocene processing of taro (Colocasia esculenta) and yam (Dioscorea sp. ) at Kuk Swamp in the Highlands of Papua New Guinea. *Journal of Archaeological Science*, 2006, 33：595 – 614；Torrence R, Starch and archaeology, in Ancient Starch Analysis, Torrence R and Barton H, Editors. Walnut Creek, Calif. ：Left Coast Press, 2006. pp. 17 – 33.
② 李明启等：《甘肃临潭陈旗磨沟遗址人牙结石中淀粉粒反映的古人类植物性食物》，《中国科学》D 辑（地球科学）2010 年第 4 期。
③ 李明启：《青海卡约文化丰台遗址灰坑古代淀粉粒揭示的植物利用情况》，《第四纪研究》2010 年第 2 期。
④ Piperno D. R. , Weiss E. , Holst I *et al.* , Processing of wild cereal grains in the upper palae olithic revealed by starch grain analysis, *Nature*, 2004, 430：670 ~ 673；Henry A. G. , Brooks A. S. , Piperno D. R. , Microfossils in calculus demonstrate consumption of plants and cooked foods in neanderthaldiets (Shanidar Ⅲ, Iraq；spy Ⅰ and Ⅱ, Belgium) PNAS, 2011, 108 (2)：486 – 491；葛威、刘莉、金正耀：《几种禾本科植物淀粉粒形态分析及比较及其考古学意义》，《第四纪研究》2010 年第 2 期。
⑤ 刘莉、玖迪丝·菲尔德、爱丽森·韦斯克珀夫：《全新世早期中国长江下游地区橡子和水稻的开发利用》，《人类学学报》2010 年第 3 期。
⑥ 杨晓燕等：《北京平谷上宅遗址磨盘磨棒功能分析：来自植物淀粉粒的证据》，《中国科学》D 辑（地球科学）2009 年第 9 期。
⑦ 张永辉等：《裴李岗遗址出土石磨盘表面淀粉粒的鉴定与分析》，《第四纪研究》2011 年第 5 期。

文物考古研究所，一直保存在库房中，因此无法进行现场提取，我们于 2011 年 4 月到安徽省文物考古研究所库房中提取样品。经过对器物的器形和表面特征观察分析之后，我们拣选了 10 件有可能存在淀粉粒残留的石器标本；对其中的 2 件体积较大、使用特征较明显的器物进行了现场提取，其余 8 件石器带回中国科学技术大学科技考古残留物分析实验室进行淀粉粒的提取。10 件石器标本的具体信息如下。

表一  器物标本的详细信息

| 器物名称 | 出土位置 | 器物类型 | 完整度 | 质地 | 表面体征 |
|---|---|---|---|---|---|
| T0725⑩：1 | T0725 | 磨盘 | 残 | 花岗岩 | 中间有一规整凹槽 |
| T152⑪：56 | T1529 | 磨盘 | 残 | 花岗岩 | 中间有平整的使用凹陷 |
| T0725⑧：3 | T0725 | 磨棒 | 残 | 花岗岩 | 从剖面看为一矩形，侧面比较平滑，疑似为使用面 |
| T0725⑨：6 | T0725 | 磨棒 | 残 | 花岗岩 | 其中一个端面有使用的痕迹 |
| T1530⑨：5 | T1530 | 磨棒 | 残 | 花岗岩 | 从剖面看为一圆形，一端有非常明显的使用痕迹 |
| T1631⑧：7 | T1631 | 磨棒 | 残 | 花岗岩 | 其中一个端面有明显的断裂痕迹，侧面比较光滑，疑为使用面 |
| H199：1 | H199 | 磨盘 | 残 | 花岗岩 | 一个端面有明显的断裂痕迹，另一端面有破损的痕迹，侧面中有一面较平滑，疑为使用面 |
| H339 | H339 | 磨盘 | 残 | 花岗岩 | 表面比较光滑，侧面较粗糙，有明显的断裂痕迹 |
| H322：14 | H322 | 磨棒 | 残 | 花岗岩 | 一个端面有明显的断裂痕迹，侧面和另一个端面有明显的加工使用痕迹 |
| T0723⑧：5 | T0723 | 磨盘 | 残 | 花岗岩 | 表面有明显的使用痕迹 |

（二）实验方法

1. 现代样品

为了鉴定从石器上提取出来的淀粉粒，我们尽可能多地建立了现代样品的数据库。在此考虑到不同地域环境对淀粉粒大小和形状的影响，究竟不同栽培条件对植物淀粉粒形态的影响如何，没有过多的进行实验分析比较，但据葛威研究数据显示，在中国境内不同地域出产的相同物种的淀粉粒，其淀粉粒形态差别很小。我们选取的现代样品主要包括禾本科（*Poacese*）、壳斗科（*Fagaceae*）、茄科（*Solanaceae*）、豆科（*Fabaceae*）、旋花科（*Dioscoreaceae*）、薯蓣科（*Dioscoreaceae*）、莎草科（*Cyperaceae*）、睡莲科（*Nymphaeaceae*）等部分植物的淀粉粒共 20 多种。同时鉴定过程中参考了杨晓燕、葛威、万智巍等部分现代样品的数据库和鉴定标准[①]。

---

①  杨晓燕等：《中国北方现代粟，黍及其野生近缘种的淀粉粒形态数据分析》，《第四纪研究》2010 年第 2 期；杨晓燕等：《中国北方主要坚果类淀粉粒形态对比》，《第四纪研究》2009 年第 1 期；万智巍等：《中国南方现代块根块茎类植物淀粉粒形态分析》，《第四纪研究》2011 年第 4 期；葛威：《淀粉粒分析在考古学中的应用》，中国科学技术大学博士学位论文，2010 年。

图一　石山孜遗址出土的石磨盘、石磨棒

1. T0723⑧：5　2. H339　3. T0725⑧：3　4. T0725⑩：1　5. T1529⑪：56　6. T0725⑨：6

7. T1631⑧：7　8. H199：1　9. H322：14　10. T1530⑨：5

现代样品的实验按以下步骤进行。

（1）取现代植物样品的种子或富含淀粉粒部分，去除表皮或外壳。

（2）加适量反渗透水，振荡浸泡。

（3）用尖嘴镊轻捣样品，加速淀粉粒进入水中。

（4）移液枪吸取微量悬液于新 EP 管中，吹匀。

（5）取 30～40μL 体积制片，室温晾干后加一滴 10% 甘油溶液，中性树胶封片。

（6）显微镜下观察、拍照记录。

2. 古代样品

我们将石器使用面和非使用面分开提取其上的残留物，并分别编号，以确保实验结果的可靠性。对古代石器样品提取淀粉粒分析石器功能及其植物种属判断时，最理想的方法就是在遗址发掘现场对器物进行采集并对石器周边沉积物进行采样，将沉积物中淀粉粒与石器表面淀粉粒进行对比，以确定石器表层的淀粉粒是来自沉积物的后期污染还是使用时的残留。发掘现场提取已经不可能，鉴于石器在埋藏中使用面和非使用面均充分接触到相同的沉积物，可以以非使用面上提取的淀粉粒作为对照值，以判断石器使用面上的残留物是否来自后期的污染。Barton[1]、Yang 等人[2]的实验结果证明可以利用器物不同部位提取出的淀粉粒种类和数量的差异来判断污染情况。

我们参照国内外的实验方法[3]，选用了超声的提取方法并进行了改进。一般情况下，当石器送到实验室进行分析时，通常都已经按照考古发掘的传统流程进行了清洗。据观察，磨盘表面分布着大量细小的凹坑，如果磨盘是用于加工食物，那么食物残渣就会很容易进入凹坑中并在埋藏过程中被封存而长期保存下来。反复试验结果表明，用清水冲洗其表面不会释放保存在凹坑内的原初残留物，而超声的能量则能够穿透这些细小的凹坑，将保存在凹坑内的原初残留物释放出来，同时还不易破坏淀粉粒等残留物。具体的取样流程如下。

（1）对标本 T0725⑩∶1 和标本 T1529⑪∶56 的两件石磨盘，在安徽省文物考古研究所用超声波牙刷提取的方式，即在待提取石磨盘表面滴加适量的反渗透水，用超声波牙刷反复冲洗并使用移液枪将溶液转移到试管中。其余 8 件石器均在考古实验室中用超声波清洗仪提取，每个取样部位都在 40Khz/200W 功率下清洗 10 分钟，并将清洗后的液体移入 50ml 或 15ml 管中试管中，贴上标签。

（2）各管震荡摇匀，为便于离心及以后的后续操作，将装在 50ml 试管中的重悬液根据颗粒密集程度分装或浓缩至 15ml 管中。将各试管放置于湘仪 L420 台式低速水平离心机内，在 2500r/min 的条件下离心 15 分钟，倒去上清液。

（3）如管中黏土成分含量过高，向管中加入质量体积比为 5% 的 Calgon 溶液至 15ml，混匀后在摇床摇晃震荡，至少 12 小时。反应完毕后在 2500r/min 的条件下离心 15 分钟，倒去上清液。

（4）向各管中加入适量的反渗透水洗涤离心，小心倒出上清液，洗涤残留的多偏磷酸钠溶液，重复 3 次。

（5）向各管中加入 2ml 比重为 2.0 的 CsCl 重夜，震荡混匀，在 1000r/min 的条件下离心 8 分钟，离心完毕后将上清液转移至另一标号相同的试管中，原试管中的固体残留保存留作以后对其他的残留物例如植硅体分析研究。

① Barton H. Starch residues on museum artefacts: Implications for determining tool use, *Journal of Archaeological Sciences*, 2007, 34:（10）: 1752 - 1762.

② Yang xiaoyan *et al.* Starch grain analysis reveals function of grinding stone tools at shangzhai Site, beijing. *Science in china* ( series D), 2009, 52 （8）: 1164 - 1171.

③ Torrence R, Barton H, *Ancient starch research*, Walnur Creek, Left Coast Press, 2006, pp. 1 - 256; Henry A. G., Brooks A. S., Piperno D. R., Microfossils in calculus demonstrate consumption of plants and cooked foods in neanderthaldiets ( Shanidar Ⅲ, Iraq; spy Ⅰ and Ⅱ, Belgium) PNAS, 2011, 108 （2）: 486 ~ 491; 杨晓燕等：《植物淀粉粒分析在考古学中的应用》，《考古与文物》 2006 年第 3 期。

（6）向上清液中加入反渗透水稀释，震荡混匀，在2500r/min的条件下离心15分钟，倒出部分上清液，重复四次。

（7）将试管中倒出上清后留取截止体积的样品转移至2ml EP管中，并在小型离心管中高速离心2分钟，小心吸出上清。

（8）向各管中加入50%的甘油溶液80微升，混匀，装片，用中性树胶封片。

（9）在显微镜下观察，先在200X的正交偏光视野下找出带有消光"十"字特征的淀粉粒，再在400X的非偏光的视野下观察淀粉粒的形态特征，并对偏光和非偏光下的淀粉粒进行拍照记录。

表二　石山孜遗址出土石器表面淀粉粒残留物取样信息

| 器物编号 | 器物名称 | 取样部位 | 取样方式 | 取样量 |
|---|---|---|---|---|
| T0725⑩：1 | 石磨盘 | 凹陷使用面<br>水平使用面<br>侧面 | 超声波牙刷提取<br>超声波牙刷提取<br>用水反复清洗 | 50ml 悬液<br>50ml 悬液<br>15ml 悬液 |
| T1529⑪：56 | 石磨盘 | 凹陷使用面<br>侧面 | 超声波牙刷提取<br>用水反复清洗 | 50ml 悬液<br>15ml 悬液 |
| T0725⑧：3 | 石磨棒 | 使用面<br>侧面 | 超声清洗仪提取<br>超声清洗仪清洗 | 50ml 悬液<br>15ml 悬液 |
| T0725⑨：6 | 石磨棒 | 使用面<br>侧面 | 超声清洗仪提取<br>超声清洗仪提取 | 50ml 悬液<br>15ml 悬液 |
| T1530⑨：5 | 石磨棒 | 使用面<br>侧面 | 超声清洗仪提取<br>超声清洗仪提取 | 50ml 悬液<br>15ml 悬液 |
| T1631⑧：7 | 石磨盘 | 使用面<br>侧面 | 超声清洗仪提取<br>超声清洗仪提取 | 50ml 悬液<br>15ml 悬液 |
| H119：1 | 石磨盘 | 使用面<br>侧面 | 超声清洗仪提取<br>超声清洗仪提取 | 50ml 悬液<br>15ml 悬液 |
| H322：14 | 石磨棒 | 使用面<br>侧面 | 超声清洗仪提取<br>超声清洗仪提取 | 50ml 悬液<br>15ml 悬液 |
| H339 | 石磨盘 | 使用面<br>侧面 | 超声清洗仪提取<br>超声清洗仪提取 | 50ml 悬液<br>15ml 悬液 |
| T0723⑧：5 | 石磨盘 | 使用面<br>侧面 | 超声清洗仪提取<br>超声清洗仪提取 | 50ml 悬液<br>50ml 悬液 |

整个实验流程都进行了严格控制，实验器具均在沸水中煮泡半小时以上，操作时佩戴一次性手套，用保鲜膜隔离磨盘易接触的地方，实验方法参照了国内外同类的实验方

法①并进行了改进。为避免实验过程中造成污染，用反渗透水与试验样品同步做了空白对照。

　　本实验的淀粉粒提取流程部分在中国科学技术大学科技考古残留物分析实验室完成，显微观察和数据测量部分在中国科学院古脊椎动物与古人类研究所和中国社会科学院洛阳考古工作站完成。

## 二　结果分析

　　同步的空白对照实验结果是阴性的，这说明在整个实验过程中没有受到外来污染。从表三中可以看出，石磨盘（T0725⑩：1）参照面的淀粉粒数量远远少于使用面的淀粉粒数量，且在所有参照面淀粉粒数量最多的器物中其使用面的淀粉粒数量也是参照面淀粉粒数量的2～3倍，因此可以肯定在磨盘磨棒表面的淀粉粒都是由于当时的食物加工所致，而并非来自于考古地层中的污染。即便是参照面上的淀粉粒，也可能是由于沾染上了当时食物加工时的淀粉粒。因为在食物加工过程中，磨盘、磨棒、人手都极有可能被所加工对象的淀粉粒所包裹，甚至周围的地面也都极有可能接触从磨盘或者磨棒掉落下来的食物残渣。

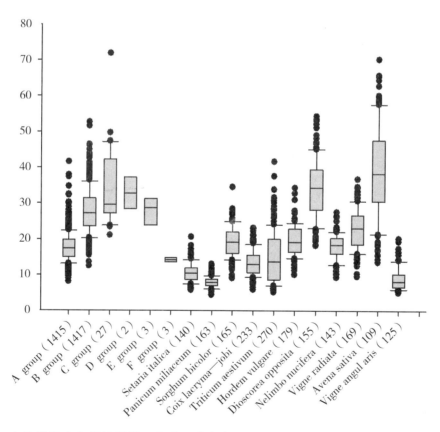

图二　古代样品中各组淀粉粒及部分现代植物淀粉粒的粒径分布箱线图（**Sigmaplot**）

① Torrence R，Barton H，*Ancient starch research*，Walnur Creek，Left Coast Press，2006，pp. 1－256；杨晓燕等：《北京平谷上宅遗址磨盘磨棒功能分析：来自植物淀粉粒的证据》，《中国科学》D 辑（地球科学）2009 年第 9 期。

　　此次实验在 10 个器物使用面共发现具有"十"字消光特征的游离态的淀粉粒 1800 多颗。对比本实验室现代植物样品的显微观察数据，同时参考国内外已发表的相关数据，依据其形态学特征包括形状、粒径大小、脐点、层纹、裂隙、刻痕、消光臂等特征将其分成 A～F 组，每组中淀粉粒形态特征如图三所示。此外，一些团块状的淀粉粒在显微观察下具有清晰的消光十字臂，但是无法将其分离计数和测量粒径，因此只对其进行形态学观察而不纳入数量统计。

　　A 类（图三，1～6）：共检出 1415 颗淀粉粒，其共同特征为多面体形或钟形，粒径范围为 8.00～41.54μm，平均粒径长度为 17.60μm。具有多面体形的淀粉粒多来自禾本科植物，有稻属（Oryza）中的水稻（Oryza sativa）、黍属（Panicum）中的黍（Panicum miliaceum）、狗尾草属（Setaria）中的粟（Setaria italica）、薏苡属（Coix）中的薏苡（Coix lacryma – jobi）、高粱属（Sorghum）中的高粱（sorghum bicolor）、玉米属（zea）中的玉米（zea mays）等。稻米的多边形夹角比较尖锐且粒径偏小[1]，玉米起源于美洲且晚至 16 世纪才传入我国[2]，因此所观察到的淀粉粒有可能是粟、黍、高粱、薏苡其中的一种或者是几种淀粉粒的组合，由于这四种淀粉粒的形态特征具有交叉的范围，杨晓燕、葛威等人都分别对这几种禾本科植物做过比较细致的分析研究[3]。根据文献记载粟、黍、薏苡、高粱的测量数据以及本次试验的测量数据，粟、黍的粒径长度最大不会超过 20μm[4]，高粱的粒径范围为 4.11～30.30μm，薏苡的淀粉粒粒径分布范围为 5.48～25.44μm[5]，因此排除了古代淀粉粒中单一来源是粟、黍的可能性。所观察到的淀粉粒中也会出现有钟形淀粉粒、复粒淀粉粒，淀粉粒中会有层纹的出现，一些淀粉粒在正交偏光下消光臂的末端有偏折现象，据葛威的统计数据显示，这些特征都是高粱淀粉粒所具有的特征，而在薏苡淀粉粒中出现较少或者没有，而且只有高粱淀粉粒出现过钟形淀粉粒，占其统计数据的 8%，且只有高粱的淀粉粒脐点会偏离中心，特别是具有层纹的特征是高粱淀粉粒区别于其他具有多面体特征淀粉粒的重要特征[6]，因此排除了淀粉粒中单一来源是薏苡的可能性。综上，若 A 组淀粉粒来源于同一植物种属的话，则来源于高粱的可能性比较大，但鉴于目前古代样品数据不丰富的情况以及对于古代淀粉粒的鉴定手段的不足和现代样品数据库资料还有待

①　杨晓燕、蒋乐平：《淀粉粒分析揭示浙江跨湖桥遗址人类的食物构成》，《科学通报》2010 年第 7 期。
②　唐祈林、荣廷昭：《玉米的起源与演化》，《玉米科学》2007 年第 4 期；李晓岑：《关于玉米是否为本土原产作物的问题》，《中国农史》2000 年第 4 期。
③　葛威、刘莉、金正耀：《几种禾本科植物淀粉粒形态分析及比较及其考古学意义》，《第四纪研究》2010 年第 2 期；杨晓燕等：《中国北方现代粟，黍及其野生近缘种的淀粉粒形态数据分析》，《第四纪研究》2010 年第 2 期；杨晓燕等：《粟、黍及狗尾草的淀粉粒形态比较及其在植物考古研究中的潜在意义》，《第四纪研究》2005 年第 2 期。
④　葛威、刘莉、金正耀：《几种禾本科植物淀粉粒形态分析及比较及其考古学意义》，《第四纪研究》2010 年第 2 期；杨晓燕等：《中国北方现代粟，黍及其野生近缘种的淀粉粒形态数据分析》，《第四纪研究》2010 年第 2 期.
⑤　葛威、刘莉、金正耀：《几种禾本科植物淀粉粒形态分析及比较及其考古学意义》，《第四纪研究》2010 年第 2 期。
⑥　葛威、刘莉、金正耀：《几种禾本科植物淀粉粒形态分析及比较及其考古学意义》，《第四纪研究》2010 年第 2 期。

进一步完善，并不能排除粟、黍、高粱、薏苡混合来源的可能性。

B 类（图三，7~12）：共检出 417 颗淀粉粒，镜下观察为近圆球形或椭球形，轻敲光片后可翻转为凸透镜形状，其纵向为一较长的一字形深痕，粒径长轴范围是 12.39 ~ 52.65μm，平均值为 27.72μm。脐点闭合，消光臂多呈现"X"形。有些淀粉粒表面会出现方向不一致的刻痕、表面有火山坑状的小凹坑、局部的层纹会变得清晰等特征，且有一部分淀粉粒在偏光下观察发现其消光臂变宽、消光区域变大甚至消光区域一片模糊，几乎看不出消光臂的"十"字形状，这些特征表明这些淀粉粒曾经被加工过。综合以上观察结果，参考文献中关于小麦组（Triticeae Dumort）植物淀粉粒的描述[①]以及结合本实验中对现代小麦组植物淀粉粒所做的分析统计，B 组淀粉粒形态特征与现代小麦族植物中的小麦属（Triticum）和大麦属（Hordeum）较吻合，因此 B 组淀粉粒很可能来自于小麦族植物中的小麦属或者是大麦属或者是两个属植物的组合。但由于我们从古代样品中获得的信息量有限以及对现代样品数据的统计观察还不够，还不能进一步加以判断。

C 类：共检出 27 颗淀粉粒，其共同特征为全部为单粒，脐点偏于一端，在非偏光下可看到明显的层纹，粒径普遍偏大，粒径长轴范围为 20.00 ~ 71.86μm，根据这些特征判断其属于块根块茎类植物的可能性比较大，由于这些淀粉粒在表面形态、脐点、裂隙、消光臂、粒径分布范围上又有所区别，因此将 C 类淀粉粒分成四个类型。

C1 型（图三，13~15）：共有 24 颗淀粉粒，镜下观察为长椭球形状或者近似卵圆形状，在非偏光下可观察到明显的层纹，脐点极度偏心，部分淀粉粒脐点开放，有些淀粉粒在脐点处有"一"字形裂隙或"人"字形裂隙，消光臂呈现"X"形，消光臂靠近边缘处有弯折，粒径范围为 21.00 ~ 47.3μm，根据本实验室已有块根块茎类数据以及结合文献[②]分析，C1 型淀粉粒很可能来自于薯蓣属山药（Dioscorea opposita）。

C2 型（图三，16）：仅见 1 颗淀粉粒，镜下观察为狭长的椭球形，且椭球体的一端较圆，另一端较方，在非偏光下可以看到明显的层纹，脐点极度偏心，在脐点处有比较深的"一"字形裂隙，"十"字形消光臂边缘有明显的偏折，粒径长轴长度为 49.61μm，形态特殊，尚未找到与之相对应的现代植物淀粉粒数据，暂时还无法进行种属来源鉴定。

C3 型（图三，17）：仅见 1 颗淀粉粒，镜下观察为不规则椭球形，在非偏光下可观察到明显的层纹，脐点极度偏心，脐点处有横向的"一"字形刻痕，消光臂呈现"X"

---

① Piperno D. R., Weiss E., Holst I et al., Processing of wild cereal grains in the upper palaeolithic revealed by starch grain analysis, *Nature*, 2004, 430: 670 – 673.

② 万智魏等：《中国南方现代块根块茎类植物淀粉粒形态分析》，《第四纪研究》2011 年第 4 期。

形，消光臂末端有偏折现象，粒径长度为 71.86μm，是本次试验中发现的粒径最长的淀粉粒，其形态比较特殊，尚未找到与之相对应的现代植物淀粉粒数据，暂时还无法进行种属来源鉴定。

C4 型（图三，18）：仅发现 1 颗，镜下观察为扇形形状，在 DIC 下可看到有明显的层纹，脐点偏于一端，脐点闭合，没有明显的裂隙和层纹，消光臂呈现"X"形，粒径长度为 24.74μm，其形态比较特殊，尚未找到与之相对应的现代植物淀粉粒数据，暂时还无法进行种属来源鉴定。

表三　石磨盘石磨棒样品表面淀粉粒形态学分类及数量统计结果

| 器物编号 | 取样部位 | 镜检总数量 | A | B | C | | | | D | E | F |
| --- | --- | --- | --- | --- | --- | --- | --- | --- | --- | --- | --- |
| | | | | | C1 | C2 | C3 | C4 | | | |
| T0725⑩：1 | 正面 | 984 | 721 | 253 | 7 | 0 | 1 | 0 | 1 | 1 | 3 |
| | 背面 | 3 | 1 | 2 | 0 | 0 | 0 | 0 | 0 | 0 | 0 |
| T1529⑪：56 | 正面 | 577 | 496 | 77 | 1 | 0 | 0 | 0 | 0 | 2 | 0 |
| T1530⑨⑪5 | 正面 | 30 | 20 | 9 | 1 | 0 | 0 | 0 | 0 | 0 | 0 |
| T1631⑧⑪7 | 正面 | 30 | 19 | 8 | 2 | 0 | 0 | 0 | 0 | 0 | 0 |
| T0725⑨⑪6 | 正面 | 82 | 60 | 19 | 4 | 0 | 0 | 0 | 1 | 0 | 0 |
| T0725⑧⑪3 | 正面 | 67 | 44 | 14 | 6 | 1 | 0 | 0 | 0 | 0 | 0 |
| H119 | 正面 | 44 | 20 | 24 | 0 | 0 | 0 | 0 | 0 | 0 | 0 |
| H322：14 | 正面 | 14 | 10 | 2 | 1 | 0 | 0 | 1 | 0 | 0 | 0 |
| H339 | 正面 | 30 | 22 | 8 | 0 | 0 | 0 | 0 | 0 | 0 | 0 |
| T0723⑧⑪5 | 正面 | 6 | 3 | 3 | 2 | 0 | 0 | 0 | 0 | 0 | 0 |
| 总数（正面） | | 1864 | 1415 | 417 | 24 | 1 | 1 | 1 | 2 | 3 | 3 |
| | | | | | 27 | | | | | | |
| 比例 | | 1.000 | 0.759 | 0.224 | 0.014 | | | | 0.001 | 0.002 | 0.002 |

D 类（图三，19 ～ 20）：共发现 2 粒，纺锤体形，且纺锤体的一端较窄，另一端较宽，粒径长轴为 28.37μm，表面光滑无裂隙，脐点和层纹都不明显，在偏光下，淀粉粒的消光臂呈现"X"形，消光臂交点居中，脐点处于中心位置，消光臂清晰且边缘有弯曲现象。综合以上特征，对比本实验室现代样品的数据和相关的文献[1]，D 类淀粉粒其形状和表面特征与睡莲科（*Nymphaeaceae*）植物莲子（*nelumbo nucifera*）的淀粉粒的形态特征

---

① 万智魏等：《中国南方现代块根块茎类植物淀粉粒形态分析》，《第四纪研究》2011 年第 4 期。

比较接近，特别是它的一端较窄一端较宽的纺锤体形的特征与文献中提到的"莲子的纺锤形淀粉粒，一端较大、一段较小的形态特征可以将莲子与其他几组淀粉粒区别开来"的描述[1]相符合。但是就粒径长度而言，D 类淀粉粒的粒径为 28.37μm，而本次试验中现代样品莲子的粒径最大值为 27.51μm，D 类淀粉粒的粒径要比现代样品莲子的淀粉粒的粒径要偏大。表面形态与现代样品相似，粒径偏大，推断 D 组淀粉粒来源有可能是睡莲科莲子，但是由于在古代样品中只发现 1 粒，无法作进一步的比较与统计，因此也无法给出更确定的鉴定结果。

　　E 类（图三，21～22）：共检出 3 颗淀粉粒，为椭球体形或者肾形，粒径最大值为 32.05μm，最小值为 22.22μm，通过脐点处有纵向的"一"字形刻痕，其中一个淀粉粒的消光臂为"十"字形，其余的淀粉粒消光臂为"X"形且在消光臂由脐点向外延伸的一部分消光臂较宽，消光区域增大，在边缘处消光臂则较为纤细。该组淀粉粒的形态特征和粒径长度与豇豆属（*Vigna*）植物绿豆（*Vigna radiata*）和红小豆（*Vigna angularis*）比较接近，因此推测 E 组淀粉粒为豇豆属植物，但由于所观察到的古代淀粉粒数量有限，还不能准确地判定属于豇豆属的哪一种植物。

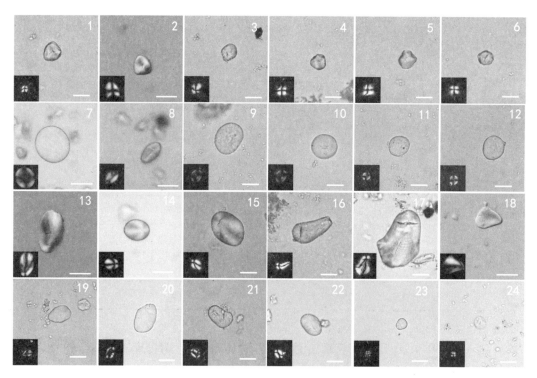

图三　石山孜遗址石磨盘石磨棒样品表面提取并观察到的各类型的淀粉粒
T0725⑩：1 [6、10、17、20、22、23、24]，T1529⑪：56 [3、12、21]，T1530⑨：5 [1]，
T0725⑧：3 [4、16]，T0723⑧：5 [8、14]，H339 [7]；H332：14 [2、13、18]，
T0725⑨：6 [11、15、19]，H119 [5]，T1631⑧：7 [9]
注：古代淀粉粒照片分别使用 Lv100 偏光显微镜和 Zeiss Scope A1 偏光显微镜

① 万智魏等：《中国南方现代块根块茎类植物淀粉粒形态分析》，《第四纪研究》2011 年第 4 期。

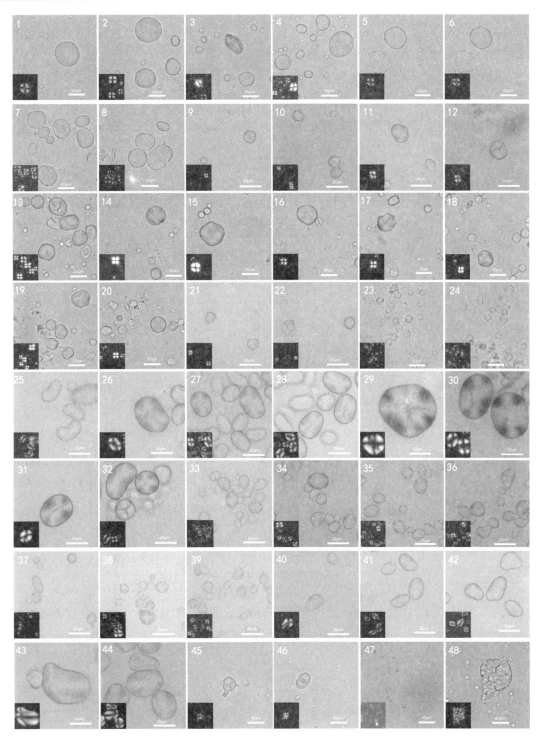

图四 本次实验中与古代淀粉粒鉴定相关的现代植物淀粉粒显微形态照片

1～4. 小麦（*Triticum aestivum*），（安徽蚌埠） 5～8. 大麦（*Hordeum vulgare*），（内蒙古通辽）

9～12. 粟（*Setaria italica*），（辽宁辽阳） 13～16. 高粱（*Sorghum bicolor*），（内蒙古通辽）

17～20. 薏苡（*Coix lacryma－jobi*），（山东） 21、22. 荞麦（*Fagopyrum esculentum* Moench）

23、24. 黍（*Panicum miliaceum*） 25～28. 绿豆（*Vigna radiata*），（河南南阳）

29～32. 红小豆（*Vigna angularis*），（内蒙古通辽） 33～36. 板栗（*Castanea mollissima*），（安徽舒城）

37～40. 麻栎（*Quercus acutissima*），（云南） 41、42. 莲子（*nelumbo nucifera*）

43、44. 山药（*Dioscorea opposita*），（安徽潜山） 45、46. 燕麦（*Avena sativa*）

47、48. 水稻（*Oryza sativa*）（现代淀粉粒照片分别使用 Lv100 偏光显微镜和 Zeiss Scope A1 偏光显微镜）

F 类（图三，23 ~ 24）：共检出 3 颗淀粉粒，粒径最大值为 15.04μm，最小值为 13.46μm。其中一颗淀粉粒在二维平面上是由 3 颗淀粉粒组成的复粒，形状几乎为一对称的圆角三角椭球体，三颗淀粉粒衔接处有明显的凹痕，在偏光下 3 颗淀粉粒均呈现清晰的消光臂，另外两粒淀粉粒为类圆形，轻敲光片翻转后观察到其另一面好似由三个面形成的凸起面。3 颗淀粉粒均表面光滑无裂隙，消光臂呈现"十"字形，偏光下消光臂的交点居中，脐点层纹均都不明显。根据其外表特征和粒径大小，对照本实验的现代样品数据分析，F 组淀粉粒与禾本科植物燕麦属（Avena）的淀粉粒有很大的相似性，推测其来源于燕麦属的可能性比较大。

## 三 讨论与结论

前人在利用淀粉粒分析这一方法对古代遗址发掘的石器陶器的功能及其古人的食物组成方面做了大量的工作。例如刘莉利用淀粉粒分析的方法揭示了全新世早期长江下游地区先民的食物组成中主要是橡子，其次还有根茎类、薏苡及疑似菱角，但是没有发现水稻的淀粉粒[①]；杨晓燕利用淀粉粒分析的方法对北京平谷上宅遗址出土的一件磨盘和一件磨棒进行了研究，提取了 9 类 12 种淀粉粒，包括橡子、粟、黍以及一些块茎类和杂草类植物的种子和果实，推断当时社会的经济方式是采集和农业并重[②]；张永辉利用淀粉粒分析的方法对裴李岗文化中的裴李岗等遗址出土 8 件带足石磨盘进行了分析，不仅揭露了石磨盘功能的多样性，还推测出橡子可能是当时先民的重要食物来源，其次是小麦族、黍、粟或薏苡属[③]。石山孜遗址出土的石磨盘石磨棒表面发现了种类多样，数量丰富的淀粉粒残留，其中一些淀粉粒表面呈现碾磨或捣臼而呈现的损伤的特征。例如在消光区域下观察到消光臂变宽和消光区域的变大；有些疑似小麦族的淀粉粒的局部层纹在非消光下变得清晰；而有些疑似高粱或薏苡的淀粉粒在常态下都是以聚集状态存在的；在样品中虽然也观察到聚集状态的淀粉粒但大部分却都是以分离的单个淀粉粒存在，且由脐点向外出现辐射状的刻痕。所有这些都反映了这些器物的功能是古人用来加工多种食物用的[④]。

石山孜遗址发现的淀粉粒种类主要是疑似高粱植物的淀粉粒，其次是小麦族植物的淀粉粒，还有块根块茎类植物的淀粉粒，以及一些疑似莲子、小豆属和燕麦植物的淀粉粒，还有一些由于特征不够明显而暂时不能判断种属的淀粉粒。在这些淀粉粒中疑似高粱植物的淀粉粒无论是绝对数量还是相对比例上都远远多于其他种属的淀粉粒数量；疑

① 刘莉、玖迪丝·菲尔德、爱丽森·韦斯克珀夫：《全新世早期中国长江下游地区橡子和水稻的开发利用》，《人类学学报》2010 年第 3 期。
② 杨晓燕等：《北京平谷上宅遗址磨盘磨棒功能分析：来自植物淀粉粒的证据》，《中国科学》D 辑（地球科学）2009 年第 9 期。
③ 杨晓燕等：《粟、黍及狗尾草的淀粉粒形态比较及其在植物考古研究中的潜在意义》，《第四纪研究》2005 年第 2 期。
④ 葛威等：《食物加工过程中淀粉粒损伤的实验研究及其在考古学中的应用》，《考古》2010 年第 7 期。

似小麦族植物的淀粉粒数量和所占的比例居于其次，其中还发现 3 粒燕麦植物的淀粉粒。小麦、燕麦植物在外貌上看都比较相似，其种子都可以为食物的来源，如果古代先民的生业方式是采集为主的话，那么我们从古代器物上提取的小麦族和燕麦植物的淀粉粒数量和比例应该相当，而在样品中收集到的古代淀粉粒中小麦组植物的淀粉粒数量远远多于燕麦组植物的淀粉粒，疑似燕麦族植物的淀粉粒只有 3 粒，而小麦族植物的淀粉粒却有 400 多粒，虽然我们对古代样品分析时一般不做定量分析，但这两个种属的淀粉粒在数量上悬殊太大，因此我们是不是可以推测古代先民已经开始有目的的选择小麦族植物作为主要的食物来源而在收集的过程中误收集了一些燕麦植物，而且据调查在现代安徽、河南、湖北等地区种植小麦植物的田间地头会经常看到夹杂生长着燕麦植物，小麦、燕麦及大麦植物在外形上比较相像。因此很有可能是古代先民在收集小麦族植物的种子同时夹杂了一些燕麦植物的种子，这说明先民开始有意识采集甚至是种植小麦族植物了。多种植物种属淀粉粒的出现反映了这些石器加工食物方面的多样性以及先民经济结构中兼有采集的特征。而且在遗址中出土了大量的石铲、蚌镰、石杵、石臼等简单的从事农业生产和谷物加工的工具[①]，从某种程度上可以说明石山孜遗址的先民至少在这个时期由广谱采集植物种子变为重点利用某一种或几种植物为主，同时也可以说明，在距今约 7000 年的石山孜遗址，可能已经初步具备了农业经济的形态。

附记：安徽省文物考古研究所贾庆元老师在取样时给予了积极配合与热情帮助，中国科学院古脊椎动物与古人类研究所刘德成老师为本次实验的显微观察工作提供了设备支持与热情帮助，中国社会科学院考古研究所陈星灿所长及澳大利亚拉筹伯大学考古系刘莉教授提供了设备支持与各种便利，在此谨致谢忱。

---

①　安徽省文物考古研究所等：《濉溪石山孜——石山孜遗址第二、三次发掘报告》，本书。

# 后　记

　　为配合国家文物局设立的"苏鲁豫皖四省交界地区先秦考古学文化研究课题"工作的深入开展，安徽省文物考古研究所在国家文物局的大力支持下和淮北市及濉溪县文物主管部门的有力配合下，于1992、1993年先后两次对濉溪县石山孜遗址进行了田野考古发掘工作，取得了令人欣喜的成果。《濉溪石山孜——石山孜遗址第二、三次发掘报告》即是对这两次发掘工作的初步研究和总结，本报告是参加田野发掘和整理工作的全体人员辛勤劳动的结晶。

　　报告主编为贾庆元，副主编为丁新、张拥军，参加报告整理和编写的有赵宏才、张新玲、杨建华、胡均、张拥军、丁新、任一龙、何玉文，文物摄影由程京安完成，报告插图清绘由田松亭、仪张敏完成，拓片由张新玲完成，参加文物修复的有周晓琴、王麦兰，宿州市文物管理局何玉文对文字、线图、图版进行了校对、录入并参加了后期的修改工作。报告附录一由山东大学考古学系宋艳波、饶小艳及安徽省文物考古研究所贾庆元撰写，附录二由蚌埠学院淮河文化研究中心朱光耀和蚌埠市淮河文化研究会王善友撰写，附录三由中国科学技术大学科技史与科技考古系董珍、张居中、姚凌撰写。

　　第一章：胡均、丁新、金华超，第二章：杨建华、何玉文，第三章：丁新、任一龙、贾庆元，第四章：张拥军、赵宏才、贾庆元，第五章：任一龙、赵宏才、贾庆元，第六章：曹丛田、何玉文、金华超，第七章：贾庆元、张拥军，后记：贾庆元。

　　在资料的整理和报告的编写过程中得到了安徽省文物考古研究所李虹所长、胡欣民书记、宫希成副所长、杜世安副所长等诸位领导的大力支持，资料室、办公室的同志在很多方面给予了热忱帮助，中国科学技术大学张居中教授、山东大学栾丰实教授对报告的编写工作进行了指导，安徽省文物考古研究所宫希成研究员对初稿提出了宝贵的修改意见和建议，在此一并表示感谢。

　　由于编者水平所限，书中难免有不足之处，恳请专家学者不吝赐教。

编　者

2014 年 7 月 30 日

# Shishanzi Site at Suixi

## ——Report on the Second and Third Excavation

( Abstract )

*Shishanzi Site at Suixi* is an archaeological excavation report of the mid and late Neolithic Age compiled by Anhui Provincial Institute of Cultural Relics and Archaeology, Huaibei Museum and Suixi County Cultural Relics Bureau.

The main part of this report is the complete data of the remains of the mid and late Neolithic Age fetched from the two terms of excavations conducted by Anhui Provincial Institute of Cultural Relics and Archaeology to the Shishanzi Site in Suixi County, Anhui Province in 1992 and 1993. The features such as house foundations, ash pits, burials, etc. and artifacts made of pottery, stone, bone, antler/horn and other materials recovered in the excavations are trimmed, classified and illustrated; according to the stratigraphical relationships of the features and the typological evolution sequences and assemblages of the pottery wares, preliminary chronological studies are done on the remains of different stages of the Neolithic Age found in the excavations.

This report consists of seven chapters. Chapter 1 is the general introduction to the regional situation, natural environment, historical evolution, geological and geographical features of the site and the processes of the excavations. Chapter 2 is the stratigraphy and cultural periodization, which mainly introduces the cultural accumulations of the east and west zones of the excavations and their corresponding relationship; by the stratigraphic depositions and the differences of the unearthed artifacts, the remains of this site are divided into four phases, namely the remains of Shishanzi Phase I Culture, Shishanzi Phase II Culture, Shishanzi Phase III Culture and Longshan Culture. Chapters 3 through 6 are the main body of this report, which introduce the remains of Shishanzi Phase I Culture, Shishanzi Phase II Culture, Shishanzi Phase III Culture and Longshan Culture by the chronological order, and described and dated the features and artifacts of these phases by category, type and subtype, and summarized the characteristics of the cultural appearances of the remains and artifacts of each phase. Chapter 7 is the conclusion, which introduces the significance of the second and third excavations and preliminary studies of the Shishanzi Site and the problems to be solved.

The appendices of the report are the monographic researches on the faunal remains, bone implements and stone implements unearthed from Shishanzi Site, the statistical charts of the strata, ash pits, house foundations and burials, and the plates of the unearthed artifacts.

The publishing of this report provides new data for the researches on the archaeological cultures of the mid and late Neolithic Age in the Huaibei area of Anhui Province and the ancient cultures of the Huai System.

1. 遗址远景

2. 遗址近景

彩版一　石山孜遗址

1. 专家组合影

2. 专家考察工地

彩版二　专家考察发掘工地

彩版三　遗址发掘场景

1. A 型 I 式附加堆纹釜（T1530⑫：3）

2. A 型 I 式附加堆纹釜（T1529⑫：18）

3. B 型 I 式附加堆纹釜（T1530⑫：21）

4. Ba 型 I 式马鞍状錾手釜（T1530⑫：11）

5. Bb 型 I 式马鞍状錾手釜（T1730⑪：79）

6. Ea 型 I 式花边沿带錾釜（H380：1）

彩版四　石山孜一期文化陶釜

1. Ea 型 I 式花边沿带鋬釜（T0823⑩：4）

2. Ea 型 II 式花边沿带鋬釜（T1631⑧：23）

3. Ea 型 II 式花边沿带鋬釜（T1629⑧：13）

4. Eb 型 II 式花边沿带鋬釜（T0722⑨：30）

5. Ec 型 II 式花边沿带鋬釜（T0822⑧：6）

6. Fa 型 I 式鸡冠形鋬手釜（T1529⑪：22）

彩版五　石山孜一期文化陶釜

1.Fb 型 I 式鸡冠形錾手釜（T0823⑩：9）

2.A 型 II 式倒钩沿釜（T1529⑪：25）

3.C 型 II 式倒钩沿釜（T0823⑩：17）

4.A 型 I 式折腹平底釜（T1530⑪：15）

5.A 型 II 式折腹平底釜（T1530⑨：3）

6.B 型 I 式折腹平底釜（T1730⑪：13）

彩版六　石山孜一期文化陶釜

1. C 型 I 式折腹平底釜（T1530⑫：24）

2. C 型 I 式折腹平底釜（T1729⑪：2）

3. C 型 I 式折腹平底釜（H363：2）

4. D 型 I 式折腹平底釜（H368：8）

5. D 型 II 式折腹平底釜（T0722⑦：1）

6. B 型 I 式卷沿釜（H386：1）

1. B 型 II 式卷沿釜（T0725⑩：17）

2. B 型 III 式卷沿釜（T0723⑧：32）

3. A 型乳丁纹釜（T1529⑪：27）

4. B 型乳丁纹釜（H383：2）

5. A 型 II 式双耳罐（T0823⑨：5）

6. A 型 III 式双耳罐（T1630⑧：1）

1. A 型Ⅲ式（T0823⑨：4）

2. A 型Ⅲ式（T0822⑧：3）

3. A 型Ⅲ式（T1629⑧：1）

4. B 型Ⅰ式（T0724⑩：41）

5. B 型Ⅱ式（F8：29）

6. B 型Ⅱ式（T1630⑦：2）

彩版九　石山孜一期文化陶双耳罐

1. C 型 II 式双耳罐（T0823⑨：24）

2. C 型 II 式双耳罐（T0724⑩：45）

3. D 型双耳罐（T0722⑩：7）

4. B 型圈足（T1530⑪：35）

5. C 型圈足（T1730⑪：28）

6. D 型圈足（T0724⑩：2）

彩版一〇　石山孜一期文化陶器

1. C 型 I 式敛口钵（T0725⑪：1）

2. C 型 II 式敛口钵（T0722⑨：4）

3. C 型 II 式敛口钵（T0722⑨：5）

4. II 式直口钵（T0722⑨：6）

5. I 式侈口钵（T1729⑫：4）

6. II 式侈口钵（T0725⑧：7）

彩版一一　石山孜一期文化陶钵

1. A 型 I 式（T1529⑪：1）

2. A 型 II 式（T0724⑩：19）

3. B 型 II 式（T1530⑨：1）

4. B 型 III 式（T1631⑧：9）

5. C 型 I 式（T1530⑪：1）

6. D 型 II 式（T1530⑨：2）

**彩版一二　石山孜一期文化陶碗**

1. A 型（T1631⑦：10）

2. A 型（T0823⑦：9）

3. A 型（H351：1）

4. B 型（M11：2）

5. B 型（T1631⑤：4）

6. B 型（T1729⑨：2）

彩版一三　石山孜一期文化陶支脚

1. T0822⑨：4

2. T0723⑧：26

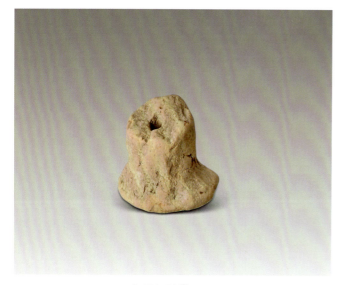

3. T1730⑪：23

4. T1631⑦：31

5. T1529⑪：53

6. T0722⑩：2

彩版一四　石山孜一期文化 B 型陶支脚

1. C 型（H383：3）

2. C 型（T0725⑧：25）

3. D 型（T1730⑪：41）

4. E 型（H365：9）

彩版一五　石山孜一期文化陶支脚

1. 灶（T0724⑩：17）

2. 泥塑动物模型（T1529⑪：10）

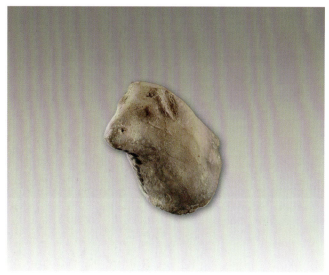

3. 泥塑动物模型（T0724⑩：13）

4. 球（T1529⑪：16）

彩版一六　石山孜一期文化陶器

1. A 型（T1529⑪：17）

2. A 型（T1630⑧：39）

3. B 型（T1729⑩：4）

4. B 型（T1629⑨：3）

5. B 型（T1628⑨：2）

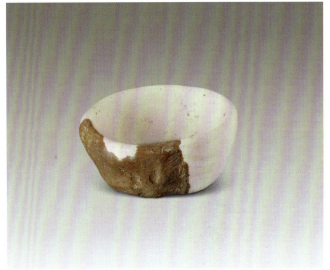
6. B 型（T1529⑬：1）

彩版一七　石山孜一期文化小陶碗

1. B 型小碗（T1630⑨∶1）

2. B 型小碗（T1530⑩∶3）

3. C 型小碗（H363∶10）

4. 小钵（T0724⑩∶3）

5. 长方形小陶器（T1628⑧∶2）

6. 长方形小陶器（T1529⑪∶4）

彩版一八　石山孜一期文化小陶器

1. 陶锉（T1730⑪：18）

2. 陶锉（H111：34）

3. 陶锉（H351：6）

4. A 型石磨盘（H339：2）

5. A 型石磨盘（T1529⑪：56）

6. B 型石磨盘（T0725⑩：1）

彩版一九　石山孜一期文化器物

1. T0725⑤：2

2. T1530⑨：5

3. H355：6

4. H355：5

5. T1631⑧：7

6. T1628⑤：6

彩版二〇　石山孜一期文化 A 型石磨棒

1. A 型磨棒（T1730⑤：3）

2. A 型磨棒（T1530④：4）

3. B 型磨盘（T0724④：1）

4. B 型磨盘（T1631⑦：1）

5. B 型磨盘（H309：6）

6. C 型磨棒（T1631③：1）

1. C 型（T0725⑧：4）

2. C 型（H53：24）

3. D 型（T0725⑧：3）

彩版二二　石山孜一期文化石磨棒

1. D 型磨棒（H53：23）

2. B 型锤（H393：7）

3. 凿（T1530⑫：1）

4. B 型砺石（H378：12）

彩版二三　石山孜一期文化石器

1. 铲（H386：22）

2. 铲（T1529⑪：13）

3. A 型斧（T1730⑪：1）

4. A 型斧（T1529⑪：2）

5. B 型斧（T1530⑪：3）

6. B 型斧（T1530⑩：4）

彩版二四　石山孜一期文化石器

1. T1530⑪：13、T1730⑪：5、T1529⑪：9、T1530⑪：10

2. T1530⑪：7、T1730⑪：4、T1529⑪：7、T1730⑪：6

彩版二五　石山孜一期文化 A 型骨镞

1. T1730⑪：8、T1529⑪：2、T1730⑪：3、T1529⑪：3

2. T1530⑩：1、T0823⑩：1、T1729⑩：3、T0724⑩：6

彩版二六　石山孜一期文化 A 型骨镞

1. H363：1、T1730⑪：10、T1529⑪：6、T1730⑪：2

2. T1529⑪：15、T1530⑪：16、T1529⑪：8、H209：1

彩版二七　石山孜一期文化 B 型骨镞

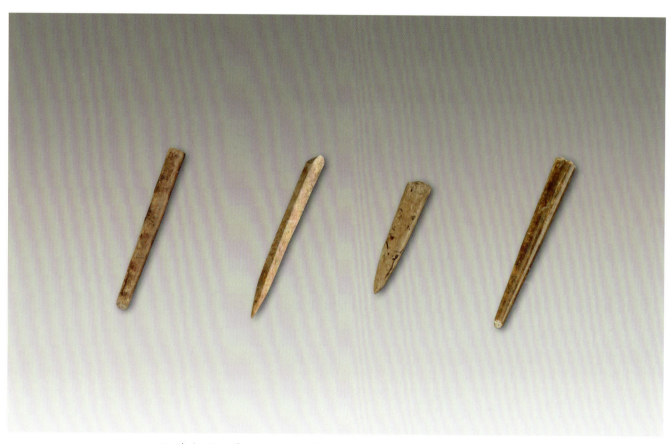

1. B 型（T0724⑩：8、T1530⑪：9、T1730⑪：11、T1530⑪：14）

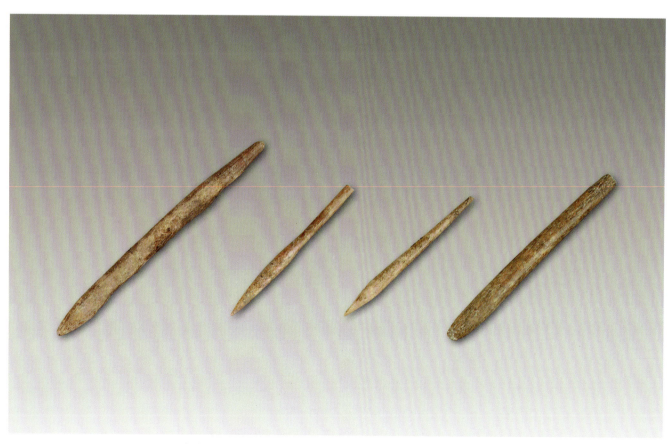

2. C 型（T1530⑪：11、T1529⑪：4、T1530⑪：6、T1529⑪：3）

彩版二八　石山孜一期文化骨镞

1. 角锥（T1530⑪：53、T1529⑪：12、T1729⑩：2）

2. 骨锥（T1729⑫：2、T1729⑩：1、T1729⑫：3、T0724⑩：9、8T1530⑪：5）

彩版二九　石山孜一期文化器物

1. 骨针（T1729⑪：1、T1530⑪：4、T1730⑪：9）

2. 牙雕（T1529⑪：11、H378：5）

3. 牙削（T1530⑩：2、H379：2）

4. 骨凿（T1729⑪：1）

彩版三〇　石山孜一期文化器物

1. 柄（H386：12）

3. 镖（T1729⑬：1）

2. 镖（T1730⑪：12）

4. 镖（T1529⑪：14）

5. 匕（T1530⑪：8）

彩版三一　石山孜一期文化骨器

1. A 型 I 式釜形鼎（T0725⑨：53）

2. A 型 I 式釜形鼎（T0725⑧：6）

3. A 型 II 式釜形鼎（T0724⑦：9）

4. C 型釜形鼎（T0724⑦：21）

5. I 式盆形鼎（F13：9）

6. A 型 I 式罐形鼎（H135：14）

彩版三二　石山孜二期文化陶鼎

1. A 型 II 式罐形鼎（T0725⑧∶16）

2. A 型 II 式罐形鼎（T0725⑦∶18）

3. Aa 型鼎足（T0724⑦∶16）

4. Aa 型鼎足（T1729⑦∶7）

5. Aa 型鼎足（T1530⑧∶4）

6. Aa 型鼎足（T1530⑧∶35）

1. Aa 型鼎足（T0724⑦：31）

2. Aa 型鼎足（H337：2）

3. B 型鼎足（H156：2）

4. B 型鼎足（T1631⑦：16）

5. Aa 型Ⅱ式双耳罐（T0724⑦：36）

6. Ab 型Ⅱ式双耳罐（T0725⑧：69）

彩版三四　石山孜二期文化陶器

1. Ab 型 II 式双耳罐（T0725⑧：20）

2. Ab 型 II 式双耳罐（H226：12）

3. Bb 型 I 式双耳罐（T0724⑦：2）

4. Bb 型 II 式双耳罐（T0724⑦：3）

5. 半圆形泥饼状罐耳（T0725⑨：11）

6. 栉节纹罐底（T1630⑦：11）

彩版三五　石山孜二期文化陶罐

1. Aa 型盆（H176：11）

2. Aa 型盆（T0725⑦：16）

3. Aa 型盆（T1530⑨：25）

4. Ab 型盆（T0723⑧：39）

5. Dc 型 I 式盆（T1530⑦：6）

6. Ac 型钵（T1729⑦：2）

彩版三六　石山孜二期文化陶器

1. Ba 型 I 式钵（H135：7）

2. Ba 型 I 式钵（T0724⑧：35）

3. Ba 型 I 式钵（T0724⑦：10）

4. Bb 型 II 式钵（T0723⑤：15）

5. Ab 型碗（T0823⑧：6）

6. B 型 II 式碗（T0723⑥：1）

彩版三七　石山孜二期文化陶器

1. C 型碗底（H188：1）

2. D 型碗底（T1630⑧：23）

3. D 型碗底（T0725⑨：19）

4. F 型碗底（T0724⑦：48）

5. 器盖纽（T0722⑨：9）

6. 器流（H156：6）

彩版三八　石山孜二期文化陶器

1. A 型支脚（T1730⑨：17）

2. B 型支脚（T0724⑤：1）

3. C 型支脚（H135：9）

4. C 型支脚（T1730⑨：16）

5. 勺（T1629⑧：6）

6. 勺（T0724⑧：13）

彩版三九　石山孜二期文化陶器

1. 泥塑动物模型（T0722⑨：7）

2. 球（F8：35）

3. 小盂（T0725⑧：2）

4. 带把盂（H346：1）

5. A 型拍（T1730⑨：21）

6. B 型拍（T0725⑧：8）

彩版四○　石山孜二期文化陶器

1. A 型（T1631⑧：8）

2. A 型（T1729⑧：3）

3. A 型（T1631⑦：3）

4. A 型（T1629⑧：2）

5. A 型（T0722⑨：8）

6. B 型（T0823⑧：2）

彩版四一　石山孜二期文化小陶碗

1. B 型（T1530⑦：1）

2. B 型（T0823⑧：1）

3. B 型（T0823⑦：1）

4. B 型（T0723⑧：12）

5. B 型（T0723⑧：10）

6. C 型（T0725⑧：13）

彩版四二　石山孜二期文化小陶碗

1. C型碗（T0723⑧：6）

2. 钵（H169：2）

3. 钵（T0723⑧：7）

4. 钵（T0822⑦：2）

5. 钵（T1629⑧：3）

6. 壶（T1631⑦：4）

彩版四三　石山孜二期文化小陶器

1. 网坠（T0724⑦：1）

2. 网坠（H111：35）

3. 锉（H167：15）

4. 锉（M15：3）

5. 锉（H44：26）

6. 锉（T0723⑦：6）

彩版四四　石山孜二期文化陶器

1. 柄形器（T1631⑧：1）

3. A 型锤（T0725⑨：6）

4. B 型锤（H322：14）

2. 砍砸器（T1723⑧：5）

5. B 型锤（T1729⑧：2）

彩版四五　石山孜二期文化石器

1. 铲（H371：8）

2. A 型凿（T0725⑨：9）

3. B 型凿（T1628⑦：3）

4. B 型凿（T1628⑨：1）

5. 锛（T1628⑦：2）

6. 锛（T0725⑨：10）

彩版四六　石山孜二期文化石器

1. A 型砺石（T0823⑨：3）

2. A 型砺石（T1529⑧：2）

3. B 型砺石（T1631⑧：6）

4. C 型砺石（T0822⑧：5）

5. A 型斧（T0722⑨：3）

6. B 型斧（T1631⑧：2）

彩版四七　石山孜二期文化石器

1. B 型斧（T1530⑨：4）

2. C 型斧（T1631⑧：3）

3. 钻帽（H354：3）

4. 盘状器（T1631⑧：4）

5. 盘状器（T1631⑧：5）

6. 盘状器（T1630⑦：53）

彩版四八　石山孜二期文化石器

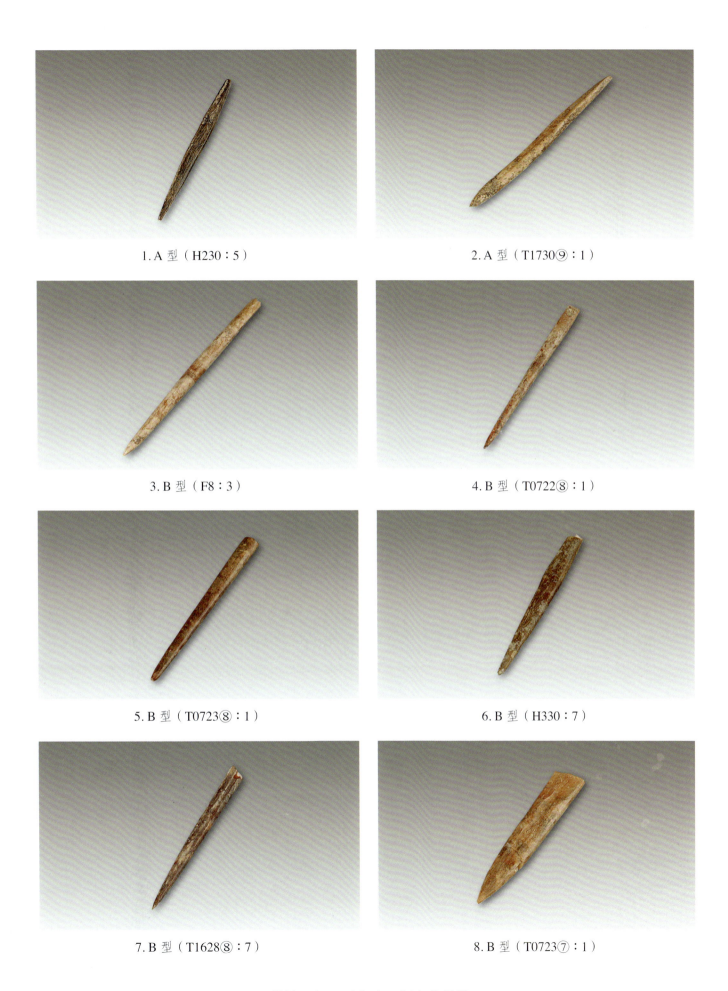

1. A 型（H230：5）

2. A 型（T1730⑨：1）

3. B 型（F8：3）

4. B 型（T0722⑧：1）

5. B 型（T0723⑧：1）

6. B 型（H330：7）

7. B 型（T1628⑧：7）

8. B 型（T0723⑦：1）

彩版四九　石山孜二期文化骨镞

1. C 型镞骨（T0722⑨：1、T0722⑨：2、H243：2）

2. 角锥（T0723⑧：2、T0723⑧：4）

3. A 型骨锥（F8：6、T1628⑦：1、T1629⑨：2）

彩版五○　石山孜二期文化器物

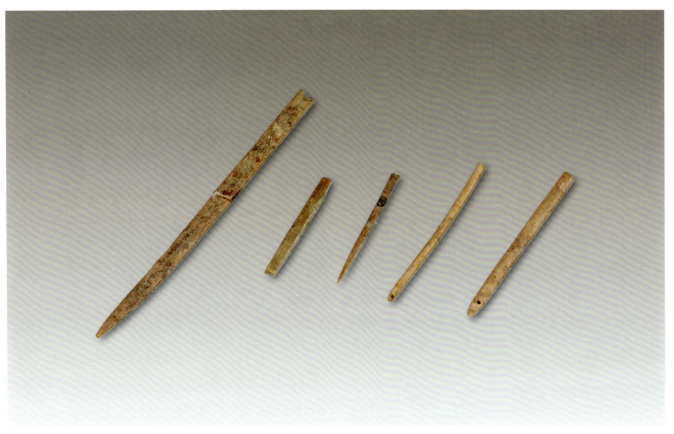

1. 骨针（F8：7、T1729⑨：1、T0724⑧：3、H330：5、T0723⑦：2）

2. 骨饰（T0724④：8、T0723③：1）

3. 骨刀（T0723⑧：3）、蚌刀（H262：5）

1. 镖（T0822⑧：1）

2. 匕（T0724⑧：1）

3. 匕（T1630⑦：50）

彩版五二　石山孜二期文化骨器

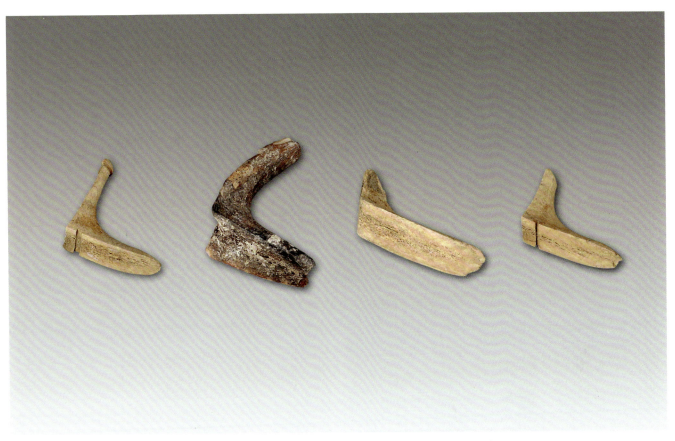

1. A 型（H57：1、T0724⑧：2、H125：1、T0725⑨：7）

2. B 型（H135：1、H135：2、T0725⑨：8）

彩版五三　石山孜二期文化鹿角钩形器

1.圜底釜（H308：1）

2.圜底釜（H316：9）

3.A型Ⅰ式罐形鼎（H322：1）

4.A型Ⅱ式罐形鼎（H268：1）

5.B型Ⅱ式罐形鼎（T0722④：2）

6.C型罐形鼎（T1529⑥：2）

彩版五四　石山孜三期文化陶器

1. Ⅰ式盆形鼎（T1631⑥：2）

3. Ba 型Ⅰ式钵形鼎（T0724⑥：1）

2. Ⅰ式盆形鼎（T1631⑤：7）

4. Ba 型Ⅱ式钵形鼎（H282：2）

5. Bb 型钵形鼎（T1629⑥：4）

彩版五五　石山孜三期文化陶鼎

1. M10：2

2. T1730④：3

彩版五六　石山孜三期文化 Ba 型 Ⅱ 式陶钵形鼎

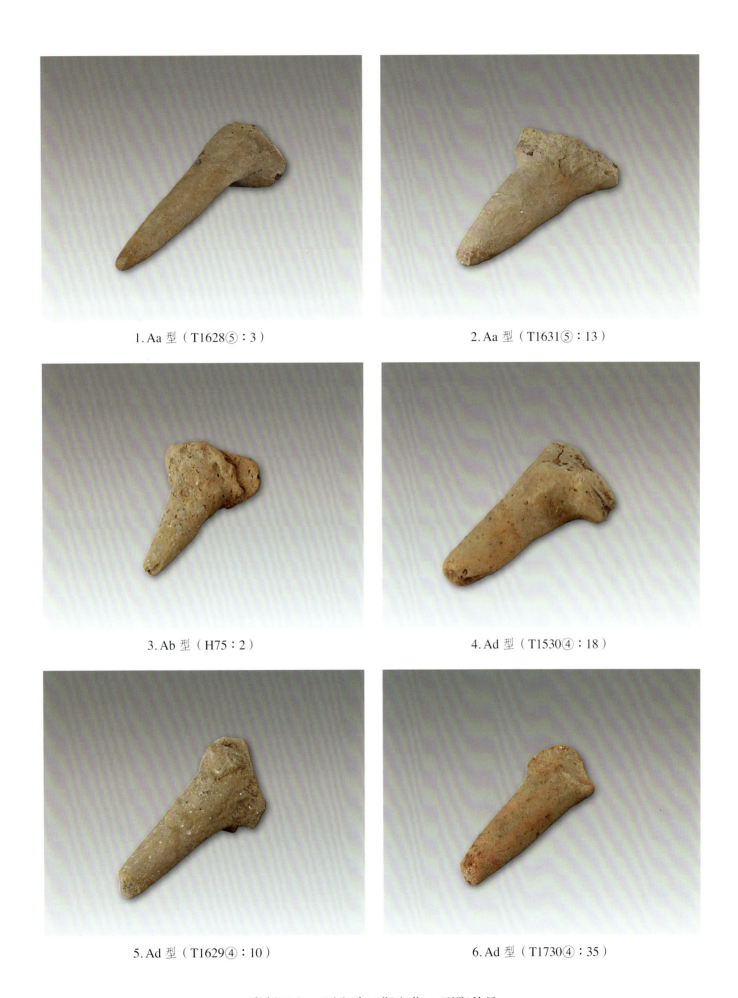

1. Aa 型（T1628⑤：3）

2. Aa 型（T1631⑤：13）

3. Ab 型（H75：2）

4. Ad 型（T1530④：18）

5. Ad 型（T1629④：10）

6. Ad 型（T1730④：35）

彩版五七　石山孜三期文化 A 型陶鼎足

1. Ba 型（T0822⑥：7、H88：1、H52：2、T1631④：9）

2. Bb 型（T1529⑥：1、T1729⑤：6）

彩版五八　石山孜三期文化 B 型陶鼎足

1. Bc 型（T0725⑤：36）

2. Bc 型（T1730⑤：19）

3. Ca 型（T1629⑤：11）

4. Cb 型（T0724⑤：88）

5. Dc 型（T1530④：20）

6. Dc 型（T1628④：21）

彩版五九　石山孜三期文化陶鼎足

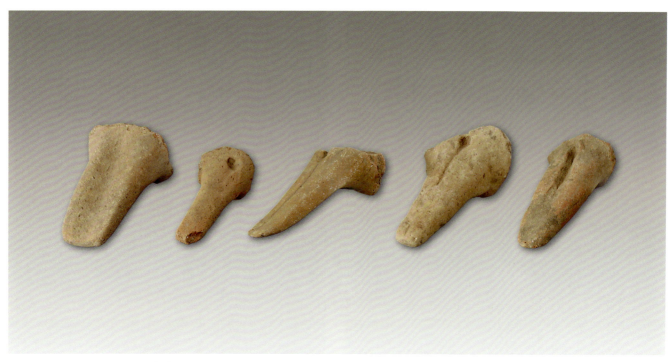

1. Da 型鼎足（T1730⑤：27、F10：1、T1530④：17、T1729④：12、F269：5）

3. Eb 型钵形鼎足（T0723④：16）

2. Fa 型钵形鼎足（T1529⑤：5、T1529⑤：6）　　　　4. Bb 型钵形鼎足（H307：1）

彩版六〇　石山孜三期文化陶鼎足

1. B 型 Ⅱ 式罐（T0724⑤：20）

2. B 型 Ⅱ 式罐（T0725⑤：26）

3. C 型罐（T1631⑤：9）

4. A 型双耳罐耳系（T1629⑤：7）

5. B 型双耳罐耳系（H301：2）

6. B 型双耳罐耳系（T1729④：20）

彩版六一　石山孜三期文化陶器

1. B 型 I 式盆（T0724⑤：17）

2. B 型 II 式盆（H64：1）

3. B 型 II 式盆（H122：1）

4. 彩陶残片（T0724⑥：4）

5. 菌状纽（T1628④：1）

6. 鸟首盖纽（T0723⑥：5）

彩版六二　石山孜三期文化陶器

1. B 型 Ⅱ 式（T1631⑤：5）

2. C 型（H282：1）

3. C 型（T1729④：1）

4. Ea 型（T1631⑤：8）

5. Ea 型（M10：1）

6. Eb 型（T1631⑤：6）

彩版六三　石山孜三期文化陶钵

1. A 型豆（T1729④：2）

2. A 型豆（T1529④：10）

3. A 型豆（T0823④：1）

4. 器柄（H307：4）

1. 器流（T1628④：4）

2. 器流（T1730⑤：22）

3. 小壶（T1628⑤：5）

4. A型小碗（T1629⑥：3）

5. A型小碗（M6：2）

6. A型小碗（T1629④：2）

彩版六五　石山孜三期文化陶器

1. A 型碗（T1629⑥：2）

2. B 型碗（T1530⑤：1）

3. C 型碗（T1530④：1）

4. C 型碗（H307：3）

5. A 型盂（T0724④：4）

6. A 型盂（T0723④：1）

彩版六六　石山孜三期文化小陶器

1. B 型（T0722④：1）

2. B 型（M15：2）

3. B 型（T1730④：2）

4. B 型（H6：1）

5. B 型（T1628⑤：1）

6. C 型（T1629④：1）

彩版六七　石山孜三期文化小陶盂

1. A 型拍（T0724⑤：24）

2. A 型拍（H281：6）

3. 球（T0823⑥：1、M15：1、H53：1）

4. 泥塑动物模型（T1530⑥：1）

1. 盘状器（T0722④：3）

2. 铲（H34：6）

3. 铲（H34：7）

4. 铲（H34：8）

5. 锛（T0822⑥：1）

6. 锛（T1628⑤：31）

1. A 型砺石（T1630⑤：9）

2. A 型砺石（T1730⑤：2）

3. A 型斧（T0722⑤：3）

4. B 型斧（H42：1）

5. C 型斧（T1730⑤：1）

6. 网坠（H53：25）

彩版七〇　石山孜三期文化石器

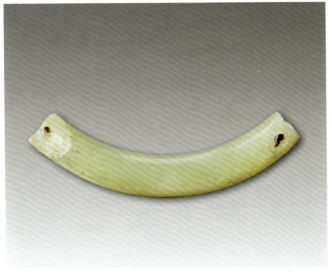

1. 正面

2. 背面

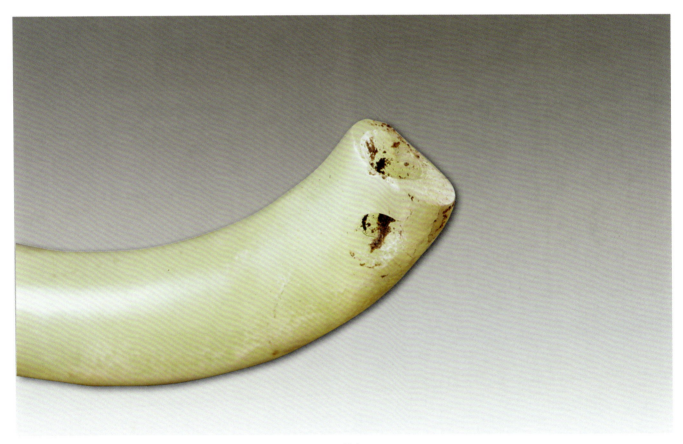

3. 局部

1. T1629⑤：1

2. T1630⑤：7

3. T1630③：1

4. T1628③：2

彩版七二　石山孜三期、龙山文化骨针

1.骨镞（T1629⑥：1、T1631⑤：1、T1631⑤：2、T1630⑥：1、T1630⑤：8、H167：1、H164：1、T1628③：1）

2.角锥（T1630④：15、T1631⑤：3、T1630④：16）

3.骨锥（H154：7、T1631⑥：1）

彩版七三　石山孜三期文化器物

1. 罐口沿（T0723④：3）

2. 罐口沿（T0723④：6）

3. 罐口沿（T0723④：18）

6. 篮纹陶片（T1628④：7）

彩版七四　龙山文化陶器

1. 碗（T1730④：1）

2. A 型平底盆（H269：1）

3. A 型平底盆（H269：2）

1. 鼎足（T1629④：9、T0724④：11、H269：4）

2. 球（T1529④：1、T1629③：1、T1629③：2）

彩版七六　龙山文化陶器

1. A 型拍（T0722④：4）

3. B 型拍（H69：1）

2. A 型拍（T0724④：5）

4. 网坠（T1630④：17）

5. 网坠（T1530④：2）

1. 凿（T1628③：3）

2. 凿（T1629③：3）

3. 刀（T1631④：2）

4. 砺石（T1631③：2）

彩版七八　龙山文化石器

1. A 型（T1631④：1）

2. A 型（H9：10）

3. B 型（T1529④：2）

4. C 型（T0723④：2）

5. C 型（M1：1）

6. C 型（T0724④：3）

彩版七九　龙山文化石斧